二十四史

文白对照精华版·精选精译

《二十四史》编委会·编

第一册 史记

线装书局

图书在版编目（CIP）数据

二十四史：文白对照精华版：全12册/《二十四史》编委会编. --北京：线装书局，2014.8（2018.8）

ISBN 978-7-5120-1527-2

Ⅰ.①二… Ⅱ.①二… Ⅲ.①中国历史—古代史—纪传体 ②二十四史—译文 Ⅳ.①K204.1

中国版本图书馆CIP数据核字(2014)第205059号

二十四史（文白对照精华版）

编　　者：《二十四史》编委会
责任编辑：曹胜利
装帧设计：李　岩
出版发行：线装书局
　　　　　地　址：北京市丰台区方庄日月天地大厦B座17层(100078)
　　　　　电　话：010-58077126(发行部)　010-58076938(总编室)
　　　　　网　址：www.zgxzsj.com
经　　销：新华书店
印　　制：三河市恒升印装有限公司
开　　本：889mm×1194mm　1/32
印　　张：235.25
字　　数：6000千字
版　　次：2018年8月第1版第5次印刷
印　　数：16001-21000

定　　价：699.00元（全12册）

线装书局官方微信

前　言

"二十四史"是合在一起的中国古代二十四部史书的统称，包括《史记》《汉书》《后汉书》《三国志》《晋书》《宋书》《南齐书》《梁书》《陈书》《魏书》《北齐书》《周书》《隋书》《南史》《北史》《旧唐书》《新唐书》《旧五代史》《新五代史》《宋史》《辽史》《金史》《元史》《明史》。所记内容，起自传说中的黄帝（约公元前30世纪初），止于明代的崇祯十七年（1644年）；编写工作始自西汉，止于清代，编写时间跨度长达一千八百多年。

这二十四部史书，得到了清代乾隆皇帝的钦定，是得到统治者认可的"正统"史书，也就是"正史"——"二十四史"的名字，正是由此而来的。它们都属于中国古代史书体例中的纪传体史书，以历史人物为中心展开叙述。下面，逐一对它们进行简要介绍。

《史记》是"二十四史"中的第一部，由司马迁撰写。司马迁（约前145或前135—？），西汉史学家、文学家、思想家，字子长，夏阳（今陕西韩城南）人。早年遍游南北，考察风俗，采集传说。初任郎中，汉武帝元封三年（前108年）继父职，任太史令。太初元年（前104年），司马迁开始了《史记》的编写工作。五年后，因替投降匈奴的汉朝将领李陵辩护，被处以宫刑；后来被赦出狱，担任中书令。司马迁忍辱负重，继续著书工作。

征和二年（前91年），《史记》一书基本完成。书成之后的司马迁的情况，史籍缺载。大多人认为，他在完成著书后不久就去世了，死因不详。

《史记》，原名《太史公书》，是我国第一部纪传体通史，共五十多万字，记载了上至黄帝，下至汉武帝元狩二年（前122年）约三千年间的史事。唐代史学家刘知几在《史通》一书中把历史著作分为"编年体"和"纪传体"两大类，《史记》则是纪传体的创始之作，它有"纪"有"传"。《史记》之后的历代正史，都沿袭了这一体例。

据司马迁自序，《史记》全书共一百三十卷，计本纪十二卷、表十卷、书八卷、世家三十卷、列传七十卷（包括《太史公自序》）。"十二本纪"按年代记载大事，年代远的以朝代为主，年代近的以帝王为主。"十表"是把重要的时事、人物等按年代、地区用简明的表格表示出来，大致分为两种类型，一是大事年表，一是人物年表。"八书"是把政治、经济、天文、地理等方面的制度和情况分类记述，各自成篇。"三十世家"记载了周代主要封国诸侯、汉初诸侯王的事迹；地位相当于诸侯的人物，也列入世家。"七十列传"，除最后一卷《太史公自序》介绍作者自己的身世、撰述目的、写作经过以及全书篇目、内容等外，主要记载各阶层人士的活动，其中有类传九卷，少数民族传六卷。

《史记》是一部"究天人之际，通古今之变，成一家之言"的、具有划时代历史意义的巨著。它对中国民族文化作出了重要贡献。它全面叙述了中国上古至汉初约三千年间的政治、经济、文化等多方面的历史发展，是我国古代历史的伟大总结。它改变了分国割据的历史观念，建立起了中国历史的统一观和正统观。

它称天子为本纪,称诸侯为世家,以天子在位年为全国共同纪年。这样,以天子为中心,从精神上统一了全中国。

《史记》不仅是纪传体史书的最高成就,同时也对中国知识分子的人格塑造、社会良知、为人为文产生了深远影响。从唐代的韩愈、柳宗元倡导的"古文运动"起,历代的为文无不以《史记》为法。同时,《史记》是科学的历史著作和优美的文学著作的巧妙结合,被鲁迅先生高度评价为"史家之绝唱,无韵之《离骚》"。

《史记》所记录的史实向称可靠,是关于汉武帝以前历代历史的唯一完整的文字记录,在史学界有着很高的地位。

对于《史记》,历来治史者无不深加研习,有很多人进行了注解。其中,南朝刘宋的裴骃——裴松之之子——的《史记集解》、唐代司马贞的《史记索隐》、唐代张守节的《史记正义》最为著名,对于《史记》的研读助益颇大。

继《史记》之后,班固撰写了《汉书》。班固(32—92),东汉史学家、文学家,字孟坚,扶风安陵(今陕西咸阳市东北)人,生于东汉光武帝建武八年。其父班彪(3—54)是一位史学家,曾作《后传》六十五卷来续补《史记》。班固的《汉书》,是在其父所作《后传》的基础上完成的。汉和帝永元元年(89年),班固随从车骑将军窦宪出击匈奴,参预谋议;后来在统治阶级内部斗争中失败入狱,于永元四年(92年)死在狱中。

班固去世后,《汉书》还有八表和《天文志》没有写成,汉和帝叫班固的妹妹班昭(约49—约120)补作;马融(79—166)之弟马续(生卒年不详),协助班昭作了《天文志》。班昭对于《汉书》的功劳是不能泯灭的。同时,她是我国封建社会第一个有才华的女史学家，也是"二十四史"中绝无仅有的女作者。

《汉书》包括纪十二卷、表八卷、志十卷、传七十卷，共一百卷，后人划分为一百二十卷。它的记事始于汉高帝刘邦元年（前206年），止于王莽地皇四年（23年）。

《汉书》记载的时代与《史记》有所交叉，两书对于汉武帝中期以前的西汉历史都有记述。在这一部分，《汉书》常常移用《史记》里的文字叙述。但是，由于作者思想境界的差异、材料取舍标准的不尽相同，班固移用时有所增删改易。不过，要想了解汉武帝中期以前的西汉历史，《史记》是不可或缺的，《汉书》也是不可废弃的；至于汉武帝中期以后的西汉历史，就现存的史籍来说，以《汉书》记载最为系统和完备。

《汉书》的体例，与《史记》相比已经发生了些许变化。《史记》是一部通史，《汉书》则是一部断代史。《汉书》把《史记》的"本纪"省称为"纪"，把"列传"省称为"传"，把"书"改为"志"，取消了"世家"——汉代勋臣世家一律编入"传"。这些变化，被后来的一些史书沿袭了下来。

《汉书》新增加了《刑法志》《五行志》《地理志》《艺文志》。其中，《刑法志》第一次系统叙述了法律制度沿革，以及一些具体的律令规定。《地理志》记录了当时的郡国行政区划、历史沿革和户口数字，有关各地物产、经济发展状况、民情风俗的记载更为引人注目。《艺文志》考证了各个学术派别的源流，记录了当时存世的书籍——这是我国现存最早的图书目录。

《汉书》的《食货志》，是由《史记》的《平准书》演变而来的，但内容更加丰富了。它有上下两卷，上卷谈"食"，即农业经济状况；下卷论"货"，即商业和货币的情况，是当时的经济专篇。

《汉书》八表中有一篇《古今人表》，从太昊帝记到吴广，有"古"而无"今"，因此引起了后人的讥责。不过，后人非常推崇《汉书》的《百官公卿表》，它虽然篇幅不多，但把当时的官僚制度及其变迁清楚地展现在了我们面前。

从思想高度来看，《汉书》不如《史记》。班固曾批评司马迁"论是非颇谬于圣人"，这集中反映了两人的思想分歧。班固所谓的"圣人"，就是孔子。相形而言，司马迁不完全以孔子思想作为判断是非的标准，正是值得肯定的。总之，班固的见识，不及司马迁高远。不过，从司马迁到班固的这一变化，反映出了一个事实：东汉时期，儒家思想作为封建正统思想，已经在史学领域站稳了脚根。

《汉书》喜用古字古词，比较难读，当时的东汉人已经有很多地方读不通了，这就提出了为《汉书》作注的要求。东汉末年，已有服虔、应劭作注。到了唐代，颜师古汇集了前人二十三家的注释，纠谬补缺，完成了《汉书》的新注。清代末期，王先谦著有《汉书补注》。

《后汉书》一百二十卷，包括纪十卷、列传八十卷、志三十卷，主要记载了从东汉光武帝刘秀到汉献帝刘协近两百年间的历史。其中，本纪、列传的作者是南朝刘宋的范晔，志的作者是西晋的司马彪。

范晔（398—445），南朝刘宋史学家，字蔚宗，顺阳（今河南淅川南）人，生于晋安帝隆安二年。范晔曾在南朝宋武帝的儿子彭城王刘义康那里做官，参议军事；后来得罪了刘义康，被贬为宣城太守。范晔郁郁不得志，发奋编写《后汉书》。刘义康和宋文帝争权夺利，范晔受到牵连，于元嘉二十二年被杀。

司马彪（？—约306），西晋史学家，字绍统，河内温县（今河南温县西南）人，西晋宗室高阳王司马睦的长子，卒于晋惠帝末年。所著《续汉书》共八十卷，论次东汉史事，纪、志、传均备；不过，纪、传已佚，仅存八志三十卷，即传本《后汉书》中的志三十卷。

在范晔作《后汉书》以前，已经出现了许多记述东汉历史的史书。范晔在各家"后汉书"的基础上，博采众书，斟酌去取，撰成《后汉书》。它简明而又周详，记载有重点而又不遗漏，后来居上，淘汰了其他各种"后汉书"。

相比于《史记》《汉书》，《后汉书》有自己的特点。《汉书》是一个皇帝一篇本纪；东汉一代，殇、冲、质三帝在位时间短促，事迹不多，《后汉书》从实际出发，把他们附在其他帝纪后面。

《汉书》"纪"的最后一篇是《皇后纪》，相当于《汉书》中的《外戚传》。汉高祖死后，吕后曾专权多年，所以司马迁和班固把吕后列入本纪；然而，范晔则不加区别地把皇后全部写进"纪"，实际上反映了作者对君权的尊崇。

《后汉书》记人叙事喜欢以类相从，而不论年代的先后。在《史记》《汉书》已有的类传之外，《后汉书》新创了《党锢传》《宦者传》《文苑传》《独行传》《方术传》《逸民传》《列女传》等，把同类的人物纳入一篇。

《后汉书》的《列女传》特别值得注意。范晔认为史书不为妇女立传是不对的，他选择"才行"优秀的各种类型妇女写了传记，在纪传体史书中开创了专为妇女立传的先例。不过，晚出的各史把"列女"改为"烈女"，变成了严守三纲五常的贞妇烈女的碑文，史学上的见识就远远不如《后汉书》了。

《后汉书》的《舆服志》《百官志》是前史所没有的。《舆服志》记载反映了封建等级制度的车服沿革和式样，《百官志》记述了东汉分官设职的情况。

《后汉书》志中不立《食货志》，漏载了东汉一代的经济制度，显然是一大缺点。后来的《晋书·食货志》追述了前代经济状况，方才弥补了这一不足。

南朝梁代刘昭给《后汉书》作注，把《续汉书》的志抽出来加以注释，并补入《后汉书》，形成了今天我们看到的《后汉书》。唐高宗的儿子李贤等人的注出现后，刘昭注不再被人们看重。今本《后汉书》，纪、传是李贤注，志是刘昭注。

《三国志》记事起于东汉灵帝晚季，止于吴国灭亡。修史体例效法《史记》《汉书》，有纪、传，缺志、表。此书以魏、蜀、吴三国并列，属于首创。

《三国志》全书共六十五卷，其中魏书三十卷、蜀书十五卷、吴书二十卷，三书各分纪、传。作者置"魏书"于全书之首，称曹操、曹丕、曹叡为帝，奉魏为正统。

作者陈寿（233—297），西晋史学家，字承祚，安汉（今四川南充市北）人，生于蜀汉建兴十一年，卒于西晋元康七年。少好学，师事谯周，在蜀汉为观阁令史，因不愿屈事宦官黄皓，屡遭谴黜。入晋后，历任著作郎、治书侍御史。晋灭吴后，他搜集三国时官、私著作，著成《三国志》。陈寿有良史之才，"善叙事"；所记史实，务求审正，编次得体，文笔简练。

《三国志》叙事较为简略，南朝刘宋的裴松之（372—451）为之作注。裴松之博引群书，进行补阙、备异、惩妄、论辩，使得注释范围不仅仅限于地理名物，注文多出本文数倍，保存的史料甚为丰富。裴注所增补的内容，首尾完具，引书多达一百四十余种——其中百分之九十以上已经散佚。所以，就史料价值来说，裴注不下于陈寿之书。

《晋书》记述的史事，从司马懿开始，至东晋恭帝元熙二年（420年）刘裕取代东晋为止，记述了西晋和东晋的兴亡过程。同时，它用"载记"的形式，叙述了十六国割据政权的兴衰史。

《晋书》全书一百三十卷，包括帝纪十卷、志二十卷、列传七十卷、载记三十卷。

唐代以前，关于西晋的史书曾有二十几种；然而，"制作虽多，未能尽善"，所以唐太宗李世民才下令重修。《晋书》的修撰从贞观二十年（646年）开始，至二十二年成书。先后参加编写的有二十一人，房玄龄（579—648）等为监修官。

由于唐太宗为宣帝司马懿、武帝司马炎两篇帝纪，以及陆机、王羲之两篇传写了论赞，所以旧本《晋书》又题唐太宗"御撰"。

《晋书》的执笔人，大多数擅长诗词文赋，往往追求辞藻华丽，而对史实的考辨、史料的搜集则注意不够。

《晋书》的《天文志》《律历志》由李淳风（602—670）撰写。他是唐代著名的天文学家、数学家，所以，《天文志》中记载的天体、仪象、星宿位置等达到了当时的先进水平，被后人一致推重。

《食货志》虽然有些疏略，但其中一些记载是难得的史料。

《晋书》的体例与"前四史"有一个明显不同之处，即它增设了"载记"一项，这也是根据当时特有的政治格局设立的。"载记"记述的既不是"正统"的君主，也不是正统君主臣属的

"僭伪"人物，而是记载不属于正统王朝的割据政权的事迹。在成汉、二赵（前、后）、三秦（前、后、西）、四燕（前、后、南、北）、五凉（前、后、南、北、西）、夏等"十六国"中，除前凉、西凉载入列传（前凉的统治者张轨原为晋臣，西凉的统治者李嵩是唐代皇帝的始祖）外，其余的都收入了"载记"。

《宋书》是一部纪传体断代史，记述了南朝刘宋王朝六十年间的史实，起自公元420年武帝刘裕建国，止于479年顺帝刘准被迫禅位。

作者沈约（441—513），南朝梁代文学家，字休文，吴兴武康（今浙江德清）人，历仕宋、齐两代，后来帮助梁武帝登位。

齐武帝永明五年（487年），沈约奉敕编撰《宋书》。《宋书》传至北宋时已有残佚，今本中有的篇章是据唐代李延寿《南史》补入的。

《宋书》全书一百卷，其中本纪十卷、志三十卷、列传六十卷。作者根据何承天等所著宋史旧本，旁采注纪，撰续成书。全书以资料繁富而著称于史林，为研究刘宋一代历史的基本史料。

书中纪传叙事详密，列目入载二百三十余人。纪传中收录的大量诏令、奏疏、书札及文章，有多方面的史料价值。列传写作常采用"带叙法"，将不列专传人物的事迹，于某人传中夹带写出。各志工程巨大，内容详备，篇幅几占全书之半。志前有《志序》，详述前代修志情况，并上溯各志所记制度源流，可为考补前史缺志之助。

《南齐书》，记述南朝萧齐王朝自齐高帝萧道成建元元年（479年）至齐和帝萧宝融中兴二年（502年）间的史实，是现存关于南齐最早的史书。原名《齐书》，至宋代为区别于李百药所撰《北齐书》而改称《南齐书》，撰著者为萧子显。

萧子显（487—535），南朝的历史学家、文学家，齐高帝萧道成之孙，字景阳，南兰陵（治今江苏常州市西北）人。其《南齐书》的撰写，始于梁武帝天监十三年（514年）以后，完成于普通七年（526年）以前。

《南齐书》共六十卷，现存五十九卷，其中本纪八卷、志十一卷、列传四十卷。所缺一卷系本书最后的《自序》（或称《序录》），于唐代已失传。本纪八卷中，除高帝萧道成分上、下卷外，其余六帝各一卷。列传中的"文学传"是萧子显自创，为《宋书》所无。

早在萧子显编撰《齐书》之前的南齐初年，檀超（生卒年不详）、江淹（444—505，历仕宋、齐、梁三代）等曾奉诏撰著《国史》。此外，沈约著有《齐纪》，吴均（469—520）著有《齐春秋》。这些都为萧子显撰写齐史提供了可资参考的资料。萧子显是自齐入梁的贵族人物，对南齐的许多史事、王室情况是熟悉的，或者亲自经历过；加之萧梁取代萧齐，未经重大战乱，许多图书文籍得以保存，这更为萧子显修史提供了有利条件。

同时，萧子显身为梁齐皇室，又为梁武帝宠臣，故在帝王及贵族人物纪传中多有曲笔，未尽据实直书。

《南齐书》文字比较简洁，史笔流畅，叙事完备。于人物列传的写作，继承了班固《汉书》的类叙法，又借鉴了沈约《宋书》的带叙法，能于一传中列述较多人物，避免了人各一传的不胜其烦的弊病。

《梁书》，记载自梁武帝萧衍建国（502年）至梁敬帝萧方智亡国（557年）共五十六年间的历史。此书是姚察、姚思廉父子经过几十年而辛勤撰成的。在他们父子编撰梁史时，已有大量史著或史料可资参考，但这些史书现在均已失传，现存的《梁书》便成为研究梁朝历史的重要文献资料。

《梁书》共五十六卷，其中本纪六卷、列传五十卷，书中无表、志。本纪中，武帝共三卷，其余简文帝、元帝、敬帝各一卷。列传立类传八种，多仿照前史，名目略有更改。列传内容丰富，记事具体，于南朝各史中较好，享有盛誉。

姚察（533—606），南朝历史学家，字伯审，吴兴（今浙江湖州）人，历经梁、陈（任吏部尚书）、隋三朝。入隋后，于文帝开皇九年（589年）受命编撰梁、陈二史，未竟而卒。临终时遗命，嘱其子姚思廉继续完成未竟的撰史工作。

姚思廉（557—637），唐代史学家，名简，以字行；本吴兴人，陈亡后，迁家关中，为雍州万安（今陕西西安）人。唐初贞观年间，姚思廉与魏徵同修梁、陈两朝历史。姚思廉在撰史工作中，充分利用了其父已完成的史著旧稿。自贞观三年（629年）至贞观十年（636年），历时七年，最终完成了《梁书》与《陈书》的撰写工作。魏徵实际担任的是监修官，只在两史的本纪部分及《陈书》皇后传后写有几篇论赞。

姚察、姚思廉父子虽为史学家，但都有较深的文学素养。在史学撰著方面，他们力戒辞藻的华丽与浮泛，文字简洁朴素，继承了司马迁及班固的文风与笔法，在南朝诸史中是难能可贵的。

《陈书》，记载自陈武帝陈霸先即位（557年）至陈后主陈叔宝被隋文帝灭国（589年）首尾三十三年间的史事。

《陈书》共三十六卷，本纪六卷、列传三十卷，无表、志。

其中，本纪多属姚察旧稿；除高祖陈霸先分两卷外，其余世祖、废帝、宣帝及后主各一卷。姚察原为陈朝臣子，故在本纪记事中多有曲笔。

列传三十卷，所立类传有皇后、宗室、孝行、儒林及文学等，较《梁书》少，并不载其他民族事迹。

列传中有姚思廉为其父所作传记，如同萧子显于《南齐书》中为其父萧嶷作传，自然不乏溢美之辞。

《魏书》，纪传体北魏史。全书共一百二十四卷，其中帝纪十二卷、列传九十二卷、志二十卷。因一些纪、传和志篇幅过大，又分为二卷或三卷，实际上共一百三十卷。

作者魏收（507—572），北齐史学家，字伯起，小字佛助，下曲阳（今河北晋州西）人。他机警能文，是北朝三才子之一。北魏时任散骑常侍，编修国史。北齐时任中书令兼著作郎，奉诏编撰《魏书》；后累官至尚书右仆射，监修国史。北齐天保二年（551年），文宣帝高洋令魏收设馆撰魏史，由平原王高隆之监修；天保五年底，全书完成。

魏收奉诏著《魏书》时曾声称："何物小子，敢共魏收作色？举之则使上天，按之则使入地。"书成之后，众口喧嚷，指为"秽史"。

《魏书》包举一代，尚属详备。《魏书》首创《序纪》，记述鲜卑拓跋部早期由原始社会向阶级社会转变的历史过程。它还创立了《官氏志》和《释老志》，但疏漏亦不鲜见。

《魏书》在流传过程中亡佚甚多，纪缺二卷、传缺二十二卷，此外又有三卷残缺不全，分别由后人取其他史书补足。

《北齐书》本名《齐书》，宋时才加一"北"字而成今名。它虽以记载北齐历史为主，但实际上记述了从高欢起兵到北齐灭亡前后约八十年的历史，集中反映了东魏、北齐王朝的盛衰兴亡历史。

作者李百药（565－648），唐代史学家，字重规，安平（今属河北）人。其父李德林，任隋内史令，预修国史，撰《齐史》。唐太宗贞观元年（627年），李百药奉诏修撰《齐史》。他参考父亲未完成的遗著、隋代王劭的《齐志》，于贞观十年撰成五十卷的《齐书》，今称《北齐书》。

《北齐书》共五十卷，其中帝纪八卷、列传四十二卷。不过，它在流传过程中残缺严重，现在只有十七卷保持原貌，其他都是后人用《北史》等著作增补的，这使其价值大大降低。但是，即便如此，它还是为我们了解东魏、北齐历史提供了一部断代史著作。

《周书》虽以"周"题名，但实际上记述了从534年北魏分裂为东魏、西魏到581年杨坚代北周为止的四十八年的西魏、北周的历史。

唐太宗贞观三年（629年），令狐德棻（583－666）受命担任《周书》的主编，秘书郎岑文本、崔仁师协助编写，最终于贞观十年（636年）撰成了五十卷的《周书》，其中帝纪八卷、列传四十二卷。

此书的取材仅限于西魏史官柳虬关于西魏的史实、隋代牛弘的《周史》，叙事考订欠缺。但在突破北周时空范围方面，均为他书所不能取代。

《周书》由于所根据的资料贫乏，再加上它所记载的人物大多是本朝显官的祖先，因而显得单薄、不合史实。但是，它毕竟基本上反映了宇文政权的建立，建立后三个封建政权之间的战争，以及宇文政权上层集团内部斗争的情况。由于《周书》以前关于西魏、北周历史的载记都未能保存下来，而稍后的《北史》有关部分基本上是删节《周书》，因而它成了今天研究和了解西魏、北周历史最基本、最原始的一部史书。

原书至北宋初已经残缺，今本多取《北史》及唐人史抄补缀而成。虽然它在流传过程中变得残缺不全，经过后人的增补，但它的价值仍为人们所公认。

《隋书》是由多人共同编撰的，分为两阶段成书，从草创到全部修完共历时三十五年。全书共八十五卷，分别为帝纪五卷、列传五十卷、志三十卷。其中，有十志记载了南梁、南陈、北齐、北周和隋五朝的典章制度，有些部分甚至追溯到汉、魏。

唐高祖武德四年（621年），令狐德棻提出修梁、陈、北齐、北周、隋等五朝史的建议。次年，唐朝廷命史臣编修，但数年过后，仍未成书。

唐太宗贞观三年（629年），重修五朝史，由魏徵"总知其务"，并主编《隋书》，参加编写的还有颜师古、孔颖达、许敬宗等人。贞观十年，隋书和梁书、陈书、北齐书、周书同时完成，全称"五代史"。但是，它们都只有纪、传，而无志。

贞观十五年，唐太宗下令续修史志。最初由令狐德棻监修，后改由长孙无忌监修，参加编写的有于志宁、李淳风、韦安仁、李延寿、敬播、赵弘志等人。历时十六年，直到唐高宗显庆元年（656年）才修完。

《隋书》诸志是配合"五代史"写的，记述了南梁、南陈、北齐、北周、隋五朝的典章制度，故有"五代史志"之称。不过，因为该志以隋朝的为主，且隋朝是其中的最后一个朝代，所以把它并入《隋书》。

《隋书·经籍志》是继《汉书·艺文志》后又一部古代文献总录，除著录当时所存的著作外，还附载了一些已亡佚的典籍，并论述了学术的源流。它所创立的经、史、子、集四部图书分类法，一直沿袭至清代。

却说，《隋书》的作者都是饱学之士，具有很高的修史水平。主编魏徵（580—643）是唐初的著名政治家，有远见卓识；他主持五史的编撰，秉笔直书，"时称良史"。另一主编长孙无忌（？—659）也是唐初重要政治家，对法律有精深的研究，曾撰《唐律义疏》三十卷。孔颖达（574—648，唐代经学家）、于志宁（生卒年不详）、许敬宗（592—672）皆为唐初"十八学士"。颜师古（581—645）是训诂学家，李淳风是著名天文学家，李延寿（生卒年不详）是著名史学家。由这些政治家、专家学者主持修史，保证了《隋书》的质量。

《隋书》是现存最早的隋史专著，也是《二十四史》中修史水平较高的史籍之一。书中保存了大量政治、经济、科技、文化资料。

《南史》，记事起自南朝宋武帝刘裕永初元年（420年），止于陈后主陈叔宝祯明三年（589年），共记述南朝宋、齐、梁、陈四代一百七十年的历史。《南史》与《北史》为姊妹篇，由李大师、李延寿父子两代人撰成。

李大师（570—628），由隋入唐的历史学家，相州（今河南安阳）人。他认为南北朝时期各朝的断代史彼此孤立、记事重复、缺乏联系，于是打算采用编年体撰写《南史》与《北史》，使南朝、北国各代的历史分别统编于这两部史著之中。但是，李大师所撰《南史》与《北史》未能成书；最后，由其子李延寿继续撰成，合称为"南北史"。

李延寿（生卒年不详），唐初历史学家，字遐龄，大约卒于唐高宗仪凤年间（676—679年）。所撰《南史》，依据《宋书》《齐书》《梁书》《陈书》诸史删繁就简，重新编纂，合南朝宋、齐、梁、陈四代历史于一书，成书于唐高宗显庆四年（659年）。

《南史》共八十卷，其中有本纪十卷、列传七十卷，无表、志。本纪中有《宋本纪》三卷、《齐本纪》二卷、《梁本纪》三卷、《陈本纪》二卷。列传中除专传外，列类传九种。

在内容方面，《南史》对南朝四史多有增删，其中《宋书》删削最多，凡不重要的诏诰、奏疏、诗文，全部删去。增加史实内容的，以《齐书》《梁书》为多。此外，对于南朝四史中原有的讳饰、疏漏，以及诸史间重复、抵牾处，也多作了补订与改正，且又多引有正史以外的资料，丰富了传记文字。书中重视对南北各朝之间交往的叙述，为南朝各断代史所不及。全书文字简明，事增文省，在史学上占有重要地位。

《北史》全书一百卷，其中本纪十二卷、列传八十八卷。所记史实起于北魏道武帝登国元年（386年），终于隋恭帝义宁二年（618年），记述了北朝魏、周（包括东魏）、齐（包括西魏）、隋四个封建政权共二百三十三年的历史。

虽然《北史》是在删节《魏书》《北齐书》《周书》及《隋书》的基础上形成的，但由于作者李延寿曾参加修撰"五代史志"，对北朝史实较熟悉，再加上他世代居住北方，仕宦北朝，对有关故事见闻较多，因而，与《南史》相较，《北史》更为精审详尽。

北宋以后，《魏书》《北齐书》《周书》均残缺不全，主要依靠《北史》补足。

《南史》《北史》虽贯通南朝、北朝，削除各朝国史相互攻讦之辞，但仍以北魏（包括西魏）、周、隋为正统王朝，而以南朝及东魏、北齐为"偏据"。

在内容上，李延寿根据隋代魏收的《魏书》增补了西魏三帝纪，《后妃传》中补了西魏诸帝、后，《宗室传》中对入关的元魏宗室都增补了资料，从而弥补了《魏书》《周书》的缺陷，成为了解西魏一朝历史的重要材料。

五代后晋时期官修的《旧唐书》，是现存最早地系统记录唐代历史的一部史籍。它原名《唐书》，后来为了区别于宋代宋祁、欧阳修等编写的《新唐书》，才改称《旧唐书》。全书共二百卷，包括本纪二十卷、志三十卷、列传一百五十卷。

后晋高祖天福六年（941年），石敬瑭下命修撰唐史；出帝开运二年（945年），全书修成，历时仅四年多。《旧唐书》署"刘昫等奉敕撰"，实际上，作为监修的刘昫（887—946）对这部史书并没作出什么贡献，张昭远（生卒年不详）、贾纬（生卒年不详）等人才是真正的作者。

尽管《旧唐书》的作者对史学未必有出色的见解和才能，但这部书具有相当高的史料价值。在本纪中，文宗以前部分，多依据实录；肃宗以前部分，直接承袭国史旧纪，所以，它材料充实，记事比较可信。

在列传中，唐肃宗以前的人物传记，多袭用国史列传，记事比较详细明白；有的传里称玄宗为"今上"，有的还在最后保存了"史臣韦述曰"的议论，显露出了照抄国史原文的痕迹。所以说，它保存了旧史的原貌。特别是宋代以后除《顺宗实录》外所有的唐代实录、国史都已失传，这样，《旧唐书》中所保存的史料就更值得珍视了。

唐肃宗以后的国史尚未编出，唐宣宗以后的实录也未修成，由此看来，《旧唐书》的作者在修史时，唐代晚期的史料相当缺乏。虽然作者曾做过不少搜集史料的工作，但由于成书仓促，所以对于唐代晚期史事的记述仍显得粗糙，在材料的占有与剪裁、体例的完整、文字的简洁等方面都存在不少缺点。

《新唐书》行世后，《旧唐书》在很长一段时间里几乎被废弃；等到明朝嘉靖十七年（1538）闻人诠等重新刊印后，才又广泛流传开来。《旧唐书》传布过程中的兴衰，既反映了它的缺点，也说明它有自己的长处，非《新唐书》所能完全取而代之。

宋仁宗赵祯认为后晋刘昫的《唐书》浅陋，就下诏重修。前后参预其事的有欧阳修、宋祁、范镇、吕夏卿、梅尧臣、宋敏求等人。其中，列传主要由宋祁负责，本纪、志、表主要由欧阳修负责，所以《新唐书》署"欧阳修、宋祁撰"。

宋祁（998—1061），北宋文学家、史学家，字子京，开封雍丘（今河南杞县）人，幼居安陆（今属湖北）。他历时十余年完成列传部分，于嘉祐三年（1058年）交齐全部列传的稿子。

欧阳修（1007—1072）是北宋著名的文学家，擅长古文，他在嘉祐五年写定本纪、志、表。不过，接下来把列传与本纪、志、表合在一起时，并没有经过严格的整齐划一。

《新唐书》全书二百二十五卷，包括本纪十卷、志五十卷、表十五卷、列传一百五十卷。

与《旧唐书》相比，《新唐书》有自己的一些特点和优点。首先，《新唐书》增加了以前各史所没有的《仪卫志》《兵志》。《兵志》的编修，为《二十四史》增添了新内容；在《新唐书》之后，许多史书都编写了《兵志》。其他几个志也各增补了新资料，质量多在《旧唐书》之上。

其次，《三国志》及其以后的各史都没有编写表，直到《新唐书》才又承袭《史记》《汉书》的传统，编制了《宰相表》《方镇表》《宗室世系表》《宰相世系表》，为人们学习唐代历史提供了许多方便。

此外，《新唐书》还在列传中保存了《旧唐书》所未载的一些史料，又增补了不少唐代晚期人物的列传，等等。

但是，《新唐书》也存在一些明显的缺点。如《旧唐书》本纪有三十万字左右，《新唐书》压缩到不足十万。个别的帝纪，删减得更加厉害，失去了许多可贵的史料。

总的来说，《旧唐书》《新唐书》各有优劣，不应厚此薄彼。

《旧五代史》原名《五代史》，也称《梁唐晋汉周书》。后世为了区别于欧阳修的《新五代史》，故称之为《旧五代史》。此书记述了唐朝灭亡以后的五十多年的历史，按五个朝代的更替的次序编排，包括"梁书"二十四卷、"唐书"五十卷、"晋书"二十四卷、"汉书"十一卷、"周书"二十二卷。"五书"各分本纪、列传。

"五书"之后，有《世袭列传》二卷，记述了割据一方但仍向中原称臣的李茂贞、马殷、钱镠等人的事迹；有《僭伪列传》

三卷，记载了杨行密、李昪、王审知、刘守光、王建、孟知祥等人的事迹，他们独霸一方，称王称帝，名义上也不臣属于中原政权，作者认为是非正统的政权，所以另外立传；有《外国列传》二卷，记载了契丹、吐蕃、回鹘、高丽、靺鞨等部落的活动。

此外，《旧五代史》最后有志十二卷，具体分为天文、历、五行、礼、乐、食货、刑法、选举、职官、郡县等。

《旧五代史》的作者为北宋的薛居正（912—981，后唐清泰进士，后周时官至刑部侍郎；入宋后，曾随宋太宗平定北汉，位至司空）等人，其史料价值较高，而文字润色则稍差，比不上大文学家欧阳修编撰的《新五代史》。

北宋时，《旧五代史》与《新五代史》并行于世，学者可以参相利用，各取其长。金章宗泰和七年（1207年），朝廷下令专用《新五代史》，《旧五代史》遂逐渐湮没。明代初年，只有宫廷还藏有《旧五代史》；明成祖时编辑《永乐大典》时，收录了此书。清代乾隆年间修《四库全书》，竟找不到此书的刻本。于是，邵晋涵等人从《永乐大典》中辑录出来，又用《册府元龟》等书的引文来补充。同时又用其他史籍、类书、碑碣资料进行考订，恢复到了原书的十之七八。乾隆四十年（1775年），它成为《四库全书》中的一种，这就是我们今天看到的《旧五代史》。

《新五代史》，记事时间断限与《旧五代史》相同，原名《五代史记》，由欧阳修撰。

欧阳修在奉命编写《新唐书》之前，曾独自撰写了《新五代史》，约在景祐三年（1036年）以前开始撰写，到皇祐五年（1053年）基本写成，前后将近二十年。欧阳修的学生徐无党为本书作注。

《新五代史》全书七十四卷，包括本纪十二卷、传四十五卷、考三卷、世家及年谱十一卷、四夷附录三卷。

《新五代史》与《旧五代史》体例很不相同。《旧五代史》是一朝一书，界限清清楚楚。《新五代史》则打破朝代界限，把五朝的纪、传综合编排，按时间先后次序排列。列传部分一律采用类传的形式，历事数朝的人，编在"杂传"。这是《新五代史》在立目编排上与其他史书显著不同的特点。

关于志的部分，《新五代史》只有《司天考》《职方考》，实际就是《旧五代史》的《天文志》和《郡县志》，其他都略而不志。这是它的一大缺憾。

就史料价值而言，《新五代史》比《旧五代史》稍逊，但也可以互补。由于《新五代史》后出，欧阳修看到了《旧五代史》编者没看到的一些资料，而且他往往采取小说、笔记之类的记载，补充《旧五代史》所缺的史实，以加深读者对人物的理解。

《新五代史》文笔较之《旧五代史》要高出一筹，这也是后世《新五代史》盛行、《旧五代史》一度湮没无闻的原因之一。

《宋史》记载了宋朝赵匡胤建隆元年（960年）至赵昺祥兴二年（1279年）共三百多年的历史。

元顺帝至正三年（1343年），决定为宋、辽、金三朝各立一史，命执政大臣脱脱（1314—1355）为都总裁，铁木儿塔识、贺惟一、张起岩、欧阳玄、吕思诚、揭奚斯等为总裁官，主持修史，实际上的总负责人是欧阳玄（1273—1358，欧阳修之后）。

当时元朝政权已处于风雨飘摇之际，不允许各史的编写旷日持久，加上宋代史料极为繁富，又有前人的书稿为基础，所以只用了两年多的时间就完成了《宋史》。

《宋史》是"二十四史"中篇幅最多的。这是因为，赵宋政权存在的三百多年间，经济、文化有所发展，政治制度日臻完备；雕版印刷已被广泛采用，加之活字版的发明，大大促进了书籍的印刷和广泛流传。元朝编修《宋史》时存世的有关史料，如编年体的历朝实录、纪传体国史和宋人文集、笔记等，相当丰富，所以，《宋史》才有可能撰成鸿篇巨著。

《宋史》全书四百九十六卷，包括本纪四十七卷、志一百六十二卷、表三十二卷、列传二百五十五卷。志的分量庞大，占全书的三分之一，系统、详细地叙述了赵宋一代的典章制度，价值较高。其中，仅《食货志》就有十四卷之多；《礼志》二十八卷，相当于"二十四史"中其他各史《礼志》的总和。据粗略统计，列传中有传主二千余人之多；列传中有"世家"一目，记载十国投降宋朝的李煜、孟昶等人，与其他列传没有什么差别。

《宋史》成书匆促，对史料缺乏精心的剪裁，记事详略不一，其他如有目无文之类的疏忽，记事议论间有抵牾，都是其缺点。

《辽史》较系统地记载了我国契丹族建立的辽朝二百多年的历史，同时也兼记了辽立国前契丹的概况、辽灭亡之后耶律大石所建西辽的梗概，是研究辽乃至契丹、西辽的重要史籍。

《辽史》是元修的三史之一，以脱脱为都总裁官。至正三年（1343年）四月开始撰写，次年三月即告脱稿，仅仅用了十一个月的时间。

在元人之前，辽人曾四次撰修实录，为尔后《辽史》的修撰提供了丰富的材料；在辽代之后，金代也十分注意总结前朝的成败得失，大力撰修《辽史》，前后共有两部《辽史》撰成。

元人撰修《辽史》，参据的主要是耶律俨《辽史》和陈大任《辽史》，并且在书中也多处标明了对二史的采撷。

元修《辽史》全书一百一十六卷，其中本纪三十卷、志三十二卷、表八卷、列传四十五卷、国语解一卷。其中，志、表多有特色，颇得后人好评；列传却较为粗陋，有充实内容的较少。

尽管《辽史》在编撰上存在着多方面的不足，但它毕竟保存了不少有关辽朝的历史文献；特别是在今天，耶律俨《辽史》、陈大任《辽史》，以及前面所列的"实录"等都已亡佚，《辽史》的价值便显而易见了。

《金史》是反映女真族所建金朝的兴衰始末的重要史籍。全书一百三十五卷，其中本纪十九卷、志三十九卷、表四卷、列传七十三卷。

《金史》的撰修过程和《辽史》一样，前后用了不到一年的时间。参加修《金史》的主要有铁木尔塔识、张起岩、欧阳玄、王沂、杨宗瑞等。其发凡举例、论、赞、表、奏，皆欧阳玄属笔。

《金史》的取材主要是《金实录》，有关金末之事多取自元好问《壬辰杂编》、刘祁《归潜志》等。

《金史》在元人所修的三史中向有好评。《四库提要》说：此书"与《宋》《辽》二史取办仓卒者不同，故其首尾完密，条例整齐，约而不疏，赡而不芜，在三史中独为最善"。这种评价较具有代表性，在很大程度上道出了《金史》的撰修特点，体现了编撰者在安排内容和设目上的匠心。

《金史》独有《交聘表》，用表格形式列出金与宋、夏、高丽的使者聘往情况，实在是用极为简括的方式揭示了三国关系最复杂的内容，这在"二十四史"中可谓独创。

《金史》虽然某些记载上也有疏失，但瑕不掩瑜。

《元史》是系统记载元朝兴亡过程的一部纪传体史书，成书于明朝初年。

明太祖洪武元年（1368年），元朝灭亡，朱元璋下令编修《元史》。洪武二年，以宋濂（1310—1381）、王祎为总裁，汪克宽等十六人为纂修，开史局于南京天界寺进行编写。从洪武二年二月到八月，用一百八十八天的时间修成元顺帝以前各代的历史，共一百五十九卷。

接着，明朝政府派欧阳佑持等十二人到全国各地征集元顺帝一朝的资料。洪武三年二月重开史局，八月书成，共五十三卷，历时一百四十三天。前后两次开局，共历时三百三十一天。

前后两次修成的文稿经过统一加工，共二百一十卷，其中本纪四十七卷、志五十八卷、表八卷、列传九十七卷。

《元史》成书后，饱受批评，主要认为它的编纂工作过于草率，没有认真地融合贯通，基本上都是利用已有的文献资料，略加删削修改而成，因此，前后重复、互相矛盾的地方很多，至于取舍不当那就更不用说了。同一传名，译法不统一，甚至出现一人两传的现象，这在其他官修正史中是看不到的。

但是，尽管存在这样那样的问题，《元史》仍是我们今天了解、研究元代历史的极其珍贵的文献。首先，它是最早的全面、系统记述元代历史的著作；其次，元代重要文献十三朝《实录》《经世大典》《六条政类》等均已散佚，其部分内容赖《元史》才得以保存下来；此外，不少历史人物的事迹已没有其他史料可以查考，只有通过《元史》才能了解。

《明史》主要记载了明朝朱元璋洪武元年（1368年）至朱由检崇祯十七年（1644年）共二百多年的历史。全书取材颇为丰富，具有较高的史料价值。

清代，顺治二年（1645年）设史馆修撰明史，未成而罢。康熙十八年（1679年），再开史馆纂修明史。徐元文（1634—1691，徐乾学之弟，均为顾炎武之外甥）、徐乾学（1631—1694）、王鸿绪（1645—1723）等先后担任总纂，聘史学家万斯同（1638—1702，黄宗羲之学生）核定稿件，最终成书《明史稿》。其实，此书多出自万斯同之手。

雍正元年（1723年），张廷玉（1672—1755）等为总裁，根据《明史稿》进行增减续修，至十三年定稿，即《明史》。乾隆四年（1739年），修订刊行。

《明史》全书三百三十二卷，包括本纪二十四卷、志七十五卷、表十三卷、列传二百二十卷。其中，志写得比较成功，内容充实，编次得体。《天文志》《历志》《河渠志》包含了不少科学技术方面的资料，并反映了明代的一些新成就。《艺文志》不同于先前各史，它不著录存世的前代人的著作，只记载明代人的撰述。

《明史》有五种表，四种是因袭前史；《七卿表》则是新创立的，它把六部尚书和都御史列为七卿。《明史》列传新立了三个传目，即《阉党传》《土司传》《流贼传》。

《明史》虽以《明史稿》为蓝本，但对历史的记述仍然存在许多差别，两书可以相互补充。

以上对"二十四史"的成书情况作了简要的介绍,希望读者能有个大概的认识。

本次出版的"二十四史",是精选各史书中的名篇佳作,加以精心翻译而成的。编译过程历时数年,参考了众多方家时贤的著作,限于体例,未一一注明,谨致敬意和歉意。因编者水平有限,书中难免错讹粗疏,尚请读者批评指正。

目 录

第一册

史 记

本纪

史记卷一　五帝本纪第一 ……………………………… 3
史记卷二　夏本纪第二 …………………………………… 22
史记卷三　殷本纪第三 …………………………………… 41
史记卷四　周本纪第四 …………………………………… 56
史记卷五　秦本纪第五 …………………………………… 95
史记卷六　秦始皇本纪第六 ……………………………… 132
史记卷七　项羽本纪第七 ………………………………… 195
史记卷八　高祖本纪第八 ………………………………… 234
史记卷九　吕太后本纪第九 ……………………………… 277
史记卷十　孝文本纪第十 ………………………………… 297
史记卷十一　孝景本纪第十一 …………………………… 323
史记卷十二　孝武本纪第十二 …………………………… 330

书

史记卷二十三　礼书第一 ····· 360

史记卷二十四　乐书第二 ····· 373

史记卷二十五　律书第三 ····· 409

史记卷二十六　历书第四 ····· 422

史记卷二十七　天官书第五 ····· 453

史记卷二十八　封禅书第六 ····· 498

史记卷二十九　河渠书第七 ····· 551

史记卷三十　　平准书第八 ····· 559

第二册

世家

史记卷三十一　吴太伯世家第一 ····· 586

史记卷三十二　齐太公世家第二 ····· 605

史记卷三十三　鲁周公世家第三 ····· 640

史记卷三十四　燕召公世家第四 ····· 668

史记卷三十五　管蔡世家第五 ····· 681

史记卷三十六　陈杞世家第六 ····· 694

史记卷三十七　卫康叔世家第七 ····· 707

史记卷三十八	宋微子世家第八 …… 724
史记卷三十九	晋世家第九 …… 746
史记卷四十	楚世家第十 …… 807
史记卷四十一	越王句践世家第十一 …… 857
史记卷四十二	郑世家第十二 …… 875
史记卷四十三	赵世家第十三 …… 899
史记卷四十四	魏世家第十四 …… 952
史记卷四十五	韩世家第十五 …… 978
史记卷四十六	田敬仲完世家第十六 …… 990
史记卷四十七	孔子世家第十七 …… 1018
史记卷四十八	陈涉世家第十八 …… 1056
史记卷四十九	外戚世家第十九 …… 1071
史记卷五十	楚元王世家第二十 …… 1092
史记卷五十一	荆燕世家第二十一 …… 1096
史记卷五十二	齐悼惠王世家第二十二 …… 1102
史记卷五十三	萧相国世家第二十三 …… 1119
史记卷五十四	曹相国世家第二十四 …… 1129
史记卷五十五	留侯世家第二十五 …… 1140
史记卷五十六	陈丞相世家第二十六 …… 1159

史记卷五十七　绛侯周勃世家第二十七……1176

史记卷五十八　梁孝王世家第二十八……1190

史记卷五十九　五宗世家第二十九……1205

史记卷六十　三王世家第三十……1218

第三册

列传

史记卷六十一　伯夷列传第一……1237

史记卷六十二　管晏列传第二……1242

史记卷六十三　老子韩非列传第三……1248

史记卷六十四　司马穰苴列传第四……1260

史记卷六十五　孙子吴起列传第五……1264

史记卷六十六　伍子胥列传第六……1275

史记卷六十七　仲尼弟子列传第七……1291

史记卷六十八　商君列传第八……1325

史记卷六十九　苏秦列传第九……1338

史记卷七十　张仪列传第十……1373

史记卷七十一　樗里子甘茂列传第十一……1406

史记卷七十二　穰侯列传第十二……1421

史记卷七十三	白起王翦列传第十三	1430
史记卷七十四	孟子荀卿列传第十四	1442
史记卷七十五	孟尝君列传第十五	1449
史记卷七十六	平原君虞卿列传第十六	1466
史记卷七十七	魏公子列传第十七	1482
史记卷七十八	春申君列传第十八	1495
史记卷七十九	范雎蔡泽列传第十九	1510
史记卷八十	乐毅列传第二十	1544
史记卷八十一	廉颇蔺相如列传第二十一	1555
史记卷八十二	田单列传第二十二	1574
史记卷八十三	鲁仲连邹阳列传第二十三	1580
史记卷八十四	屈原贾生列传第二十四	1599
史记卷八十五	吕不韦列传第二十五	1615
史记卷八十六	刺客列传第二十六	1624
史记卷八十七	李斯列传第二十七	1650
史记卷八十八	蒙恬列传第二十八	1684
史记卷八十九	张耳陈余列传第二十九	1692
史记卷九十	魏豹彭越列传第三十	1713
史记卷九十一	黥布列传第三十一	1721

史记卷九十二 淮阴侯列传第三十二 ……………………… 1735

汉 书

帝纪

汉书卷一上 高帝纪第一上 ……………………… 1767

汉书卷一下 高帝纪第一下 ……………………… 1800

汉书卷四 文帝纪第四 ……………………… 1826

汉书卷五 景帝纪第五 ……………………… 1851

汉书卷六 武帝纪第六 ……………………… 1864

第四册

传

汉书卷三十一 陈胜项籍传第一

    陈胜 ……………………… 1906

    项籍 ……………………… 1916

汉书卷三十四 韩彭英卢吴传第四

    韩信 ……………………… 1948

汉书卷三十六 楚元王传第六

    刘向 ……………………… 1970

汉书卷三十九 萧何曹参传第九

    萧何 ……………………… 2004

汉书卷四十　张陈王周传第十

张良 ·· 2014
陈平 ·· 2030
王陵 ·· 2042
周勃 ·· 2047

汉书卷四十三　郦陆朱刘叔孙传第十三

叔孙通 ·· 2055

汉书卷四十四　淮南衡山济北王传第十四

淮南王刘安 ·· 2063

汉书卷四十八　贾谊传第十八 ······························ 2071

汉书卷四十九　袁盎晁错传第十九

袁盎 ·· 2109
晁错 ·· 2118

汉书卷五十　张冯汲郑传第二十

张释之 ·· 2146

汉书卷五十四　李广苏建传第二十四

李广 ·· 2152

汉书卷五十五　卫青霍去病传第二十五

卫青 ·· 2165
霍去病 ·· 2172

汉书卷五十六　董仲舒传第二十六 ·························· 2185

汉书卷五十七上　司马相如传第二十七上 ···················· 2220

汉书卷五十七下　司马相如传第二十七下 ···················· 2238

汉书卷六十一　张骞李广利传第三十一
　　张骞 ··· 2260

汉书卷六十八　霍光金日䃅传第三十八
　　金日䃅 ··· 2272

汉书卷六十九　赵充国辛庆忌传第三十九
　　赵充国 ··· 2277

汉书卷七十一　隽疏于薛平彭传第四十一
　　于定国 ··· 2306

汉书卷八十七下　扬雄传第五十七下 ············· 2312

汉书卷八十八　儒林传第五十八
　　丁宽 ··· 2334
　　孔安国 ··· 2342

汉书卷九十一　货殖传第六十一
　　范蠡 ··· 2347

汉书卷九十三　佞幸传第六十三
　　李延年 ··· 2350
　　石显 ··· 2351

汉书卷九十四上　匈奴传第六十四上 ············· 2357

汉书卷九十四下　匈奴传第六十四下 ············· 2415

汉书卷九十五　西南夷两粤朝鲜传第六十五
　　西南夷 ··· 2466
　　南粤 ··· 2477
　　闽粤 ··· 2491
　　朝鲜 ··· 2496

汉书卷九十六上　西域传第六十六上
　　小宛国·····················2503
　　大月氏国····················2503
　　莎车国·····················2505
汉书卷九十七上　外戚传第六十七上
　　高祖吕皇后···················2509

第五册

汉书卷九十九上　王莽传第六十九上·········2513

汉书卷九十九中　王莽传第六十九中·········2582

汉书卷九十九下　王莽传第六十九下·········2636

后汉书

帝纪

后汉书卷一上　光武帝纪第一上···········2693

后汉书卷一下　光武帝纪第一下···········2728

后汉书卷四　孝和孝殇帝纪第四
　　殇帝纪·····················2768

后汉书卷五　孝安帝纪第五·············2772

后汉书卷六　孝顺孝冲孝质帝纪第六
　　顺帝纪·····················2811

9

列传

后汉书卷十三 隗嚣公孙述列传第三
  公孙述列传 ··2840

后汉书卷十四 宗室四王三侯列传第四
  齐武王刘縯列传 ··2855

后汉书卷十五 李王邓来列传第五
  邓晨列传 ··2864

后汉书卷十七 冯岑贾列传第七
  冯异列传 ··2868

后汉书卷十八 吴盖陈臧列传第八
  吴汉列传 ··2885
  盖延列传 ··2899
  陈俊列传 ··2902
  臧宫列传 ··2905

后汉书卷二十二 朱景王杜马刘傅坚马列传第十二
  杜茂列传 ··2912

后汉书卷二十三 窦融列传第十三
  窦宪列传 ··2933

后汉书卷二十四 马援列传第十四
  马援列传 ··2946

后汉书卷二十六 伏侯宋蔡冯赵牟韦列传第十六
  蔡茂列传 ··2976

后汉书卷二十七 宣张二王杜郭吴承郑赵列传第十七
  王良列传 ··2979

目录

后汉书卷二十八上 桓谭冯衍列传第十八上

　　冯衍列传 ………………………………………………… 2982

后汉书卷二十九 申屠刚鲍永郅恽列传第十九

　　申屠刚列传 ……………………………………………… 2998

后汉书卷三十一 郭杜孔张廉王苏羊贾陆列传第二十一

　　苏不韦列传 ……………………………………………… 3005

后汉书卷三十三 朱冯虞郑周列传第二十三

　　周章列传 ………………………………………………… 3009

后汉书卷三十四 梁统列传第二十四

　　梁统列传 ………………………………………………… 3013

后汉书卷三十七 桓荣丁鸿列传第二十七

　　丁鸿列传 ………………………………………………… 3019

后汉书卷三十八 张法滕冯度杨列传第二十八

　　冯绲列传 ………………………………………………… 3029

后汉书卷三十九 刘赵淳于江刘周赵列传第二十九

　　刘恺列传 ………………………………………………… 3034

后汉书卷四十上 班彪列传第三十上

　　班固列传 ………………………………………………… 3039

后汉书卷四十二 光武十王列传第三十二

　　东海恭王刘强列传 ……………………………………… 3053
　　沛献王刘辅列传 ………………………………………… 3058
　　楚王刘英列传 …………………………………………… 3059

后汉书卷四十四 邓张徐张胡列传第三十四

　　邓彪列传 ………………………………………………… 3063

11

后汉书卷四十五　袁张韩周列传第三十五

　　袁闳列传 …………………………………………………… 3065

　　张酺列传 …………………………………………………… 3069

　　韩棱列传 …………………………………………………… 3077

　　周荣列传 …………………………………………………… 3080

　　周景列传 …………………………………………………… 3082

后汉书卷四十七　班梁列传第三十七

　　班超列传 …………………………………………………… 3085

后汉书卷四十九　王充王符仲长统列传第三十九

　　王充列传 …………………………………………………… 3107

后汉书卷五十一　李陈庞陈桥列传第四十一

　　桥玄列传 …………………………………………………… 3109

后汉书卷五十二　崔骃列传第四十二

　　崔瑗列传 …………………………………………………… 3116

后汉书卷五十四　杨震列传第四十四

　　杨修列传 …………………………………………………… 3120

后汉书卷五十六　张王种陈列传第四十六

　　王龚列传 …………………………………………………… 3123

第六册

后汉书卷六十下　蔡邕列传第五十下 ……………………… 3127

后汉书卷六十二　荀韩钟陈列传第五十二

　　荀悦列传 …………………………………………………… 3160

后汉书卷六十四　吴延史卢赵列传第五十四

卢植列传 ································· 3168

后汉书卷六十五　皇甫张段列传第五十五

张奂列传 ································· 3178

后汉书卷六十六　陈王列传第五十六

王允列传 ································· 3188

后汉书卷六十七　党锢列传第五十七

范滂列传 ································· 3198
张俭列传 ································· 3203

后汉书卷六十九　窦何列传第五十九

窦武列传 ································· 3206

后汉书卷七十　郑孔荀列传第六十

孔融列传 ································· 3217

后汉书卷七十一　皇甫嵩朱俊列传第六十一

朱俊列传 ································· 3237

后汉书卷七十二　董卓列传第六十二 ······· 3248

后汉书卷七十三　刘虞公孙瓒陶谦列传第六十三

公孙瓒列传 ······························· 3277
陶谦列传 ································· 3288

后汉书卷七十四上　袁绍刘表列传第六十四上

袁绍列传 ································· 3292

后汉书卷七十四下　袁绍刘表列传第六十四下

刘表列传 ································· 3324

后汉书卷七十五　刘焉袁术吕布列传第六十五

　　袁术列传 …… 3333
　　吕布列传 …… 3340

后汉书卷七十六　循吏列传第六十六

　　循吏列传序 …… 3352
　　任延列传 …… 3354

后汉书卷七十八　宦者列传第六十八

　　曹节列传 …… 3359
　　张让列传 …… 3364

后汉书卷七十九上　儒林列传第六十九上

　　儒林列传序 …… 3372
　　杨政列传 …… 3377
　　杨伦列传 …… 3379

后汉书卷七十九下　儒林列传第六十九下

　　周泽列传 …… 3383
　　楼望列传 …… 3385
　　许慎列传 …… 3386
　　蔡玄列传 …… 3387

后汉书卷八十下　文苑列传第七十下

　　刘梁列传 …… 3390
　　侯瑾列传 …… 3395

后汉书卷八十一　独行列传第七十一

　　刘茂列传 …… 3396
　　李充列传 …… 3398

后汉书卷八十二上　方术列传第七十二上

　　许杨列传 …… 3401

樊英列传 ································· 3403

后汉书卷八十二下　方术列传第七十二下

　　韩说列传 ································· 3409
　　华佗列传 ································· 3410

后汉书卷八十三　逸民列传第七十三

　　逢萌列传 ································· 3417
　　井丹列传 ································· 3419
　　梁鸿列传 ································· 3420

后汉书卷八十四　列女传第七十四

　　乐羊子妻传 ······························· 3425
　　孝女曹娥传 ······························· 3427
　　董祀妻传 ································· 3427

后汉书卷八十五　东夷列传第七十五

　　高句骊列传 ······························· 3433
　　东沃沮列传 ······························· 3437

后汉书卷八十六　南蛮西南夷列传第七十六

　　巴郡南郡蛮列传 ··························· 3439
　　夜郎列传 ································· 3441
　　白马氐列传 ······························· 3443

后汉书卷八十七　西羌传第七十七

　　羌无弋爰剑传 ····························· 3446

后汉书卷八十八　西域传第七十八

　　安息传 ··································· 3451
　　天竺传 ··································· 3452

三国志

魏书

三国志卷一　魏书一
　　武帝纪第一 ··· 3457

三国志卷二　魏书二
　　文帝纪第二 ··· 3507

三国志卷三　魏书三
　　明帝纪第三 ··· 3525

三国志卷四　魏书四
　　三少帝纪第四 ·· 3547

三国志卷六　魏书六
　　董二袁刘传第六 ··· 3594

三国志卷七　魏书七
　　吕布臧洪传 ·· 3626

三国志卷九　魏书九
　　诸夏侯曹传第九 ··· 3648

三国志卷十　魏书十
　　荀彧荀攸贾诩传第十 ·· 3696

第七册

蜀书

三国志卷三十五　蜀书五
　　诸葛亮传第五 ·· 3726

三国志卷三十六　蜀书六

关张马黄赵传第六……………………………………3751

三国志卷三十七　蜀书七

庞统法正传第七……………………………………3766

三国志卷四十四　蜀书十四

蒋琬费祎姜维传第十四……………………………3779

吴书

三国志卷四十六　吴书一

孙破虏讨逆传第一…………………………………3798

三国志卷四十七　吴书二

吴主传第二…………………………………………3811

三国志卷四十九　吴书四

刘繇太史慈士燮传…………………………………3850

三国志卷五十二　吴书七

张顾诸葛步传第七…………………………………3867

三国志卷五十四　吴书九

周瑜鲁肃吕蒙传第九………………………………3901

三国志卷五十七　吴书十二

虞陆张骆陆吾朱传…………………………………3935

三国志卷五十八　吴书十三

陆逊传第十三………………………………………3966

17

晋 书

帝纪

晋书卷一　帝纪第一

　　高祖宣帝 ································· 3999

列传

晋书卷三十三　列传第三

　　石苞 ····································· 4038
　　石崇 ····································· 4048

晋书卷三十四　列传第四

　　羊祜 ····································· 4061
　　杜预 ····································· 4084

晋书卷四十三　列传第十三

　　山涛 ····································· 4103

晋书卷四十九　列传第十九

　　阮籍 ····································· 4120

晋书卷六十六　列传第三十六

　　陶侃 ····································· 4140

晋书卷八十　列传第五十

　　王羲之 ··································· 4164

晋书卷九十二　列传第六十二

　　顾恺之 ··································· 4190

晋书卷九十九　　列传第六十九

　　桓玄 ··· 4195

宋　书

本纪

宋书卷七　　本纪第七

　　前废帝 ··· 4235

列传

宋书卷四十三　　列传第三

　　檀道济 ··· 4249

宋书卷四十五　　列传第五

　　王镇恶 ··· 4256

宋书卷六十三　　列传第二十三

　　沈演之 ··· 4269

宋书卷六十九　　列传第二十九

　　范晔 ··· 4276

宋书卷七十一　　列传第三十一

　　徐湛之 ··· 4303

宋书卷七十七　　列传第三十七

　　沈庆之 ··· 4314

宋书卷九十三　　列传第五十三

　　陶潜 ··· 4334

第八册

南齐书

列传

南齐书卷二十五　列传第六
　　张敬儿……………………………………………………4347
南齐书卷二十六　列传第七
　　王敬则……………………………………………………4370
　　陈显达……………………………………………………4387
南齐书卷三十三　列传第十四
　　王僧虔……………………………………………………4401
南齐书卷三十九　列传第二十
　　刘瓛………………………………………………………4420
南齐书卷四十七　列传第二十八
　　谢朓………………………………………………………4427

梁　书

列传

梁书卷九　列传第三
　　曹景宗……………………………………………………4435
梁书卷十三　列传第七
　　范云………………………………………………………4444

梁书卷三十五　列传第二十九
　　萧子显·················4452
梁书卷三十八　列传第三十二
　　朱异···················4457
梁书卷四十八　列传第四十二
　　范缜···················4465
梁书卷五十　列传第四十四
　　刘勰···················4479
梁书卷五十六　列传第五十
　　侯景···················4486

陈　书

列传

陈书卷八　列传第二
　　周文育·················4549
陈书卷九　列传第三
　　欧阳頠·················4559
陈书卷十　列传第四
　　程灵洗·················4565
陈书卷十一　列传第五
　　黄法𣰰·················4573
陈书卷十三　列传第七
　　鲁悉达·················4577

陈书卷三十五　　列传第二十九

　　熊昙朗……………………………………………………4580

魏　书

列传

魏书卷三十五　　列传第二十三

　　崔浩………………………………………………………4585

魏书卷五十三　　列传第四十一

　　李冲………………………………………………………4630

魏书卷六十五　　列传第五十三

　　邢峦………………………………………………………4653

魏书卷六十六　　列传第五十四

　　李崇………………………………………………………4676

魏书卷七十三　　列传第六十一

　　杨大眼……………………………………………………4697

北齐书

列传

北齐书卷十七　　列传第九

　　斛律光……………………………………………………4707

北齐书卷三十四　　列传第二十六

　　杨愔………………………………………………………4717

北齐书卷三十七　列传第二十九

魏收··4732

北齐书卷三十九　列传第三十一

祖珽··4761

北齐书卷四十六　列传第三十八

苏琼··4778

北齐书卷四十九　列传第四十一

綦母怀文··4785

北齐书卷五十　列传第四十二

和士开··4787

周　书

帝纪

周书卷五　帝纪第五

武帝上··4797

周书卷六　帝纪第六

武帝下··4837

列传

周书卷二十三　列传第十五

苏绰··4871

周书卷三十一　列传第二十三

韦孝宽··4900

23

隋 书

帝纪

隋书卷三　帝纪第三
　　炀帝上 ·· 4923
隋书卷四　帝纪第四
　　炀帝下 ·· 4956

第九册

列传

隋书卷四十八　列传第十三
　　杨素 ·· 4989
隋书卷七十　列传第三十五
　　杨玄感 ·· 5014
隋书卷八十　列传第四十五
　　谯国夫人 ·· 5024
隋书卷八十五　列传第五十
　　宇文化及 ·· 5031

南 史

本纪

南史卷一　宋本纪上第一
　　宋高祖 ·· 5043

南史卷十　陈本纪下第十
　　陈叔宝 ··· 5096

列传

南史卷十三　列传第三
　　刘义庆 ··· 5115

南史卷十九　列传第九
　　谢灵运 ··· 5119

南史卷五十三　列传第四十三
　　昭明太子萧统 ··· 5128

南史卷六十九　列传第五十九
　　傅縡 ··· 5141

南史卷七十二　列传第六十二
　　祖冲之 ··· 5144

北　史

本纪

北史卷六　齐本纪上第六
　　高祖神武帝 ··· 5151

列传

北史卷十四　列传第二
　　冯淑妃 ··· 5198

北史卷四十八　列传第三十六
　　尔朱荣 ··· 5201

旧唐书

本纪

旧唐书卷二　本纪第二
　　太宗上··················5231
旧唐书卷三　本纪第三
　　太宗下··················5262

列传

旧唐书卷五十一　列传第一
　　长孙氏··················5301
旧唐书卷五十四　列传第四
　　窦建德··················5308
旧唐书卷六十七　列传第十七
　　李勣····················5324
旧唐书卷六十八　列传第十八
　　秦叔宝··················5338
旧唐书卷八十九　列传第三十九
　　狄仁杰··················5343
旧唐书卷九十六　列传第四十六
　　姚崇····················5365
旧唐书卷一百六　列传第五十六
　　李林甫··················5382
旧唐书卷一百一十　列传第六十
　　李光弼··················5395

旧唐书卷一百六十　列传卷第一百一十

　　柳宗元·····················5413

新唐书

列传

新唐书卷七十六　列传第一

　　武皇后·····················5419
　　杨贵妃·····················5442

新唐书卷九十七　列传第二十二

　　魏徵······················5449

新唐书卷一百二十四　列传第四十九

　　宋璟······················5482

新唐书卷一百二十六　列传第五十一

　　张九龄·····················5495

新唐书卷一百三十九　列传第六十四

　　李泌······················5509

新唐书卷二百一　列传第一百二十六

　　杜甫······················5526

新唐书卷二百二　列传第一百二十七

　　李白······················5532

新唐书卷二百六　列传第一百三十一

　　杨国忠·····················5536

新唐书二百七　列传第一百三十二

　　高力士·····················5550

27

新唐书卷二百九　列传第一百三十四
　　来俊臣··················5557
新唐书卷二百二十五上　列传第一百五十上
　　安禄山··················5563
新唐书卷二百二十五下　列传第一百五十下
　　黄巢···················5589

第十册

旧五代史

梁书

旧五代史卷十三　梁书十三
　　列传第三·················5617
旧五代史卷十四　梁书十四
　　列传第四·················5623
旧五代史卷十六　梁书十六
　　列传第六·················5631

唐书

旧五代史卷二十五　唐书一
　　武皇本纪上················5639
旧五代史卷二十六　唐书二
　　武皇本纪下················5659

旧五代史卷五十四　唐书三十

　　列传第六 ································· 5684

旧五代史卷六十一　唐书三十七

　　列传第十三 ································ 5693

晋书

旧五代史卷八十八　晋书十四

　　列传第三 ································· 5697

旧五代史卷八十九　晋书十五

　　列传第四 ································· 5702

新五代史

梁本纪

新五代史卷一　梁本纪第一

　　太祖上 ·································· 5709

新五代史卷二　梁本纪第二

　　太祖下 ·································· 5726

唐本纪

新五代史卷四　唐本纪第四

　　庄宗上 ·································· 5736

新五代史卷五　唐本纪第五

　　庄宗下 ·································· 5753

29

晋本纪

新五代史卷八　　晋本纪第八

　　晋高祖 ································· 5767

汉本纪

新五代史卷十　　汉本纪第十

　　汉高祖 ································· 5781
　　汉隐帝 ································· 5787

周本纪

新五代史卷十二　　周本纪第十二

　　周世宗 ································· 5793

梁臣传

新五代史卷二十一　　梁臣传第九

　　敬翔 ··································· 5805

新五代史卷二十三　　梁臣传第十一

　　杨师厚 ································· 5811

唐臣传

新五代史卷二十四　　唐臣传第十二

　　郭崇韬 ································· 5816

新五代史卷二十五　　唐臣传第十三

　　周德威 ································· 5829

晋臣传

新五代史卷二十九　　晋臣传第十七

　　桑维翰 …………………………………………………………5837

宋　史

本纪

宋史卷一　　本纪第一

　　太祖一 …………………………………………………………5845

宋史卷二　　本纪第二

　　太祖二 …………………………………………………………5878

宋史卷三　　本纪第三

　　太祖三 …………………………………………………………5901

列传

宋史卷二百六十四　　列传第二十三

　　薛居正 …………………………………………………………5926

宋史卷二百七十二　　列传第三十一

　　杨业 ……………………………………………………………5931

宋史卷二百八十一　　列传第四十

　　寇准 ……………………………………………………………5942

宋史卷二百九十　　列传第四十九

　　狄青 ……………………………………………………………5957

宋史卷三百一十四　　列传第七十三

　　范仲淹 …………………………………………………………5964

宋史卷三百一十六　列传第七十五

　　包拯·································5983

宋史卷三百一十九　列传第七十八

　　欧阳修·······························5990

宋史卷三百二十七　列传第八十六

　　王安石·······························6005

宋史卷三百三十一　列传第九十

　　沈括·································6026

宋史卷三百三十六　列传卷九十五

　　司马光·······························6035

宋史卷三百三十八　列传第九十七

　　苏轼·································6061

宋史卷三百六十五　列传第一百二十四

　　岳飞·································6096

宋史卷四百一　列传第一百六十

　　辛弃疾·······························6138

宋史卷四百一十八　列传第一百七十七

　　文天祥·······························6148

宋史卷四百二十九　列传第一百八十八

　　朱熹·································6163

宋史卷四百七十二　列传第二百三十一

　　蔡京·································6202

宋史卷四百七十三　列传第二百三十二

　　秦桧·································6216

第十一册

辽 史

列传

辽史卷七十一　列传第一
　太祖淳钦皇后述律氏…………………………………6257
　景宗睿智皇后萧氏…………………………………6260

辽史卷七十二　列传第二
　义宗倍……………………………………………………6262
　章肃皇帝李胡……………………………………………6267
　顺宗濬……………………………………………………6270
　晋王敖卢斡………………………………………………6272

辽史卷七十三　列传第三
　耶律曷鲁…………………………………………………6274

辽史卷七十四　列传第四
　韩延徽……………………………………………………6281
　韩知古……………………………………………………6284

辽史卷七十七　列传第七
　耶律屋质…………………………………………………6288
　耶律吼……………………………………………………6294
　耶律安抟…………………………………………………6296
　耶律洼……………………………………………………6299
　耶律颓昱…………………………………………………6300
　耶律挞烈…………………………………………………6301

33

辽史卷七十九　列传第九

室昉 ································ 6303

辽史卷八十　列传第十

张俭 ································ 6306
邢抱朴 ······························ 6309
马得臣 ······························ 6310
萧朴 ································ 6312

辽史卷八十二　列传第十二

耶律隆运 ···························· 6315

辽史卷八十五　列传第十五

萧挞凛 ······························ 6323

辽史卷一百二　列传第三十二

萧奉先 ······························ 6326
李处温 ······························ 6328
张琳 ································ 6331
耶律余睹 ···························· 6332

辽史卷一百三　列传第三十三

萧韩家奴 ···························· 6335
李瀚 ································ 6344

辽史卷一百四　列传第三十四

王鼎 ································ 6347
耶律昭 ······························ 6348
刘辉 ································ 6351
耶律孟简 ···························· 6352
耶律谷欲 ···························· 6354

辽史卷一百五　列传第三十五

　　大公鼎 ································· 6356
　　萧文 ··································· 6359
　　马人望 ································· 6360
　　耶律铎鲁斡 ····························· 6364
　　杨遵勖 ································· 6365

金　史

列传

金史卷七十三　列传第十一

　　完颜希尹 ······························· 6369

金史卷七十四　列传第十二

　　宗翰 ··································· 6374
　　宗望 ··································· 6387

金史卷七十七　列传第十五

　　宗弼 ··································· 6400

金史卷八十八　列传第二十六

　　纥石烈良弼 ····························· 6411

金史卷九十二　列传第三十

　　徒单克宁 ······························· 6425

金史卷一百二　列传第四十

　　仆散安贞 ······························· 6443

金史卷一百六　列传第四十四

　　张暐 ··································· 6454

35

张行简 …… 6458

术虎高琪 …… 6467

金史卷一百七　列传第四十五

张行信 …… 6481

金史卷一百十　列传第四十八

杨云翼 …… 6498

赵秉文 …… 6507

金史卷一百二十五　列传第六十三

蔡松年 …… 6514

蔡珪 …… 6517

党怀英 …… 6519

金史卷一百二十六　列传第六十四

王庭筠 …… 6522

刘从益 …… 6525

王若虚 …… 6526

元德明 …… 6529

金史卷一百三十三　列传第七十一

窝斡 …… 6532

元　史

本纪

元史卷一　本纪第一

太祖 …… 6555

列传

元史卷一百一十五　列传第二
　睿宗 …………………………………………… 6596

元史卷一百一十九　列传第六
　木华黎 ………………………………………… 6602
　玉昔帖木儿 …………………………………… 6616

元史卷一百二十一　列传第八
　速不台 ………………………………………… 6620

元史卷一百二十二　列传第九
　巴而术阿而忒的斤 …………………………… 6634

元史卷一百二十五　列传第十二
　赛典赤赡思丁 ………………………………… 6641

元史卷一百二十六　列传第十三
　廉希宪 ………………………………………… 6649

元史卷一百二十七　列传第十四
　伯颜 …………………………………………… 6673

元史卷一百三十六　列传第二十三
　拜住 …………………………………………… 6706

元史卷一百三十八　列传第二十五
　康里脱脱 ……………………………………… 6720
　燕铁木儿 ……………………………………… 6729
　脱脱 …………………………………………… 6745

元史卷一百四十一　列传二十八

　　察罕帖木儿·················6761

元史卷一百四十三　列传第三十

　　马祖常·····················6780

元史卷一百四十六　列传第三十三

　　耶律楚材···················6785

元史卷一百四十七　列传第三十四

　　张柔·······················6805
　　史天倪·····················6816

元史卷一百五十六　列传第四十三

　　董文炳·····················6823
　　张弘范·····················6839

第十二册

元史卷一百五十七　列传第四十四

　　刘秉忠·····················6850

元史卷一百五十八　列传第四十五

　　姚枢·······················6865
　　许衡·······················6875

元史卷一百六十一　列传第四十八

　　刘整·······················6904

元史卷一百七十二　列传第五十九

　　赵孟頫·····················6911

元史卷一百八十一　列传第六十八
　　虞集……………………………………………………6922
元史卷二百二　列传第八十九
　　释老……………………………………………………6938
元史卷二百五　列传第九十二
　　阿合马…………………………………………………6941
　　卢世荣…………………………………………………6952
元史卷二百六　列传第九十三
　　王文统…………………………………………………6966
元史卷二百七　列传第九十四
　　孛罗帖木儿……………………………………………6972

明　史

本纪

明史卷一　本纪第一
　　太祖一…………………………………………………6983
明史卷二　本纪第二
　　太祖二…………………………………………………7010
明史卷三　本纪第三
　　太祖三…………………………………………………7041

列传

明史卷一百二十三　列传第十一
　　方国珍…………………………………………………7070

明史卷一百二十五　　列传第十三

　　徐达 ·· 7078

　　常遇春 ·· 7092

明史卷一百二十七　　列传第十五

　　李善长 ·· 7102

明史卷一百四十一　　列传第二十九

　　方孝孺 ·· 7112

明史卷一百四十五　　列传第三十三

　　姚广孝 ·· 7119

明史卷一百四十七　　列传第三十五

　　解缙 ·· 7125

明史卷一百四十八　　列传第三十六

　　杨士奇 ·· 7141

明史卷一百七十　　列传第五十八

　　于谦 ·· 7155

明史卷一百九十五　　列传第八十三

　　王守仁 ·· 7172

明史卷二百九　　列传第九十七

　　杨继盛 ·· 7192

明史卷二百十二　　列传第一百

　　戚继光 ·· 7207

明史卷二百十三　　列传第一百一

　　徐阶 ·· 7221

　　张居正 ·· 7235

明史卷二百二十六　列传第一百十四

　　海瑞……………………………………………………7255

　　吕坤……………………………………………………7266

明史卷二百三十一　列传第一百十九

　　顾宪成…………………………………………………7280

明史卷二百四十三　列传第一百三十一

　　高攀龙…………………………………………………7289

明史卷二百五十一　列传第一百三十九

　　徐光启…………………………………………………7297

　　郑以伟…………………………………………………7299

明史卷二百五十九　列传第一百四十七

　　袁崇焕…………………………………………………7302

明史卷二百七十四　列传第一百六十二

　　史可法…………………………………………………7327

明史卷二百九十九　列传第一百八十七

　　李时珍…………………………………………………7346

明史卷三百四　列传第一百九十二

　　郑和……………………………………………………7348

　　王振……………………………………………………7351

　　刘瑾……………………………………………………7356

明史卷三百五　列传第一百九十三

　　魏忠贤…………………………………………………7369

明史卷三百九　列传第一百九十七

　　李自成…………………………………………………7388

- **史记**
- 汉书
- 后汉书
- 三国志
- 晋书
- 宋书
- 南齐书
- 梁书
- 陈书
- 魏书
- 北齐书
- 周书
- 隋书
- 南史
- 北史
- 旧唐书
- 新唐书
- 旧五代史
- 新五代史
- 宋史
- 辽史
- 金史
- 元史
- 明史

史记

本　纪

史记卷一

五帝本纪第一

黄帝者，少典之子，姓公孙，名曰轩辕。生而神灵，弱而能言，幼而徇齐，长而敦敏，成而聪明。

轩辕之时，神农氏世衰。诸侯相侵伐，暴虐百姓，而神农氏弗能征。于是轩辕乃习用干戈，以征不享，诸侯咸来宾从。而蚩尤最为暴，莫能伐。

炎帝欲侵陵诸侯，诸侯咸归轩辕。轩辕乃修德振兵，治五气，蓺五种，抚万民，度四方，教熊罴、貔貅、䝙虎，以与炎帝战于阪泉之野。三战，然后得其志。

蚩尤作乱，不用帝命。于是黄帝乃征师诸侯，与蚩尤战于涿鹿之野，遂禽杀蚩尤。而诸侯咸尊轩辕为天子，代神农氏，是为黄帝。天下有不顺者，黄帝从而征之，平者去之，披山通道，未尝宁居。

东至于海，登丸山及岱宗。西至于空桐，登鸡头。南至于江，登熊、湘。北逐荤粥，合符釜山，而邑于涿鹿之阿。迁徙往来无常处，以师兵为营卫。官名皆以云命，为云师。置左右大监，监于万国。万国和，而鬼神山川封禅与为多焉。获宝鼎，迎日推策。举风后、力牧、常先、大鸿以治民。顺天地之纪，幽明之占，死生之说，存亡之难。时播百谷草木，淳化鸟兽虫蛾，旁罗日月星辰水波土石金玉，劳勤心力耳目，节用水火材物。有土德之瑞，故号黄帝。

黄帝二十五子，其得姓者十四人。

黄帝居轩辕之丘，而娶于西陵之女，是为嫘祖。嫘祖为黄帝正妃，生二子，其后皆有天下：其一曰玄嚣，是为青阳，青阳降居江水；其二曰昌意，降居若水。昌意娶蜀山氏女，曰昌仆，生高阳，高阳有圣德焉。黄帝崩，葬桥山。其孙昌意之子高阳立，是为帝颛顼也。

帝颛顼高阳者，黄帝之孙而昌意之子也。静渊以有谋，疏通而知事；养材以任地，载时以象天，依鬼神以制义，治气以教化，絜诚以祭祀。北至于幽陵，南至于交阯，西至于流沙，东至于蟠木，动静之物，大小之神，日月所照，莫不砥属。

帝颛顼生子曰穷蝉。颛顼崩，而玄嚣之孙高辛立，是为帝喾。

帝喾高辛者，黄帝之曾孙也。高辛父曰蟜极，蟜极父曰玄嚣，玄嚣父曰黄帝。自玄嚣与蟜极皆不得在位，至高辛即帝位。高辛于颛顼为族子。

高辛生而神灵，自言其名。普施利物，不于其身。聪以知远，明以察微。顺天之义，知民之急。仁而威，惠而信，修身而天下服。取地之财而节用之，抚教万民而利诲之，历日月而迎送之，明鬼神而敬事之。其色郁郁，其德嶷嶷。其动也时，其服也士。帝喾溉执中而遍天下，日月所照，风雨所至，莫不从服。

帝喾娶陈锋氏女，生放勋。娶娵訾氏女，生挚。帝喾崩，而挚代立。帝挚立，不善，而弟放勋立，是为帝尧。

帝尧者，放勋。其仁如天，其知如神。就之如日，望之如云。富而不骄，贵而不舒。黄收纯衣，彤车乘白马，能明驯德，以亲九族。九族既睦，便章百姓。百姓昭明，合和万国。

乃命羲、和，敬顺昊天，数法日月星辰，敬授民时。分命羲仲，居郁夷，曰旸谷。敬道日出，便程东作。日中，星鸟，以殷中春。其民析，鸟兽字微。申命羲叔，居南交。便程南为，敬致，日永，星火，以正中夏。其民因，鸟兽希革。申命和仲，居西土，曰昧谷。敬道日入，便程西成。夜中，星虚，以正中秋。其民夷易，鸟兽毛毨。申命和叔，居北方，曰幽都。便在伏物。日短，星昴，以正中冬。其民燠，鸟兽氄毛。岁三百六十六日，以闰月正四时。信饬百官，众功皆兴。

尧曰："谁可顺此事？"放齐曰："嗣子丹朱开明。"尧曰："吁！顽凶，不用。"尧又曰："谁可者？"驩兜曰："共工旁聚布功，可用。"尧曰："共工善言，其用僻，似恭漫天，不可。"尧又曰："嗟，四岳，汤汤洪水滔天，浩浩怀山襄陵，下民其忧，有能使治者？"皆曰鲧可。尧曰："鲧负命毁族，不可。"岳曰："异哉，试不可用而已。"尧于是听岳用鲧。九岁，功用不成。

尧曰："嗟！四岳：朕在位七十载，汝能庸命，践朕位？"岳应曰："鄙德忝帝位。"尧曰："悉举贵戚及疏远隐匿者。"众皆言于尧曰："有矜在民间，曰虞舜。"尧曰："然，朕闻之。其何如？"岳曰："盲者子。父顽，母嚚，弟傲，能和以孝，烝烝治，不至奸。"尧曰："吾其试哉！"于是尧妻之二女，观其德于二女。舜饬下二女于妫汭，如妇礼。尧善之，乃使舜慎和五典，五典能从。乃遍入百官，百官时序。宾于四门，四门穆穆，诸侯远方宾客皆敬。尧使舜入山林川泽，暴风雷雨，舜行不迷。尧以为圣，召舜曰："女谋事至而言可绩，三年矣。女登帝位。"舜让于德不怿。正月上日，舜受终于文祖。文祖者，尧大祖也。

于是帝尧老，命舜摄行天子之政，以观天命。舜乃在璇玑玉衡，以齐七政。遂类于上帝，禋于六宗，望于山川，辩于群神。揖五瑞，择吉月日，见四岳诸牧，班瑞。岁二月，东巡狩，至于岱宗，柴，望秩于山川。遂见东方君长，合时月正日，同律度量衡，修五礼五玉三帛二生一死为挚，如五器，卒乃复。五月，南巡狩；八月，西巡狩；十一月，北巡狩：皆如初。归，至于祖祢庙，用特牛礼。五岁一巡狩，群后四朝。遍告以言，明试以功，车服以庸。肇十有二州，决川。象以典刑，流宥五刑，鞭作官刑，扑作教刑，金作赎刑。眚灾过，赦；怙终贼，刑。钦哉，钦哉，惟刑之静哉！

讙兜进言共工，尧曰不可而试之工师，共工果淫辟。四岳举鲧治鸿水。尧以为不可，岳强请试之。试之而无功，故百姓不便。三苗在江淮、荆州数为乱。于是舜归而言于帝，请流共工于幽陵，以变北狄；放讙兜于崇山。以变南蛮；迁三苗于三危，以变西戎；殛鲧于羽山，以变东夷：四罪而天下咸服。

尧立七十年得舜，二十年而老，令舜摄行天子之政，荐之于天。尧辟位凡二十八年而崩。百姓悲哀，如丧父母。三年，四方莫举乐，以思尧。尧知子丹朱之不肖，不足授天下，于是乃权授舜。授舜，则天下得其利而丹朱病；授丹朱，则天下病而丹朱得其利。尧曰："终不以天下之病而利一人。"而卒授舜以天下。尧崩，三年之丧毕，舜让辟丹朱于南河之南。诸侯朝觐者不之丹朱而之舜，狱讼者不之丹朱而之舜，讴歌者不讴歌丹朱而讴歌舜。舜曰："天也。"夫而后之中国践天子位焉，是为帝舜。

虞舜者，名曰重华。重华父曰瞽叟，瞽叟父曰桥牛，桥牛父曰句望，句望父曰敬康，敬康父曰穷蝉，穷蝉父曰帝颛顼，颛顼父曰昌意：以至舜七世矣。自从穷蝉以至帝舜，皆微为庶人。

舜父瞽叟盲，而舜母死，瞽叟更娶妻而生象，象傲。瞽叟爱后妻子，常欲杀舜，舜避逃；及有小过，则受罪。顺事父及后母与弟，日以笃谨，匪有解。

舜，冀州之人也。舜耕历山，渔雷泽，陶河滨，作什器于寿丘，就时于负夏。舜父瞽叟顽，母嚚，弟象傲，皆欲杀舜。舜顺适不失子道，兄弟孝慈。欲杀，不可得；即求，尝在侧。

舜年二十以孝闻。三十而帝尧问可用者，四岳咸荐虞舜，曰可。于是尧乃以二女妻舜以观其内，使九男与处以观其外。舜居妫汭，内行弥谨。尧二女不敢以贵骄事舜亲戚，甚有妇道。尧九男皆益笃。舜耕历山，历山之人皆让畔；渔雷泽，雷泽上人皆让居；陶河滨，河滨器皆不苦窳。一年而所居成聚，二年成邑，三年成都。尧乃赐舜絺衣，与琴，为筑仓廪，予牛羊。瞽叟尚复欲杀之，使舜上涂廪，瞽叟从下纵火焚廪。舜乃以两笠自扞而下，去，得不死。后瞽叟又使舜穿井，舜穿井为匿空旁出。舜既入深，瞽叟与象共下土实井，舜从匿空出，去。瞽叟、象喜，以舜为已死。象曰："本谋者象。"象与其父母分，于是曰："舜妻尧二女与琴，象取之。牛羊仓廪，予父母。"象乃止舜宫居，鼓其琴。舜往见之。象鄂不怿，曰："我思舜正郁陶！"舜曰："然，尔其庶矣！"舜复事瞽叟爱弟弥谨。于是尧乃试舜五典百官，皆治。

昔高阳氏有才子八人，世得其利，谓之"八恺"。高辛氏有才子八人，世谓之"八元"。此十六族者，世济其美，不陨其名。至于尧，尧未能举。舜举八恺，使主后土，以揆百事，莫不时序。举八元，使布五教于四方，父义，母慈，兄友，弟恭，子孝，内平外成。

昔帝鸿氏有不才子，掩义隐贼，好行凶慝，天下谓之浑沌。少暤氏有不才子，毁信恶忠，崇饰恶言，天下谓之穷奇。颛顼氏有不才子，不可教训，不知话言，天下谓之梼杌。此三族，世忧之。至于尧，尧未能去。缙云氏有不才子，贪于饮食，冒于货贿，天下谓之饕餮。天下恶之，比之三凶。舜宾于四门，乃流四凶族，迁于四裔，以御螭魅，于是四门辟，言毋凶人也。

舜入于大麓，烈风雷雨不迷，尧乃知舜之足授天下。尧老，使舜摄行天子政，巡狩。舜得举用事二十年，而尧使摄政。摄政八年而尧崩。三年丧毕，让丹朱，天下归舜。而禹、皋陶、契、后稷、伯夷、夔、龙、倕、益、彭祖自尧时而皆举用，未有分职。于是舜乃至于文祖，谋于四岳，辟四门，明通四方耳目，命十二牧论帝德，行厚德，远佞人，则蛮夷率服。舜谓四岳曰："有能奋庸美尧之事者，使居官相事？"皆曰："伯禹为司空，可美帝功。"舜曰："嗟，然！禹，汝平水土，维是勉哉！"禹拜稽首，让于稷、契与皋陶。舜曰："然，往矣。"舜曰："弃，黎民始饥，汝后稷播时百谷。"舜曰："契，百姓不亲，五品不驯，汝为司徒，而敬敷五教，在宽。"舜曰："皋陶，蛮夷猾夏，寇贼奸轨，汝作士，五刑有服，五服三就；五流有度，五度三居：维明能信。"舜曰："谁能驯予工？"皆曰倕可。于是以倕为共工。舜曰："谁能驯予上下草木鸟兽？"皆曰益可。于是以益为朕虞。益拜稽首，让于诸臣朱虎、熊罴。舜曰："往矣，汝谐。"遂以朱虎、熊罴为佐。舜曰："嗟！四岳，有能典朕三礼？"皆曰伯夷可。舜曰："嗟！伯夷，以汝为秩宗，夙夜维敬，直哉维静絜。"伯夷让夔、龙。舜曰："然。以夔为典乐，教稚子，直而温，宽而栗，刚而毋虐，简而毋傲；诗言意，歌长言，声依永，律和声。八音能谐，毋相夺伦，神人以和。"夔曰："於！予击石拊石，百兽率舞。"舜曰："龙，朕畏忌谗说殄伪，振惊朕众，命汝为纳言，夙夜出入朕命，惟信。"舜曰："嗟！女二十有二人，敬哉，惟时相天事。"三岁一考功，三考绌陟，远近众功咸兴。分北三苗。

此二十二人咸成厥功：皋陶为大理，平，民各伏得其实；伯夷主礼，上下咸让；倕主工师，百工致功；益主虞，山泽辟；弃主稷，百谷时茂；契主司徒，百姓亲和；龙主宾客，远人至；十二牧行而九州莫敢辟违；唯禹之功为大，披九山，通九泽，决九河，定九州，各以其职来贡，不失厥宜。方五千里，至于荒服。南抚交阯、北发，西戎、析枝、渠廋、氐、羌，北山戎、发、息慎，东长、鸟夷，四海之内咸戴帝舜之功。于是禹乃兴九招之乐，致异物，凤皇来翔。天下明德皆自虞帝始。

舜年二十以孝闻，年三十尧举之，年五十摄行天子事，年五十八尧崩，年六十一代尧践帝位。践帝位三十九年，南巡狩，崩于苍梧之野。葬于江南九疑，是为零陵。舜之践帝位，载天子旗，往朝父瞽叟，夔夔唯谨，如子道。封弟象为诸侯。舜子商均亦不肖，舜乃豫荐禹于天。十七年而崩。三年丧毕，禹亦乃让舜子，如舜让尧子。诸侯归之，然后禹践天子位。尧子丹朱，舜子商均，皆有疆土，以奉先祀。服其服，礼乐如之。以客见天子，天子弗臣，示不敢专也。

自黄帝至舜、禹，皆同姓而异其国号，以章明德。故黄帝为有熊，帝颛顼为高阳，帝喾为高辛，帝尧为陶唐，帝舜为有虞。帝禹为夏后而别氏，姓姒氏。契为商，姓子氏。弃为周，姓姬氏。

太史公曰：学者多称五帝，尚矣。然《尚书》独载尧以来；而百家言黄帝，其文不雅驯，荐绅先生难言之。孔子所传宰予问《五帝德》及《帝系姓》，儒者或不传。余尝西至空桐，北过涿鹿，东渐于海，南浮江、淮矣，至长老皆各往往称黄帝、尧、舜之处，风教固殊焉，总之不离古文者近是。予观《春秋》、《国语》，其发明《五帝德》、《帝系姓》章矣，顾弟弗深考，其所表见皆不虚。《书》缺有间矣，其轶乃时时见于他说。非好学深思，心知其意，固难为浅见寡闻道也。余并论次，择其言尤雅者，故著为本纪书首。

译文：

　　黄帝是少典氏的后代，姓公孙，名轩辕。他生下来就神奇灵异，在襁褓中就会言语，幼小时就很伶俐懂礼，稍大即纯朴敏慧，成年后睿智而练达。

　　轩辕的时候，神农氏的势力已经衰微。诸侯互相侵伐，残害百姓，而神农氏无力征讨。于是轩辕便操练士卒，用来征讨那些不来朝贡的诸侯，四方诸侯全都前来俯首称臣。蚩尤最为残暴，没有谁能征服他。

　　炎帝想要欺凌诸侯，诸侯便都归属轩辕。于是轩辕便实行德政，整治军队，研究气候，种植五谷，安抚百姓，测量四方的土地，训练出像熊罴、貔貅、貙虎一样凶猛的军队，率领他们同炎帝在阪泉的野外交战。经过三次交战，终于取得了胜利。

　　蚩尤作乱，不听从黄帝的命令。于是黄帝便征集各地诸侯的军队，与蚩尤在涿鹿的野外交战，活捉了蚩尤，并把他杀死。各地诸侯便都尊奉轩辕为天子，取代了神农氏，这就是黄帝。天下若有不顺从的，黄帝便去征讨他，直至平服后才离去。开山通路，不曾有过安闲的时候。

　　他向东到达大海，登上丸山和泰山，西边到达空桐，登上鸡头山，南边到达长江，登上熊山、湘山，北边驱逐荤粥，在釜山与诸侯核验符契，在涿鹿山下宽广平坦的地方建设城邑。迁徙往来，没有固定的居处，用兵营围绕来防卫。百官都用云来命名，军队也称云师。设立左右大监，监察各方诸国。各方诸国和顺，在祭祀天地神灵的封禅大典中，参加黄帝主持盛典的非常多。黄帝获得了宝鼎，推算日辰历数。他任用风后、力牧、常先、大鸿来治理人民。顺应天地的法则，阴阳的变化，奉行养生送死的制度，研究国家存亡的道理。按时种植百谷草木，驯化鸟兽昆虫，广泛研究日月星辰的行踪变化以及水流、土石、金玉的状况，勤思考，勤实践，多倾听，多观察，节用水火材物。因为享有土德的祥瑞，所以号为黄帝。

黄帝共有二十五个儿子，其中得姓的有十四人。

黄帝住在轩辕之丘，娶了西陵氏的女子为妻，这就是嫘祖。嫘祖是黄帝的正妃，生了两个儿子，他们的后代都曾据有天下：其中一个叫玄嚣，就是青阳，青阳居住在江水；其中第二个叫昌意，昌意居住在若水。昌意娶了蜀山氏的女子，名叫昌仆，生了高阳，高阳有高尚的道德。黄帝死后，葬在桥山。他的孙子，也就是昌意的儿子高阳，继承帝位，这就是帝颛顼。

帝颛顼高阳，是黄帝的孙子、昌意的儿子。他文静渊深而有智谋，明白通达而知事理；杂植各种作物，以尽地力，按时行事，顺应自然，尊奉鬼神，制定礼仪，调理五行之气，教化民众，洁净虔诚地进行祭祀。往北到达幽陵，往南到达交阯，往西到达流沙，往东到达蟠木，无论有生命的和没有生命的，无论是大山大河还是小山小河之神，凡是日月所能照临的地方，没有不服从他、归附他的。

帝颛顼生的儿子名叫穷蝉。颛顼死后，玄嚣的孙子高辛继承帝位，这就是帝喾。

帝喾高辛是黄帝的曾孙。高辛的父亲叫蟜极，蟜极的父亲叫玄嚣，玄嚣的父亲叫黄帝。自玄嚣到蟜极都没有得到帝位，到高辛才即帝位。高辛对于颛顼来说是同族兄弟之子。

高辛刚生下来就神灵，自己说出了自己的名字。他广施恩泽，利及万物，却毫不为己。他明辨是非，能洞察远方；察事细微，能烛照隐幽。他顺应天帝的旨意，了解百姓的疾苦。他仁厚而威严，慈惠而守信，自我修身，而天下归服。他获取大地材物而节制使用，抚育教导百姓，让他们知道利益之所在，用历法来掌握日月节气变化的规律，尊显鬼神，恭敬地侍奉。他面容谦恭，品德高尚，举止适时，穿着朴素。帝喾恩德不偏不倚，宛如水灌溉土地一样，遍及天下，凡日月所临、风雨所及的地方，没有不来归顺的。

帝喾娶陈锋氏的女子，生放勋；娶娵訾氏的女子，生挚。帝喾去世后，由挚继承帝位。帝挚在位，治理得不好，他的弟弟放勋继位，这就是帝尧。

帝尧就是放勋。他的仁德像天那样浩大无边，他的智慧像神那样渊深莫测。人们追随他如同追随太阳那样，人们期待他如同渴望祥云那样。他富有而不骄纵，显贵而不傲慢。他头戴黄色的冠冕，身穿黑色的士服，乘坐红色的车子，驾着白色的马。他能发扬光大高尚的德操，把各部族团结得亲密无间。各部族已经亲密无间，再明确百官的职责，表彰百官中政绩卓著的。百官的政绩卓著，天下万国无不融洽和睦。

于是命令羲氏、和氏，恭敬地顺应上天。依据日月星辰的行迹制定历法，把时令谨慎地传授给各地百姓。发布命令派遣羲仲住在叫旸谷的郁夷之地，恭敬地迎接朝阳的升起，审慎地预报春季耕种的时日。白天同夜晚的时间一样长、黄昏时鸟星在正南方上空出现，根据这种景象来确定春分的日子。这时，人们分散到田野里破土耕种，鸟兽交尾生育。又命令羲叔住在南交，审慎地预报夏季耕耘的时日。恭敬地迎接夏至的到来。一年中白天时间最长、黄昏时火星在正南方上空出现，根据这种景象来确定夏至的日子。这时，人们忙着在田里除草，鸟兽的羽毛变得稀疏了。又命令和仲住在叫昧谷的西方，恭敬地送别太阳离去，审慎地预报收获的日子。夜晚同白天的时间一样长、黄昏时虚星在正南方上空出现，根据这种景象来确定秋分的日子。这时，人们都忙着收割庄稼，鸟兽更换了羽毛。又命令和叔住在叫幽都的北方，审慎地预报储藏谷物的时日。一年中白天时间最短、黄昏时昴星在正南方上空出现，根据这种景象来确定冬至的日子。这时，人们留在屋里取暖，鸟兽的羽毛变得又厚又密。一年有三百六十六天，用置闰月来把四季调整准确。整顿百官，各项事业就无不兴旺发达。

尧说："哪一位能理顺国家大事？"放齐说："太子丹朱聪明通达。"尧说："唉！他不讲道德，又好争讼，不能用！"尧又说："哪一位可以当此重任呢？"讙兜说："共工广泛地聚集民众，做了不少事情，可以任用。"尧说："共工会说漂亮话，实际行动却违背正道，对神明貌似恭敬，实际上却极为轻慢，不可重用。"尧又说："唉！各位首领，滚滚洪水漫天而来，浩浩荡荡，包围了群山，淹没了丘陵，百姓忧心忡忡，有谁能受命去治理呢？"首领们都说鲧可以受命。尧说："鲧常违反命令，危害同族，不可任用。"首领们说："恐怕不至于这样吧！试用不行，再罢免他。"于是尧听从首领们的意见，任用鲧来治水。鲧治水九年，毫无成效。

尧说："唉！各位首领，我在位已七十年了，你们哪一位能按天命行事，接替我的职位？"首领们答道："我们的德行卑下，会玷辱帝位的。"尧说："只要是真正贤能的人，无论是达官贵人，至亲至友，还是被疏远和隐居的人，全都要向我举荐。"大家异口同声地对尧说："在百姓中有位尚未娶妻的人，名叫虞舜。"尧说："是的，我听说过这个人，他究竟怎样？"首领们说："他是个盲人的儿子。父亲心地险恶，母亲愚悍奸诈，弟弟骄纵不法，舜能用孝行与他们和睦相亲，使他们的心向善免于邪恶。"尧说："那么我还是试试看吧！"于是尧把两个女儿嫁给舜，通过他对待妻子的态度来观察他的品德。舜把二妻子安置在妫水入河处，让她们遵守做媳妇的礼节。尧对此十分满意，便让舜负责推行五教，使百姓能按五教行事。又让他按五教整饬百官，使百官都能遵章守法。又让他在国门招待各方使者，国门充满了肃穆的气氛，各方诸侯和远道来的宾客都十分钦敬。尧又让舜进入山林川泽，遇到暴风雷雨，舜仍能前进，不迷失方向。尧认为舜是伟大的，召见舜说："你谋虑周全，说了之后，便可以建立功业，已经过了三年，你登上帝位吧！"舜一再推让，认为自己的德行不足以胜任帝位，心中十分不安。正月初一，舜在文祖庙前受命登位。文祖就是尧的太祖。

这时，帝尧已经年迈，让舜代行天子之政，以便观察天帝的意愿。舜就观察璇玑玉衡，调整对日月五星的测算。然后又举行禷礼祭祀上天，举行禋礼遥祭上下四方，举行望礼遥祭名山大川，遍祭群神。准备齐全了玉制的五种礼器，选择吉利的月份和时日，召见四方诸侯君长，向他们颁赐玉制的礼器。这年的二月，舜到东方巡察，到达泰山，烧柴祭天，又举行望礼遥祭名山大川。然后又接见东方各诸侯国的君长，校正历法，同他们核对季节、月份和时日，统一音律和度、量、衡，制定了五种礼仪，以及五种玉制礼器、三种彩缯、二种活牲、一种死禽分别作为诸侯、卿大夫、士相见的礼品。朝觐礼毕，五种玉器全都归还各方诸侯。五月，舜到南方巡察；八月，到西方巡察；十一月，到北方巡察。每到一方都像到东方那样，接见当地的诸侯君长，统一行政制度。来后，到了祖庙父庙，举行最隆重的特牲之礼，祭祀列祖列宗。舜每五年巡察天下一次，各地诸侯则每四年朝见一次。向天下宣告自己的政令，察明各地的政绩，根据功绩的大小赏赐车马服饰。舜开始设立十二州，疏导各地的河流。他用图画的方式公布刑法，用流放的办法来减免五刑，用鞭子作为官府的刑罚，学校用木棍扑打作为处罚，罪犯可以用金钱来赎刑。对因偶然过失犯罪的予以赦免，对怙恶不悛的施以重刑。慎重啊，慎重啊，对于施行刑罚，一定要小心谨慎啊！

讙兜推荐共工，尧说"不行"，但是试用他为工师，共工果然放纵作恶。四方诸侯首领举荐鲧来治理洪水，尧认为不行，首领们一再恳请试用鲧，经过试用以后，不见成效，百姓依然深受其苦。三苗部族在长江、淮河、荆州一带一再作乱。这时，舜巡视回来，便向帝尧报告，请求把共工放逐到幽陵，变为北狄；把讙兜放逐到崇山，变为南蛮；把三苗迁徙到三危，变为西戎，把鲧放逐到羽山，变为东夷。惩办了这四个罪犯，天下人都心悦诚服。

尧登帝位七十年而得到舜，又过了二十年而告老，让舜代行天子的职务，向上天举荐舜。尧让位二十八年后就去世了。百姓很悲哀，如同丧失了亲生父母一样。尧死后的三年中，天下都停止奏乐，以表示对帝尧的哀思。尧知道儿子丹朱不贤，不能授予他治理天下的责任，于是便破例把帝位传授给了舜。把帝位传授给舜，天下将得到好处，而丹朱一人忧愁；把帝位传授给丹朱，天下都将受苦，而丹朱一人得利。尧说："总不能让天下人受苦，而仅让一人得利。"尧终于把帝位传授给了舜。帝尧去世，三年的丧期结束后，舜把帝位让给丹朱，自己躲避到南河的南岸。朝见天子的诸侯不到丹朱那里，而去朝拜舜。争讼告状的不到丹朱那里，而去找舜。赞美人的不讴歌丹朱，而是歌颂舜。舜说："这是天意吧。"从这以后，舜才来到国中，登上天子之位，这就是帝舜。

虞舜，名叫重华。重华的父亲叫瞽叟，瞽叟的父亲叫桥牛，桥牛的父亲叫句望，句望的父亲叫敬康，敬康的父亲叫穷蝉，穷蝉的父亲叫颛顼，颛顼的父亲叫昌意。从昌意到舜已是七代。从穷蝉到帝舜，都是不知名的普通平民。

舜的父亲瞽叟是个盲人，舜的母亲死后，瞽叟就另外娶妻生了象。象骄纵不法。瞽叟溺爱后妻的儿子，时常盘算杀害舜。舜都设法逃避了。遇到有小过失，便接受处罚。舜恭顺地侍奉父亲、后母和弟弟，天天真诚如一，谨小慎微，没有一时一刻松懈怠慢。

舜是冀州人，曾经在历山种过田，在雷泽捕过鱼，在黄河边上烧制过陶器，在寿丘制作过各种生产工具和生活用具，在负夏做过生意。舜的父亲瞽叟心地险恶，母亲愚悍奸诈，弟弟象骄纵不法，都想杀害舜。舜仍然恭顺，不失为子之道，待弟弟亲爱友善。父母兄弟想杀他，却总也无法实现。如果有事找他，却常常在身边。

舜二十岁时，因为孝顺闻名于世。三十岁时，帝尧询问可以重用的人，四方诸侯首领全都推荐虞舜，说他可用。于是帝尧便把两个女儿嫁给他，观察他怎样治家。又让九个儿子与他相处，观察他在外怎样待人接物。舜居住在妫汭之滨，在家中愈益谨慎，尧的两个女儿也不敢因为出身高贵而以傲慢的态度对待舜的亲戚，非常懂得做媳妇的规矩。尧的九个儿子更加纯朴厚道。舜在历山种田，历山地区的人在划分田界时，都懂得互相谦让；在雷泽捕鱼时，雷泽一带的人都谦让自己的居处；在黄河边制作陶器时，黄河边出产的陶器全没有粗制滥造的。他住过一年的地方，便形成了村落；住过二年的地方，便形成了城镇；住过三年的地方，便形成了都市。于是尧便赏赐舜细葛布做的衣服，赠给琴，为他建筑容纳粮食的仓廪，送给他牛羊。瞽叟又想杀死舜。指使舜登到仓廪上面去涂泥，然后从下面放火焚烧仓廪。舜就用两个斗笠护住身体跳下仓廪逃走，得免于死。后来瞽叟又指使舜去挖井。舜挖井时，在井壁挖了一个通向外面的隐蔽通道。舜下到井的深处，瞽叟同象一起往井下填土，把井填实。舜从隐蔽的通道出来，逃走了。瞽叟和象非常高兴，以为舜已经死去，象说："这主意原是我出的。"象同父母一起瓜分舜的遗产，这时他说："舜的两个妻子，也就是尧的女儿，与那把瑶琴，我收取了。牛羊和仓廪给父母。"象就跑到舜的居室住下来，弹着舜的琴。舜去见象。象愕然不快，说："我思念你，正难过伤心呢！"舜说："是这样，对于兄弟友悌情谊，你还真差不多呢！"舜侍奉瞽叟，爱护弟弟，更加勤谨。于是尧便试着让舜掌管五种礼教，担任各种官职，舜都做得很出色。

　　从前，高阳氏有八个很有才干的儿子，天下人都受到他们的恩惠，称他们为"八恺"。高辛氏也有八个很有才干的儿子，世人称他们为"八元"。这十六支宗族，世世代代都能增益他们的美德，从未毁损过他们先人的声誉。到了尧时，尧没有任用他们的首领。舜任用了"八恺"的后人，指派他们负责管理农业生产，总揽各项事务，所有事情都处理得非常及时，井然有序。还任用了"八元"的后人，指派他们到四方传布五教，于是，父亲威严、母亲慈爱、哥哥友善、弟弟恭敬、儿子孝顺，国内太平，域外向化。

　　从前，帝鸿氏有不成器的儿子，不行仁义，阴毒残忍，专好行凶作恶，天下人称他为"浑沌"。少皞氏也有不成器的儿子，专门诽谤诚实的人，憎恶忠直的人，推崇和粉饰邪恶的言论，天下人称他为"穷奇"。颛顼氏也有不成器的儿子，不接受任何教育，不懂得好话坏话，天下人称他为"梼杌"。这三个部族，使世人感到忧虑。到尧时，也没有除掉他们。缙云氏有不成器的儿子，贪吃贪喝，谋取财物，天下人称他为"饕餮"。世人没有不憎恶他的，把他与浑沌、穷奇、梼杌这三个凶恶的人并列。舜掌管国都四门的接待宾客事务时，流放了这四个凶恶的家族，把他们迁徙到四方最偏远的地方，让他们去抵御妖魔鬼怪。于是国都四门大开，都说没有凶恶的人了。

　　舜进入高山下的深林，遇到暴风雷雨而不迷失方向，尧由此知道舜是足以托付天下的。尧告老时，让舜代理天子的政事，巡视天下。舜被举用做了二十年的工作，尧便让他代理政事。舜代理政事八年，尧去世。三年服丧结束后，舜让位给丹朱，天下人却都归向舜。禹、皋陶、契、后稷、伯夷、夔、龙、倕、益、彭祖这些人，尧在世时就都得到了任用，只是没有封邑和任命适当的官职。于是舜来到文祖庙，同四方诸侯首领们商议，大开四面国门，畅通言路，命令十二个地域长官评议天子的品德。他们认为，如果广施恩德，疏远谄佞之人，那么，偏远的部族都会前来归顺。舜对四方诸侯首领说："哪一位能奋力做出成绩，发扬光大帝尧的功业，我将任命他官职，辅佐我治理天下。"首领们都说："伯禹出任司空，可以发扬光大帝尧的功业。"舜对禹说："嗯，对！禹，你来平定水土，你可要努力做好这件事啊！"禹跪拜叩头，要推让给稷、契和皋陶。舜说："虽说如此，还是你去吧！"舜说："弃！百姓开始闹饥荒了，你掌管农事，负责种植各种谷物。"舜说："契！老百姓之间不相亲睦，君臣、父子、夫妇、长幼、朋友五者相处，应有的道德得不到信守，你来担任司徒，细心地推行五教，宽厚待人。"舜说："皋陶，野蛮的边民经常到中原来进行骚扰，内外贼寇猖獗，现在任命你担任士，触犯了五刑的要执法，五刑分别在市、朝、野三处执行。五种流放之刑各有标准，五种流放地分别在三个远近不同的地方，只有刑法严明才能取信于民。"舜说："谁能管理好我的各种工匠？"大家都说："倕可以胜任。"于是任命倕为共工。舜又说道："谁能管理好各地的山林原野、草木鸟兽？"大家都说："益可以胜任。"于是任命益为主管山林原野的虞官。益跪拜叩头，想推让给大臣朱虎、熊罴。舜说："还是你去吧，你很适合。"便派朱虎、熊罴为辅佐。舜说道："喂，诸侯首领们，谁适合为我主持三大祭典？"大家都说："伯夷可以。"舜说："喂，伯夷，任命你担任秩宗，每天从早到晚都要恭谨，内心要安静、洁白、公正无私！"伯夷要推让给夔、龙。舜说："好吧，任命夔掌管音乐，教育少年。要正直而温和，宽宏而谨慎，刚强而不暴虐，办事干练而不傲慢失礼。诗是表达思想的，歌能加长诗的音节，声调要依据歌咏，音律要使声调和谐。八种乐器的声音都能和谐，就不会伦理错乱，神灵和世人都将安宁和睦。"夔说："啊！我敲打起石制的乐器，各种兽类都随着我的节拍载歌载舞。"舜说："龙，我最憎恶谗言和暴行惊扰我的人民，任命你担任纳言，不论早晚负责颁发我的政令，坚守信用。"舜说："啊！你们二十二人，要恭谨啊，每时都要辅佐上天交给我的事业。"舜每三年考核一次大家的政绩，考核三次以后，决定升迁或罢免。因此，无论远近，各项事业都兴盛起来。

把三苗部族分别隔离开来。

这二十二人都成功地完成了他们的工作。皋陶担任法官，执法公平，实事求是，百姓信服，办案平正允当。伯夷掌管礼仪，上上下下都谦恭礼让。倕统领工师，各种工匠都做出了成绩。益管理山泽，山林湖泽都开发利用起来。弃主管农业，各种谷物都生长得茁壮茂盛。契做司徒，百姓亲密和谐。龙主管接待宾客，远方的部族都来归附。十二个地区的长官出巡，九州百姓没有哪一个敢躲避和违抗的。他们当中唯有禹的功绩最大。他开通九座山脉，疏通了九个湖泊，治理了九条江河，划定了九州的疆界，各州都以当地的特产前来进贡，没有不符合规定的。疆域方圆五千里，伸延到了遥远的不毛之地。南方安抚了交阯、北发，西方安抚了戎、析枝、渠廋、氐、羌，北方安抚了山戎、发、息慎，东方安抚了长夷、鸟夷，四海之内无不感戴帝舜的功德。于是，禹创作了《九招》乐曲，招来珍奇异物，凤凰飞翔。天下的文明德政都始自虞帝时代。

舜二十岁时即以孝顺闻名，三十岁时尧举用了他，五十岁代理天子政务，五十八岁时尧去世，六十一岁时继承尧登上帝位。登上帝位三十九年，到南方巡视，死在苍梧的乡间。安葬在长江南面的九嶷山，这就是零陵。舜登上帝位，车子上竖立着天子的旗帜，去朝见父亲瞽叟，态度和悦恭谨，保持着做儿子的规矩。封弟弟象为诸侯。舜的儿子商均也是个不成器的人，舜在自己死前就把禹推荐给天帝。过了十七年，舜去世了。服丧三年后，禹也把帝位让给舜的儿子，就像舜让尧的儿子继承帝位一样。然而诸侯全都归顺禹，后来禹才登上帝位。尧的儿子丹朱、舜的儿子商均，都有自己的封地，用来供奉自己的祖先。他们的服饰都保持着本部族的传统，礼乐制度也照旧。他们以宾客的身份进见天子,天子也不把他们当臣下看待,表示不敢独自占有天下。

从黄帝到舜、禹,都是同姓,只是国号不同,以此来显示各人的美德。所以黄帝号有熊,帝颛顼号高阳,帝喾号高辛,帝尧号陶唐,帝舜号有虞。帝禹称夏后,用不同的氏来区别,姓姒氏。契是商的祖先,姓子氏。弃是周的祖先,姓姬氏。

太史公说:学者很多人都讨论五帝。但他们距离我们太遥远了。《尚书》只记载尧以来的事迹,各家述说黄帝事迹的文字都不典雅,有学问的人也难以说明白。孔子所传授的宰予问《五帝德》和《帝系姓》,有的儒生也不传习。我曾往西到达空桐山,往北经过涿鹿,往东到达海边,往南渡过长江、淮河。所到之处,长老们常常谈到黄帝、尧、舜,风俗教化实在是迥然不同。总而言之,以不悖于古文记载的那些说法较为可信。我读《春秋》、《国语》,觉得能阐明《五帝德》、《帝系姓》的地方还是很清楚的,只是没有进行深入考证研究,其实,它们的看法都不虚妄。《尚书》残缺脱落已有很长时间了,散佚的部分,时常在别的著作中见到。不是好学深思,心领神会,是很难就此与浅见寡闻的人讨论的。我综合了各家的著述,进行研究编排,选择文辞最为典雅可信的,写成这篇本纪,作为本书的第一篇。

史记卷二

夏本纪第二

夏禹,名曰文命。禹之父曰鲧,鲧之父曰帝颛顼,颛顼之父曰昌意,昌意之父曰黄帝。禹者,黄帝之玄孙而帝颛顼之孙也。禹之曾大父昌意及父鲧皆不得在帝位,为人臣。

当帝尧之时,鸿水滔天,浩浩怀山襄陵,下民其忧。尧求能治水者,群臣、四岳皆曰鲧可。尧曰:"鲧为人负命毁族,不可。"四岳曰:"等之未有贤于鲧者,愿帝试之。"于是尧听四岳,用鲧治水。九年而水不息,功用不成。于是帝尧乃求人,更得舜。舜登用,摄行天子之政,巡狩。行视鲧之治水无状,乃殛鲧于羽山以死。天下皆以舜之诛为是。于是舜举鲧子禹,而使续鲧之业。

尧崩,帝舜问四岳曰:"有能成美尧之事者使居官?"皆曰:"伯禹为司空,可成美尧之功。"舜曰:"嗟,然!"命禹:"女平水土,维是勉之。"禹拜稽首,让于契、后稷、皋陶。舜曰:"女其往视尔事矣。"

禹为人敏给克勤;其德不违,其仁可亲,其言可信;声为律,身为度,称以出;亹亹穆穆,为纲为纪。

禹乃遂与益、后稷奉帝命,命诸侯百姓兴人徒以傅土,行山表木，定高山大川。禹伤先人父鲧功之不成受诛，乃劳身焦思，居外十三年，过家门不敢入。薄衣食，致孝于鬼神。卑宫室，致费于沟淢。陆行乘车，水行乘船，泥行乘橇，山行乘檋。左准绳，右规矩，载四时，以开九州，通九道，陂九泽，度九山。令益予众庶稻，可种卑湿。命后稷予众庶难得之食。食少，调有余相给，以均诸侯。禹乃行相地宜所有以贡，及山川之便利。

禹行自冀州始。冀州：既载壶口，治梁及岐。既修太原，至于岳阳。覃怀致功，至于衡漳。其土白壤，赋上上错，田中中。常、卫既从，大陆既为。鸟夷皮服。夹右碣石，入于海。

济、河维沇州：九河既道，雷夏既泽，雍、沮会同，桑土既蚕，于是民得下丘居土。其土黑坟，草繇木条。田中下，赋贞，作十有三年乃同。其贡漆丝，其篚织文。浮于济、漯，通于河。

海岱维青州：堣夷既略，潍、淄其道。其土白坟，海滨广潟，厥田斥卤。田上下，赋中上。厥贡盐、𫄨，海物维错，岱畎丝、枲、铅、松、怪石，莱夷为牧，其篚檿丝。浮于汶，通于济。

海岱及淮维徐州：淮、沂其治，蒙、羽其艺。大野既都，东原厎平。其土赤埴坟，草木渐包。其田上中，赋中中。贡维土五色，羽畎夏狄，峄阳孤桐，泗滨浮磬，淮夷蠙珠臮鱼，其篚玄纤、缟。浮于淮、泗，通于河。

淮海维扬州：彭蠡既都，阳鸟所居。三江既入，震泽致定。竹箭既布。其草惟夭，其木惟乔，其土涂泥。田下下，赋下上上杂。贡金三品，瑶、琨、竹箭，齿、革、羽、旄，岛夷卉服，其篚织贝，其包橘、柚锡贡。均江、海，通淮、泗。

荆及衡阳维荆州：江、汉朝宗于海。九江甚中，沱、涔已道，云土、梦为治。其土涂泥。田下中，赋上下。贡：羽、旄、齿、革、金三品，杶、榦、栝、柏，砺、砥、砮、丹，维箘簬、楛，三国致贡其名，包匦菁茅，其篚玄纁玑组，九江入赐大龟。浮于江、沱、涔、汉，逾于雒，至于南河。

荆河惟豫州：伊、雒、瀍、涧既入于河，荥播既都，道荷泽，被明都。其土壤，下土坟垆。田中上，赋杂上中。贡：漆、丝、絺、纻，其篚纤絮，锡贡磬错。浮于雒，达于河。

华阳黑水惟梁州：汶、嶓既蓺，沱、涔既道，蔡、蒙旅平，和夷厎绩。其土青骊。田下上，赋下中三错。贡璆、铁、银、镂、砮、磬，熊、罴、狐、狸、织皮。西倾因桓是来。浮于潜，逾于沔，入于渭，乱于河。

黑水西河惟雍州：弱水既西，泾属渭汭。漆、沮既从，沣水所同。荆、岐已旅，终南、敦物至于鸟鼠。原隰厎绩，至于都野。三危既度，三苗大序。其土黄壤。田上上，赋中下。贡璆、琳、琅玕。浮于积石，至于龙门西河，会于渭汭。织皮、昆仑、析支、渠搜。西戎即序。

道九山：汧及岐至于荆山，逾于河；壶口、雷首至于太岳；砥柱、析城至于王屋；太行、常山至于碣石，入于海。西倾、朱圉、鸟鼠至于太华；熊耳、外方、桐柏至于负尾。道嶓冢，至于荆山；内方至于大别。汶山之阳至衡山，过九江，至于敷浅原。

道九川：弱水至于合黎，余波入于流沙。道黑水，至于三危，入于南海。道河积石，至于龙门，南至华阴，东至砥柱，又东至于盟津，东过雒汭，至于大邳，北过降水，至于大陆，北播为九河，同为逆河，入于海。嶓冢道瀁，东流为汉，又东为苍浪之水，过三澨，入于大别，南入于江，东汇泽为彭蠡，东为北江，入于海。汶山道江，东别为沱，又东至于醴，过九江，至于东陵，东迆北会于汇，东为中江，入于海。道沇水，东为济，入于河，泆为荥，东出陶丘北，又东至于荷，又东北会于汶，又东北入于海。道淮自桐柏，东会于泗、沂，东入于海。道渭自鸟鼠同穴，东会于沣，又东北至于泾，东过漆沮，入于河。道雒自熊耳，东北会于涧、瀍，又东会于伊，东北入于河。

于是九州攸同，四奥既居，九山刊旅，九川涤原，九泽既陂，四海会同。六府甚修，众土交正，致慎财赋，咸则三壤成赋中国。赐土姓："祗台德先，不距朕行。"

令天子之国以外五百里甸服：百里赋纳緫，二百里纳铚，三百里纳秸服，四百里粟，五百里米。甸服外五百里侯服：百里采，二百里任国，三百里诸侯。侯服外五百里绥服：三百里揆文教，二百里奋武卫。绥服外五百里要服：三百里夷，二百里蔡。要服外五百里荒服：三百里蛮，二百里流。

东渐于海，西被于流沙，朔、南暨：声教讫于四海。于是帝锡禹玄圭，以告成功于天下。天下于是太平治。

皋陶作士以理民。帝舜朝，禹、伯夷、皋陶相与语帝前。皋陶述其谋曰："信道其德，谋明辅和。"禹曰："然，如何？"皋陶曰："於！慎其身修，思长，敦序九族，众明高翼，近可远在已。"禹拜美言，曰："然。"皋陶曰："於！在知人，在安民。"禹曰："吁！皆若是，惟帝其难之。知人则智，能官人；能安民则惠，黎民怀之。能知能惠，何忧乎讙兜，何迁乎有苗，何畏乎巧言善色佞人？"皋陶曰："然，於！亦行有九德，亦言其有德。"乃言曰："始事事，宽而栗，柔而立，愿而共，治而敬，扰而毅，直而温，简而廉，刚而实，强而义，章其有常，吉哉！日宣三德，蚤夜翊明有家。日严振敬六德，亮采有国。翕受普施，九德咸事，俊乂在官，百吏肃谨。毋教邪淫奇谋。非其人居其官，是谓乱天事。天讨有罪，五刑五用哉！吾言底可行乎？"禹曰："女言致可绩行。"皋陶曰：

"余未有知，思赞道哉？"

帝舜谓禹曰："女亦昌言。"禹拜曰："於，予何言！予思日孳孳。"皋陶难禹曰："何谓孳孳？"禹曰："鸿水滔天，浩浩怀山襄陵，下民皆服于水。予陆行乘车，水行乘舟，泥行乘橇，山行乘檋，行山刊木。与益予众庶稻鲜食。以决九川致四海，浚畎浍致之川。与稷予众庶难得之食。食少，调有余补不足，徙居。众民乃定，万国为治。"皋陶曰："然，此而美也。"

禹曰："於，帝！慎乃在位，安尔止。辅德，天下大应。清意以昭待上帝命，天其重命用休。"帝曰："吁！臣哉！臣哉！臣作朕股肱耳目。予欲左右有民，女辅之。余欲观古人之象，日月星辰，作文绣服色，女明之。予欲闻六律五声八音，来始滑，以出入五言，女听。予即辟，女匡拂予。女无面谀，退而谤予。敬四辅臣。诸众谗嬖臣，君德诚施皆清矣。"禹曰："然。帝即不时，布同善恶则毋功。"

帝曰："毋若丹朱傲，维慢游是好，毋水行舟，朋淫于家，用绝其世。予不能顺是。"禹曰："予娶涂山，辛壬癸甲，生启予不子，以故能成水土功。辅成五服，至于五千里，州十二师，外薄四海，咸建五长，各道有功。苗顽不即功，帝其念哉？"帝曰："道吾德，乃女功序之也。"

皋陶于是敬禹之德，令民皆则禹。不如言，刑从之。舜德大明。

于是夔行乐，祖考至，群后相让，鸟兽翔舞，《箫韶》九成，凤皇来仪，百兽率舞，百官信谐。帝用此作歌，曰："陟天之命，维时维几。"乃歌曰："股肱喜哉，元首起哉，百工熙哉！"皋陶拜手稽首扬言曰："念哉，率为兴事，慎乃宪，敬哉！"乃更为歌曰："元首明哉，股肱良哉，庶事康哉！"又歌曰:"元首丛脞哉,股肱惰哉,万事堕哉!"帝拜曰:"然,往钦哉!"于是天下皆宗禹之明度数声乐,为山川神主。

帝舜荐禹于天,为嗣。十七年而帝舜崩。三年丧毕,禹辞辟舜之子商均于阳城。天下诸侯皆去商均而朝禹。禹于是遂即天子位,南面朝天下,国号曰夏后,姓姒氏。

帝禹立而举皋陶荐之,且授政焉,而皋陶卒。封皋陶之后于英、六,或在许。而后举益,任之政。

十年,帝禹东巡狩,至于会稽而崩。以天下授益。三年之丧毕,益让帝禹之子启,而辟居箕山之阳。禹子启贤,天下属意焉。及禹崩,虽授益,益之佐禹日浅,天下未洽。故诸侯皆去益而朝启,曰"吾君帝禹之子也"。于是启遂即天子之位,是为夏后帝启。

夏后帝启,禹之子,其母涂山氏之女也。

有扈氏不服,启伐之,大战于甘。将战,作《甘誓》。乃召六卿申之。启曰:"嗟!六事之人,予誓告女:有扈氏威侮五行,怠弃三正,天用剿绝其命。今予维共行天之罚。左不攻于左,右不攻于右,女不共命。御非其马之政,女不共命。用命,赏于祖;不用命,僇于社,予则帑僇女。"遂灭有扈氏。天下咸朝。

夏后帝启崩,子帝太康立。帝太康失国,昆弟五人须于洛汭,作《五子之歌》。

太康崩,弟中康立,是为帝中康。帝中康时,羲、和湎淫,废时乱日。胤往征之,作《胤征》。

中康崩,子帝相立。帝相崩,子帝少康立。帝少康崩,子帝予立。帝予崩,子帝槐立。帝槐崩,子帝芒立。帝芒崩,子帝泄立。帝泄崩,子帝不降立。帝不降崩,弟帝扃立。帝扃崩,子帝厪立。帝厪崩，立帝不降之子孔甲，是为帝孔甲。

帝孔甲立，好方鬼神，事淫乱，夏后氏德衰，诸侯畔之。天降龙二，有雌雄，孔甲不能食，未得豢龙氏。陶唐既衰，其后有刘累，学扰龙于豢龙氏，以事孔甲。孔甲赐之姓曰御龙氏，受豕韦之后。龙一雌死，以食夏后。夏后使求，惧而迁去。

孔甲崩，子帝皋立。帝皋崩，子帝发立。帝发崩，子帝履癸立，是为桀。

帝桀之时，自孔甲以来而诸侯多畔夏，桀不务德而武伤百姓，百姓弗堪。乃召汤而囚之夏台，已而释之。汤修德，诸侯皆归汤，汤遂率兵以伐夏桀。桀走鸣条，遂放而死。桀谓人曰："吾悔不遂杀汤于夏台，使至此。"汤乃践天子位，代夏朝天下。汤封夏之后，至周封于杞也。

太史公曰：禹为姒姓，其后分封，用国为姓，故有夏后氏、有扈氏、有男氏、斟寻氏、彤城氏、褒氏、费氏、杞氏、缯氏、辛氏、冥氏、斟戈氏。孔子正夏时，学者多传《夏小正》云。自虞、夏时，贡赋备矣。或言禹会诸侯江南，计功而崩，因葬焉，名曰会稽。会稽者，会计也。

译文：

夏禹，名叫文命。他的父亲叫鲧，鲧的父亲叫帝颛顼，颛顼的父亲叫昌意，昌意的父亲叫黄帝。禹就是黄帝的玄孙和颛顼的孙子。只有禹的曾祖父昌意和父亲鲧都不曾登过帝位，而是做臣子。

当帝尧的时候，滔滔的洪水，浩浩荡荡地包围了山岳，漫没了丘陵，老百姓陷在愁苦中。尧急着要找到能治水的人，群臣、四岳都说鲧可以。尧说："鲧是个违背上命、败坏同族的人，不可用。"四岳说："这一辈人员中没有比鲧更能干的了，希望陛下试试。"于是尧采纳了四岳的意见，用鲧治水。费了九年工夫，洪水之患没有平息，治水无功。于是帝尧就再设法寻求人才，另外得到了舜。舜被提拔重用，代理执行天子的职务，按时巡行视察各地诸侯所守的疆土。于巡行中发现鲧治水太不成功，就在羽山海边诛杀了鲧。天下的人都认为舜处理得当。这时舜选拔了鲧的儿子禹，任命他继续从事鲧的治水事业。

尧崩逝后，帝舜问四岳说："有能够很好地完成尧的事业、可以担任官职的人吗？"都说："如果让伯禹做司空，一定能很好地完成尧的勋业。"帝舜说："啊！就这样吧！"因此就任命禹说："你去平定水土，要好好地干啊！"禹下拜叩头，推让给契、后稷、皋陶等人。舜说："还是你去担负起你这一任务吧！"

禹的为人，办事敏捷而又勤奋，他的品德不违正道，他仁爱可亲，他讲的话诚实可信，发出来的声音合于音律，动作举止自然地可为法度，乃至重要规范准则都可从他身上得出。他勤勉肃敬，可作为人所共遵的纲纪。

禹就和伯益、后稷一起奉帝舜之命，命令诸侯百官征集民夫，展开平治水土工作。随着山势竖立标识，确定那些高山大川。禹伤痛父亲鲧治水无功被杀，因此劳身苦思，在外十三年，经过自己家门也不敢进。自己吃穿都很简朴，但对祖先神明的祭祀却很丰厚尽礼。自己居住的房屋很简陋，但不惜耗巨资于修渠挖沟等水利工程。他赶旱路坐车，走水路坐船，走泥泞的路坐橇，走山路用屐底有齿的檋。经常随身离不开的东西，就是测定平直的水准和绳墨，划定图式的圆规和方矩，四时都带着它们，用以从事于开划九州，辟通九州道路，修筑九州湖泽堤障，计度九州山岳脉络。同时叫伯益发放稻种，教群众在卑湿地方种植。叫后稷当群众在难于得到食物时发给食物。缺粮少食的地方，便调有余地方粮食来补其不足，务使各诸侯境内丰歉均一。禹又巡视各地所特有的物产以定其贡赋，还视察了各地山川的便利情况。

禹督导治水的行程从冀州开始。冀州：已治理了壶口，接着治理梁山和岐山。已修整了太原之后，接着修整到岳阳地区。覃怀地区也完工了，就到了衡漳水一带。常水（恒水）、卫水也都随河道流畅了，大陆泽周围土地都可耕作了。东北的鸟夷族的贡品是珍奇异兽皮毛。他们遵海路入贡，在沿海岸向南航行的航道上，看到右拐角处的碣石便据以转而向西航驶，直驶入黄河航道。

济水和黄河之间是沇州。黄河下游的九条河道已畅通了，雷夏洼地已汇聚成湖泽了，雍水、沮水也都会同流到了雷夏泽中，能种桑的土地上已经在养蚕，于是人民得以从躲避洪水迁居的高地下到平地居住。这一州的土壤是黑坟，它上面披盖着茂盛的长林丰草。田地列在第六等，赋税则为第九等。这一州经过十三年的农作耕耘，才赶上其他各州。这一州的贡物是漆和丝，还有装在筐子里进贡的文采美丽的丝织品。它的进贡道路是由船运经济水、漯水，直达黄河。

地跨东边的海，直至西边的泰山，这一地域是青州。已经给居住在东北的堣夷族划定疆界，使获安居；又疏通潍水、淄水，使这一地区也获得治理。这一州的土壤是白坟，海滨则是咸卤盐场。田地列在第三等，赋税则为第四等。这一州的贡物是盐、精细的葛布、海产品以及磨玉的砺石，并有泰山山谷里出的丝、麻、铅、松、似玉之石、莱夷族所献的畜产，还有装在筐子里进贡的山桑蚕丝。它的进贡道路是由汶水船运直达济水，再由济入河。

东边沿海，北边至泰山，南边至淮水之间的地域是徐州。淮水和沂水都已经治理，蒙山、羽山地方也都可耕种，大野泽也已汇积成湖，东原地区的水潦已去，地已平复。这一州的土壤是赤埴坟，它上面的草木繁茂丛生。田地列在第二等，赋税则为第五等。这一州的贡物是五色土，羽山谷中所出的五色雉羽，峄山之阳特产的制琴良材名桐，泗水滨的浮磬石，和淮夷族所献的珍珠贝及鱼，还有装在筐子里进贡的赤黑色细缯和白色绸帛。它进贡道路由淮水船运入泗，再由菏入济以通河。

北起淮河，东南到海之地是扬州。彭蠡之域已汇集众水成湖，作为每年雁阵南飞息冬之地。彭蠡以东诸江水已入于海，太湖水域也就安定了。于是遍地长满丛生的竹林，到处尽见美盛的芳草、葱翠的乔木。这一州的土壤是涂泥，田地列在第九等，赋税则为第七等，有时杂出为第六等。这一州的贡物是三种成色的铜，以及瑶琨美玉、竹材、象牙、异兽之革、珍禽之羽、旄牛之尾，和岛夷族所献的一种称为"卉服"的细葛布，还有装在筐子里进贡的绚丽的贝锦，以及妥加包装进贡的橘子、柚子。它的进贡道路是沿着江路入海，再沿海通于淮水和泗水，然后再沿徐州贡道入于河。

由荆山一线直到衡山以南的广阔地域是荆州。江水、汉水至此汇合奔流入海，至九江地区得地势之中。两水的支津沱、涔诸水都已疏浚通畅，云土泽、梦泽水域也已获得治理。这一州的土壤也是涂泥，田地列在第八等，赋税则为第三等。这一州的贡物是珍禽之羽、旄牛之尾、象牙、异兽皮革，三种成色的铜，杶木、柘木、栝（桧）木、柏木，精粗两种磨刀石、砮镞石、朱砂，三个诸侯国所献的制箭良材箘竹、簵竹、楛木，有名的捆扎起来专供宗庙缩酒之用的菁茅，装在筐子里进贡的赤黑色与黄赤色的丝织物，用以佩玉的饰有玑珠称为"玑组"的绶带，以及九江贡纳的大龟。它的进贡道路是用船运经由江水及各支津沱、涔等通于汉水，然后经过陆路运至雒水，再进入南河（冀州以南的黄河）。

荆山和黄河之间是豫州。伊水、雒水、瀍水、涧水都已疏浚入于黄河，荥播地域横溢之水也已汇积成湖，当水盛时，疏导荷泽之水向南泄入明都泽。这一州的土壤是无块柔土，低下之处是坟垆，田地列在第四等，赋税则杂用第二等，有时可上下浮动。这一州的贡物是漆、丝、精细葛布、纻麻，还有装在筐子里进贡的细丝绵，并进贡磨磬的砺石。它的进贡道路是由雒水船运至黄河。

华山之南和黑水之间是梁州。汶山和嶓冢山已可种植了，江汉两水的支津沱、涔等水都已疏浚了，蔡山和蒙山的山道也都已平治了，和夷族等西南夷民的安定也已获致成功了。这一州的土壤是青骊，田地列在第七等，赋税则为第八等，还可作上下三种浮动。这一州的贡物是黄金、铁、银、镂钢、砮镞石、磬石、熊、罴、狐、狸，以及诸兽之毛织的氉布与用以制裘的兽皮。它的进贡道路是先用船运经由支津潜水入于沔水，再起岸由陆路运至渭水，再由渭水横渡黄河送达冀州。

黑水和西河之间是雍州。弱水已经西流了，泾水也流入渭水隈湾里，漆水和沮水合为漆沮水也相从入于渭水，沣水同样地入了渭水。渭水之北，东起荆山、西迄岐山的迤逦山道已经平治；渭水之南，东自终南山，西越敦物山，西北直抵渭源鸟鼠同穴之山，这美丽的千里沃野，不论高原、低地，都已平治竣功，直达都野泽这一肥沃的湖沼地区。三危山已成人民安居乐业之所，被逐迁居至此的三苗人民生活也大为安定了。这一州的土壤是黄壤，田地列在第一等，赋税则为第六等。这一州的贡物是称为璆的美玉、带青碧色的琳玉、称为琅玕的玉质美石。它的进贡道路是，从积石山下的黄河水上，航行千里，直达龙门山下的黄河，南与渭水航道会于渭水入河处。贡品中在昆仑、析支、渠搜贡来的毛呢。西戎归服。

然后循行九州各山：首沿渭水北岸，从汧山、岐山，直至黄河西岸的北条荆山，越过黄河；从壶口山，经雷首山，直至太岳山；南循砥柱山，东过析城山，直至王屋山；东北自太行山、常山，直至碣石山，山势入于海中。其次，自河、湟沿渭水南岸，从西倾山，经朱圉山、鸟鼠山，直至太华山；接着沿大河之南，循熊耳山、外方山、桐柏山，直至负尾山。再次沿汉水，从嶓冢山，直至南条荆山；接着从内方山，直至大别山。又再次沿江水，从汶山之南蜿蜒以达衡山；接着再过九江，直至敷浅源。

又巡视九州各水：弱水，西流到合黎山下，它的下游折而北流，没入沙漠中。黑水，通流至于三危山下，最后长流入于南海。河水，通流于积石山下，直至龙门，更南到华山之北，东过砥柱，又东到盟津，东过雒水入河处，再前流就到了大邳山，然后折而北流，经过降水入河处，再前流注入了大陆泽，又自泽的东北流出，分布为九条河道，各河道下游入海口河段都受海水倒灌成为逆河，最后都入于海中。漾水，流出自嶓冢山，东流后称为汉水，又向东流称为苍浪之水，再向前流经三澨，接着流入大别山区，再南就流入了长江，又东流汇积为彭蠡泽，自泽再东出称为北江，最后流入海中。江水，从汶山开始通流，在流程中从它的东边分出支津为沱水，江水的主河道径自折而东流，直至醴水地带，然后流过九江，到达东陵，再自东陵东去，逶迤北流，会于彭蠡泽，然后自泽中再东出称为中江，最后入于海。沇水，通流向东，称为济水，注入黄河，接着越过黄河向南溢出为荥泽，再自荥泽东出到陶丘北，再东流至与荷水相会处，又向东北流，与来注的汶水相汇合，然后向东北长流入海。淮水，从桐柏山开始通流，东流会合泗水和沂水，向东流入海中。渭水，从鸟鼠同穴山流出，长驱向东流，与沣水相汇合后，再东北流至泾水入渭处，又东流经漆沮水入渭处，然后东注于黄河。雒水，通流自熊耳获舆山，向东北流，与涧水、瀍水汇合后，又向东流汇合了伊水，再东北流入黄河。

到这时九州都已同样美好，四方境内都可安居了，九州的山都经刊木表识可成通途了，九州的水已疏通其源流了，九州低洼沼泽之地都已修筑堤防潴成湖泊了，四海之内会同一致了。掌收贡赋的官府可以很好地完成其职责了，所有的领土上都可征收赋税了，但必须谨慎地征取税收，一定要依据土地肥瘠来定税额，就在中国九州之内完成征收赋税的任务。上帝赏赐了禹以天下的土地，并赐给了他的姓氏。"把敬修我的德业放在最先，不要违背我的一贯行为作风。"

规定在天子国都以外五百里的地域称为甸服，其中离国都一百里内的要缴纳连着秸穗的整捆的禾，二百里内的要缴纳禾穗，三百里内的要缴纳去掉了秸芒的穗，四百里内的要缴纳谷粒，五百里内的要缴纳米粒。甸服以外五百里内的地域称为侯服，其中一百里以内为采地，二百里以内为男爵地，其余三百里地封诸侯。侯服以外五百里内的地域称为绥服，其中内三百里地区审情度势发扬文教，外二百里地区奋力兴办国防。绥服以外五百里地域称为要服，其中内三百里地区住夷族，外二百里地区则安置判处蔡刑的罪犯。要服以外五百里地域称荒服，其中内三百里地区住蛮族，外二百里地区则安置判处流放刑的罪犯。

我们的大地东边浸在大海中,西边覆盖在辽远的沙漠下,北方和南方以能到达的地境为地境:华夏的声威教化达到了四海的尽头。于是上帝赏赐给禹一个玄圭,用以向普天之下宣布大功告成。天下从此太平同治了。

于是任命皋陶为审理刑狱的长官以治理人民。有一天帝舜在朝廷召见大臣,禹和伯夷、皋陶就在舜的面前展开讨论。皋陶阐述他的主张说:"要真诚地引导德教,提出明智的谋议,共同团结一致地辅佐天子。"禹说:"说得对!但怎样实现你所说的呢?"皋陶说:"啊!要谨慎地修养自身的品德,多从长远考虑,仁厚地团结各氏族,推举众多贤明的人才做辅翼之臣,使清明的政治逐步地由近以及远。"禹非常佩服这样的好议论,说:"对呀!"皋陶又说:"啊!这全在于善于知人,全在于安定老百姓。"禹说:"唉!要都能做到这样,连陛下也将感到是一件不容易的事。知人要有知人的明智,才能识拔真正的贤才任职;安民要使人民得到实惠,才能使人民怀恩感德。能够知人善任,又能够施惠于人民,还怕什么讙兜的作乱?还需要什么放逐三苗?还畏惧什么花言巧语、善于作伪的坏人呢?"皋陶说:"是呀,啊!人们本应有九种德行,有必要谈谈这九种德行。"于是就列举说:"说人有德,要从他的所有行事来看。宽仁而又严肃,柔和而又坚定自立,谨厚而又有干办之才,治事有为而又谦敬,和顺而又果毅,正直而又温良,简率而又廉洁,刚劲而又踏实,强直无所屈挠而又合于义行,发扬并长期坚持下去,那就好了。对于这九种德行,如果每天能做到其中三种,从早到晚都能敬勉遵行,就能保有你的家;如果每天能进而抓紧做到其中六种,用以诚信地治理政事,就能保有你的国。应该总承这九德而普加施行,使备有九德的人都获在位,贤俊之才都能任职,所有官吏都肃敬谨饬。不让邪淫和耍阴谋诡计的人得逞。如果不合职位的人占着职位，就叫作乱天事，上天是要讨伐有罪的人的，那就按五刑去分别执行惩罚。我这些话可以成功地贯彻实行吗？"禹说："你的话完全可以成功地实行的。"皋陶说："我并没有智能，不过是想有助于治国之道罢了。"

帝舜对禹说："你也说说你的好意见。"禹拜手说："啊，我说什么呢！我只想到每天要孜孜不倦地为陛下工作。"于是皋陶诘问禹说："什么叫孜孜不倦啊！"禹说："滔天的洪水，浩浩荡荡地包围了山岳，漫没了丘陵，老百姓长期生活在水患中。我走旱路坐车，走水路坐船，走泥泞的路坐橇，走山路用屐底有齿的檋，循行山岭刊削树木以为表识。我和益一道给老百姓稻谷和生鲜食物。我把九州的河流疏通使入海中，把沟渠修通使入河流中。又和稷一道使老百姓在难于得到食物时能得到食物。缺粮少食的地方，调有余地方的粮食来补其不足，广大群众才获得安定下来，万国之地都长治久安了。"皋陶插话说："对啊！你这话说得太好了！"

禹对舜说："啊！您在帝位上要特别谨慎小心呀！应该安于您所能做到的，不要轻率行动。要辅之以德，使天下都顺应您的教化。要纯洁您的心灵，昭明以待上帝的宠命。上天就会重新赐给您以美好的命运。"帝舜说："唉！大臣啊！大臣啊！臣子成为我的手足耳目。我要佑助人民，你们应辅助我完成这样的大业；我要观察古人的形象，观察日、月、星、辰，制作不同花纹色彩的衣服，你们要把这些考订明确；我要谛听六律、五声、八音、七始咏等各种乐律，用以结合于维系伦理五常之言，你们要为我详审听清。我有违失之处，你们要匡正辅弼我。你们不要当面颂扬讨好我，下去就在背地里诽谤我。我敬重前后左右近臣，而那些进谗言邀宠幸的邪恶坏人,只要我真正地履行了为君的规范正道,自然都会被清除的。"禹说:"太对了!陛下倘使不是这样,而使贤愚善恶的人同时在位,那么治国就不会成功的。"

帝舜说:"不要像丹朱那样沉溺于淫戏,只知爱好游乐,河中水道不通也强要行船,在家里也肆行淫乱,结果这些行为终使他自己的世系断绝了。我们不能像他这样。"禹说:"我娶涂山氏的女儿做妻子,是在辛日,到了甲日就离开了家去治水,以后生了我的儿子启,我不曾在家尽过抚育儿子的责任,所以能全力完成平治水土之功。终于辅助陛下完成划天下为五服的大业,使疆域每方达到五千里,每州内又制定十二师的地方行政区划,外则疆域远至四海,五方诸侯各给建立君长,他们都能各遵职守,职得成绩。最后只有苗民顽梗不就事功,陛下要加以注意。"帝舜说:"你宣导了我的德教于天下,这些全是你的功劳所获致的!"

于是皋陶感到禹的德业特别可敬,便命令全民都要以禹做榜样好好学习他。敢有不听话的,就以刑罚加以惩治。这样一来,舜的德业日益昌明了。

到这时,乐官夔举行音乐演奏,感动得祖先神灵全都降临,前来的诸侯也都互相礼让,鸟兽也翩翩飞舞。到演遍《箫韶》大乐章共九章的时候,神鸟凤凰也仪态万方地前来飞翔,地下的百兽也相率舞蹈,百官们也都真能配合和谐一致。因此,帝舜高兴地作起歌来,序曲说:"勤劳上天的大命,只是在顺时,只是在慎微。"接着唱正曲道:"大臣们欣喜啊,元首奋起啊,百官们和乐于治理啊!"皋陶拜手叩头大声说道:"注意呀!要带头兴起事功,必须慎重您的法令,可千万要诚敬啊!"接着歌唱道:"元首是圣王呀,大臣都是贤良呀,万事就能纲举目张呀。"又唱道："元首治事琐碎丛脞啊，大臣们就会怠惰啊，万事都会堕落啊！"帝舜拜手说："对啊！去吧，大家好好地敬谨努力吧！"到这时，天下都崇仰禹能昌明度、数和声音乐律，尊奉他为山脉河流百神之主。

帝舜向上天推荐禹可继任天子。过了十七年，帝舜崩逝。三年的丧事完毕，禹为了避天子之位给舜的儿子商均，便跑到阳城躲起来，但是天下诸侯都离开商均而去朝拜禹，于是禹就即了天子之位，南面以朝见天下，国号叫作夏后，姓姒氏。

禹被立为天子后，即向上天荐举皋陶，并授他以管理政务之任。可是不久皋陶死了，就封他的后代于英、六等国，也有封在许国的。然后选拔任用皋陶的儿子益，任命他当政。

在位第十年，帝禹到东边巡视诸侯守地，到会稽崩逝，把天下交给了益。三年的丧事完毕，益让给帝禹的儿子启，而自己避居到箕山的南边。禹的儿子启很贤俊，天下都希望他当天子。禹崩逝时虽把天下授给了益，但益辅佐禹的时间不长，还没取得天下的信服，所以诸侯都离开益而去朝拜启，说："这是我君王帝禹的儿子啊！"于是启即了天子之位，就是夏后帝启。

夏后帝启，是夏禹之子，他的母亲就是涂山氏的女儿。

一个东方的部族有扈氏抗命不服，启挥师讨伐他，大战于甘。临战之前作了誓师词《甘誓》，召集左右六大臣申明这一誓言。启说："嗟！六军用事大臣们，我以誓词告诫你们：有扈氏上不敬五行天象，下不重三正大臣，因此上天要斩绝它的国命。现在我奉行上天的这种惩罚。所有战车左边的战士，如果不好好完成战车左边的战斗任务，战车右边的战士，如果不好好完成战车右边的战斗任务，就是你们不奉行命令；驾驭战车的战士，如果不胜任而贻误了御车的任务，也是你们不奉行命令。努力奉行命令的,就在祖庙里给予奖赏;不努力奉行命令的,就在社坛里杀掉,连家属也要杀的杀、做奴隶的做奴隶。"就这样灭掉了有扈氏,天下都来朝贺。

夏后帝启崩逝,儿子帝太康继位。帝太康因荒于游乐失国,他的兄弟五人逃到洛汭等待他,作了伤时念乱的《五子之歌》。

太康崩逝后,弟弟仲康继位,这就是帝仲康。帝仲康时,掌天文历法的官员羲氏、和氏因沉湎于酒,玩忽职守,历日时序都错乱了,于是命大臣胤前往征讨他,写了一篇记载此次战事的《胤征》。

仲康崩逝,儿子帝相继位。帝相崩逝,儿子帝少康继位。帝少康崩逝,儿子帝予继位。帝予崩逝,儿子帝槐继位。帝槐崩逝,儿子帝芒继位。帝芒崩逝,儿子帝泄继位。帝泄崩逝,儿子帝不降继位。帝不降崩逝,弟弟帝扃继位。帝扃崩逝,儿子帝厪继位。帝厪崩逝,立了帝不降的儿子孔甲,这就是帝孔甲。

帝孔甲立,专喜向往鬼神迷信之事,又好色淫乱,使夏后氏王朝的统治衰败,诸侯叛离他。这时天降两条龙,雌雄各一,孔甲不知道怎样饲养,又找不到舜时善养龙的豢龙氏的后代。恰巧过去有名的部落联盟首领陶唐氏这一族衰败了,他的后代中有一个叫刘累的曾经向豢龙氏学得了养龙的本领,就来给孔甲饲养这两条龙。孔甲赏赐他姓御龙氏,并封他于豕韦国,取代原来姓彭的豕韦国君。后来那条雌龙死了,刘累竟把龙弄熟了给夏后孔甲吃。到孔甲想起要看这两条龙,派人来取,刘累吓坏了,只好逃走。

孔甲崩逝,儿子帝皋继位。帝皋崩逝,儿子帝发继位。帝发崩逝,儿子帝履癸继位,这就是桀。

帝桀的时候,由于从孔甲以来诸侯多已背叛夏王朝,桀不知道用政治手腕去挽救颓势,却一味用武力去镇压诸侯百族,百族不能容忍。这时桀就把诸侯中最有影响力的汤召来囚禁在夏台狱中,但过后不久又把汤放了。汤能勤修德业,天下诸侯都归服汤,汤就率兵征伐夏桀。桀败逃到鸣条,终于流离逃亡以死。败逃时桀对人说:"我真懊悔没有在夏台把汤杀掉,以致有现在这个下场。"于是汤登上天子之位,取得了夏王朝的天下。但汤封了夏朝的后裔,传至周代时封在杞国。

太史公说:禹姓姒,他的后代分封各地,就以所分封的国为姓,所以得氏姓的很多,计有:夏后氏、有扈氏、有男氏、斟寻氏、彤城氏、褒氏、费氏、杞氏、缯氏、辛氏、冥氏、斟戈氏。孔子主张实行夏代的历法,所以学者们多半传习《夏小正》一书。从虞夏时代开始,贡纳赋税制度就完备地订立起来了。有一种说法是,禹在江南召集诸侯考核功绩时死在那儿,因而就葬在那儿,于是就把当地命名叫会稽。会稽的意义本来就是会计,即综合核计之意。

史记卷三

殷本纪第三

殷契，母曰简狄，有娀氏之女，为帝喾次妃。三人行浴，见玄鸟堕其卵，简狄取吞之，因孕生契。契长而佐禹治水有功。帝舜乃命契曰："百姓不亲，五品不训，汝为司徒而敬敷五教，五教在宽。"封于商，赐姓子氏。契兴于唐、虞、大禹之际，功业著于百姓，百姓以平。

契卒，子昭明立。昭明卒，子相土立。相土卒，子昌若立。昌若卒，子曹圉立。曹圉卒，子冥立。冥卒，子振立。振卒，子微立。微卒，子报丁立。报丁卒，子报乙立。报乙卒，子报丙立。报丙卒，子主壬立。主壬卒，子主癸立。主癸卒，子天乙立，是为成汤。

成汤，自契至汤八迁。汤始居亳，从先王居，作《帝诰》。

汤征诸侯。葛伯不祀，汤始伐之。汤曰："予有言：人视水见形，视民知治不。"伊尹曰："明哉！言能听，道乃进。君国子民，为善者皆在王官。勉哉，勉哉！"汤曰："汝不能敬命，予大罚殛之，无有攸赦。"作《汤征》。

伊尹名阿衡。阿衡欲奸汤而无由，乃为有莘氏媵臣，负鼎俎，以滋味说汤，致于王道。或曰，伊尹处士，汤使人聘迎之，五反然后肯往从汤,言素王及九主之事。汤举任以国政。伊尹去汤适夏。既丑有夏,复归于亳。入自北门,遇女鸠、女房,作《女鸠》、《女房》。

汤出,见野张网四面,祝曰:"自天下四方皆入吾网。"汤曰:"嘻,尽之矣!"乃去其三面,祝曰:"欲左,左。欲右,右。不用命,乃入吾网。"诸侯闻之,曰:"汤德至矣,及禽兽。"

当是时,夏桀为虐政淫荒,而诸侯昆吾氏为乱。汤乃兴师率诸侯,伊尹从汤,汤自把钺以伐昆吾,遂伐桀。汤曰:"格女众庶,来,女悉听朕言。匪台小子敢行举乱,有夏多罪,予维闻女众言,夏氏有罪。予畏上帝,不敢不正。今夏多罪,天命殛之。今女有众,女曰:'我君不恤我众,舍我啬事而割政。'女其曰:'有罪,其奈何?'夏王率止众力,率夺夏国。有众率怠不和,曰:'是日何时丧?予与女皆亡!'夏德若兹,今朕必往。尔尚及予一人致天之罚,予其大理女。女毋不信,朕不食言。女不从誓言,予则帑僇女,无有攸赦。"以告令师,作《汤誓》。于是汤曰"吾甚武",号曰武王。

桀败于有娀之虚,桀奔于鸣条,夏师败绩。汤遂伐三㚇,俘厥宝玉,义伯、仲伯作《典宝》。汤既胜夏,欲迁其社,不可,作《夏社》。伊尹报。于是诸侯毕服,汤乃践天子位,平定海内。

汤归至于泰卷陶,仲虺作诰。既绌夏命,还亳,作《汤诰》:"维三月,王自至于东郊。告诸侯群后:'毋不有功于民,勤力乃事。予乃大罚殛女,毋予怨。'曰:'古禹、皋陶久劳于外,其有功乎民,民乃有安。东为江,北为济,西为河,南为淮,四渎已修,万民乃有居。后稷降播,农殖百谷。三公咸有功于民，故后有立。昔蚩尤与其大夫作乱百姓，帝乃弗予，有状。先王言不可不勉。'曰：'不道，毋之在国，女毋我怨。'"以令诸侯。伊尹作《咸有一德》，咎单作《明居》。

汤乃改正朔，易服色，上白，朝会以昼。

汤崩，太子太丁未立而卒，于是乃立太丁之弟外丙，是为帝外丙。帝外丙即位三年，崩，立外丙之弟中壬，是为帝中壬。帝中壬即位四年，崩，伊尹乃立太丁之子太甲。太甲，成汤適长孙也，是为帝太甲。帝太甲元年，伊尹作《伊训》，作《肆命》，作《徂后》。

帝太甲既立三年，不明，暴虐，不遵汤法，乱德，于是伊尹放之于桐宫，三年。伊尹摄行政当国，以朝诸侯。

帝太甲居桐宫三年，悔过自责，反善，于是伊尹乃迎帝太甲而授之政。帝太甲修德，诸侯咸归殷，百姓以宁。伊尹嘉之，乃作《太甲训》三篇，褒帝太甲，称太宗。

太宗崩，子沃丁立。帝沃丁之时，伊尹卒。既葬伊尹于亳，咎单遂训伊尹事，作《沃丁》。

沃丁崩，弟太庚立，是为帝太庚。帝太庚崩，子帝小甲立。帝小甲崩，弟雍己立，是为帝雍己。殷道衰，诸侯或不至。

帝雍己崩，弟太戊立，是为帝太戊。帝太戊立伊陟为相。亳有祥桑、穀共生于朝，一暮大拱。帝太戊惧，问伊陟。伊陟曰："臣闻妖不胜德，帝之政其有阙与？帝其修德。"太戊从之，而祥桑枯死而去。伊陟赞言于巫咸，巫咸治王家有成，作《咸艾》，作《太戊》。帝太戊赞伊陟于庙，言弗臣，伊陟让，作《原命》。殷复兴，诸侯归之，故称中宗。

中宗崩，子帝中丁立。帝中丁迁于隞。河亶甲居相。祖乙迁于邢。帝中丁崩，弟外壬立，是为帝外壬。《仲丁》书阙不具。

帝外壬崩，弟河亶甲立，是为帝河亶甲。河亶甲时，殷复衰。

河亶甲崩，子帝祖乙立。帝祖乙立，殷复兴。巫贤任职。

祖乙崩，子帝祖辛立。帝祖辛崩，弟沃甲立，是为帝沃甲。帝沃甲崩，立沃甲兄祖辛之子祖丁，是为帝祖丁。帝祖丁崩，立弟沃甲之子南庚，是为帝南庚。帝南庚崩，立帝祖丁之子阳甲，是为帝阳甲。帝阳甲之时，殷衰。

自中丁以来，废適而更立诸弟、子，弟、子或争相代立，比九世乱，于是诸侯莫朝。

帝阳甲崩，弟盘庚立，是为帝盘庚。帝盘庚之时，殷已都河北，盘庚渡河南，复居成汤之故居。乃五迁，无定处。殷民咨胥皆怨，不欲徙。盘庚乃告谕诸侯、大臣曰："昔高后成汤与尔之先祖俱定天下，法则可修。舍而弗勉，何以成德！"乃遂涉河南，治亳，行汤之政，然后百姓由宁，殷道复兴，诸侯来朝，以其遵成汤之德也。

帝盘庚崩，弟小辛立，是为帝小辛。帝小辛立，殷复衰。百姓思盘庚，乃作《盘庚》三篇。帝小辛崩，弟小乙立，是为帝小乙。

帝小乙崩，子帝武丁立。帝武丁即位，思复兴殷，而未得其佐。三年不言，政事决定于冢宰，以观国风。武丁夜梦得圣人，名曰说。以梦所见视群臣百吏，皆非也。于是乃使百工营求之野，得说于傅险中。是时说为胥靡，筑于傅险。见于武丁，武丁曰是也。得而与之语，果圣人，举以为相，殷国大治。故遂以傅险姓之，号曰傅说。

帝武丁祭成汤，明日，有飞雉登鼎耳而呴，武丁惧。祖己曰："王勿忧，先修政事。"祖己乃训王曰："唯天监下典厥义，降年有永有不永，非天夭民，中绝其命。民有不若德，不听罪，天既附命正厥德，乃曰其奈何。呜呼！王嗣敬民，罔非天继，常祀毋礼于弃道。"武丁修政行德，天下咸欢，殷道复兴。

帝武丁崩，子帝祖庚立。祖己嘉武丁之以祥雉为德，立其庙为高宗，遂作《高宗肜日》及《训》。

帝祖庚崩，弟祖甲立，是为帝甲。帝甲淫乱，殷复衰。

帝甲崩，子帝廪辛立。帝廪辛崩，弟庚丁立，是为帝庚丁。帝庚丁崩，子帝武乙立。殷复去亳，徙河北。

帝武乙无道，为偶人，谓之天神。与之博，令人为行。天神不胜，乃僇辱之。为革囊，盛血，卬而射之，命曰"射天"。武乙猎于河、渭之间，暴雷，武乙震死。子帝太丁立。帝太丁崩，子帝乙立。帝乙立，殷益衰。

帝乙长子曰微子启，启母贱，不得嗣。少子辛，辛母正后，辛为嗣。帝乙崩，子辛立，是为帝辛，天下谓之纣。

帝纣资辨捷疾，闻见甚敏；材力过人，手格猛兽；知足以距谏，言足以饰非；矜人臣以能，高天下以声，以为皆出己之下。好酒淫乐，嬖于妇人。爱妲己，妲己之言是从。于是使师涓作新淫声，北里之舞，靡靡之乐。厚赋税以实鹿台之钱，而盈巨桥之粟。益收狗马奇物，充仞宫室。益广沙丘苑台，多取野兽蜚鸟置其中。慢于鬼神。大聚乐戏于沙丘，以酒为池，县肉为林，使男女倮相逐其间，为长夜之饮。

百姓怨望而诸侯有畔者，于是纣乃重刑辟，有炮格之法。以西伯昌、九侯、鄂侯为三公。九侯有好女，入之纣。九侯女不憙淫，纣怒，杀之，而醢九侯。鄂侯争之强，辨之疾，并脯鄂侯。西伯昌闻之，窃叹。崇侯虎知之，以告纣，纣囚西伯羑里。西伯之臣闳夭之徒，求美女奇物善马以献纣，纣乃赦西伯。西伯出而献洛西之地，以请除炮格之刑。纣乃许之，赐弓矢斧钺，使得征伐，为西伯。而用费中为政。费中善谀，好利，殷人弗亲。纣又用恶来。恶来善毁谗，诸侯以此益疏。

西伯归，乃阴修德行善，诸侯多叛纣而往归西伯。西伯滋大，纣由是稍失权重。王子比干谏，弗听。商容贤者，百姓爱之，纣废之。及西伯伐饥国，灭之，纣之臣祖伊闻之而咎周，恐，奔告纣曰："天既讫我殷命，假人元龟，无敢知吉。非先王不相我后人，维王淫虐用自绝，故天弃我，不有安食，不虞知天性，不迪率典。今我民罔不欲丧，曰：'天曷不降威，大命胡不至？'今王其奈何？"纣曰："我生不有命在天乎！"祖伊反，曰："纣不可谏矣。"西伯既卒，周武王之东伐，至盟津，诸侯叛殷会周者八百。诸侯皆曰："纣可伐矣。"武王曰："尔未知天命。"乃复归。

纣愈淫乱不止，微子数谏不听，乃与大师、少师谋，遂去。比干曰："为人臣者，不得不以死争。"乃强谏纣。纣怒曰："吾闻圣人心有七窍。"剖比干，观其心。箕子惧，乃详狂为奴，纣又囚之。殷之大师、少师乃持其祭乐器奔周。周武王于是遂率诸侯伐纣。纣亦发兵距之牧野。甲子日，纣兵败。纣走，入登鹿台，衣其宝玉衣，赴火而死。周武王遂斩纣头，县之大白旗。杀妲己。释箕子之囚，封比干之墓，表商容之闾。封纣子武庚禄父，以续殷祀，令修行盘庚之政。殷民大说。于是周武王为天子。其后世贬帝号，号为王。而封殷后为诸侯，属周。

周武王崩，武庚与管叔、蔡叔作乱，成王命周公诛之，而立微子于宋，以续殷后焉。

太史公曰：余以《颂》次契之事，自成汤以来，采于《书》、《诗》。契为子姓，其后分封，以国为姓，有殷氏、来氏、宋氏、空桐氏、稚氏、北殷氏、目夷氏。孔子曰，殷路车为善，而色尚白。

译文：

殷族始祖契的母亲叫简狄，是有娀氏的女子，帝喾的居次位的妃子。简狄跟另两个女子一起到水边洗澡，看见一个燕子掉下了它的蛋，就把蛋拿来吞吃了，因此怀孕生下了契。契长大后帮助禹治水有功，帝舜任命契当司徒，舜说："百姓不相亲睦，家庭关系不和顺，你当司徒，恭谨地施行伦理道德的教育，要以宽厚为本。"并把他封在商这个地方，赐他这一族姓子。契兴起于唐、虞、大禹的时代，给百姓做了很多好事，百姓因此得到了安定。

契死后，儿子昭明继立。昭明死后，儿子相土继立。相土死后，儿子昌若继立。昌若死后，儿子曹圉继立。曹圉死后，儿子冥继立。冥死后，儿子振继立。振死后，儿子微继立。微死后，儿子报丁继立。报丁死后，儿子报乙继立。报乙死后，儿子报丙继立。报丙死后，儿子主壬继立。主壬死后，儿子主癸继立。主癸死后，儿子天乙继立，这就是成汤。

从契到成汤，居地迁了八次。成汤方始在亳居住下来，这是帝喾住过的地方，《帝诰篇》就是因为迁居于亳而作的。

汤征伐诸侯。葛伯不奉祭祀，汤首先征伐他。汤说："我有一句话：人从水能看到自己的形象，观察人民就能知道治理得好不好。"伊尹说："真明智啊！能听别人的话，治国的道理才有人向你说。君临国家，视民如子，为善的人就都来任职了。努力啊，努力啊！"汤对众人说："如果你们不能遵从我的命令，我就重重地惩罚你们，决不宽赦。"《汤征篇》就是这时作的。

伊尹名叫阿衡。他想见汤，苦于没有门路，就去当汤所娶的有莘氏女子的陪嫁奴隶，背着庖厨的用具，通过割烹调味的道理来劝说汤，让汤实行王道。也有人说，伊尹本是个隐士，汤派人聘请他，请了五次他才肯去，跟汤讲无为而治的素王之道以及九种君主的优劣。汤就用他来治理国家。伊尹曾离开汤到夏国去。他看到了夏的丑恶，又回到了亳。他从亳的北门入城，遇到了汤的臣下女鸠、女房，《女鸠篇》、《女房篇》就是记伊尹跟他们所说的话的。

商汤外出，看到野外打猎的人四面张网，他们祷告说："从天下四方都到我的网里来。"汤说："嘿！那样就一网打尽了！"就去掉了三面的网，祷告说："要向左的向左，要向右的向右，不听命的就到我的网里来。"诸侯们听到这件事，都说："汤的德行好得无以复加了，连禽兽都受到恩惠。"

正当这个时候，夏王桀对人民很暴虐，荒淫无道，诸侯里的昆吾氏也常干坏事。汤就发兵率领诸侯去讨伐，伊尹跟着汤，汤亲自拿着大钺去攻打昆吾，接着就去攻打夏桀。汤说："你们大家都来听我讲话。并非我这个小子敢起来作乱，而是因为夏罪恶多端，我听到你们都说夏有罪。我畏惧上帝，不敢不去惩治。现在夏罪恶多端，是上天要诛灭他。现在你们大家却说：'我们的君王不怜恤我们，废弃我们的农事去征伐谁呢？'你们还会说：'夏有罪，又能拿他怎么样呢？'夏王破坏人民的生产力，在整个夏国进行掠夺。民众都懈怠不听从他，还诅咒他说：'这个太阳什么时候才灭亡？我们愿跟你同归于尽！'夏的德行坏到了这个地步，现在我一定得去征伐他。你们要帮助我奉行上天的惩罚，我将重重赏赐你们。你们不要不相信，我是不会说话不算数的。如果你们不服从誓言，我就要严惩你们以及你们的妻子儿女，决不宽赦。"当时把这些话当作命令告谕全军，史官记下来就成了《尚书》中的《汤誓篇》。于是汤说"我非常勇武"，就把武王当作称号。

桀在有娀之虚被打败，逃奔到鸣条，夏军溃败。汤接着就打三㚇，取得了那里的宝玉，义伯、仲伯因此作了《典宝》。汤胜了夏，想改置社神而不能，因此作了《夏社》。伊尹向汤报告了各地的情况。这时候诸侯都归服于汤，汤就即了天子之位，平定了四海之内。

在汤伐三㚇后的归途中，走到泰卷这个地方的时候，大臣仲虺作了一篇诰，这就是《尚书》中的《仲虺之诰》。汤既已推翻了夏朝，回到了亳，作《汤诰》："在三月里，王亲自到东郊，告谕诸侯们说：'不要无功于民，努力干你们的事。不然，我就要重重惩罚你们，你们不要怨我。'又说：'古代禹和皋陶长年在外辛劳受苦，才能有功于人民，人民才能安定下来。他们东治江，北治济，西治河，南治淮，这四条大川治理好以后，民众才有地方居住。后稷教民播种，努力繁殖百谷。这三位都有功于民，所以他们的后代才能立国。过去蚩尤跟他的臣下危害百姓，上帝就不保佑他。这些都是有事实可见的。大家应该努力按照先代圣王的话去做。'又说：'如果无道，就不让他统治国家。你们可不要怨我。'"这些话作为命令遍告诸侯。这时还有伊尹作了《咸有一德》，咎单作了《明居》。

于是汤改定建丑之月为正月，把车马等物的颜色改为以白色为上，群臣朝见天子用白昼的时间。

汤死后，由于太子太丁尚未即位就已死去，就立了太丁的弟弟外丙为君，这就是帝外丙。帝外丙在位三年死去，又立外丙的弟弟仲壬为君，这就是帝仲壬。帝仲壬在位四年死去。于是伊尹立太丁的儿子太甲为君。太甲是成汤的嫡长孙，这就是帝太甲。帝太甲元年，伊尹为了训诫太甲作《伊训》、《肆命》和《徂后》。

帝太甲为君三年，不明事理，又很暴虐，不遵守汤的法度，德行败坏。因此伊尹把他放逐到桐宫去。时达三年。伊尹自行代理国政，接受诸侯的朝见。

帝太甲在桐宫住了三年，悔过向善，于是伊尹就把他迎了回来，把政权交给他。帝太甲的德行不断好起来，诸侯都归服殷朝，百姓由此得到了安宁。伊尹很赞赏，就作了《太甲训》三篇来表扬太甲，尊称他为太宗。

太宗死后，儿子沃丁继立。帝沃丁的时候，伊尹死去。安葬伊尹于亳的事办完后，咎单就讲说伊尹的行事，作了《沃丁》。

沃丁死后，弟弟太庚继立，这就是帝太庚。帝太庚死后，儿子帝小甲继立。帝小甲死后，弟弟雍己继立，这就是帝雍己。这时殷朝衰落，有些诸侯就不来朝了。

帝雍己死后，弟弟太戊继立，这就是帝太戊。帝太戊任命伊陟当了宰相。在亳都朝廷上忽然有桑树和穀树合在一起生出来，一晚上就长得要用两手围握那么粗。帝太戊很害怕，就去问伊陟。伊陟说："我听说怪异的事物敌不过好的德行，难道是您治理国家有什么缺点吗？您应该使自己的德行好起来。"太戊听从了他，怪树就枯死而消失了。伊陟向巫咸赞美讲述了这件事，巫咸治理王家也很有成绩，于是作了《咸艾》和《太戊》。帝太戊在宗庙里称赞伊陟，并说为了尊重他不把他当臣下对待，伊陟谦让不敢当，因此作了《原命》。这时殷朝复兴，诸侯归服，所以太戊尊称为中宗。

中宗死后，儿子帝仲丁继立。帝仲丁把都城迁到隞，河亶甲迁到相，祖乙又迁到邢。帝仲丁死后，弟弟外壬继立，这就是帝外壬。《尚书》中的《仲丁篇》已经亡佚不可见。帝外壬死后，弟弟河亶甲继立，这就是帝河亶甲。河亶甲的时候，殷朝又衰落了。

河亶甲死后，儿子帝祖乙继立。帝祖乙即位后，殷朝又兴盛起来。巫贤受到任用。

祖乙死后,儿子帝祖辛继立。帝祖辛死后,弟弟沃甲继立,这就是帝沃甲。帝沃甲死后,立沃甲的哥哥祖辛的儿子祖丁为君,这就是帝祖丁。帝祖丁死后,立沃甲的儿子南庚为君,这就是帝南庚。帝南庚死后,立帝祖丁的儿子阳甲为君,这就是帝阳甲。帝阳甲的时候,殷朝又衰落了。

从仲丁以来,常常撇开嫡子而由王弟和王子们轮流继位,有时王弟和王子还互相争位,接连九世情况都很混乱,于是诸侯就都不来朝见了。

帝阳甲死后,弟弟盘庚继立,这就是帝盘庚。帝盘庚即位的时候,殷都已经迁到了大河之北。盘庚渡河南向,迁回成汤的故居。到盘庚迁都的时候,殷朝已经迁了五次都,总是定不下来。殷人都愁叹怨恨,不愿再迁徙。盘庚就告谕诸侯和大臣们说:"过去先王成汤跟你们的先祖一起定天下,他的法则是可以遵循的。舍弃他的法则而不做努力,怎么能弄得好呢!"于是就渡河南迁,定都于亳,遵行汤的治国方法。这样做了以后,百姓由此安宁,殷朝国势重新兴盛,诸侯都来朝见,这就是由于盘庚能像成汤那样行事的缘故。

帝盘庚死后,弟弟小辛继立,这就是帝小辛。帝小辛即位后,殷朝重又衰落。百姓思念盘庚,就作了《盘庚》三篇。帝小辛死后,弟弟小乙继立,这就是帝小乙。

帝小乙死后,儿子帝武丁继立。帝武丁即位后,想复兴殷朝,但没有找到合适的助手。因此三年不说话,政事都由太宰决定,暗中观察国情。武丁夜里做梦得到了一个圣人,名叫说。他察看众多的官吏,没有一个跟梦中所见的人相合。于是就派很多画工等类的人在民间到处寻求,终于在傅险这个地方找到了说。

当时说作为刑徒，正在傅险服建筑方面的劳役。说被送到了武丁那里，武丁一见就说"找对了"。跟他一交谈，果然是个圣人，就任他为宰相，他把国家治理得非常好。于是就根据傅险这个地名来给他定姓氏，称他为傅说。

帝武丁祭祀成汤的第二天，有野鸡飞来站在鼎耳上叫，武丁很害怕。祖己说："王不要忧愁，先搞好政事要紧。"于是祖己告诫王说："上天观察下民，主要看他们的行为是否合乎道理，天赐给人的寿命有长有短，寿命短是由于人的行为不合道理，并不是天要使人夭折，使人的生命中断。有的人不顺道理，又不服罪，等到上天已经按照他的表现给了他相应的命运后才说怎么办，这就已经迟了。唉！王应该慎重对待民事，大家都是天的后代，举行常规祭祀的时候，不要相信应该抛弃的方法。"武丁改善政治，布施恩惠，天下的人都很欢欣，殷朝国势又重新兴盛了起来。

帝武丁死后，儿子帝祖庚继立。祖己赞美武丁能由于怪异的野鸡而修德行善，为他立了庙，尊称为高宗，于是作了《高宗肜日》和《训》。

帝祖庚死后，弟弟祖甲继立，这就是帝甲。帝甲荒淫败德，殷朝又衰落了。

帝甲死后，儿子帝廪辛继立。帝廪辛死后，弟弟康丁继立，这就是帝康丁。帝康丁死后，儿子帝武乙继立，殷都又由亳迁到了大河之北。

帝武乙无道，做了假人，把他叫作天神，跟他玩博戏，命令人代他走博棋，天神输了，就侮辱他。还用皮革做袋子，盛了血高高挂起，仰面射它，称为"射天"。武乙在黄河和渭水之间田猎，天忽然打雷，武乙被雷震死。儿子帝太丁继立。帝太丁死后，儿子帝乙继立。帝乙即位后，殷朝更加衰弱了。

帝乙的长子叫微子启。启的母亲地位低下，因此启不能继承王位。小儿子是辛，辛的母亲是正后，所以辛成为王位继承人。帝乙死后，儿子辛继立，这就是帝辛，天下人称他为纣。

帝纣天生明察敏捷，耳朵、眼睛都很灵，勇力过人，能徒手跟猛兽搏斗；其智慧足够用来驳斥劝谏，口才足够用来掩饰过错；他以才能向臣下自夸，以名声来压倒天下，认为所有的人都不如自己。他喜欢喝酒，享乐过度，亲近妇女；尤其宠爱妲己，什么都听妲己的。他让乐师涓创作了新的放荡的曲调，还有北里之舞和轻柔颓废的音乐。为了装满鹿台的钱库和巨桥的粮仓，大大加重了各种税收。又大量搜取狗、马和各种珍奇的东西，塞满了宫室。还扩大沙丘的大园子，增建亭台楼阁，取了很多野兽飞鸟放在园子里。他怠慢鬼神。他在沙丘大搞舞乐杂技等表演，用大池子盛酒，把大量的肉挂起来就像个树林，让男男女女光着身子在其中相互追逐，通宵饮酒取乐。

百姓怨恨纣，诸侯也有背叛的，于是纣就加重刑法，还造出了残酷的炮烙之刑。纣任命周君西伯昌、九侯和鄂侯为三公。九侯有个漂亮女儿，他把她献给了纣。九侯的女儿不喜欢淫乱，纣大为恼怒，就杀死了她，还把九侯剁成肉酱。鄂侯为这件事跟纣争辩得很激烈，纣把鄂侯也处死，把他的肉做成肉干。西伯昌听到后私下叹息，被崇侯虎知道了，他就向纣告了密，纣把西伯囚禁在羑里。西伯的臣下闳夭等人，搜求美女、珍奇的东西和好马献给纣，纣就赦免了西伯。西伯出狱后献出洛水西面的一块土地，请求纣废除炮烙之刑。纣答应了他，还赐给他弓箭斧钺，使他有权征伐不听令者，让他当西方诸侯的首领。纣任用费仲主持政务。费仲善于拍马，又很贪财，殷人都不喜欢他。纣又任用恶来。恶来善于说人坏话，诸侯因此越发跟纣疏远了。

西伯回到自己的国家，暗地修德行善，有许多诸侯背叛纣而投到西伯那里去。西伯不断强大，纣的权威因此逐渐丧失。王子比干劝谏纣，纣不听。商容是一个贤人，百姓喜欢他，纣却废而不用。等到西伯伐灭了饥国，纣的臣下祖伊知道后，认识到周是殷的大害，非常恐慌，跑去告诉纣说："上天已经终止了我们殷朝的国运，知道天意的人不敢再说我们有好命运，大卜龟也不再显示吉兆，并不是先王不帮助我们后人，是王荒淫暴虐，自绝于天。所以上天抛弃我们，使我们不能安稳生活。大家都不求知道天性，都不按照常法。现在我们的人民没有不希望我们殷朝灭亡的，他们说：'上天为什么不降下惩罚，天命为什么还不到来？'现在王准备怎么办呢？"纣说："我生下来不是有命在天的吗？"祖伊回去后说："纣已经无法劝谏了。"西伯死后，周武王东征，到了盟津，诸侯背叛殷朝来跟周人会合的有八百个。诸侯都说："可以讨伐纣了。"武王却说："你们还没有知道天命。"于是就回去了。

纣的胡作非为愈来愈厉害。微子屡次劝谏，纣都不听，于是微子就跟太师、少师商量，下决心离纣而去。比干说："当臣子的，就是要丢命也得据理力争。"就在纣面前极力谏争。纣发怒说："我听说圣人的心有七个窍。"就剖开比干的胸来看他的心。箕子很害怕，假装发狂去当奴隶，纣把他囚禁起来。殷朝的太师和少师看到这种情况，就带着祭祀时用的乐器逃往周国了。于是周武王就率领诸侯去讨伐纣王，纣也发兵在牧野抗御周军。甲子那一天，纣军大败。纣逃回去，登上鹿台，穿上他的宝玉衣，投火而死。周武王砍下纣的头，把它挂在叫作"大白"的旗上，并杀死了妲己。另一方面，释放了箕子，给比干的墓加了封土，在商容所居里巷的大门上加了表扬他的标志；又封纣的儿子武庚禄父为君，继续奉祀殷的先人，并要他遵行盘庚的治国方法。殷人十分高兴。于是周武王就当了天子。夏朝、商朝本来称帝，其后代降低他们的称号而称王。殷王的后人被封为诸侯，从属于周。

周武王死后，武庚跟周武王的弟弟管叔、蔡叔一起作乱，成王任命周公讨伐，杀了武庚，把微子立为宋君，使殷的先人仍有后代继续奉祀他们。

太史公说：我根据《商颂》来叙述契的事迹。从成汤以下，根据《尚书》和《诗经》。契的姓是子，后代分封，以国名为姓，有殷氏、来氏、宋氏、空桐氏、稚氏、北殷氏、目夷氏。孔子说，殷的路车很好，颜色崇尚白色。

史记卷四

周本纪第四

周后稷，名弃。其母有邰氏女，曰姜原。姜原为帝喾元妃。姜原出野，见巨人迹，心忻然说，欲践之，践之而身动如孕者。居期而生子，以为不祥，弃之隘巷，马牛过者皆辟不践；徙置之林中，适会山林多人；迁之而弃渠中冰上，飞鸟以其翼覆荐之。姜原以为神，遂收养长之。初欲弃之，因名曰弃。

弃为儿时，屹如巨人之志。其游戏，好种树麻、菽，麻、菽美。及为成人，遂好耕农，相地之宜，宜谷者稼穑焉，民皆法则之。帝尧闻之，举弃为农师，天下得其利，有功。帝舜曰："弃，黎民始饥，尔后稷播时百谷。"封弃于邰，号曰后稷，别姓姬氏。后稷之兴，在陶唐、虞、夏之际，皆有令德。

后稷卒，子不窋立。不窋末年，夏后氏政衰，去稷不务，不窋以失其官而奔戎狄之间。不窋卒，子鞠立。鞠卒，子公刘立。公刘虽在戎狄之间，复修后稷之业，务耕种，行地宜，自漆、沮度渭，取材用，行者有资，居者有蓄积，民赖其庆。百姓怀之，多徙而保归焉。周道之兴自此始，故诗人歌乐思其德。公刘卒，子庆节立，国于豳。

庆节卒，子皇仆立。皇仆卒，子差弗立。差弗卒，子毁隃立。毁隃卒，子公非立。公非卒，子高圉立。高圉卒，子亚圉立。亚圉卒，子公叔祖类立。公叔祖类卒，子古公亶父立。古公亶父复修后稷、公刘之业，积德行义，国人皆戴之。薰育戎狄攻之，欲得财物，予之。已复攻，欲得地与民。民皆怒，欲战。古公曰："有民立君，将以利之。今戎狄所为攻战，以吾地与民。民之在我，与其在彼，何异？民欲以我故战，杀人父子而君之，予不忍为。"乃与私属遂去豳，度漆、沮，逾梁山，止于岐下。豳人举国扶老携弱，尽复归古公于岐下。及他旁国闻古公仁，亦多归之。于是古公乃贬戎狄之俗，而营筑城郭室屋，而邑别居之。作五官有司。民皆歌乐之，颂其德。

古公有长子曰太伯，次曰虞仲。太姜生少子季历，季历娶太任，皆贤妇人，生昌，有圣瑞。古公曰："我世当有兴者，其在昌乎？"长子太伯、虞仲知古公欲立季历以传昌，乃二人亡如荆蛮，文身断发，以让季历。

古公卒，季历立，是为公季。公季修古公遗道，笃于行义，诸侯顺之。

公季卒，子昌立，是为西伯。西伯曰文王，遵后稷、公刘之业，则古公、公季之法，笃仁，敬老，慈少。礼下贤者，日中不暇食以待士，士以此多归之。伯夷、叔齐在孤竹，闻西伯善养老，盍往归之。太颠、闳夭、散宜生、鬻子、辛甲大夫之徒皆往归之。

崇侯虎谮西伯于殷纣曰："西伯积善累德，诸侯皆向之，将不利于帝。"帝纣乃囚西伯于羑里。闳夭之徒患之，乃求有莘氏美女，骊戎之文马，有熊九驷，他奇怪物，因殷嬖臣费仲而献之纣。纣大说，曰："此一物足以释西伯，况其多乎！"乃赦西伯，赐之弓矢斧钺，使西伯得征伐。曰："谮西伯者，崇侯虎也。"西伯乃献洛西之地,以请纣去炮格之刑。纣许之。

西伯阴行善,诸侯皆来决平。于是虞、芮之人有狱不能决,乃如周。入界,耕者皆让畔,民俗皆让长。虞、芮之人未见西伯,皆惭,相谓曰:"吾所争,周人所耻,何往为?只取辱耳。"遂还,俱让而去。诸侯闻之,曰"西伯盖受命之君"。

明年,伐犬戎。明年,伐密须。明年,败耆国。殷之祖伊闻之,惧,以告帝纣。纣曰:"不有天命乎?是何能为!"明年,伐邘。明年,伐崇侯虎而作丰邑,自岐下而徙都丰。明年,西伯崩,太子发立,是为武王。

西伯盖即位五十年。其囚羑里,盖益《易》之八卦为六十四卦。诗人道西伯,盖受命之年称王而断虞芮之讼。后十年而崩,谥为文王。改法度,制正朔矣。追尊古公为太王,公季为王季:盖王瑞自太王兴。

武王即位,太公望为师,周公旦为辅,召公、毕公之徒左右王,师修文王绪业。

九年,武王上祭于毕。东观兵,至于盟津。为文王木主,载以车,中军。武王自称太子发,言奉文王以伐,不敢自专。乃告司马、司徒、司空、诸节:"齐栗,信哉!予无知,以先祖有德臣,小子受先功,毕立赏罚,以定其功。"遂兴师。师尚父号曰:"总尔众庶,与尔舟楫,后至者斩。"武王渡河,中流,白鱼跃入王舟中,武王俯取以祭。既渡,有火自上复于下,至于王屋,流为乌,其色赤,其声魄云。是时,诸侯不期而会盟津者八百诸侯。诸侯皆曰:"纣可伐矣。"武王曰:"女未知天命,未可也。"乃还师归。

居二年,闻纣昏乱暴虐滋甚,杀王子比干,囚箕子。太师疵、少师彊抱其乐器而奔周。于是武王遍告诸侯曰:"殷有重罪，不可以不毕伐。"乃遵文王，遂率戎车三百乘，虎贲三千人，甲士四万五千人，以东伐纣。十一年十二月戊午，师毕渡盟津，诸侯咸会，曰："孳孳无怠！"武王乃作《太誓》，告于众庶："今殷王纣乃用其妇人之言，自绝于天，毁坏其三正，离逷其王父母弟，乃断弃其先祖之乐，乃为淫声，用变乱正声，怡说妇人。故今予发维共行天罚。勉哉夫子，不可再，不可三！"

二月甲子昧爽，武王朝至于商郊牧野，乃誓。武王左杖黄钺，右秉白旄，以麾。曰："远矣西土之人！"武王曰："嗟！我有国冢君，司徒、司马、司空，亚旅、师氏、千夫长、百夫长，及庸、蜀、羌、髳、微、纑、彭、濮人，称尔戈，比尔干，立尔矛，予其誓。"王曰："古人有言'牝鸡无晨。牝鸡之晨，惟家之索'。今殷王纣维妇人言是用，自弃其先祖肆祀不答，昏弃其家国，遗其王父母弟不用，乃维四方之多罪逋逃是崇是长，是信是使，俾暴虐于百姓，以奸轨于商国。今予发维共行天之罚。今日之事，不过六步七步，乃止齐焉，夫子勉哉！不过于四伐五伐六伐七伐，乃止齐焉，勉哉夫子！尚桓桓，如虎如罴，如豺如离，于商郊，不御克奔，以役西土，勉哉夫子！尔所不勉，其于尔身有戮。"誓已，诸侯兵会者车四千乘，陈师牧野。

帝纣闻武王来，亦发兵七十万人距武王。武王使师尚父与百夫致师，以大卒驰帝纣师。纣师虽众，皆无战之心，心欲武王亟入。纣师皆倒兵以战，以开武王。武王驰之，纣兵皆崩畔纣。纣走，反入登于鹿台之上，蒙衣其殊玉，自燔于火而死。武王持大白旗以麾诸侯，诸侯毕拜武王，武王乃揖诸侯，诸侯毕从。武王至商国，商国百姓咸待于郊。于是武王使群臣告语商百姓曰："上天降休！"商人皆再拜稽首，武王亦答拜。遂入，至纣死所。武王自射之，三发而后下车，以轻剑击之，以黄钺斩纣头，县大白之旗。已而至纣之嬖妾二女，二女皆经自杀。武王又射三发，击以剑，斩以玄钺，县其头小白之旗。武王已乃出复军。

其明日，除道，修社及商纣宫。及期，百夫荷罕旗以先驱。武王弟叔振铎奉陈常车，周公旦把大钺，毕公把小钺，以夹武王。散宜生、太颠、闳夭皆执剑以卫武王。既入，立于社南大卒之左，左右毕从。毛叔郑奉明水，卫康叔封布兹，召公奭赞采，师尚父牵牲。尹佚策祝曰："殷之末孙季纣，殄废先王明德，侮蔑神祇不祀，昏暴商邑百姓，其章显闻于天皇上帝。"于是武王再拜稽首，曰："膺更大命，革殷，受天明命。"武王又再拜稽首，乃出。

封商纣子禄父殷之余民。武王为殷初定未集，乃使其弟管叔鲜、蔡叔度相禄父治殷。已而命召公释箕子之囚。命毕公释百姓之囚，表商容之闾。命南宫括散鹿台之财，发巨桥之粟，以振贫弱萌隶。命南宫括、史佚展九鼎保玉。命闳夭封比干之墓。命宗祝享祠于军。乃罢兵西归。行狩，记政事，作《武成》。封诸侯，班赐宗彝，作《分殷之器物》。武王追思先圣王，乃褒封神农之后于焦，黄帝之后于祝，帝尧之后于蓟，帝舜之后于陈，大禹之后于杞。于是封功臣谋士，而师尚父为首封。封尚父于营丘，曰齐。封弟周公旦于曲阜，曰鲁。封召公奭于燕。封弟叔鲜于管，弟叔度于蔡。余各以次受封。

武王征九牧之君，登豳之阜，以望商邑。武王至于周，自夜不寐。周公旦即王所，曰："曷为不寐？"王曰："告女：维天不飨殷，自发未生于今六十年，麋鹿在牧，蜚鸿满野。天不享殷，乃今有成。维天建殷，其登名民三百六十夫，不显亦不宾灭，以至今。我未定天保，何暇寐！"王曰："定天保，依天室，悉求夫恶，贬从殷王受。日夜劳来，定我西土，我维显服，及德方明。自洛汭延于伊汭，居易毋固，其有夏之居。我南望三涂，北望岳鄙，顾詹有河，粤詹雒、伊，毋远天室。"营周居于雒邑而后去。纵马于华山之阳，放牛于桃林之虚；偃干戈，振兵释旅：示天下不复用也。

武王已克殷，后二年，问箕子殷所以亡。箕子不忍言殷恶，以存亡国宜告。武王亦丑，故问以天道。

武王病。天下未集，群公惧，穆卜，周公乃祓斋，自为质，欲代武王，武王有瘳。后而崩，太子诵代立，是为成王。

成王少，周初定天下，周公恐诸侯畔周，公乃摄行政当国。管叔、蔡叔群弟疑周公，与武庚作乱，畔周。周公奉成王命，伐诛武庚、管叔，放蔡叔。以微子开代殷后，国于宋。颇收殷余民，以封武王少弟封为卫康叔。晋唐叔得嘉谷，献之成王，成王以归周公于兵所。周公受禾东土，鲁天子之命。初，管、蔡畔周，周公讨之，三年而毕定，故初作《大诰》，次作《微子之命》，次《归禾》，次《嘉禾》，次《康诰》、《酒诰》、《梓材》，其事在《周公》之篇。周公行政七年，成王长，周公反政成王，北面就群臣之位。

成王在丰，使召公复营洛邑，如武王之意。周公复卜申视，卒营筑，居九鼎焉。曰："此天下之中，四方入贡道里均。"作《召诰》、《洛诰》。成王既迁殷遗民，周公以王命告，作《多士》、《无佚》。召公为保，周公为师，东伐淮夷，残奄，迁其君薄姑。成王自奄归，在宗周，作《多方》。既绌殷命，袭淮夷，归在丰，作《周官》。兴正礼乐，度制于是改，而民和睦，颂声兴。成王既伐东夷，息慎来贺，王赐荣伯作《贿息慎之命》。

成王将崩，惧太子钊之不任，乃命召公、毕公率诸侯以相太子而立之。成王既崩，二公率诸侯，以太子钊见于先王庙，申告以文王、武王之所以为王业之不易，务在节俭，毋多欲，以笃信临之，作《顾命》。太子钊遂立，是为康王。康王即位，遍告诸侯，宣告以文武之业以申之，作《康诰》。故成、康之际，天下安宁，刑错四十余年不用。康王命作策，毕公分居里，成周郊，作《毕命》。

康王卒，子昭王瑕立。昭王之时，王道微缺。昭王南巡狩不返，卒于江上。其卒不赴告，讳之也。立昭王子满，是为穆王。穆王即位，春秋已五十矣。王道衰微，穆王闵文武之道缺，乃命伯臩申诫太仆国之政，作《臩命》。复宁。

穆王将征犬戎，祭公谋父谏曰："不可。先王耀德不观兵。夫兵戢而时动，动则威，观则玩，玩则无震。是故周文公之颂曰：'载戢干戈，载櫜弓矢，我求懿德，肆于时夏，允王保之。'先王之于民也，茂正其德而厚其性，阜其财求而利其器用，明利害之乡，以文修之，使之务利而辟害，怀德而畏威，故能保世以滋大。昔我先王世后稷，以服事虞、夏。及夏之衰也，弃稷不务，我先王不窋用失其官，而自窜于戎狄之间。不敢怠业，时序其德，遵修其绪，修其训典，朝夕恪勤，守以敦笃，奉以忠信。奕世载德，不忝前人。至于文王、武王，昭前之光明而加之以慈和，事神保民，无不欣喜。商王帝辛大恶于民，庶民不忍，䜣载武王，以致戎于商牧。是故先王非务武也，勤恤民隐而除其害也。夫先王之制，邦内甸服，邦外侯服，侯、卫宾服，夷蛮要服，戎翟荒服。甸服者祭，侯服者祀，宾服者享，要服者贡，荒服者王。日祭，月祀，时享，岁贡，终王。先王之顺祀也，有不祭则修意，有不祀则修言，有不享则修文，有不贡则修名，有不王则修德，序成而有不至则修刑。于是有刑不祭，伐不祀，征不享，让不贡，告不王。于是有刑罚之辟，有攻伐之兵，有征讨之备，有威让之命，有文告之辞。布令陈辞而有不至，则增修于德，无勤民于远。是以近无不听，远无不服。今自大毕、伯士之终也，犬戎氏以其职来王，天子曰'予必以不享征之，且观之兵'，无乃废先王之训，而王几顿乎？吾闻犬戎树敦，率旧德而守终纯固，其有以御我矣。"王遂征之，得四白狼四白鹿以归。自是荒服者不至。

诸侯有不睦者，甫侯言于王，作修刑辟。王曰："吁，来！有国有土，告汝祥刑。在今尔安百姓，何择非其人，何敬非其刑，何居非其宜与？两造具备，师听五辞。五辞简信，正于五刑。五刑不简，正于五罚。五罚不服，正于五过。五过之疵，官狱内狱，阅实其罪，惟钧其过。五刑之疑有赦，五罚之疑有赦，其审克之。简信有众，惟讯有稽。无简不疑，共严天威。黥辟疑赦，其罚百率，阅实其罪。劓辟疑赦，其罚倍洒，阅实其罪。膑辟疑赦，其罚倍差，阅实其罪。宫辟疑赦，其罚五百率，阅实其罪。大辟疑赦，其罚千率，阅实其罪。墨罚之属千，劓罚之属千，膑罚之属五百，宫罚之属三百，大辟之罚其属二百：五刑之属三千。"命曰《甫刑》。

穆王立五十五年，崩，子共王繄扈立。共王游于泾上，密康公从，有三女奔之。其母曰："必致之王。夫兽三为群，人三为众，女三为粲。王田不取群，公行不下众，王御不参一族。夫粲，美之物也。众以美物归女，而何德以堪之？王犹不堪，况尔之小丑乎！小丑备物，终必亡。"康公不献，一年，共王灭密。共王崩，子懿王囏立。懿王之时，王室遂衰，诗人作刺。

懿王崩，共王弟辟方立，是为孝王。孝王崩，诸侯复立懿王太子燮，是为夷王。

夷王崩，子厉王胡立。厉王即位三十年，好利，近荣夷公。

大夫芮良夫谏厉王曰："王室其将卑乎？夫荣公好专利而不知大难。夫利，百物之所生也，天地之所载也，而有专之，其害多矣。天地百物皆将取焉，何可专也？所怒甚多，而不备大难。以是教王，王其能久乎？夫王人者，将导利而布之上下者也。使神人百物无不得极，犹日怵惕惧怨之来也。故《颂》曰'思文后稷，克配彼天，立我蒸民，莫匪尔极'。《大雅》曰'陈锡载周'。是不布利而惧难乎，故能载周以至于今。今王学专利，其可乎？匹夫专利，犹谓之盗，王而行之，其归鲜矣。荣公若用，周必败也。"厉王不听，卒以荣公为卿士，用事。

王行暴虐侈傲，国人谤王。召公谏曰："民不堪命矣。"王怒，得卫巫，使监谤者，以告则杀之。其谤鲜矣，诸侯不朝。三十四年，王益严，国人莫敢言，道路以目。厉王喜，告召公曰："吾能弭谤矣，乃不敢言。"召公曰："是鄣之也。防民之口，甚于防水。水壅而溃，伤人必多，民亦如之。是故为水者决之使导，为民者宣之使言。故天子听政，使公卿至于列士献诗，瞽献曲，史献书，师箴，瞍赋，矇诵，百工谏，庶人传语，近臣尽规，亲戚补察，瞽史教诲，耆艾修之，而后王斟酌焉，是以事行而不悖。民之有口也，犹土之有山川也，财用于是乎出；犹其有原隰衍沃也，衣食于是乎生。口之宣言也，善败于是乎兴。行善而备败，所以产财用衣食者也。夫民虑之于心而宣之于口，成而行之。若壅其口，其与能几何？"王不听。于是国莫敢出言，三年，乃相与畔，袭厉王。厉王出奔于彘。

厉王太子静匿召公之家，国人闻之，乃围之。召公曰："昔吾骤谏王，王不从，以及此难也。今杀王太子，王其以我为仇而怼怒乎？夫事君者，险而不仇怼，怨而不怒，况事王乎！"乃以其子代王太子，太子竟得脱。

召公、周公二相行政，号曰"共和"。共和十四年，厉王死于彘。太子静长于召公家，二相乃共立之为王，是为宣王。宣王即位，二相辅之，修政，法文、武、成、康之遗风，诸侯复宗周。十二年，鲁武公来朝。

宣王不修籍于千亩，虢文公谏曰不可，王弗听。三十九年，战于千亩，王师败绩于姜氏之戎。

宣王既亡南国之师，乃料民于太原。仲山甫谏曰："民不可料也。"宣王不听，卒料民。

四十六年，宣王崩，子幽王宫涅立。幽王二年，西周三川皆震。伯阳甫曰："周将亡矣。夫天地之气，不失其序；若过其序，民乱之也。阳伏而不能出，阴迫而不能蒸，于是有地震。今三川实震，是阳失其所而填阴也。阳失而在阴，原必塞；原塞，国必亡。夫水土演而民用也。土无所演，民乏财用，不亡何待！昔伊、洛竭而夏亡，河竭而商亡。今周德若二代之季矣，其川原又塞，塞必竭。夫国必依山川，山崩川竭，亡国之征也。川竭必山崩。若国亡不过十年，数之纪也。天之所弃，不过其纪。"是岁也，三川竭，岐山崩。

三年，幽王嬖爱褒姒。褒姒生子伯服，幽王欲废太子。太子母申侯女，而为后。后幽王得褒姒，爱之，欲废申后，并去太子宜臼，以褒姒为后，以伯服为太子。周太史伯阳读史记曰："周亡矣。"昔自夏后氏之衰也，有二神龙止于夏帝庭而言曰："余，褒之二君。"夏帝卜杀之与去之与止之，莫吉。卜请其漦而藏之，乃吉。于是布币而策告之，龙亡而漦在，椟而去之。夏亡，传此器殷。殷亡，又传此器周。比三代，莫敢发之。至厉王之末，发而观之。漦流于庭，不可除。厉王使妇人裸而噪之。漦化为玄鼋，以入王后宫。后宫之童妾既龀而遭之，既笄而孕，无夫而生子，惧而弃之。宣王之时童女谣曰：'檿弧箕服，实亡周国。'于是宣王闻之，有夫妇卖是器者，宣王使执而戮之。逃于道，而见乡者后宫童妾所弃妖子出于路者，闻其夜啼，哀而收之。夫妇遂亡，奔于褒。褒人有罪，请入童妾所弃女子者于王以赎罪。弃女子出于褒，是为褒姒。当幽王三年，王之后宫见而爱之，生子伯服，竟废申后及太子，以褒姒为后，伯服为太子。太史伯阳曰："祸成矣，无可奈何！"

褒姒不好笑，幽王欲其笑万方，故不笑。幽王为烽燧大鼓，有寇至则举烽火。诸侯悉至，至而无寇，褒姒乃大笑。幽王说之，为数举烽火。其后不信，诸侯益亦不至。

幽王以虢石父为卿，用事，国人皆怨。石父为人佞巧，善谀好利，王用之。又废申后，去太子也。申侯怒，与缯、西夷犬戎攻幽王。幽王举烽火征兵，兵莫至。遂杀幽王骊山下，虏褒姒，尽取周赂而去。于是诸侯乃即申侯而共立故幽王太子宜臼，是为平王，以奉周祀。

平王立，东迁于雒邑，辟戎寇。平王之时，周室衰微，诸侯强并弱，齐、楚、秦、晋始大，政由方伯。

四十九年，鲁隐公即位。

五十一年，平王崩，太子洩父蚤死，立其子林，是为桓王。桓王，平王孙也。

桓王三年，郑庄公朝，桓王不礼。五年，郑怨，与鲁易许田。许田，天子之用事太山田也。八年，鲁杀隐公，立桓公。十三年，伐郑，郑射伤桓王，桓王去归。

二十三年，桓王崩，子庄王佗立。庄王四年，周公黑肩欲杀庄王而立王子克。辛伯告王，王杀周公。王子克奔燕。

十五年，庄王崩，子釐王胡齐立。釐王三年，齐桓公始霸。

五年，釐王崩，子惠王阆立。惠王二年。初，庄王嬖姬姚，生子颓，颓有宠。及惠王即位，夺其大臣园以为囿，故大夫边伯等五人作乱，谋召燕、卫师，伐惠王。惠王奔温，已居郑之栎。立釐王弟颓为王。乐及遍舞，郑、虢君怒。四年，郑与虢君伐杀王颓，复入惠王。惠王十年，赐齐桓公为伯。

二十五年，惠王崩，子襄王郑立。襄王母蚤死，后母曰惠后。惠后生叔带，有宠于惠王，襄王畏之。三年，叔带与戎、翟谋伐襄王，襄王欲诛叔带，叔带奔齐。齐桓公使管仲平戎于周，使隰朋平戎于晋。王以上卿礼管仲。管仲辞曰："臣贱有司也，有天子之二守国、高在。若节春秋来承王命，何以礼焉？陪臣敢辞！"王曰："舅氏，余嘉乃勋，毋逆朕命。"管仲卒受下卿之礼而还。九年，齐桓公卒。十二年，叔带复归于周。

十三年，郑伐滑，王使游孙、伯服请滑，郑人囚之。郑文公怨惠王之入不与厉公爵，又怨襄王之与卫滑，故囚伯服。王怒，将以翟伐郑。富辰谏曰："凡我周之东徙，晋、郑焉依。子颓之乱，又郑之由定，今以小怨弃之！"王不听。十五年，王降翟师以伐郑。王德翟人，将以其女为后。富辰谏曰："平、桓、庄、惠皆受郑劳，王弃亲亲翟，不可从。"王不听。十六年，王绌翟后，翟人来诛，杀谭伯。富辰曰："吾数谏不从，如是不出，王以我为怼乎？"乃以其属死之。

初，惠后欲立王子带，故以党开翟人，翟人遂入周。襄王出奔郑，郑居王于氾。子带立为王，取襄王所绌翟后与居温。十七年，襄王告急于晋，晋文公纳王而诛叔带。襄王乃赐晋文公珪鬯弓矢，为伯，以河内地与晋。二十年，晋文公召襄王，襄王会之河阳、践土，诸侯毕朝，书讳曰"天王狩于河阳"。

二十四年，晋文公卒。

三十一年，秦穆公卒。

三十二年，襄王崩，子顷王壬臣立。顷王六年，崩，子匡王班立。匡王六年，崩，弟瑜立，是为定王。

定王元年，楚庄王伐陆浑之戎，次洛，使人问九鼎。王使王孙满应设以辞，楚兵乃去。十年，楚庄王围郑，郑伯降，已而复之。十六年，楚庄王卒。

二十一年，定王崩，子简王夷立。简王十三年，晋杀其君厉公，迎子周于周，立为悼公。

十四年，简王崩，子灵王泄心立。灵王二十四年，齐崔杼弑其君庄公。

二十七年，灵王崩，子景王贵立。景王十八年，后太子圣而蚤卒。二十年，景王爱子朝，欲立之，会崩，子丐之党与争立，国人立长子猛为王，子朝攻杀猛。猛为悼王。晋人攻子朝而立丐，是为敬王。

敬王元年，晋人入敬王，子朝自立，敬王不得入，居泽。四年，晋率诸侯入敬王于周，子朝为臣，诸侯城周。十六年，子朝之徒复作乱，敬王奔于晋。十七年，晋定公遂入敬王于周。

三十九年，齐田常杀其君简公。

四十一年，楚灭陈。孔子卒。

四十二年，敬王崩，子元王仁立。元王八年，崩，子定王介立。

定王十六年，三晋灭智伯，分有其地。

二十八年，定王崩，长子去疾立，是为哀王。哀王立三月，弟叔袭杀哀王而自立，是为思王。思王立五月，少弟嵬攻杀思王而自立，是为考王。此三王皆定王之子。

考王十五年，崩，子威烈王午立。

考王封其弟于河南，是为桓公，以续周公之官职。桓公卒，子威公代立。威公卒，子惠公代立，乃封其少子于巩以奉王，号东周惠公。

威烈王二十三年，九鼎震。命韩、魏、赵为诸侯。

二十四年，崩，子安王骄立。是岁盗杀楚声王。

安王立二十六年，崩，子烈王喜立。烈王二年，周太史儋见秦献公曰："始周与秦国合而别，别五百载复合，合十七岁而霸王者出焉。"

十年，烈王崩，弟扁立，是为显王。显王五年，贺秦献公，献公称伯。九年，致文、武胙于秦孝公。二十五年，秦会诸侯于周。二十六年，周致伯于秦孝公。三十三年，贺秦惠王。三十五年，致文、武胙于秦惠王。四十四年，秦惠王称王。其后诸侯皆为王。

四十八年，显王崩，子慎靓王定立。慎靓王立六年，崩，子赧王延立。王赧时东西周分治。王赧徙都西周。

西周武公之共太子死，有五庶子，毋適立。司马翦谓楚王曰："不如以地资公子咎，为请太子。"左成曰："不可。周不听，是公之知困而交疏于周也。不如请周君孰欲立，以微告翦，翦请令楚资之以地。"果立公子咎为太子。

八年，秦攻宜阳，楚救之。而楚以周为秦故，将伐之。苏代为周说楚王曰："何以周为秦之祸也？言周之为秦甚于楚者，欲令周入秦也，故谓'周秦'也。周知其不可解，必入于秦，此为秦取周之精者也。为王计者，周于秦因善之，不于秦亦言善之，以疏之于秦。周绝于秦，必入于郢矣。"

秦借道两周之间，将以伐韩，周恐借之畏于韩，不借畏于秦。史厌谓周君曰："何不令人谓韩公叔曰：'秦之敢绝周而伐韩者，信东周也。公何不与周地，发质使之楚？'秦必疑楚不信周，是韩不伐也。又谓秦曰：'韩强与周地，将以疑周于秦也，周不敢不受。'秦必无辞而令周不受，是受地于韩而听于秦。"

秦召西周君，西周君恶往，故令人谓韩王曰："秦召西周君，将以使攻王之南阳也，王何不出兵于南阳？周君将以为辞于秦。周君不入秦，秦必不敢逾河而攻南阳矣。"

东周与西周战，韩救西周。或为东周说韩王曰："西周故天子之国，多名器重宝。王案兵毋出，可以德东周，而西周之宝必可以尽矣。"

王赧谓成君。楚围雍氏，韩征甲与粟于东周，东周君恐，召苏代而告之。代曰："君何患于是？臣能使韩毋征甲与粟于周，又能为君得高都。"周君曰："子苟能，请以国听子。"代见韩相国曰："楚围雍氏，期三月也，今五月不能拔，是楚病也。今相国乃征甲与粟于周，是告楚病也。"韩相国曰："善。使者已行矣。"代曰："何不与周高都？"韩相国大怒曰："吾毋征甲与粟于周亦已多矣，何故与周高都也？"代曰："与周高都，是周折而入于韩也，秦闻之必大怒忿周，即不通周使，是以弊高都得完周也。曷为不与？"相国曰："善。"果与周高都。

三十四年，苏厉谓周君曰："秦破韩、魏，扑师武，北取赵蔺、离石者，皆白起也。是善用兵，又有天命。今又将兵出塞攻梁，梁破则周危矣。君何不令人说白起乎？曰：'楚有养由基者，善射者也。去柳叶百步而射之，百发而百中之。左右观者数千人，皆曰善射。有一夫立其旁，曰："善，可教射矣。"养由基怒，释弓扼剑，曰："客安能教我射乎？"客曰："非吾能教子支左诎右也。夫去柳叶百步而射之，百发而百中之，不以善息，少焉气衰力倦，弓拨矢钩，一发不中者，百发尽息。"今破韩、魏，扑师武，北取赵蔺、离石者，公之功多矣。今又将兵出塞，过两周，倍韩，攻梁，一举不得，前功尽弃。公不如称病而无出。'"

四十二年，秦破华阳约。马犯谓周君曰："请令梁城周。"乃谓梁王曰："周王病若死，则犯必死矣。犯请以九鼎自入于王，王受九鼎而图犯。"梁王曰："善。"遂与之卒，言戍周。因谓秦王曰："梁非戍周也，将伐周也。王试出兵境以观之。"秦果出兵。又谓梁王曰："周王病甚矣，犯请后可而复之。今王使卒之周，诸侯皆生心，后举事且不信。不若令卒为周城，以匿事端。"梁王曰："善。"遂使城周。

四十五年，周君之秦，客谓周最曰："公不若誉秦王之孝，因以应为太后养地，秦王必喜，是公有秦交。交善，周君必以为公功。交恶，劝周君入秦者必有罪矣。"秦攻周，而周最谓秦王曰："为王计者不攻周。攻周，实不足以利，声畏天下。天下以声畏秦，必东合于齐。兵弊于周，合天下于齐，则秦不王矣。天下欲弊秦，劝王攻周。秦与天下弊，则令不行矣。"

五十八年，三晋距秦。周令其相国之秦，以秦之轻也，还其行。客谓相国曰："秦之轻重未可知也。秦欲知三国之情。公不如急见秦王曰'请为王听东方之变'，秦王必重公。重公，是秦重周，周以取秦也；齐重，则固有周聚以收齐：是周常不失重国之交也。"秦信周，发兵攻三晋。

五十九年，秦取韩阳城、负黍，西周恐，倍秦，与诸侯约从，将天下锐师出伊阙攻秦，令秦无得通阳城。秦昭王怒，使将军摎攻西周。西周君奔秦，顿首受罪，尽献其邑三十六，口三万。秦受其献，归其君于周。

周君、王赧卒，周民遂东亡。秦取九鼎宝器，而迁西周公于惮狐。后七岁，秦庄襄王灭东周。东西周皆入于秦，周既不祀。

太史公曰：学者皆称周伐纣，居洛邑，综其实不然。武王营之，成王使召公卜居，居九鼎焉，而周复都丰、镐。至犬戎败幽王，周乃东徙于洛邑。所谓"周公葬于毕"，毕在镐东南杜中。秦灭周。汉兴九十有余载，天子将封泰山，东巡狩至河南，求周苗裔，封其后嘉三十里地，号曰周子南君，比列侯，以奉其先祭祀。

译文：

周的始祖后稷，名叫弃。他的母亲是有邰氏的女子，叫姜原。姜原是帝喾的第一个配偶。姜原到野外去，看见巨人的脚印，心里好喜欢，想去踩它，一踩上去便觉得腹中有什么在动，好像怀了孕一样。她怀胎满月生下个孩子，觉得不吉利，就把孩子丢在小巷子里，但经过的马牛却都躲开不去踩他；把他移放在林子里，又碰上山林里人很多；再换个地方，把他丢在水渠的冰面上，又有飞鸟用它们的翅膀铺在上面、垫在下面保护他。姜原认为是很神奇，便把他抱回抚养。由于最初想把这个孩子扔掉，所以给他取名叫弃。

弃还是个孩子时，就高大勇武，有巨人之志。他做游戏，喜欢的是栽麻种豆，种下去的麻、豆都长得茁壮茂盛。等他长大成人，也就爱上种庄稼，能根据土地的栽培特性，选择适宜的谷物加以种植培养，人民都仿效他。帝尧听说了，便举用弃为农师，天下的人都蒙受其惠，有功劳。帝舜说："弃，百姓们当初忍饥挨饿，全靠你这个后稷播种各种谷物。"把弃封于邰，号称后稷，另外得姓为姬氏。后稷的兴起，在陶唐、虞、夏几代之间，历任者都很有美德。

后稷死了，其子不窋即位。不窋末年，夏后氏政治衰败，废弃农官，不再劝民务农，不窋因而失去官职，逃奔戎狄中。不窋死了，其子鞠即位。鞠死了，其子公刘即位。公刘虽身在戎狄之中，却重新恢复后稷的旧业，致力于农作，按照土地的栽培特性加以耕种，从漆、沮二水渡渭水，伐取材木，使得行路人有盘缠，居家者有储备，人民仰赖他的恩德。百姓感戴他，多迁居而投靠他。周人治道的大兴是从这里开始的，所以诗人用诗歌赞美他，追怀他的恩德。公刘死了，其子庆节即位，建都于豳。

庆节死了，其子皇仆即位。皇仆死了，其子差弗即位。差弗死了，其子毁隃即位。毁隃死了，其子公非即位。公非死了，其子高圉即位。高圉死了，其子亚圉即位。亚圉死了，其子公叔祖类即位。公叔祖类死了，其子古公亶父即位。古公亶父重新恢复后稷、公刘的旧业，积德行义，国都中的人都拥戴他。薰育等戎狄部族攻打他，想得到财物，他就把财物给他们。过了一阵又来攻打，还想得到土地和人民。人民都很愤怒，想迎战。古公说："人民立君长，是求对他们有利。现在戎狄之所以来攻打，是为了得到土地和人民。人民在我的治下，与在他们的治下有什么不同？人民是为了拥护我的缘故才去打仗，但靠牺牲别人的父亲和孩子来统治，我不忍心这样做。"因而同他的亲近左右离开了豳，涉漆、沮二水，翻过梁山，定居在岐山脚下。而豳地的人民举国扶老携幼，也全部重新回到古公身边来到岐山脚下。连周围国家听说古公仁慈，也多来投奔他。从此古公才贬斥戎狄的习俗，建造城郭和房屋，分成邑落居住，设立司徒、司马、司空、司士、司寇五种官职。人民都用诗歌赞美他，歌颂他的恩德。

古公有长子叫太伯，次子叫虞仲。太姜生小儿子季历，季历娶太任为妻，太姜、太任都是贤惠的妻子。太任生子昌，有圣明之兆。古公说："我的后代当有成大事者，大概就是昌吧？"长子太伯和虞仲知道古公想立季历，以便将来能传位于昌，所以两人便逃亡到了荆蛮，按当地风俗身刺花纹，剪短头发，而让位给季历。

古公死了，季历即位，就是公季。公季遵循古公留下的原则，笃行仁义，诸侯都顺从他。

公季死了，其子昌即位，就是西伯。西伯即文王，他继承后稷、公刘的事业，遵照古公、公季的法则，笃行仁义，尊敬长者，慈爱幼小。由于他能屈节礼遇贤能，为了接待士人，每天到中午还顾不上吃早饭，士人纷纷投奔他。伯夷、叔齐在孤竹国，听说西伯善于敬养老人，一起投奔了他。太颠、闳夭、散宜生、鬻子、辛甲大夫等人也去投奔了他。

崇侯虎对殷纣讲西伯的坏话说："西伯积德行善，诸侯归心，将不利于天子。"因而帝纣把西伯囚禁在羑里。闳夭等人很担心，就去搜求有莘氏的美女，骊戎的带花纹的骏马，有熊的九套驾车之马，以及其他种种珍奇之物，通过殷的宠臣费仲进献给纣。纣大喜，说："有这里面的一件东西就足以令我释放西伯，何况有这么多呢！"故赦免了西伯，赐给他弓箭斧钺，使西伯得擅征伐。告诉他说："说西伯坏话的人，是崇侯虎。"西伯献洛水以西之地，请纣废去炮烙之刑。纣答应了他。

西伯暗自行善，诸侯都来请他裁决是非。当时虞、芮两国的人有讼事不能裁决，故前往周。他们进入周的境界，看到种田的人都互让田界，人民都以谦让长者为美德。虞、芮两国的人还没见到西伯，已觉惭愧，相互说："我们所争的，正是周人所耻，还去干什么，去了只是自取羞辱罢了。"于是返回，互相谦让而去。诸侯听说,都说:"西伯当是受有上天之命的君主。"

次年,伐犬戎。又次年,伐密须。又次年,打败耆国。殷的祖伊听说后,害了怕,把情况报告给帝纣。纣说:"不是有天命助我吗?他能怎么样!"又次年,伐邘。又次年,伐崇侯虎,并开始营建丰邑,从岐山下迁都到丰邑。又次年,西伯死,太子发即位,就是武王。

西伯大概在位五十年。当他被囚羑里时,也许曾把《易》的八卦增为六十四卦。从《诗》的作者对西伯的称颂看,似乎西伯是在那一年受命称王,裁决虞、芮两国讼事。十年后去世,谥为文王。从此修改法度,制定正朔。追称古公为太王,公季为王季:这恐怕是因为称王的吉祥征兆是从太王开始的。

武王即位,太公望做他的师,周公旦做他的傅,召公、毕公一班人辅佐武王,遵循文王的遗业。

九年,武王先在毕祭祀文王,然后前往东方举行阅兵,到达盟津。设文王的木主,用车子运载,置于军中。武王自称太子发,表示是以文王的名义征伐,不敢独断专行。然后向司马、司徒、司空、诸节告诫:"要小心谨慎,说到做到!我无知,全靠先祖留下的有德之臣。我这晚辈继承祖先的功业,当致力于赏罚,以巩固他们的功业。"终于起兵。师尚父下令说:"集合起你们的部下,带上你们的船只,迟到者斩首。"武王渡黄河,船到河心,有白鱼跳进王的船中,武王俯身拾起用来祭祀。渡过河之后,有一个火团从天而降,落在王的屋顶上,凝固成乌鸦状,它的颜色是红的,降落时声音轰隆隆。当时,诸侯不约而同前来盟津会盟的有八百诸侯。诸侯都说:"纣可以伐了。"武王说:"你们还未知天命,现在还不行。"所以班师回来。

过了两年,听说纣昏乱暴虐更甚于前,杀死王子比干,囚禁箕子。太师疵、少师彊抱着他们的乐器去投奔周。这时武王才向所有的诸侯宣告说："殷犯下大罪，不可不合力讨伐。"因而遵循文王的遗志，率领战车三百辆，虎贲三千人，穿戴甲胄的战士四万五千人，东进伐纣。十一年十二月的戊午日，军队全部渡过盟津，诸侯都来参加，武王说："要勤勤恳恳，不可懈怠呀！"武王因而作《太誓》，向众人宣告："现在殷王纣竟然听信妻妾之言，自绝于上天，违背日、月、北斗的运行，疏远自己的同祖兄弟，竟然废弃其先祖的音乐，敢采用淫乱的音乐去窜改典雅的音乐，以取悦于他的妻妾。所以现在我发要恭敬地执行上天的惩罚。要努力呀，男子汉们，不会有第二仗了，更不会有第三仗了！"

二月甲子日的凌晨，武王一早就赶到商都朝歌郊外的牧野，举行誓师。武王左手拄着黄色的钺，右手握着以白色旄牛尾为饰的旗，用来指挥。说："一路辛苦了，来自西方的人们！"武王又说："啊！我的友好邻邦的君主，司徒、司马、司空、亚旅、师氏、千夫长、百夫长，以及庸、蜀、羌、髳、微、纑、彭、濮各族的人民，举起你们的戈，排好你们的盾，竖起你们的矛，我要宣誓了。"王说："古人有句话'母鸡是不叫明的，如果母鸡叫明，必定倾家荡产'。现在殷王纣什么都听女人的，自弃其先祖的祭祀不予回报，抛下自己的家族和国家，放着自己的同祖兄弟不用，反而对四方各国犯罪逃亡的人那么推崇，那么看重，信任他们，使用他们，让他们对百姓横施暴虐，对商国大肆破坏。现在我发要恭敬地执行上天的惩罚。今天的作战，每次前进不超出六七步就要停顿整齐一下，要努力呀，男子汉们！每次刺击不超出四、五、六、七下，就要停顿整齐一下，要努力呀，男子汉们！希望大家勇武，有如虎、罴、豺、离，我们是在商郊作战，不可迎击前来投降的人，而要让他们为我西方之人所使，要努力呀，男子汉们！你们谁不努力，我将拿他问斩。"誓师完毕，诸侯派兵参加会盟者共有战车四千辆，列阵于牧野。

帝纣听说武王前来，也发兵七十万抵御武王。武王派师尚父和百夫长挑战，用大卒驰击纣的军队。纣的军队虽然人多，但都无心作战，只盼武王赶快攻入。纣的军队都掉转武器攻纣，为武王做内应。武王驰击纣的军队，纣的军队溃不成军，背叛纣。纣逃跑，退入城中，登上鹿台，把他的宝玉都穿戴在身上，自焚而死。武王手持大白旗指挥诸侯，诸侯都向武王拱手致敬，武王也向诸侯拱手回礼，诸侯都听从他。武王来到商的国都，城中的百姓都在城郊迎候。于是武王派群臣告诉商的百姓说："上天将赐福给大家！"商人一齐行稽首大礼共两次，武王也还礼拜谢。于是进城，到了纣死的地方。武王亲自用箭射他，射了三发才下车，用轻剑刺他，用黄色的钺砍下他的头，挂在大白旗上。然后又到纣的两个宠妾那里，发现这两个宠妾都已上吊自杀。武王又射了三发，用剑刺她们，用黑色的钺砍下她们的头，把她们的头挂在小白旗上。武王做完这一切才出城，回到军中。

第二天，清除道路，整修社庙和商纣的宫室。到时候，一百名士兵扛着"罕旗"走在前面。武王的弟弟振铎布列"常车"，周公旦手持大钺，毕公手持小钺，夹立在武王的两边。散宜生、太颠、闳夭都持剑环卫武王。武王进了城，站在社庙南面大卒的左边，左右的人们都跟着他。毛叔郑端着"明水"，卫康叔封铺草席，召公奭帮助拿彩帛，师尚父牵祭牲。尹佚朗读竹简上的祭文说："殷的末代子孙季纣，废弃先王的美德，蔑视神明，不去祭祀，对商城中的百姓昏乱暴虐。对于这些，皇天上帝都已知道得清清楚楚。"于是武王拜手稽首两次，说："承受大命，革除殷所受之命，得到上天所降光明之命。"武王又拜手稽首两次，然后出城。

武王以殷的遗民封商纣之子禄父。武王因天下初定，尚未和睦，所以派他的弟弟管叔鲜、蔡叔度辅佐禄父治理殷国。然后又命召公放箕子出狱。命毕公放百姓出狱，在商容的闾门上设立标志以表彰他。命南宫括散发聚集在鹿台的钱财和巨桥的粮食，用来赈济贫苦的野人和贱民。命南宫括、史佚搬走殷人的九鼎和宝玉。命闳夭为比干之墓培土为冢。命宗祝祭享于军中。然后撤兵回到西方。武王巡狩，记录其政事，作《武成》。封诸侯，分赐殷的宗庙祭器，作《分殷之器物》。武王追怀古代的圣王，因而嘉封神农的后代于焦，封黄帝的后代于祝，封帝尧的后代于蓟，封帝舜的后代于陈，封大禹的后代于杞。接着又封功臣谋士，而师尚父是被封的第一个。武王封尚父于营丘，为齐。封其弟周公旦于曲阜，为鲁。封召公奭于燕。封其弟叔鲜于管，其弟叔度于蔡。其他人也都依次受封。

武王召见九州之长，登上豳的高地，遥望商的都城。武王回到周，彻夜不眠。周公旦来到王的住处，问："为什么不睡？"王说："告诉你：只因天不受殷的享祭，从发没生下来到现在六十年，远郊和远郊以外到处是麋鹿和飞虫。天不受殷的享祭，所以才有今天的成功。上天建立了殷国，殷国进用的贤人有三百六十人，却既不重用也不废弃，所以会有今天。我还没有真正得到上天的保佑，哪有工夫睡觉！"王说："要想真正得到上天的保佑，应依靠太室山，把作恶的人统统找出来加以贬黜，与殷王受同罪。日夜慰劳人民，安定我西方，我要提倡克尽职守，直到我们的德教弘扬四方。从洛水拐弯处到伊水拐弯处，人们定居在平坦之处而非险隘之处，这是夏人的活动中心。我向南面可见三涂山，向北面可见太行山，回首可见黄河，还有洛水、伊水，不要远离太室山。"在雒邑营建周城，然后离去。放马于华山之南，放牛于桃林之野，放下干戈不用，整顿军队，解除武装：向天下表示不再用兵。

武王已战胜殷，过了两年，问箕子殷灭亡的原因。箕子不忍讲殷的坏话，只以应当如何保存被亡之国相告。武王也感到惭愧，所以只向他问天道。

武王生病。天下尚未和睦，众公卿们都很害怕，进行占卜。周公就被除斋戒，自愿做替身，想代替武王去死，武王的病有好转。后来武王死了，太子诵继位，他就是成王。

成王幼小，周刚刚平定天下，周公害怕诸侯背叛周，便摄政主持国家大事。管叔、蔡叔等兄弟怀疑周公，勾结武庚作乱，背叛周。周公奉成王之命，讨伐武庚、管叔，流放蔡叔。用微子启代替武庚作为殷的后代，都于宋。收聚了不少殷遗民，用来封武王的小弟弟封为卫康叔。晋唐叔获得吉祥的谷穗，献给成王，成王把它送到周公的驻兵之地。周公在东方受此吉祥的谷穗，并宣布了天子的命令。当初，管、蔡背叛周，周公征讨他们，三年才完全平定，所以先作《大诰》，其次作《微子之命》，又其次作《归禾》，又其次作《嘉禾》，又其次作《康诰》、《酒诰》、《梓材》，其事见于《鲁周公世家》。周公摄政七年，成王长大了，周公还政给成王，重新北面称臣。

成王在丰邑，派召公再次营建洛邑，以完成武王的遗愿。周公再次卜问勘察，终于动工营建，将九鼎安放在城内。他说："这里是天下的中央，四方进贡，路程远近相似。"因而作《召诰》、《洛诰》。成王已迁走殷遗民，周公以王的名义宣告，作《多士》、《无佚》。召公担任保，周公担任师，东伐淮夷，灭除奄，把他们的国君迁到薄姑。成王从奄回来，住在宗周，作《多方》。成王革除了殷的天命之后，又袭击淮夷，回到丰，作

《周官》。创制和订定礼乐，制度从此改变，而人民和睦，颂歌四起。成王征伐东夷之后，息慎前来祝贺，王命荣伯作《贿息慎之命》。

成王将死，害怕太子钊不能胜任，便命召公、毕公率诸侯共同辅佐太子使之即位。成王死后，召公、毕公率诸侯，带太子钊谒见先王的宗庙，向他反复告诫文王、武王创立王业的来之不易，让他一定要注意节俭，不要欲望太多，以笃厚诚实来治理天下，因而作《顾命》。于是，太子钊即位，就是康王。康王即位，遍告诸侯，反复宣传文王、武王的功业，因而作《康诰》。所以成、康两王时，天下安宁，刑罚弃置不用达四十多年。康王命作策，毕公按等级划分居住范围，组成周的四郊，因而作《毕命》。

康王死，其子昭王瑕即位。昭王之时，王道略有缺损。昭王到南方巡狩未能回来，死在江上。死了也不告丧，是想掩饰。于是立昭王之子满即位，就是穆王。穆王即位，年龄已五十岁了。当时王道衰败，穆王痛心文、武二王之道已缺损，命伯臩为太仆，以国家政事反复告诫他，作《臩命》。天下又重新安宁。

穆王将征犬戎，祭公谋父劝谏说："不可以。先王显示给人的是德行，而不是武力。平时积蓄兵力，只在一定时刻才动用，一旦动用就要有威力，如果一味显示武力，就会使人漫不经心，漫不经心就会没有威力。所以周文公所作的颂说：'收起盾和戈，藏起弓和箭，我求美德之士，载入大夏之中，王必保守不失。'先王对待人民，勉励和端正其道德，使其性情敦厚，扩大其财物并改良其器物，懂得利害关系所在，用礼法培养他们，教他们趋利避害，心怀仁德而畏惧惩罚，所以能世代相传，子孙蕃昌。从前我们的先王世世代代为后稷之官，供职于虞、夏两代。

待到夏朝衰亡时，废弃农官，不再劝民务农，我们的先王不窋因而失去官职，自己逃窜于戎狄之间。他不敢懈怠祖先的遗业，继承祖先的德行，遵循祖先的传统，整理祖先的教训和典法，早晚都敬慎勤勉，以敦厚笃实自持，忠诚老实自奉。世世代代感戴其恩德，不给祖先丢脸。到了文王和武王，进一步发扬光大前人的业绩，再加上仁慈和睦，敬事神明，保护人民，神民皆大欢喜。商王帝辛对其人民作恶太甚，庶民忍无可忍，乐意拥戴武王，因而才能于商的牧野列阵而战。所以先王并非有意要去使用武力，而只是因为时刻关怀人民的疾苦，想为民除害。按照先王的制度，邦畿之内是"甸服"，邦畿之外是"侯服"，设置侯、卫的地方叫"宾服"，蛮夷之地叫"要服"，戎翟之地叫"荒服"。属于甸服的要"祭"（祭祀），属于侯服的要"祀"（祭祀），属于宾服的要"享"（祭享），属于要服的要"贡"（进贡），属于荒服的要"王"（奉以为王）。"祭"是以日计，"祀"是以月计，"享"是以季节计，"贡"是以年计，"王"是以终身计。按照先王的遗训，如果不"祭"就要端正其意志，如果不"祀"就要端正其言辞，如果不"享"就要端正其礼法，如果不"贡"就要端正其名分，如果不"王"就要端正其道德，依次做了而仍不能尽其职守，就要施以刑罚。因而才有对不祭者的刑罚，对不祀者的攻伐，对不享者的征讨，对不贡者的谴责，对不拥戴王者的通告天下。因而也才有刑罚的各种规定，才有攻伐的各种武器，才有征讨的各种准备，才有严厉谴责的命令，才有大告天下的文辞。用命令和文辞宣告而仍然不来述职者，则进一步端正其道德，不必劳民远征。这样才能使邻近的国家无不听从，远方的国家无不归顺。现在，自从犬戎氏二君大毕、伯士去世后，犬戎氏能世守其职，前来奉事天子，而天子却说'我非要按

"不享"的罪名加以征讨，而且还要向他们炫耀武力'，这不是抛弃先王的教训，而使您处于危险境地吗？我听说犬戎氏提倡敦厚的风气，遵循前人的德行而能始终如一，他们是有足以抵御我们的东西呀。"但穆王还是出兵征讨，获取四只白狼和四只白鹿回来。从这以后，属于荒服的地方就不再来了。

诸侯各国中有些国家不太和睦，甫侯把情况告给王，王因而立下各种刑法。王说："喂，到我这里来！凡是封有国邑和土地的诸侯们，我要告诉给你们如何慎重地使用刑法。如今你们要安顿百姓，应选择的难道不是执法人才吗？应尊重的难道不是刑法本身吗？应掌握的难道不是量刑尺度吗？原告和被告都到齐了，士师就要从言辞、表情、呼吸、听觉反应和目光等"五辞"来观察。通过这些观察摸清情况，即可用"五刑"来定罪。如果犯罪事实够不上"五刑"，就用"五罚"来定罪。如果犯罪事实够不上"五罚"，被判者不服，就用"五过"来定罪。以"五过"定罪的毛病是，高官显贵不便诉诸刑法的各种讼事，要查核其罪，使罪名与过失相当。凡遇该按"五刑"治罪而有疑问不得不赦免的讼事，凡遇该按"五罚"治罪而有疑问不得不赦免的讼事，要仔细查验。取证要从众，审讯要有据。如果没有充分证据便不能定罪，要知道老天在上。属于黥刑而不够定罪的，其罚金为一百率，要查核其罪。属于劓刑而不够定罪的，其罚金为前者的两倍，要查核其罪。属于膑刑而不够定罪的，其罚金为前者的两倍半，要查核其罪。属于宫刑而不够定罪的，其罚金为五百率，要查核其罪。属于大辟之刑而不够定罪的，其罚金为千率，要查核其罪。属于墨刑的罚金条文有上千条，属于劓刑的罚金条文有上千条，属于膑刑的罚金条文有五百条，属于宫刑的罚金条文有三百条，属于大辟之刑的罚金条文有二百条，五种刑罚的有关条文共有三千条。"被称之为《甫刑》。

穆王在位五十五年，去世，其子共王繄扈即位。共王在泾水上游玩，密康公服侍在旁，有三个女子来投奔密康公。密康公的母亲说："你一定要把这三个女子献给王。兽，三只以上叫'群'；人，三个以上叫'众'；女子，三人以上叫'粲'。王田猎从不猎取三只以上的兽，公行事必虚心听取三人以上的意见，王的妃嫔没有三人属于同族。粲字，是形容美好的事物。众人以美好的东西送给你，你有什么德行配去享用呢？王都不配享用，更何况你这样的小人物呢！小人物占有这类东西，终将灭亡。"密康公不肯献出，过了一年，共王灭密。共王死，其子懿王囏即位。懿王在位期间，王室终于衰败，诗人加以讥刺。

懿王死，共王的弟弟辟方即位，就是孝王。孝王死，诸侯又立懿王的太子燮即位，就是夷王。

夷王死，其子厉王胡即位。厉王即位三十年，贪图财利，亲近荣夷公。大夫芮良夫劝谏厉王说："王室恐怕要衰落了吧？荣夷公喜欢垄断财利却不知道大难临头。财利，本是天地万物所生所长，要想垄断，害处太多了。天地万物是供大家所取，怎么可以垄断呢？他触怒的人很多，却不防备大难。还用这些来教王，王难道能够长治久安吗？作为人民的王，本应开发财源而遍施其惠。尽管使神、人万物得其所，仍然每天提心吊胆，害怕引起不满。所以《颂》说：'追念祖先后稷，能够配享于天，安定我众多百姓，无不合乎其原则。'《大雅》说：'布施赐予，成我周邦。'这不正是广施财利而又畏惧灾难吗？所以能成我周邦，绵延至今。现在王学的是垄断财利，这怎么可以呢？一个普通人垄断财利，尚且要称之为'盗'，作为王也这样干，愿意归附的人就很少了。如果荣夷公得到重用，周朝必定衰败。"厉王不听，到底还是任用荣夷公为卿士，让他主持国家大事。

王行暴政，奢侈傲慢，住在国都中的人非议王。召公劝谏说："人民受不了您的政令了。"王大怒，找到一个卫国的巫士，派他监视非议王的人，凡是报告上来有属于这种罪的都杀掉。这样非议是减少了，诸侯也不再来朝见。三十四年，王的控制更加严格，国都中的人都不敢说话，走在路上只能以目光示意。厉王很得意，告诉召公说："我能平息人们的非议，使他们连话也不敢讲。"召公说："这是因为您把他们的嘴堵起来了。堵人民的嘴可是比堵水还要危险。水被堵塞会决堤泛滥，伤人肯定很多，人民也是一样的。所以管理水的人要对水加以疏导，管理人民的人要让他们畅所欲言。因此，天子为了了解下情，要让上至公卿下至列士的人都献诗，让盲乐师献曲，让史官献书，让师规诫，让无眼珠的盲人叙事，让有眼珠的盲人朗诵，让百工劝谏，让庶人街谈巷议，让近臣都来规劝，让亲戚补察过失，让盲乐师和史官来教诲，让老人们来整理，而后由帝王斟酌，所以政事得以施行而不违背情理。人民有嘴，就像土地上的山川是财货之源，平原沃野是衣食的来源。让人开口讲话，好事坏事都能反映出来。做好事而防备坏事，是财货和衣食的真正来源。人民心里怎么想嘴上就怎么讲，才能把事办好。如果把他们的嘴堵起来，又怎么能够长久呢？"王不听。因此国内没有人敢讲话，过了三年，竟一起叛乱，袭击厉王。厉王逃亡到彘。

厉王的太子静躲在召公的家里，国都中的人听说了，便把召公的家包围起来。召公说："从前我屡次劝谏王，王不听，因而遭此大难。现在如果杀死王的太子，王大概以为我是记仇而泄愤吧？奉事主人，虽处危难也不记仇，虽有怨气也不发泄，何况是奉事天子呢！"因而用自己的儿子代替王太子，太子最终幸免于难。

召公、周公两相共同执政，号称"共和"。共和十四年，厉王死于彘。太子静在召公家中长大，两相因共立之为王，就是宣王。宣王即位，两相辅佐他，修明政治，遵循文王、武王、成王、康王的遗风，诸侯又重新归附于周。十二年，鲁武公来朝见。

宣王废弃天子籍田上的籍礼，虢文公劝谏说这是不行的。王不听。三十九年，王的军队在千亩与姜氏之戎交战，大败。

宣王丧失了征伐南方的军队之后，竟在太原直接统计民户。仲山甫劝谏说："民户是不可以由王直接加以统计的。"宣王不听，还是对民户进行了统计。

四十六年，宣王死，其子幽王宫湦即位。幽王二年，周西部丰、镐和泾、渭、洛一带都发生地震。伯阳甫说："周将灭亡。天地二气，不可失去其秩序；如果越出其秩序，那就是人使之混乱。阳气伏藏而不能出，被阴气压迫不能上升，因而才有地震。现在泾、渭、洛一带发生地震，是因阳气不得其所而被阴气镇伏。阳气失其所而被阴气镇伏，水源必然会堵塞；水源被堵塞，国家必然会灭亡。土壤中的水脉通畅，人民才能得到财利。土壤中的水脉不通畅，人民缺乏财利，国家不亡还等什么！从前伊水、洛水枯竭导致了夏亡，黄河枯竭导致了商亡。现在周的德行已如同夏、商二代的末年，其水源又被堵塞，堵塞了就会枯竭。建立国都必须依山傍河，山陵崩颓，水源枯竭，是亡国的征兆。水源枯竭必定会引起山陵崩颓。若亡国的话当不出于十年，因为数是以十为进位。如果上天要抛弃我们，是不会超过这个数字的。"当年，泾、渭、洛枯竭，岐山崩颓。

三年，幽王宠爱褒姒。褒姒生下儿子伯服，幽王想废黜太子。太子的母亲是申侯之女，被立为王后。后来幽王得到褒姒，宠爱她，打算废黜申后，并除去太子宜臼，立褒姒为王后，伯服为太子。周太史伯阳读历史记录说："周将要亡国了。"从前当夏后氏衰败，有两条神龙降落在夏帝的庭院而开口说："我们，是褒国的两个君主。"夏帝卜问究竟是杀掉它还是赶走它或留下它，都不吉利。卜问是否可以把龙的涎沫收藏起来，才得到吉兆。于是陈设布帛，书于简策，向神龙祷告，龙走后留下涎沫，被盛在匣中收藏起来。夏灭亡，此器被传于商。商亡，此器又传于周。接连三个朝代，都没有人敢打开它。到厉王末年，才打开观看。涎沫流于庭院，除不去。厉王让女人赤身裸体而大声呼叫。涎沫化为黑色的蜥蜴，钻进王的后宫。后宫有个童女刚满七岁，碰上它，到十五岁行过笄礼后怀了孕，因为没有丈夫就生下孩子，感到害怕而把孩子扔掉。宣王时有童女唱歌谣说："见到山桑做成的弓和箕木做成的箭囊，周国将要灭亡。"当时宣王听到了，正好碰上有夫妇俩卖这两样东西，宣王叫人把他们抓起来杀掉。他们逃跑了，在路上看见先前后宫童女扔在路边的孩子，听到孩子在夜里啼哭，出于怜悯而收养了她。夫妇俩终于逃亡，跑到褒国。褒国人犯了罪，请求献上童女扔掉的女儿给王以求赦免。这个被扔掉的女孩是来自褒国，就是褒姒。当幽王三年时，王到后宫，一见到她就爱上了她，和她生下儿子伯服，竟然废黜申后和太子，立褒姒为王后，伯服为太子。太史伯阳说："灾祸已形成，没有任何办法了！"

褒姒不喜欢笑。幽王想尽一切办法逗她笑，她却偏偏不笑。幽王设有烽燧和大鼓，有来犯者则点燃烽火。有一次，幽王点燃烽火，诸侯都来了，来了却没有来犯者，褒姒才大笑。幽王喜欢这个办法，为褒姒多次点燃烽火。后来，失去信用，诸侯们渐渐也就不再来了。

幽王任用虢石父为卿士，主持国政，国都中的人都很有怨气。虢石父为人能说会道，喜欢阿谀奉承和贪图财利，王却重用他。王又废黜申后和太子，申侯发了怒，联合缯和属于西夷的犬戎攻打幽王。幽王点燃烽火征发诸侯的军队，但诸侯的军队都不来。因此他们把幽王杀死在骊山下，掳走褒姒，将周人的财物抢掠一空而去。当时诸侯都到申侯这里来，共同拥立从前的幽王太子宜臼，他就是平王，以保持周朝的祀统。

平王即位，把都城东迁到雒邑，以躲避戎寇。平王在位时，周王室衰败，诸侯强大之国吞并弱小之国，齐、楚、秦、晋开始强大，政令往往出于称霸的君主。

四十九年，鲁隐公即位。

五十一年，平王死，太子洩父早死，立其子林为王，就是桓王。桓王，是平王的孙子。

桓王三年，郑庄公来朝见，桓王不予礼遇。五年，郑怨恨周，与鲁国交换许田。许田，是天子用来祭祀泰山的土地。八年，鲁国杀隐公，立桓公。十三年，伐郑，郑射伤桓王，桓王逃跑回来。

二十三年，桓王死，其子庄王佗即位。庄王四年，周公黑肩打算杀死庄王而立王子克。辛伯报告王，王杀周公黑肩。王子克逃亡到燕国。

十五年，庄王死，其子釐王胡齐即位。釐王三年，齐桓公开始称霸。

五年，釐王死，其子惠王阆即位。惠王二年，当初庄王的宠妾姚氏生下子颓，颓有宠。等到惠王即位，惠王夺其大臣的园林做自己的猎场，因此大夫边伯等五人作乱，策划召燕、卫的军队，讨伐惠王。惠王逃奔到温，不久又住在郑国的栎。他们立了釐王的弟弟颓为王。颓设礼招待五位大夫，奏了全套的舞乐。郑、虢二国之君非常愤怒。四年，郑国和虢国的国君来讨伐，杀死王颓，重新迎立惠王。惠王十年，赐齐桓公为伯。

二十五年，惠王死，其子襄王郑即位。襄王的母亲早死，后母为惠后。惠后生叔带，叔带有宠于惠王，襄王害怕他。三年，叔带与戎、翟策划攻打襄王，襄王想杀掉叔带，叔带逃奔到齐。齐桓公派管仲为戎与周两方说和，派隰朋为戎与晋两方说和。王用上卿之礼招待管仲。管仲辞谢说："臣是身份低贱的官员，现有天子的两个上卿国氏和高氏在。如于春秋两季朝聘之节来受王命，将何以为礼呢？作为诸侯之臣的我请免去此礼。"王说："作为舅舅家的人，我要奖励你的功勋，不要违反我的命令。"管仲到底还是只受下卿之礼而归。九年，齐桓公死。十二年，叔带又回到周。

十三年，郑伐滑，王派游孙、伯服为滑求情，郑人把他们囚禁起来。郑文公怨恨惠王复国没有送给郑厉公爵，又怨恨襄王帮助卫国替滑求情，所以把伯服囚禁起来。王发怒，准备用翟人伐郑。富辰劝谏说："我们周人的东迁，全靠了晋、郑两国。子颓之乱，也是靠郑国才平定，今日竟然因为一点小小的不快就抛弃它们吗！"王不听。十五年，王派翟人的军队来伐郑。王感谢翟人，打算以他们的女子为王后。富辰劝谏说："平、桓、庄、惠四王都受过郑国的帮助，王抛弃本族而亲近翟人，这个办法不行。"王不听。十六年，王废黜翟女之后，翟人来讨伐，杀死谭伯。富辰说："我屡次劝谏，您都不听，如果碰上这种情况还不出战，王以为我是在怨恨吧？"竟率其族众殉难。

当初，惠后打算立王子带为王，因此派其党羽充当翟人的内应，翟人因而攻入周。襄王逃亡到郑，郑把王安顿在氾。子带即位为王，带上襄王所废黜的翟后一起住在温。十七年，襄王向晋告急，晋文公送王回国并杀死叔带。襄王因此赐给晋文公圭瓒、秬鬯、弓矢，封他为伯，把河内的土地赐给晋。二十年，晋文公召襄王，襄王与他在河阳、践土会见，诸侯都来朝见，史书加以掩饰，说是"天王巡狩至于河阳"。

二十四年，晋文公死。

三十一年，秦穆公死。

三十二年，襄王死，其子顷王壬臣即位。顷王六年，死，其子匡王班即位。匡王六年，死，其弟瑜即位，就是定王。

定王元年，楚庄王伐陆浑之戎，驻扎在洛，使人问九鼎之大小轻重。王派王孙满用言辞对答，楚兵才撤退。十年，楚庄王包围郑都，郑伯出降，不久又恢复郑国。十六年，楚庄王死。

二十一年，定王死，其子简王夷即位。简王十三年，晋杀死他们的国君厉公，从周接回子周，把他立为悼公。

十四年，简王死，其子灵王泄心即位。灵王二十四年，齐国的崔杼杀死其国君庄公。

二十七年，灵王死，其子景王贵即位。景王十八年，王后所生的太子圣明却早死。二十年，景王宠爱子朝，打算立他为太子，但景王却在这时死掉，子丐一伙人与子朝争立，国都中的人立长子猛为王，子朝攻打并杀死猛。猛即悼王。晋人攻打子朝而立丐为王，就是敬王。

敬王元年，晋人送敬王回国，子朝与之争立，敬王不能回国，住在泽。四年，晋率诸侯送敬王回到周都，子朝称臣，诸侯修筑周都的城墙。十六年，子朝一伙人再次作乱，敬王逃亡到晋。十七年，晋定公终于把周王送回周都。

三十九年，齐田常杀死其国君简公。

四十一年，楚灭陈国。孔子死。

四十二年，敬王死，其子元王仁即位。元王八年，元王死，其子定王介即位。

定王十六年，赵、魏、韩三国灭智伯，瓜分其土地。

二十八年，定王死，长子去疾即位，就是哀王。哀王即位三个月，其弟叔袭杀哀王自立，就是思王。思王即位五个月，其少弟嵬攻打并杀死思王而自立为王，就是考王。这三个王都是定王的儿子。

考王十五年，死，其子威烈王午即位。

考王把他的弟弟封在河南，就是西周桓公，让他接替周公的官职。桓公死，其子威公即位。威公死，其子惠公即位，而把惠公的幼子封在巩，让他奉侍周王，号称东周惠公。

威烈王二十三年，放置九鼎的王城地震。策命韩、魏、赵为诸侯。

二十四年，死，其子安王骄即位。当年有强盗杀死楚声王。

安王在位二十六年，死，其子烈王喜即位。烈王二年，周太史儋见秦献公，说："当初周与秦国合在一起又分开，分开五百年又合在一起，合在一起十七年就会有霸王出现。"

十年，烈王死，其弟扁即位，就是显王。显王五年，祝贺秦献公，献公称伯。九年，赐送祭祀文、武二王的祭肉给秦孝公。二十五年，秦在周大会诸侯。二十六年，周赐伯的称号给秦孝公。三十三年，祝贺秦惠王。三十五年，赐送祭祀文、武二王的祭肉给秦惠王。四十四年，秦惠王称王。这以后诸侯都称王。

四十八年，显王死，其子慎靓王定即位。慎靓王在位六年，死，其子赧王延即位。王赧时东周和西周分裂，各自为政。王赧迁都于西周。

西周武公的共太子死了，他有五个庶子，没有嫡子即位。司马翦对楚王说："不如拿土地给周，帮助公子咎，为之请立为太子。"左成说："不行。如果周不答应，那么您的计谋也就落空了，而且在外交上也会与周疏远。不如问问西周君想立谁为君，让他暗地告诉司马翦，司马翦再请楚予之土地作为资助。"最后果然立公子咎为太子。

八年，秦攻打宜阳，楚救宜阳。而楚因为周亲近秦的缘故，打算攻打周。苏代替周游说楚王说："为什么要认为周亲近秦就是祸害呢？那些扬言周亲近秦超过楚的人，是想让周归并于秦，所以人称'周秦'。周知道自己逃脱不了楚的进攻，必定会归并于秦，这是帮助秦取得周的最好办法。替王考虑，周亲近秦我们对它好，不亲近秦我们也对它好，以使它和秦疏远。周与秦绝交，必定会归并于楚。"

秦借道于东、西周之间，准备攻打韩，周害怕借道给秦会得罪韩，又怕不借会得罪秦。史厌对周君说："为什么不派人对韩公叔说：'秦之所以敢经过周去伐韩，是因为相信东周。您为何不送给周一些土地，派质子到楚？'这样做秦一定会怀疑楚而不相信周，如此也就不会去伐韩国。然后又对秦讲：'韩硬把土地送给周，目的是为了使秦怀疑周，所以周不敢不接受。'秦必定没有理由让周不接受，这样就能既得地于韩又能使秦也相信。"

秦召西周君，西周君不愿前往，所以派人对韩王说："秦召西周君，想让他派兵攻打王的南阳，王何不出兵南阳？西周君将以此为理由不去朝秦。如果西周君不到秦国去，秦也就必定不敢越过黄河而攻打南阳了。"

东周与西周交战，韩救西周。有人替东周劝说韩王说："西周是从前天子的旧都，有许多名贵器物和珍宝，如果大王按兵不动,可以有恩德于东周,而西周的珍宝也一定可以尽归于韩。"

王赧对成君说……(下有脱文)楚围攻雍氏,韩向东周征发甲胄和粮食,东周君害了怕,召见苏代而把情况告诉他。苏代说:"您何必为此担心?臣下能让韩不向东周征发甲胄和粮食,又能为您得到高都。"东周君说:"您要真能如此,我要让整个国家都听从您。"苏代去见韩国的相邦说:"楚包围雍氏,曾保证三个月即可攻下,而现在已五个月了却仍然不能拔取,说明楚已损耗严重。现在相邦您竟向周征发甲胄和粮食,等于告诉楚韩国也损耗严重。"韩国相邦说:"讲得不错。但使者已经出发了。"苏代说:"何不把高都送给周?"韩国相邦大怒说:"我不向周征发甲胄和粮食就够可以的了,凭什么还得把高都也送给周?"苏代说:"把高都送给周,则周就会转而投靠韩国,秦听说必定会大怒,焚毁出使周的符节,不与周互派使节,这就等于用遭受破坏的高都换取完整的周地。又为什么不可以给呢?"相邦说:"不错。"真的把高都给了周。

三十四年,苏厉对周君说:"秦攻破韩、魏,杀师武,北取赵国的蔺、离石,都是白起所为。白起善用兵,又有天命为助。现在他又率兵出塞攻打大梁,大梁城破则周也就危险了。您何不派人游说白起呢?就说:'楚国有个叫养由基的,是个擅长射箭的人。距离柳叶有百步之远而射之,百发百中。左右围观的人有几千人,都称赞他善射。唯独有个男子站在他身旁,却说:"不错,可以学射箭了。"养由基大怒,放下弓,握住剑,说:"外来人,你有什么资格教我射箭呢?"那个外来人说:"我并非真能教您左手执弓右手抠弦。像刚才那样距离柳叶百步远而射之,百发百中,不知道见好就收,用不了多久就会气力衰竭,弓歪矢曲,只要一发射不中,百发也就前功尽弃。"现在就凭攻破韩、魏，杀师武，北取赵国的蔺、离石这些事，您的功劳已太多。现在您又率兵出塞，经过东周、西周，背靠韩国，围攻大梁，一战不胜，就会前功尽弃。您不如告病，不出任将领。'"

四十二年，秦攻破华阳要塞。马犯对周君说："请派我游说魏国为周筑城。"于是去对魏王说："周王如果因担心秦伐周而忧患至死，那么我也必死无疑了。我请主动把九鼎进献给大王，大王得此九鼎要为我所说的事情考虑。"魏王说："好。"于是派兵给他，声称是去守卫周城。马犯借此又去对秦王说："魏派兵并不是去守卫周城，是要攻打周。大王您不妨出兵境外看看情形如何。"秦果然出兵。马犯趁机又对魏王说："周王的心头病已经好了，我请等到条件许可时再来报答。现在大王派兵前往周，诸侯都会产生顾虑，以后再搞什么行动人家也不会相信了。不如让士兵帮助修筑周城，以掩盖最初的目的。"魏王说："好。"于是派兵去修筑周城。

四十五年，西周君前往秦国，有说客对周最说："您不如赞誉秦王的孝顺，趁机把应地送给秦太后做她的供养之地，秦王必定会高兴，这样您与秦就有了交情。关系好，西周君必定认为是您的功劳。关系不好，劝周君入秦的人就必定会有罪。"秦攻打周，而周最对秦王说："为大王考虑，最好不要攻打周。攻周，其实并不足以获利，而却给天下留下坏的名声。天下因为秦的坏名声而讨厌秦，必定会联合东面的齐。因攻周而损耗兵力，使天下与齐联合，那么秦也就无法称王了。天下为了损害秦，所以劝大王攻打周。秦若接受这种损害，那么号令也就很难通行了。"

五十八年，三晋抵抗秦。周派其相邦到秦国去，因为秦国看不起周，所以推迟了行动。有说客对相邦说："秦对周的态度尚未知道。秦很想了解三晋各国的情况。您不如赶紧去见秦王说'请为王刺探东方各国的情况变化'，秦王必定看重您。看重您，秦也就会看重周，周就会与秦亲善；齐国看重周，则本来就有周取得了齐的尊重：这样周就能一直保持与大国的交谊。"秦信任了周，发兵攻打三晋。

五十九年，秦夺取韩国的阳城和负黍，西周害了怕，背叛秦，与诸侯合纵，率天下精兵出伊阙山攻打秦，使秦不能通往阳城。秦昭王发怒，派将军摎攻打西周。西周君逃奔到秦，叩首认罪，全部献上其城邑三十六座，人口三万人。秦接受其所献，释放西周君使归于周。

周君、王赧死，周的居民就逃亡到东方。秦取得九鼎等贵重器物，而把西周君迁往𢡟狐。过了七年，秦庄襄王灭亡东周。东周、西周都被归并入秦，周从此祀统断绝。

太史公说：学者都说周伐商纣，定都洛邑，从总的事实看并不如此。虽然武王曾规划它，成王也派召公占卜其位置，把九鼎放在那里，但周仍然以丰、镐为都。直到犬戎打败幽王，周才东迁到洛邑。所谓"周公葬于毕"，毕在镐东南的杜中。秦灭亡了周。汉朝建立以来九十多年，天子要在泰山行封禅礼，东去巡狩到达河南县，访求周的后裔子孙，封给周的后人嘉三十里之地，号称周子南君，爵位同列侯，以保持对其祖先的祭祀。

史记卷五

秦本纪第五

秦之先,帝颛顼之苗裔孙曰女脩。女脩织,玄鸟陨卵,女脩吞之,生子大业。大业取少典之子,曰女华。女华生大费,与禹平水土。已成,帝锡玄圭。禹受曰:"非予能成,亦大费为辅。"帝舜曰:"咨尔费,赞禹功,其赐尔皂游。尔后嗣将大出。"乃妻之姚姓之玉女。大费拜受,佐舜调驯鸟兽,鸟兽多驯服,是为柏翳。舜赐姓嬴氏。

大费生子二人:一曰大廉,实鸟俗氏;二曰若木,实费氏。其玄孙曰费昌,子孙或在中国,或在夷狄。费昌当夏桀之时,去夏归商,为汤御,以败桀于鸣条。大廉玄孙曰孟戏、中衍,鸟身人言。帝太戊闻而卜之使御,吉,遂致使御而妻之。自太戊以下,中衍之后,遂世有功,以佐殷国,故嬴姓多显,遂为诸侯。

其玄孙曰中潏,在西戎,保西垂。生蜚廉。蜚廉生恶来。恶来有力,蜚廉善走,父子俱以材力事殷纣。周武王之伐纣,并杀恶来。是时蜚廉为纣石北方,还,无所报,为坛霍太山而报,得石棺,铭曰"帝令处父不与殷乱,赐尔石棺以华氏"。死,遂葬于霍太山。蜚廉复有子曰季胜。季胜生孟增。孟增幸于周成王,是为宅皋狼。皋狼生衡父,衡父生造父。造父以善御幸于周缪王，得骥、温骊、骅骝、騄耳之驷，西巡狩，乐而忘归。徐偃王作乱，造父为缪王御，长驱归周，一日千里以救乱。缪王以赵城封造父，造父族由此为赵氏。自蜚廉生季胜已下五世至造父，别居赵。赵衰其后也。恶来革者，蜚廉子也，蚤死。有子曰女防。女防生旁皋，旁皋生太几，太几生大骆，大骆生非子。以造父之宠，皆蒙赵城，姓赵氏。

非子居犬丘，好马及畜，善养息之。犬丘人言之周孝王，孝王召使主马于汧、渭之间，马大蕃息。孝王欲以为大骆適嗣。申侯之女为大骆妻，生子成为適。申侯乃言孝王曰："昔我先郦山之女，为戎胥轩妻，生中潏，以亲故归周，保西垂，西垂以其故和睦。今我复与大骆妻，生適子成。申骆重婚，西戎皆服，所以为王。王其图之。"于是孝王曰："昔伯翳为舜主畜，畜多息，故有土，赐姓嬴。今其后世亦为朕息马，朕其分土为附庸。"邑之秦，使复续嬴氏祀，号曰秦嬴。亦不废申侯之女子为骆適者，以和西戎。

秦嬴生秦侯。秦侯立十年，卒。生公伯。公伯立三年，卒。生秦仲。

秦仲立三年，周厉王无道，诸侯或叛之。西戎反王室，灭犬丘大骆之族。周宣王即位，乃以秦仲为大夫，诛西戎。西戎杀秦仲。秦仲立二十三年，死于戎。有子五人，其长者曰庄公。周宣王乃召庄公昆弟五人，与兵七千人，使伐西戎，破之。于是复予秦仲后，及其先大骆地犬丘并有之，为西垂大夫。

庄公居其故西犬丘，生子三人，其长男世父。世父曰："戎杀我大父仲，我非杀戎王则不敢入邑。"遂将击戎，让其弟襄公。襄公为太子。庄公立四十四年，卒，太子襄公代立。襄公元年，以女弟缪嬴为丰王妻。襄公二年，戎围犬丘，世父击之，为戎人所虏。

岁余，复归世父。七年春，周幽王用褒姒废太子，立褒姒子为適，数欺诸侯，诸侯叛之。西戎犬戎与申侯伐周，杀幽王郦山下。而秦襄公将兵救周，战甚力，有功。周避犬戎难，东徙雒邑，襄公以兵送周平王。平王封襄公为诸侯，赐之岐以西之地。曰："戎无道，侵夺我岐、丰之地，秦能攻逐戎，即有其地。"与誓，封爵之。襄公于是始国，与诸侯通使聘享之礼，乃用骝驹、黄牛、羝羊各三，祠上帝西畤。十二年，伐戎而至岐，卒。生文公。

文公元年，居西垂宫。三年，文公以兵七百人东猎。四年，至汧、渭之会。曰："昔周邑我先秦嬴于此，后卒获为诸侯。"乃卜居之，占曰吉，即营邑之。十年，初为鄜畤，用三牢。十三年，初有史以纪事，民多化者。十六年，文公以兵伐戎，戎败走。于是文公遂收周余民有之，地至岐，岐以东献之周。十九年，得陈宝。二十年，法初有三族之罪。二十七年，伐南山大梓，丰大特。四十八年，文公太子卒，赐谥为竫公。竫公之长子为太子，是文公孙也。五十年，文公卒，葬西山。竫公子立，是为宁公。

宁公二年，公徙居平阳。遣兵伐荡社。三年，与亳战，亳王奔戎，遂灭荡社。四年，鲁公子翚弑其君隐公。十二年，伐荡氏，取之。宁公生十岁立，立十二年卒，葬西山。生子三人，长男武公为太子，武公弟德公，同母鲁姬子。生出子。宁公卒，大庶长弗忌、威垒、三父废太子而立出子为君。出子六年，三父等复共令人贼杀出子。出子生五岁立，立六年卒。三父等乃复立故太子武公。

武公元年，伐彭戏氏，至于华山下，居平阳封宫。三年，诛三父等而夷三族，以其杀出子也。郑高渠眯杀其君昭公。十年，伐邽、冀戎，初县之。十一年，初县杜、郑。灭小虢。

十三年，齐人管至父、连称等杀其君襄公而立公孙无知。晋灭霍、魏、耿。齐雍廪杀无知、管至父等而立齐桓公。齐、晋为强国。

十九年，晋曲沃始为晋侯。齐桓公伯于鄄。

二十年，武公卒，葬雍平阳。初以人从死，从死者六十六人。有子一人，名曰白。白不立，封平阳。立其弟德公。

德公元年，初居雍城大郑宫。以牺三百牢祠鄜畤。卜居雍。后子孙饮马于河。梁伯、芮伯来朝。二年，初伏，以狗御蛊。德公生三十三岁而立，立二年卒。生子三人：长子宣公，中子成公，少子穆公。长子宣公立。

宣公元年，卫、燕伐周，出惠王，立王子颓。三年，郑伯、虢叔杀子颓而入惠王。四年，作密畤。与晋战河阳，胜之。十二年，宣公卒。生子九人，莫立，立其弟成公。

成公元年，梁伯、芮伯来朝。齐桓公伐山戎，次于孤竹。

成公立四年卒。子七人，莫立，立其弟缪公。

缪公任好元年，自将伐茅津，胜之。四年，迎妇于晋，晋太子申生姊也。其岁，齐桓公伐楚，至邵陵。

五年，晋献公灭虞、虢，虏虞君与其大夫百里傒，以璧马赂于虞故也。既虏百里傒，以为秦缪公夫人媵于秦。百里傒亡秦走宛，楚鄙人执之。缪公闻百里傒贤，欲重赎之，恐楚人不与，乃使人谓楚曰："吾媵臣百里傒在焉，请以五羖羊皮赎之。"楚人遂许与之。当是时，百里傒年已七十余。缪公释其囚，与语国事。谢曰："臣亡国之臣，何足问！"缪公曰："虞君不用子，故亡，非子罪也。"固问，语三日，缪公大说，授之国政，号曰五羖大夫。百里傒让曰："臣不及臣友蹇叔，蹇叔贤而世莫知。臣常游困于齐而乞食铚人，蹇叔收臣。臣因而欲事齐君无知，蹇叔止臣，臣得脱齐难，遂之周。周王子颓好牛，臣以养牛干之。及颓欲用臣，蹇叔止臣，臣去，得不诛。事虞君，蹇叔止臣。臣知虞君不用臣，臣诚私利禄爵，且留。再用其言，得脱；一不用，及虞君难：是以知其贤。"于是缪公使人厚币迎蹇叔，以为上大夫。

秋，缪公自将伐晋，战于河曲。晋骊姬作乱，太子申生死新城，重耳、夷吾出奔。

九年，齐桓公会诸侯于葵丘。

晋献公卒。立骊姬子奚齐，其臣里克杀奚齐。荀息立卓子，克又杀卓子及荀息。夷吾使人请秦，求入晋。于是缪公许之，使百里傒将兵送夷吾。夷吾谓曰："诚得立，请割晋之河西八城与秦。"及至，已立，而使丕郑谢秦，背约不与河西城，而杀里克。丕郑闻之，恐，因与缪公谋曰："晋人不欲夷吾，实欲重耳。今背秦约而杀里克，皆吕甥、郤芮之计也。愿君以利急召吕、郤。吕、郤至，则更入重耳便。"缪公许之，使人与丕郑归，召吕、郤。吕、郤等疑丕郑有间，乃言夷吾杀丕郑。丕郑子丕豹奔秦，说缪公曰："晋君无道，百姓不亲，可伐也。"缪公曰："百姓苟不便，何故能诛其大臣？能诛其大臣，此其调也。"不听，而阴用豹。

十二年，齐管仲、隰朋死。

晋旱，来请粟。丕豹说缪公勿与，因其饥而伐之。缪公问公孙支，支曰："饥穰更事耳，不可不与。"问百里傒，傒曰："夷吾得罪于君，其百姓何罪？"于是用百里傒、公孙支言，卒与之粟。以船漕车转，自雍相望至绛。

十四年，秦饥，请粟于晋。晋君谋之群臣。虢射曰："因其饥伐之，可有大功。"晋君从之。十五年，兴兵将攻秦。缪公发兵，使丕豹将，自往击之。九月壬戌，与晋惠公夷吾合战于韩地。晋君弃其军，与秦争利，还而马鷙。缪公与麾下驰追之，不能得晋君，反为晋军所围。晋击缪公，缪公伤。于是岐下食善马者三百人驰冒晋军，晋军解围，遂脱缪公而反生得晋君。初，缪公亡善马，岐下野人共得而食之者三百余人，吏逐得，欲法之。缪公曰："君子不以畜产害人。吾闻食善马肉不饮酒，伤人。"乃皆赐酒而赦之。三百人者闻秦击晋，皆求从，从而见缪公窘，亦皆推锋争死，以报食马之德。于是缪公虏晋君以归，令于国："齐宿，吾将以晋君祠上帝。"周天子闻之，曰"晋我同姓"，为请晋君。夷吾姊亦为缪公夫人，夫人闻之，乃衰绖跣，曰："妾兄弟不能相救，以辱君命。"缪公曰："我得晋君以为功，今天子为请，夫人是忧。"乃与晋君盟，许归之，更舍上舍，而馈之七牢。十一月，归晋君夷吾，夷吾献其河西地，使太子圉为质于秦。秦妻子圉以宗女。是时秦地东至河。

十八年，齐桓公卒。二十年，秦灭梁、芮。

二十二年，晋公子圉闻晋君病，曰："梁，我母家也，而秦灭之。我兄弟多，即君百岁后，秦必留我，而晋轻，亦更立他子。"子圉乃亡归晋。二十三年，晋惠公卒，子圉立为君。秦怨圉亡去，乃迎晋公子重耳于楚，而妻以故子圉妻。重耳初谢，后乃受。缪公益礼厚遇之。二十四年春，秦使人告晋大臣，欲入重耳。晋许之，于是使人送重耳。二月，重耳立为晋君，是为文公。文公使人杀子圉。子圉是为怀公。

其秋，周襄王弟带以翟伐王，王出居郑。二十五年，周王使人告难于晋、秦。秦缪公将兵助晋文公入襄王，杀王弟带。二十八年，晋文公败楚于城濮。三十年，缪公助晋文公围郑。郑使人言缪公曰："亡郑厚晋，于晋而得矣，而秦未有利。晋之强，秦之忧也。"缪公乃罢兵归。晋亦罢。三十二年冬，晋文公卒。

郑人有卖郑于秦曰：我主其城门，郑可袭也。"缪公问蹇叔、百里傒，对曰："径数国千里而袭人，希有得利者。且人卖郑，庸知我国人不有以我情告郑者乎？不可。"缪公曰："子不知也，吾已决矣。"遂发兵，使百里傒子孟明视，蹇叔子西乞术及白乙丙将兵。行日，百里傒、蹇叔二人哭之。缪公闻，怒曰："孤发兵而子沮哭吾军，何也？"二老曰："臣非敢沮君军。军行，臣子与往；臣老，迟还恐不相见，故哭耳。"二老退，谓其子曰："汝军即败，必于殽厄矣。"三十三年春，秦兵遂东，更晋地，过周北门。周王孙满曰："秦师无礼，不败何待！"兵至滑，郑贩卖贾人弦高，持十二牛将卖之周，见秦兵，恐死虏，因献其牛，曰："闻大国将诛郑，郑君谨修守御备，使臣以牛十二劳军士。"秦三将军相谓曰："将袭郑，郑今已觉之，往无及已。"灭滑。滑，晋之边邑也。

当是时，晋文公丧尚未葬。太子襄公怒曰："秦侮我孤，因丧破我滑。"遂墨衰绖，发兵遮秦兵于殽，击之，大破秦军，无一人得脱者。虏秦三将以归。文公夫人，秦女也，为秦三囚将请曰："缪公之怨此三人入于骨髓，愿令此三人归，令我君得自快烹之。"晋君许之，归秦三将。三将至，缪公素服郊迎，向三人哭曰："孤以不用百里傒、蹇叔言以辱三子，三子何罪乎？子其悉心雪耻，毋怠。"遂复三人官秩如故，愈益厚之。

三十四年，楚太子商臣弑其父成王代立。缪公于是复使孟明视等将兵伐晋，战于彭衙。秦不利，引兵归。

戎王使由余于秦。由余，其先晋人也，亡入戎，能晋言。闻缪公贤，故使由余观秦。秦缪公示以宫室、积聚。由余曰："使鬼为之，则劳神矣。使人为之，亦苦民矣。"缪公怪之，问曰："中国以诗书礼乐法度为政，然尚时乱，今戎夷无此，何以为治，不亦难乎？"由余笑曰："此乃中国所以乱也。夫自上圣黄帝作为礼乐法度，身以先之，仅以小治。及其后世，日以骄淫。阻法度之威，以责督于下，下罢极则以仁义怨望于上，上下交争怨而相篡弑，至于灭宗，皆以此类也。夫戎夷不然。上合淳德以遇其下，下怀忠信以事其上，一国之政犹一身之治，不知所以治，此真圣人之治也。"于是缪公退而问内史廖曰："孤闻邻国有圣人，敌国之忧也。今由余贤，寡人之害，将奈之何？"内史廖曰："戎王处辟匿，未闻中国之声。君试遗其女乐，以夺其志；为由余请，以疏其间；留而莫遣，以失其期。戎王怪之，必疑由余。君臣有间，乃可虏也。且戎王好乐，必怠于政。"缪公曰："善。"因与由余曲席而坐，传器而食，问其地形与其兵势尽察，而后令内史廖以女乐二八遗戎王。戎王受而说之，终年不还。于是秦乃归由余。由余数谏不听，缪公又数使人间要由余，由余遂去降秦。缪公以客礼礼之，问伐戎之形。

三十六年，缪公复益厚孟明等，使将兵伐晋，渡河焚船，大败晋人，取王官及鄗，以报殽之役。晋人皆城守不敢出。于是缪公乃自茅津渡河，封殽中尸，为发丧，哭之三日。乃誓于军曰："嗟士卒！听无哗，余誓告汝。古之人谋黄发番番，则无所过。以申思不用蹇叔、百里傒之谋，故作此誓，令后世以记余过。"君子闻之，皆为垂涕，曰："嗟乎！秦缪公之与人周也，卒得孟明之庆。"

三十七年，秦用由余谋伐戎王，益国十二，开地千里，遂霸西戎。天子使召公过贺缪公以金鼓。三十九年，缪公卒，葬雍。从死者百七十七人，秦之良臣子舆氏三人名曰奄息、仲行、鍼虎，亦在从死之中。秦人哀之，为作歌《黄鸟》之诗。君子曰："秦缪公广地益国，东服强晋，西霸戎夷，然不为诸侯盟主，亦宜哉？死而弃民，收其良臣而从死。且先王崩，尚犹遗德垂法，况夺之善人良臣百姓所哀者乎！是以知秦不能复东征也。"缪公子四十人，其太子罃代立，是为康公。

康公元年。往岁缪公之卒，晋襄公亦卒；襄公之弟名雍，秦出也，在秦。晋赵盾欲立之，使随会来迎雍，秦以兵送至令狐。晋立襄公子而反击秦师，秦师败，随会来奔。二年，秦伐晋，取武城，报令狐之役。四年，晋伐秦，取少梁。六年，秦伐晋，取羁马。战于河曲，大败晋军。晋人患随会在秦为乱，乃使魏雠余详反，合谋会，诈而得会，会遂归晋。康公立十二年卒，子共公立。

共公二年，晋赵穿弑其君灵公。三年，楚庄王强，北兵至雒，问周鼎。共公立五年卒，子桓公立。

桓公三年，晋败我一将。十年，楚庄王服郑，北败晋兵于河上。当是之时，楚霸，为会盟合诸侯。二十四年，晋厉公初立，与秦桓公夹河而盟。归而秦倍盟，与翟合谋击晋。二十六年，晋率诸侯伐秦，秦军败走，追至泾而还。桓公立二十七年卒，子景公立。

景公四年，晋栾书弑其君厉公。十五年，救郑，败晋兵于栎。是时晋悼公为盟主。十八年，晋悼公强，数会诸侯，率以伐秦，败秦军。秦军走，晋兵追之，遂渡泾，至棫林而还。二十七年，景公如晋，与平公盟，已而背之。三十六年，楚公子围弑其君而自立，是为灵王。景公母弟后子鍼有宠，景公母弟富，或潛之，恐诛，乃奔晋，车重千乘。晋平公曰："后子富如此，何以自亡？"对曰："秦公无道，畏诛，欲待其后世乃归。"三十九年，楚灵王强，会诸侯于申，为盟主，杀齐庆封。景公立四十年卒，子哀公立。后子复来归秦。

哀公八年，楚公子弃疾弑灵王而自立，是为平王。十一年，楚平王来求秦女为太子建妻。至国，女好而自娶之。十五年，楚平王欲诛建，建亡；伍子胥奔吴。晋公室卑而六卿强，欲内相攻，是以久秦晋不相攻。三十一年，吴王阖闾与伍子胥伐楚，楚王亡奔随，吴遂入郢。楚大夫申包胥来告急，七日不食，日夜哭泣。于是秦乃发五百乘救楚，败吴师。吴师归，楚昭王乃得复入郢。哀公立三十六年卒。太子夷公，夷公蚤死，不得立，立夷公子，是为惠公。

惠公元年，孔子行鲁相事。五年，晋卿中行、范氏反晋，晋使智氏、赵简子攻之，范、中行氏亡奔齐。惠公立十年卒，子悼公立。

悼公二年，齐臣田乞弑其君孺子，立其兄阳生，是为悼公。六年，吴败齐师。齐人弑悼公，立其子简公。九年，晋定公与吴王夫差盟，争长于黄池，卒先吴。吴强，陵中国。十二年，齐田常弑简公，立其弟平公，常相之。十三年，楚灭陈。秦悼公立十四年卒，子厉共公立。孔子以悼公十二年卒。

厉共公二年，蜀人来赂。十六年，堑河旁。以兵二万伐大荔，取其王城。二十一年，初县频阳。晋取武成。二十四年，晋乱，杀智伯，分其国与赵、韩、魏。二十五年，智开与邑人来奔。三十三年，伐义渠，虏其王。三十四年，日食。厉共公卒，子躁公立。

躁公二年，南郑反。十三年，义渠来伐，至渭南。十四年，躁公卒，立其弟怀公。

怀公四年，庶长晁与大臣围怀公，怀公自杀。怀公太子曰昭子，蚤死，大臣乃立太子昭子之子，是为灵公。灵公，怀公孙也。

灵公六年，晋城少梁，秦击之。十三年，城籍姑。灵公卒，子献公不得立，立灵公季父悼子，是为简公。简公，昭子之弟而怀公子也。

简公六年，令吏初带剑。堑洛。城重泉。十六年卒，子惠公立。

惠公十二年，子出子生。十三年，伐蜀，取南郑。惠公卒。出子立。

出子二年，庶长改迎灵公之子献公于河西而立之。杀出子及其母，沉之渊旁。秦以往者数易君，君臣乖乱，故晋复强，夺秦河西地。

献公元年，止从死。二年，城栎阳。四年正月庚寅，孝公生。十一年，周太史儋见献公曰："周故与秦国合而别，别五百岁复合，合十七岁而霸王出。"十六年，桃冬花。十八年，雨金栎阳。二十一年，与晋战于石门，斩首六万，天子贺以黼黻。二十三年，与魏晋战少梁，虏其将公孙痤。二十四年，献公卒，子孝公立，年已二十一岁矣。

孝公元年，河山以东强国六，与齐威、楚宣、魏惠、燕悼、韩哀、赵成侯并。淮泗之间小国十余。楚、魏与秦接界。魏筑长城，自郑滨洛以北，有上郡。楚自汉中，南有巴、黔中。周室微，诸侯力政，争相并。秦僻在雍州，不与中国诸侯之会盟，夷翟遇之。孝公于是布惠，振孤寡，招战士，明功赏。下令国中曰："昔我缪公自岐雍之间，修德行武，东平晋乱，以河为界，西霸戎翟，广地千里，天子致伯，诸侯毕贺，为后世开业，甚光美。会往者厉、躁、简公、出子之不宁，国家内忧，未遑外事，三晋攻夺我先君河西地，诸侯卑秦，丑莫大焉。献公即位，镇抚边境，徙治栎阳，且欲东伐，复缪公之故地，修缪公之政令。寡人思念先君之意，常痛于心。宾客群臣有能出奇计强秦者，吾且尊官，与之分土。"于是乃出兵东围陕城，西斩戎之獂王。

卫鞅闻是令下，西入秦，因景监求见孝公。

二年，天子致胙。

三年，卫鞅说孝公变法修刑，内务耕稼，外劝战死之赏罚，孝公善之。甘龙、杜挚等弗然，相与争之。卒用鞅法，百姓苦之；居三年，百姓便之。乃拜鞅为左庶长。其事在《商君》语中。

七年，与魏惠王会杜平。八年，与魏战元里，有功。十年，卫鞅为大良造，将兵围魏安邑，降之。十二年，作为咸阳，筑冀阙，秦徙都之。并诸小乡聚，集为大县，县一令，四十一县。为田开阡陌。东地渡洛。十四年，初为赋。十九年，天子致伯。二十年，诸侯毕贺。秦使公子少官率师会诸侯逢泽，朝天子。

二十一年，齐败魏马陵。

二十二年，卫鞅击魏，虏魏公子卬。封鞅为列侯，号商君。

二十四年，与晋战雁门，虏其将魏错。

孝公卒，子惠文君立。是岁，诛卫鞅。鞅之初为秦施法，法不行，太子犯禁。鞅曰："法之不行，自于贵戚。君必欲行法，先于太子。太子不可黥，黥其傅师。"于是法大用，秦人治。及孝公卒，太子立，宗室多怨鞅，鞅亡，因以为反，而卒车裂以徇秦国。

惠文君元年，楚、韩、赵、蜀人来朝。二年，天子贺。三年，王冠。四年，天子致文武胙。齐、魏为王。

五年，阴晋人犀首为大良造。六年，魏纳阴晋，阴晋更名宁秦。七年，公子卬与魏战，虏其将龙贾，斩首八万。八年，魏纳河西地。九年，渡河，取汾阴、皮氏。与魏王会应。围焦，降之。十年，张仪相秦。魏纳上郡十五县。十一年，县义渠。归魏焦、曲沃。义渠君为臣。更名少梁曰夏阳。十二年，初腊。十三年四月戊午，魏君为王，韩亦为王。使张仪伐取陕，出其人与魏。

十四年，更为元年。二年，张仪与齐、楚大臣会啮桑。三年，韩、魏太子来朝。张仪相魏。五年，王游至北河。七年，乐池相秦。韩、赵、魏、燕、齐帅匈奴共攻秦。秦使庶长疾与战修鱼，虏其将申差，败赵公子渴、韩太子奂，斩首八万二千。八年，张仪复相秦。九年，司马错伐蜀，灭之。伐取赵中都、西阳。十年，韩太子苍来质。伐取韩石章。伐败赵将泥。伐取义渠二十五城。十一年，樗里疾攻魏焦，降之。败韩岸门，斩首万，其将犀首走。公子通封于蜀。燕君让其臣子之。十二年，王与梁王会临晋。庶长疾攻赵，虏赵将庄。张仪相楚。十三年，庶长章击楚于丹阳，虏其将屈匄，斩首八万；又攻楚汉中，取地六百里，置汉中郡。楚围雍氏，秦使庶长疾助韩而东攻齐，到满助魏攻燕。十四年，伐楚，取召陵。丹、犁臣，蜀相壮杀蜀侯来降。

惠王卒，子武王立。韩、魏、齐、楚、越皆宾从。

武王元年，与魏惠王会临晋。诛蜀相壮。张仪、魏章皆东出之魏。伐义渠、丹、犁。二年，初置丞相，樗里疾、甘茂为左右丞相。张仪死于魏。三年，与韩襄王会临晋外。南公揭卒，樗里疾相韩。武王谓甘茂曰："寡人欲容车通三川，窥周室，死不恨矣。"其秋，使甘茂、庶长封伐宜阳。四年，拔宜阳，斩首六万。涉河，城武遂。魏太子来朝。武王有力好戏，力士任鄙、乌获、孟说皆至大官。王与孟说举鼎，绝膑。八月，武王死。族孟说。武王取魏女为后，无子。立异母弟，是为昭襄王。昭襄母楚人，姓芈氏，号宣太后。武王死时，昭襄王为质于燕，燕人送归，得立。

昭襄王元年，严君疾为相。甘茂出之魏。二年，彗星见。庶长壮与大臣、诸侯、公子为逆，皆诛，及惠文后皆不得良死。悼武王后出归魏。三年，王冠。与楚王会黄棘，与楚上庸。四年，取蒲阪。彗星见。五年，魏王来朝应亭，复与魏蒲阪。六年，蜀侯煇反，司马错定蜀。庶长奂伐楚，斩首二万。泾阳君质于齐。日食，昼晦。七年，拔新城。樗里子卒。八年，使将军芈戎攻楚，取新市。齐使章子，魏使公孙喜，韩使暴鸢共攻楚方城，取唐眛。赵破中山，其君亡，竟死齐。魏公子劲、韩公子长为诸侯。九年，孟尝君薛文来相秦。奂攻楚，取八城，杀其将景快。十年，楚怀王入朝秦，秦留之。薛文以金受免。楼缓为丞相。十一年，齐、韩、魏、赵、宋、中山五国共攻秦，至盐氏而还。秦与韩、魏河北及封陵以和。彗星见。楚怀王走之赵，赵不受，还之秦，即死，归葬。十二年，楼缓免，穰侯魏冉为相。予楚粟五万石。

十三年，向寿伐韩，取武始。左更白起攻新城。五大夫礼出亡奔魏。任鄙为汉中守。十四年，左更白起攻韩、魏于伊阙，斩首二十四万，虏公孙喜，拔五城。十五年，大良造白起攻魏，取垣，复予之。攻楚，取宛。十六年，左更错取轵及邓。冉免。封公子市宛，公子悝邓，魏冉陶，为诸侯。十七年，城阳君入朝，及东周君来朝。秦以垣为蒲阪、皮氏。王之宜阳。十八年，错攻垣、河雍，决桥取之。十九年，王为西帝，齐为东帝，皆复去之。吕礼来自归。齐破宋，宋王在魏，死温。任鄙卒。二十年，王之汉中，又之上郡、北河。二十一年，错攻魏河内。魏献安邑，秦出其人，募徙河东赐爵，赦罪人迁之。泾阳君封宛。二十二年，蒙武伐齐。河东为九县。与楚王会宛。与赵王会中阳。二十三年，尉斯离与三晋、燕伐齐，破之济西。王与魏王会宜阳，与韩王会新城。二十四年，与楚王会鄢，又会穰。秦取魏安城，至大梁，燕、赵救之，秦军去。魏冉免相。二十五年，拔赵二城。与韩王会新城，与魏王会新明邑。二十六年，赦罪人迁之穰。侯冉复相。二十七年，错攻楚。赦罪人迁之南阳。白起攻赵，取代光狼城。又使司马错发陇西，因蜀攻楚黔中，拔之。二十八年，大良造白起攻楚，取鄢、邓，赦罪人迁之。二十九年，大良造白起攻楚，取郢为南郡，楚王走。周君来。王与楚王会襄陵。白起为武安君。三十年，蜀守若伐楚，取巫郡及江南为黔中郡。三十一年，白起伐魏，取两城。楚人反我江南。三十二年，相穰侯攻魏，至大梁，破暴鸢，斩首四万，鸢走，魏入三县请和。三十三年，客卿胡阳攻魏卷、蔡阳、长社，取之。击芒卯华阳，破之，斩首十五万。魏入南阳以和。三十四年，秦与魏、韩上庸地为一郡，南阳免臣迁居之。三十五年，佐韩、魏、楚伐燕。初置南阳郡。三十六年，客卿灶攻齐，取刚、寿，予穰侯。三十八年，中更胡阳攻赵阏与，不能取。四十年，悼太子死魏，归葬芷阳。四十一年夏，攻魏，取邢丘、怀。四十二年，安国君为太子。十月，宣太后薨，葬芷阳郦山。九月，穰侯出之陶。四十三年，武安君白起攻韩，拔九城，斩首五万。四十四年，攻韩南阳，取之。四十五年，五大夫贲攻韩，取十城。叶阳君悝出之国，未至而死。四十七年，秦攻韩上党，上党降赵，秦因攻赵，赵发兵击秦，相距。秦使武安君白起击，大破赵于长平，四十余万尽杀之。四十八年十月，韩献垣雍。秦军分为三军。武安君归。王龁将伐赵武安、皮牢，拔之。司马梗北定太原，尽有韩上党。正月，兵罢，复守上党。其十月，五大夫陵攻赵邯郸。四十九年正月，益发卒佐陵。陵战不善，免，王龁代将。其十月，将军张唐攻魏，为蔡尉捐弗守，还斩之。五十年十月，武安君白起有罪，为士伍，迁阴密。张唐攻郑，拔之。十二月，益发卒军汾城旁。武安君白起有罪，死。龁攻邯郸，不拔，去，还奔汾军二月余。攻晋军，斩首六千，晋、楚流死河二万人。攻汾城，即从唐拔宁新中，宁新中更名安阳。初作河桥。

五十一年，将军摎攻韩，取阳城、负黍，斩首四万。攻赵，取二十余县，首虏九万。西周君背秦，与诸侯约从，将天下锐兵出伊阙攻秦，令秦毋得通阳城。于是秦使将军摎攻西周。西周君走来自归，顿首受罪，尽献其邑三十六城，口三万。秦王受献，归其君于周。五十二年，周民东亡，其器九鼎入秦。周初亡。

五十三年，天下来宾。魏后，秦使摎伐魏，取吴城。韩王入朝，魏委国听令。五十四年，王郊见上帝于雍。五十六年秋，昭襄王卒，子孝文王立。尊唐八子为唐太后，而合其葬于先王。韩王衰绖入吊祠，诸侯皆使其将相来吊祠，视丧事。

孝文王元年，赦罪人，修先王功臣，褒厚亲戚，弛苑囿。孝文王除丧，十月己亥即位，三日辛丑卒，子庄襄王立。

庄襄王元年，大赦罪人，修先王功臣，施德厚骨肉而布惠于民。东周君与诸侯谋秦，秦使相国吕不韦诛之，尽入其国。秦不绝其祀，以阳人地赐周君，奉其祭祀。使蒙骜伐韩，韩献成皋、巩。秦界至大梁，初置三川郡。二年，使蒙骜攻赵，定太原。三年，蒙骜攻魏高都、汲，拔之。攻赵榆次、新城、狼孟，取三十七城。四月日食。王龁攻上党。初置太原郡。魏将无忌率五国兵击秦，秦却于河外。蒙骜败，解而去。五月丙午，庄襄王卒，子政立，是为秦始皇帝。

秦王政立二十六年，初并天下为三十六郡，号为始皇帝。始皇帝五十一年而崩，子胡亥立，是为二世皇帝。三年，诸侯并起叛秦，赵高杀二世，立子婴。子婴立月余，诸侯诛之，遂灭秦。其语在《始皇本纪》中。

太史公曰：秦之先为嬴姓。其后分封，以国为姓，有徐氏、郯氏、莒氏、终黎氏、运奄氏、菟裘氏、将梁氏、黄氏、江氏、脩鱼氏、白冥氏、蜚廉氏、秦氏。然秦以其先造父封赵城，为赵氏。

译文：

秦的祖先，是帝颛顼的后代女脩。女脩织布时，燕子掉下一只卵，女脩吞了，生下儿子大业。大业娶少典的女儿，叫女华。女华生大费，大费跟随禹平治水土。事情成功后，帝舜赐给禹黑色玉圭。禹受赐说："不是靠我就能成功，还多亏大费的帮助。"帝舜说："费呀，是你赞助禹取得成功，我要赐你黑色旗旒。你的后世子孙将繁多兴旺。"因此把姚姓的美女赐给他为妻。大费拜受，帮助舜驯养鸟兽，鸟兽多被驯服，这就是柏翳。舜赐姓为嬴氏。

大费生有两个儿子：一个叫大廉，即鸟俗氏；另一个叫若木，即费氏。费氏的玄孙叫费昌。其子孙有些住在中国，有些住在夷狄。费昌生当夏桀之时，脱离夏，投奔商，为汤驾车，而在鸣条打败桀。大廉的玄孙叫孟戏、中衍，他们长着鸟的身子却能说人话。帝太戊听说，便卜问是否可让中衍来驾车，卜的结果是吉，便召中衍来驾车并赐女为其妻。从太戊以来，中衍的后代，世世辅佐殷国有功，所以嬴姓中有不少显名于世，终于成为诸侯。

中衍的玄孙叫中潏，住在西戎，保守西垂。中潏生蜚廉。蜚廉生恶来。恶来有力，蜚廉善跑，父子都凭勇力臣事殷纣王。周武王伐纣，连恶来一起杀死。当时蜚廉正为纣在北方采石，回去已无可复命，便在霍太山筑坛报祭殷纣王，结果得到一口石棺，其铭文说："上帝使处父幸免于殷亡之乱，赐给你石棺以光耀氏族。"死后便葬于霍太山。蜚廉还有一个儿子叫季胜。季胜生孟增。孟增有宠于周成王，他就是宅皋狼。宅皋狼生衡父。衡父生造父。造父以擅长驾车而有宠于周缪王，周缪王得到赤骥、温骊、骅骝、騄耳等驾车的骏马，西去巡狩，乐而忘返。徐偃王作乱，造父为缪王驾车，长驱疾驰，一日千里，赶回周地来平定叛乱。缪王把赵城封给造父，造父一族从此称为赵氏。从蜚廉生季胜传五世到造父，居住在赵城。赵衰就是他的后代。恶来革是蜚廉的儿子，早死。他有儿子叫女防。女防生旁皋，旁皋生太几，太几生大骆，大骆生非子。他们都因造父所受之宠，承赵城之名而姓赵氏。

非子住在犬丘，喜好马和各种牲畜，擅长养殖它们。犬丘人把这些告诉周孝王，孝王便召非子命他在汧水、渭水交会处掌管养马，马匹繁衍得很多。孝王想立非子为大骆的嫡子。但申侯之女为大骆的妻子，她生的儿子叫成，已立为嫡子。所以申侯对孝王说："从前我们的祖先郦山之女，是戎胥轩的妻子，生了中潏，中潏由于亲戚关系而归附于周，保守西垂，西垂因此才和睦。现在我们又嫁女给大骆为妻，生下嫡子成。申人和大骆再次通婚，西戎全都归顺，您才得以为王。请您再三考虑。"孝王说："从前伯翳为舜掌管牲畜，牲畜繁衍得很多，因此获得封地，被赐姓为嬴氏。现在他的后代又来为我养马，我也要分封国土让他做附庸。"把非子封在秦，让他重新接续嬴氏的祀统，号称秦嬴。但同时又不废去申侯之女所生立为大骆嫡子者，以安抚西戎。

秦嬴生秦侯。秦侯在位十年，死。秦侯生公伯。公伯在位三年，死。公伯生秦仲。

秦仲在位三年，周厉王无道，有些诸侯起来反叛。西戎也反叛王室，灭了住在犬丘的大骆之族。所以周宣王即位，便任命秦仲为大夫，讨伐西戎。结果西戎杀死了秦仲。秦仲在位二十三年，死于戎。留下五个儿子，其中年长的是庄公。周宣王便又召庄公五兄弟，给他们士兵七千人，让他们征伐西戎，终于将西戎击溃。周宣王把土地重新给予秦仲的后代，连同其祖先大骆的封地犬丘在内，封他为西垂大夫。

庄公住在大骆的故邑西犬丘，生有三个儿子，长子是世父。世父说："西戎杀死我的祖父秦仲，我不杀戎王绝不敢入城而居。"于是率兵攻打西戎，让位给他的弟弟襄公。襄公因而立为太子。庄公在位四十四年，死，太子襄公即位。襄公元年，把妹妹缪嬴嫁给丰王为妻。襄公二年，西戎围攻犬丘，世父迎击，被戎人俘虏。过了一年多，戎人又放回世父。七年春，周幽王立褒姒为后而废太子，改立褒姒之子为嫡子，并多次失信于诸侯，因而诸侯反叛。西戎中的犬戎和申侯伐周，把周幽王杀死在郦山下。而秦襄公率兵救援周王室，作战非常卖力，有功。周避犬戎侵犯，东迁洛邑，襄公率兵护送周平王。平王封襄公为诸侯，赐给他岐以西之地，说："戎人无道，强占我岐、丰之地，秦若能赶走戎人，即可拥有这些土地。"与秦立誓，封赐爵称。襄公从此正式建立国家，与诸侯互派使节往来，并用赤色幼马、黄牛、公羊各三，祭祀上帝于西畤。十二年，襄公伐西戎至岐，死。生文公。

文公元年，住在西垂宫。三年，文公率兵七百人东猎。四年，到汧水、渭水交汇处。文公说："从前周把我们的祖先秦嬴封在此地，后来秦终于成为诸侯。"于是卜居该地，占辞为吉，便营筑城邑。十年，开始设鄜畤，用三牢祭祀。十三年，开始设史官记事，人民越来越开化。十六年，文公率兵伐戎，戎败逃。文公收罗留居当地的周人归自己统治，将领土扩大到岐，而把岐以东的土地献给周。十九年，获得陈宝。二十年，法律开始规定三族之罪。二十七年，砍伐南山上的大梓树，梓树神变为大公牛逃入丰水中。四十八年，文公太子死，赐谥为靖公。靖公的长子立为太子，即文公的孙子。五十年，文公死，葬于西山。靖公的儿子即位，就是宁公。

宁公二年，宁公迁都平阳。派兵伐荡社。三年，与亳交战，亳王逃奔到戎地，遂灭荡社。四年，鲁公子翚杀其国君隐公。十二年，伐荡氏，并占领之。宁公十岁即位，在位十二年死，葬于西山。生下三个儿子：长子武公立为太子，武公的弟弟为德公，他们共同的母亲鲁姬子还生有出子。宁公死，太庶长弗忌、威垒、三父废太子而改立出子为君。出子六年，三父等人又合伙派人谋杀出子。出子出生五岁即位，在位六年死。故三父等人又立从前的太子武公为君。

武公元年，伐彭戏氏，直抵华山下。武公住在平阳封宫。三年，处死三父等人并灭了他们的三族，因为他们杀了出子。郑国的高渠眯杀其君昭公。十年，伐邽戎、冀戎，开始设邽、冀为县。十一年，开始设杜、郑为县。灭小虢。

十三年，齐人管至父、连称等杀其国君襄公而立公孙无知为君。晋灭霍、魏、耿。齐国的雍廪杀公孙无知、管至父等而立齐桓公为君。齐、晋成为强国。

十九年，晋曲沃之君始立为晋侯。齐桓公在鄄称霸。

二十年，武公死，葬于雍的平阳。开始用活人陪葬，陪葬者达六十六人。武公有一个儿子，名叫白。白未能即位，封于平阳。立了他的弟弟德公为君。

德公元年，开始住在雍城大郑宫。用纯色祭牲三百牢祭于鄜畤。经过占卜，定居于雍。其后子孙饮马于黄河。梁伯、芮伯来朝见。二年，开始设伏祭，杀狗禳除传播疾病的暑气。德公出生三十三岁即位，在位二年死。生有三个儿子：长子宣公，次子成公，幼子穆公。长子宣公即位。

宣公元年，卫、燕伐周，赶走惠王，立王子颓为君。三年，郑伯、虢叔杀王子颓，接回惠王。四年，建密畤。与晋交战于河阳，取得胜利。十二年，宣公死。他生有九个儿子，都未能即位，立了他的弟弟成公为君。

成公元年，梁伯、芮伯来朝见。齐桓公伐山戎，驻军于孤竹。

成公在位四年死。生有七个儿子，都未能即位，立了他的弟弟缪公为君。

缪公任好元年，缪公亲自率兵伐茅津，取得胜利。四年，从晋国迎娶媳妇，娶的是晋太子申生的姐姐。此年，齐桓公攻楚，直达邵陵。

五年，晋献公灭虞、虢，俘虏了虞君和他的大夫百里傒，这是用垂棘所产的玉璧和北屈所产的骏马贿赂虞国的缘故。俘虏了百里傒之后，又用他陪嫁秦缪公夫人到秦国。百里傒从秦逃到宛，被楚国边地的居民抓获。缪公听说百里傒很贤能，想用重金把他赎回，又怕楚人不肯给，就派人向楚国说："我国陪嫁奴隶百里傒现在贵国，请用五张黑羊皮赎他。"楚人才同意交还。这时候，百里傒已有七十多岁。缪公释放了他，同他讨论国家大事。百里傒推辞说："我是亡国之臣，还有什么可问！"缪公说："虞君正是因为不听您的劝告才亡国，这并不是您的罪过。"再三向他请教，谈了三天，缪公大喜，要把国政交给他，号称五羖大夫。百里傒推让说："我可比不上我的朋友蹇叔，蹇叔贤能而世人不知。从前我曾游宦于齐，陷于困境，不得不向侄地的人讨饭，多亏蹇叔收留了我。我想在齐君无知手下做事，又是蹇叔劝阻我，我才幸免于齐国内乱，然后到了周。周王子颓喜欢牛，我借养牛求仕，当他正要任用我时，还是蹇叔劝阻我，我才离开，免遭杀身之祸。在虞君手下做事，蹇叔又劝阻我。我虽明知虞君不会重用，但心里又贪图爵禄，也就暂时留下了。这三次,有两次我听他的话都得以脱身,只有一次不听,就碰上了虞君亡国之难,由此可见他的贤能。"于是缪公派人用贵重的礼物把蹇叔请来,封他为上大夫。

秋,缪公亲自率兵伐晋,与晋军交战于河曲。晋国的骊姬作乱,太子申生死于新城,重耳、夷吾逃亡国外。

九年,齐桓公与诸侯会盟于葵丘。

晋献公死。立骊姬所生子奚齐为君,奚齐之臣里克杀奚齐。荀息立卓子为君,里克又杀卓子和荀息。夷吾派人向秦请求,希望回晋国。缪公答应了他,派百里傒率兵护送夷吾。夷吾对秦人说:"如果我能即位,我将把晋国的河西八城割让给秦国。"但等回国即了位,却派丕郑拒绝秦,违背誓约不肯交付河西八城,并且杀了里克。丕郑听说害了怕,就跟缪公商量说:"晋人并不拥护夷吾,拥护的实际上是重耳。现在夷吾既违背与秦订立的誓约又杀死里克,全都是吕甥、郤芮的主意。希望您能用重利赶紧把吕、郤二人召来,吕、郤二人来了,再换重耳回国即位就好办了。"缪公表示同意,派人随丕郑回国,去召吕、郤二人。吕、郤等人怀疑丕郑有阴谋,便告诉夷吾杀了丕郑。丕郑的儿子丕豹逃亡到秦国,劝缪公说:"晋君无道,百姓不亲附,可以讨伐。"缪公说:"如果百姓认为不合适,又怎么能处死其大臣呢?能处死其大臣,这正说明他们的关系是谐调的。"不予采纳,暗地却重用丕豹。

十二年,齐国的管仲、隰朋死。

晋大旱,来求借粮食。丕豹劝缪公不要借给,趁其饥荒而伐之。缪公问公孙支,公孙支说:"丰歉交替出现,谁都难免会碰上灾荒,不可不借。"问百里傒,百里傒说:"夷吾得罪了我们的国君,但他的百姓又有什么罪过呢?"最后采纳了百里偠、公孙支的意见，终于借给晋国粮食。用船载车运，从雍到绛络绎不绝。

十四年，秦国饥荒，向晋国求借粮食，晋君征求大臣们的意见。虢射说："趁其饥荒而去攻打，可以打大胜仗。"晋君采纳了他的意见。十五年，晋国将要举兵攻打秦国。缪公发兵，派丕豹率兵，亲自去迎击。九月壬戌，与晋惠公夷吾会战于韩地。晋君甩开其主力部队，和秦军争夺战势之便，战车旋转，马匹被陷。缪公与其部下驰车追赶，未能俘获晋君，却反被晋军包围。晋军攻击缪公，缪公负伤。这时恰好有岐山下偷吃过缪公骏马肉的三百人出来驰击晋军，晋军解除包围，这样才使缪公脱身，反而活捉了晋君。当初，缪公丢失了骏马，岐山下的农民把马抓住吃掉，一块共有三百多人，官吏追捕到他们，要依法处置。缪公说："君子不会因为牲畜而害人。我听说吃过骏马肉如果不喝酒，是会伤人的。"于是全部赐酒，赦免了他们。这三百个人听说秦要迎击晋军，都争着要随军前往，去了正好碰上缪公处于困境，个个手持兵器拼死力战，以报答偷吃骏马肉而被赦免的恩德。缪公俘获晋君而归，下令国中说："大家斋戒，我将用晋君来祭祀上帝。"周天子听说了，说"晋是我的同姓"，请求赦免晋君。夷吾的姐姐是缪公的夫人。夫人听说了，也穿上丧服光着脚，对缪公说："我竟然连自己的兄弟也不能相救，唯恐有辱于您的命令。"缪公说："我把俘获晋君当作一件值得庆贺的大事，不料现在天子为之求情，夫人也为之忧伤。"便与晋君盟誓，同意放他回去，换了高级的客舍供他住，并用七牢的规格来宴飨他。十一月，送晋君夷吾回国，夷吾献上晋国的河西之地，让太子圉到秦国为质。秦把宗女嫁给子圉为妻。当时秦的领土已东抵黄河。

十八年，齐桓公死。二十年，秦灭梁、芮。

二十二年，晋国的公子圉听说晋君病了，说："梁国，是我的外祖母家，而秦灭亡了它。我兄弟很多，一旦晋君去世，秦必定扣留我，晋国看不起我，也会另立他人。"子圉因此逃回晋国。二十三年，晋惠公死，子圉立为国君。秦怨恨公子圉私自逃归，就从楚国迎来公子重耳，并把子圉过去的妻子嫁给他为妻。重耳一开始拒绝，后来才接受下来。缪公优礼有加，格外款待他。二十四年春，秦派人告诉晋国的大臣，要送重耳回国。晋国表示同意，于是派人送重耳回国。二月，重耳被立为晋君，就是文公。文公派人杀子圉。子圉就是怀公。

当年秋天，周襄王的弟弟王子带勾结翟人伐周襄王，周襄王逃出，住在郑国。二十五年，周襄王派人向晋国、秦国告急求救，秦缪公率兵帮助晋文公送周襄王回国，杀周襄王的弟弟王子带。二十八年，晋文公在城濮击败楚军。三十年，缪公帮助晋文公包围郑国。郑国派人告诉缪公说："灭亡郑国是帮晋国的忙，对晋当然有好处，但对秦未必有利。晋国的强大，正是秦国所担忧的呀。"于是缪公罢兵而归，晋也罢兵。三十二年冬，晋文公死。

郑国有人向秦出卖郑国说："我掌守郑国的城门，郑国可以偷袭。"缪公征求蹇叔、百里傒的意见，他们回答说："穿过好几个国家千里迢迢去偷袭别人，很少能占到什么便宜。况且郑国有人出卖郑国，焉知我国就不会有人把我国的情况也告给郑国呢？不行呀。"缪公说："你们不知道，我已决定了。"遂发兵，派百里傒之子孟明视、蹇叔之子西乞术和白乙丙率兵。出兵的那天，百里傒、蹇叔二人哭送他们。缪公听见了，大怒说："我发兵的时候你们这样哭哭啼啼沮丧我军，这是为什么？"二位老人说："我们决不敢沮丧您的军队。只是因为军队出发，我们的孩子将随军前往，我们年已老迈，一旦回来晚了恐怕就再也见不到了，所以才哭。"二位老人退下，对他们的孩子说："如果你们的军队被打败，必定是在殽山险隘之处。"三十三年春，秦军终于东进，经晋地，路过周的北门。周王孙满说："秦军无礼，不败才怪呢！"军队开到滑，郑国商人弦高，正带了十二头牛到周地去卖，碰上秦军，怕被杀或俘虏，所以献上他的牛说："听说大国将要征讨我郑国，郑君正恭谨地加强守备，派我用这十二头牛来犒赏士兵。"秦国的三位将军相互商量说："原打算偷袭郑国，但郑国现已觉察，去也来不及了。"便灭了滑。滑是晋国的边邑。

此时正碰上晋文公去世尚未埋葬。太子襄公大怒说："秦欺我孤寡，竟然趁我举丧攻破我滑邑。"于是穿上黑色丧服，发兵在殽山堵截秦军，出击，把他们打得大败，没有一人逃脱。俘虏秦的三将军而归。晋文公夫人，是秦国女子，为这三位在押的将军求情说："缪公对这三个人恨之入骨，希望能将这三人放归，让我们秦国的国君亲自烹之而后快。"晋襄公答应了她，放秦的三将军回去。三将军回到秦国，缪公穿戴凶服亲迎于郊，面向三人大哭说："都是我不听百里傒、蹇叔的话才让三位受了委屈，三位有什么罪呢？你们要想方设法报仇雪耻，不可懈怠。"于是恢复三人的官职如同以往，待遇更好。

三十四年，楚太子商臣杀其父成王而代立。缪公又派孟明视等人率兵伐晋，与晋军交战于彭衙。秦不利，撤兵返回。

戎王派由余出使于秦。由余的祖先是晋人，逃亡到戎地，由余会说晋国话。戎王听说缪公贤能，所以派由余到秦国考察。秦缪公向他炫耀宫殿建筑和物资储备。由余说："就是让鬼神来完成，也够烦累鬼神了；如果让人民来完成，那就够辛苦人民了。"缪公对他的话很奇怪,问他说:"中国靠诗书礼乐和法度来治理,尚且经常出乱子,现在戎翟没有这些,那又靠什么来治理呢,岂不是太困难了吗?"由余笑着说:"这恰恰是中国所以发生乱子的原因呀。从至圣黄帝制定礼乐和法度,以身作则,率先奉行,才仅仅达到小治。到了后世,统治者日益骄奢淫逸。依仗法度的威严,去苛求下民,下民疲劳到极点就会埋怨责怪统治者不仁不义,上下互相责怪,篡夺杀戮,以致断子绝孙,都是由于这类缘故。而戎夷却不是这样。统治者怀有淳厚的仁爱之心以对待其下,下民也怀有忠贞不渝的信义以侍奉其上,管理一国之政犹如管理一个人一样,简直不知是凭什么来管理,这才是真正的圣人之治呀。"于是缪公回来问内史廖说:"我听说邻国有圣人是其敌国担心的事情。现在由余这样贤能,也是我的心头之患,应该拿他怎么办呢?"内史廖说:"戎王住在偏僻蔽塞的地方,没有听到过中国的音乐。您不妨试探给他送去一些歌伎舞女,以削弱他的志气。并替由余请留,以疏远他们的关系;挽留不放,以耽误他的归期。戎王感到奇怪,必然怀疑由余。君臣有了嫌隙,就能俘获戎王。而且戎王喜欢歌舞,也一定会懈怠政事。"缪公说:"好。"于是和由余连席而坐,传器而食,把该国的地形和军事情况打听得一清二楚,然后命内史廖把八人一列的两列歌伎舞女送给戎王,戎王接受之后很喜欢,一年到头也没有送还。这时秦才放回由余。由余屡次劝谏戎王,均不为采纳,缪公也不断派人暗地邀请由余,由余就弃戎降秦。缪公把他当贵客一样来招待,向他请教如何伐戎。

三十六年,缪公更加优待孟明视等人,派他们率兵伐晋,渡黄河时,连船都烧掉,终于大败晋人,占领王官和鄗,作为对殽之战役的报复。晋人皆守在城里不敢出来。于是缪公就从茅津渡河,掩埋了殽山中秦军死难者的尸骨,为他们发丧,哭了三天。缪公向全军发布誓词说:"喂,士兵们!请安静听着,不要喧哗,我要向你们宣告誓词。古时候的人们都向白发苍苍的老人请教,所以才不犯大错误,然而我却没有听取蹇叔、百里傒的劝告,为了反省这一点,所以作此誓词,让后代永远记住我的过错。"君子听说了,无不为之流泪,说:"唉!秦缪公待人真是周到呀,所以到底还是靠孟明视等人取得了很大成功。"

三十七年,秦采用了由余的计策讨伐戎王,兼并了十二个国家,开拓了方千里的土地,终于称霸西戎。天子派召公过赐给缪公金鼓表示祝贺。三十九年,缪公死,葬于雍。陪葬者共一百七十七人,秦有贤臣三人,属子舆氏,名叫奄息、仲行、鍼虎,也在陪殉者之列。秦人哀痛,为之作《黄鸟》之诗。君子说:"秦缪公扩地并国,东面打败强晋,西面称霸戎夷,然而不能做诸侯盟主,也是应该的。死后丢下人民,还要把自己的贤臣也带去陪葬。先王去世,尚且要留下好的道德和制度,何况是夺走百姓哀痛的好人和贤臣呢?由此可见秦不能东征了。"缪公有子四十人,他的太子罃,代之而立,就是康公。

康公元年。前一年缪公去世,晋襄公也去世;襄公的弟弟叫雍,是秦国的外甥,住在秦。晋国的赵盾打算立他为君,派随会来迎接。秦派兵护送到令狐。晋立襄公之子为君,反过来攻打秦军,秦军败,随会逃奔到秦。二年,秦伐晋,占领武城,用来报复令狐之役。四年,晋伐秦,占领少梁。六年,秦伐晋,占领羁马。两军交战于河曲,大败晋军。晋人担心随会在秦国搞破坏,便派魏雠余假装叛变,与随会合谋,用诈谋得到随会,随会因而回到晋国。康公在位十二年死,其子共公即位。

共公二年,晋国的赵穿杀其国君灵公。三年,楚庄公强大,出兵北上攻到雒邑,问周鼎的轻重大小。共公在位五年死,其子桓公即位。

桓公三年,晋打败我军,俘虏将军一名。十年,楚庄王征服郑,北上打败晋军于黄河边。当时,楚称霸,主持诸侯会盟。二十四年,晋厉公刚即位,与秦桓公隔着黄河会盟。回来后秦违背盟约,与翟人合伙策划攻打晋国。二十六年,晋率领诸侯伐秦,秦军败逃,晋军一直追到泾水才回去。桓公在位二十七年死,其子景公即位。

景公四年,晋国的栾书杀其国君厉公。十五年,救援郑国,打败晋军于栎。当时晋悼公为盟主。十八年,晋悼公强大,多次主持诸侯盟会,率诸侯之兵伐秦,打败秦军。秦军败逃,晋军追击,渡过泾水,直到棫林才回去。二十七年,景公前往晋国,与平公会盟。不久又违背盟约。三十六年,楚公子围杀其国君而自立,他就是灵王。景公的胞弟后子鍼曾有宠于桓公,并且非常富有,有人暗地中伤他,他害怕被杀,逃亡到晋,车子装着东西有上千辆之多。晋平公说:"后子既然如此富有,为什么还要出走呢?"后子鍼回答说:"这是因为秦君无道,我害怕被杀,想等到他死了之后再回国。"三十九年,楚灵王强大,与诸侯会盟于申,当上盟主,杀齐国的庆封。景公在位四十年死,其子哀公即位。后子又回到秦国。

哀公八年,楚公子弃疾杀灵王而自立,就是平王。十一年,楚平王派人来求娶秦国女子做太子建的妻子。娶回国来,见秦国女子漂亮便自己娶了过去。十五年,楚平王要处死太子建,太子建逃亡;伍子胥逃奔到吴国。晋国公室衰落,六卿强大,考虑的主要是内部的兼并,所以有很长时间秦、晋不再相互攻击。三十一年,吴王阖闾与伍子胥伐楚,楚王逃奔到随国;吴乘势攻进郢。楚国的大夫申包胥来告急，七天不吃饭，日夜哭泣。这样秦国才派兵车五百辆救援楚国，打败吴军。吴军撤回，楚昭王才又回到郢。哀公在位三十六年死。太子为夷公，夷公早死，未能即位，立夷公之子为君，就是惠公。

惠公元年，孔子担任鲁君的傧相。五年，晋卿中行氏、范氏反叛晋国，晋君派智氏和赵简子攻打他们，范氏和中行氏逃亡到齐国。惠公在位十年死，其子悼公即位。

悼公二年，齐国大臣田乞杀其国君孺子，立他的哥哥阳生为君，就是悼公。六年，吴打败齐军。齐人杀悼公，立其子简公为君。九年，晋定公与吴王夫差在黄池会盟，为序次先后而发生争执，最终让吴为先。吴国强大，侵犯中国。十二年，齐国的田常杀简公，立简公的弟弟平公为君，由田常做他的相。十三年，楚灭陈。秦悼公在位十四年死，其子厉共公即位。孔子于悼公十二年死。

厉共公二年，蜀人来馈送财物。十六年，堑修黄河堤岸。派兵二万攻打大荔，占领王城。二十一年，开始在频阳设县。晋占领武城。二十四年，晋国内乱，杀智伯，把他的封土分给赵、韩、魏。二十五年，智开与智氏封邑中的人逃亡到秦国。三十三年，伐义渠，俘虏义渠王。三十四年，日食。厉共公死，其子躁公即位。

躁公二年，南郑反叛。十三年，义渠来犯，直抵渭南。十四年，躁公死，立其弟怀公为君。

怀公四年，庶长晁和大臣围困怀公，怀公自杀。怀公太子叫昭子，早死，大臣就立了太子昭子的儿子为君，就是灵公。灵公，是怀公的孙子。

灵公六年，晋修筑少梁城的城墙，秦攻打晋。十三年，修筑籍姑城的城墙。灵公死，其子献公未能即位，即位的是灵公的叔父悼子，就是简公。简公，是昭子的弟弟、怀公的儿子。

简公六年，下令开始准许下层官吏佩剑。堑修洛水的堤岸，修筑重泉城的城墙。十六年死，其子惠公即位。

惠公十二年，其子出子出生。十三年，伐蜀，占领南郑。惠公死，出子即位。

出子二年，庶长菌改把灵公之子献公从河西接回来立为国君。杀出子及其母，把他们沉入深渊。在以前一段时间里，秦国频繁更换国君，君臣名分颠倒失次，所以晋国又重新强大起来，夺走秦的河西之地。

献公元年，废止陪葬。二年，修筑栎阳城的城墙。四年正月庚寅，孝公出生。十一年，周太史儋进见献公说："周从前曾与秦合在一起，而后来又分了开来，分开五百年还会再合在一起，合起来十七年将有霸王出现。"十六年，桃树冬天开花。十八年，栎阳下金雨。二十一年，与晋交战于石门，斩首六万，天子赐给黼黻以示祝贺。二十三年，与魏交战于少梁，俘虏魏将公孙痤。二十四年，献公死，其子孝公即位，年龄已二十一岁了。

孝公元年，黄河、华山以东有六大强国，秦孝公与齐威王、楚宣王、魏惠王、燕悼王、韩哀侯、赵成侯并称。淮水、泗水之间有小国十多个。楚、魏与秦接界。魏筑长城，从郑沿洛水河岸北上，占有上郡之地。楚从汉中，往南占有巴郡和黔中郡。周王室衰落，各诸侯国凭武力征伐，相互兼并。秦僻处雍州，不参加中原各国的会盟，被人视同夷翟。于是孝公广施恩惠，赈济孤寡，招募战士，论功行赏。下令国中说："从前我们的祖先缪公崛起于岐、雍之间，讲求文德武功，东面平定晋国内乱，以黄河与晋划界，西面称霸戎翟，扩地方千里之大，天子承认为霸，诸侯皆来祝贺，为后世创业，非常荣耀。不幸碰上厉共公、躁公、简公、出子在位的那段不安定时期，国家内有忧患，顾不上国外的事情，三晋乘机攻占了我先君的河西之地，诸侯都小看秦国，耻辱莫大于此。献公即位，安抚边境，迁都栎阳，并且打算举兵东征，收复缪公旧地，重整缪公的政令。我想到先君的意愿，每感痛心。宾客群臣有能进献奇计使秦国强大者，我将封以高官，分给土地。"随即出兵东围陕城，西斩戎族的獂王。

卫鞅听说此令已下，西来秦国，通过景监介绍求见孝公。

二年，天子赏赐祭肉。

三年，卫鞅劝说孝公变更法制，整饬刑罚，对内提倡致力农业，对外用严明赏罚去鼓励士卒力战效死，孝公表示赞赏。但甘龙、杜挚等人不以为然，同他辩论起来。最后还是采纳了卫鞅的新法。新法初行，百姓觉得很苦，但过了三年，他们就习惯了。于是封卫鞅为左庶长。这些事在《商君列传》中有介绍。

七年，与魏惠王会见于杜平。八年，与魏交战于元里，获得胜利。十年，卫鞅封为大良造，率兵包围魏国的安邑，安邑投降。十二年，建造咸阳城，修筑冀阙，秦迁都于咸阳。合并各小乡聚，编为大县，每县设县令一人，共四十一县。规划田亩，设置阡陌，把领土扩大到洛水以东。十四年，开始收赋。十九年，天子承认为霸。二十年，诸侯皆来祝贺。秦派公子少官率兵与诸侯会盟于逢泽，并朝见天子。

二十一年，齐在马陵打败魏军。

二十二年，卫鞅攻打魏，俘虏魏公子印。封卫鞅为列侯，号称"商君"。

二十四年，与魏交战于雁门，俘虏魏将魏错。

孝公死，其子惠文君即位。此年，处死卫鞅。卫鞅刚在秦国施行新法，新法不能推行，首先太子即触犯法律规定。卫鞅对孝公说："新法不能推行，阻力首先来自贵戚，您如果决心推行新法，就得先从太子下手。太子不可施以墨刑，请施之太子的傅、师。"这样一来，新法才顺利推行，秦人才被治理好。等到孝公一死，太子即位，不少宗室大臣都很怨恨卫鞅，卫鞅逃亡，因此被加上反叛的罪名，最终被车裂示众于秦国。

惠文君元年，楚、韩、赵、蜀等国来朝见。二年，天子向秦祝贺。三年，惠文君行冠礼。四年，天子赏赐祭祀文王、武王的祭肉。齐国和魏国相互称王。

五年，阴晋人犀首封为大良造。六年，魏割让阴晋给秦，阴晋改名叫宁秦。七年，公子卬与魏军交战，俘虏魏将龙贾，斩首八万。八年，魏割让河西之地。九年，东渡黄河，占领汾阴、皮氏。与魏王在应会见。包围焦，迫其投降。十年，张仪到秦国为相。魏割让上郡十五县。十一年，在义渠设县。把焦、曲沃归还给魏。义渠君称臣。将少梁改名为夏阳。十二年，开始设腊祭。十三年四月戊午，魏君称王，韩君也称王。派张仪攻占陕，把陕的居民驱逐到魏国。

十四年，改元为元年。二年，张仪与齐国和楚国的大臣会见于啮桑。三年，韩国和魏国的太子来朝见，张仪到魏国为相。五年，王巡游直到北河。七年，乐池到秦国为相。秦、赵、魏、燕、齐率匈奴之兵一起攻打秦国。秦派庶长樗里疾与之交战于修鱼，俘虏其将申差，打败赵公子渴、韩太子奂，斩首八万二千。八年，张仪再次到秦国为相。九年，司马错伐蜀，并灭亡了它。攻占赵的中都、西阳。十年，韩太子苍入秦为质。攻占韩的石章。打败赵将泥。攻占义渠的二十五座城。十一年，樗里疾攻打魏国的焦，迫其投降。打败韩军于岸门，斩首一万，韩将犀首逃走。公子通被封于蜀。燕君让位给其大臣子之。十二年，王与梁王会见于临晋。庶长樗里疾攻打赵国，俘虏了赵将赵庄。张仪到楚国为相。十三年，庶长魏章打败楚军于丹阳，俘虏楚将屈匄，斩首八万；又攻打楚的汉中郡，占领的土地方六百里，设置汉中郡。楚包围雍氏，秦派庶长樗里疾帮助韩东进攻打齐国，到满帮助魏攻打燕国。十四年，伐楚，占领召陵。丹、犁称臣，蜀相壮杀蜀侯来降。

惠王死，其子武王即位。韩、魏、齐、楚、越皆归顺。

武王元年，与魏惠王会见于临晋。处死蜀相壮。张仪、魏章皆东去魏国。伐义渠、丹、犁。二年，开始设丞相，樗里疾、甘茂分别任左丞相和右丞相。张仪死于魏。三年，与韩襄王会见于临晋外。南公揭死，樗里疾到韩国为相。武王对甘茂说："我想开辟车道直通三川，一睹周室，就是死了也不遗憾。"当年秋天，派甘茂和庶长封攻打宜阳。四年，攻占宜阳，斩首六万。渡黄河，修筑武遂城的城墙。魏太子来朝见。武王有气力，喜欢竞技，力士任鄙、乌获、孟说都做了大官。王与孟说举鼎，折断膝盖。八月，武王死。灭孟说之族。武王娶魏国女子为后，没有儿子。立武王的异母弟为君，就是昭襄王。昭襄王的母亲是楚人，为芈姓，号称宣太后。武王死时，昭襄王在燕做人质，燕人送他回国，才得以即位。

昭襄王元年，严君樗里疾任丞相。甘茂出走到魏国。二年，彗星出现。庶长壮与大臣、诸侯、公子谋篡王位，皆被处死，惠文后也不得好死。悼武王后出走回到魏。三年，王行冠礼。与楚王会见于黄棘，把上庸之地归还给楚。四年，攻占蒲阪。彗星出现。五年，魏王到应亭来朝见，把蒲阪归还给魏。六年，蜀侯煇反叛，司马错平定蜀乱。庶长奂伐楚，斩首二万。泾阳君到齐国为质。日食,白天天黑。七年,攻占新城。樗里疾死。八年,派将军芈戎攻打楚,占领新市。齐派章子,魏派公孙喜,韩派暴鸢一起攻打楚国的方城,俘获唐眛。赵攻破中山,其君逃亡,最后死于齐。魏公子劲、韩公子长被封为诸侯。九年,孟尝君薛文到秦国任丞相。免攻打楚,占领八座城,杀楚将景快。十年,楚怀王来朝见秦,秦扣留了他。薛文因金受而被免除丞相。楼缓任丞相。十一年,齐、韩、魏、赵、宋、中山等五国一起攻打秦国,到盐氏而还。秦把河北和封陵送给韩、魏以求和。彗星出现。楚怀王出走到赵国,赵国不接纳,又返回到秦国,不久就死了,归葬于楚。十二年,楼缓被免除丞相,穰侯魏冉任丞相。送给楚国五万石粮食。

十三年,向寿伐韩,占领武始。左更白起攻打新城。五大夫吕礼出走逃亡到魏国。任鄙任汉中郡守。十四年,左更白起攻打韩、魏的军队于伊阙,斩首二十四万,俘虏了公孙喜,攻占五座城。十五年,大良造白起攻打魏,占领垣,接着又归还给魏。攻打楚,占领宛。十六年,左更司马错占领轵和邓。魏冉被免除丞相。封公子市于宛,公子悝于邓,魏冉于陶,为诸侯。十七年,城阳君来朝见,同时东周君也来朝见。秦用垣换取蒲阪、皮氏。王前往宜阳。十八年,司马错攻打垣、河雍,拆毁河桥而占领之。十九年,昭襄王称西帝,齐称东帝,接着又都放弃帝号。吕礼来自首。齐攻破宋,宋王在魏国,死在温。任鄙死。二十年,王前往汉中,又前往上郡、北河。二十一年,错攻打魏的河内。魏献出安邑,秦驱逐其中的居民,用爵位招募人民迁居河东,并赦免罪犯迁往安邑。泾阳君封于宛。二十二年,蒙武伐齐国。在河东设九县。与楚王会见于宛。二十二年,蒙武伐齐。在河东设九县。与楚王会见于宛。与赵王会见于中阳。二十三年,尉斯离与三晋、燕伐齐，大破齐军于济水西岸。王与魏王会见于宜阳，与韩王会见于新城。二十四年，与楚王会见于鄢，又会见于穰。秦占领魏的安城，兵至大梁。燕、赵救魏，秦军撤退。魏冉被免除丞相。二十五年，攻占赵城两座。与韩王会见于新城，与魏王会见于新明邑。二十六年，赦免罪犯迁往穰，穰侯再次任丞相。二十七年，司马错攻打楚。赦免罪犯迁往南阳。白起攻打赵，占领代国的光狼城。又派司马错发兵陇西郡，利用蜀攻打楚的黔中郡，并攻占了它。二十八年，大良造白起攻打楚，占领鄢、邓，赦免罪犯迁往该地。二十九年，大良造白起攻打楚，占领郢设为南郡。楚王逃走。周君来。王与楚王会见于襄陵。白起被封为武安君。三十年，蜀守张若伐楚，占领巫郡和江南，设为黔中郡。三十一年，白起攻魏，占领两座城。楚人在我国占领的江南之地反叛。三十二年，丞相穰侯攻打魏，兵至大梁，击溃暴鸢军，斩首四万，暴鸢败逃，魏割让三县求和。三十三年，客卿胡阳攻打魏国的卷、蔡阳、长社，并占领了它们。攻打芒卯于华阳，击溃之，斩首十五万。魏割让南阳求和。三十四年，秦把魏、韩的南阳之地与上庸之地并为一郡，将降服的臣民迁往该地。三十五年，帮助韩、魏、楚伐燕。开始设南阳郡。三十六年，客卿灶攻打齐，占领刚、寿，封给穰侯。三十八年，中更胡阳攻打赵的阏与，未能占领。四十年，悼太子死于魏，归葬于芷阳。四十一年夏，攻打魏，占领邢丘、怀。四十二年，安国君被立为太子。十月，宣太后死，葬于芷阳的郦山。九月，穰侯出走前往陶。四十三年，武安君白起攻打韩，攻占九座城，斩首五万。四十四年，攻打韩的南阳，并占领了它。四十五年，五大夫贲攻打韩，占领十座城。叶阳君公子悝出走前往自己的封国，没有到就死了。四十七年，秦攻打韩的上党郡，上党郡投降赵国，秦又攻打赵，赵国发兵迎击秦，两军相持不下。秦派武安君白起进攻，大破赵军于长平，四十万降卒全部被杀。四十八年十月，韩国献出垣雍。秦军分为三军。武安君回。王龁率兵攻打赵的武安、皮牢，并占领了它们。司马梗北定太原，全部占领韩的上党郡。正月，停战，又守上党郡。当年十月，五大夫陵攻打赵都邯郸。四十九年正月，扩大征兵增援陵。陵战绩不佳，被免职，由王龁代替他率军。当年十月，将军张唐攻打魏，由于蔡尉弃城不守，返回斩之。五十年十月，武安君白起犯了罪，贬为士伍，迁往阴密。张唐攻打郑，并占领了它。十二月，扩大征兵，驻军于汾城旁。武安君白起犯了罪，死了。王龁攻打邯郸，未能攻占，撤离，赶回汾城驻军两个多月。攻打魏军，斩首六千，魏、楚联军死于黄河之中的达两万人。攻打汾城，接着又随张唐军拔取宁新中，宁新中改名为安阳。初次修造黄河桥。

五十一年，将军摎攻打韩，占领阳城、负黍，斩首四万。攻打赵国，占领二十多县，斩首俘虏九万。西周君背叛秦，与诸侯合纵，率天下精兵出伊阙攻打秦国，使秦不能通往阳城。因此秦命将军摎攻打西周。西周君慌忙前来投降，叩头认罪，全部献出他的城邑三十六座，人口三万。秦王接受所献，放他回到周。五十二年，西周人民逃往东周，周的宝器九鼎被搬到秦国，周开始灭亡。

五十三年，天下皆来归顺。只有魏国到得最晚，秦派摎伐魏，占领吴城。韩王来进见，魏国交出国家政权，一切听命于秦。五十四年，王郊祀上帝于雍。五十六年秋，昭襄王死，其子孝文王即位。尊其生母唐八子为唐太后，与昭襄王合葬。韩王穿上孝服来吊唁祭悼。诸侯也都派遣他们的将相来吊唁祭悼，参加丧事。

孝文王元年，赦免罪犯，依旧重用先王的功臣，优待亲戚，放宽苑囿的限制。孝文王除丧，十月己亥日即位，仅仅三天，到辛丑日就死了，其子庄襄王即位。

庄襄王元年，大赦罪犯，依旧重用先王的功臣，施仁德于骨肉亲戚，并广布恩惠于人民。东周君与诸侯策划攻打秦国，秦派相邦吕不韦讨伐他，把他的全部国土并入秦的版图。但秦也并不中断周君的祀统，把阳人之地赐给他，让他继续保持自己的祭祀。派蒙骜伐韩，韩献出成皋、巩。秦的疆界扩大到大梁，开始设三川郡。二年，派蒙骜攻打赵，平定太原。三年，蒙骜攻打魏的高都和汲，并占领了它们。攻打赵的榆次、新城、狼孟，占领三十七座城。四月日食。王齕攻打赵国的上党郡。开始设太原郡。魏将军无忌率五国之兵攻打秦，秦退却到河外。蒙骜兵败，诸侯解除包围而去。五月丙午，庄襄王死，其子政即位，就是秦始皇帝。

秦王政即位二十六年，开始合并天下为三十六郡，号称始皇帝。始皇帝五十一岁死，其子胡亥即位，就是二世皇帝。二世三年，诸侯纷纷起来反叛秦朝，赵高杀二世，立子婴为帝。子婴即位一个多月，诸侯又杀死他，于是灭亡了秦朝。详细叙述见《秦始皇本纪》中。

太史公说：秦的祖先出自嬴姓。其后世子孙分封，以封国为姓，有徐氏、郯氏、莒氏、终黎氏、运奄氏、菟裘氏、将梁氏、黄氏、江氏、修鱼氏、白冥氏、蜚廉氏、秦氏。但秦因其祖先造父封于赵城，也称为赵氏。

史记卷六

秦始皇本纪第六

秦始皇帝者,秦庄襄王子也。庄襄王为秦质子于赵,见吕不韦姬,悦而取之,生始皇。以秦昭王四十八年正月生于邯郸。及生,名为政,姓赵氏。年十三岁,庄襄王死,政代立为秦王。当是之时,秦地已并巴、蜀、汉中,越宛有郢,置南郡矣;北收上郡以东,有河东、太原、上党郡;东至荥阳,灭二周,置三川郡。吕不韦为相,封十万户,号曰文信侯。招致宾客游士,欲以并天下。李斯为舍人。蒙骜、王齮、麃公等为将军。王年少,初即位,委国事大臣。

晋阳反,元年,将军蒙骜击定之。二年,麃公将卒攻卷,斩首三万。三年,蒙骜攻韩,取十三城。王齮死。十月,将军蒙骜攻魏氏畼、有诡。岁大饥。四年,拔畼、有诡。三月,军罢。秦质子归自赵,赵太子出归国。十月庚寅,蝗虫从东方来,蔽天。天下疫。百姓内粟千石,拜爵一级。五年,将军骜攻魏,定酸枣、燕、虚、长平、雍丘、山阳城,皆拔之,取二十城。初置东郡。冬雷。六年,韩、魏、赵、卫、楚共击秦,取寿陵。秦出兵,五国兵罢。拔卫,迫东郡,其君角率其支属徙居野王,阻其山以保魏之河内。七年,彗星先出东方,见北方,五月见西方。

将军骜死。以攻龙、孤、庆都，还兵攻汲。彗星复见西方十六日。夏太后死。八年，王弟长安君成蟜将军击赵，反，死屯留，军吏皆斩死，迁其民于临洮。将军壁死，卒屯留、蒲鶮反，戮其尸。河鱼大上，轻车重马东就食。

嫪毐封为长信侯。予之山阳地，令毐居之。宫室车马衣服苑囿驰猎恣毐。事无小大皆决于毐。又以河西、太原郡更为毐国。九年，彗星见，或竟天。攻魏垣、蒲阳。四月，上宿雍。己酉，王冠，带剑。长信侯毐作乱而觉，矫王御玺及太后玺以发县卒及卫卒、官骑、戎翟君公、舍人，将欲攻蕲年宫为乱。王知之，令相国昌平君、昌文君发卒攻毐。战咸阳，斩首数百，皆拜爵，及宦者皆在战中，亦拜爵一级。毐等败走。即令国中：有生得毐，赐钱百万；杀之，五十万。尽得毐等。卫尉竭、内史肆、佐弋竭、中大夫令齐等二十人皆枭首。车裂以徇，灭其宗。及其舍人，轻者为鬼薪。及夺爵迁蜀四千余家，家房陵。是月寒冻，有死者。杨端和攻衍氏。彗星见西方，又见北方，从斗以南八十日。十年，相国吕不韦坐嫪毐免。桓齮为将军。齐、赵来，置酒。齐人茅焦说秦王曰："秦方以天下为事，而大王有迁母太后之名，恐诸侯闻之，由此倍秦也。"秦王乃迎太后于雍而入咸阳，复居甘泉宫。

大索，逐客。李斯上书说，乃止逐客令。李斯因说秦王，请先取韩以恐他国，于是使斯下韩。韩王患之，与韩非谋弱秦。大梁人尉缭来，说秦王曰："以秦之强，诸侯譬如郡县之君，臣但恐诸侯合从，翕而出不意，此乃智伯、夫差、湣王之所以亡也。愿大王毋爱财物，赂其豪臣，以乱其谋，不过亡三十万金，则诸侯可尽。"秦王从其计，见尉缭亢礼，衣服食饮与缭同。缭曰："秦王为人，蜂准，长目，挚鸟膺，豺声，少恩而虎狼心，居约易出人下，得志亦轻食人。我布衣，然见我常身自下我。诚使秦王得志于天下，天下皆为虏矣。不可与久游。"乃亡去。秦王觉，固止，以为秦国尉，卒用其计策。而李斯用事。

十一年，王翦、桓齮、杨端和攻邺，取九城。王翦攻阏与、橑杨，皆并为一军。翦将十八日，军归斗食以下，什推二人从军。取邺、安阳，桓齮将。十二年，文信侯不韦死，窃葬。其舍人临者，晋人也逐出之；秦人六百石以上夺爵，迁；五百石以下不临，迁，勿夺爵。自今以来，操国事不道如嫪毐、不韦者籍其门，视此。秋，复嫪毐舍人迁蜀者。当是之时，天下大旱，六月至八月乃雨。

十三年，桓齮攻赵平阳，杀赵将扈辄，斩首十万。王之河南。正月，彗星见东方。十月，桓齮攻赵。十四年，攻赵军于平阳，取宜安，破之，杀其将军。桓齮定平阳、武城。韩非使秦，秦用李斯谋，留非，非死云阳。韩王请为臣。

十五年，大兴兵，一军至邺，一军至太原，取狼孟。地动。十六年九月，发卒受地韩南阳，假守腾。初令男子书年。魏献地于秦。秦置丽邑。十七年，内史腾攻韩，得韩王安，尽纳其地，以其地为郡，命曰颍川。地动。华阳太后卒。民大饥。

十八年，大兴兵攻赵，王翦将上地，下井陉。端和将河内，羌瘣伐赵，端和围邯郸城。十九年，王翦、羌瘣尽定取赵地东阳，得赵王。引兵欲攻燕，屯中山。秦王之邯郸，诸尝与王生赵时母家有仇怨，皆坑之。秦王还，从太原、上郡归。始皇帝母太后崩。赵公子嘉率其宗数百人之代，自立为代王，东与燕合兵，军上谷。大饥。

二十年，燕太子丹患秦兵至国，恐，使荆轲刺秦王。秦王觉之，体解轲以徇，而使王翦、辛胜攻燕。燕、代发兵击秦军，秦军破燕易水之西。二十一年，王贲攻荆。乃益发卒诣王翦军，遂破燕太子军，取燕蓟城，得太子丹之首。燕王东收辽东而王之。王翦谢病老归。新郑反。昌平君徙于郢。大雨雪，深二尺五寸。

二十二年，王贲攻魏，引河沟灌大梁，大梁城坏，其王请降，尽取其地。

二十三年，秦王复召王翦，强起之，使将击荆。取陈以南至平舆，虏荆王。秦王游至郢陈。荆将项燕立昌平君为荆王，反秦于淮南。二十四年，王翦、蒙武攻荆，破荆军，昌平君死，项燕遂自杀。

二十五年，大兴兵，使王贲将，攻燕辽东，得燕王喜。还攻代，虏代王嘉。王翦遂定荆江南地；降越君，置会稽郡。五月，天下大酺。

二十六年，齐王建与其相后胜发兵守其西界，不通秦。秦使将军王贲从燕南攻齐，得齐王建。

秦初并天下，令丞相、御史曰："异日韩王纳地效玺，请为藩臣，已而信约，与赵、魏合从畔秦，故兴兵诛之，虏其王。寡人以为善，庶几息兵革。赵王使其相李牧来约盟，故归其质子。已而倍盟，反我太原，故兴兵诛之，得其王。赵公子嘉乃自立为代王，故举兵击灭之。魏王始约服入秦，已而与韩、赵谋袭秦，秦兵吏诛，遂破之。荆王献青阳以西，已而畔约，击我南郡，故发兵诛，得其王，遂定其荆地。燕王昏乱，其太子丹乃阴令荆轲为贼，兵吏诛，灭其国。齐王用后胜计，绝秦使，欲为乱，兵吏诛，虏其王，平齐地。寡人以眇眇之身，兴兵诛暴乱，赖宗庙之灵，六王咸伏其辜，天下大定。今名号不更，无以称成功，传后世。其议帝号。"丞相绾、御史大夫劫、廷尉斯等皆曰："昔者五帝地方千里，其外侯服夷服，诸侯或朝或否，天子不能制。今陛下兴义兵，诛残贼，平定天下，海内为郡县，法令由一统，自上古以来未尝有，五帝所不及。臣等谨与博士议曰：'古有天皇，有地皇，有泰皇，泰皇最贵。'臣等昧死上尊号，王为'泰皇'。命为'制'，令为'诏'，天子自称曰'朕'。"王曰："去'泰'，著'皇'，采上古'帝'位号，号曰'皇帝'。他如议。"制曰："可。"追尊庄襄王为太上皇。制曰："朕闻太古有号毋谥，中古有号，死而以行为谥。如此，则子议父，臣议君也，甚无谓，朕弗取焉。自今已来，除谥法。朕为始皇帝。后世以计数，二世三世至于万世，传之无穷。"

始皇推终始五德之传，以为周得火德，秦代周德，从所不胜，方今水德之始。改年始，朝贺皆自十月朔。衣服旄旌节旗皆上黑。数以六为纪，符、法冠皆六寸，而舆六尺，六尺为步，乘六马。更名河曰德水，以为水德之始。刚毅戾深，事皆决于法，刻削毋仁恩和义，然后合五德之数。于是急法，久者不赦。

丞相绾等言："诸侯初破，燕、齐、荆地远，不为置王，毋以填之。请立诸子，唯上幸许。"始皇下其议于群臣，群臣皆以为便。廷尉李斯议曰："周文武所封子弟同姓甚众，然后属疏远，相攻击如仇雠，诸侯更相诛伐，周天子弗能禁止。今海内赖陛下神灵一统，皆为郡县，诸子功臣以公赋税重赏赐之，甚足易制。天下无异意，则安宁之术也。置诸侯不便。"始皇曰："天下共苦战斗不休，以有侯王。赖宗庙，天下初定，又复立国，是树兵也，而求其宁息，岂不难哉！廷尉议是。"

分天下以为三十六郡，郡置守、尉、监。更名民曰"黔首"。大酺。收天下兵，聚之咸阳，销以为钟鐻，金人十二，重各千石，置廷宫中。一法度衡石丈尺。车同轨。书同文字。地东至海暨朝鲜，西至临洮、羌中，南至北向户，北据河为塞，并阴山至辽东。徙天下豪富于咸阳十二万户。诸庙及章台、上林皆在渭南。秦每破诸侯，写放其宫室，作之咸阳北阪上，南临渭，自雍门以东至泾、渭，殿屋复道周阁相属。所得诸侯美人钟鼓，以充入之。

二十七年，始皇巡陇西、北地，出鸡头山，过回中。焉作信宫渭南，已更命信宫为极庙，象天极。自极庙道通郦山，作甘泉前殿。筑甬道，自咸阳属之。是岁，赐爵一级。治驰道。

二十八年，始皇东行郡县，上邹峄山。立石，与鲁诸儒生议，刻石颂秦德，议封禅望祭山川之事。乃遂上泰山，立石，封，祠祀。下，风雨暴至，休于树下，因封其树为五大夫。禅梁父。刻所立石，其辞曰：

皇帝临位，作制明法，臣下修饬。二十有六年，初并天下，罔不宾服。亲巡远方黎民，登兹泰山，周览东极。从臣思迹，本原事业，祗诵功德。治道运行，诸产得宜，皆有法式。大义休明，垂于后世，顺承勿革。皇帝躬圣，既平天下，不懈于治。夙兴夜寐，建设长利，专隆教诲。训经宣达，远近毕理，咸承圣志。贵贱分明，男女礼顺，慎遵职事。昭隔内外，靡不清净，施于后嗣。化及无穷，遵奉遗诏，永承重戒。

于是乃并勃海以东，过黄、腄，穷成山，登之罘，立石颂秦德焉而去。

南登琅邪，大乐之，留三月。乃徙黔首三万户琅邪台下，复十二岁。作琅邪台，立石刻，颂秦德，明得意。曰：

维二十八年，皇帝作始。端平法度，万物之纪。以明人事，合同父子。圣智仁义，显白道理。东抚东土，以省卒士。事已大毕，乃临于海。皇帝之功，勤劳本事。上农除末，黔首是富。普天之下，抟心揖志。器械一量，同书文字。日月所照，舟舆所载。皆终其命，莫不得意。应时动事，是维皇帝。匡饬异俗，陵水经地。忧恤黔首，朝夕不懈。除疑定法，咸知所辟。方伯分职，诸治经易。举错必当，莫不如画。皇帝之明，临察四方。尊卑贵贱，不逾次行。奸邪不容，皆务贞良。细大尽力，莫敢怠荒。远迩辟隐，专务肃庄。端直敦忠，事业有常。皇帝之德，存定四极。诛乱除害，兴利致福。节事以时，诸产繁殖。黔首安宁，不用兵革。六亲相保，终无寇贼。欢欣奉教，尽知法式。六合之内，皇帝之土。西涉流沙，南尽北户。东有东海，北过大夏。人迹所至，无不臣者。功盖五帝，泽及牛马。莫不受德，各安其宇。

维秦王兼有天下，立名为皇帝，乃抚东土，至于琅邪。列侯武城侯王离、列侯通武侯王贲、伦侯建成侯赵亥、伦侯昌武侯成、伦侯武信侯冯毋择、丞相隗林、丞相王绾、卿李斯、卿王戊、五大夫赵婴、五大夫杨樛从，与议于海上。曰："古之帝者，地不过千里，诸侯各守其封域，或朝或否，相侵暴乱，残伐不止，犹刻金石，以自为纪。古之五帝三王，知教不同，法度不明，假威鬼神，以欺远方，实不称名，故不久长。其身未殁，诸侯倍叛，法令不行。今皇帝并一海内，以为郡县，天下和平。昭明宗庙，体道行德，尊号大成。群臣相与诵皇帝功德，刻于金石，以为表经。"

既已，齐人徐市等上书，言海中有三神山，名曰蓬莱、方丈、瀛洲，仙人居之。请得斋戒，与童男女求之。于是遣徐市发童男女数千人，入海求仙人。

始皇还，过彭城，斋戒祷祠，欲出周鼎泗水。使千人没水求之，弗得。乃西南渡淮水，之衡山、南郡。浮江，至湘山祠。逢大风，几不得渡。上问博士曰："湘君何神？"博士对曰："闻之，尧女，舜之妻，而葬此。"于是始皇大怒，使刑徒三千人皆伐湘山树，赭其山。上自南郡由武关归。

二十九年，始皇东游。至阳武博狼沙中，为盗所惊。求弗得，乃令天下大索十日。

登之罘，刻石。其辞曰：

维二十九年，时在中春，阳和方起。皇帝东游，巡登之罘，临照于海。从臣嘉观，原念休烈，追诵本始。大圣作治，建定法度，显箸纲纪。外教诸侯，光施文惠，明以义理。六国回辟，贪戾无厌，虐杀不已。皇帝哀众，遂发讨师，奋扬武德。义诛信行，威燀旁达，莫不宾服。烹灭强暴，振救黔首，周定四极。普施明法，经纬天下，永为仪则。大矣哉！宇县之中，承顺圣意。群臣诵功，请刻于石，表垂于常式。

其东观曰：

维二十九年，皇帝春游，览省远方。逮于海隅，遂登之罘，昭临朝阳。观望广丽，从臣咸念，原道至明。圣法初兴，清理疆内，外诛暴强。武威旁畅，振动四极，禽灭六王。阐并天下，甾害绝息，永偃戎兵。皇帝明德，经理宇内，视听不怠。作立大义，昭设备器，咸有章旗。职臣遵分，各知所行，事无嫌疑。黔首改化，远迩同度，临古绝尤。常职既定，后嗣循业，长承圣治。群臣嘉德，祗诵圣烈，请刻之罘。

旋，遂之琅邪，道上党入。

三十年，无事。

三十一年十二月，更名腊曰"嘉平"。赐黔首里六石米，二羊。始皇为微行咸阳，与武士四人俱，夜出逢盗兰池，见窘，武士击杀盗，关中大索二十日。米石千六百。

三十二年，始皇之碣石，使燕人卢生求羡门、高誓。刻碣石门。坏城郭，决通堤防。其辞曰：

遂兴师旅，诛戮无道，为逆灭息。武殄暴逆，文复无罪，庶心咸服。惠论功劳，赏及牛马，恩肥土域。皇帝奋威，德并诸侯，初一泰平。堕坏城郭，决通川防，夷去险阻。地势既定，黎庶无繇，天下咸抚。男乐其畴，女修其业，事各有序。惠被诸产，久并来田，莫不安所。群臣诵烈，请刻此石，垂著仪矩。

因使韩终、侯公、石生求仙人不死之药。始皇巡北边，从上郡入。燕人卢生使入海还，以鬼神事，因奏录图书，曰"亡秦者胡也"。始皇乃使将军蒙恬发兵三十万人北击胡，略取河南地。

三十三年，发诸尝逋亡人、赘婿、贾人略取陆梁地，为桂林、象郡、南海，以適遣戍。西北斥逐匈奴。自榆中并河以东，属之阴山，以为四十四县，城河上为塞。又使蒙恬渡河取高阙、阳山、北假中，筑亭障以逐戎人。徙谪，实之初县。禁不得祠。明星出西方。三十四年，適治狱吏不直者，筑长城及南越地。

始皇置酒咸阳宫，博士七十人前为寿。仆射周青臣进颂曰："他时秦地不过千里，赖陛下神灵明圣，平定海内，放逐蛮夷，日月所照，莫不宾服。以诸侯为郡县，人人自安乐，无战争之患，传之万世。自上古不及陛下威德。"始皇悦。博士齐人淳于越进曰："臣闻殷周之王千余岁，封子弟功臣，自为枝辅。今陛下有海内，而子弟为匹夫，卒有田常、六卿之臣，无辅拂，何以相救哉？事不师古而能长久者，非所闻也。今青臣又面谀以重陛下之过，非忠臣。"始皇下其议。丞相李斯曰："五帝不相复，三代不相袭，各以治，非其相反，时变异也。今陛下创大业，建万世之功，固非愚儒所知。且越言乃三代之事，何足法也？异时诸侯并争，厚招游学。今天下已定，法令出一，百姓当家则力农工，士则学习法令辟禁。今诸生不师今而学古，以非当世，惑乱黔首。丞相臣斯昧死言：古者天下散乱，莫之能一，是以诸侯并作，语皆道古以害今，饰虚言以乱实，人善其所私学，以非上之所建立。今皇帝并有天下，别黑白而定一尊。私学而相与非法教，人闻令下，则各以其学议之，入则心非，出则巷议，夸主以为名，异取以为高，率群下以造谤。如此弗禁，则主势降乎上，党与成乎下。禁之便。臣请史官非秦记皆烧之。非博士官所职，天下敢有藏《诗》、《书》、百家语者，悉诣守、尉杂烧之。有敢偶语《诗》、《书》者弃市。以古非今者族。吏见知不举者与同罪。令下三十日不烧，黥为城旦。所不去者，医药卜筮种树之书。若欲有学法令，以吏为师。"制曰："可。"

三十五年，除道，道九原抵云阳，堑山堙谷，直通之。于是始皇以为咸阳人多，先王之宫廷小，吾闻周文王都丰，武王都镐，丰、镐之间，帝王之都也。乃营作朝宫渭南上林苑中。先作前殿阿房，东西五百步，南北五十丈，上可以坐万人，下可以建五丈旗。周驰为阁道，自殿下直抵南山。表南山之巅以为阙。为复道，自阿房渡渭，属之咸阳，以象天极阁道绝汉抵营室也。阿房宫未成；成，欲更择令名名之。作宫阿房，故天下谓之阿房宫。隐宫徒刑者七十余万人，乃分作阿房宫，或作丽山。发北山石椁，乃写蜀、荆地材皆至。关中计宫三百，关外四百余。于是立石东海上朐界中，以为秦东门。因徙三万家丽邑，五万家云阳，皆复不事十岁。

卢生说始皇曰："臣等求芝奇药仙者常弗遇，类物有害之者。方中，人主时为微行以辟恶鬼，恶鬼辟，真人至。人主所居而人臣知之，则害于神。真人者，入水不濡，入火不爇，陵云气，与天地久长。今上治天下，未能恬倓。愿上所居宫毋令人知，然后不死之药殆可得也。"于是始皇曰："吾慕真人，自谓'真人'，不称'朕'。"乃令咸阳之旁二百里内宫观二百七十复道甬道相连，帷帐钟鼓美人充之，各案署不移徙。行所幸，有言其处者，罪死。始皇帝幸梁山宫，从山上见丞相车骑众，弗善也。中人或告丞相，丞相后损车骑。始皇怒曰："此中人泄吾语。"案问莫服。当是时，诏捕诸时在旁者，皆杀之。自是后莫知行之所在。听事，群臣受决事，悉于咸阳宫。

侯生、卢生相与谋曰："始皇为人，天性刚戾自用，起诸侯，并天下，意得欲从，以为自古莫及己。专任狱吏，狱吏得亲幸。博士虽七十人，特备员弗用。丞相诸大臣皆受成事，倚辨于上。上乐以刑杀为威，天下畏罪持禄，莫敢尽忠。上不闻过而日骄，下慑伏谩欺以取容。秦法，不得兼方，不验，辄死。然候星气者至三百人，皆良士，畏忌讳谀，不敢端言其过。天下之事无小大皆决于上，上至以衡石量书，日夜有呈，不中呈不得休息。贪于权势至如此，未可为求仙药。"于是乃亡去。始皇闻亡，乃大怒曰："吾前收天下书不中用者尽去之。悉召文学方术士甚众，欲以兴太平，方士欲练以求奇药。今闻韩众去不报，徐市等费以巨万计，终不得药，徒奸利相告日闻。卢生等吾尊赐之甚厚，今乃诽谤我，以重吾不德也。诸生在咸阳者，吾使人廉问，或为訞言以乱黔首。"于是使御史悉案问诸生，诸生传相告引，乃自除。犯禁者四百六十余人，皆坑之咸阳，使天下知之，以惩后。益发谪徙边。始皇长子扶苏谏曰："天下初定，远方黔首未集，诸生皆诵法孔子，今上皆重法绳之，臣恐天下不安。唯上察之。"始皇怒，使扶苏北监蒙恬于上郡。

三十六年，荧惑守心。有坠星下东郡，至地为石，黔首或刻其石曰"始皇帝死而地分"。始皇闻之，遣御史逐问，莫服，尽取石旁居人诛之，因燔销其石。始皇不乐，使博士为《仙真人诗》，及行所游天下，传令乐人歌弦之。秋，使者从关东夜过华阴平舒道，有人持璧遮使者曰："为吾遗滈池君。"因言曰："今年祖龙死。"使者问其故，因忽不见，置其璧去。使者奉璧具以闻。始皇默然良久，曰："山鬼固不过知一岁事也。"退言曰："祖龙者，人之先也。"使御府视璧，乃二十八年行渡江所沉璧也。于是始皇卜之，卦得游徙吉。迁北河、榆中三万家。拜爵一级。

三十七年十月癸丑，始皇出游。左丞相斯从，右丞相去疾守。少子胡亥爱慕请从，上许之。十一月，行至云梦，望祀虞舜于九疑山。浮江下，观籍柯，渡海渚。过丹阳，至钱唐。临浙江，水波恶，乃西百二十里从狭中渡。上会稽，祭大禹，望于南海，而立石刻颂秦德。其文曰：

皇帝休烈，平一宇内，德惠修长。三十有七年，亲巡天下，周览远方。遂登会稽，宣省习俗，黔首斋庄。群臣诵功，本原事迹，追首高明。秦圣临国，始定刑名，显陈旧章。初平法式，审别职任，以立恒常。六王专倍，贪戾慠猛，率众自强。暴虐恣行，负力而骄，数动甲兵。阴通间使，以事合从，行为辟方。内饰诈谋，外来侵边，遂起祸殃。义威诛之，殄熄暴悖，乱贼灭亡。圣德广密，六合之中，被泽无疆。皇帝并宇，兼听万事，远近毕清。运理群物，考验事实，各载其名。贵贱并通，善否陈前，靡有隐情。饰省宣义，有子而嫁，倍死不贞。防隔内外，禁止淫泆，男女絜诚。夫为寄豭，杀之无罪，男秉义程。妻为逃嫁，子不得母，咸化廉清。大治濯俗，天下承风，蒙被休经。皆遵度轨，和安敦勉，莫不顺令。黔首修絜，人乐同则，嘉保太平。后敬奉法，常治无极，舆舟不倾。从臣诵烈，请刻此石，光垂休铭。

还过吴，从江乘渡。并海上，北至琅邪。方士徐市等入海求神药，数岁不得，费多，恐谴，乃诈曰："蓬莱药可得，然常为大鲛鱼所苦，故不得至，愿请善射与俱，见则以连弩射之。"始皇梦与海神战，如人状。问占梦，博士曰："水神不可见，以大鱼蛟龙为候。今上祷祠备谨，而有此恶神，当除去，而善神可致。"乃令入海者赍捕巨鱼具，而自以连弩候大鱼出射之。自琅邪北至荣成山，弗见。至之罘，见巨鱼，射杀一鱼。遂并海西。

至平原津而病。始皇恶言死，群臣莫敢言死事。上病益甚，乃为玺书赐公子扶苏曰："与丧会咸阳而葬。"书已封，在中车府令赵高行符玺事所，未授使者。七月丙寅，始皇崩于沙丘平台。丞相斯为上崩在外，恐诸公子及天下有变，乃秘之，不发丧。棺载辒凉车中，故幸宦者参乘，所至上食。百官奏事如故，宦者辄从辒凉车中可其奏事。独子胡亥、赵高及所幸宦者五六人知上死。赵高故尝教胡亥书及狱律令法事，胡亥私幸之。高乃与公子胡亥、丞相斯阴谋破去始皇所封书赐公子扶苏者，而更诈为丞相斯受始皇遗诏沙丘，立子胡亥为太子。更为书赐公子扶苏、蒙恬，数以罪，赐死。语具在《李斯传》中。行，遂从井陉抵九原。会暑，上辒车臭，乃诏从官令车载一石鲍鱼，以乱其臭。

行从直道至咸阳，发丧。太子胡亥袭位，为二世皇帝。九月，葬始皇郦山。始皇初即位，穿治郦山，及并天下，天下徒送诣七十余万人，穿三泉，下铜而致椁，宫观百官奇器珍怪徙臧满之。令匠作机弩矢，有所穿近者辄射之。以水银为百川江河大海，机相灌输，上具天文，下具地理。以人鱼膏为烛，度不灭者久之。二世曰："先帝后宫非有子者，出焉不宜。"皆令从死，死者甚众。葬既已下，或言工匠为机，臧皆知之，臧重即泄。大事毕，已臧，闭中羡，下外羡门，尽闭工匠臧者，无复出者。树草木以象山。

二世皇帝元年，年二十一。赵高为郎中令，任用事。二世下诏，增始皇寝庙牺牲及山川百祀之礼。令群臣议尊始皇庙。群臣皆顿首言曰："古者天子七庙，诸侯五，大夫三，虽万世世不轶毁。今始皇为极庙，四海之内皆献贡职，增牺牲，礼咸备，毋以加。先王庙或在西雍，或在咸阳。天子仪当独奉酌祠始皇庙。自襄公已下轶毁。所置凡七庙。群臣以礼进祠，以尊始皇庙为帝者祖庙。皇帝复自称'朕'。"

二世与赵高谋曰："朕年少，初即位，黔首未集附。先帝巡行郡县，以示强，威服海内。今晏然不巡行，即见弱，毋以臣畜天下。"春，二世东行郡县，李斯从。到碣石，并海，南至会稽，而尽刻始皇所立刻石，石旁著大臣从者名，以章先帝成功盛德焉：

皇帝曰："金石刻尽始皇帝所为也。今袭号而金石刻辞不称始皇帝，其于久远也如后嗣为之者，不称成功盛德。"丞相臣斯、臣去疾、御史大夫臣德昧死言："臣请具刻诏书刻石，因明白矣。臣昧死请。"制曰："可。"

遂至辽东而还。

于是二世乃遵用赵高，申法令。乃阴与赵高谋曰："大臣不服，官吏尚强，及诸公子必与我争，为之奈何？"高曰："臣固愿言而未敢也。先帝之大臣，皆天下累世名贵人也，积功劳世以相传久矣。今高素小贱，陛下幸称举，令在上位，管中事。大臣鞅鞅，特以貌从臣，其心实不服。今上出，不因此时案郡县守尉有罪者诛之，上以振威天下，下以除去上生平所不可者。今时不师文而决于武力，愿陛下遂从时毋疑，即群臣不及谋。明主收举余民，贱者贵之，贫者富之，远者近之，则上下集而国安矣。"二世曰："善。"乃行诛大臣及诸公子，以罪过连逮少近官三郎，无得立者，而六公子戮死于杜。公子将闾昆弟三人囚于内宫，议其罪独后。二世使使令将闾曰："公子不臣，罪当死，吏致法焉。"将闾曰："阙廷之礼，吾未尝敢不从宾赞也；廊庙之位，吾未尝敢失节也；受命应对，吾未尝敢失辞也。何谓不臣？愿闻罪而死。"使者曰："臣不得与谋，奉书从事。"将闾乃仰天大呼天者三，曰："天乎！吾无罪！"昆弟三人皆流涕拔剑自杀。宗室振恐。群臣谏者以为诽谤，大吏持禄取容，黔首振恐。

四月，二世还至咸阳，曰："先帝为咸阳朝廷小，故营阿房宫。为室堂未就，会上崩，罢其作者，复土郦山。郦山事大毕，今释阿房宫弗就，则是章先帝举事过也。"复作阿房宫。外抚四夷，如始皇计。尽征其材士五万人为屯卫咸阳，令教射。狗马禽兽。当食者多，度不足，下调郡县转输菽粟刍藁，皆令自赍粮食，咸阳三百里内不得食其谷。用法益刻深。

七月，戍卒陈胜等反故荆地，为张楚。胜自立为楚王，居陈，遣诸将徇地。山东郡县少年苦秦吏，皆杀其守尉令丞反，以应陈涉，相立为侯王，合从西乡，名为伐秦，不可胜数也。谒者使东方来，以反者闻二世。二世怒，下吏。后使者至，上问，对曰："群盗，郡守尉方逐捕，今尽得，不足忧。"上悦。武臣自立为赵王，魏咎为魏王，田儋为齐王。沛公起沛。项梁举兵会稽郡。

二年冬，陈涉所遣周章等将西至戏，兵数十万。二世大惊，与群臣谋曰："奈何？"少府章邯曰："盗已至，众强，今发近县不及矣。郦山徒多，请赦之，授兵以击之。"二世乃大赦天下，使章邯将，击破周章军而走，遂杀章曹阳。二世益遣长史司马欣、董翳佐章邯击盗，杀陈胜城父，破项梁定陶，灭魏咎临济。楚地盗名将已死，章邯乃北渡河，击赵王歇等于巨鹿。

赵高说二世曰："先帝临制天下久，故群臣不敢为非，进邪说。今陛下富于春秋，初即位，奈何与公卿廷决事？事即有误，示群臣短也。天子称朕，固不闻声。"于是二世常居禁中，与高决诸事。其后公卿希得朝见，盗贼益多，而关中卒发东击盗者毋已。右丞相去疾、左丞相斯、将军冯劫进谏曰："关东群盗并起，秦发兵诛击，所杀亡甚众，然犹不止。盗多，皆以戍漕转作事苦，赋税大也。请且止阿房宫作者，减省四边戍转。"二世曰："吾闻之韩子曰：'尧舜采椽不刮，茅茨不翦，饭土塯，啜土形，虽监门之养，不觳于此。禹凿龙门，通大夏，决河亭水，放之海，身自持筑臿，胫毋毛，臣虏之劳不烈于此矣。'凡所为贵有天下者，得肆意极欲，主重明法，下不敢为非，以制御海内矣。夫虞、夏之主，贵为天子，亲处穷苦之实，以徇百姓，尚何于法？朕尊万乘，毋其实，吾欲造千乘之驾，万乘之属，充吾号名。且先帝起诸侯，兼天下，天下已定，外攘四夷以安边竟，作宫室以章得意，而君观先帝功业有绪。今朕即位二年之间，群盗并起，君不能禁，又欲罢先帝之所为，是上毋以报先帝，次不为朕尽忠力，何以在位？"下去疾、斯、劫吏，案责他罪。去疾、劫曰："将相不辱。"自杀。斯卒囚，就五刑。

三年，章邯等将其卒围巨鹿，楚上将军项羽将楚卒往救巨鹿。冬，赵高为丞相，竟案李斯杀之。夏，章邯等战数却，二世使人让邯，邯恐，使长史欣请事。赵高弗见，又弗信。欣恐，亡去，高使人捕追不及。欣见邯曰："赵高用事于中，将军有功亦诛，无功亦诛。"项羽急击秦军，虏王离，邯等遂以兵降诸侯。八月己亥，赵高欲为乱，恐群臣不听，乃先设验，持鹿献于二世，曰："马也。"二世笑曰："丞相误邪？谓鹿为马。"问左右，左右或默，或言马以阿顺赵高。或言鹿者，高因阴中诸言鹿者以法。后群臣皆畏高。

高前数言"关东盗毋能为也"，及项羽虏秦将王离等巨鹿下而前，章邯等军数却，上书请益助，燕、赵、齐、楚、韩、魏皆立为王，自关以东，大氐尽畔秦吏应诸侯，诸侯咸率其众西乡。沛公将数万人已屠武关，使人私于高，高恐二世怒，诛及其身，乃谢病不朝见。二世梦白虎啮其左骖马，杀之，心不乐，怪问占梦。卜曰："泾水为祟。"二世乃斋于望夷宫，欲祠泾，沈四白马。使使责让高以盗贼事。高惧，乃阴与其婿咸阳令阎乐、其弟赵成谋曰："上不听谏，今事急，欲归祸于吾宗。吾欲易置上，更立公子婴。子婴仁俭，百姓皆载其言。"使郎中令为内应，诈为有大贼，令乐召吏发卒，追劫乐母置高舍。遣乐将吏卒千余人至望夷宫殿门，缚卫令仆射，曰："贼入此，何不止？"卫令曰："周庐设卒甚谨，安得贼敢入宫？"乐遂斩卫令，直将吏入，行射，郎宦者大惊，或走或格，格者辄死，死者数十人。

郎中令与乐俱入，射上幄坐帏。二世怒，召左右，左右皆惶扰不斗。旁有宦者一人，侍不敢去。二世入内，谓曰："公何不蚤告我？乃至于此！"宦者曰："臣不敢言，故得全。使臣蚤言，皆已诛，安得至今？"阎乐前即二世数曰："足下骄恣，诛杀无道，天下共畔足下，足下其自为计。"二世曰："丞相可得见否？"乐曰："不可。"二世曰："吾愿得一郡为王。"弗许。又曰："愿为万户侯。"弗许。曰："愿与妻子为黔首，比诸公子。"阎乐曰："臣受命于丞相，为天下诛足下，足下虽多言，臣不敢报。"麾其兵进。二世自杀。

阎乐归报赵高，赵高乃悉召诸大臣公子，告以诛二世之状。曰："秦故王国，始皇君天下，故称帝。今六国复自立，秦地益小，乃以空名为帝，不可。宜为王如故，便。"立二世之兄子公子婴为秦王。以黔首葬二世杜南宜春苑中。令子婴斋，当庙见，受王玺。斋五日，子婴与其子二人谋曰："丞相高杀二世望夷宫，恐群臣诛之，乃详以义立我。我闻赵高乃与楚约，灭秦宗室而王关中。今使我斋见庙，此欲因庙中杀我。我称病不行，丞相必自来，来则杀之。"高使人请子婴数辈，子婴不行，高果自往，曰："宗庙重事，王奈何不行？"子婴遂刺杀高于斋宫，三族高家以徇咸阳。子婴为秦王四十六日，楚将沛公破秦军入武关，遂至霸上，使人约降子婴。子婴即系颈以组，白马素车，奉天子玺符，降轵道旁。沛公遂入咸阳，封宫室府库，还军霸上。居月余，诸侯兵至，项籍为从长，杀子婴及秦诸公子宗族。遂屠咸阳，烧其宫室，虏其子女，收其珍宝货财，诸侯共分之。灭秦之后，各分其地为三，名曰雍王、塞王、翟王，号曰三秦。项羽为西楚霸王，主命分天下王诸侯，秦竟灭矣。后五年，天下定于汉。

太史公曰：秦之先伯翳，尝有勋于唐、虞之际，受土赐姓。及殷、夏之间微散。至周之衰，秦兴，邑于西垂。自缪公以来，稍蚕食诸侯，竟成始皇。始皇自以为功过五帝，地广三王，而羞与之侔。善哉乎贾生推言之也！曰：

秦并兼诸侯山东三十余郡，缮津关，据险塞，修甲兵而守之。然陈涉以戍卒散乱之众数百，奋臂大呼，不用弓戟之兵，鉏櫌白梃，望屋而食，横行天下。秦人阻险不守，关梁不阖，长戟不刺，强弩不射。楚师深入，战于鸿门，曾无藩篱之艰。于是山东大扰，诸侯并起，豪俊相立。秦使章邯将而东征，章邯因以三军之众要市于外，以谋其上。群臣之不信，可见于此矣。子婴立，遂不寤。借使子婴有庸主之材，仅得中佐，山东虽乱，秦之地可全而有，宗庙之祀未当绝也。

秦地被山带河以为固，四塞之国也。自缪公以来，至于秦王，二十余君，常为诸侯雄。岂世世贤哉？其势居然也。且天下尝同心并力而攻秦矣。当此之世，贤智并列，良将行其师，贤相通其谋，然困于阻险而不能进。秦乃延入战而为之开关，百万之徒逃北而遂坏。岂勇力智慧不足哉？形不利，势不便也。秦小邑并大城，守险塞而军，高垒毋战，闭关据厄，荷戟而守之。诸侯起于匹夫，以利合，非有素王之行也。其交未亲，其下未附，名为亡秦，其实利之也。彼见秦阻之难犯也，必退师。安土息民，以待其敝，收弱扶罢，以令大国之君，不患不得意于海内。贵为天子，富有天下，而身为禽者，其救败非也。

秦王足己不问，遂过而不变。二世受之，因而不改，暴虐以重祸。子婴孤立无亲，危弱无辅。三主惑而终身不悟，亡，不亦宜乎？当此时也，世非无深虑知化之士也，然所以不敢尽忠拂过者，秦俗多忌讳之禁，忠言未卒于口而身为戮没矣。故使天下之士，倾耳而听，重足而立，拑口而不言。是以三主失道，忠臣不敢谏，智士不敢谋，天下已乱，奸不上闻，岂不哀哉！先王知雍蔽之伤国也，故置公卿、大夫、士，以饰法设刑，而天下治。其强也，禁暴诛乱而天下服。其弱也，五伯征而诸侯从。其削也，内守外附而社稷存。故秦之盛也，繁法严刑而天下振；及其衰也，百姓怨望而海内畔矣。故周五序得其道，而千余岁不绝。秦本末并失，故不长久。由此观之，安危之统相去远矣。野谚曰"前事之不忘，后事之师也"。是以君子为国，观之上古，验之当世，参以人事，察盛衰之理，审权势之宜，去就有序，变化有时，故旷日长久而社稷安矣。

秦孝公据崤函之固，拥雍州之地，君臣固守而窥周室，有席卷天下，包举宇内，囊括四海之意，并吞八荒之心。当是时，商君佐之，内立法度，务耕织，修守战之备，外连横而斗诸侯，于是秦人拱手而取西河之外。

孝公既没，惠王、武王蒙故业，因遗册，南兼汉中，西举巴、蜀，东割膏腴之地，收要害之郡。诸侯恐惧，会盟而谋弱秦，不爱珍器重宝肥美之地，以致天下之士，合从缔交，相与为一。当是时，齐有孟尝，赵有平原，楚有春申，魏有信陵。此四君者，皆明知而忠信，宽厚而爱人，尊贤重士，约从离衡，并韩、魏、燕、楚、齐、赵、宋、卫、中山之众。于是六国之士有宁越、徐尚、苏秦、杜赫之属为之谋，齐明、周最、陈轸、昭滑、楼缓、翟景、苏厉、乐毅之徒通其意，吴起、孙膑、带佗、儿良、王廖、田忌、廉颇、赵奢之朋制其兵。常以十倍之地，百万之众，叩关而攻秦。秦人开关延敌，九国之师逡巡遁逃而不敢进。秦无亡矢遗镞之费，而天下诸侯已困矣。于是从散约解，争割地而奉秦。秦有余力而制其敝，追亡逐北，伏尸百万，流血漂卤。因利乘便，宰割天下，分裂河山，强国请服，弱国入朝。延及孝文王、庄襄王，享国日浅，国家无事。

及至秦王，续六世之余烈，振长策而御宇内，吞二周而亡诸侯，履至尊而制六合，执棰拊以鞭笞天下，威振四海。南取百越之地，以为桂林、象郡，百越之君俯首系颈，委命下吏。乃使蒙恬北筑长城而守藩篱，却匈奴七百余里，胡人不敢南下而牧马，士不敢弯弓而报怨。于是废先王之道，焚百家之言，以愚黔首。堕名城，杀豪俊，收天下之兵聚之咸阳，销锋铸鐻，以为金人十二，以弱黔首之民。然后斩华为城，因河为津，据亿丈之城，临不测之溪以为固。良将劲弩守要害之处，信臣精卒陈利兵而谁何，天下以定。秦王之心，自以为关中之固，金城千里，子孙帝王万世之业也。

秦王既没，余威振于殊俗。陈涉，瓮牖绳枢之子，氓隶之人，而迁徙之徒，才能不及中人，非有仲尼、墨翟之贤，陶朱、猗顿之富，蹑足行伍之间，而倔起什伯之中，率罢散之卒，将数百之众，而转攻秦。斩木为兵，揭竿为旗，天下云集响应，赢粮而景从，山东豪俊遂并起而亡秦族矣。

且夫天下非小弱也，雍州之地，殽函之固自若也。陈涉之位，非尊于齐、楚、燕、赵、韩、魏、宋、卫、中山之君；鉏耰棘矜，非铦于句戟长铩也；適戍之众，非抗于九国之师；深谋远虑，行军用兵之道，非及乡时之士也。然而成败异变，功业相反也。试使山东之国与陈涉度长絜大，比权量力，则不可同年而语矣。然秦以区区之地，千乘之权，招八州而朝同列，百有余年矣。然后以六合为家，殽函为宫，一夫作难而七庙堕，身死人手，为天下笑者，何也？仁义不施而攻守之势异也。

秦并海内，兼诸侯，南面称帝，以养四海，天下之士斐然乡风，若是者何也？曰：近古之无王者久矣。周室卑微，五霸既殁，令不行于天下，是以诸侯力政，强侵弱，众暴寡，兵革不休，士民罢敝。今秦南面而王天下，是上有天子也。既元元之民冀得安其性命，莫不虚心而仰上，当此之时，守威定功，安危之本在于此矣。

秦王怀贪鄙之心，行自奋之智，不信功臣，不亲士民，废王道，立私权，禁文书而酷刑法，先诈力而后仁义，以暴虐为天下始。夫并兼者高诈力，安定者贵顺权，此言取与守不同术也。秦离战国而王天下，其道不易，其政不改，是其所以取之守之者无异也。孤独而有之，故其亡可立而待。借使秦王计上世之事，并殷、周之迹，以制御其政，后虽有淫骄之主而未有倾危之患也。故三王之建天下，名号显美，功业长久。

今秦二世立，天下莫不引领而观其政。夫寒者利裋褐而饥者甘糟糠，天下之嗷嗷，新主之资也。此言劳民之易为仁也。乡使二世有庸主之行，而任忠贤，臣主一心而忧海内之患，缟素而正先帝之过，裂地分民以封功臣之后，建国立君以礼天下，虚囹圄而免刑戮，除去收帑污秽之罪，使各反其乡里，发仓廪，散财币，以振孤独穷困之士，轻赋少事，以佐百姓之急，约法省刑以持其后，使天下之人皆得自新，更节修行，各慎其身，塞万民之望，而以威德与天下，天下集矣。即四海之内，皆欢然各自安乐其处，唯恐有变，虽有狡猾之民，无离上之心，则不轨之臣无以饰其智，而暴乱之奸止矣。二世不行此术，而重之以无道，坏宗庙与民，更始作阿房宫，繁刑严诛，吏治刻深，赏罚不当，赋敛无度，天下多事，吏弗能纪，百姓困穷而主弗收恤。然后奸伪并起，而上下相遁，蒙罪者众，刑戮相望于道，而天下苦之。自君卿以下至于众庶，人怀自危之心，亲处穷苦之实，咸不安其位，故易动也。是以陈涉不用汤、武之贤，不借公侯之尊，奋臂于大泽而天下响应者，其民危也。故先王见始终之变，知存亡之机，是以牧民之道，务在安之而已。天下虽有逆行之臣，必无响应之助矣。故曰"安民可与行义，而危民易与为非"，此之谓也。贵为天子，富有天下，身不免于戮杀者，正倾非也。是二世之过也。

襄公立，享国十二年。初为西畤。葬西垂。生文公。

文公立，居西垂宫。五十年死，葬西垂。生静公。

静公不享国而死。生宪公。

宪公享国十二年，居西新邑。死，葬衙。生武公、德公、出子。

出子享国六年，居西陵。庶长弗忌、威累、参父三人，率贼贼出子鄙衍，葬衙。武公立。

武公享国二十年。居平阳封宫。葬宣阳聚东南。三庶长伏其罪。德公立。

德公享国二年。居雍大郑宫。生宣公、成公、缪公。葬阳。初伏，以御蛊。

宣公享国十二年。居阳宫。葬阳。初志闰月。

成公享国四年。居雍之宫。葬阳。齐伐山戎、孤竹。

缪公享国三十九年。天子致霸。葬雍。缪公学著人。生康公。

康公享国十二年。居雍高寝。葬竘社。生共公。

共公享国五年。居雍高寝。葬康公南。生桓公。

桓公享国二十七年。居雍太寝。葬义里丘北。生景公。

景公享国四十年。居雍高寝。葬丘里南。生毕公。

毕公享国三十六年。葬车里北。生夷公。

夷公不享国死，葬左宫。生惠公。

惠公享国十年。葬车里。生悼公。

悼公享国十五年。葬僖公西。城雍。生剌龚公。

剌龚公享国三十四年。葬入里。生躁公、怀公。其十年，彗星见。

躁公享国十四年。居受寝。葬悼公南。其元年，彗星见。

怀公从晋来。享国四年。葬栎圉氏。生灵公。诸臣围怀公，怀公自杀。

肃灵公，昭子子也。居泾阳。享国十年。葬悼公西。生简公。

简公从晋来。享国十五年。葬僖公西。生惠公。其七年，百姓初带剑。

惠公享国十三年。葬陵圉。生出公。

出公享国二年。出公自杀，葬雍。

献公享国二十三年。葬嚣圉。生孝公。

孝公享国二十四年。葬弟圉。生惠文王。其十三年，始都咸阳。

惠文王享国二十七年。葬公陵。生悼武王。

悼武王享国四年。葬永陵。

昭襄王享国五十六年。葬茝阳。生孝文王。

孝文王享国一年。葬寿陵。生庄襄王。

庄襄王享国三年。葬茝阳。生始皇帝。吕不韦相。

献公立七年，初行为市。十年，为户籍相伍。

孝公立十六年，时桃李冬华。

惠文王生十九年而立。立二年，初行钱。有新生婴儿曰"秦且王"。

悼武王生十九年而立。立三年，渭水赤三日。

昭襄王生十九年而立。立四年，初为田开阡陌。

孝文王生五十三年而立。

庄襄王生三十二年而立。立二年，取太原地。庄襄王元年，大赦，修先王功臣，施德厚骨肉，布惠于民。东周与诸侯谋秦，秦使相国不韦诛之，尽入其国。秦不绝其祀，以阳人地赐周君，奉其祭祀。

始皇享国三十七年。葬郦邑。生二世皇帝。始皇生十三年而立。

二世皇帝享国三年。葬宜春。赵高为丞相安武侯。二世生十二年而立。

右秦襄公至二世，六百一十岁。

孝明皇帝十七年十月十五日乙丑，曰：

周历已移，仁不代母。秦直其位，吕政残虐。然以诸侯十三，并兼天下，极情纵欲，养育宗亲。三十七年，兵无所不加，制作政令，施于后王。盖得圣人之威，河神授图，据狼、狐，蹈参、伐，佐政驱除，距之称始皇。

始皇既殁，胡亥极愚，郦山未毕，复作阿房，以遂前策。云"凡所为贵有天下者，肆意极欲，大臣至欲罢先君所为"。诛斯、去疾，任用赵高。痛哉言乎！人头畜鸣。不威不伐恶，不笃不虚亡，距之不得留，残虐以促期，虽居形便之国，犹不得存。

子婴度次得嗣，冠玉冠，佩华绂，车黄屋，从百司，谒七庙。小人乘非位，莫不恍忽失守，偷安日日，独能长念却虑，父子作权，近取于户牖之间，竟诛猾臣，为君讨贼。高死之后，宾婚未得尽相劳，餐未及下咽，酒未及濡唇，楚兵已屠关中，真人翔霸上，素车婴组，奉其符玺，以归帝者。郑伯茅旌鸾刀，严王退舍。河决不可复雍，鱼烂不可复全。贾谊、司马迁曰："向使婴有庸主之才，仅得中佐，山东虽乱，秦之地可全而有，宗庙之祀未当绝也。"秦之积衰，天下土崩瓦解，虽有周旦之材，无所复陈其巧，而以责一日之孤，误哉！俗传秦始皇起罪恶，胡亥极，得其理矣。复责小子，云秦地可全，所谓不通时变者也。纪季以酅，《春秋》不名。吾读《秦纪》，至于子婴车裂赵高，未尝不健其决，怜其志。婴死生之义备矣。

译文：

　　秦始皇帝是秦庄襄王的儿子。庄襄王在赵国做秦国人质时，看见吕不韦的姬妾，很喜欢，就把她娶了过来，生了始皇。始皇在秦昭王四十八年正月生于邯郸。等到出生时，取名为政，姓赵氏。十三岁，庄襄王死了，政继位为秦王。当时，秦国已经兼并了巴、蜀、汉中，越过宛占有了郢，设置了南郡；往北取得了上郡以东，占有了河东、太原、上党郡；东边到达荥阳，消灭了西周、东周，设置了三川郡。吕不韦做丞相，封邑十万户，号为文信侯。招揽宾客游士，打算吞并天下。李斯为舍人，蒙骜、王齮、麃公等为将军。秦王年幼，即位初期，国家政事交由大臣处理。

　　晋阳反叛，秦王政元年，将军蒙骜平定了叛乱。二年，麃公率军攻打卷邑，杀死了三万人。三年，蒙骜攻打韩国，夺取了十三个城邑。王齮死了。十月，将军蒙骜攻打魏国的畼邑、有诡。这一年粮食大歉收。四年，攻克畼邑、有诡。三月，撤回了军队。秦国的人质从赵国返回，赵国太子离开秦国回到赵国。十月庚寅，蝗虫从东方飞来，遮蔽了天空。天下瘟疫。百姓缴纳一千石粟米拜爵一级。五年，将军蒙骜进攻魏国，平定了酸枣、燕邑、虚邑、长平、雍丘、山阳城，都是使用武力攻克的，共夺取了二十个城邑。开始设置东郡。冬天打雷。六年，韩国、魏国、赵国、卫国、楚国一起进攻秦国，夺取了寿陵。秦国出兵，五国的军队撤了回来。秦国攻克卫国，进逼东郡，卫君角率领他的支属迁居野王，凭借山险保卫魏国境内的河内地区。七年，彗星先出现在东方，又出现在北方。五月出现在西方。将军蒙骜死了。是因为攻打龙邑、孤邑、庆都，又回军攻打汲邑而死去的。彗星又在西方出现了十六天。夏太后死了。八年，秦王的弟弟长安君成蟜率领军队攻打赵国，举兵反叛，死在屯留，他的军吏都被斩首处死，把屯留民众迁徙到临洮。将军在军营自杀，参与屯留、蒲鹢反叛的士兵都被戮尸。黄河发生水灾，鱼被大量冲到平地上，秦国人轻车重马地到东边来就地食用。

嫪毐封为长信侯。赐给他山阳地区让他居住。宫室、车马、衣服、苑囿、游猎对嫪毐一律不加限制。事无大小都由嫪毐决断。又把河西、太原郡改为嫪毐的封国。九年，彗星出现，有时光芒竟天。攻打魏国的垣邑、蒲阳。四月，秦王住宿在雍地。己酉，秦王举行冠礼，佩带宝剑。长信侯嫪毐作乱阴谋被发觉了，就诈用秦王印信和太后印信调动县邑的军队和警卫士卒、国家骑兵、戎翟首领、舍人，打算进攻蕲年宫，发动叛乱。秦王知道了这个消息，派相国昌平君、昌文君调遣士卒，进攻嫪毐。在咸阳交战，杀死了几百人，斩首有功的人都得到了爵位，宦者参加战斗的，也得到一级爵位。嫪毐等人战败逃跑了。秦王就在全国下令：有活捉嫪毐的，赏钱一百万；杀死嫪毐的，赏钱五十万。全部抓获了嫪毐等人。卫尉竭、内史肆、佐弋竭、中大夫令齐等二十人都被斩首悬挂。又把他们五马分尸，巡行示众，夷灭了他们的宗族。嫪毐的舍人，罪轻的服刑三年。削除爵位迁徙蜀地的有四千多家，居住在房陵。这个月天寒地冻，有被冻死的。杨端和攻打衍氏。彗星出现在西方，又出现在北方，跟随北斗向南移动了八十天。十年，相国吕不韦由于嫪毐的牵连获罪，免去了相国职务。桓齮为将军。齐国、赵国的使者来了，摆酒设筵。齐国人茅焦劝告秦王说:"秦国正在以经营天下为己任,而大王有迁徙母太后的名声,恐怕各国诸侯听到这件事,由此引起背叛秦国。"秦王就去雍地迎接太后,回到咸阳,又重新居住在甘泉宫。

秦王大规模地进行搜索,驱逐从诸侯国来的宾客。李斯上书劝阻,秦王就废除了驱逐宾客的命令。他乘机建议秦王,首先攻取韩国,使其他诸侯国感到恐惧。于是秦王派李斯攻打韩国。韩王很忧虑,和韩非商量削弱秦国的力量。大梁人尉缭来到秦国,劝告秦王说:"秦国的力量强大,相形之下诸侯就像一个郡县的君主。但是我担心诸侯联合起来,不露声色,出其不意地攻打秦国,这就是智伯、夫差、湣王所以灭亡的原因。希望大王不要吝惜财物,贿赂他们有权势的大臣,破坏他们的计划,失去的不过三十万斤黄金,而诸侯则可以全部消灭。"秦王听从了他的建议,每次接见尉缭时都以平等的礼节相待,衣服、饮食也与尉缭一样。尉缭说:"秦王这个人,有高鼻梁、细长的眼睛、鸷鸟一样的胸膛、豺狼一样的声音,刻薄寡恩,心如虎狼,处于穷困时容易谦卑下人,得志时也容易吞噬人。我是一个平民百姓,然而接见我时,常常甘居我下。如果秦王得志于天下,天下人都要成为他的俘虏了。不能和他长期相处。"尉缭就逃走了。秦王发觉了,坚决地挽留他,让他做秦国国尉,始终采用他的计策。而这时李斯主持朝政。

十一年,王翦、桓齮、杨端和攻打邺邑,夺取了九个城邑。王翦攻打阏与、橑杨,把全部士卒合并成一支军队。王翦统率全军,过了十八天,遣返军队中斗食以下的无功人员,十人中推选二人从军。攻下邺邑、安阳,是桓齮领兵攻克的。十二年,文信侯吕不韦死了,偷偷地埋葬了他的尸体。吕不韦的舍人来哭吊的,如果是晋人就驱逐出境;如果是秦人,俸禄在六百石以上的削除爵位，迁离旧居，五百石以下没有来哭吊的，也迁离旧居，不削除爵位。从此以后，治理国家政事，像嫪毐、吕不韦一样为逆不道的，抄没他的全家，按照这个样子处理。秋天，嫪毐的舍人应该迁徙蜀地的得到了赦免。当时，天下大旱，从六月到八月才下雨。

十三年，桓齮攻打赵国的平阳，杀死了赵国将领扈辄，斩首十万。赵王逃往河南。正月，彗星出现在东方。十月，桓齮攻打赵国。十四年，在平阳进攻赵国军队，夺取了宜安，打垮了赵国军队，杀死了它的将军。桓齮平定了平阳、武城。韩非出使秦国，秦国采纳李斯的计策，把韩非羁留在秦国，韩非死在云阳。韩王请求作为秦国的臣属。

十五年，秦国大举出兵，一支军队到达邺邑，一支军队到达太原，攻下了狼孟。发生地震。十六年九月，派兵接收韩国南阳地区，腾暂时代理郡守。开始下令男子登记年龄。魏国向秦国献纳土地。秦国设置丽邑。十七年，内史腾攻打韩国，抓获了韩王安，兼并了全部韩国领土，把它的领土设置了一个郡，命名为颍川。发生地震。华阳太后死了。发生严重的饥荒。

十八年，大举出兵进攻赵国，王翦统率上地士卒，攻下井陉。杨端和统率河内士卒，羌瘣也率军攻打赵国，杨端和围攻邯郸城。十九年，王翦、羌瘣全部攻占和平定了赵国的东阳地区，抓获了赵王。率兵准备进攻燕国，军队驻扎在中山。秦王来到邯郸，凡是与秦王在赵国出生时的母家有仇怨的，全部坑杀。秦王返回秦国，是从太原、上郡回来的。始皇帝的母亲皇太后去世。赵国公子嘉带领他的宗族几百人前往代地，自立为代王，向东与燕国的军队联合起来，驻扎在上谷。这一年发生严重饥荒。

二十年，燕国太子丹担忧秦国的军队来到燕国，心里慌恐不安,派遣荆轲刺杀秦王。秦王察觉了,肢解了荆轲的尸体巡行示众,派王翦、辛胜进攻燕国。燕国、代国出兵攻击秦国军队,秦国军队在易水西边打败了燕国军队。二十一年,王贲进攻荆地。调遣更多的士卒前往王翦军队,于是打垮了燕太子的军队,攻下了燕国的蓟城,得到了太子丹的脑袋。燕王东去聚集辽东兵力,在那里称王。王翦推托有病,告老还乡。新郑反叛。昌平君迁徙到郢地。下大雪,雪有二尺五寸深。

二十二年,王贲进攻魏国,挖沟引河水淹灌大梁,大梁城墙毁坏,魏王请求投降,秦国占领了全部魏国领土。

二十三年,秦王又征召王翦,坚持要起用他,派他率军攻打荆国。攻下陈地以南至平舆一带,俘虏了荆王。秦王巡游到达郢陈。荆将项燕立昌平君为荆王,在淮水南边起兵反秦。二十四年,王翦、蒙武进攻荆地,打败了荆军,昌平君战死,项燕也就自杀了。

二十五年,大举出兵,派王贲为将,率军进攻燕国辽东地区,抓获了燕王喜。回军进攻代国,俘虏了代王嘉。王翦平定了荆国江南地区;降服了越君,设置会稽郡。五月,天下欢聚宴饮。

二十六年,齐王建和齐相后胜调遣军队防守西部边界,不与秦国来往。秦国派将军王贲从燕国南下进攻齐国,俘虏了齐王建。

秦国刚刚兼并天下,下令丞相、御史说:"前些时候韩王交出土地,奉献国王的印章,请求成为藩臣。不久背弃了约定,与赵国、魏国联合起来背叛秦国,所以我兴兵讨伐,俘虏了韩国的国王。我以为这是件好事,大概可以停兵了。赵王派他的丞相李牧来签订盟约,所以送回了他的做人质的儿子。不久赵国背叛了盟约,在我国太原起兵反抗,所以我兴兵讨伐,抓获了它的国王。赵国公子嘉自立为代王,所以我又发兵消灭了他。魏王最初说定臣服秦国，不久与韩国、赵国阴谋袭击秦国，秦国吏卒前往讨伐，摧毁了魏国。荆王献纳青阳以西的土地，不久违背约定，进攻我国南郡，所以我发兵讨伐，抓到了荆国国王，平定了荆地。燕王头昏脑乱，他的太子丹暗中指使荆轲做刺客，秦国派官兵前去讨伐，灭亡了他的国家。齐王采用后胜的计策，不让秦国使者进入齐国，打算兴兵作乱，我派官兵去讨伐，俘虏了齐国国王，平定了齐地。我这微不足道的人，发兵诛暴讨乱。靠着祖先宗庙的威灵，六国国王都已各服其罪，天下完全平定了。现在不改换名号，就不能颂扬建立的功业，流传后世。希望议论一下帝王的称号。"丞相王绾、御史大夫冯劫、廷尉李斯等都说："过去五帝管辖千里见方的地区，其外还有侯服、夷服各大类诸侯，有的诸侯朝贡，有的诸侯不朝贡，天子不能控制。现在陛下调遣义军，诛暴讨贼，平定天下，四海之内，设置郡县，统一法令，这是从上古以来所没有过的，五帝也望尘莫及。我们谨慎地和博士讨论，都说：'古代有天皇，有地皇，有泰皇，泰皇最高贵。'我们冒着死罪献上尊号，王称为'泰皇'。天子之命称为'制'，天子之令称为'诏'，天子自称叫'朕'。"秦王说："去掉'泰'字，留下'皇'字，采用上古表示地位称号的'帝'字，叫作'皇帝'。其他遵照议定的意见。"对已经决定了的名号，下达制命说："可以。"追尊庄襄王为太上皇。皇帝下达制命说："我听说远古有称号，没有谥号，中古有称号，死后根据生前行迹确定谥号。这样做，就是儿子议论父亲，臣子议论君王，很没有意义，我不采取这种做法。从此以后，废除谥法。我是始皇帝。子孙后代用数计算，从二世、三世至于万世，传袭无穷。"

始皇根据五德终始的嬗递次序进行推演，认为周朝得到了火德，秦朝代替周朝的火德，遵循五行相胜的法则，现在应是水德的开端。改变一年的首月，十月初一群臣入朝庆贺。衣服、旄旌、节旗都崇尚黑色。数目用六作标准，符、法冠都六寸，舆车宽六尺，六尺为步，驾车用六匹马。把黄河改名叫德水，作为水德的开始。为政强硬果决，暴戾苛细，事情都依法决断，刻薄严峻，没有仁爱恩德，没有温情道义，认为这样才符合五德演变的原则。于是急迫地加强法制，囚禁很久的罪犯也不赦免。

丞相王绾等建议说："各国诸侯刚被消灭，燕、齐、荆地辽远，不在那里立王，就没有人来安定它们。请把皇帝的几个儿子立为王，希望得到皇帝的赞成。"始皇把王绾等人的建议交给群臣讨论，群臣都认为很适宜。廷尉李斯建议说："周文王、周武王所封立的同姓子弟很多，然而后来的族属疏远，互相攻击，如同仇敌，诸侯交相讨伐，周天子不能禁止。现在依靠陛下的神灵统一了天下，都划分成为郡县，皇帝的子弟和功臣，都用国家的赋税重加赏赐，这种局面很容易治理。天下没有二心，这就是国家安定的方法。封立诸侯是不适宜的。"始皇说："天下苦于无休止的战争，是因为有诸侯王的缘故，依靠宗庙之灵，刚刚平定了天下，再去建立诸侯国，这是自我树敌，而要求得安宁，岂不是很困难的吗！廷尉的建议是正确的。"

把全国划分为三十六郡，郡设守、尉、监。百姓改称"黔首"。天下欢聚宴饮。收集天下兵器，集中在咸阳，熔铸成钟、鐻，又铸造了十二个铜人，每一个重一千石，安置在宫廷中。统一法律制度和度量衡标准。规定车子两轮距离相同。书写采用统一的文字。全国地域东至大海和朝鲜，西至临洮、羌中，南至门朝北开的地区，北据黄河为屏障，顺着阴山直至辽东。把天下豪富十二万户迁徙到咸阳。秦国各王的陵庙和章台、上林苑都在渭水南岸。秦国每消灭一个诸侯国,就描摹它的宫殿,在咸阳北坡上仿效建造,南临渭水,从雍门以东到达泾水、渭水汇流地区,宫殿室宇、空中栈道和缭绕回旋的阁道连续不断。从诸侯国掳掠来的美女、钟鼓,都安置在里面。

二十七年,始皇巡行陇西、北地,来到鸡头山,返回时路过回中。于是在渭水南面建造信宫,不久把信宫改名为极庙,象征天极星。从极庙修路通往郦山,又建造了甘泉宫前殿,修筑甬道,从咸阳和它相连。这一年,赐予全国民爵一级。修建驰道。

二十八年,始皇向东巡行郡县,登上邹峄山。竖立石碑,和鲁地的一些儒生商议,刻写石碑颂扬秦朝的功德,又讨论封禅和望祭山川的事情。于是就登上泰山,竖立石碑,积土成坛,祭祀上天。下山时,忽然来了风雨,始皇停留在树下躲避风雨,因此封这棵树为五大夫。又到梁父辟地为基,祭祀了大地,在所立的石碑上进行刻辞,碑文说:

皇帝即位,创立制度,申明法令,臣下修治严整。二十六年,开始兼并了天下,没有不顺从的。亲自巡视远方的百姓,登上这座泰山,遍览最东边的疆域。随从的臣属回忆走过的道路,探求事业的来龙去脉,恭敬地颂扬秦朝的功德。治国的方法得到贯彻执行,各项生产安排适宜,都有一定的规则。伟大的真理美好而又光明,要流传后世,继承下来,不要改变。皇帝本身神圣,已经平定了天下,仍坚持不懈地治理国家。早起晚睡,谋求长远的利益,特别重视对臣民的教导。有关治国的教诲和法则传播四方,远近都得到治理,完全接受了皇帝的神圣意志。贵贱等级分明,男女依礼行事,谨慎地遵守各自的职责。明显地使内外有别,无不感到清静而纯洁,这种情况要延续到子孙后代。教化所及,无穷无尽,遵循遗留下来的诏令，永远继承这重要的告诫。

于是沿着渤海东行，经过黄县、腄县，攀上成山的最高点，登上之罘山的顶峰，竖立石碑，颂扬秦朝的德业，然后离去。

向南登上琅邪，非常高兴，停留了三个月。把三万户百姓迁徙到琅邪台下，免除十二年徭役。修建琅邪台，立碑刻辞，颂扬秦朝的德业，表明符合天下的意志。刻辞说：

二十八年，刚开始做皇帝。制定了公正的法律制度，这是天下万物的准则。以此来明确人和人之间的关系，使父子同心协力。皇帝神圣明智而又仁义，明白一切事物的道理。向东巡视东部地区，检阅士卒。巡视已经完全结束，就来到了海边。皇帝的功勋，在于辛勤地操劳国家的根本大事。重农抑商，百姓富裕。举国上下，一心一意。器物有一致的标准，统一书写文字。凡是日月所照，舟车所至，都能完成皇帝的使命，他所作所为没有不符合天下意志的。只有皇帝，根据适当的时机来办理事情。整顿不良的风俗，跨山越水，不受地域的限制。优恤百姓，早晚都不懈怠。消除疑虑，制定法令，大家都知道避免触犯刑律。郡守分别管理地方政务，各项政务的处理方法简单易行。采取的措施都很恰如其分，没有不整齐划一的。皇帝神明，亲自到四方巡视。尊卑贵贱，不逾越等级。奸诈邪恶的现象不允许存在，百姓都力求做一个正直善良的人。大小事情务尽全力，不敢懈怠荒忽。不论远处近处，还是偏僻的地方，都一心做到严肃庄重，正直忠厚，办事有一定的规则。皇帝的德泽，安定了四方。讨伐暴乱，消除祸患，兴办好事，带来福祉。根据时令来安排事情，各种产品不断增多。百姓安宁，不再进行战争。六亲相安，始终没有盗贼。高兴地遵守国家的教化，人人通晓法律制度。天上地下，四面八方，都是皇帝的领土。西边到达流沙，南边以门朝北开的地方为极限。东边有东海，北边越过了大夏。人们足迹所至，没有不臣服的。功勋超过了五帝，恩惠施及牛马，人人得到皇帝的德泽，过着安定的生活。

秦王兼并了全国，确定了皇帝这一称号，于是抚循东部地区，到达琅邪。列侯武城侯王离、列侯通武侯王贲、伦侯建成侯赵亥、伦侯昌武侯成、伦侯武信侯冯毋择、丞相隗林、丞相王绾、卿李斯、卿王戊、五大夫赵婴、五大夫杨樛随从，他们和始皇在海边议论秦朝的功德说："古代称帝的人，领土不过纵横千里，诸侯各自固守自己的疆域，有的朝贡，有的不朝贡，互相侵伐，为暴作乱，残杀无已，然而还是刻金勒石，记载自己的功业。古代五帝、三王，实行的知识教育不一样，法律制度没有明确，借助鬼神的威力来欺骗远方的百姓，实际情况和称号不相符，所以国家命运不长久。人还没有死去，诸侯就背叛了，法令不能推行。如今皇帝统一了四海之内，把全国分为郡县，天下安宁而和谐。发扬光大宗庙的威灵，服膺真理，广布恩德，名副其实地得到了皇帝这一尊号。群臣一起颂扬皇帝的功德，镌刻在金石上，作为后世的楷模。

立石刻辞已经结束，齐人徐市等上书，说海中有三座神山，名叫蓬莱、方丈、瀛洲，仙人居住在那里。希望斋戒沐浴，和童男童女寻求三座神山。于是派遣徐市挑选童男童女数千人，到海中寻找仙人。

始皇返回的时候，路过彭城，斋戒祈祷，想要从泗水打捞周鼎。让成千人潜入水中寻找，没有找到。于是就向西南走去，渡过淮水，前往衡山、南郡。泛舟江上，来到湘山祭拜。遇上大风，几乎不能渡水上山。始皇问博士说："湘君是什么神？"博士回答说："听说是尧的女儿，舜的妻子，死后埋葬在这里。"于是始皇非常生气，让刑徒三千人把湘山上的树木砍光了，全山露出红色的土壤。始皇从南郡取道武关回到咸阳。

二十九年，始皇向东巡游。到了阳武博狼沙，被强盗惊吓了一场。追捕强盗，没有抓获，就命令全国大肆搜查十天。

始皇登上之罘，镌刻石碑。碑文说：

二十九年，在春季第二个月的时候，天气开始暖和起来。皇帝向东巡游，登上了之罘山，面对着大海。随从的臣属看到这美好的景色，回忆皇帝的丰功伟绩，追念统一大业的始末。伟大的皇帝开始治理国家，制定了法律制度，彰明纲纪。对外教诲诸侯，普施教化，广布惠泽，阐明道理。六国诸侯奸回邪僻，贪婪乖戾，欲壑无厌，残虐杀戮，永无休止。皇帝哀怜民众，就调遣征伐的大军，奋武扬威。进行正义的讨伐，采取诚信的行动，武威荣耀，远播四方，没有不降服的。消灭了强暴的势力，拯救了百姓，安定了天下。普遍推行严明的法律制度，治理天下，成为永久的准则。伟大啊！普天之下，都遵循皇帝的神圣意志。群臣颂扬皇帝的功勋，请求镌刻在石碑上，记载下来永垂后世，作为永恒的法则。

东面台阁处的石碑刻辞说：

二十九年，皇帝在春天巡游，视察远方。到了海边，就登上之罘山，而对着初升的太阳。观望辽阔而又秀丽的景色，随从的臣属都怀念往事，回忆走过的道路是非常光明的。英明法治最初施行的时候，就对国内的坏人坏事进行了清理，对外讨伐强暴的敌人。军威远扬，四方震动，消灭了六国，俘获了他们的国王。开拓领土，统一天下，消除了战乱祸患，永远停止了战争。皇帝圣德明智，治理国家，处理政务，毫不懈怠。创立重大的法律制度，明确设置统一的标准器用，都有一定的规则。有职之臣都遵守本分，知道自己该做些什么，事情没有疑猜之处。百姓发生了变化，远处近处都制度统一，是自古以来最好的时代。每人已经确定了固定的职务，子孙后代循守旧业，永远继承这英明的政治。群臣颂美皇帝的恩德，恭敬地赞扬他的伟大功业，请求在之罘山上立碑刻辞。

不久，就前往琅邪，从上党回到咸阳。

三十年，没有发生重大的事情。

三十一年十二月，把腊祭改名叫"嘉平"。赏赐每里百姓六石米，两只羊。始皇易服出行咸阳，有四个武士随从。夜间出来时，在兰池遇上盗贼，为盗贼所困逼。武士杀死了盗贼，在关中大肆搜查了二十天。粮价一石达到一千六百钱。

三十二年，始皇前往碣石，派燕地人卢生访求羡门、高誓。在碣石城门上刻辞。摧毁城郭，挖通堤防。城门上的刻辞说：

于是调遣军队，诛伐无道，为暴作逆的人被消灭了。用武力平息暴乱，用文治保护无罪的人，全国上下人心归服。加恩论叙有功人员的功劳，连牛马都得到了赏赐，恩惠润泽了大地。皇帝奋武扬威，依靠正义的战争兼并了诸侯，第一次统一了全国，天下太平。拆毁六国的城郭，挖通河堤，铲平险阻。地面上各种军事障碍已经夷平，百姓不再服徭役，天下安定。男的高兴地耕种他的土地，女的从事她的家庭手工业，各项事业井然有序。各项生产都蒙受皇帝的惠泽，当地的农民和外来的农民，无不安居乐业。君臣颂扬皇帝的功绩，请求镌刻这一石碑，为后世垂示规范。

派韩终、侯公、石生寻访仙人求取长生不死的灵药。始皇巡行北方边境，从上郡回到咸阳。燕地人卢生被派入海中寻找仙人回来了，因为向始皇报告鬼神之事，就借机献上抄录的图书，上面说"灭亡秦朝的是胡"。始皇就派将军蒙恬发兵三十万人，向北攻胡人，掠取河南地带。

三十三年，征发曾经逃亡的罪犯、入赘别人家的男子、商人攻取陆梁地区，设置桂林郡、象郡、南海郡，把有罪应当流徙的人派去戍守。在西北方驱逐匈奴。从榆中沿着黄河往东，直至阴山，在这一地区设置三十四个县，在黄河附近修筑要塞。又派蒙恬渡过黄河攻占高阙、阳山、北假地带，修筑亭障来驱逐戎人。迁徙罪犯，安排到刚刚建立的县邑中。禁止民间祭祀。彗星出现在西方。三十四年，贬斥那些听讼断狱不公平的官吏，让他们去修筑长城和戍守南越地区。

始皇在咸阳宫摆酒设宴，七十个博士上前敬酒祝寿。仆射周青臣颂扬说："从前秦国的地域不超过一千里，依靠陛下神灵圣明，平定了天下，驱逐了蛮夷，太阳和月亮所能照到的地方，没有不降服的。把各国诸侯的领土置为郡县，人人安居乐业，没有战争之忧，这功业可以流传万世，从远古以来没有人能赶得上陛下的威德。"始皇很高兴。博士齐人淳于越进谏说："我听说殷周称王天下一千多年，分封子弟和功臣，作为自己的辅助势力。现在陛下拥有天下，而子弟却是平民百姓，偶然出现田常、六卿一样的臣属，无人辅佐，靠什么来挽救呢？事情不效法古代而能长久不败的，我没有听到过。如今周青臣当面阿谀，来加深陛下的过错，实在不是忠臣。"始皇把他们的建议交下去讨论。丞相李斯说："五帝的制度不互相重复，三代的制度不互相因袭，各自都得到治理，不是后代一定要与前代相反，这是时代变化的缘故。如今陛下开创了伟大的事业，建立了万世不朽的功勋，本来不是愚蠢的读书人所能理解的。况且淳于越说的又是三代的事情，有什么可效法的？从前诸侯竞争，用优厚的待遇招揽游学之士。现在天下已经平定，颁布统一的法令，百姓在家则努力从事农业生产和家庭手工业，士人则学习法律禁令。如今这些读书人不向现实学习，而去模仿古代，来指责现行的社会制度，惑乱百姓。我丞相李斯冒着死罪说：古代天下分散混乱，不能统一，所以诸侯同时兴起，人们的言论都称道古代，损害现行的政策，文饰虚言空语，搅乱事物的本来面貌，每人都以为自己的学说是最完善的，非议君主所建立的制度。现在皇帝兼并了天下，分辨是非，确立了至高无上的地位。然而人们仍在私自传授学问，一起批评国家的法令教化，听到法令下达，就各用自己的学说去议论，回家时在心里非难，出来时街谈巷议，在君主面前自我吹嘘，以此来沽名钓誉，标新立异，认为超人一等，带着下面的一群信徒编造诽言谤语。这种情况不加以禁止，上则君主的权威下降，下则形成党徒互相勾结。禁止出现这种情况才是合适的。我希望史官把不是秦国的典籍全部烧掉。不是博士官所主管的，国内敢有收藏《诗》、《书》、诸子百家著作的，都要送到郡守、郡尉那里焚毁。有敢相互私语《诗》、《书》的，在闹市处死示众。以古非今的要杀死全族。官吏知情而不检举的，和他同罪。命令下达三十天不烧掉书籍，就在脸部刺上字，成为刑徒城旦。所不烧毁的，有医药、卜筮、农林方面的书籍。如果想要学法令，可以到官吏那里学习。"始皇下达命令说:"可以照此办理。"

三十五年,开辟道路,通过九原,直达云阳,挖山填谷,修建一条笔直的大道连接起来。始皇认为咸阳人口众多,先王的宫廷狭小,听说周文王建都丰,武王建都镐,丰、镐之间,是帝王的都城所在。于是就在渭水南岸的上林苑中兴建朝宫。首先建造前殿阿房宫,东西五百步,南北五十丈,殿堂上可以坐一万人,殿堂顶下可以竖立五丈高的旗帜。周围环绕着架起阁道,从殿下直达南山。在南山的山顶上修建标志,作为门阙。在空中架设道路,从阿房宫渡过渭水,与咸阳相连接,以此象征天下阁道越过天河直至营室。阿房宫尚未完工;完工后,想另外选择一个好的名字称呼它。在阿房建造宫殿,所以天下称它阿房宫。隐官刑徒七十多万人,分成几批营造阿房宫,或修建丽山工程。挖运北山的石头,输送蜀地、荆地的木材,都集中到这里。关中共计宫殿三百座,关外四百多座。于是在东海边朐山上竖立石碑,作为秦国的东门。迁徙三万户居住丽邑,五万户居住云阳,都免除十年的徭役。

卢生劝始皇说:"我和其他人寻找灵芝奇药以及仙人,常常遇不上,好像有东西伤害它们。仙方中要求,君主时时隐蔽行迹,来躲避恶鬼,躲避了恶鬼,真人就来到了。君主居住的地方,臣属知道了,就会妨碍神仙。真人没入水中不会被水浸湿,进入火中不感到热,凌云驾雾,与天地一样长寿。现在您治理天下,不能恬静无欲。希望您居住的宫殿不要让人知道,然后长生不死的仙药大概可以找到。"于是始皇说:"我羡慕真人,自称'真人',不称'朕'。"就命令咸阳附近二百里内的二百七十座宫殿,用空中架设的道路和地面上的甬道连接起来,把帷帐、钟鼓、美人安置在里面,各种布置不得移动。所临幸之处,如果有人把地点说出去，罪当处死。始皇帝临幸梁山宫，从山上看见丞相随从车骑众多，很不以为然。宫中侍从把这件事告诉了丞相，后来丞相减少了随从的车骑。始皇非常生气地说："这是宫内的人泄露了我的话。"审问后没有人认罪。这时，下令逮捕当时在他身边的人，全部杀掉。从此以后没有人知道他的行迹在什么地方了。听理国政，群臣受命决断事情，都在咸阳宫。

侯生、卢生一起商量说："始皇的为人，天生刚愎暴戾，自以为是，从诸侯中兴起，吞并了天下，万事称心如意，为所欲为，认为自古以来没有人能赶上自己。专门任用治狱的官吏，治狱的官吏受到宠幸。虽然有博士七十人，只是充数人员，并不信用。丞相和大臣都是接受已经决断的公事，一切依赖皇帝处理。皇帝喜欢采用刑罚杀戮来确立自己的威严，天下人害怕获罪，只想保持禄位，没有人敢竭尽忠诚。皇帝不能听到自己的过失，日益骄横，臣下恐惧而屈服，用欺骗来取得皇帝的欢心。根据秦朝的法律，一人不能兼有两种方技，方技不灵验，就处以死刑。然而观察星象云气预测吉凶的人多至三百人，全都学问优秀，但对皇帝畏忌阿谀，不敢正面指出他的过错。天下之事不论大小都取决于皇帝，皇帝甚至用秤来称量文书，一天有一定的额数，不达到额数不能休息。贪恋权势至于这种地步，不能给他寻找仙药。"于是就逃走了。始皇听说侯生、卢生逃走的消息，就非常气愤地说："我以前收取天下书籍，不合时用的全部烧毁。召集了很多文学方术之士，想要使国家太平，这些方士打算炼丹得到奇药。现在听说韩众离去后一直不来复命，徐市等人耗费巨万，最后还是没有得到仙药，只是每天传来一些为奸谋利的事情。我对卢生等人很尊敬，赏赐丰厚，如今却诽谤我，来加重我的不仁。在咸阳的一些儒生，我派人查问，有的制造怪诞邪说来惑乱百姓。"于是派御史审问儒生，儒生辗转告发，就能免除自己的罪过。触犯法禁的四百六十多人，全部在咸阳活埋，使全国都知道这件事，借以警诫后人。更多地调发徒隶去戍守边境。始皇长子扶苏劝告说："天下平定不久，远方百姓尚未安辑，儒生都学习和效法孔子，现在您用严厉的刑罚绳治他们，我担心天下动乱。希望您明察此事。"始皇很生气，派扶苏到北方的上郡监视蒙恬。

三十六年，荧惑接近心宿。有一颗星坠落在东郡，到了地面变为石头，百姓中有人在这块石头上刻写道"始皇帝死而地分"。始皇听到了，派御史挨个审问，没有人认罪，把在石头附近居住的人全部抓起来处死，就用火烧毁这块石头。始皇闷闷不乐，让博士创作《仙真人诗》，等到巡视天下所至之地，传令乐工弹唱。秋天，使者从关东来，夜里经过华阴平舒地方，有人拿着璧玉拦住使者说："替我送给滈池君。"又趁机说："今年祖龙死去。"使者问他什么原因，这个人忽然不见，留下他的璧玉走开了。使者向始皇献上璧玉，讲述了事情的全部经过。始皇很长时间沉默无语，后来说："山野的鬼怪只不过知道一年之内的事情。"退朝后又说："祖龙是人们的首领。'今年祖龙死'，说的难道是我吗？"让御府看这块璧玉，竟然是二十八年出行渡江时沉入水中的那块璧玉。于是始皇使人占卜吉凶，卦象是巡游迁徙就会吉利。迁徙三万户到北河、榆中，每户赐给爵位一级。

三十七年十月癸丑，始皇出外巡游。左丞相李斯随从，右丞相冯去疾留守。始皇的小儿子胡亥很羡慕，要求跟着去，始皇答应了他。十一月，走到云梦，朝九疑山方向望祭虞舜。浮江而下，观览籍柯，渡过江渚。途经丹阳，到达钱塘。在浙江岸边，看见波涛凶险，就向西走了一百二十里，从江面狭窄的地方渡了过去。登上会稽山，祭祀大禹，又望祭南海，竖立石碑，刻辞颂扬秦朝的功德。碑文说：

皇帝建立了丰功伟绩，统一了天下，德惠深远。三十七年，亲自巡行全国，周游观览遥远的地方。于是登上会稽山，视察风俗习惯，百姓都很恭敬。群臣颂扬皇帝的功德，回顾创业的事迹，追溯决策的英明。秦国伟大的皇帝君临天下，开始确定了刑法制度，明白地宣布过去的规章。首次统一了处理政务的法则，审定和区分官吏的职掌，借以建立长久不变的制度。六国的诸侯王独断专行，违谬无信，贪婪乖张，傲慢凶猛，拥众称霸。他们暴虐纵恣，倚仗武力，骄狂自大，屡次挑起战争。做间谍的使者暗中互相联系，进行合纵抗秦，行为邪僻放纵。在内伪饰阴谋诡计，对外侵略秦国边境，因而带来灾难。皇帝出于正义，用武力去讨伐他们，平息了暴乱，消灭了乱贼。圣德宏大而深厚，天地四方，蒙受了无限的恩泽。皇帝统一天下，听理万机，远近都政清民静。运筹和治理天地间的万物，考察事物的实际情况，分别记载它们的名称。不论是尊贵的人还是卑贱的人，都洞察他们的活动，好事坏事都摆在面前，没有隐瞒的情况。纠正人们的过错，宣扬大义，有了儿子而改嫁他人，就是背弃死去的丈夫，不守贞操。把内外隔离开来，禁止纵欲放荡，男女要洁身诚实。做丈夫的和别人的妻子通奸，杀死他也没有罪，这样，男人才能遵守道德规范。做妻子的跑掉另嫁，儿子不能认她做母亲，这样人们都会被廉洁清白的风气感化。进行大规模地整顿，涤荡不良的风俗习惯，天下百姓接受文明的社会风尚，受到了一种良好的治理。人们都奉规守法，和睦平安，敦厚勤勉，没有不服从国家法令的。百姓德修品洁，人人高兴地遵守统一的规定，欢乐地保持着太平的局面。后世认真地奉行法治，就会无限期地长治久安下去，车船不倾，国家安稳。随从的大臣颂扬皇帝的功业，请求镌刻这一石碑，使这美好的记载光垂后世。

返回时经过吴县，从江乘渡江。沿着海边北上，到达琅邪。方士徐市等人到海中寻找神药，几年都没有找到，耗费了很多钱财，害怕受到谴责，就欺骗始皇说："蓬莱的神药是可以得到的，然而常常苦于鲨鱼的袭击，所以不能到达蓬莱，希望派一些擅长射箭的人和我们一起去，鲨鱼出现就用连弩射死它。"始皇梦中与海神交战，海神像人一样的形状。询问占梦的博士，博士说："水神是看不到的，它的到来是以大鱼和蛟龙为征候的。现在陛下祷告和祭祀周到而又恭谨，却出现了这个凶恶的海神，应当把它铲除，然后善良的神物就能到来。"于是让到海中去的人携带捕获大鱼的用具，而自己使用连弩，等待大鱼出现时射死它。从琅邪往北到达荣成山，没有见到大鱼。到了之罘，看见了大鱼，射死了一条。于是沿海西行。

到了平原津就病了。始皇厌恶说死，群臣没有人敢提到死的事情。始皇的病日益加重，于是就写了一封盖有皇帝玺印的诏书送给公子扶苏，说："回来参加我的丧礼，在咸阳埋葬我。"诏书已经加封，放在中车府令赵高代替符玺郎掌管印玺符节事务的地方，还没有送给负责传递的使者。七月丙寅，始皇死于沙丘平台。因为始皇死在外面，丞相李斯怕始皇那些儿子以及国内百姓有人造反，就封锁了消息，不举办丧事。把棺材装在辒凉车中，原来亲近的宦官陪乘，所到之地，照旧送上饭食。百官和过去一样上奏国事，宦官就从辒凉车中批准他们所奏之事。只有始皇的儿子胡亥、赵高和五六个亲近的宦官知道始皇已经死去。赵高过去曾经教胡亥学习文字和刑狱法律,胡亥私下对他很亲近。赵高就同公子胡亥、丞相李斯搞阴谋诡计,毁掉了始皇封好要送给公子扶苏的诏书,而另外诈称丞相李斯在沙丘接受始皇遗诏,立儿子胡亥为太子。又另写了诏书送给公子扶苏、蒙恬,列举他们的罪状,命令他们自杀。这些事情都记载在《李斯传》中。胡亥等人继续前进,于是从井陉到了九原。正赶上暑天,始皇的辒凉车散发出臭味,就命令随从官员每车装载一石鲍鱼,用来混淆始皇尸体的臭味。

胡亥等人从直道回到咸阳,宣布了始皇死亡的消息。太子胡亥继位,为二世皇帝。九月,把始皇埋葬在郦山。始皇刚即位时,就在郦山开山凿洞,等到统一了全国,把天下各方的七十多万刑徒送到郦山,把隧洞一直挖到见水的地方,用铜封锢,然后把棺材安放在里面,仿制的宫殿、百官和各种珍奇宝物都徙置其中,藏得满满的。让工匠制造带机关的弩箭,有人掘墓接近墓室时就会自动射向目标。拿水银做成千川百溪和江河大海,使用机械互相灌注流通,墓中上面各种天象齐备,下面有地上景象万千。利用人鱼的脂肪作蜡烛,估计很长时期不会熄灭。二世说:"先帝后宫的姬妾没有儿子的,放出宫去不太合适。"于是都让她们殉葬,死去的非常多。已经把始皇埋葬了,有人说工匠制造机关,奴隶们都知道,奴隶人数众多,就会泄露出去。葬礼结束,已经封藏了墓室的随葬品,又关闭了当中的墓道,放下了最外面一段墓道的大门,把工匠和奴隶全部关死在里面,没有一个逃出去的。在坟上种植草木,像山一样。

二世皇帝元年,二世二十一岁。赵高为郎中令,掌握处理国家事务的权力。二世发布诏令,增加始皇陵庙的祭牲,以及对山川等各种祭祀的礼节。让群臣讨论怎样尊崇始皇庙。君臣都跪在地上磕着头说："古代天子七庙，诸侯五庙，大夫三庙，太祖庙即使是万世之后也不废除。现在始皇为极庙，四海之内都献上本地的产品，增多祭牲的数量，祭礼都很完备，没有什么可增加的了。先王庙有的在西雍，有的在咸阳。按天子的礼仪来说，应当亲自手持酒爵祭拜始皇庙。自襄公以下各庙都废除。所设祖庙共有七座。群臣按照礼仪进行祭祀，尊崇始皇庙为秦国皇帝的祖庙。皇帝还是自称'朕'。"

二世和赵高商量说："我年龄小，即位不久，百姓还没有归附之心。先帝巡行郡县，来显示力量的强大，用武威压服天下。现在安然不动，不去巡游，就显得软弱无力，这样是没有办法统治天下的。"春天，二世向东巡行郡县，李斯随从。到达碣石，沿海而行，向南来到会稽，又在始皇所立刻石上全部刻写了文字，石碑旁刻上随从大臣的名字，用来显示先帝取得的功绩和隆盛的德业。石碑旁刻写的文字是：

皇帝说："这些金石刻辞都是始皇帝镌刻的。现在我继承了皇帝的称号，然而这些金石刻辞没有称呼始皇帝，等到天长日久，好像后来嗣位的人刻写的，这同始皇取得的功绩和隆盛的德业是不相称的。"丞相大臣李斯、大臣冯去疾、御史大夫大臣德冒着死罪说："臣下请求把诏书全部刻在石碑上，这样就清楚了。臣下冒着死罪来提出这一要求。"二世下令说："可以。"

二世到辽东后就返回了。

这时二世采纳赵高的建议，申明法令。私下和赵高商量说："大臣不顺服，官吏也还势力强大，那些公子们一定和我争夺权力,该怎么办呢?"赵高说:"我本来就想说,但没有敢说。先帝的大臣,都是出自几代负有名望的权贵之家,累世功勋,代代相传,为时已久。我赵高一向卑微低贱,如今陛下亲近抬举我,使我的官品居上,掌管宫中事务。大臣们怏怏不乐,只是表面上顺从我,实际上他们心里并不服气。现在您外出巡行,何不趁这个时机,查究郡县守尉有罪的就处死他,上则威震天下,下则铲除您平生所不满的人。当今这个时代,不能师法文治,而是武力决定一切,希望陛下顺时从势,不要犹豫不决,这样群臣就来不及策划造反。您这英明的君主可以收揽起用遗民,低贱的使他高贵,贫穷的使他富有,疏远的亲近他,那就会上下辑睦,国家安定。"二世说:"很好。"于是杀戮大臣和那些公子们,假借罪名互相株连,来逮捕地位较低的近侍之臣和三署郎官,没有一个人能够保住他的官位,把六个公子处死在杜县。公子将闾兄弟三人被囚禁在宫中,最后审议他们的罪行。二世派使者对将闾下令说:"你不像大臣的样子,按所犯罪行应当处死,法官将给予法律制裁。"将闾说:"宫廷的礼仪,我未尝敢不服从司仪人的指挥;朝廷上的位次,我未尝敢违背礼节;承命回答问题,我未尝敢有词语差错。为什么说我不像大臣的样子呢?希望知道我的罪行之后再死去。"使者说:"我不能参与谋划,只是奉诏办事。"于是将闾仰面连声大呼苍天,喊着说:"天啊!我没有罪!"兄弟三人都涕泪俱下,拔剑自杀。宗室为之震动,恐惧不安。群臣进谏的都被认为是诽谤朝廷,大臣拿着俸禄谄媚讨好,百姓惊恐。

四月,二世回到咸阳,他说:"先帝因为咸阳宫廷狭小,所以兴建阿房宫。殿堂还没有建成,碰上先帝逝世,停止了工程,去郦山覆土筑陵。郦山的工程大体已经结束,如今放弃阿房宫不去完成，就是表明先帝所做的事情是错误的。"又重新开始修建阿房宫。对外安抚四方夷狄，和始皇的策略一样。征集强壮的五万士卒驻守咸阳，让人教习射御，驯养狗马禽兽耗费的粮食很多，估计储存的粮食不够吃的，就向下面的郡县调用，把粮食草料运送到咸阳，运送的人都自带粮食，咸阳三百里以内的百姓不能食用这批粮谷。执法更加严厉苛刻。

七月，屯戍的士卒陈胜等人在过去的荆地起兵造反，建立了张楚。陈胜自封为楚王，住在陈县，派遣将领攻城略地。山东郡县的青年人苦于秦朝官吏的统治，都杀死了他们的守尉令丞起来造反，响应陈涉，相互推立为诸侯王，联合起来向西进军，以讨伐秦朝为名，造反的人多得无法计算。谒者出使东方回来，把叛乱的事情报告了二世。二世非常气愤，把谒者交给了狱吏治罪。后面的使者回来了，二世问他情况，使者回答说："是一群盗贼，郡守郡尉正在追捕，现在全部抓获了，不值得担忧。"二世很高兴。武臣自封为赵王，魏咎为魏王，田儋为齐王。沛公在沛县起义。项梁起兵于会稽郡。

二年冬天，陈涉所派遣的周章等将领西进，到达戏水，有几十万军队。二世大为震惊，和群臣商量说："怎么办呢？"少府章邯说："盗贼已经来到这里，兵众势强，现在调发近处县城的军队为时已晚。郦山刑徒很多，希望赦免他们，发给兵器，让他们出击盗贼。"于是二世大赦天下，派章邯为将领，打垮了周章的军队，周章逃走，章邯在曹阳杀死了周章。二世又增派长史司马欣、董翳协助章邯进攻盗贼，在城父杀死了陈胜，在定陶打垮了项梁，在临济消灭了魏咎。楚地盗贼的有名将领都已经死了，章邯就向北渡过黄河，在巨鹿进攻赵王歇。

赵高劝告二世说："先帝统治天下的时间很长，所以群臣不敢为非作歹,向先帝提出邪说。现在陛下正是年轻的时候,刚刚即位,怎么能和公卿大臣在朝廷上决议事情呢?如果事情有了差错,就把自己的短处暴露给群臣了。天子自称朕,本来群臣就不应该听到天子的声音。"于是二世常常住在宫中,和赵高决断各种政务。从此以后公卿大臣很少有朝见的机会,盗贼越来越多,关中士卒被调发向东去攻打盗贼的一批接一批。右丞相冯去疾、左丞相李斯、将军冯劫进谏说:"关东盛郡的盗贼一块儿起来造反,秦政府出兵讨伐,杀死了很多,然而盗贼还是没有被平息。盗贼这样多,都是因为屯戍边地、水路运载、陆路转输和土木兴作等各种杂泛差役使百姓太劳苦,赋税也过于沉重。希望停止阿房宫的兴建,减少四方边境的屯戍和运输任务。"二世说:"我从韩子那里听说:'尧、舜的栎木屋椽不加整治,茅草屋不加修葺,吃饭用土碗,喝水用瓦盆,即使是供给看守城门的吃食和用品,也不俭薄到这种程度。禹开凿龙门,使大夏畅通,修治河道,疏导积水,引入大海,亲自拿着筑墙的杵和挖土的锹,两条腿整天泡在泥水里,小腿上的毛都掉光了,奴仆的劳苦程度也不比这更厉害。'凡是尊贵而掌握了天下的人,应该随心所欲,为所欲为,主要着重宣明法治,下面的臣民不敢胡作非为,以此来统治天下。像那虞、夏的君主,贵为天子,亲自处于穷苦的状况,来顺从百姓,这还有什么法治可言?我尊为万乘之君,却没有万乘之实,我要制造一千乘车驾,设置一万乘的随从徒众,来符合我的万乘之君这一名号。而且先帝起于诸侯,兼并天下,天下已经安定,对外抗御四方夷狄,使边境安宁,兴修宫殿,以显示自己的得意之情,你们看到了先帝功业的开端和发展。如今在我即位的两年之间,成群的盗贼同时并起,你们不能加以禁绝,又想废除先帝所做的事情,这是对上无以报答先帝,其次也是不给我尽忠竭力,凭什么处在现在的职位上?"把冯去疾、李斯、冯劫交给狱吏囚禁,审查追究他们的其他各种罪行。冯去疾、冯劫说:"将相不能身受侮辱。"自杀而死。李斯最后被监禁狱中,遭受了各种刑罚。

三年,章邯等人率领他们的军队包围巨鹿,楚国上将军项羽带领楚国士卒前往援救巨鹿。冬天,赵高做了丞相,彻底审查李斯,杀死了他。夏天,章邯等人在战争上屡次退却,二世派人斥责章邯,章邯心里恐惧,派长史司马欣请示事情。赵高不肯接见,又不信任他。司马欣很害怕,就逃走了。赵高派人追捕,没有追上。司马欣见到章邯说:"赵高在朝廷中操纵大权,将军有功也要被杀,无功也要被杀。"项羽迅速地攻打秦军,俘虏了王离,章邯等人就率军投降了各路诸侯。八月己亥,赵高想要作乱,害怕群臣不肯服从,就预先做了一个试验,拿一只鹿献给二世,说:"这是一匹马。"二世笑着说:"丞相错了吧?把鹿说成是马。"赵高问左右大臣,左右大臣有的缄默不语,有的说是马,来阿谀迎合赵高。有的说是鹿,赵高就私下中伤陷害那些说是鹿的人。后来大臣们都很惧怕赵高。

赵高以前多次说"关东的盗贼不会有什么作为",等到项羽在巨鹿俘虏了秦军将领王离等人,继续向前推进,章邯等人的军队屡次退却,上书请求增加兵员,燕、赵、齐、楚、韩、魏都自立为王,从函谷关以东,差不多都背叛了秦朝官吏,响应各路诸侯,诸侯们率领自己的军队向西推进。沛公率领几万人屠毁了武关,派人私通赵高,赵高害怕二世发怒,遭到杀身之祸,就推说有病,不去朝见。二世梦见白色的老虎咬他驾车的左边的那匹马,最后马被咬死了,二世心里闷闷不乐,感到奇怪,就去问占梦的人。占梦的人占卜说:"泾水的水神在作祟。"于是二世在望夷宫斋戒，打算祭祀泾水的水神，沉入水中四匹白马。派使者以有关盗贼的事情去指责赵高。赵高很恐慌，就暗中和他的女婿咸阳令阎乐、他的弟弟赵成商量说："皇帝不听劝告，如今事已危急，想要嫁祸于我们的家族。我打算废掉二世，另立公子婴做皇帝。公子婴仁爱俭约，百姓都听信他的话。"赵高派郎中令做内应，欺骗说有一大群盗贼来了，命令阎乐叫来官吏发兵追击，又劫持阎乐的母亲，安置在赵高的家里，以此逼迫阎乐不能三心二意。赵高派阎乐带领吏卒一千多人来到望夷宫殿门，把卫令仆射捆绑起来，说："盗贼跑进这里，为什么不加阻止？"卫令说："四周墙垣内的庐舍设有士卒，防卫非常严谨，盗贼怎么敢闯入宫内？"阎乐就杀了卫令，带领吏卒直入宫内，一边走，一边射箭，郎官和宦者大为惊慌，有的逃窜，有的上前搏斗，搏斗的人都被杀死，死了几十人。郎中令和阎乐一起进入二世住处，用箭射向二世坐息的帷帐。二世大怒，叫来了左右侍从人员，左右侍从人员都惶恐纷扰，不上前搏斗。身边有一个宦官，陪侍着二世，不敢走掉。二世逃入室内，对陪侍的宦官说："你为什么不早告诉我？现在竟到了这种地步！"宦官说："我不敢说，所以能保住性命。假如我早说了，就已经被杀死，哪里会活到现在？"阎乐上前来到二世面前，列举他的罪状说："你骄横纵恣，屠杀吏民，无道已极，天下百姓一起背叛了你，你自己作打算吧。"二世说："我可以见见丞相吗？"阎乐说："不可以。"二世说："我希望得到一个郡，去做一郡之王。"阎乐不答应。二世说："我愿做万户侯。"阎乐仍不答应。二世说："希望和妻子儿女成为平民百姓，和那些公子们一样。"阎乐说："我受命于丞相，替天下百姓处死你，虽然你说了很多话，我不敢向丞相报告。"阎乐指挥他的士卒向前进击。二世自杀。

阎乐回来报告赵高，赵高就把所有大臣和公子都召集起来，告诉他们杀死二世的情况。赵高说："秦本来是诸侯王国，始皇君临天下，所以号称皇帝。现在六国又都各自建立了政权，秦国地域日益缩小，竟仍然称帝，空有其名，这是不可以的。应该像过去一样称王，这样比较适宜。"就立二世哥哥的儿子公子婴为秦王。用百姓的礼仪把二世埋葬在杜县南面的宜春苑中。赵高让子婴斋戒，到宗庙参拜祖先，接受秦王印玺。斋戒了五天，子婴和他的两个儿子商量说："丞相赵高在望夷宫杀死二世，害怕群臣诛伐他，就假装以大义为名，立我为王。我听说赵高和楚约定，由他消灭秦国宗室，在关中称王。现在让我斋戒，拜见祖庙，这是想要趁我在祖庙的时候杀死我。我就说有病不去，丞相一定亲自来我这里，来时就杀死他。"赵高好几次派人去请子婴，子婴不去，赵高果然亲自来了，说："国家大事，你怎么不去？"子婴就在斋戒的宫室里刺死了赵高，全部处死赵高家的三族，在咸阳示众。子婴做了四十六天秦王，楚将沛公打垮了秦军，进入武关，来到霸上，派人去让子婴签约投降。子婴就用丝带系着脖子，白马素车，捧着天子的印玺和符节，在轵道旁投降。于是沛公进入咸阳，封闭宫室府库，回军霸上，过了一个多月，各路诸侯的军队到了，项羽是诸侯联军的领袖，杀死了子婴和秦公子的宗族。屠毁咸阳，焚烧宫室，俘虏了秦国子弟和妇女，把珍宝财物搜刮在一起，诸侯们共同瓜分了。消灭了秦国以后，把它的土地分为三部分，封立三个王，即雍王、塞王、翟王，号称三秦。项羽为西楚霸王，负责分封天下诸侯王，秦朝最后灭亡了。过了五年，汉朝统一了全国。

太史公说：秦国的祖先伯翳，曾在唐、虞之际建立了功勋，获得了土地，被赐予嬴姓。到了夏、殷之间，势力衰微分散。及至周朝没落，秦国兴起，在西垂建筑了城邑。从缪公以来，渐渐蚕食诸侯，统一事业最后由始皇完成了。始皇自认为功劳超过了五帝，疆域比三王还广阔，耻于和三王五帝相提并论。贾生的论述非常好。他说：

秦兼并了山东诸侯三十多郡，缮治津渡和关口，占据险隘和要塞，训练军队，加以防守。然而陈涉率领几百个散乱的戍卒，振臂大呼，不用弓戟一类的兵器，只用锄、耙、木棍，军无存粮，走到哪里，吃到哪里，横行天下。秦人有险阻而不能固守，有关口桥梁而不能封锁，有长戟而不能刺杀，有强弩而不能发射。张楚的军队深入腹地，在鸿门作战，连越过篱笆一样的困难都没有。于是山东大乱，诸侯同时并起，豪杰俊士互相推立为王。秦派章邯率军东征，章邯在外利用自己统率的军队相要挟，猎取私利，图谋他的君王。群臣不讲信用，从这里就可以看出来了。子婴立为王，最终也没有醒悟。如果子婴具有一般君主的能力，只要得到中等才能的辅佐大臣，虽然山东叛乱，但秦国故地还是可以保全的，宗庙祭祀不会断绝。

秦地被山带河，地势险固，是四面都有屏障和要塞的国家。从缪公以来，至于秦王，有二十多个君主，常常称雄于诸侯。难道秦国世世代代都是贤明的君主吗？那是它的地理形势所造成的。而且天下曾经同心协力进攻秦国。在这个时候，贤人智者会集，优秀的将领统率指挥军队，贤明的宰相互相交流彼此的谋略，然而为险峻的地形所困阻，不能前进。秦就给他们敞开关门，引诱敌人深入，进行交战，于是六国百万之众败逃，土崩瓦解。这难道是武力和智慧不足吗？是地形不利，形势不便的缘故。秦国把小聚邑合并成大城市，在险阻要塞驻军防守，高筑营垒，不去交战，封锁关口，占据险隘，持戟把守这些地方。诸侯都是从平民百姓中起来的，以利相合，没有远古明君那样的德操。他们的交谊并不亲密，他们的下属还没有诚心归服，表面以灭秦为名，实际上图谋私利。他们看到秦国地势险阻，难以侵犯，必然撤军。秦使百姓休养生息，等待诸侯的衰败，收养贫弱，扶持疲困，来向大国诸侯发号施令，不怕不得意于天下。贵为天子，富有天下，而自己被抓去成为俘虏，是因为他挽救败亡的策略不正确。

秦王骄傲自满，不虚心下问，因循错误而不进行变革。二世继承下来，沿袭不改，残暴凶虐，加重了祸患。子婴势孤力单，没有亲近的人，地位危险脆弱，无人辅助。这三个君主一生迷惑不悟，国家灭亡，不是应该的吗？在这个时候，世上不是没有深谋远虑、知权达变之士，然而所以不敢尽忠直谏，纠正错误，是因为秦国习俗有很多禁忌，忠诚的话还没有说完，而自己已被杀害。所以天下之士，侧耳听命，叠足而立，闭口不言。这三个君主丧失了治国的原则，忠臣不敢直言规劝，智士不敢出谋划策，天下已经大乱，奸邪的事情没有人向君主报告，这难道不是太可悲了吗！先王知道上下壅塞蒙蔽会损害国家利益，所以设置公卿、大夫、士，以整饬法令，建立刑罚，而使天下太平。国势强盛时，能够禁止残暴，讨伐叛乱，天下归服。国势弱小时，有五霸代替天子征讨，诸侯顺从。国势衰削时，内有所守，外有所附，国家可以存而不亡。秦国强盛时，法令繁密，刑罚严酷，天下震恐。到了它衰落时，百姓怨恨，天下叛离。周朝的政纲合于政道，所以一千多年间国运不绝。秦朝本末俱失，因此国祚短促。由此看来，国家安危的基础相差太远了。民间俗话说"前事不忘，后事之师"。因此有道德修养的人治理国家，观察远古的得失，考察当代的所作所为，参酌人的因素，了解盛衰的道理，明悉权力威势的恰当运用，弃取有一定的次序，变革有适当的时间，所以历时久远，而国家安定。

秦孝公据守殽山、函谷关这样坚固的地方，拥有雍州地域，君臣坚守自己的国土，窥视周朝的政权，有席卷全国、收取天下、囊括四海的意图，吞并八方的心愿。在这个时候，商君辅佐秦孝公，对内建立法治和各种制度，致力于耕织，整修攻守的武器，对外采取连横的策略，使诸侯互相争斗，于是秦国人轻而易举地取得了西河以外的一片土地。

孝公死后，惠王、武王继承旧业，沿用遗留下来的策略，向南兼并了汉中，向西攻占了巴、蜀，向东割取了肥沃的地方，获得了地势险要的郡县。诸侯恐惧，开会结为同盟，商量削弱秦国，不吝惜奇珍异宝和肥美的土地，用来罗致天下之士，合纵缔盟，互相结合在一起。这时，齐国有孟尝君，赵国有平原君，楚国有春申君，魏国有信陵君。这四个人，都明智忠信，宽厚爱人，尊贤重士，相约以合纵来破坏秦国的连横策略，集合了韩、魏、燕、楚、齐、赵、宋、卫、中山的士卒。当时六国之士有宁越、徐尚、苏秦、杜赫这一类人为各国出谋划策，齐明、周最、陈轸、昭滑、楼缓、翟景、苏厉、乐毅这一伙人沟通各国的意见，吴起、孙膑、带佗、兒良、王廖、田忌、廉颇、赵奢这一批人训练和统率各国的军队。常常用十倍于秦的土地，上百万大军，冲击函谷关，进攻秦国。秦人开关迎战，九国军队徘徊逃遁，不敢前进。秦国没有耗费一箭一镞，而天下诸侯已处于困境。于是合纵瓦解，盟约废弃，争先恐后地割地奉献给秦国。秦国有余力来利用各国的短处，追赶败北逃亡的敌人，使百万尸体横卧在地，流的血把大盾都漂浮了起来。趁着战争胜利的便利条件，宰割天下诸侯，把山河一块一块地割取过来，强国请求归附，弱国入秦朝拜。延续到孝文王、庄襄王，在位时间短暂，国家没有发生重大的事情。

等到秦王，继承六代先王遗留下来的功业，挥舞长鞭，驾驭天下，兼并了西周、东周，消灭了各国诸侯，登上帝位，控制了天地四方，手执鞭杖来抽打天下，威震四海。向南取得了百越地区，设置了桂林、象郡，百越的君主低着头，用绳子系着脖子，把生命交给秦国的下级官吏。又派蒙恬到北方修筑长城，守卫边界，使匈奴退却七百多里，胡人不敢南下牧马，武士不敢挽弓复仇。于是废除古代帝王的原则，烧毁诸子百家的典籍，以此来愚弄百姓。毁坏坚固的名城，杀死豪杰俊士，没收全国的兵器，集中在咸阳，把这些兵器销毁，熔铸成钟、镰，又做了十二个铜人，以此来削弱百姓的反抗力量。然后劈开华山作为城垣，利用黄河作为渡口，据守高达亿丈的城池，下临深不可测的溪流，作为固守的凭借。优秀的将领、强劲的弓弩手把守要害的地方，忠实的大臣、精锐的士卒摆开锋利的武器，谁也无可奈何，天下得到安定。秦王的心里，自以为关中地方坚固，就像有千里铜墙铁壁，子孙可以世代做帝王，功业流传千秋万代。

秦王已经死了，余威还远震四夷。陈涉是用破瓮做窗户、用绳捆门轴的穷人家子弟，是为人庸耕的农民，而又是流徙之徒，才能赶不上一个中等人，并不具有仲尼、墨翟那样的贤智，陶朱、猗顿那样的财富，插足士卒行列之间，崛起田野之中，率领疲惫散乱的士卒，带着几百个徒众，转身攻秦。砍断树木作为兵器，高举竹竿当作旗帜，天下百姓响应陈涉，云集在一起，携带着粮食，如影相随，山东豪杰俊士同时并起，消灭了秦国。

再说秦国并不弱小，雍州的领土，崤山、函谷关的险固，还是和从前一样。陈涉的地位，并不比齐、楚、燕、赵、韩、魏、宋、卫、中山的君主尊贵；锄耰棘矜，并不比钩戟长矛锋利；被遣送远方戍守的一群人，并不能与九国的军队相抗衡；深谋远虑，行军用兵的方法，比不上过去的谋士。然而成败情况大不相同，所建立的功业大小截然相反。如果拿山东各诸侯国与陈涉比较长短大小，衡量权势和力量，则是不能相提并论的。秦凭借小小的一块领土，一千辆兵车的力量，招致八州诸侯国，使与自己地位同等的诸侯来秦朝见，这种情况已有一百多年。然后把天地四方当成自己的家私，用崤山、函谷关作为宫垣，但是，一人发难，宗庙全部毁灭，生命死在别人手中，被天下人笑话，这是为什么呢？是因为不施行仁义，进退攻守的形势发生了变化的缘故。

秦国统一了四海之内，兼并了各国诸侯，南面称帝，来抚养海内百姓，天下之士闻风倾服，如此局面是什么原因呢？可以回答说：这是因为近古以来很长时间没有帝王的缘故。周室衰微，五霸已经去世，天子政令在全国不能下达，因此诸侯使用武力进行征伐，强国侵略弱国，人口多的欺压人口少的，战争连绵不断，百姓疲敝。现在秦王南面而坐，称王天下，是在上面有了一个天子。凡是庶民百姓都希望能人生安定，没有不虚心敬仰天子的。在这个时候，保持威势，巩固功业，国家安危的关键就在这里。

秦王怀着贪婪卑鄙的心理，运用一己私智，不信任功臣，不亲近士民，废弃仁义治国的原则，树立个人的权威，禁止典籍流传，使刑法残酷，以权术暴力为先，以仁义为后，把暴虐作为统治天下的开端。兼并天下的人崇尚权术暴力，安定天下的人重视顺应民心，知权达变，这就是说攻取征战和持盈守成在方法上是不同的。秦摆脱了战国纷争的局面，称王天下，它的统治原则没有更替，它的政令没有改变，它用以创业和守业的方法没有什么差异。秦王没有分封子弟功臣，孤单一人占有天下，所以他很快地灭亡了。假使秦王能够考虑一下上古的事情，沿着殷、周的道路来制订和实行他的政策，后世虽然有骄奢淫逸的君主，也不会出现危亡之患。所以三王建立国家，名号显扬而完美，功业传世长久。

如今秦二世即位，天下百姓无不伸长脖子来观察他的政令。挨冷受冻的人有件粗布短衣就很满意，饥火难忍的人觉得糟糠也是甜美的，天下百姓饥寒哀吟，正是新皇帝治国安民的资本。这就是说对于劳苦的民众容易实行仁政。如果过去二世具有一般君主的德行，而任用忠臣贤士，君臣同心，把天下百姓的苦难挂在心上，在穿着丧服的时候就纠正先帝的错误，割裂疆土，划分民户，分封给功臣的后裔，让他们创立诸侯王国，设置君主，用礼制治理天下，使监狱空无一人，百姓免遭刑戮，废除收捕罪人妻子、儿子为徒隶等杂乱的刑罚，让罪犯回到他们的家乡，打开贮藏粮食的仓库，散发钱财，用来救济孤独穷困的人，轻徭薄赋，帮助百姓解决困急，减少刑罚，只有等到礼仪教化无效时才运用刑罚，使天下百姓都能得到重新做人的机会，改变态度，修养品德，每人都谨慎地立身处世，满足千千万万民众的愿望，使用威震天下的仁德来治理全国，全国就会安定了。那么四海之内，都欢欢喜喜，各自安居乐业，唯恐发生变化，虽然有狡诈顽猾的人，天下百姓也没有背叛皇帝的想法，这样，行为不轨的大臣就无法掩饰他的阴谋诡计，不再发生暴乱一类的邪恶事件。二世不实行这种治国方法，而是更加暴虐无道，损害国家和人民，又开始修筑阿房宫，刑罚繁细，严于诛杀，官吏处置事情刻薄残酷，赏罚不当，无限制地征收赋税，天下事情繁多，官吏都不能全部办理，百姓穷困，而君主不去安抚救济。于是奸诈邪伪的事情一起爆发，上下互相隐瞒，获罪的人很多，受刑被杀的人充塞道路，天下百姓痛苦不堪。从卿相以下至于庶民百姓，人人怀着自危的心情，亲身处在穷困苦难的境地，都不安心自己的地位，所以很容易动摇。陈涉不必利用商汤、周武王那样优秀的才能和德行，不必凭借公侯一样尊贵的地位，在大泽乡奋臂而起，天下响应，这是由于百姓心怀危惧的缘故。古代先王洞察事物从始至终的变化，知道国家存亡的契机，因此，统治人民的原则，在于尽力使人民安定而已。这样，天下虽然有倒行逆施的臣子，但一定不会得到人民的响应和帮助。所以常言说"生活安定的人民可以和他们一起奉公守法，而危惧不安的人民容易和他们一起为非作歹"，就是说的这个道理。贵为天子，拥有天下的财富，自身没有免遭杀害，是因为挽救危亡的方法不正确。这是二世的错误。

　　襄公即位，在位十二年。开始修建西畤。襄公埋葬在西垂。生了文公。

　　文公即位，居住西垂宫。在位五十年死去，埋葬在西垂。生了静公。

　　静公没有即位就死了。生了宪公。

　　宪公在位十二年，居住西新邑。死后埋葬在衙邑。生了武公、德公、出子。

　　出子在位六年，居住西陵。庶长弗忌、威累、参父三个人，率领盗贼在鄙衍把出子杀害了，埋葬在衙邑。武公嗣立。

　　武公在位二十年。居住平阳封宫。埋葬在宣阳聚东南。三个庶长伏法被诛。德公嗣立。

德公在位二年。居住雍邑大郑宫。生了宣公、成公、缪公。埋葬在阳邑。开始规定三伏节令，在城郭四门杀狗，禳除暑热瘟疫。

宣公在位十二年。居住阳宫。埋葬在阳邑。开始记载闰月。

成公在位四年，居住在雍邑的宫殿里。埋葬在阳邑。齐国讨伐山戎、孤竹。

缪公在位三十九年。天子给予霸主的地位。埋葬在雍邑地区。缪公向宫殿门、屏之间的守卫人员学习。生了康公。

康公在位十二年。居住雍邑高寝。埋葬在竘社。生了共公。

共公在位五年。居住雍邑高寝。埋葬在康公南面。生了桓公。

桓公在位二十七年。居住雍邑太寝。埋葬在义里丘北面。生了景公。

景公在位四十年。居住雍邑高寝。埋葬在丘里南面。生了毕公。

毕公在位三十六年。埋葬在车里北面。生了夷公。

夷公没有即位就死了，埋葬在左宫。生了惠公。

惠公在位十年。埋葬在车里。车里位于康公、景公二墓之间。生了悼公。

悼公在位十五年。埋葬在僖公西面。在雍邑筑城。生了剌龚公。

剌龚公在位三十四年。埋葬在入里。生了躁公、怀公。剌龚公十年，彗星出现。

躁公在位十四年。居住受寝。埋葬在悼公南面。躁公元年，彗星出现。

怀公从晋国返回。在位四年。埋葬在栎圉。生了灵公。群臣围攻怀公，怀公自杀。

肃灵公是昭子的儿子。居住泾阳。在位十年。埋葬在悼公西面。生了简公。

简公从晋国返回。在位十五年。埋葬在僖公西面。生了惠公。简公七年，百姓开始佩带剑器。

惠公在位十三年。埋葬在陵圉。生了出公。

出公在位二年。出公自杀，埋葬在雍邑。

献公在位二十三年。埋葬在嚣圉。生了孝公。

孝公在位二十四年。埋葬在弟圉。生了惠文王。孝公十三年，开始建都咸阳。

惠文王在位二十七年。埋葬在公陵。生了悼武王。

悼武王在位四年。埋葬在永陵。

昭襄王在位五十六年。埋葬在茝阳。生孝文王。

孝文王在位一年。埋葬在寿陵。生了庄襄王。

庄襄王在位三年。埋葬在茝阳。生了始皇帝。吕不韦为丞相。

献公即位七年，开始设置市场，进行贸易。十年，建立户籍，按五家为一伍进行编制。

孝公即位十六年，当时桃树李树在冬天开花。

惠文王生后十九年即位。即位二年，开始铸造发行钱币。有一个刚生下来的婴儿说"秦国将要称王天下"。

悼武王生后十九年即位。即位三年，渭水红了三天。

昭襄王生后十九年即位。即位四年，开始在耕地上设置新田界。

孝文王生后五十三年即位。

庄襄王生后三十二年即位。即位二年，攻取了太原地区。庄襄王元年，大赦天下，崇敬先王的功臣，广施恩德，亲厚宗室骨肉，播惠于百姓。东周和各国诸侯图谋秦国，秦国派相国吕不韦消灭了东周，兼并了它的国土。秦国不断绝它的祭祀，把阳人地区赐予周君，在那里奉事周先祖的祭祀。

始皇在位三十七年。埋葬在郦邑。生了二世皇帝。始皇生后十三年即位。

二世皇帝在位三年。埋葬在宜春。赵高为丞相，封安武侯。二世生后十二年即位。

前面所列，自秦襄公至二世，六百一十年。

孝明皇帝十七年十月十五日乙丑，班固说：

周朝的历数已经过去了，汉朝的仁德不足以直接代替周朝。秦朝遇到了这个机会，吕政为政残酷暴虐。然而十三岁就做了诸侯，兼并了天下，放纵情欲，抚养宗族。三十七年之间，兵锋无所不至，制定政令，传给以后的帝王。他大概得到了圣人的神威，河神给了他图录，依靠像狼星、狐星那样的勇武，仿效参星、伐星那样的严酷，上天帮助他驱除敌人，直到他自称始皇。

始皇死后，胡亥极端愚蠢，郦山工程还没有结束，又去继续修建阿房宫，来完成以前始皇遗留下来的计划。说什么："凡是尊贵而掌握了天下的人，应随心所欲，为所欲为，大臣们竟然想废除先君所做的事情"。他杀死了李斯、冯去疾，任用赵高。二世说的话，真是令人痛心啊！长着人头，说的话却像畜生叫唤。如果他不施淫威，人们就不会讨伐他的罪恶，邪恶不积累很多就不会轻易灭亡，到了君位无法保有时，残酷暴虐使在位时间更加短促，虽然占据地形有利的国土，还是不能存身立国。

子婴按照次序嗣立为王，头戴玉冠，身佩华丽的系印丝带，车子使用黄缯作盖里，身后随从百官，拜谒列祖的灵庙。如果小人登上不符合自己身份的位子，都会恍恍惚惚，若有所失，天天苟且偷安，而子婴却能作长远打算，排除忧虑，父子使用计谋，在一室之内就近得手，竟然杀死了狡猾的奸臣，替已死的皇帝诛戮了这个贼子。赵高死后，宾亲姻娅还没有全部慰劳，饭还没有来得及咽下去，酒还没有来得及沾着嘴唇，楚国士卒已经屠戮关中，仙人翔至霸上，子婴素车白马，用丝带系着脖子，捧着他的符节和印玺，来归降真正的皇帝。真有点像当年郑伯左持茅旌，右执鸾刀，楚庄王后撤七里。黄河决口不能再堵塞，鱼腐烂了不能再使它完整。贾谊、司马迁说："如果当时子婴具有一般君主的能力，只要得到中等才能的辅佐大臣，山东虽然叛乱，秦国故地还是可以保全的，宗庙祭祀不会断绝。"秦国的衰败局面是日久天长积聚而成，天下土崩瓦解，虽然有周旦这样的人才，也无法再施展他的聪明才智，去责备即位短暂的一个君主，那是错误的！民间流传一种说法，认为罪恶起源于秦始皇，胡亥时登峰造极，这一看法是有道理的。贾谊、司马迁又责备子婴，说是秦国故地可以保全，这就是所说的不懂得形势变化的人。齐国将要吞灭纪国，纪季把酅邑送给齐国，成为齐国的附庸，使纪国的宗庙祭祀保存下来，《春秋》赞美他，记载这件事时不直呼其名。纪季就是一个通权达变的人。我读《秦纪》，读到子婴车裂赵高，未尝不认为他的决断果敢而雄武，对他的志气表示怜悯。子婴就死生大义而言，是很完备的。

史记卷七

项羽本纪第七

项籍者,下相人也,字羽。初起时,年二十四。其季父项梁,梁父即楚将项燕,为秦将王翦所戮者也。项氏世世为楚将,封于项,故姓项氏。

项籍少时,学书不成,去学剑,又不成。项梁怒之。籍曰:"书足以记名姓而已。剑一人敌,不足学,学万人敌。"于是项梁乃教籍兵法,籍大喜,略知其意,又不肯竟学。项梁尝有栎阳逮,乃请蕲狱掾曹咎书抵栎阳狱掾司马欣,以故事得已。项梁杀人,与籍避仇于吴中。吴中贤士大夫皆出项梁下。每吴中有大繇役及丧,项梁常为主办,阴以兵法部勒宾客及子弟,以是知其能。秦始皇帝游会稽,渡浙江,梁与籍俱观。籍曰:"彼可取而代也。"梁掩其口,曰:"毋妄言,族矣!"梁以此奇籍。籍长八尺余,力能扛鼎,才气过人,虽吴中子弟皆已惮籍矣。

秦二世元年七月,陈涉等起大泽中。其九月,会稽守通谓梁曰:"江西皆反,此亦天亡秦之时也。吾闻先即制人,后则为人所制。吾欲发兵,使公及桓楚将。"是时桓楚亡在泽中。梁曰:"桓楚亡,人莫知其处,独籍知之耳。"梁乃出,诫籍持剑居外待。梁复入,与守坐,曰:"请召籍,使受命召桓楚。"守曰:

"诺。"梁召籍入。须臾,梁眴籍曰:"可行矣!"于是籍遂拔剑斩守头。项梁持守头,佩其印绶。门下大惊,扰乱,籍所击杀数十百人。一府中皆慑伏,莫敢起。梁乃召故所知豪吏,谕以所为起大事,遂举吴中兵。使人收下县,得精兵八千人。梁部署吴中豪杰为校尉、候、司马。有一人不得用,自言于梁。梁曰:"前时某丧使公主某事,不能办,以此不任用公。"众仍皆伏。于是梁为会稽守,籍为裨将,徇下县。

广陵人召平于是为陈王徇广陵,未能下。闻陈王败走,秦兵又且至,乃渡江矫陈王命,拜梁为楚王上柱国。曰:"江东已定,急引兵西击秦。"项梁乃以八千人渡江而西。闻陈婴已下东阳,使使欲与连和俱西。陈婴者,故东阳令史,居县中,素信谨,称为长者。东阳少年杀其令,相聚数千人,欲置长,无适用,乃请陈婴。婴谢不能,遂强立婴为长,县中从者得二万人。少年欲立婴便为王,异军苍头特起。陈婴母谓婴曰:"自我为汝家妇,未尝闻汝先古之有贵者。今暴得大名,不祥。不如有所属,事成犹得封侯,事败易以亡,非世所指名也。"婴乃不敢为王。谓其军吏曰:"项氏世世将家,有名于楚。今欲举大事,将非其人,不可。我倚名族,亡秦必矣。"于是众从其言,以兵属项梁。项梁渡淮,黥布、蒲将军亦以兵属焉。凡六七万人,军下邳。

当是时,秦嘉已立景驹为楚王,军彭城东,欲距项梁。项梁谓军吏曰:"陈王先首事,战不利,未闻所在。今秦嘉倍陈王而立景驹,逆无道。"乃进兵击秦嘉。秦嘉军败走,追之至胡陵。嘉还战一日,嘉死,军降。景驹走死梁地。项梁已并秦嘉军,军胡陵,将引军而西。章邯军至栗,项梁使别将朱鸡石、余樊君与战。余樊君死。朱鸡石军败,亡走胡陵。项梁乃引兵入薛,诛鸡石。项梁前使项羽别攻襄城,襄城坚守不下。已拔,皆坑之。还报项梁。项梁闻陈王定死，召诸别将会薛计事。此时沛公亦起沛，往焉。

居鄛人范增，年七十，素居家，好奇计，往说项梁曰："陈胜败固当。夫秦灭六国，楚最无罪。自怀王入秦不反，楚人怜之至今，故楚南公曰'楚虽三户，亡秦必楚'也。今陈胜首事，不立楚后而自立，其势不长。今君起江东，楚蜂午之将皆争附君者，以君世世楚将，为能复立楚之后也。"于是项梁然其言，乃求楚怀王孙心民间，为人牧羊，立以为楚怀王，从民所望也。陈婴为楚上柱国，封五县，与怀王都盱台。项梁自号为武信君。

居数月，引兵攻亢父，与齐田荣、司马龙且军救东阿，大破秦军于东阿。田荣即引兵归，逐其王假。假亡走楚。假相田角亡走赵。角弟田间故齐将，居赵不敢归。田荣立田儋子市为齐王。项梁已破东阿下军，遂追秦军。数使使趣齐兵，欲与俱西。田荣曰："楚杀田假，赵杀田角、田间，乃发兵。"项梁曰："田假为与国之王，穷来从我，不忍杀之。"赵亦不杀田角、田间以市于齐。齐遂不肯发兵助楚。项梁使沛公及项羽别攻城阳，屠之。西破秦军濮阳东，秦兵收入濮阳。沛公、项羽乃攻定陶。定陶未下，去，西略地至雍丘，大破秦军，斩李由。还攻外黄，外黄未下。

项梁起东阿，西，比至定陶，再破秦军，项羽等又斩李由，益轻秦，有骄色。宋义乃谏项梁曰："战胜而将骄卒惰者败。今卒少惰矣，秦兵日益，臣为君畏之。"项梁弗听。乃使宋义使于齐。道遇齐使者高陵君显，曰："公将见武信君乎？"曰："然。"曰："臣论武信君军必败。公徐行即免死，疾行则及祸。"秦果悉起兵益章邯，击楚军，大破之定陶，项梁死。沛公、项羽去外黄攻陈留，陈留坚守不能下。沛公、项羽相与谋曰："今项梁军破，士卒恐。"乃与吕臣军俱引兵而东。吕臣军彭城东，项羽军彭城西，沛公军砀。

章邯已破项梁军，则以为楚地兵不足忧，乃渡河击赵，大破之。当此时，赵歇为王，陈余为将，张耳为相，皆走入巨鹿城。章邯令王离、涉间围巨鹿，章邯军其南，筑甬道而输之粟。陈余为将，将卒数万人而军巨鹿之北，此所谓河北之军也。

楚兵已破于定陶，怀王恐，从盱台之彭城，并项羽、吕臣军自将之。以吕臣为司徒，以其父吕青为令尹。以沛公为砀郡长，封为武安侯，将砀郡兵。

初，宋义所遇齐使者高陵君显在楚军，见楚王曰："宋义论武信君之军必败，居数日，军果败。兵未战而先见败征，此可谓知兵矣。"王召宋义与计事而大说之，因置以为上将军；项羽为鲁公，为次将，范增为末将，救赵。诸别将皆属宋义，号为卿子冠军。

行至安阳，留四十六日不进。项羽曰："吾闻秦军围赵王巨鹿，疾引兵渡河，楚击其外，赵应其内，破秦军必矣。"宋义曰："不然。夫搏牛之虻不可以破虮虱。今秦攻赵，战胜则兵罢，我承其敝；不胜，则我引兵鼓行而西，必举秦矣。故不如先斗秦、赵。夫被坚执锐，义不如公；坐而运策，公不如义。"因下令军中曰："猛如虎，很如羊，贪如狼，强不可使者，皆斩之。"乃遣其子宋襄相齐，身送之至无盐，饮酒高会。天寒大雨，士卒冻饥。项羽曰："将戮力而攻秦，久留不行。今岁饥民贫，士卒食芋菽，军无见粮，乃饮酒高会，不引兵渡河因赵食，与赵并力攻秦，乃曰'承其敝'。夫以秦之强，攻新造之赵，其势必举赵。赵举而秦强，何敝之承！且国兵新破，王坐不安席，埽境内而专属于将军，国家安危，在此一举。今不恤士卒而徇其私，非社稷之臣。"项羽晨朝上将军宋义，即其帐中斩宋义头，出令军中曰："宋义与齐谋反楚，楚王阴令羽诛之。"当是时，诸将皆慑服，莫敢枝梧。皆曰："首立楚者，将军家也。今将军诛乱。"乃相与共立羽为假上将军。使人追宋义子，及之齐，杀之。使桓楚报命于怀王。怀王因使项羽为上将军，当阳君、蒲将军皆属项羽。

项羽已杀卿子冠军，威震楚国，名闻诸侯。乃遣当阳君、蒲将军将卒二万渡河，救巨鹿。战少利，陈余复请兵。项羽乃悉引兵渡河，皆沉船，破釜甑，烧庐舍，持三日粮，以示士卒必死，无一还心。于是至则围王离，与秦军遇，九战，绝其甬道，大破之，杀苏角，虏王离。涉间不降楚，自烧杀。当是时，楚兵冠诸侯。诸侯军救巨鹿下者十余壁，莫敢纵兵。及楚击秦，诸将皆从壁上观。楚战士无不一以当十，楚兵呼声动天，诸侯军无不人人惴恐。于是已破秦军，项羽召见诸侯将，入辕门，无不膝行而前，莫敢仰视。项羽由是始为诸侯上将军，诸侯皆属焉。

章邯军棘原，项羽军漳南，相持未战。秦军数却，二世使人让章邯。章邯恐，使长史欣请事。至咸阳，留司马门三日，赵高不见，有不信之心。长史欣恐，还走其军，不敢出故道，赵高果使人追之，不及。欣至军，报曰："赵高用事于中，下无可为者。今战能胜，高必疾妒吾功；战不能胜，不免于死。愿将军孰计之。"陈余亦遗章邯书曰："白起为秦将，南征鄢郢，北坑马服，攻城略地，不可胜计，而竟赐死。蒙恬为秦将，北逐戎人，开榆中地数千里，竟斩阳周。何者？功多，秦不能尽封，因以法诛之。今将军为秦将三岁矣，所亡失以十万数，而诸侯并起滋益多。彼赵高素谀日久，今事急，亦恐二世诛之，故欲以法诛将军以塞责，使人更代将军以脱其祸。夫将军居外久，多内隙，有功亦诛，无功亦诛。且天之亡秦，无愚智皆知之。今将军内不能直谏，外为亡国将，孤特独立而欲常存，岂不哀哉！将军何不还兵与诸侯为从，约共攻秦，分王其地，南面称孤；此孰与身伏鈇质，妻子为僇乎？"章邯狐疑，阴使候始成使项羽，欲约。约未成，项羽使蒲将军日夜引兵度三户，军漳南，与秦战，再破之。项羽悉引兵击秦军污水上，大破之。

章邯使人见项羽，欲约。项羽召军吏谋曰："粮少，欲听其约。"军吏皆曰："善。"项羽乃与期洹水南殷虚上。已盟，章邯见项羽而流涕，为言赵高。项羽乃立章邯为雍王，置楚军中。使长史欣为上将军，将秦军为前行。

到新安。诸侯吏卒异时故繇使屯戍过秦中，秦中吏卒遇之多无状，及秦军降诸侯，诸侯吏卒乘胜多奴虏使之，轻折辱秦吏卒。秦吏卒多窃言曰："章将军等诈吾属降诸侯，今能入关破秦，大善；即不能，诸侯虏吾属而东，秦必尽诛吾父母妻子。"诸将微闻其计，以告项羽。项羽乃召黥布、蒲将军计曰："秦吏卒尚众，其心不服，至关中不听，事必危，不如击杀之，而独与章邯、长史欣、都尉翳入秦。"于是楚军夜击坑秦卒二十余万人新安城南。

行略定秦地。函谷关有兵守关，不得入。又闻沛公已破咸阳，项羽大怒，使当阳君等击关。项羽遂入，至于戏西。沛公军霸上，未得与项羽相见。沛公左司马曹无伤使人言于项羽曰："沛公欲王关中，使子婴为相，珍宝尽有之。"项羽大怒，曰："旦日飨士卒，为击破沛公军！"当是时，项羽兵四十万，在新丰鸿门，沛公兵十万，在霸上。范增说项羽曰："沛公居山东时，贪于财货，好美姬。今入关，财物无所取，妇女无所幸，此其志不在小。吾令人望其气，皆为龙虎，成五采，此天子气也。急击勿失。"

楚左尹项伯者，项羽季父也，素善留侯张良。张良是时从沛公，项伯乃夜驰之沛公军，私见张良，具告以事，欲呼张良与俱去。曰："毋从俱死也。"张良曰："臣为韩王送沛公，沛公今事有急，亡去不义，不可不语。"良乃入，具告沛公。沛公大惊，曰："为之奈何？"张良曰："谁为大王为此计者？"曰："鲰生说我曰'距关，毋内诸侯，秦地可尽王也'。故听之。"良曰："料大王士卒足以当项王乎？"沛公默然，曰："固不如也，且为之奈何？"张良曰："请往谓项伯，言沛公不敢背项王也。"沛公曰："君安与项伯有故？"张良曰："秦时与臣游，项伯杀人，臣活之。今事有急，故幸来告良。"沛公曰："孰与君少长？"良曰："长于臣。"沛公曰："君为我呼入，吾得兄事之。"张良出，要项伯。项伯即入见沛公。沛公奉卮酒为寿，约为婚姻，曰："吾入关，秋毫不敢有所近，籍吏民，封府库，而待将军。所以遣将守关者，备他盗之出入与非常也。日夜望将军至，岂敢反乎！愿伯具言臣之不敢倍德也。"项伯许诺。谓沛公曰："旦日不可不蚤自来谢项王。"沛公曰："诺。"于是项伯复夜去，至军中，具以沛公言报项王。因言曰："沛公不先破关中，公岂敢入乎？今人有大功而击之，不义也，不如因善遇之。"项王许诺。

沛公旦日从百余骑来见项王，至鸿门，谢曰："臣与将军戮力而攻秦，将军战河北，臣战河南，然不自意能先入关破秦，得复见将军于此。今者有小人之言，令将军与臣有隙。"项王曰："此沛公左司马曹无伤言之；不然，籍何以至此？"项王即日因留沛公与饮。项王、项伯东向坐，亚父南向坐。亚父者，范增也。沛公北向坐，张良西向侍。范增数目项王，举所佩玉玦以示之者三，项王默然不应。范增起，出召项庄，谓曰："君王为人不忍，若入前为寿，寿毕，请以剑舞，因击沛公于坐，杀之。不者，若属皆且为所虏。"庄则入为寿。寿毕，曰："君王与沛公饮，军中无以为乐，请以剑舞。"项王曰："诺。"项庄拔剑起舞，项伯亦拔剑起舞，常以身翼蔽沛公，庄不得击。于是张良至军门，见樊哙。樊哙曰："今日之事何如？"良曰："甚急。今者项庄拔剑舞，其意常在沛公也。"哙曰："此迫矣，臣请入，与之同命。"哙即带剑拥盾入军门。交戟之卫士欲止不内，樊哙侧其盾以撞，卫士仆地，哙遂入，披帷西向立，瞋目视项王，头发上指，目眦尽裂。项王按剑而跽曰："客何为者？"张良曰："沛公之参乘樊哙者也。"项王曰："壮士！赐之卮酒。"则与斗卮酒。哙拜谢，起，立而饮之。项王曰："赐之彘肩。"则与一生彘肩。樊哙覆其盾于地，加彘肩上，拔剑切而啖之。项王曰："壮士！能复饮乎？"樊哙曰："臣死且不避，卮酒安足辞！夫秦王有虎狼之心，杀人如不能举，刑人如恐不胜，天下皆叛之。怀王与诸将约曰'先破秦入咸阳者王之'。今沛公先破秦入咸阳，豪毛不敢有所近，封闭宫室，还军霸上，以待大王来。故遣将守关者，备他盗出入与非常也。劳苦而功高如此，未有封侯之赏，而听细说，欲诛有功之人。此亡秦之续耳，窃为大王不取也。"项王未有以应，曰："坐。"樊哙从良坐。坐须臾，沛公起如厕，因招樊哙出。

沛公已出，项王使都尉陈平召沛公。沛公曰："今者出，未辞也，为之奈何？"樊哙曰："大行不顾细谨，大礼不辞小让。如今人方为刀俎，我为鱼肉，何辞为？"于是遂去。乃令张良留谢。良问曰："大王来何操？"曰："我持白璧一双，欲献项王，玉斗一双，欲与亚父，会其怒，不敢献。公为我献之。"张良曰："谨诺。"当是时，项王军在鸿门下，沛公军在霸上，相去四十里。沛公则置车骑,脱身独骑,与樊哙、夏侯婴、靳强、纪信等四人持剑盾步走,从郦山下,道芷阳间行。沛公谓张良曰:"从此道至吾军,不过二十里耳。度我至军中,公乃入。"沛公已去,间至军中,张良入谢,曰:"沛公不胜杯杓,不能辞。谨使臣良奉白璧一双,再拜献大王足下;玉斗一双,再拜奉大将军足下。"项王曰:"沛公安在?"良曰:"闻大王有意督过之,脱身独去,已至军矣。"项王则受璧,置之坐上。亚父受玉斗,置之地,拔剑撞而破之,曰:"唉!竖子不足与谋。夺项王天下者,必沛公也,吾属今为之虏矣。"沛公至军,立诛杀曹无伤。

居数日,项羽引兵西屠咸阳,杀秦降王子婴,烧秦宫室,火三月不灭;收其货宝妇女而东。人或说项王曰:"关中阻山河四塞,地肥饶,可都以霸。"项王见秦宫室皆以烧残破,又心怀思欲东归,曰:"富贵不归故乡,如衣绣夜行,谁知之者!"说者曰:"人言楚人沐猴而冠耳,果然。"项王闻之,烹说者。

项王使人致命怀王。怀王曰:"如约。"乃尊怀王为义帝。项王欲自王,先王诸将相。谓曰:"天下初发难时,假立诸侯后以伐秦。然身被坚执锐首事,暴露于野三年,灭秦定天下者,皆将相诸君与籍之力也。义帝虽无功,故当分其地而王之。"诸将皆曰:"善。"乃分天下,立诸将为侯王。

项王、范增疑沛公之有天下,业已讲解,又恶负约,恐诸侯叛之,乃阴谋曰:"巴、蜀道险,秦之迁人皆居蜀。"乃曰:"巴、蜀亦关中地也。"故立沛公为汉王,王巴、蜀、汉中,都南郑。而三分关中,王秦降将以距塞汉王。

项王乃立章邯为雍王,王咸阳以西,都废丘。长史欣者,故为栎阳狱掾,尝有德于项梁;都尉董翳者,本劝章邯降楚。故立司马欣为塞王，王咸阳以东至河，都栎阳；立董翳为翟王，王上郡，都高奴。徙魏王豹为西魏王，王河东，都平阳。瑕丘申阳者，张耳嬖臣也，先下河南，迎楚河上，故立申阳为河南王，都雒阳。韩王成因故都，都阳翟。赵将司马卬定河内，数有功，故立卬为殷王，王河内，都朝歌。徙赵王歇为代王。赵相张耳素贤，又从入关，故立耳为常山王，王赵地，都襄国。当阳君黥布为楚将，常冠军，故立布为九江王，都六。鄱君吴芮率百越佐诸侯，又从入关，故立芮为衡山王，都邾。义帝柱国共敖将兵击南郡，功多，因立敖为临江王，都江陵。徙燕王韩广为辽东王。燕将臧荼从楚救赵，因从入关，故立荼为燕王，都蓟。徙齐王田市为胶东王。齐将田都从共救赵，因从入关，故立都为齐王，都临菑。故秦所灭齐王建孙田安，项羽方渡河救赵，田安下济北数城，引其兵降项羽，故立安为济北王，都博阳。田荣者，数负项梁，又不肯将兵从楚击秦，以故不封。成安君陈余弃将印去，不从入关，然素闻其贤，有功于赵，闻其在南皮，故因环封三县。番君将梅鋗功多，故封十万户侯。项王自立为西楚霸王，王九郡，都彭城。

汉之元年四月，诸侯罢戏下，各就国。项王出之国，使人徙义帝，曰："古之帝者地方千里，必居上游。"乃使使徙义帝长沙郴县。趣义帝行，其群臣稍稍背叛之，乃阴令衡山、临江王击杀之江中。韩王成无军功，项王不使之国，与俱至彭城，废以为侯，已又杀之。臧荼之国，因逐韩广之辽东，广弗听，荼击杀广无终，并王其地。

田荣闻项羽徙齐王市胶东，而立齐将田都为齐王，乃大怒，不肯遣齐王之胶东，因以齐反，迎击田都。田都走楚。齐王市畏项王，乃亡之胶东就国。田荣怒，追击杀之即墨。荣因自立为齐王，而西击杀济北王田安，并王三齐。荣与彭越将军印，令反梁地。陈余阴使张同、夏说说齐王田荣曰："项羽为天下宰，不平。今尽王故王于丑地，而王其群臣诸将善地。逐其故主，赵王乃北居代，余以为不可。闻大王起兵，且不听不义，愿大王资余兵，请以击常山，以复赵王，请以国为扞蔽。"齐王许之，因遣兵之赵。陈余悉发三县兵，与齐并力击常山，大破之。张耳走归汉。陈余迎故赵王歇于代，反之赵。赵王因立陈余为代王。

是时，汉还定三秦。项羽闻汉王皆已并关中，且东，齐、赵叛之，大怒。乃以故吴令郑昌为韩王，以距汉。令萧公角等击彭越。彭越败萧公角等。汉使张良徇韩，乃遗项王书曰："汉王失职，欲得关中，如约即止，不敢东。"又以齐、梁反书遗项王曰："齐欲与赵并灭楚。"楚以此故无西意，而北击齐。征兵九江王布。布称疾不往，使将将数千人行。项王由此怨布也。

汉之二年冬，项羽遂北至城阳，田荣亦将兵会战。田荣不胜，走至平原，平原民杀之。遂北烧夷齐城郭室屋，皆坑田荣降卒，系虏其老弱妇女。徇齐至北海，多所残灭。齐人相聚而叛之。于是田荣弟田横收齐亡卒得数万人，反城阳。项王因留，连战未能下。

春，汉王部五诸侯兵，凡五十六万人，东伐楚。项王闻之，即令诸将击齐，而自以精兵三万人南从鲁出胡陵。四月，汉皆已入彭城，收其货宝美人，日置酒高会。项王乃西从萧，晨击汉军而东，至彭城，日中，大破汉军。汉军皆走，相随入谷、泗水，杀汉卒十余万人。汉卒皆南走山，楚又追击至灵壁东睢水上。汉军却，为楚所挤，多杀，汉卒十余万人皆入睢水，睢水为之不流。围汉王三匝。于是大风从西北而起，折木发屋，扬沙石，窈冥昼晦，逢迎楚军。楚军大乱，坏散，而汉王乃得与数十骑遁去。欲过沛,收家室而西;楚亦使人追之沛,取汉王家。家皆亡,不与汉王相见。汉王道逢得孝惠、鲁元,乃载行。楚骑追汉王,汉王急,推堕孝惠、鲁元车下,滕公常下收载之。如是者三。曰:"虽急,不可以驱!奈何弃之!"于是遂得脱。求太公、吕后不相遇。审食其从太公、吕后间行,求汉王,反遇楚军。楚军遂与归,报项王,项王常置军中。

是时吕后兄周吕侯为汉将兵居下邑,汉王间往从之,稍稍收其士卒。至荥阳,诸败军皆会,萧何亦发关中老弱未傅悉诣荥阳,复大振。楚起于彭城,常乘胜逐北,与汉战荥阳南京、索间,汉败楚,楚以故不能过荥阳而西。

项王之救彭城,追汉王至荥阳,田横亦得收齐,立田荣子广为齐王。汉王之败彭城,诸侯皆复与楚而背汉。汉军荥阳,筑甬道属之河,以取敖仓粟。

汉之三年,项王数侵夺汉甬道,汉王食乏,恐,请和,割荥阳以西为汉。项王欲听之。历阳侯范增曰:"汉易与耳,今释弗取,后必悔之。"项王乃与范增急围荥阳。汉王患之,乃用陈平计间项王。项王使者来,为太牢具,举欲进之。见使者,详惊愕曰:"吾以为亚父使者,乃反项王使者。"更持去,以恶食食项王使者。使者归报项王,项王乃疑范增与汉有私,稍夺之权。范增大怒,曰:"天下事大定矣,君王自为之。愿赐骸骨归卒伍。"项王许之。行未至彭城,疽发背而死。

汉将纪信说汉王曰:"事已急矣,请为王诳楚为王,王可以间出。"于是汉王夜出女子荥阳东门被甲二千人,楚兵四面击之。纪信乘黄屋车,傅左纛,曰:"城中食尽,汉王降。"楚军皆呼万岁。汉王亦与数十骑从城西门出,走成皋。项王见纪信,问:"汉王安在?"信曰:"汉王已出矣。"项王烧杀纪信。

汉王使御史大夫周苛、枞公、魏豹守荥阳。周苛、枞公谋曰："反国之王,难与守城。"乃共杀魏豹。楚下荥阳城,生得周苛。项王谓周苛曰："为我将,我以公为上将军,封三万户。"周苛骂曰："若不趣降汉,汉今虏若,若非汉敌也。"项王怒,烹周苛,并杀枞公。

汉王之出荥阳,南走宛、叶,得九江王布,行收兵,复入保成皋。汉之四年,项王进兵围成皋。汉王逃,独与滕公出成皋北门,渡河走修武,从张耳、韩信军。诸将稍稍得出成皋,从汉王。楚遂拔成皋,欲西。汉使兵距之巩,令其不得西。

是时,彭越渡河击楚东阿,杀楚将军薛公。项王乃自东击彭越。汉王得淮阴侯兵,欲渡河南。郑忠说汉王,乃止壁河内。使刘贾将兵佐彭越,烧楚积聚。项王东击破之,走彭越。汉王则引兵渡河,复取成皋。军广武。就敖仓食。项王已定东海来,西,与汉俱临广武而军,相守数月。

当此时,彭越数反梁地,绝楚粮食,项王患之。为高俎,置太公其上,告汉王曰："今不急下,吾烹太公。"汉王曰："吾与项羽俱北面受命怀王,曰'约为兄弟',吾翁即若翁,必欲烹而翁,则幸分我一杯羹。"项王怒,欲杀之。项伯曰:"天下事未可知,且为天下者不顾家,虽杀之无益,只益祸耳。"项王从之。

楚汉久相持未决,丁壮苦军旅,老弱罢转漕。项王谓汉王曰:"天下匈匈数岁者,徒以吾两人耳,愿与汉王挑战决雌雄,毋徒苦天下之民父子为也。"汉王笑谢曰:"吾宁斗智,不能斗力。"项王令壮士出挑战。汉有善骑射者楼烦,楚挑战三合,楼烦辄射杀之。项王大怒,乃自被甲持戟挑战。楼烦欲射之,项王瞋目叱之,楼烦目不敢视,手不敢发,遂走还入壁,不敢复出。汉王使人间问之,乃项王也。汉王大惊。于是项王乃即汉王相与临广武间而语。汉王数之，项王怒，欲一战。汉王不听，项王伏弩射中汉王。汉王伤，走入成皋。

项王闻淮阴侯已举河北，破齐、赵，且欲击楚，乃使龙且往击之。淮阴侯与战，骑将灌婴击之，大破楚军，杀龙且。韩信因自立为齐王。项王闻龙且军破，则恐，使盱台人武涉往说淮阴侯。淮阴侯弗听。是时，彭越复反，下梁地，绝楚粮。项王乃谓海春侯大司马曹咎等曰："谨守成皋，则汉欲挑战，慎勿与战，毋令得东而已。我十五日必诛彭越，定梁地，复从将军。"乃东，行击陈留、外黄。

外黄不下。数日，已降，项王怒，悉令男子年十五已上诣城东，欲坑之。外黄令舍人儿年十三，往说项王曰："彭越强劫外黄，外黄恐，故且降，待大王。大王至，又皆坑之，百姓岂有归心？从此以东，梁地十余城皆恐，莫肯下矣。"项王然其言，乃赦外黄当坑者。东至睢阳，闻之皆争下项王。

汉果数挑楚军战，楚军不出。使人辱之，五六日，大司马怒，渡兵汜水。士卒半渡，汉击之，大破楚军，尽得楚国货赂。大司马咎、长史翳、塞王欣皆自刭汜水上。大司马咎者，故蕲狱掾，长史欣亦故栎阳狱吏，两人尝有德于项梁，是以项王信任之。当是时，项王在睢阳，闻海春侯军败，则引兵还。汉军方围钟离眛于荥阳东，项王至，汉军畏楚，尽走险阻。

是时，汉兵盛食多，项王兵罢食绝。汉遣陆贾说项王，请太公，项王弗听。汉王复使侯公往说项王，项王乃与汉约，中分天下，割鸿沟以西者为汉，鸿沟而东者为楚。项王许之，即归汉王父母妻子。军皆呼万岁。汉王乃封侯公为平国君。匿弗肯复见。曰："此天下辩士，所居倾国，故号为平国君。"项王已约，乃引兵解而东归。

汉欲西归，张良、陈平说曰："汉有天下太半，而诸侯皆附之。楚兵罢食尽，此天亡楚之时也，不如因其机而遂取之。今释弗击，此所谓'养虎自遗患'也。"汉王听之。

汉五年，汉王乃追项王至阳夏南，止军，与淮阴侯韩信、建成侯彭越期会而击楚军。至固陵，而信、越之兵不会。楚击汉军，大破之。汉王复入壁，深堑而自守。谓张子房曰："诸侯不从约，为之奈何？"对曰："楚兵且破，信、越未有分地，其不至固宜。君王能与共分天下，今可立致也。即不能，事未可知也。君王能自陈以东傅海，尽与韩信，睢阳以北至谷城，以与彭越，使各自为战，则楚易败也。"汉王曰："善。"于是乃发使者告韩信、彭越曰："并力击楚。楚破，自陈以东傅海与齐王，睢阳以北至谷城与彭相国。"使者至。韩信、彭越皆报曰："请今进兵。"韩信乃从齐往，刘贾军从寿春并行，屠城父，至垓下。大司马周殷叛楚，以舒屠六，举九江兵，随刘贾、彭越皆会垓下，诣项王。

项王军壁垓下，兵少食尽，汉军及诸侯兵围之数重。夜闻汉军四面皆楚歌，项王乃大惊曰："汉皆已得楚乎？是何楚人之多也！"项王则夜起，饮帐中。有美人名虞，常幸从。骏马名骓，常骑之。于是项王乃悲歌慷慨，自为诗曰："力拔山兮气盖世，时不利兮骓不逝。骓不逝兮可奈何，虞兮虞兮奈若何！"歌数阕，美人和之。项王泣数行下，左右皆泣，莫能仰视。

于是项王乃上马骑，麾下壮士骑从者八百余人，直夜溃围南出，驰走。平明，汉军乃觉之，令骑将灌婴以五千骑追之。项王渡淮，骑能属者百余人耳。项王至阴陵，迷失道，问一田父，田父绐曰"左"。左，乃陷大泽中。以故汉追及之。项王乃复引兵而东，至东城，乃有二十八骑。汉骑追者数千人。项王自度不得脱，谓其骑曰："吾起兵至今八岁矣，身七十余战，所当者破，所击者服，未尝败北，遂霸有天下。然今卒困于此，此天之亡我，非战之罪也。今日固决死，愿为诸君快战，必三胜之，为诸君溃围，斩将，刈旗，令诸君知天亡我，非战之罪也。"乃分其骑以为四队，四向。汉军围之数重。项王谓其骑曰："吾为公取彼一将。"令四面骑驰下，期山东为三处。于是项王大呼驰下，汉军皆披靡，遂斩汉一将。是时，赤泉侯为骑将，追项王，项王瞋目而叱之，赤泉侯人马俱惊，辟易数里。与其骑会为三处。汉军不知项王所在，乃分军为三，复围之。项王乃驰，复斩汉一都尉，杀数十百人，复聚其骑，亡其两骑耳。乃谓其骑曰："何如？"骑皆伏曰："如大王言。"

于是项王乃欲东渡乌江。乌江亭长舣船待，谓项王曰："江东虽小，地方千里，众数十万人，亦足王也。愿大王急渡。今独臣有船，汉军至，无以渡。"项王笑曰："天之亡我，我何渡为！且籍与江东子弟八千人渡江而西，今无一人还，纵江东父兄怜而王我，我何面目见之？纵彼不言，籍独不愧于心乎？"乃谓亭长曰："吾知公长者。吾骑此马五岁，所当无敌，尝一日行千里，不忍杀之，以赐公。"乃令骑皆下马步行，持短兵接战。独籍所杀汉军数百人。项王身亦被十余创。顾见汉骑司马吕马童，曰："若非吾故人乎？"马童面之，指王翳曰："此项王也。"项王乃曰："吾闻汉购我头千金，邑万户，吾为若德。"乃自刎而死。王翳取其头，余骑相蹂践争项王，相杀者数十人。最其后，郎中骑杨喜，骑司马吕马童，郎中吕胜、杨武各得其一体。五人共会其体，皆是。故分其地为五：封吕马童为中水侯，封王翳为杜衍侯，封杨喜为赤泉侯，封杨武为吴防侯，封吕胜为涅阳侯。

项王已死，楚地皆降汉，独鲁不下。汉乃引天下兵欲屠之，为其守礼义，为主死节，乃持项王头视鲁，鲁父兄乃降。始，楚怀王初封项籍为鲁公，及其死，鲁最后下，故以鲁公礼葬项王谷城。汉王为发哀，泣之而去。

诸项氏枝属，汉王皆不诛。乃封项伯为射阳侯。桃侯、平皋侯、玄武侯皆项氏，赐姓刘。

太史公曰：吾闻之周生曰"舜目盖重瞳子"，又闻项羽亦重瞳子。羽岂其苗裔邪？何兴之暴也！夫秦失其政，陈涉首难，豪杰蜂起，相与并争，不可胜数。然羽非有尺寸，乘势起陇亩之中，三年，遂将五诸侯灭秦，分裂天下，而封王侯，政由羽出，号为"霸王"，位虽不终，近古以来未尝有也。及羽背关怀楚，放逐义帝而自立，怨王侯叛己，难矣。自矜功伐，奋其私智而不师古，谓霸王之业，欲以力征经营天下，五年卒亡其国，身死东城，尚不觉寤而不自责，过矣。乃引"天亡我，非用兵之罪也"，岂不谬哉！

译文：

项籍是下相人，字羽。开始起兵时二十四岁。他的叔父是项梁，项梁的父亲就是楚将项燕，被秦将王翦所杀的那个人。项氏世代为楚将，封于项，所以姓项氏。

项籍小时候，学习认字写字，没有学成。放弃了学字，改学击剑，又没有学成。项梁很生他的气。项籍说："字只不过用来记记姓名而已。剑也只能抵敌一人，不值得学，要学能抵抗万人的本事。"于是项梁就教项籍兵法，项籍非常高兴，粗略地知道了兵法大意，但又不肯认真学完。项梁曾因栎阳罪案受到牵连，就请蕲县狱掾曹咎写信给栎阳狱掾司马欣，因此事情得到了结。项梁杀了人,和项籍到吴中躲避仇家。吴中有才能的士大夫都比不上项梁。每当吴中有大规模的繇役和丧葬,项梁常常主持办理,暗中用兵法部署调度宾客和子弟,因此了解了每个人的能力。秦始皇帝巡游会稽,渡过浙江,项梁和项籍一同去观看。项籍说:"那个皇帝,我可以取而代之。"项梁捂住他的嘴,说:"不许胡说八道,当心全族要杀头啊!"项梁因此觉得项籍不同于一般人。项籍身高八尺有余,力能举鼎,才气过人,连吴中子弟也敬畏他。

秦二世元年七月,陈涉等人在大泽乡起义。这一年九月,会稽郡守殷通对项梁说"江西都造反了,这也是上天灭亡秦朝的时候。我听说先发则能制人,后发则为人所制。我想发兵,派你和桓楚带领。"当时桓楚逃亡在湖泽之中。项梁说:"桓楚亡匿在外,人们不知道他的下落,只有项籍知道。"项梁走出来,吩咐项籍持剑在外面等候。项梁又走进去,与郡守一块儿坐着。项梁说:"请允许我叫项籍进来,让他接受命令召回桓楚。"郡守说:"好吧。"项梁招呼项籍进来。不一会儿,项梁使眼色给项籍说:"可以行动了!"于是项籍拔出剑来砍掉了郡守的脑袋。项梁拿着郡守的脑袋,身上系着郡守的官印。郡守的侍从护卫大为惊慌,一片混乱,项籍杀死了百十来人。全府中的人都慌惧畏服,没有人敢动手反抗。项梁就召集昔日所熟悉的有胆识的府吏,把所要做的起兵反秦这件事情向大家讲清楚,于是征集吴中士卒起义。派人搜罗下属各县丁壮,得到精兵八千人。项梁安排吴中豪杰为校尉、候、司马。有一人没有得到任用,自己去向项梁申述。项梁说:"前些时候有一丧事,让你主办一件事,你不能办,因此不任用你。"于是大家都很佩服项梁。项梁为会稽郡守,项籍为裨将。镇抚下属县邑。

广陵人召平这时为陈王略地广陵，没有降服。听说陈王战败逃走，秦兵又将要到达，就渡江假托陈王的命令，拜项梁为楚王的上柱国。召平说："江东已经平定，赶快引兵西进攻打秦军。"项梁就以八千人渡江向西进发。他听说陈婴已经攻下东阳，便派遣使者，想要与陈婴联合西进。陈婴这个人，原来是东阳令史，在县里一向诚实谨慎，人们称之为忠厚长者。东阳的青年杀死了他们的县令，聚合了几千人，想要选置一个首领，没有找到可用的人，就请陈婴来担任。陈婴推辞说不能胜任，大家就强行推立他做首领，县中随从的有二万人。青年们打算推举陈婴就便称王，士兵为了同其他各路军队相区别，头上裹以青巾，表示异军突起。陈婴的母亲对陈婴说："自从我做了你家的媳妇，未曾听说你的前辈有过高官贵爵。现在突然得到很大的名声，不是好兆头。不如有所归属，事情成功了，犹能得到封侯，事情失败了，也容易逃脱，因为不是社会上指名道姓的人。"因此陈婴不敢为王。对他的军吏说："项家世代为将，有名于楚。现在想要干成大事，将帅不得其人不行。我们依附名门大族，一定能使秦朝灭亡。"于是大家听从他的话，把军队归属项梁。项梁渡过淮水，黥布、蒲将军也率军归附。项梁共有六七万人，驻扎在下邳。

这时，秦嘉已立景驹为楚王，驻扎彭城东面，想要抵挡项梁。项梁对军吏说："陈王首先起事，作战不利，不知道下落。现在秦嘉背叛陈王而立景驹，大逆不道。"项梁就进兵攻打秦嘉。秦嘉的军队败逃，项梁追到胡陵。秦嘉回军打了一天，秦嘉阵亡，士卒投降。景驹逃走，死在梁地。项梁已经合并了秦嘉的军队，驻扎在胡陵，将要引军西进。章邯的军队到达栗县，项梁派别将朱鸡石、余樊君和他交战。余樊君战死，朱鸡石军败，逃跑到胡陵。项梁便带兵进入薛县，杀了朱鸡石。项梁在这之前派项羽另率一军攻打襄城，襄城坚守不降。攻克以后，全部坑杀了守城军民，回来报告项梁。项梁听说陈王确实死了，召集各路将领会合到薛县商讨大事。这时沛公也起兵于沛，前往薛县。

居鄛人范增，七十岁了，一向住在家里，喜欢奇策妙计。他去游说项梁说："陈胜失败本来是应该的。秦灭六国，楚国最没有过错。自从楚怀王入秦不返，楚人至今还想念他，所以楚南公说'楚虽三户，亡秦必楚'。如今陈胜首先起事，没有立楚国的后裔而自立为王，他的局面不会长久。现在你起兵江东，楚地将领有如群蜂纵横，都争先恐后地归附你的缘故，是因为项家世代为楚将，能够再立楚国的后裔。"项梁认为他说得对，就在民间寻访到了楚怀王的孙子心，他在给人放羊，项梁立他为楚怀王，顺从人民的愿望。陈婴为楚上柱国，封地有五个县，和楚怀王一起建都盱台。项梁自称为武信君。

过了几个月，项梁带兵攻打亢父，与齐田荣、司马龙且的军队一起援救东阿，在东阿大败秦军。田荣率军回到旧地，赶跑了齐王田假。田假逃到楚国。田假的相国田角逃到赵国。田角的弟弟田间原来是齐国的将领，留在赵国不敢回去。田荣立了田儋的儿子田市为齐王。项梁已经打垮了东阿方面的秦军，就乘胜追击。屡次派遣使者催促齐国军队，打算与它联兵西进。田荣说："楚国杀了田假，赵国杀了田角、田间，我就出兵。"项梁说："田假是楚国友好国家的国王，走投无路才来依附我，不忍心杀他。"赵国也不杀田角、田间作为与齐交换的条件。于是齐国不肯发兵帮助楚国。项梁派沛公和项羽另率一支军队攻打城阳，屠毁了县城。向西在濮阳东面击破了秦军，秦军收兵进入濮阳。沛公、项羽就攻打定陶。没有攻下定陶，率军离去，西进略地，到达雍丘，大破秦军，杀了李由。回军攻打外黄，没有攻下来。

项梁自东阿出发，向西进军，到达定陶后，又一次打败秦军，项羽等又杀了李由，因此，项梁越来越轻视秦军，面有骄色。宋义就劝告项梁说："打了胜仗而将领骄傲、士卒懈怠的就要失败。现在士卒稍有懈怠，秦兵日益增多，我替你担心。"项梁不听劝告。就派宋义出使齐国。路上遇到齐国使者高陵君显，问他："你将要去见武信君吗？"回答说："是的。"宋义说："我断定武信君的军队一定失败。你慢走就可以免死，快走就要遭殃。"秦果然发动全部兵力增援章邯，攻打楚军，大破楚军于定陶，项梁战死。沛公、项羽离开外黄攻打陈留，陈留坚兵固守，不能攻下。沛公、项羽互相商量说："如今项梁的军队垮了，士卒恐惧。"于是就领兵同吕臣的军队一起向东进发。吕臣驻扎在彭城东面，项羽驻扎在彭城西面，沛公驻扎在砀。

章邯已经打垮了项梁的军队，以为楚地的敌人不用担心了，就渡过黄河攻打赵地，大破赵军。这个时候，赵歇为赵王，陈余为将，张耳为相，都跑进了巨鹿城。章邯命令王离、涉间围攻巨鹿，章邯驻扎在巨鹿南面，修筑甬道输送粮食。陈余作为将领，统率士卒数万人驻扎在巨鹿的北面，这就是所说的河北之军。

楚军在定陶打了败仗，楚怀王很恐惧，从盱台前往彭城，合并了项羽、吕臣的军队亲自统率。以吕臣为司徒，用吕臣的父亲吕青为令尹。以沛公为砀郡长，封为武安侯，统率砀郡的军队。

以前宋义所遇到的齐国使者高陵君显还在楚国的军队里，他见到楚怀王说："宋义断定武信君的军队一定失败，过了几天，他的军队果然失败了。军队没有开战而先看到了失败的征兆，这可说是懂得军事了。"楚怀王召见宋义，和他商量事情，大为高兴，因此委任他为上将军，项羽为鲁公，担任次将，范增为末将，去援救赵国。各路别将都统属于宋义，宋义号为卿子冠军。

走到安阳，停留四十六天不前进。项羽说："我听说秦军把赵王围在巨鹿，赶快带兵渡河，楚军从外面攻打，赵军在内响应，一定能打垮秦军。"宋义说："不是的。咬牛的牛虻不能伤害虱子，现在秦军攻打赵军，打胜了则兵疲力尽，我们乘秦军疲惫发动进攻；打不胜，我们就率领军队鸣鼓西进，一定打垮秦军。所以不如先让秦、赵相斗。身披甲胄，手执利器，冲锋陷阵，宋义不如你；坐下来运筹划策，你不如宋义。"因此向军中下令说："凶猛如虎，狠戾如羊，贪婪如狼，倔强不听指挥的人，一律斩首。"宋义又派遣他的儿子宋襄去辅助齐国，亲自送他到无盐，摆酒设筵，大会宾客。当时，天寒大雨，士卒冻饿交加。项羽说："本来打算并力攻秦，却长期停留不进。现在年荒岁饥，人民贫困，士卒只吃半升豆子，食不果腹，军中没有存粮，宋义却还设酒宴，会宾客，不率领军队渡河就地取用赵国的粮食，而说什么'等待秦军疲惫'。秦以那样强大的兵力进攻新建立的赵国，形势发展的结果必定是秦军打垮赵国的军队。赵国的军队被打垮了，而秦军更加强大，还有什么疲惫的机会可乘！而且楚军最近被打败，国王坐不安席，把国内的所有兵力都集中起来统属于上将军，国家安危，在此一举。如今不体恤士卒，而徇情营私，不是与国家同休共戚之臣。"项羽早晨参见上将军宋义，就在他的帐幕中割下了宋义的脑袋，出来发令军中说："宋义和齐国阴谋反楚，楚王秘密命令我杀死他。"这时，将领们都恐惧屈服，没有敢抗拒的。都说："创建楚国的，是将军一家。现在又是将军处死了叛乱的人。"将领们就共同推立项羽为代理上将军。派人去追宋义的儿子，在齐国赶上了，杀死了他。项羽派桓楚向楚怀王报告。楚怀王就让项羽做上将军，当阳君、蒲将军都归项羽节制。

项羽已经杀了卿子冠军，威震楚国，名闻诸侯，他便派遣当阳君、蒲将军带领两万士卒渡河，援救巨鹿。战事稍有胜利，陈余又向项羽请求救兵。项羽就率领全军渡河，凿沉船只，砸破炊具，烧毁营舍，携带三天口粮，用以表示士卒拼死决战，没有一个有活着回来的打算。军队一到就围困了王离，与秦军遭遇，打了九仗，截断了秦军的甬道，大破秦军。杀了苏角，俘虏了王离。涉间不向楚军投降，自焚而死。诸侯将领都在营垒上观战。楚军战士无不以一当十，楚兵喊声震天，诸侯军人人胆战心惊。已经打垮了秦军，项羽召见各诸侯将领，他们进入辕门，无不膝行而前，不敢抬头仰视。项羽从此成为诸侯军的上将军，各路诸侯隶属于他。

章邯驻扎在棘原，项羽驻扎在漳水南岸，两军相持，没有交战。秦军多次退却，二世派人责让章邯。章邯恐惧，派长史司马欣去请示。到了咸阳，留在司马门三天，赵高不接见，有不信任之意。长史司马欣心里害怕，急忙逃回军中。他怕有人来追杀，没有敢走原路，果然赵高派人追赶他，没有追上。司马欣到了军中，向章邯报告说："赵高居中用事，下面的人不可能有所作为。如今仗能打赢，赵高必定嫉妒我们的功劳；仗打不赢，免不了被处死。希望将军深思熟虑。"陈余也送给章邯一封信说："白起为秦将，向南攻拔鄢、郢，向北坑杀马服，攻城略地，不可胜数，而最后竟然赐死。蒙恬为秦将，北逐匈奴，开辟榆中几千里的地域，最终竟然斩于阳周。为什么呢？功劳太多，秦不能按功行封，因此罗织罪名，用国法来杀死他们。现在将军为秦将三年了，所损失的士卒以十万计，而诸侯军同时并起，越来越多。那个赵高一向谄谀，为时已久，眼下形势危急，也怕二世杀他，所以打算借国法杀死将军，借以推卸责任，另外派人替代将军,以此来摆脱祸患。将军在外时日已久,朝廷中很多人与你有隔阂,有功也是被杀,无功也是被杀。况且天要亡秦,无论是愚笨的人还是聪明的人全都知道。如今将军在内不能直言规谏,在外为即将灭亡的国家的将领,孑身孤立而想长期存在,岂不可哀!将军何不倒戈与各路诸侯联合,签订和约,共同攻秦,割地为王,南向而坐,称孤道寡;这同自己伏砧受戮,妻子被杀,哪个比较好一些呢?"章邯犹豫不决,暗中派军候始成到项羽营中,想要签署和约。和约没有商妥,项羽让蒲将军昼夜领兵渡过三户津,扎营漳水南岸,与秦军交战,又一次打败了秦军。项羽率领全军士卒在污水上攻击秦军,把秦军打得大败。

章邯派人去见项羽,打算订立和约。项羽召集军吏商量说:"军中粮少,想允许他签订和约。"军吏都说:"好。"项羽就与章邯订期在洹水南岸殷墟相见。已经缔结了盟约,章邯见到项羽,涕泪交下,向项羽诉说赵高的种种行径。项羽就立章邯为雍王,安置在楚军营中。使长史司马欣为上将军,率领秦军为先行部队。

到达了新安。诸侯军的官兵以前曾因服徭役、屯戍边地路过秦中,秦中官兵对他们多有凌辱。等到秦军投降了诸侯军,诸侯军的官兵乘战争胜利的机会,像对待奴隶和俘虏一样地驱使他们,随便折磨侮辱秦军官兵。秦军官兵多在私下议论说:"章将军等欺骗我们投降诸侯军。如今能够入关破秦,当然很好;如果不能,诸侯军俘虏我们东去,秦势必把我们的父母妻子全部处死。"诸侯军的将领们暗中听到了他们的打算,报告了项羽。项羽就找来黥布、蒲将军商量说:"秦军官兵还很多,他们心里不服,到了关中不听从命令,事情必然岌岌可危,不如杀掉他们,而只与章邯、长史司马欣、都尉董翳一起入秦。"于是楚军夜间把秦军士卒二十多万人处死掩埋在新安城南。

项羽将要攻取秦关中地带。函谷关有兵把守,不能进去。又听说沛公已经攻破咸阳,项羽大怒,派当阳君等攻关。于是项羽便进入了函谷关,到达戏水西岸。沛公驻军霸上,没有能够和项羽相见。沛公左司马曹无伤派人对项羽说:"沛公想称王关中,使子婴为相,占有了全部珍宝。"项羽怒气冲天地说:"明天早晨饱餐士卒,将去击溃沛公的军队!"这时,项羽有兵四十万,驻扎在新丰鸿门,沛公有兵十万,驻扎在霸上。范增劝告项羽说:"沛公在山东时,贪财好货,喜爱美女。现在进了关,不收财物,不亲近妇女,由此看来,他的志向不小。我叫人观望他上空的云气,都呈龙虎形状,五颜六色,这是天子之气。赶快进击,不要失掉机会。"

楚国左尹项伯这个人,是项羽的叔父,一向和留侯张良相友好。张良这时跟随着沛公,项伯就夜间骑马跑到沛公军营,私下见到张良,讲述了事情的经过,打算叫张良和他一起离去。他说:"不要跟他们一起死掉。"张良说:"我为韩王护送沛公,现在沛公的事情发生了危急,逃走是不道义的,不能不说一声。"张良就走了进去,把情况全部告诉了沛公。沛公大吃一惊,说:"怎么办呢?"张良说:"谁给大王出的这个主意?"沛公说:"一个小子劝我说'守住函谷关,不要让诸侯军进来,秦地可以全部占为己有,在这里称王'。我听信了他的话。"张良说:"估计大王的军力足以抵挡项王吗?"沛公默然不语,过了一会儿说:"军力当然不如项羽,又该怎么办呢?"张良说:"请让我去告诉项伯,说沛公不敢背叛项王。"沛公说:"你怎么与项伯有交情?"张良说:"秦未灭六国时,项伯和我交游,他杀了人,我救了他。现在事有危急,幸亏他来告诉我。"沛公说:"项伯与你相比,谁年纪大?谁年纪小?"张良说:"他比我大。"沛公说:"你替我叫他进来,我要对他兄长相待。"张良走出来,邀请项伯。项伯就进去见沛公。沛公向项伯举杯敬酒,约为儿女亲家。沛公说:"我入了关,丝毫利益不敢有所接近,造册登记吏民,封存府库,等待将军。所以遣将守关,是为了防备别的盗贼出入和意外事件。我日日夜夜盼望将军到来,哪里敢反叛!请伯兄向将军详细说明我是不敢忘恩负义的。"项伯答应了。对沛公说:"明天早晨不可不早来向项王道歉。"沛公说:"是的。"于是项伯又当夜离去,回到军中,把沛公的话原原本本报告了项王。接着又说:"如果沛公不先攻破关中,难道你敢进来吗?如今人家立有大功而去攻打他,是不道义的,不如借他来请罪的机会好好对待他。"项王答应了。

次日早晨,沛公带着一百多名骑兵来见项王,到了鸿门,向项羽谢罪说:"我和将军并力攻秦,将军在河北作战,我在河南作战,然而我自己也没有想到先入关攻破秦地,能在这里又见到将军。现在有小人之言,使将军和我有了隔阂。"项王说:"这是你沛公左司马曹无伤说的,不然,我何至如此?"项王当天就留沛公一同饮酒。项王、项伯面朝东坐,亚父面朝南坐。亚父就是范增。沛公面朝北坐,张良面朝西陪坐。范增向项王多次使眼色,再三举起佩带的玉玦向项王示意,项王默然不应。范增起身出去找来项庄,对他说:"君王为人不狠,你进去上前祝酒,祝酒完了,请求舞剑,乘机在座上袭击沛公,杀死他。不然的话,你们这些人都将被他俘虏。"项庄便进去祝酒。祝酒完了说:"君王和沛公饮酒,军中没有什么可供娱乐的,请允许我舞剑助乐。"项王说:"好吧。"项庄拔剑起舞。项伯也拔剑起舞,常常用身体掩蔽沛公,项庄得不到刺杀机会。这时张良来到军门,看见了樊哙。樊哙说："今天的事情怎么样了？"张良说："极为危急。此刻项庄正在舞剑，他的用意时时在沛公身上。"樊哙说："这可紧急了，请让我进去，与沛公同生共死。"樊哙立即带着剑，手拥盾牌，进入军门。交戟守门的卫士打算阻拦，不让他进去，樊哙侧过他的盾牌撞击，卫士倒在地上，樊哙就进入了大帐，揭开帷帐，向西而立，圆睁怒目，看着项王，头发上指，眼眶破裂。项王按剑长跪说："来客是干什么的？"张良说："这是沛公的参乘樊哙。"项王说："壮士！赏赐他一杯酒。"左右就给他一大杯酒。樊哙拜谢后起来，站着一饮而尽。项王说："赏给他猪腿。"左右就给一只生猪腿。樊哙覆盾于地，把猪腿放在盾上，拔出剑来切肉吃。项王说："壮士！还能再喝酒吗？"樊哙说："我死都不怕，一杯酒哪里值得推辞！秦王有虎狼之心，杀人唯恐杀不尽，用刑唯恐刑不重，天下人都反叛他。楚怀王和将领们约定说'先攻破秦地进入咸阳的做关中王'。现在沛公先攻破了秦地进入咸阳，丝毫利益不敢有所接近，封闭宫室，回军霸上，等待大王到来。所以遣将守关，是为了防备别的盗贼和意外事件。沛公如此劳苦功高，却没有得到封侯的赏赐；大王您却听信闲言细语，要杀有功的人。这是继承了已经灭亡的秦朝的道路，以我私见，大王这样做是不可取的。"项王无辞以对，只说："坐。"樊哙在张良旁边坐下来。坐了不一会儿，沛公起来上厕所，乘机招呼樊哙出来。

　　沛公出去后，项王派都尉陈平去叫沛公回来。沛公对樊哙说："我们现在出去，没有辞行，怎么办呢？"樊哙说："做大事不顾忌细枝末节，行大礼不讲究小谦让。如今人家为刀俎，我们为鱼肉，还辞别什么！"于是就不辞而去。临走时，叫张良留下道谢。张良问："大王来时带了什么？"沛公说："我带来一只白璧,想献给项王,一只玉斗,想送给亚父,正碰上他们生气,不敢进献。你替我献给他们。"张良说:"遵命。"当时,项王的军队在鸿门,沛公的军队在霸上,相去四十里。沛公丢下车骑,一人骑马脱身而去,樊哙、夏侯婴、靳强、纪信等四人握剑持盾步行,从郦山下取道芷阳,抄行小路。沛公对张良说:"从这条路到我们军营,不过二十里而已。估计我到了军中,你再进去。"沛公走后,张良估计抄小路已经到达军中,就进去道谢说:"沛公经受不了杯盏,不能亲自来辞行。谨使张良奉上白璧一只,拜献大王;玉斗一只,拜送大将军。"项王说:"沛公在哪里?"张良说:"听说大王有意责备他,独自脱身而去,已经回到军中了。"项王接过玉璧,放在坐席上。亚父接过玉斗,放在地上,拔剑一击而碎,说:"唉!这小子不足以共谋大事。夺取项王天下的,一定是沛公,我们这些人就要被他俘虏了。"沛公回到军中,立刻杀了曹无伤。

过了几天,项羽带兵西进,屠毁咸阳,杀死了秦朝已经投降的国王子婴,焚烧秦朝宫室,大火三个月不灭;搜罗了秦朝的财宝和妇女,率军东去。有人劝项王说:"关中阻山带河,四面关塞,土地肥饶,可在这里建都,以定霸业。"项王看见秦朝宫室都已烧毁,残破不堪,又怀念故乡,心欲东归,就说:"富贵了不回故乡,如同衣绣夜行,有谁能知道!"说客说:"人们说楚国人是猕猴戴帽子,果然如此。"项王听到了这话,烹杀了那个说客。

项王派人向楚怀王报告请示。楚怀王说:"按照约定办。"项羽就尊楚怀王为义帝。项王想自己称王,就先封诸侯将相为王。对他们说:"天下最初发难的时候,暂时拥立诸侯后裔为王,以便讨伐秦朝。然而亲自身穿铠甲,手执兵器,率先起义,三年来风餐露宿，消灭秦朝，平定天下的，都是各位将相和我项籍的力量。只有义帝没有功劳，本来应该瓜分他的土地，封大家为王。"将领们都说："好。"项王就分割天下，封将领们为侯王。

项王、范增疑心沛公将来占有天下，不想让他称王关中，但既已和解，又怕违背原约，诸侯反叛，他们就暗中商量说："巴、蜀道路险恶，秦朝被迁徙的罪人都居住蜀地。"于是就扬言说："巴、蜀也是关中地区。"所以封沛公为汉王，称王于巴、蜀、汉中，建都南郑。而把关中分为三部分，封给秦朝降将为王，阻挡汉王，防止他将来向东方出兵。

项王封章邯为雍王，称王于咸阳以西，建都废丘。长史司马欣，从前做栎阳狱掾，曾对项梁有过恩德；都尉董翳，最初劝说章邯降楚，所以，封司马欣为塞王，称王于咸阳以东到黄河一带，建都栎阳；封董翳为翟王，称王于上郡，建都高奴。徙封魏王豹为西魏王，称王于河东，建都平阳。瑕丘申阳是张耳的宠臣，先攻下河南，在黄河岸边迎接楚军，所以立申阳为河南王，建都雒阳。韩王成仍以旧都城为都，建都阳翟。赵将司马卬平定河内，屡立战功，所以封司马卬为殷王，称王于河内，建都朝歌。徙封赵王歇为代王。赵相张耳一向贤能，又随从项王入关，所以封张耳为常山王，称王于赵地，建都襄国。当阳君黥布为楚军将领，常常勇冠全军，所以封黥布为九江王，建都于六。鄱君吴芮率领百越兵协助诸侯军，又随从入关，所以封吴芮为衡山王，建都于邾。义帝的柱国共敖率兵攻打南郡，功劳很多，于是封共敖为临江王，建都江陵。徙封燕王韩广为辽东王。燕将臧荼曾随楚军救赵，遂又跟从入关，所以封臧荼为燕王，建都于蓟。徙封齐王田市为胶东王。齐将田都曾随从项王共同救赵，遂又跟着入关，所以立田都为齐王，建都临菑。原来被秦朝灭亡的齐王建的孙子田安，在项羽渡河救赵时，攻下济水北边几座城邑，率领他的军队投降了项羽，所以封田安为济北王，建都博阳。田荣多次有负项梁，又不愿率军随楚击秦，因此没有封王。成安君陈余丢弃将印离去，没有随从入关，然而一向听说他贤能，有功于赵，知道他在南皮，所以把环绕南皮的三个县封给他。番君的将领梅鋗战功很多，所以封为十万户侯。项王自立为西楚霸王，封有九郡，建都彭城。

汉元年四月，在项王旌麾之下诸侯罢兵散归，各自回到封国。项王也出关回到封国，派人迁徙义帝，说："古代做帝王的拥有千里见方的土地，必须住在上游。"于是就派遣使者把义帝迁往长沙郴县。项王催促义帝快些动身，义帝群臣渐渐背叛了他，项王就暗中命令衡山王、临江王把义帝击杀在江中。韩王成没有军功，项王不让他就国，一起到了彭城，废去王号，改封为侯，不久又杀死了他。臧荼到了封国，就驱逐韩广去辽东，韩广不服从，臧荼在无终击杀了韩广，兼并了他的封地。

田荣听说项羽把齐王市徙封胶东，而立齐将田都为齐王，十分气愤，不愿让齐王去胶东，就据齐反叛，迎击田都。田都逃往楚国。齐王市害怕项王，就潜往胶东就国。田荣大为生气，派兵追击，在即墨杀死了他。田荣便自立为齐王，向西进兵，击杀了济北王田安，兼并了三齐。田荣把将军印授予彭越，让他在梁地反楚。陈余秘密派遣张同、夏说劝告齐王田荣说："项羽为天下的主宰，分封侯王不公平。如今把原来的诸侯王都封在坏地方称王，而他的群臣诸将都封在好地方称王。因为要赶走原来的诸侯王，赵王就只好到北方居住代地，我以为这样是不能答应的。听说大王已经起兵，而且不接受不道义的命令，希望大王援助我一些兵马，允许我用以攻打常山，恢复赵王的地位，愿把赵国作为齐国的屏障。"齐王答应了，就遣兵赴赵。陈余调动了三县的全部士卒，与齐军并力攻打常山，打垮了常山的军队。张耳逃走归服了汉王。陈余去代地迎接原来的赵王歇返归赵地。赵王就立陈余为代王。

这时，汉王回军平定了三秦。项羽听说汉王已经兼并了关中，将要东进，齐、赵又反叛了他，非常愤怒。就以从前的吴令郑昌为韩王，来阻挡汉军。命令萧公角等人攻击彭越。彭越打败了萧公角等人。汉王派张良巡行招抚韩地，张良就给项王写信说："汉王没有如约称王关中，有失职守，打算取得关中，实现了原来的约定就停止进军，不敢继续东进。"张良又把齐、梁的反叛文告送给项王，说："齐想和赵并力灭楚。"楚军因此无意西进，而向北攻打齐国。项王向九江王黥布征调兵力。黥布称病不往，而是派将领率兵几千人前去。项王从此怨恨黥布。

汉二年冬，项羽北上到达城阳，田荣也率军到此与项羽会战。田荣兵败，逃到平原，平原百姓杀死了他。楚军北进，烧毁齐国房屋，夷平齐国城郭，坑杀田荣降卒，掳掠老弱妇女。在齐攻城略地，直至北海，到处烧杀掠夺。齐国人联合起来反抗项羽。田荣的弟弟田横收集齐国逃散的士卒，得到几万人，反于城阳。因此项王留下来，连续攻打几次都没有攻下城阳。

春天，汉王统率五路诸侯的军队，共五十六万人，东进伐楚。项王听到这个消息，即令诸将攻打齐国，而自己带领精兵三万人南下，由鲁越过胡陵。四月，汉军都已进入彭城，搜掠财物珍宝和美女，天天设筵会饮。项王向西进发，到达萧县，早晨攻击汉军，向东进发，到达彭城，中午，把汉军打得大败。汉军溃退，相继逃入谷水、泗水，楚军杀死了十多万汉军士卒。汉军向南往山里逃跑，楚军又追击到灵壁东面的睢水上。汉军退却，为楚军所逼，拥挤在一起，多被杀伤，汉军十多万人落入睢水，睢水为之不流。楚军把汉王包围了三层。这时大风从西北刮起，吹断了树木，掀毁了房屋，飞沙走石，天色昏昏沉沉，狂风夹杂着沙石向楚军迎面扑来。楚军大乱，阵形溃散，汉王才得以和几十个骑兵逃走。打算经过沛县，接取家眷西行；楚军也派人追往沛县，掠取汉王家眷。家眷都已逃亡，没有和汉王相见。汉王在路上遇到了孝惠、鲁元，就用车拉着一块儿走。楚军骑兵追赶汉王，汉王着急了，把孝惠、鲁元推下车去，滕公便下车把他们抱上来，这样推下抱上了好几次。滕公说："事虽危急，不是可以把车赶得快一些吗！怎么能丢弃他们！"汉王最终脱身而出。他寻找太公、吕后，没有找到。审食其跟随太公、吕后从小路潜行，寻找汉王，反而碰上了楚军。楚军就带他们回到军营，报告了项王，项王把他们拘留在军营里。

这时吕后的哥哥周吕侯为汉率兵驻扎在下邑，汉王抄小路来到周吕侯那里，稍稍收集了一些逃散的士卒。到了荥阳，各路败军都会合在一起，萧何也征发关中没有进行兵役登记的老弱全部来到荥阳，声势又振作起来。楚军从彭城出发，常常乘胜追击败兵，与汉军在荥阳南面的京、索之间交战，汉军打败了楚军，楚军因此不能越过荥阳西进。

项王解救彭城，追赶汉王到达荥阳，田横乘机收复了齐国，立田荣子田广为齐王。汉王在彭城战败，诸侯又都向楚背汉。汉军驻扎在荥阳，修筑了一条甬道，与黄河相连，以便运取敖仓的粮食。

汉三年，项王屡次侵夺汉军的甬道，汉王粮食缺乏，恐慌起来，请求讲和，划分荥阳以西归汉。项王想要答应他。历阳侯范增说："汉军容易对付，现在放掉他们，不予以消灭，以后一定会懊悔。"项王就和范增加紧围攻荥阳。汉王深为忧虑，就采用陈平的计策离间项王和范增。项王的使者来了，给他准备了牛、羊、豕齐全的丰盛筵席，打算端上去。端饭菜的人一看使者，假装惊愕地说："我以为是亚父的使者，没想到反而是项王的使者。"把饭菜又端了下去，拿粗菜恶饭给项王的使者吃。使者回来报告了项王，项王就怀疑范增私通汉军，渐渐剥夺他的权力。范增大怒，说："天下的形势，大局已定，君王好自为之。请赐还我的躯体，让我成为一个普通的士卒。"项王答应了他。范增走了，还没有到彭城，因背上长毒疮死去了。

汉军将领纪信劝汉王说："形势已经很危急了，请让我假装成大王替你去蒙骗楚军，大王可以乘机逃出城去。"于是汉王夜间从荥阳东门放出两千名身穿铠甲的妇女，楚军四面围击。纪信乘坐黄屋车，左边的车衡上竖立着大纛旗，卫士大声地说："城中粮食吃光了，汉王投降。"楚军都高呼万岁。汉王和几十名骑兵从西门出城，奔向成皋。项王见到纪信，问他："汉王在哪里？"纪信说："汉王已经出城了。"项王烧死了纪信。

汉王派御史大夫周苛、枞公、魏豹守卫荥阳。周苛、枞公商量说："魏豹这个叛国之王，很难和他共守城池。"就一起杀死了魏豹。楚军攻下荥阳城，活捉了周苛。项王对周苛说："做我的将领，我以你为上将军，封三万户。"周苛骂着说："你不赶快投降汉军，汉军就要俘虏你，你不是汉军的对手。"项王大怒，烹死了周苛，并杀了枞公。

汉王逃出荥阳，南走宛、叶，收服了九江王黥布，一边走一边收集士卒，又进入成皋固守。汉四年，项王围攻成皋。汉王逃走了，单身一人与滕公出了成皋北门，渡河奔向修武，到了张耳、韩信军营。诸将陆续逃出成皋，追随汉王。楚军攻下成皋，想要向西进军。汉王派兵在巩县阻击，使楚军不能西进。

这时，彭越渡河在东阿攻击楚军，杀死了楚将军薛公。项王就亲自东去攻打彭越。汉王得到淮阴侯的军队，打算渡河南下。郑忠劝阻汉王，汉王就停留在河内筑起营垒。派刘贾领兵协同彭越，烧掉楚军的粮食。项王东进打败了刘贾和彭越，彭越逃走了。汉王率军渡河，又夺取了成皋，驻扎在广武，取食敖仓。项王已经平定了东海，率军回来，向西进发，与汉军都在广武驻扎，相持了好几个月。

当时，彭越在梁地多次反击楚军，断绝楚军的粮食，项王很忧虑。他设置了一个高大的砧板，把太公放在上面，告诉汉王说："现在不快快投降，我就烹杀太公。"汉王说："我和你项羽都是北面称臣，受命于怀王，说是'结为兄弟'，我的老子就是你的老子，一定要烹杀你的老子，那么希望你分给我一杯肉羹。"项王十分气愤，打算杀死太公。项伯说："天下大事还不能预料，而且打天下的人不顾念家眷，虽然杀了太公也没有好处，只能增加祸患。"项王听从了项伯的话。

楚、汉长期相持，未决胜负，年轻力壮的苦于行军作战，年老体弱的疲于水陆运输。项王对汉王说："几年来天下扰攘不安，只是由于我们两个人的缘故，我愿与你挑战，一决雌雄，不要使天下百姓空受痛苦。"汉王笑着拒绝说："我宁愿斗智，不愿斗力。"项王叫壮士出去挑战。汉军有个擅长骑马射箭的人叫楼烦，楚军派壮士挑战三次，楼烦都把壮士射死了。项王大怒，就亲自披甲持戟出来挑战。楼烦想要射他，项王怒目呵斥，楼烦被吓得眼不敢正视，手不敢发箭，跑回营垒，不敢再出来。汉王派人暗中打听，才知道挑战的人原来是项王。汉王大为震惊。于是项王靠近汉王军营，和汉王隔着广武涧对话。汉王历数项王的罪状，项王非常气愤，要求决战。汉王没有答应，项王埋伏的弓弩射中了汉王。汉王受伤跑回成皋。

项王听说淮阴侯已经攻下河北，打垮了齐、赵军队，而且将要进攻楚军，就派龙且前往迎击。淮阴侯与龙且交战，骑兵将领灌婴也出击龙且，大破楚军，杀死了龙且。韩信就自立为齐王。项王听说龙且的军队垮了，大为恐慌，派遣盱台人武涉去游说淮阴侯。淮阴侯不肯听从。这时，彭越又起来反楚，攻下梁地，断绝楚军的粮道。项王就对海春侯大司马曹咎等人说："小心守卫成皋，即使汉军挑战，也千万不要和它交战，不要让它东进就行了。我十五天内一定会杀掉彭越，平定梁地，再与将军会合。"于是项王率军东去，进军过程中攻打陈留、外黄。

外黄没有攻下。过了几天，外黄投降了，项王很生气，命令十五岁以上的男子全部到城东，准备坑杀他们。外黄令门客的儿子才十三岁，前去劝告项王说："彭越用武力逼迫外黄百姓，外黄百姓很害怕，所以暂时投降，等待大王到来。大王到了，又都坑杀他们，难道百姓还有归顺之心吗？从这儿往东，梁地十多个城邑都心怀恐惧，没有肯投降的了。"项王赞成他的话，就赦免了外黄应当坑杀的那些人。从外黄往东直至睢阳，听到这个消息，都争先恐后地向项王投降。

汉军果然屡次向楚军挑战，楚军不出来应战。汉军派人在阵前辱骂楚军，骂了五六天，大司马十分气愤，让士卒渡过汜水迎击汉军。士卒刚渡过一半，汉军出击，大败楚军，缴获了楚国全部物资。大司马曹咎、长史董翳、塞王司马欣都自刎在汜水上。大司马曹咎原来是蕲县的狱掾，长史司马欣原来是栎阳的狱吏，两人曾对项梁有过恩德，因此项王信任他们。当时，项王在睢阳，听说海春侯的军队失败了，就率军返回。汉军正在荥阳东面围攻钟离眛，项王一到，汉军害怕楚军，全部撤走到险阻地带。

这时，汉军兵多粮足，项王兵疲粮绝。汉王派遣陆贾劝说项王，请求释放太公，项王没有答应。汉王又派遣侯公前去劝说项王，项王就和汉约定，平分天下，划鸿沟以西归汉，鸿沟以东归楚。项王答应了侯公的要求，就把汉王的父母妻子送了回来。汉军都高呼万岁。汉王封侯公为平国君。侯公隐匿起来，不肯再见汉王。汉王说："这个人是天下善辩之士，所到之处，可以使人国家覆灭，所以封号为平国君。"项王已经订立和约，就解除了军事对峙，率军东归。

汉王准备西归，张良、陈平劝汉王说："汉占领了大半个天下，而诸侯都归服了我们。楚军兵疲粮尽，这是上天让楚灭亡的时候，不如乘这个机会消灭它。现在放走项王不去攻打他，这就是所谓'养虎为患'。"汉王同意了他们的建议。

汉五年，汉王追击项王到了阳夏南面，军队驻扎下来，与淮阴侯韩信、建成侯彭越约期会合进攻楚军。到达固陵，而韩信、彭越的军队不来会合。楚军攻击汉军，把汉军打得大败。汉王又进入营垒，挖深沟堑，自为固守。汉王对张良说："诸侯不遵守约定，怎么办呢？"张子房回答说："楚军即将崩溃，韩信、彭越没有分到一块封地，他们不来会合是很自然的。君王能和他们共分天下，眼下可以使他们立刻前来。如果不能这样，局势的发展很难预料。如果君王能把从陈县以东到海边的地区全部划给韩信，把睢阳以北到谷城分给彭越，使他们各自为战，那么楚军是容易打败的。"汉王说："好。"于是就派遣使者告诉韩信、彭越说："合力攻打楚军。楚军崩溃后，从陈县以东到海边给予齐王，睢阳以北到谷城给予彭相国。"使者一到，韩信、彭越都回话说："请让我们立刻进兵。"韩信就从齐地出发，刘贾的军队从寿春出发并行，屠毁了城父，到达垓下。大司马周殷背叛了楚国,利用舒地的兵力屠毁了六县,调动全部九江士卒,随同刘贾、彭越都会集在垓下,来到项王阵前。

项王的军队筑垒垓下,兵少粮尽,汉军和各路诸侯军队把它重重包围起来。夜晚听到四面的汉军都是唱的楚地歌曲,项王大为震惊地说:"汉军已经全部占领了楚国吗?为什么楚国人如此众多啊?"项王就夜间起来,在帐幕里饮酒。有一个名字叫虞的美人,得到项王的宠爱,常常带在身边。有一匹叫骓的骏马,项王经常骑着它。于是项王慷慨悲歌,自己作诗唱道:"力拔山兮气盖世,时不利兮骓不逝。骓不逝兮可奈何,虞兮虞兮奈若何!"唱了好几遍,美人跟着他一起唱。项王悲泣,泪下数行,左右侍从也都俯首哭泣,悲痛得不能抬头仰视。

于是项王上马突围,部下壮士骑马随从的有八百多人,当夜冲破包围,向南飞驰而去。天亮,汉军才发觉,派骑兵将领灌婴率五千骑兵追赶项王。项王渡过淮水,能够跟从的骑兵只有一百多人。项王到阴陵,迷失了道路,询问一个种田的人,种田的人欺骗他说"往左"。项王往左去,结果陷入了一大片沼泽中。因此,汉军追上了项王。项王就又带兵向东,到了东城,只有二十八个骑兵了。追赶的汉军骑兵有几千人。项王自己估计不能脱身了,对他的骑兵说:"我从起兵到现在有八年了,亲身打过七十多次仗,谁抵挡我,我就打垮谁,我攻击谁,谁就降服,未曾打过败仗,因而霸有天下。然而现在却被围困在这里,这是上天要灭亡我,不是我打仗的过错。今天固然要决心战死,愿意为各位痛痛快快地打一仗,一定要三次取胜,为各位突破重围,斩杀敌将,砍倒敌人军旗,让各位知道是上天灭亡我,不是我打仗的过错。"项王就把他的骑兵分为四队,面向四方。汉军把项王包围了好几层。项王对他的骑兵说:"我为你们斩他一个将领。"项王命令骑兵四面疾驰而下,约定在山的东面会合为三处。于是项王大声呼喊着,飞奔直下,汉军惊惶溃乱,项王就斩杀了一个汉军将领。当时,赤泉侯做骑兵将领,追赶项王,项王怒目大吼,赤泉侯人马俱惊,倒退了好几里。项王和他的骑兵分三处会合。汉军不知道项王在哪里,就把军队分为三部分,又把项王包围起来。项王骑马冲驰,又斩了汉军的一个都尉,杀死了百十来人,再把他的骑兵集合起来,只丧失了两个骑兵。项王就对他的骑兵说:"怎么样?"骑兵都佩服地说:"正像大王所说的那样。"

项王想要向东渡过乌江。乌江亭长把船靠在岸边等待着项王。他对项王说:"江东虽小,地方也纵横上千里,民众数十万,也足以称王。希望大王赶快渡江。现在只有我有船只,汉军来到这,没有船只渡江。"项王笑着说:"上天要灭亡我,我渡江干什么呢!况且我和江东子弟八千人渡江西进,现在没有一个人回来,即使江东父兄怜悯我,让我称王,我有什么脸面去见他们?即使他们不说什么,我项籍难道不于心有愧吗?"最后,项王对亭长说:"我知道你是个忠厚长者。我骑这匹马五年了,所向无敌,曾经一天奔驰一千里,不忍心杀了它,把它送给你吧。"就叫骑兵都下马步行,用短兵接战。单单项籍一人就杀死汉军几百人。项王身上也受了十多处伤。他回头看见汉军的骑司马吕马童,说:"你不是我的老朋友吗?"吕马童背对项王,指给王翳说:"这就是项王。"项王说:"我听说汉军用一千斤黄金、一万户封邑来购买我的头,我给你做件好事吧。"就自刎而死。王翳割了项王的头,其他骑兵自相蹂躏践踏,争夺项王的尸体,互相残杀了几十人。最后,郎中骑杨喜,骑司马吕马童,郎中吕胜、杨武各自得到了项王的一段肢体。五个人把肢体合拢起来，都确实是项王的。所以把准备封赏的土地分为五部分：封吕马童为中水侯，封王翳为杜衍侯，封杨喜为赤泉侯，封杨武为吴防侯，封吕胜为涅阳侯。

项王死后，楚国各地都投降了汉军，只有鲁城不肯投降。汉王就带领天下士卒打算屠毁鲁城，因为他们坚守礼仪，为主人以死守节，就拿项王的头给鲁城人看，鲁城父兄才投降了。最初，楚怀王曾封项籍为鲁公，等到项籍死了，鲁城又最后投降，所以用鲁公的礼仪把项王埋葬在谷城。汉王为项王举哀，哭了一场，然后离开了鲁城。

各支项氏宗族，汉王都不诛杀。封项伯为射阳侯。桃侯、平皋侯、玄武侯都是项氏宗族，赐姓刘。

太史公说：我听周生说"舜的眼睛大概是两个瞳孔"，又听说项羽也是两个瞳孔。项羽难道是舜的后裔吗？为什么兴起得这么迅速啊！秦朝政治腐败，陈涉首先发难，豪杰蜂起，相互争夺，不可胜数。然而项羽毫无凭借，乘势起于民间，三年时间，就率领五路诸侯军消灭了秦朝，分割天下，封王建侯，政自己出，号为"霸王"，虽然最后没能保持他的地位，但近古以来还未曾有过这样的事情。等到项羽放弃关中，怀恋楚地，放逐义帝而自立为王，抱怨王侯背叛自己，这时已经难以控制局势了。自我夸耀功勋，逞一己私智，不效法古人，以为创立霸王的事业，需要用武力来经营天下，终于五年时间覆灭了他自己的国家，身死东城，还没有觉悟，不自我谴责，这就不对了。竟然用"上天灭亡我，不是我用兵打仗的过错"为借口，难道不是太荒谬了吗！

史记卷八

高祖本纪第八

高祖，沛丰邑中阳里人，姓刘氏，字季。父曰太公，母曰刘媪。其先刘媪尝息大泽之陂，梦与神遇。是时雷电晦冥，太公往视，则见蛟龙于其上。已而有身，遂产高祖。

高祖为人，隆准而龙颜，美须髯，左股有七十二黑子。仁而爱人，喜施，意豁如也。常有大度，不事家人生产作业。及壮，试为吏，为泗水亭长，廷中吏无所不狎侮。好酒及色。常从王媪、武负贳酒，醉卧，武负、王媪见其上常有龙，怪之。高祖每酤留饮，酒雠数倍。及见怪，岁竟，此两家常折券弃责。

高祖常繇咸阳，纵观，观秦皇帝，喟然太息曰："嗟乎，大丈夫当如此也！"

单父人吕公善沛令，避仇从之客，因家沛焉。沛中豪桀吏闻令有重客，皆往贺。萧何为主吏，主进，令诸大夫曰："进不满千钱，坐之堂下。"高祖为亭长，素易诸吏，乃绐为谒曰"贺钱万"，实不持一钱。谒入，吕公大惊，起，迎之门。吕公者，好相人，见高祖状貌，因重敬之，引入坐。萧何曰："刘季固多大言，少成事。"高祖因狎侮诸客，遂坐上坐，无所诎。酒阑，吕公因目固留高祖。高祖竟酒，后。吕公曰："臣少好相人，相人多矣，无如季相，愿季自爱。臣有息女，愿为季箕帚妾。"酒罢，吕媪怒吕公曰："公始常欲奇此女，与贵人。沛令善公，求之不与，何自妄许与刘季？"吕公曰："此非儿女子所知也。"卒与刘季。吕公女乃吕后也，生孝惠帝、鲁元公主。

高祖为亭长时，常告归之田。吕后与两子居田中耨，有一老父过请饮，吕后因餔之。老父相吕后曰："夫人天下贵人。"令相两子，见孝惠，曰："夫人所以贵者，乃此男也。"相鲁元，亦皆贵。老父已去，高祖适从旁舍来，吕后具言："客有过，相我子母皆大贵。"高祖问，曰："未远。"乃追及，问老父。老父曰："乡者夫人婴儿皆似君，君相贵不可言。"高祖乃谢曰："诚如父言，不敢忘德。"及高祖贵，遂不知老父处。

高祖为亭长，乃以竹皮为冠，令求盗之薛治之，时时冠之，及贵常冠，所谓"刘氏冠"乃是也。

高祖以亭长为县送徒郦山，徒多道亡，自度比至皆亡之。到丰西泽中，止饮，夜乃解纵所送徒。曰："公等皆去，吾亦从此逝矣！"徒中壮士愿从者十余人。高祖被酒，夜径泽中，令一人行前。行前者还报曰："前有大蛇当径，愿还。"高祖醉，曰："壮士行，何畏！"乃前，拔剑击斩蛇。蛇遂分为两，径开。行数里，醉，因卧。后人来至蛇所，有一老妪夜哭。人问何哭，妪曰："人杀吾子，故哭之。"人曰："妪子何为见杀？"妪曰："吾子，白帝子也，化为蛇，当道，今为赤帝子斩之，故哭。"人乃以妪为不诚，欲告之。妪因忽不见。后人至，高祖觉。后人告高祖，高祖乃心独喜，自负。诸从者日益畏之。

秦始皇帝常曰"东南有天子气"，于是因东游以厌之。高祖即自疑，亡匿，隐于芒、砀山泽岩石之间。吕后与人俱求，常得之。高祖怪问之。吕后曰："季所居上常有云气，故从往常得季。"高祖心喜。沛中子弟或闻之，多欲附者矣。

秦二世元年秋，陈胜等起蕲，至陈而王，号为"张楚"。诸郡县皆多杀其长吏以应陈涉。沛令恐，欲以沛应涉。掾、主吏萧何、曹参乃曰："君为秦吏，今欲背之，率沛子弟，恐不听。愿君召诸亡在外者，可得数百人，因劫众，众不敢不听。"乃令樊哙召刘季。刘季之众已数十百人矣。

于是樊哙从刘季来。沛令后悔，恐其有变，乃闭城城守，欲诛萧、曹。萧、曹恐，逾城保刘季。刘季乃书帛射城上，谓沛父老曰："天下苦秦久矣。今父老虽为沛令守，诸侯并起，今屠沛。沛今共诛令，择子弟可立者立之，以应诸侯，则家室完。不然，父子俱屠，无为也。"父老乃率子弟共杀沛令，开城门迎刘季，欲以为沛令。刘季曰："天下方扰，诸侯并起，今置将不善，一败涂地。吾非敢自爱，恐能薄，不能完父兄子弟。此大事，愿更相推择可者。"萧、曹等皆文吏，自爱，恐事不就，后秦种族其家，尽让刘季。诸父老皆曰："平生所闻刘季诸珍怪，当贵，且卜筮之，莫如刘季最吉。"于是刘季数让。众莫敢为，乃立季为沛公。祠黄帝、祭蚩尤于沛庭，而衅鼓旗。帜皆赤，由所杀蛇白帝子，杀者赤帝子，故上赤。于是少年豪吏如萧、曹、樊哙等皆为收沛子弟二三千人，攻胡陵、方与，还守丰。

秦二世二年，陈涉之将周章军西至戏而还。燕、赵、齐、魏皆自立为王。项氏起吴。秦泗川监平将兵围丰，二日，出与战，破之。命雍齿守丰，引兵之薛。泗川守壮败于薛，走至戚，沛公左司马得泗川守壮，杀之。沛公还军亢父，至方与，未战。陈王使魏人周市略地。周市使人谓雍齿曰："丰，故梁徙也。今魏地已定者数十城。齿今下魏，魏以齿为侯守丰。不下，且屠丰。"雍齿雅不欲属沛公，及魏招之，即反为魏守丰。沛公引兵攻丰，不能取。沛公病，还之沛。沛公怨雍齿与丰子弟叛之，闻东阳宁君、秦嘉立景驹为假王，在留，乃往从之，欲请兵以攻丰。是时秦将章邯从陈，别将司马𡰣将兵北定楚地，屠相，至砀。东阳宁君、沛公引兵西，与战萧西，不利。还收兵聚留，引兵攻砀，三日乃取砀。因收砀兵，得五六千人。攻下邑，拔之。还军丰。闻项梁在薛，从骑百余往见之。项梁益沛公卒五千人，五大夫将十人。沛公还，引兵攻丰。

从项梁月余，项羽已拔襄城还。项梁尽召别将居薛。闻陈王定死，因立楚后怀王孙心为楚王，治盱台。项梁号武信君。居数月，北攻亢父，救东阿，破秦军。齐军归，楚独追北，使沛公、项羽别攻城阳，屠之。军濮阳之东，与秦军战，破之。

秦军复振，守濮阳，环水。楚军去而攻定陶，定陶未下。沛公与项羽西略地至雍丘之下，与秦军战，大破之，斩李由。还攻外黄，外黄未下。

项梁再破秦军，有骄色。宋义谏，不听。秦益章邯兵，夜衔枚击项梁，大破之定陶，项梁死。沛公与项羽方攻陈留，闻项梁死，引兵与吕将军俱东。吕臣军彭城东，项羽军彭城西，沛公军砀。

章邯已破项梁军，则以为楚地兵不足忧，乃渡河，北击赵，大破之。当是之时，赵歇为王，秦将王离围之巨鹿城，此所谓河北之军也。

秦二世三年，楚怀王见项梁军破，恐，徙盱台，都彭城，并吕臣、项羽军自将之。以沛公为砀郡长，封为武安侯，将砀郡兵。封项羽为长安侯，号为鲁公。吕臣为司徒，其父吕青为令尹。

赵数请救，怀王乃以宋义为上将军，项羽为次将，范增为末将，北救赵。令沛公西略地入关。与诸将约，先入定关中者王之。

当是时，秦兵强，常乘胜逐北，诸将莫利先入关。独项羽怨秦破项梁军，奋，愿与沛公西入关。怀王诸老将皆曰："项羽为人僄悍猾贼。项羽尝攻襄城，襄城无遗类，皆坑之，诸所过无不残灭。且楚数进取，前陈王、项梁皆败。不如更遣长者扶义而西，告谕秦父兄。秦父兄苦其主久矣，今诚得长者往，毋侵暴，宜可下。今项羽僄悍，今不可遣。独沛公素宽大长者，可遣。"卒不许项羽，而遣沛公西略地，收陈王、项梁散卒。乃道砀至成阳，与杠里秦军夹壁，破秦二军。楚军出兵击王离，大破之。

沛公引兵西，遇彭越昌邑，因与俱攻秦军，战不利。还至栗，遇刚武侯，夺其军，可四千余人，并之。与魏将皇欣、魏申徒武蒲之军并攻昌邑，昌邑未拔。西过高阳。郦食其为监门，曰："诸将过此者多，吾视沛公大人长者。"乃求见说沛公。沛公方踞床，使两女子洗足。郦生不拜，长揖，曰："足下必欲诛无道秦，不宜踞见长者。"于是沛公起，摄衣谢之，延上坐。食其说沛公袭陈留，得秦积粟。乃以郦食其为广野君，郦商为将，将陈留兵，与偕攻开封，开封未拔。西与秦将杨熊战白马，又战曲遇东，大破之。杨熊走之荥阳，二世使使者斩以徇。南攻颍阳，屠之。因张良遂略韩地轘辕。

当是时，赵别将司马卬方欲渡河入关，沛公乃北攻平阴，绝河津，南，战雒阳东，军不利，还至阳城，收军中马骑，与南阳守齮战犨东，破之。略南阳郡，南阳守齮走，保城守宛。沛公引兵过而西。张良谏曰："沛公虽欲急入关，秦兵尚众，距险，今不下宛，宛从后击，强秦在前，此危道也。"于是沛公乃夜引兵从他道还，更旗帜，黎明，围宛城三匝。南阳守欲自刭。其舍人陈恢曰："死未晚也。"乃逾城见沛公，曰："臣闻足下约，先入咸阳者王之。今足下留守宛。宛，大郡之都也，连城数十，人民众，积蓄多，吏人自以为降必死，故皆坚守乘城。今足下尽日止攻，士死伤者必多，引兵去宛，宛必随足下后，足下前则失咸阳之约，后又有强宛之患。为足下计，莫若约降，封其守，因使止守，引其甲卒与之西。诸城未下者，闻声争开门而待，足下通行无所累。"沛公曰："善。"乃以宛守为殷侯，封陈恢千户，引兵西，无不下者。至丹水，高武侯鳃、襄侯王陵降西陵。还攻胡阳，遇番君别将梅鋗，与皆，降析、郦。遣魏人宁昌使秦，使者未来。是时章邯已以军降项羽于赵矣。

初，项羽与宋义北救赵，及项羽杀宋义，代为上将军，诸将黥布皆属。破秦将王离军，降章邯，诸侯皆附。及赵高已杀二世，使人来，欲约分王关中。沛公以为诈，乃用张良计，使郦生、陆贾往说秦将，啖以利，因袭攻武关，破之。又与秦军战于蓝田南，益张疑兵旗帜，诸所过毋得掠卤，秦人憙，秦军解，因大破之。又战其北，大破之。乘胜，遂破之。

汉元年十月，沛公兵遂先诸侯至霸上。秦王子婴素车白马，系颈以组，封皇帝玺符节，降轵道旁。诸将或言诛秦王。沛公曰："始怀王遣我，固以能宽容；且人已服降，又杀之，不祥。"乃以秦王属吏，遂西入咸阳。欲止宫休舍，樊哙、张良谏，乃封秦重宝财物府库，还军霸上，召诸县父老豪桀曰："父老苦秦苛法久矣，诽谤者族，偶语者弃市。吾与诸侯约，先入关者王之，吾当王关中。与父老约，法三章耳：杀人者死，伤人及盗抵罪。余悉除去秦法。诸吏人皆案堵如故。凡吾所以来，为父老除害，非有所侵暴，无恐！且吾所以还军霸上，待诸侯至而定约束耳。"乃使人与秦吏行县乡邑，告谕之。秦人大喜，争持牛羊酒食献飨军士。沛公又让不受，曰："仓粟多，非乏，不欲费人。"人又益喜，唯恐沛公不为秦王。

或说沛公曰："秦富十倍天下，地形强。今闻章邯降项羽，项羽乃号为雍王，王关中。今则来，沛公恐不得有此。可急使兵守函谷关，无内诸侯军，稍征关中兵以自益，距之。"沛公然其计，从之。十一月中，项羽果率诸侯兵西，欲入关，关门闭。闻沛公已定关中，大怒，使黥布等攻破函谷关。十二月中，遂至戏。沛公左司马曹无伤闻项王怒，欲攻沛公，使人言项羽曰："沛公欲王关中，令子婴为相，珍宝尽有之。"欲以求封。亚父劝项羽击沛公。方飨士，旦日合战。是时项羽兵四十万，号百万。沛公兵十万，号二十万，力不敌。会项伯欲活张良，夜往见良，因以文谕项羽，项羽乃止。沛公从百余骑，驱之鸿门，见谢项羽。项羽曰："此沛公左司马曹无伤言之。不然，籍何以生此！"沛公以樊哙、张良故，得解归。归，立诛曹无伤。

项羽遂西，屠烧咸阳秦宫室，所过无不残破。秦人大失望，然恐，不敢不服耳。

项羽使人还报怀王。怀王曰："如约。"项羽怨怀王不肯令与沛公俱西入关，而北救赵，后天下约。乃曰："怀王者，吾家项梁所立耳，非有功伐，何以得主约！本定天下，诸将及籍也。"乃详尊怀王为义帝，实不用其命。

正月，项羽自立为西楚霸王，王梁、楚地九郡，都彭城。负约，更立沛公为汉王，王巴、蜀、汉中，都南郑。三分关中，立秦三将：章邯为雍王，都废丘；司马欣为塞王，都栎阳；董翳为翟王，都高奴。楚将瑕丘申阳为河南王，都洛阳。赵将司马卬为殷王，都朝歌。赵王歇徙王代。赵相张耳为常山王，都襄国。当阳君黥布为九江王，都六。怀王柱国共敖为临江王，都江陵。番君吴芮为衡山王，都邾。燕将臧荼为燕王，都蓟。故燕王韩广徙王辽东。广不听，臧荼攻杀之无终。封成安君陈余河间三县，居南皮。封梅鋗十万户。

四月，兵罢戏下，诸侯各就国。汉王之国，项王使卒三万人从，楚与诸侯之慕从者数万人，从杜南入蚀中。去辄烧绝栈道，以备诸侯盗兵袭之，亦示项羽无东意。至南郑，诸将及士卒多道亡归，士卒皆歌思东归。韩信说汉王曰："项羽王诸将之有功者，而王独居南郑，是迁也。军吏士卒皆山东之人也，日夜跂而望归，及其锋而用之，可以有大功。天下已定，人皆自宁，不可复用。不如决策东乡，争权天下。"

项羽出关，使人徙义帝。曰："古之帝者地方千里，必居上游。"乃使使徙义帝长沙郴县，趣义帝行，群臣稍倍叛之，乃阴令衡山王、临江王击之，杀义帝江南。项羽怨田荣，立齐将田都为齐王。田荣怒，因自立为齐王，杀田都而反楚；予彭越将军印，令反梁地。楚令萧公角击彭越，彭越大破之。陈余怨项羽之弗王己也，令夏说说田荣，请兵击张耳。齐予陈余兵，击破常山王张耳，张耳亡归汉。迎赵王歇于代，复立为赵王。赵王因立陈余为代王。项羽大怒，北击齐。

八月，汉王用韩信之计，从故道还，袭雍王章邯。邯迎击汉陈仓，雍兵败，还走；止战好畤，又复败，走废丘。汉王遂定雍地。东至咸阳，引兵围雍王废丘，而遣诸将略定陇西、北地、上郡。令将军薛欧、王吸出武关，因王陵兵南阳，以迎太公、吕后于沛。楚闻之，发兵距之阳夏，不得前。令故吴令郑昌为韩王，距汉兵。

二年，汉王东略地，塞王欣、翟王翳、河南王申阳皆降。韩王昌不听，使韩信击破之。于是置陇西、北地、上郡、渭南、河上、中地郡，关外置河南郡。更立韩太尉信为韩王。诸将以万人若以一郡降者，封万户。缮治河上塞。诸故秦苑囿园池，皆令人得田之。正月，虏雍王弟章平。大赦罪人。

汉王之出关至陕，抚关外父老，还，张耳来见，汉王厚遇之。

二月，令除秦社稷，更立汉社稷。

三月，汉王从临晋渡，魏王豹将兵从。下河内，虏殷王，置河内郡。南渡平阴津，至雒阳。新城三老董公遮说汉王以义帝死故。汉王闻之，袒而大哭。遂为义帝发丧，临三日。发使者告诸侯曰："天下共立义帝，北面事之。今项羽放杀义帝于江南，大逆无道。寡人亲为发丧，诸侯皆缟素。悉发关内兵，收三河士，南浮江、汉以下，愿从诸侯王击楚之杀义帝者。"

是时项王北击齐，田荣与战城阳。田荣败，走平原，平原民杀之。齐皆降楚。楚因焚烧其城郭，系虏其子女。齐人叛之。田荣弟横立荣子广为齐王，齐王反楚城阳。项羽虽闻汉东，既已连齐兵，欲遂破之而击汉。汉王以故得劫五诸侯兵，遂入彭城。项羽闻之，乃引兵去齐，从鲁出胡陵，至萧，与汉大战彭城灵壁东睢水上，大破汉军，多杀士卒，睢水为之不流。乃取汉王父母妻子于沛，置之军中以为质。当是时，诸侯见楚强汉败，还皆去汉复为楚。塞王欣亡入楚。

吕后兄周吕侯为汉将兵，居下邑。汉王从之，稍收士卒，军砀。汉王乃西过梁地，至虞。使谒者随何之九江王布所，曰："公能令布举兵叛楚，项羽必留击之。得留数月，吾取天下必矣。"随何往说九江王布，布果背楚。楚使龙且往击之。

汉王之败彭城而西，行使人求家室，家室亦亡，不相得。败后乃独得孝惠，六月，立为太子，大赦罪人。令太子守栎阳，诸侯子在关中者皆集栎阳为卫。引水灌废丘，废丘降，章邯自杀。更名废丘为槐里。于是令祠官祀天地四方上帝山川，以时祀之。兴关内卒乘塞。

是时九江王布与龙且战，不胜，与随何间行归汉。汉王稍收士卒，与诸将及关中卒益出，是以兵大振荥阳，破楚京、索间。

三年，魏王豹谒归视亲疾，至即绝河津，反为楚。汉王使郦生说豹，豹不听。汉王遣将军韩信击，大破之，虏豹。遂定魏地，置三郡，曰河东、太原、上党。汉王乃令张耳与韩信遂东下井陉击赵，斩陈余、赵王歇。其明年，立张耳为赵王。

汉王军荥阳南，筑甬道属之河，以取敖仓。与项羽相距岁余。项羽数侵夺汉甬道，汉军乏食，遂围汉王。汉王请和，割荥阳以西者为汉。项王不听。汉王患之，乃用陈平之计，予陈平金四万斤，以间疏楚君臣。于是项羽乃疑亚父。亚父是时劝项羽遂下荥阳，及其见疑，乃怒，辞老，愿赐骸骨归卒伍，未至彭城而死。

汉军绝食，乃夜出女子东门二千余人，被甲，楚因四面击之。将军纪信乃乘王驾，诈为汉王，诳楚，楚皆呼万岁，之城东观，以故汉王得与数十骑出西门遁。令御史大夫周苛、魏豹、枞公守荥阳。诸将卒不能从者，尽在城中。周苛、枞公相谓曰："反国之王，难与守城。"因杀魏豹。

汉王之出荥阳入关，收兵欲复东。袁生说汉王曰："汉与楚相距荥阳数岁，汉常困。愿君王出武关，项羽必引兵南走，王深壁，令荥阳成皋间且得休。使韩信等辑河北赵地，连燕齐，君王乃复走荥阳，未晚也。如此，则楚所备者多，力分，汉得休，复与之战，破楚必矣。"汉王从其计，出军宛、叶间，与黥布行收兵。

项羽闻汉王在宛，果引兵南。汉王坚壁不与战。是时彭越渡睢水，与项声、薛公战下邳，彭越大破楚军。项羽乃引兵东击彭越。汉王亦引兵北军成皋。项羽已破走彭越，闻汉王复军成皋，乃复引兵西，拔荥阳，诛周苛、枞公，而虏韩王信，遂围成皋。

汉王跳，独与滕公共车出成皋玉门，北渡河，驰宿修武。自称使者，晨驰入张耳、韩信壁，而夺之军。乃使张耳北益收兵赵地，使韩信东击齐。汉王得韩信军，则复振。引兵临河，南飨军小修武南，欲复战。郎中郑忠乃说止汉王，使高垒深堑，勿与战。汉王听其计，使卢绾、刘贾将卒二万人，骑数百，渡白马津，入楚地，与彭越复击破楚军燕郭西，遂复下梁地十余城。

淮阴已受命东，未渡平原。汉王使郦生往说齐王田广，广叛楚，与汉和，共击项羽。韩信用蒯通计，遂袭破齐。齐王烹郦生，东走高密。项羽闻韩信已举河北兵破齐、赵，且欲击楚，则使龙且、周兰往击之。韩信与战，骑将灌婴击，大破楚军，杀龙且。齐王广奔彭越。当此时，彭越将兵居梁地，往来苦楚兵，绝其粮食。

四年，项羽乃谓海春侯大司马曹咎曰："谨守成皋。若汉挑战，慎勿与战，无令得东而已。我十五日必定梁地，复从将军。"乃行击陈留、外黄、睢阳，下之。汉果数挑楚军，楚军不出，使人辱之五六日，大司马怒，度兵汜水。士卒半渡，汉击之，大破楚军，尽得楚国金玉货赂。大司马咎、长史欣皆自刭汜水上。项羽至睢阳，闻海春侯破，乃引兵还。汉军方围钟离昧于荥阳东，项羽至，尽走险阻。

韩信已破齐，使人言曰："齐边楚，权轻，不为假王，恐不能安齐。"汉王欲攻之。留侯曰："不如因而立之，使自为守。"乃遣张良操印绶立韩信为齐王。

项羽闻龙且军破，则恐，使盱台人武涉往说韩信。韩信不听。

楚、汉久相持未决，丁壮苦军旅，老弱罢转饷。汉王项羽相与临广武之间而语。项羽欲与汉王独身挑战。汉王数项羽曰："始与项羽俱受命怀王，曰先入定关中者王之，项羽负约，王我于蜀汉，罪一。项羽矫杀卿子冠军而自尊，罪二。项羽已救赵，当还报，而擅劫诸侯兵入关，罪三。怀王约入秦无暴掠，项羽烧秦宫室，掘始皇帝冢，私收其财物，罪四。又强杀秦降王子婴，罪五。诈坑秦子弟新安二十万，王其将，罪六。项羽皆王诸将善地，而徙逐故主，令臣下争叛逆，罪七。项羽出逐义帝彭城，自都之，夺韩王地，并王梁楚，多自予，罪八。项羽使人阴弑义帝江南，罪九。夫为人臣而弑其主，杀已降，为政不平，主约不信，天下所不容，大逆无道，罪十也。吾以义兵从诸侯诛残贼，使刑余罪人击杀项羽，何苦乃与公挑战！"项羽大怒，伏弩射中汉王。汉王伤匈，乃扪足曰："虏中吾指！"汉王病创卧，张良强请汉王起行劳军，以安士卒，毋令楚乘胜于汉。汉王出行军，病甚，因驰入成皋。

病愈，西入关，至栎阳，存问父老，置酒，枭故塞王欣头栎阳市。留四日，复如军，军广武。关中兵益出。

当此时，彭越将兵居梁地，往来苦楚兵，绝其粮食。田横往从之。项羽数击彭越等，齐王信又进击楚。项羽恐，乃与汉王约，中分天下，割鸿沟而西者为汉，鸿沟而东者为楚。项王归汉王父母妻子，军中皆呼万岁，乃归而别去。

项羽解而东归。汉王欲引而西归，用留侯、陈平计，乃进兵追项羽，至阳夏南止军，与齐王信、建成侯彭越期会而击楚军。至固陵，不会。楚击汉军，大破之。汉王复入壁，深堑而守之。用张良计，于是韩信、彭越皆往。及刘贾入楚地，围寿春。汉王败固陵，乃使使者召大司马周殷举九江兵而迎武王，行屠城父，随刘贾、齐梁诸侯皆大会垓下。立武王布为淮南王。

五年，高祖与诸侯兵共击楚军，与项羽决胜垓下。淮阴侯将三十万自当之，孔将军居左，费将军居右，皇帝在后，绛侯、柴将军在皇帝后。项羽之卒可十万。淮阴先合，不利，却。孔将军、费将军纵，楚兵不利，淮阴侯复乘之，大败垓下。项羽卒闻汉军之楚歌,以为汉尽得楚地,项羽乃败而走,是以兵大败。使骑将灌婴追杀项羽东城,斩首八万,遂略定楚地,鲁为楚坚守,不下。汉王引诸侯兵北,示鲁父老项羽头,鲁乃降。遂以鲁公号葬项羽谷城。还至定陶,驰入齐王壁,夺其军。

正月,诸侯及将相相与共请尊汉王为皇帝。汉王曰:"吾闻帝贤者有也,空言虚语,非所守也,吾不敢当帝位。"群臣皆曰:"大王起微细,诛暴逆,平定四海,有功者辄裂地而封为王侯。大王不尊号,皆疑不信。臣等以死守之。"汉王三让,不得已,曰:"诸君必以为便,便国家。"甲午,乃即皇帝位氾水之阳。

皇帝曰义帝无后,齐王韩信习楚风俗,徙为楚王,都下邳。立建成侯彭越为梁王,都定陶。故韩王信为韩王,都阳翟。徙衡山王吴芮为长沙王,都临湘。番君之将梅鋗有功,从入武关,故德番君。淮南王布、燕王臧荼、赵王敖皆如故。

天下大定。高祖都雒阳,诸侯皆臣属。故临江王驩为项羽叛汉,令卢绾、刘贾围之,不下。数月而降,杀之雒阳。

五月,兵皆罢归家。诸侯子在关中者复之十二岁,其归者复之六岁,食之一岁。

高祖置酒雒阳南宫。高祖曰:"列侯诸将无敢隐朕,皆言其情。吾所以有天下者何?项氏之所以失天下者何?"高起、王陵对曰:"陛下慢而侮人,项羽仁而爱人。然陛下使人攻城略地,所降下者因以予之,与天下同利也。项羽妒贤嫉能,有功者害之,贤者疑之,战胜而不予人功,得地而不予人利,此所以失天下也。"高祖曰:"公知其一,未知其二。夫运筹策帷帐之中,决胜于千里之外,吾不如子房。镇国家,抚百姓,给馈饷,不绝粮道,吾不如萧何。连百万之军,战必胜,攻必取,吾不如韩信。此三者,皆人杰也,吾能用之,此吾所以取天下也。项羽有一范增而不能用，此其所以为我擒也。"

高祖欲长都雒阳，齐人刘敬说，及留侯劝上入都关中，高祖是日驾，入都关中。六月，大赦天下。

十月，燕王臧荼反，攻下代地。高祖自将击之，得燕王臧荼，即立太尉卢绾为燕王。使丞相哙将兵攻代。

其秋，利几反，高祖自将兵击之，利几走。利几者，项氏之将。项氏败，利几为陈公，不随项羽，亡降高祖，高祖侯之颍川。高祖至雒阳，举通侯籍召之，而利几恐，故反。

六年，高祖五日一朝太公，如家人父子礼。太公家令说太公曰："天无二日，土无二王。今高祖虽子，人主也；太公虽父，人臣也。奈何令人主拜人臣！如此，则威重不行。"后高祖朝，太公拥篲，迎门却行。高祖大惊，下扶太公。太公曰："帝，人主也，奈何以我乱天下法！"于是高祖乃尊太公为太上皇。心善家令言，赐金五百斤。

十二月，人有上变事告楚王信谋反，上问左右，左右争欲击之。用陈平计，乃伪游云梦，会诸侯于陈，楚王信迎，即因执之。是日，大赦天下。田肯贺，因说高祖曰："陛下得韩信，又治秦中。秦，形胜之国，带河山之险，县隔千里，持戟百万，秦得百二焉。地势便利，其以下兵于诸侯，譬犹居高屋之上建瓴水也。夫齐，东有琅邪、即墨之饶，南有泰山之固，西有浊河之限，北有勃海之利。地方二千里，持戟百万，县隔千里之外，齐得十二焉。故此东西秦也。非亲子弟，莫可使王齐矣。"高祖曰："善。"赐黄金五百斤。

后十余日，封韩信为淮阴侯，分其地为二国。高祖曰将军刘贾数有功，以为荆王，王淮东。弟交为楚王，王淮西。子肥为齐王，王七十余城，民能齐言者皆属齐。乃论功，与诸列侯剖符行封。徙韩王信太原。

七年，匈奴攻韩王信马邑，信因与谋反太原。白土曼丘臣、王黄立故赵将赵利为王以反，高祖自往击之。会天寒，士卒堕指者什二三，遂至平城。匈奴围我平城，七日而后罢去。令樊哙止定代地。立兄刘仲为代王。

二月，高祖自平城过赵、雒阳，至长安。长乐宫成，丞相已下徙治长安。

八年，高祖东击韩王信余反寇于东垣。

萧丞相营作未央宫，立东阙、北阙、前殿、武库、太仓。高祖还，见宫阙壮甚，怒，谓萧何曰："天下匈匈，苦战数岁，成败未可知，是何治宫室过度也？"萧何曰："天下方未定，故可因遂就宫室。且夫天子以四海为家，非壮丽无以重威，且无令后世有以加也。"高祖乃说。

高祖之东垣，过柏人，赵相贯高等谋弑高祖，高祖心动，因不留。代王刘仲弃国亡，自归雒阳，废以为合阳侯。

九年，赵相贯高等事发觉，夷三族。废赵王敖为宣平侯。是岁，徙贵族楚昭、屈、景、怀、齐田氏关中。

未央宫成。高祖大朝诸侯群臣，置酒未央前殿。高祖奉玉卮，起为太上皇寿，曰："始大人常以臣无赖，不能治产业，不如仲力。今某之业所就孰与仲多？"殿上群臣皆呼万岁，大笑为乐。

十年十月，淮南王黥布、梁王彭越、燕王卢绾、荆王刘贾、楚王刘交、齐王刘肥、长沙王吴芮皆来朝长乐宫。春夏无事。

七月，太上皇崩栎阳宫。楚王、梁王皆来送葬。赦栎阳囚。更命郦邑曰新丰。

八月，赵相国陈豨反代地。上曰："豨尝为吾使，甚有信。代地吾所急也，故封豨为列侯，以相国守代，今乃与王黄等劫掠代地！代地吏民非有罪也，其赦代吏民。"九月，上自东往击之。至邯郸，上喜曰："豨不南据邯郸而阻漳水，吾知其无能为也。"闻豨将皆故贾人也，上曰："吾知所以与之。"乃多以金啖豨将，豨将多降者。

十一年，高祖在邯郸诛豨等未毕，豨将侯敞将万余人游行，王黄军曲逆，张春渡河击聊城。汉使将军郭蒙与齐将击，大破之。太尉周勃道太原入，定代地。至马邑，马邑不下，即攻残之。

豨将赵利守东垣，高祖攻之，不下。月余，卒骂高祖，高祖怒。城降，令出骂者斩之，不骂者原之。于是乃分赵山北，立子恒以为代王，都晋阳。

春，淮阴侯韩信谋反关中，夷三族。

夏，梁王彭越谋反，废迁蜀；复欲反，遂夷三族。立子恢为梁王，子友为淮阳王。

秋七月，淮南王黥布反，东并荆王刘贾地，北渡淮。楚王交走入薛。高祖自往击之。立子长为淮南王。

十二年，十月，高祖已击布军会甄，布走，令别将追之。

高祖还归，过沛，留。置酒沛宫，悉召故人父老子弟纵酒，发沛中儿得百二十人，教之歌。酒酣，高祖击筑，自为歌诗曰："大风起兮云飞扬，威加海内兮归故乡，安得猛士兮守四方！"令儿皆和习之。高祖乃起舞，慷慨伤怀，泣数行下，谓沛父兄曰："游子悲故乡。吾虽都关中，万岁后吾魂魄犹乐思沛。且朕自沛公以诛暴逆，遂有天下，其以沛为朕汤沐邑，复其民，世世无有所与。"沛父兄诸母故人日乐饮极驩，道旧故为笑乐。十余日，高祖欲去，沛父兄固请留高祖。高祖曰："吾人众多，父兄不能给。"乃去。沛中空县皆之邑西献。高祖复留止，张饮三日，沛父兄皆顿首曰："沛幸得复，丰未复，唯陛下哀怜之。"

高祖曰："丰吾所生长，极不忘耳，吾特为其以雍齿故反我为魏。"沛父兄固请，乃并复丰，比沛。于是拜沛侯刘濞为吴王。

汉将别击布军洮水南北，皆大破之，追得斩布鄱阳。

樊哙别将兵定代，斩陈豨当城。

十一月，高祖自布军至长安。十二月，高祖曰："秦始皇帝、楚隐王陈涉、魏安釐王、齐缗王、赵悼襄王皆绝无后，予守冢各十家，秦皇帝二十家，魏公子无忌五家。"赦代地吏民为陈豨、赵利所劫掠者，皆赦之。陈豨降将言豨反时，燕王卢绾使人之豨所，与阴谋。上使辟阳侯迎绾，绾称病。辟阳侯归，具言绾反有端矣。二月，使樊哙、周勃将兵击燕王绾。赦燕吏民与反者。立皇子建为燕王。

高祖击布时，为流矢所中，行道病。病甚，吕后迎良医。医入见，高祖问医，医曰："病可治。"于是高祖嫚骂之曰："吾以布衣提三尺剑取天下，此非天命乎？命乃在天，虽扁鹊何益！"遂不使治病，赐金五十斤罢之。已而吕后问："陛下百岁后，萧相国即死，令谁代之？"上曰："曹参可。"问其次，上曰："王陵可。然陵少戆，陈平可以助之。陈平智有余，然难以独任。周勃重厚少文，然安刘氏者必勃也，可令为太尉。"吕后复问其次，上曰："此后亦非而所知也。"

卢绾与数千骑居塞下候伺，幸上病愈自入谢。

四月甲辰，高祖崩长乐宫。四日不发丧。吕后与审食其谋曰："诸将与帝为编户民，今北面为臣，此常怏怏，今乃事少主，非尽族是，天下不安。"人或闻之，语郦将军。郦将军往见审食其，曰："吾闻帝已崩，四日不发丧，欲诛诸将。诚如此，天下危矣。陈平、灌婴将十万守荥阳，樊哙、周勃将二十万定燕、代，此闻帝崩，诸将皆诛，必连兵还乡以攻关中。大臣内叛，诸侯外反，亡可翘足而待也。"审食其入言之，乃以丁未发丧，大赦天下。

卢绾闻高祖崩，遂亡入匈奴。

丙寅，葬。己巳，立太子，至太上皇庙。群臣皆曰："高祖起微细，拨乱世反之正，平定天下，为汉太祖，功最高。"上尊号为高皇帝。太子袭号为皇帝，孝惠帝也。令郡国诸侯各立高祖庙，以岁时祠。

及孝惠五年，思高祖之悲乐沛，以沛宫为高祖原庙。高祖所教歌儿百二十人，皆令为吹乐，后有缺，辄补之。

高帝八男：长庶齐悼惠王肥；次孝惠，吕后子；次戚夫人子赵隐王如意；次代王恒，已立为孝文帝，薄太后子；次梁王恢，吕太后时徙为赵共王；次淮阳王友，吕太后时徙为赵幽王；次淮南厉王长；次燕王建。

太史公曰：夏之政忠。忠之敝，小人以野，故殷人承之以敬。敬之敝，小人以鬼，故周人承之以文。文之敝，小人以僿，故救僿莫若以忠。三王之道若循环，终而复始。周秦之间，可谓文敝矣。秦政不改，反酷刑法，岂不缪乎？故汉兴，承敝易变，使人不倦，得天统矣。朝以十月。车服黄屋左纛。葬长陵。

译文：

高祖，沛县丰邑中阳里人。姓刘，字季。父亲叫太公，母亲叫刘媪。先前刘媪曾经休息于大湖岸边，睡梦中与神相交合。这时雷电交作，天昏地暗。太公去看刘媪，见到一条蛟龙在她身上。后来刘媪怀了孕，就生了高祖。

高祖这个人，有高鼻梁、像龙一样丰满的额角、漂亮的须髯，左腿上有七十二颗黑痣。仁厚爱人，喜欢施舍，胸襟开阔。常有远大的志向，不从事一般百姓的生产作业。到了壮年，试做官吏，当了泗水亭亭长。公廷中的官吏，没有一个不混得很熟，受他戏弄。爱好喝酒，喜欢女色。常常向王媪、武负赊酒，喝醉了卧睡，武负、王媪看见他上空常有一条龙，感到很奇怪。高祖每次来买酒，留在酒店中饮酒，酒店的酒比平常多卖几倍。等到发现了奇怪的现象，年终时，这两家酒店常折毁账目，放弃债权。

　　高祖曾经到咸阳服徭役，有一次秦始皇车驾出巡，纵任人们观看，他看到了秦始皇，喟然长叹说："啊，大丈夫应当像这个样子！"

　　单父人吕公与沛县县令相友好，为了躲避仇人到县令家做客，因而迁家到沛县。沛县中的豪杰官吏听说县令有贵客，都去送礼祝贺。萧何为县里的主吏，主管收礼物，对各位贵客说："礼物不满一千钱的，坐在堂下。"高祖做亭长，向来轻视那些官吏，于是欺骗地在名刺上说"贺万钱"，其实没有拿出一个钱。名刺递了进去，吕公大惊，站起来，到门口迎接高祖。吕公这个人好给人相面，看到高祖的状貌，就特别敬重他，领他到堂上入座。萧何说："刘季本来大话很多，很少成事。"由于受到吕公的敬重，高祖便戏辱堂上的客人，自己坐在上座，毫不谦让。酒席就要散尽，吕公以目示意高祖不要走。高祖喝完了酒，留在后面。吕公说："我从年少时就好给人相面，相过的人多了，没有一个像你刘季这样的贵相，希望你刘季保重。我有一亲生女儿，愿意作为你刘季执帚洒扫的妻子。"酒席结束后，吕媪生吕公的气，说："你最初常想使这个女儿与众不同，把她嫁给贵人。沛令与你相友好，求娶女儿，你不答应，为什么自己妄作主张许配给了刘季？"吕公说："这不是妇孺之辈所能懂得的。"终于把女儿嫁给了刘季。吕公的女儿就是吕后,她生了孝惠帝、鲁元公主。

高祖做亭长时,曾经请假回家。吕后与两个孩子在田间锄草,有一老人路过,要些水喝,吕后就请他吃了饭。老人给吕后相面,说:"夫人是天下的贵人。"吕后让他给两个孩子看相。老人看了孝惠,说:"夫人所以显贵,就是这个孩子的缘故。"看了鲁元,也是贵相。老人已经走了,高祖正好从别人家来到田间,吕后告诉他:"一位客人从这里经过,给我们母子看相,说将来都是大贵人。"高祖问老父在哪儿,吕后说:"走出不远。"高祖追上了老人,向他询问。老人说:"刚才相过夫人和孩子,他们都跟你相似,你的相貌,贵不可言。"高祖便道谢说:"如果真像老父所说,决不忘记对我的恩德。"等到高祖显贵,竟然不知道那个老人的去处了。

高祖做亭长,以竹皮为帽,这帽子是他派捕盗卒到薛县制作的,经常戴着它。等到显贵时,仍然常常戴着,所谓"刘氏冠",就是指这种帽子。

高祖因身任亭长,为县里送役徒去郦山,役徒多在途中逃亡。他估计,等走到郦山,大概都逃光了。到丰邑西面的沼泽地带,停下来喝酒,夜间高祖就释放了所押送的役徒。高祖说:"各位都走吧,我也从此一去不返了!"役徒中有十多个年轻力壮的愿意跟随高祖。高祖带着酒意,当夜抄小路通过这片沼泽,派一人前行探路。前行探路的人回来报告说:"前面有条大蛇横在路当中,请回去吧。"高祖醉醺醺的,说:"好汉走路,何所畏惧!"于是,就走上前去,拔剑击蛇,斩为两段,道路打通了。走了几里地,酒性发作,便躺下睡觉。后面的人来到斩蛇的地方,见有一个老太太夜里哭泣。人们问她为什么啼哭,老太太说:"有人杀了我的儿子,所以我哭。"人们又说:"老太太,你的儿子为什么被杀了?"老太太说:"我儿子,是白帝的儿子,变为蛇,横在路当中,现在被赤帝的儿子杀了,所以我才哭。"人们以为老太太不诚实,想要给她点苦头吃,老太太忽然不见了。落在后面的人到了高祖休息的地方,高祖已经醒了。他们把刚才发生的事告诉了高祖,高祖听了暗自高兴,觉得自命不凡。那些跟随他的人对他日益敬畏。

秦始皇帝常说"东南有天子气",因而巡游东方,借以镇伏东南的天子气。高祖怀疑这件事与自己有关,就逃跑藏了起来,隐身在芒山、砀山一带的山泽岩石之间。吕后和别人一块儿寻找,常常一去就找到了高祖。高祖感到奇怪,就问吕后。吕后说:"你所处的地方上空常有云气,向着有云气的地方去找,常常可以找到你。"高祖心里非常高兴。沛县子弟有的听到这件事,很多人都想归附他。

秦二世元年秋天,陈胜等在蕲县起义,到了陈县自立为王,号称"张楚"。各郡县都大多杀死长官,响应陈胜。沛县县令恐惧,想要以沛县响应陈胜。主吏萧何、狱掾曹参对他说:"您身为秦朝的官吏,如今要叛秦起事,率领沛县子弟,恐怕他们不愿听命。希望您召集逃亡在外面的人,可以得到几百人。利用这股力量胁持群众,群众不敢不听您的命令。"县令就派樊哙去召唤刘季,刘季的队伍已经近百人了。

于是樊哙跟着刘季来到沛县。沛县县令又后悔了,恐怕他们会发动事变,就关闭城门,派人防守,不让刘季进城,打算杀掉萧何、曹参。萧何、曹参恐惧,翻过城墙依附刘季。刘季用帛写了一封信,射到城上,告诉沛县父老说:"天下苦于秦朝的暴政已经很久了。现在父老为沛令守城,但各国诸侯都已起事,一旦城破，就要屠戮沛县。如果沛县父老共同起来杀死沛令，选择子弟中可以立为首领的做领导，以响应诸侯军，那就能保全身家性命。不然的话，父子全遭杀害，死得毫无意义。"父老们就率领子弟共同杀了沛令，打开城门，迎接刘季，想让他做沛县县令。刘季说："天下正在混乱当中，诸侯都已起事，如果推选的将领不能胜任，就会一败涂地。我不是吝惜自己的生命，只怕才劣力薄，不能保全父兄子弟。这是件大事，希望另外共同推选一位能够胜任的人。"萧何、曹参等都是文官，看重身家性命，怕事情不成，秦朝会诛灭他们的全族，所以都推让刘季。父老们都说："我们平时听到刘季许多奇异的事情，看来刘季是该显贵的。而且又经过占卜，没有比刘季更吉利的。"这时刘季再三谦让，大家都不敢担任，最后还是立刘季为沛公。在沛县衙门的庭院里祭祀黄帝和蚩尤，又用牲血衅鼓旗。旗子一律红色，因为刘季所杀蛇是白帝的儿子，杀蛇的是赤帝的儿子，所以崇尚赤色。于是少年子弟和有势的官吏，如萧何、曹参、樊哙等人，都为沛公征集兵员，集合了两三千人，攻打胡陵、方与，回军固守丰邑。

秦二世二年，陈胜将领周章的军队西至戏水而还。燕、赵、齐、魏都自立为王。项梁、项羽起兵于吴。秦泗水郡郡监平率兵围丰，两天后，沛公出兵应战，打败了秦军。沛公命令雍齿守卫丰邑，自己引兵赴薛。泗水郡郡守壮在薛战败，逃到戚。沛公左司马擒获泗水郡郡守壮，杀死了他。沛公回军亢父，到了方与，没有交战。陈王陈胜派魏人周市攻城略地。周市使人对雍齿说："丰，原来梁王曾迁徙到这里。如今魏地已经攻占的有数十城，你雍齿如果降魏，魏封你雍齿为侯，仍然驻守丰邑；不投降的话，就要血洗丰邑。"雍齿本来就很不愿意隶属沛公，等到魏国招降他，就背叛沛公，为魏防守丰邑。沛公引兵攻丰，没有攻下。沛公病了，回到沛县。沛公怨恨雍齿和丰邑子弟都背叛他，听说东阳宁君、秦嘉立景驹为假王，住在留县，就去依附他们，想借兵攻打丰邑。这时，秦将章邯在追击陈王的部队，别将司马尼率军北向，攻占楚地，在相屠城，到了砀县。东阳宁君、沛公引兵西进，与司马尼在萧县西面交战，没有占着便宜。退回来收集散兵，屯聚留县，引兵攻砀，三天就攻下了砀县。收编砀县降兵，得到五六千人，进攻下邑，打了下来。回军丰邑。听说项梁在薛县，带了随从骑兵一百多人去见项梁。项梁给沛公增拨士兵五千人，五大夫一级的将领十人。沛公回来，引兵攻丰。

沛公跟随项梁一个多月，项羽已经攻克襄城回来。项梁把各路将领都召集到薛县，听说陈王确实死了，就立楚国后人、楚怀王的孙子心为楚王，建都盱台。项梁号为武信君。停了几个月，向北攻打亢父，救援东阿被围的齐军，打败了秦军。齐军回齐，楚军单独追击败兵。派沛公、项羽另率军队攻打城阳，大肆杀戮城中军民。沛公、项羽驻军濮阳东面，与秦军接战，击破了秦军。

秦军又振作起来，固守濮阳，决水自环。楚军离去，转攻定陶，定陶没有攻下。沛公和项羽向西攻城略地，到了雍丘城下，与秦军交战，大破秦军，杀了李由。回军攻打外黄，外黄没有攻克。

项梁又一次打败了秦军，有骄傲的神色。宋义劝诫他，他不听。秦派兵增援章邯，夜间衔枚偷袭项梁，大破项梁于定陶，项梁战死。沛公和项羽正在攻打陈留，听说项梁死了，带兵和吕将军一起向东进发。吕臣驻扎在彭城东面，项羽驻扎在彭城西面，沛公驻扎在砀。

章邯已经打垮了项梁的军队，以为楚地的敌人不用担心了，就渡过黄河，北进攻打赵地，大破赵军。这个时候，赵歇为赵王，秦将王离围困赵歇于巨鹿城。被围在巨鹿的军队，这就是所谓的"河北之军"。

秦二世三年，楚怀王看到项梁的军队被打垮了，心里恐惧，迁离盱台，建都彭城，合并吕臣、项羽的军队，亲自统率。以沛公任砀郡长，封为武安侯，统领砀郡的军队。封项羽为长安侯，号为鲁公。吕臣任司徒，他的父亲吕青做令尹。

赵多次请求救援，楚怀王就以宋义为上将军，项羽为次将，范增为末将，北上救赵。命令沛公西出略地，打入关中。同将领们约定：先攻入关中的，就封在关中做王。

这时候，秦军强盛，常常乘胜追击，众将领没有认为先入关的是有利的。唯独项羽痛恨秦打垮了项梁的军队，心中愤激，愿和沛公西进入关。怀王的老将都说："项羽为人轻捷而凶猛，狡诈而残忍。项羽曾经攻打襄城，襄城没有留下一个活人，全都活埋了。所经过的地方，无不残杀毁灭。况且楚军多次进兵攻取，没有获胜，以前陈王、项梁都失败了。不如另派宽厚长者，以正义为号召，向西进发，把道理向秦父老兄弟讲清楚。秦父老兄弟苦于他们君主的统治很久了，现在如果真能得到宽厚长者去关中，不加欺凌暴虐，应该能够拿下关中。而今项羽剽悍，不可派遣。只有沛公向来是宽大长者，可以派遣。"终于没有答应项羽，而派遣沛公西进攻取秦地。收集陈王、项梁的散兵，路经砀，到达成阳，与杠里的秦军对垒，打败了秦军的两支部队。楚军出兵攻击王离，把他的军队打得大败。

沛公引兵西进，在昌邑遇见彭越，就和他一起攻打秦军，这一仗没有打赢。回到栗县，遇到刚武侯，夺了他的军队，大约四千多人，与沛公原来的队伍合并在一起。沛公与魏将皇欣、魏申徒武蒲的军队联合攻打昌邑，昌邑没有攻下。西进路过高阳。

郦食其为里监门，说："将领们路过这里的很多，我看沛公是一个大人物，有仁厚长者的风度。"就去求见游说沛公。沛公正坐在床上，伸着两腿，让两个女子给他洗脚。郦生不下拜，深深地作了个揖，说："足下想要消灭残暴无道的秦朝，就不应该伸着两脚接见长者。"于是沛公站了起来，整理好衣服，向他道歉，请入上座。郦食其劝沛公袭击陈留，获得陈留积聚的粮米。沛公就以郦食其为广野君，郦商为将领，统率陈留的军队，和沛公一起攻打开封，开封没有攻下。向西与秦将杨熊在白马打了一仗，又接战于曲遇的东面，大破杨熊军。杨熊逃往荥阳，秦二世派使者斩首示众。沛公向南攻打颍阳，屠了颍阳城。依靠张良攻占了韩国的轘辕。

这时，赵将司马卬正要渡过黄河进入函谷关，沛公就北进攻打平阴，切断黄河渡口。向南进发，在雒阳东面交战，战斗不利，回到阳城，集中军中的骑兵，与南阳郡郡守齮战于犨东，打败了齮军。攻取南阳郡的城邑，南阳郡郡守齮逃走，退守宛县。沛公引兵绕过宛城西进。张良进谏说："沛公你虽然急于打入函谷关，但秦兵还很多，又据守险要，如今不拿下宛城，宛城守军从背后攻击，强大的秦军在前面阻挡，这是一种危险的战术。"于是沛公就在夜间率兵从另外一条道路返回，更换了旗帜，天亮时，把宛城包围了三层。南阳郡郡守想要自杀。他的舍人陈恢说："死得还早。"他就翻过城墙去见沛公，说："我听说足下接受楚怀王的约定，先攻入咸阳的称王关中。现在足下停留守在宛城。宛城是大郡的治所，连城数十，人多粮足，官吏和民众认为投降肯定被处死，所以都登城固守。如果足下整天的留在这里攻城，士卒死伤的一定很多；如果引兵离开宛城，宛城守军必然跟踪追击。足下向前则失去先入咸阳的机会，后退又有强大的宛城守军为患。为足下设想，不如明约招降，封南阳郡守官爵，让他留守，足下带领宛城士卒一道西进。许多没有攻下的城邑，听到这个消息，将会争先打开城门，等待足下，足下可以通行无阻。"沛公说："好。"就以南阳郡守为殷侯，封给陈恢一千户。引兵西进，没有不降服的。到达丹水，高武侯鳃、襄侯王陵在西陵投降。回军攻打胡阳，遇到番君的别将梅鋗，与他一起，迫使析县、郦县投降。派遣魏人宁昌出使秦关中，使者没有回来。这时章邯已经带领全军在赵地投降项羽了。

起初，项羽和宋义北进援救赵，等到项羽杀死宋义，代替他为上将军，许多将领和黥布都从属项羽。打垮了秦将王离的军队，使章邯投降，诸侯都归附了他。等到赵高已经杀了秦二世，派人来见沛公，想要定约瓜分关中称王。沛公以为是诈骗，就采用张良的计策，派郦生、陆贾去游说秦军将领，用私利相诱，趁机袭击武关，攻破了关口。又和秦军在蓝田南面交战，增设疑兵，多树旗帜，所经过的地方不许掳掠。秦地的群众很高兴，秦军懈怠了，因此大破秦军。又在蓝田北面接战，再次打败秦军。乘胜追击，彻底打垮了秦军。

汉元年十月，沛公的军队先于各路诸侯到达霸上。秦王子婴素车白马，用丝带系着脖子，封了皇帝的印玺和符节，在轵道旁投降。将领们有的主张杀死秦王。沛公说："当初楚怀王派遣我，本来是因为我能宽大容人。况且人家已经降服，又杀死人家，不吉利。"于是就把秦王交给了官吏，向西进入咸阳。沛公想要留在宫殿中休息，樊哙、张良劝说后，才封闭了秦宫的贵重珍宝、财物和库房，回军霸上。召集各县的父老、豪杰说："父老们苦于秦朝的严刑峻法已经很久了，诽谤朝政的要灭族，相聚议论的要在街市上处斩。我和诸侯们约定，先入关的在关中称王，我应当称王关中。同父老们约定，法律只有三章：杀人的处死，伤人和抢劫的处以与所犯罪相当的刑罚。其余的秦朝法律全部废除。官吏和百姓都要安居如故。我所以到这里来，是为父老们除害，不会有欺凌暴虐的行为，不要害怕。我至所以回军霸上，是等待诸侯们到来制定共同遵守的纪律。"沛公派人与秦朝官吏巡行县城乡间，告谕百姓。秦地的百姓大为高兴，争先恐后地拿出牛羊酒食款待士兵。沛公又谦让不肯接受，说："仓库的谷子很多，不缺乏，不愿破费百姓。"百姓更加高兴，唯恐沛公不做秦王。

有人劝沛公说："秦地比天下富足十倍，地势好。如今听说章邯投降了项羽，项羽就给了雍王的封号，称王于关中。现在章邯即将来到关中就国，你沛公恐怕不能占有这个地方了。应赶快派兵把守函谷关，不让诸侯军进来，逐渐征集关中兵，以加强实力，抵抗诸侯兵。"沛公赞成他的计策，照着做了。十一月间，项羽果然率领诸侯军西进，想要入关，而关门闭着。听说沛公已经平定关中，大怒，派黥布等攻破了函谷关。十二月间，就到了戏水。沛公左司马曹无伤听说项王发怒，要攻打沛公，派人告诉项羽说："沛公想要称王关中，令子婴为相，珍宝被他全部占有了。"打算以此求得封赏。亚父劝项羽进攻沛公。当时项羽饱餐士卒，准备明日会战。这时项羽兵四十万，号称百万。沛公兵十万，号称二十万，兵力敌不过项羽。恰巧项伯要救张良，夜间去见他。回来后，用道理劝说项羽，项羽取消了进攻沛公的计划。沛公带来了一百多骑兵，驰至鸿门，来见项羽，表示歉意。项羽说："这是你沛公的左司马曹无伤向我说的。不然，我项羽何至于做这样的事？"沛公因为有了樊哙、张良的帮助，得以脱身返回。回来后，立刻杀了曹无伤。

项羽向西进军，屠杀无辜，焚毁咸阳秦宫室，所过之处无不遭到摧残破坏。秦地的百姓大失所望，然而心里恐惧，不敢不服从。

项羽派人回去报告楚怀王。楚怀王说："按照原来的约定办。"项羽怨恨楚怀王不肯让他与沛公一起西进入关，而派他北上救赵，在天下诸侯争夺称王关中的约定中落在后面。他就说："怀王这个人，是我家项梁所立，没有什么功劳，凭什么主持约定？本来安定天下的，是诸位将领和我项籍。"于是假意推尊楚怀王为义帝，实际上不听从他的命令。

正月，项羽自立为西楚霸王，在梁、楚地区的九个郡称王，建都彭城。背弃原来的约定，改立沛公为汉王，在巴、蜀、汉中称王，建都南郑。把关中瓜分为三，封立秦朝的三个将领：章邯为雍王，建都废丘；司马欣为塞王，建都栎阳；董翳为翟王，建都高奴。封楚将瑕丘申阳为河南王，建都洛阳。封赵将司马卬为殷王，建都朝歌。赵王歇迁徙代地称王。封赵将张耳为常山王，建都襄国。封当阳君黥布为九江王，建都六县。封楚怀王柱国共敖为临江王，建都江陵。封番郡吴芮为衡山王，建都邾县。封燕将臧荼为燕王，建都蓟县。原来的燕王韩广迁徙辽东称王。韩广不服从，臧荼攻杀韩广于无终。封成安君陈余河间三县，住在南皮。封给梅鋗十万户。

四月，诸侯在项羽旌麾之下罢兵散归，各自回到封国。汉王回国，项王派兵三万跟随，楚国和其他诸侯国的士卒仰慕汉王而追从的有几万人。他们从杜县南面进入蚀中，离开后就烧断栈道，以防备诸侯军和匪徒的袭击，也向项羽表示没有东进的意图。到达南郑，那些将领和士卒很多在中途逃亡回去，士卒都唱着歌，想要回到东方。韩信劝汉王说："项羽封诸将有功的为王，而大王独自被封在南郑，这实际上是贬徙。军中官吏和士卒都是崤山以东的人，日夜跂踵盼望回家乡。乘他们气势旺盛时加以利用，可以建立大的功业。等到天下已经平定，人人都自然安下心来，就不能再利用了。不如决策向东进军，争夺天下大权。"

项羽出了函谷关，派人迁徙义帝。说："古代做帝王的统辖千里见方的土地，必须居住上游。"就派使者把义帝迁徙到长沙郴县，催促义帝快走。群臣渐渐地背叛了义帝，项羽就暗地里让衡山王、临江王袭击义帝，把他杀死在江南。项羽怨恨田荣，封齐将田都为齐王。田荣恼怒，自立为齐王，杀死田都，反叛项楚，把将军印给予彭越，让他在梁地起兵反楚。楚派萧公角攻打彭越，彭越大败萧公角。陈余怨恨项羽不封自己为王，派夏说游说田荣，借兵攻打张耳。齐借兵给陈余，击败了常山王张耳，张耳逃跑归附了汉王。陈余从代接回赵王歇，又立为赵王，赵王就封陈余为代王。项羽大怒，出兵北向击齐。

八月，汉王用韩信的计策，从故道回军，袭击雍王章邯。章邯在陈仓迎击汉军，雍王兵败退走，在好畤停下来接战，又失败了，逃到废丘。汉王随即平定了雍地。向东到达咸阳，率军围困雍王于废丘，而派遣将领攻占了陇西、北地、上郡。派将军薛欧、王吸出武关，借助王陵驻扎在南阳的兵力，迎接太公、吕后于沛县。楚听到这一消息，出兵在阳夏阻挡，汉军不能前进。楚让原吴县县令郑昌为韩王，抵抗汉军。

二年，汉王东出掠取城邑，塞王司马欣、翟王董翳、河南王申阳都投降了。韩王郑昌不愿归附，汉王派韩信打败了他。于是设置了陇西、北地、上郡、渭南、河上、中地各郡，关外设置了河南郡。改立韩太尉信为韩王。将领中以一万人或一郡投降的，封给一万户。整修河上郡内的长城。各处原来的秦朝苑囿园池，都让百姓开垦耕种。正月，俘虏了雍王的弟弟章平。大赦有罪的人。

汉王出函谷关到达陕县，抚慰关外父老，回来后，张耳来见，汉王给了他优厚的待遇。

二月，下令废掉秦社稷，改立汉社稷。

三月，汉王从临晋关渡过黄河，魏王豹率兵随从，攻下河内，俘虏了殷王，设置河内郡。向南渡过平阴津，到达雒阳。新城三老董公拦住汉王，用义帝死这件事游说汉王。汉王听了，袒臂大哭。于是为义帝发丧，哭吊三天。派遣使者通告诸侯说："天下共同拥立义帝，对他北面称臣。现在项羽把义帝放逐、击杀于江南，大逆无道。我亲自为他发丧，诸侯都要穿白色丧服。调发全部关内的兵力，征集三河的士卒，沿着长江、汉水南下，愿意跟随各诸侯王讨伐楚国杀害义帝的人。"

当时项王北进攻打齐国，田荣和他战于城阳。田荣兵败，逃到平原，平原的百姓杀了他，齐地都投降了楚国。楚兵焚烧齐人的城郭，掳掠他们的子女，齐人又反叛楚国。田荣的弟弟田横立田荣的儿子田广为齐王，齐王在城阳反楚。项羽虽然闻知汉军东进，但既然已经与齐军交战，就想打垮齐军之后迎击汉军。汉王利用这个机会劫取了五诸侯的兵力，进入彭城。项羽听到这一消息，就带兵离开齐，由鲁地出胡陵，抵达萧县，与汉军在彭城灵壁东面的睢水上激战，大败汉军，杀死了很多士卒，由于尸体的堵塞，睢水都不能流通了。楚军从沛县掳取了汉王的父母妻子，放在军中作为人质。这个时候，诸侯看到楚军强盛，汉军败退，又都离汉归楚。塞王司马欣也逃到楚国。

吕后的哥哥周吕侯为汉带领一支军队，驻扎在下邑。汉王到他那里，渐渐收集士卒，驻军在砀县。汉王西行经过梁地，到了虞县，派谒者随何到九江王黥布那里，汉王对随何说："你能让黥布举兵叛楚，项羽必定留下来攻打他。如果能够滞留几个月，我一定可以取得天下。"随何去说服九江王黥布，黥布果然背叛了楚国，楚国派龙且去攻打他。

汉王兵败彭城后向西撤退，行军中派人寻找家属，家属也逃走了，没有互相碰见。战败后就只找到了孝惠帝，六月，立他为太子，大赦罪人。命令太子驻守栎阳，诸侯的后代在关中的都集中在栎阳守卫。引水灌废丘，废丘投降，章邯自杀。把废丘改名为槐里。于是命令祠官祭祀天、地、四方、上帝、山川，以后按时致祭。征发关内士卒登城守卫边塞。

这时九江王黥布与龙且作战，没有取胜，和随何潜行归汉。汉王渐渐地征集了一些士卒，加上各路将领和关中兵的增援，因此军势大振于荥阳，在京、索之间击破了楚军。

三年，魏王豹请假回去省视父母的疾病，到了魏地就断绝了黄河渡口，叛汉归楚。汉王使郦生劝说魏豹，魏豹不听。汉王派遣将军韩信进攻魏豹，大破魏军，俘虏了魏豹，于是平定了魏地，设置了三个郡，名叫河东、太原、上党。汉王命令张耳和韩信向东攻下井陉，进击赵地，杀了陈余、赵王歇。第二年，封张耳为赵王。

汉王驻军在荥阳南面，修筑甬道与黄河相连，以便取用敖仓的粮食。与项羽对峙了一年多。项羽多次夺取了汉军的甬道，汉军缺少粮食，于是项羽围攻汉王。汉王请求讲和，划分荥阳以西的土地归汉。项王没有同意。汉王忧虑，就采取陈平的计策，给陈平黄金四万斤，用来离间楚国君臣。于是项羽对亚父产生了怀疑。亚父这时劝项羽乘势攻下荥阳，等到他知道已被怀疑，就很生气，推托自己年老，要求乞身引退，回家乡当老百姓。项羽答应了，亚父没有到达彭城就死了。

汉军断绝了粮食，就在夜间从东门放出女子二千多人，披戴铠甲，楚军便四面围击。将军纪信乘坐汉王的车驾，伪装成汉王，欺骗楚军。楚军都高呼万岁，争赴城东观看，因此汉王能够与几十骑兵出西门潜逃。汉王命令御史大夫周苛、魏豹、枞公留守荥阳，将领和士卒不能随从的，都留在城中。周苛、枞公商量说："魏豹这个叛国之王，很难和他共守城池。"因此就杀死了魏豹。

汉王逃出荥阳进入函谷关，收集士卒，想再次东进。袁生劝汉王说："汉与楚在荥阳相持了几年，汉军常处于困境。希望君王从武关出去，项羽肯定引兵向南行进，君王深沟高垒，让荥阳、成皋之间得到休息。派韩信等安辑黄河以北的赵地，联合燕、齐后，君王您再赴荥阳，也为时不晚。这样，楚军多方设防，军力分散，汉军得到休整，再与楚军作战，肯定可以打破楚军了。"汉王采纳了他的计策，出兵宛县、叶县之间，与黥布在进军中收集兵马。

项羽听说汉王在宛县，果然带兵南下。汉王坚壁固守，不和他交战。这时彭越渡过睢水，与项声、薛公战于下邳，彭越大败楚军。于是项羽率军向东攻打彭越，汉王也引兵向北驻军成皋。项羽已经取胜，赶走了彭越，得知汉军又驻扎在成皋，就又领兵西进，攻克荥阳，杀了周苛、枞公，俘虏了韩王信，于是进围成皋。

汉王逃走了，单身一人与滕公同乘一辆车出了成皋的玉门，向北渡过黄河，驰至修武住了一夜。自称为使者，早晨驰入张耳、韩信的营中，夺取他们的军队，就派张耳去北边赵地更多地收集兵力，派韩信东进攻齐。汉王得到韩信的军队，军威又振作起来。率军来到黄河岸边，向南进发，在小修武南面让士卒吃饱喝足，打算与项羽再一次交战。郎中郑忠劝阻汉王，让他深沟高垒，不要和项羽交锋。汉王采用了郑忠的计策，派卢绾、刘贾率兵两万人，几百个骑士，渡过白马津，进入楚地，与彭越在燕县城西又打败了楚军，随后又攻下梁地十多座城邑。

淮阴侯已经接受命令向东进军，在平原没有渡过黄河。汉王派郦生去说服齐王田广，田广背叛了楚，与汉讲和，一起攻打项羽。韩信采用蒯通的计策，突然袭击，打败了齐国。齐王烹杀了郦生，向东逃到高密。项羽听到韩信已经全部利用黄河以北的兵力打垮了齐、赵，而且要攻打楚军，就派龙且、周兰前去阻击。韩信与楚交战，骑兵将领灌婴配合出击，大败楚军，杀了龙且。齐王田广投奔彭越。在这个时候，彭越领兵驻扎梁地，往来骚扰楚军，断绝它的粮食。

四年，项羽对海春侯大司马曹咎说：“谨慎防守成皋。如果汉军挑战，千万小心，不要应战，不让汉军东进就行了。我十五天内一定平定梁地，再与将军会合。”于是就进军攻打陈留、外黄、睢阳，都攻了下来。汉军果然屡次向楚军挑战，楚军不肯出战。汉军派人把楚军辱骂了五六天，大司马十分气愤，让士卒渡过汜水。士卒渡过一半，汉军出击，大败楚军，全部缴获了楚国的金玉财宝。大司马曹咎、长史司马欣都自刎在汜水上。项羽到达睢阳，听到海春侯兵败，就带兵返回。汉军正在荥阳东面围攻钟离眛，项羽一到，全部撤走到险阻地带。

韩信已经打垮了齐国，派人对汉王说：“齐国靠近楚国，如果权力太小，不立为暂时代理的国王，恐怕不能安定齐地。”汉王想要攻打韩信。留侯说：“不如就此封他为王，让他自己防守齐地。”汉王便派遣张良带着印绶立韩信为齐王。

项羽听到龙且的军队战败了，心里很恐惧，派盱台人武涉前去游说韩信。韩信不肯听从。

楚、汉长期相持，胜负未决，年轻力壮的苦于当兵打仗，年老体弱的疲于转运粮食。汉王、项羽一同站在广武涧两边对话。项羽想跟汉王单身挑战。汉王历数项羽的罪过说："最初我和你项羽都受命于怀王，说是先入关平定关中的就在关中做王。你项羽违背约定，让我在蜀、汉做王，这是第一罪。你项羽假借怀王的命令，杀了卿子冠军，而自尊为上将军，这是第二罪。你项羽已经援救了赵地，应当返回复命，而你擅自胁迫诸侯的军队进入函谷关，这是第三罪。怀王约定到秦地不要残暴掠夺，你项羽火烧秦朝宫室，挖了始皇帝的坟墓，私自聚敛秦朝财物，这是第四罪。又硬是杀掉了秦朝投降的国王子婴，这是第五罪。在新安，用欺骗的手段坑杀了秦朝子弟二十万，而封他们的将领做王，这是第六罪。你项羽让自己的将领都在好地方做王，而迁走原来的诸侯王，使臣下争为叛逆，这是第七罪。你项羽把义帝驱逐出彭城，自己建都彭城，夺取韩王的土地，合并梁、楚称王，多划给自己土地，这是第八罪。你项羽派人在江南暗杀义帝，这是第九罪。为人臣下而杀害了他的君主，屠杀已经投降的人，执政不公允，主持约定不守信用，为天下人所不容，大逆无道，这是第十罪。我带领正义之师随从诸侯来诛除残暴的贼人，派受过刑的罪人杀死你项羽，我何苦与你挑战！"项羽大怒，埋伏的弓弩射中了汉王。汉王伤了胸部，却摸着脚说："这个贼人射中了我的脚趾！"汉王身受创伤，卧床不起，张良请汉王勉强起来巡行慰劳士卒，以安定军心，不让楚军乘机取胜于汉。汉王出来巡视军队，伤势加重，就驱车进入成皋休养。

汉王病好了，向西进入函谷关，来到栎阳，慰问父老，设酒招待。砍了塞王司马欣的脑袋，挂在栎阳街市上示众。停了四天，又回到军中，驻扎在广武。关中的兵力大举出动。

当时，彭越带兵驻扎梁地，来来往往地骚扰楚军，断绝它的粮食。田横前往依附彭越。项羽多次攻打彭越等人，齐王韩信又进攻楚军。项羽恐惧，就与汉王约定，平分天下，割鸿沟以西归汉，鸿沟以东归楚。项王送回了汉王的父母妻子，汉军全部高呼万岁，楚军告别汉军回到了驻地。

项羽解兵东归。汉王想要领兵西还，后来采用留侯、陈平的计策，进兵追击项羽，到达阳夏南面收兵驻扎，与齐王韩信、建成侯彭越约定时间会合攻打楚军。到了固陵，韩信、彭越不来会合。楚军出击汉军，大败汉军。汉王又进入营垒，挖深了壕沟进行防守。使用了张良的计策，于是韩信、彭越都前来会合。又有刘贾进入楚地，围攻寿春。汉王在固陵战败，就派使者去召大司马周殷，用全部的九江士卒迎接武王黥布，黥布、周殷在进军中攻下城父，大肆屠杀。他们随从刘贾和齐、梁的诸侯大会垓下。汉王封武王黥布为淮南王。

五年，高祖和诸侯军一起攻打楚军，与项羽在垓下决一胜负。淮阴侯率兵三十万独当正面，孔将军布兵在左面，费将军布兵在右面，皇帝居后，绛侯、柴将军跟随在皇帝后面。项羽的士卒大约十万。淮阴侯首先会战，没有取胜，向后退却。孔将军、费将军纵兵出击，楚军不利，淮阴侯又乘势反攻，大败项羽于垓下。项羽的士兵听到汉军中的楚国歌声，以为汉军全部占领了楚地，项羽就败退逃跑，因此楚兵全军溃败。汉王派骑兵将领灌婴追击项羽，在东城杀了他，斩首八万，于是平定了楚地。鲁县为楚国坚守城池，汉军没有攻下。汉王带领诸侯军北上，把项羽的头给鲁县父老们看，鲁县才投降了。于是就用鲁公的封号在谷城埋葬了项羽。汉王回到定陶，驰入齐王营垒，夺了他的军队。

正月，诸侯和将相互相一起请求尊崇汉王为皇帝。汉王说："我听说皇帝这一尊号属于有贤德的人，不是虚言浮语、空有其名的人所能占有的，我不敢承受皇帝之位。"群臣都说："大王起于贫寒，诛暴讨逆，平定四海，有功的就割地封为王侯。如果大王不尊崇名号，那么大家对自己的封号都要疑虑，不敢信以为真。臣等誓死坚持大王尊称皇帝。"汉王再三谦让，迫不得已地说："大家坚持以为这样有利于国家。为了对国家有利，我只好做皇帝了。"甲午，在汜水北面即皇帝位。

皇帝说义帝没有后代，齐王韩信熟悉楚地风俗，就把他迁徙为楚王，建都下邳。封建成侯彭越为梁王，建都定陶。原来的韩王信仍为韩王，建都阳翟。迁徙衡山王吴芮为长沙王，建都临湘。番君的将领梅鋗立有战功，跟随进入武关，皇帝感谢番君的恩德。淮南王黥布、燕王臧荼、赵王张敖都保持过去的封号。

天下基本平定。高祖建都雒阳，诸侯都成为高祖的属臣。原来的临江王共驩为了项羽起兵叛汉，所以命令卢绾、刘贾围攻共驩，没有攻克。几个月后投降了，在雒阳杀了共驩。

五月，士卒都解甲回家。诸侯国的士卒留在关中的，免除徭役十二年；那些回家乡的免除徭役六年，发给粮食供养一年。

高祖在雒阳南宫摆设酒席。高祖说："各位诸侯和将领不要隐瞒我，都要说心里话。我能够得到天下是什么原因？项氏所以失去天下是什么原因？"高起、王陵回答说："陛下傲慢而侮辱人，项羽仁慈而爱护人。然而，陛下派人攻城略地，所招降攻占的地方就封给他，与天下人利益相共。项羽嫉贤妒能，对有功的人加以陷害，贤能的人则受到怀疑，打了胜仗而不论功行赏，取得了土地而不与分利，这就是他所以失去天下的原因。"高祖说："你们知其一，不知其二。说到那在帷帐中运筹划策，决胜于千里之外，我不如子房。镇守国家，安抚百姓，供给军粮，畅通粮道，我不如萧何。连兵百万，战必胜，攻必克，我不如韩信。这三个人，都是人中俊杰，我能任用他们，这是我之所以取得天下的原因。项羽有一个范增而不能任用，这是他所以被我擒杀的原因。"

高祖想长期建都雒阳，齐人刘敬劝阻高祖，等到留侯说服高祖入都关中，当天高祖命驾起身，进入关中建都。六月，大赦天下。

十月，燕王臧荼反叛，攻下代地。高祖亲自统率军队攻打，擒获了燕王臧荼，随即立太尉卢绾为燕王。派丞相樊哙领兵攻代。

这年秋天，利几反叛，高祖亲自带兵攻打他，利几逃走了。利几这个人，是项氏的将领。项氏失败时，利几为陈县县令，没有跟随项羽，逃走投降了高祖，高祖封他在颍川为侯。高祖到达雒阳，根据全部通侯名籍遍召通侯，利几也被召。利几很慌惧，因此起兵反叛。

六年，高祖五天朝见一次太公，跪拜如同一般百姓的父子礼节。太公家令劝诫太公说："天无二日，地无二主。如今高祖虽然是你的儿子，但他是万民的君主；太公虽然是高祖的父亲，但属于臣下。怎么能让君主拜见臣下！这样，就使君主失去了威严和尊贵。"后来高祖朝拜太公，太公抱着扫帚，在门口迎接，倒退着行走。高祖大惊，下车搀扶太公。太公说："皇帝是万民的君主，怎么能因为我的缘故破坏了天下的法纪！"于是高祖就尊奉太公为太上皇。高祖内心赞美家令的话，赏赐给他黄金五百斤。

十二月，有人上书告发楚王韩信谋反。高祖询问左右大臣，大臣们争着要去攻打韩信。高祖采用陈平的计策，假装巡游云梦泽，在陈县会见诸侯，楚王韩信去迎接，就乘机逮捕了他。这一天，大赦天下。田肯来祝贺，就劝高祖说："陛下抓到韩信，又建都秦中。秦地是地理形势优越的地方，有阻山带河之险，与诸侯国悬隔千里，如果诸侯有一百万的军队，秦军有两万士兵就可以抵挡住，因为地势便利，从这里出兵诸侯，犹如高屋建瓴。要说那齐地，东有琅邪、即墨的富饶，南有泰山的险固，西有浊河这一天然界限，北有渤海鱼盐之利，地方方圆二千里，诸侯有一百万的军队，但齐地在千里之外，只要有二十万军队就可以抵挡住。所以这两个地方是东秦和西秦。不是陛下的亲子弟，不要派他在齐地做王。"高祖说："好。"赏赐黄金五百斤。

后来十多天，封韩信为淮阴侯，把他的封地分作两个国。高祖说将军刘贾屡建战功，封为荆王，称王淮东。弟弟刘交为楚王，称王淮西。儿子刘肥为齐王，封给七十余城，百姓中能讲齐地语言的都归属齐国。高祖论定功劳大小，与列侯剖符为信，封侯食邑。把韩王信迁徙到太原。

七年，匈奴在马邑攻打韩王信，韩王信就趁机与匈奴在太原谋反。白土曼丘臣、王黄立原来的赵国将领赵利为王，反叛汉朝，高祖亲自前往讨伐。正遇上天气寒冷，十之二三的士卒都冻掉了手指头，终于到达了平城。匈奴在平城围困高祖，七天之后才撤兵离去。命令樊哙留下来平定代地。立哥哥刘仲为代王。

二月，高祖从平城经过赵地、雒阳，到了长安。长乐宫已经建成，丞相以下迁到新都长安。

八月，高祖率军东去，在东垣攻打韩王信的残余叛贼。

萧丞相修筑未央宫，建立东阙、北阙、前殿、武库、太仓。高祖回来，看见宫阙极为壮丽，非常生气，对萧何说："天下喧扰不安，苦战数年，成败尚未可知，现在为什么要修建宫如此豪华过度呢？"萧何说："正是因为天下没有安定，所以才乘这个时机建成宫室。况且天子以四海为家，宫室不壮观华丽，就不足以显示天子的尊贵和威严，并且也是为了不让后世的宫室有所超过。"于是高祖高兴了。

高祖去东垣，经过柏人，赵相贯高等谋杀高祖，高祖心动异常，因而没有在柏人停留。代王刘仲弃国逃跑，自己回到雒阳，被废为合阳侯。

九年，赵相贯高等策划谋杀高祖的事被发觉了，处死了他们的三族。废赵王张敖为宣平侯。这一年，把楚国贵族昭氏、屈氏、景氏、怀氏和齐国贵族田氏迁徙到关中。

未央宫建成了。高祖大朝诸侯和群臣，在未央宫前殿摆设酒宴。高祖手捧玉制酒杯，起身给太上皇祝寿，说："当初父亲大人常常认为我是无以谋生的二流子，不能料理产业，不如仲勤劳。如今我成就的事业与仲相比，谁的多呢？"殿上群臣都高呼万岁，大笑作乐。

十年十月，淮南王黥布、梁王彭越、燕王卢绾、荆王刘贾、楚王刘交、齐王刘肥、长沙王吴芮都来长乐宫朝见。春夏无事。

七月，太上皇崩于栎阳宫，楚王、梁王都来送葬。赦免栎阳的囚犯。郦邑改名新丰。

八月，赵相国陈豨在代地反叛。高祖说："陈豨曾经做过我的使者，很遵守信用。代地是我所看重的地方，因此封陈豨为列侯，以相国名义守卫代地，如今竟和王黄等劫掠代地。代地的官吏和百姓并非有罪，赦免代地的吏民。"九月，高祖亲自东去攻打陈豨。到达邯郸，高祖高兴地说："陈豨不南去据守邯郸，而凭借漳水为阵，我知道他是没有本事的。"听说陈豨的将领都是过去的商人，高祖说："我知道该怎样对付他们了。"于是就多用黄金引诱陈豨的将领，陈豨的将领有很多投降的。

十一年，高祖在邯郸讨伐陈豨等人还没有结束，陈豨的将领侯敞带领一万多人流动作战，王黄驻军曲逆，张春渡过黄河进攻聊城。汉派将军郭蒙与齐国的将领出击，把他们打得大败。太尉周勃从太原进军，平定代地。到了马邑，一时没有攻克，后来就把它攻打得城破人亡。

陈豨的将领赵利防守东垣，高祖攻打东垣，没有攻下。一个多月后，赵利的士卒辱骂高祖，高祖十分气愤。东垣投降了，命令把辱骂高祖的人斩首处死，没有辱骂高祖的就宽恕了他们。于是划出赵国常山以北的地方，封儿子刘恒为代王，建都晋阳。

春天，淮阴侯韩信谋反关中，处死了他的三族。

夏天，梁王彭越谋反，废除他的封号，迁徙蜀地。他又要反叛，于是就处死了他的三族。封儿子刘恢为梁王，儿子刘友为淮阳王。

秋天七月，淮南王黥布反叛，向东兼并了荆王刘贾的土地，北进渡过淮水。楚王刘交跑到薛县。高祖亲自前往讨伐他，封儿子刘长为淮南王。

十二年十月，高祖在会甄已经击败黥布的军队，黥布逃走。高祖命令别将追击他。

高祖率军归还，路过沛县，停留下来。在沛宫摆设酒宴，把过去的朋友和父老子弟全部召集来纵情畅饮。挑选沛中儿童共一百二十人，教他们唱歌。酒喝到酣畅，高祖击着筑，自己作了一首诗，唱起来："大风起兮云飞扬，威加海内兮归故乡，安得猛士兮守四方！"让儿童都跟着学唱。高祖又跳起舞，感慨伤怀，泪下数行，对沛县父兄们说："远游的人思念故乡。我虽然建都关中，千秋万岁后，我的魂魄还是愿意怀思沛县。我从做沛公开始，诛暴讨逆，终于取得了天下。用沛县作为我的汤沐邑，免除沛县百姓的徭役，世世代代不用服徭役。"沛县父老兄弟、长辈妇女、旧日朋友，天天开怀畅饮，极为欢欣，说旧道故，取笑作乐。过了十多天，高祖想要离去，沛县父老兄弟执意挽留高祖。高祖说："我的随从人员众多，父兄们供养不起。"于是高祖就动身了。沛县百姓倾城而出，都到城西贡献牛酒。高祖又停留下来，搭起帐篷，饮宴三天。沛县父兄们都叩头请求说："沛县幸运地得到免除徭役，丰邑还没有获准免除，请陛下哀怜丰邑。"高祖说："丰邑是我生长的地方，绝不会忘记，我只是因为它曾在雍齿的带领下反叛我而去帮助魏国，所以才不免除它的徭役。"沛县父兄们坚持请求，这才一并免除了丰邑的徭役，和沛县相同。封沛侯刘濞为吴王。

汉军将领在洮水南北两路追击黥布的军队，都大破黥布军，在鄱阳追获杀死了黥布。

樊哙另带一支部队平定代地，在当城杀死了陈豨。

十一月，高祖从征讨黥布的军队中回到长安。十二月，高祖说："秦始皇帝、楚隐王陈涉、魏安釐王、齐缗王、赵悼襄王都绝嗣无后，分别给予十户人家看守坟墓，秦始皇帝二十家，魏公子无忌五家。"代地官吏和百姓被陈豨、赵利所胁迫的，全部赦免。陈豨的降将说，陈豨反叛时，燕王卢绾派人去陈豨那里参与了阴谋策划。高祖派辟阳侯去接卢绾，卢绾称病不来。辟阳侯回来，详细说明了卢绾反叛已有征兆。二月，派樊哙、周勃率军出击燕王卢绾。赦免燕地官吏和百姓参加反叛的人。封皇子刘建为燕王。

高祖攻打黥布时，被流矢射中，行进途中得了病。病情严重，吕后请来好医生。医生进去见高祖，高祖询问医生，医生说："病可以治好。"于是高祖谩骂医生说："我以一个布衣平民,手提三尺剑取得天下,这不是天命吗?命运在天,虽有扁鹊,又有什么用处!"高祖不让医生治病,赏赐黄金五十斤,叫他离去。不久吕后问高祖:"陛下百年以后,如果萧相国死了,让谁接替他?"高祖说:"曹参可以。"又问其次,高祖说:"王陵可以。然而王陵稍为憨直,陈平可以帮助他。陈平智慧有余,然而难以独任。周勃稳重厚道,缺少文才,但能安定刘氏天下的一定是周勃,可以让他做太尉。"吕后又问其次,高祖说:"这以后也不是你所能知道的。"

卢绾和数千名骑兵停留在边塞等待着,希望高祖病好了,自己去向高祖请罪。

四月甲辰,高祖崩于长乐宫。过了四天不发丧。吕后和审食其商量说:"将领们和皇帝同为编户平民,如今北面称臣,为此常常怏怏不乐。现在侍奉年轻的皇帝,心里会更不高兴,不全部族灭这些人,天下不会安定。"有人听到了这个消息,告诉了郦将军。郦将军去见审食其,说:"我听说皇帝已经驾崩,四天不发丧,想要诛杀将领们。如果真是这样,天下就危险了。陈平、灌婴统率十万士卒驻守荥阳,樊哙、周勃统率二十万士卒平定燕、代,这时他们听到皇帝驾崩,将领们全都要被杀,必定连兵回来向关中进攻。大臣叛乱于内,诸侯造反于外,天下覆灭可以翘足而待了。"审食其进宫把这些话告诉了吕后,于是在丁未发丧,大赦天下。

卢绾听说高祖驾崩,就逃入匈奴。

丙寅,安葬了高祖。己巳,立太子为皇帝,来到太上皇庙。群臣都说:"高祖起于细微平民,拨乱反正,平定天下,是汉朝的开国始祖,功劳最高。"上尊号为高皇帝。太子袭号为皇帝,这就是孝惠帝。命令各郡和各国诸侯建立高祖庙,按照每年的时节祭祀。

到了孝惠帝五年，孝惠帝思念高祖回沛时的悲乐情景，就把沛宫作为高祖原庙。高祖所教唱歌的儿童一百二十人，都让他们做高祖原庙中演奏音乐的人员，以后有缺额，就立刻补上。

高皇帝八个儿子：长子是庶出的齐悼惠王肥；其次是孝惠帝，吕后所生；再次是戚夫人生的赵隐王如意；再次是代王恒，已立为孝文帝，薄太后所生；再次是梁王恢，吕太后时徙为赵共王；再次是淮阳王友，吕太后时徙为赵幽王；再次是淮南厉王长；再次是燕王建。

太史公说：夏朝的政治质朴厚道。质朴厚道的弊病在于使细民百姓粗野少礼，所以殷朝的人用恭敬而讲究威仪来承替它。恭敬而讲究威仪的弊病在于使细民百姓迷信鬼神，所以周朝人用讲究尊卑等级来承替它。讲究尊卑等级的弊病在于使细民百姓不能以诚相见，所以补救不能以诚相见的办法没有比以质朴厚道为政更好的了。夏、商、周三王的治国法则循环往复，终而复始。周朝和秦朝之间，可以说是讲究尊卑等级的弊病都暴露出来了。秦始皇嬴政不加以改变，反而使刑法残酷，难道不是荒谬的吗？所以汉朝兴起，面对过去的弊病，改变了治国法则，使百姓不疲倦，得到天道的规律了。规定每年十月诸侯王到京城朝见皇帝。车服有定制，皇帝的车子用黄缯做盖的里子，车衡左边竖立毛羽制成的幢。高祖死后安葬于长陵。

史记卷九

吕太后本纪第九

吕太后者，高祖微时妃也，生孝惠帝、女鲁元太后。及高祖为汉王，得定陶戚姬，爱幸，生赵隐王如意。孝惠为人仁弱，高祖以为不类我，常欲废太子，立戚姬子如意，如意类我。戚姬幸，常从上之关东，日夜啼泣，欲立其子代太子。吕后年长，常留守，希见上，益疏。如意立为赵王后，几代太子者数矣，赖大臣争之，及留侯策，太子得毋废。

吕后为人刚毅，佐高祖定天下，所诛大臣多吕后力。吕后兄二人，皆为将。长兄周吕侯死事，封其子吕台为郦侯，子产为交侯；次兄吕释之为建成侯。

高祖十二年四月甲辰，崩长乐宫，太子袭号为帝。是时高祖八子：长男肥，孝惠兄也，异母，肥为齐王；余皆孝惠弟，戚姬子如意为赵王，薄夫人子恒为代王，诸姬子子恢为梁王，子友为淮阳王，子长为淮南王，子建为燕王。高祖弟交为楚王，兄子濞为吴王。非刘氏功臣番君吴芮子臣为长沙王。

吕后最怨戚夫人及其子赵王，乃令永巷囚戚夫人，而召赵王。使者三反，赵相建平侯周昌谓使者曰："高帝属臣赵王，赵王年少。窃闻太后怨戚夫人，欲召赵王并诛之，臣不敢遣王。

王且亦病,不能奉诏。"吕后大怒,乃使人召赵相。赵相征至长安,乃使人复召赵王。王来,未到。孝惠帝慈仁,知太后怒,自迎赵王霸上,与入宫,自挟与赵王起居饮食。太后欲杀之,不得间。孝惠元年十二月,帝晨出射。赵王少,不能蚤起。太后闻其独居,使人持酖饮之。犁明,孝惠还,赵王已死。于是乃徙淮阳王友为赵王。夏,诏赐郦侯父追谥为令武侯。太后遂断戚夫人手足,去眼,煇耳,饮喑药,使居厕中,命曰"人彘"。居数日,乃召孝惠帝观人彘。孝惠见,问,乃知其戚夫人,乃大哭,因病,岁余不能起。使人请太后曰:"此非人所为。臣为太后子,终不能治天下。"孝惠以此日饮为淫乐,不听政,故有病也。

二年,楚元王、齐悼惠王皆来朝。十月,孝惠与齐王燕饮太后前,孝惠以为齐王兄,置上坐,如家人之礼。太后怒,乃令酌两卮酖,置前,令齐王起为寿。齐王起,孝惠亦起,取卮欲俱为寿。太后乃恐,自起泛孝惠卮。齐王怪之,因不敢饮,详醉去。问,知其酖,齐王恐,自以为不得脱长安,忧。齐内史士说王曰:"太后独有孝惠与鲁元公主。今王有七十余城,而公主乃食数城。王诚以一郡上太后,为公主汤沐邑,太后必喜,王必无忧。"于是齐王乃上城阳之郡,尊公主为王太后。吕后喜,许之。乃置酒齐邸,乐饮,罢,归齐王。

三年,方筑长安城,四年就半,五年、六年城就。诸侯来会。十月朝贺。

七年秋八月戊寅,孝惠帝崩。发丧,太后哭,泣不下。留侯子张辟强为侍中,年十五,谓丞相曰:"太后独有孝惠,今崩,哭不悲,君知其解乎?"丞相曰:"何解?"辟强曰:"帝毋壮子,太后畏君等。君今请拜吕台、吕产、吕禄为将,将兵居南北军,及诸吕皆入宫,居中用事,如此则太后心安,君等幸得脱祸矣。"丞相乃如辟强计。太后说，其哭乃哀。吕氏权由此起。乃大赦天下。九月辛丑，葬。太子即位为帝，谒高庙。元年，号令一出太后。

太后称制，议欲立诸吕为王，问右丞相王陵。王陵曰："高帝刑白马盟曰'非刘氏而王，天下共击之'。今王吕氏，非约也。"太后不说。问左丞相陈平、绛侯周勃。勃等对曰："高帝定天下，王子弟，今太后称制，王昆弟诸吕，无所不可。"太后喜，罢朝。王陵让陈平、绛侯曰："始与高帝喋血盟，诸君不在邪？今高帝崩，太后女主，欲王吕氏，诸君从欲阿意背约，何面目见高帝地下？"陈平、绛侯曰："于今面折廷争，臣不如君；夫全社稷，定刘氏之后，君亦不如臣。"王陵无以应之。十一月，太后欲废王陵，乃拜为帝太傅，夺之相权。王陵遂病免归。乃以左丞相平为右丞相，以辟阳侯审食其为左丞相。左丞相不治事，令监宫中，如郎中令。食其故得幸太后，常用事，公卿皆因而决事。乃追尊郦侯父为悼武王，欲以王诸吕为渐。

四月，太后欲侯诸吕，乃先封高祖之功臣郎中令无择为博城侯。鲁元公主薨，赐谥为鲁元太后。子偃为鲁王。鲁王父，宣平侯张敖也。封齐悼惠王子章为朱虚侯，以吕禄女妻之。齐丞相寿为平定侯。少府延为梧侯。乃封吕种为沛侯，吕平为扶柳侯，张买为南宫侯。

太后欲王吕氏，先立孝惠后宫子强为淮阳王，子不疑为常山王，子山为襄城侯，子朝为轵侯，子武为壶关侯。太后风大臣，大臣请立郦侯吕台为吕王，太后许之。建成康侯释之卒，嗣子有罪，废，立其弟吕禄为胡陵侯，续康侯后。二年，常山王薨，以其弟襄城侯山为常山王，更名义。十一月，吕王台薨，谥为肃王，太子嘉代立为王。三年，无事。四年，封吕媭为临光侯，吕他为俞侯，吕更始为赘其侯，吕忿为吕城侯，诸侯丞相五人。

宣平侯女为孝惠皇后时，无子，详为有身，取美人子名之，杀其母，立所名子为太子。孝惠崩，太子立为帝。帝壮，或闻其母死，非真皇后子，乃出言曰："后安能杀吾母而名我？我未壮，壮即为变。"太后闻而患之，恐其为乱，乃幽之永巷中，言帝病甚，左右莫得见。太后曰："凡有天下治为万民命者，盖之如天，容之如地，上有欢心以安百姓，百姓欣然以事其上，欢欣交通而天下治。今皇帝病久不已，乃失惑惛乱，不能继嗣奉宗庙祭祀，不可属天下，其代之。"群臣皆顿首言："皇太后为天下齐民计所以安宗庙社稷甚深，群臣顿首奉诏。"帝废位，太后幽杀之。五月丙辰，立常山王义为帝，更名曰弘。不称元年者，以太后制天下事也。以轵侯朝为常山王。置太尉官，绛侯勃为太尉。五年八月，淮阳王薨，以弟壶关侯武为淮阳王。六年十月，太后曰吕王嘉居处骄恣，废之，以肃王台弟吕产为吕王。夏，赦天下。封齐悼惠王子兴居为东牟侯。

七年正月，太后召赵王友。友以诸吕女为后，弗爱，爱他姬。诸吕女妒，怒去，谗之于太后，诬以罪过，曰："吕氏安得王！太后百岁后，吾必击之"。太后怒，以故召赵王。赵王至，置邸不见，令卫围守之，弗与食。其群臣或窃馈，辄捕论之。赵王饿，乃歌曰："诸吕用事兮刘氏危，迫胁王侯兮强授我妃。我妃既妒兮诬我以恶，谗女乱国兮上曾不寤。我无忠臣兮何故弃国？自决中野兮苍天举直！于嗟不可悔兮宁蚤自财。为王而饿死兮谁者怜之！吕氏绝理兮托天报仇。"丁丑，赵王幽死，以民礼葬之长安民冢次。

己丑，日食，昼晦。太后恶之，心不乐，乃谓左右曰："此为我也！"

二月，徙梁王恢为赵王。吕王产徙为梁王，梁王不之国，为帝太傅。立皇子平昌侯太为吕王。更名梁曰吕，吕曰济川。太后女弟吕嬃有女为营陵侯刘泽妻，泽为大将军。太后王诸吕，恐即崩后刘将军为害，乃以刘泽为琅邪王，以慰其心。

梁王恢之徙王赵，心怀不乐。太后以吕产女为赵王后。王后从官皆诸吕，擅权，微伺赵王，赵王不得自恣。王有所爱姬，王后使人酖杀之。王乃为歌诗四章，令乐人歌之。王悲，六月即自杀。太后闻之，以为王用妇人弃宗庙礼，废其嗣。

宣平侯张敖卒，以子偃为鲁王，敖赐谥为鲁元王。

秋，太后使使告代王，欲徙王赵。代王谢，愿守代边。

太傅产、丞相平等言，武信侯吕禄上侯，位次第一，请立为赵王。太后许之，追尊禄父康侯为赵昭王。九月，燕灵王建薨，有美人子，太后使人杀之，无后，国除。八年十月，立吕肃王子东平侯吕通为燕王，封通弟吕庄为东平侯。

三月中，吕后祓，还过轵道，见物如苍犬，据高后掖，忽弗复见。卜之，云赵王如意为祟。高后遂病掖伤。

高后为外孙鲁元王偃年少，蚤失父母，孤弱，乃封张敖前姬两子，侈为新都侯，寿为乐昌侯，以辅鲁元王偃。及封中大谒者张释为建陵侯，吕荣为祝兹侯。诸中宦者令丞皆为关内侯，食邑五百户。

七月中，高后病甚，乃令赵王吕禄为上将军，军北军；吕王产居南军。吕太后诫产、禄曰："高帝已定天下，与大臣约，曰'非刘氏王者，天下共击之'。今吕氏王，大臣弗平。我即崩，帝年少，大臣恐为变。必据兵卫宫，慎毋送丧，毋为人所制。"辛巳，高后崩，遗诏赐诸侯王各千金，将相列侯郎吏皆以秩赐金。大赦天下。以吕王产为相国，以吕禄女为帝后。

高后已葬，以左丞相审食其为帝太傅。

朱虚侯刘章有气力，东牟侯兴居其弟也，皆齐哀王弟，居长安。当是时，诸吕用事擅权，欲为乱，畏高帝故大臣绛、灌等，未敢发。朱虚侯妇，吕禄女，阴知其谋。恐见诛，乃阴令人告其兄齐王，欲令发兵西，诛诸吕而立。朱虚侯欲从中与大臣为应。齐王欲发兵，其相弗听。八月丙午，齐王欲使人诛相，相召平乃反，举兵欲围王，王因杀其相，遂发兵东，诈夺琅邪王兵，并将之而西。语在《齐王》语中。

齐王乃遗诸侯王书曰："高帝平定天下，王诸子弟，悼惠王王齐。悼惠王薨，孝惠帝使留侯良立臣为齐王。孝惠崩，高后用事，春秋高，听诸吕，擅废帝更立，又比杀三赵王，灭梁、赵、燕以王诸吕，分齐为四。忠臣进谏，上惑乱弗听。今高后崩，而帝春秋富，未能治天下，固恃大臣诸侯。而诸吕又擅自尊官，聚兵严威，劫列侯忠臣，矫制以令天下，宗庙所以危。寡人率兵入诛不当为王者。"汉闻之，相国吕产等乃遣颍阴侯灌婴将兵击之。灌婴至荥阳，乃谋曰："诸吕权兵关中，欲危刘氏而自立。今我破齐还报，此益吕氏之资也。"乃留屯荥阳，使使谕齐王及诸侯，与连和，以待吕氏变，共诛之。齐王闻之，乃还兵西界待约。

吕禄、吕产欲发乱关中，内惮绛侯、朱虚等，外畏齐、楚兵，又恐灌婴畔之，欲待灌婴兵与齐合而发，犹豫未决。当是时，济川王太、淮阳王武、常山王朝名为少帝弟，及鲁元王吕后外孙，皆年少未之国，居长安。赵王禄、梁王产各将兵居南北军，皆吕氏之人。列侯群臣莫自坚其命。

太尉绛侯勃不得入军中主兵。曲周侯郦商老病，其子寄与吕禄善。绛侯乃与丞相陈平谋，使人劫郦商，令其子寄往绐说吕禄曰："高帝与吕后共定天下，刘氏所立九王，吕氏所立三王，皆大臣之议，事已布告诸侯，诸侯皆以为宜。今太后崩，帝少，而足下佩赵王印，不急之国守藩，乃为上将，将兵留此，为大臣诸侯所疑。足下何不归将印，以兵属太尉？请梁王归相国印，与大臣盟而之国，齐兵必罢，大臣得安，足下高枕而王千里，此万世之利也。"吕禄信然其计，欲归将印，以兵属太尉。使人报吕产及诸吕老人，或以为便，或曰不便，计犹豫未有所决。吕禄信郦寄，时与出游猎。过其姑吕媭，媭大怒，曰："若为将而弃军，吕氏今无处矣。"乃悉出珠玉宝器散堂下，曰："毋为他人守也。"

左丞相食其免。

八月庚申旦，平阳侯窋行御史大夫事，见相国产计事。郎中令贾寿使从齐来，因数产曰："王不蚤之国，今虽欲行，尚可得邪？"具以灌婴与齐、楚合从，欲诛诸吕告产，乃趣产急入宫。平阳侯颇闻其语，乃驰告丞相、太尉。太尉欲入北军，不得入。襄平侯通尚符节，乃令持节矫内太尉北军。太尉复令郦寄与典客刘揭先说吕禄曰："帝使太尉守北军，欲足下之国，急归将印辞去，不然，祸且起。"吕禄以为郦兄不欺己，遂解印属典客，而以兵授太尉。太尉将之入军门，行令军中曰："为吕氏右袒，为刘氏左袒。"军中皆左袒为刘氏。太尉行至，将军吕禄亦已解上将印去，太尉遂将北军。

然尚有南军。平阳侯闻之，以吕产谋告丞相平，丞相平乃召朱虚侯佐太尉。太尉令朱虚侯监军门。令平阳侯告卫尉："毋入相国产殿门。"吕产不知吕禄已去北军，乃入未央宫，欲为乱，殿门弗得入，裵回往来。平阳侯恐弗胜，驰语太尉。太尉尚恐不胜诸吕，未敢讼言诛之，乃遣朱虚侯谓曰："急入宫卫帝。"朱虚侯请卒，太尉予卒千余人。入未央宫门，遂见产廷中。日𫗦时，遂击产。产走。天风大起，以故其从官乱，莫敢斗。逐产，杀之郎中府吏厕中。

朱虚侯已杀产，帝命谒者持节劳朱虚侯。朱虚侯欲夺节信，谒者不肯，朱虚侯则从与载，因节信驰走，斩长乐卫尉吕更始。还，驰入北军，报太尉。太尉起，拜贺朱虚侯曰："所患独吕产，今已诛，天下定矣。"遂遣人分部悉捕诸吕男女，无少长皆斩之。辛酉，捕斩吕禄，而笞杀吕嬃。使人诛燕王吕通，而废鲁王偃。壬戌，以帝太傅食其复为左丞相。戊辰，徙济川王王梁，立赵幽王子遂为赵王。遣朱虚侯章以诛诸吕氏事告齐王，令罢兵。灌婴兵亦罢荥阳而归。

诸大臣相与阴谋曰："少帝及梁、淮阳、常山王，皆非真孝惠子也。吕后以计诈名他人子，杀其母，养后宫，令孝惠子之，立以为后，及诸王，以强吕氏。今皆已夷灭诸吕，而置所立，即长用事，吾属无类矣。不如视诸王最贤者立之。"或言"齐悼惠王高帝长子，今其適子为齐王，推本言之，高帝適长孙，可立也"。大臣皆曰："吕氏以外家恶而几危宗庙，乱功臣。今齐王母家驷钧，驷钧，恶人也，即立齐王，则复为吕氏。"欲立淮南王，以为少，母家又恶。乃曰："代王方今高帝见子，最长，仁孝宽厚。太后家薄氏谨良。且立长故顺，以仁孝闻于天下，便。"乃相与共阴使人召代王。代王使人辞谢。再反，然后乘六乘传。后九月晦日己酉，至长安，舍代邸。大臣皆往谒，奉天子玺上代王，共尊立为天子。代王数让，群臣固请，然后听。

东牟侯兴居曰："诛吕氏吾无功，请得除宫。"乃与太仆汝阴侯滕公入宫，前谓少帝曰："足下非刘氏，不当立。"乃顾麾左右执戟者掊兵罢去。有数人不肯去兵，宦者令张泽谕告，亦去兵。滕公乃召乘舆车载少帝出。少帝曰："欲将我安之乎？"滕公曰："出就舍。"舍少府。乃奉天子法驾，迎代王于邸。报曰："宫谨除。"代王即夕入未央宫。有谒者十人持戟卫端门，曰："天子在也，足下何为者而入？"代王乃谓太尉。太尉往谕，谒者十人皆掊兵而去。代王遂入而听政。夜，有司分部诛灭梁、淮阳、常山王及少帝于邸。

代王立为天子。二十三年崩，谥为孝文皇帝。

太史公曰：孝惠皇帝、高后之时，黎民得离战国之苦，君臣俱欲休息乎无为，故惠帝垂拱，高后女主称制，政不出房户，天下晏然。刑罚罕用，罪人是希。民务稼穑，衣食滋殖。

译文：

吕太后是高祖微贱时的妻子，生了孝惠帝和女儿鲁元太后。等到高祖做汉王时，在定陶得到戚姬，很是宠爱，生了赵隐王如意。孝惠帝为人仁慈柔弱，高祖认为不像自己，常常想废掉太子，另立戚姬的儿子如意，认为如意和自己相似。戚姬受到宠幸，常常跟随高祖前往关东，日夜哭泣，想立她的儿子为太子，取代原来的太子。吕后年龄大了，经常留守，很少见到高祖，关系日益疏远。如意封为赵王后，有好多次几乎取代太子，幸亏大臣们诤谏，再加上留侯的计策，太子才没有被废掉。

吕后为人刚强坚毅，辅助高祖平定天下，诛杀大臣多是得力于吕后。吕后有两个哥哥，都是将军。大哥周吕侯殉职，封他的儿子吕台为郦侯，吕产为交侯；二哥吕释之封为建成侯。

高祖在十二年四月二十五日，死于长乐宫，太子继承皇帝这一名号，登上帝位，这时高祖有八个儿子：长子刘肥，是孝惠帝的哥哥，与孝惠帝不同母，封为齐王；其余的都是孝惠帝的弟弟，戚姬的儿子刘如意封为赵王，薄夫人的儿子刘恒封为代王，其他姬妾生的儿子刘恢封为梁王，刘友封为淮阳王，刘长封为淮南王，刘建封为燕王。高祖的弟弟刘交封为楚王，哥哥的儿子刘濞封为吴王。不是刘氏子弟而是功臣的番君吴芮的儿子吴臣封为长沙王。

吕后最怨恨戚夫人和她的儿子赵王，就下命令把戚夫人囚禁在永巷，而又召赵王来都城。使者往返了好几次，赵相建平侯周昌对使者说："高帝把赵王托付给我，赵王年龄还小。听说太后怨恨戚夫人，想把赵王召去一起杀死，我不敢遣送赵王。况且赵王也病了，不能奉诏前往。"吕后大怒，就派人召赵相来都城。赵相被召至长安，就派人再去召赵王。赵王来了，还没有到达都城。孝惠帝为人仁慈，知道太后发怒，亲自到霸上迎接赵王，和赵王一起回到宫里，与赵王同饮食，共起居。太后想要杀害赵王，找不到机会。孝惠帝元年十二月，孝惠帝早晨出去射猎。赵王年龄小，不能早起。太后听说赵王单独一人在家，就派人拿着毒酒给他喝。等到天亮，孝惠帝回来，赵王已经死了。于是就把淮阳王刘友迁为赵王。夏天，下诏追谥郦侯的父亲吕泽为令武侯。太后砍断了戚夫人的手脚，挖掉她的眼睛，用火熏烧她的耳朵，又给她喝哑药，让她住在猪圈里，起了个名字叫"人彘"。过了几天，就让孝惠帝去观看人彘。孝惠帝看到后，经过询问，才知道这是戚夫人，于是就放声大哭，由此得了病，一年多不能起来。他派人去见太后说："这不是人所做的事情。我作为太后的儿子，不能再治理天下。"从此孝惠帝天天饮酒逸乐，不去听理朝政，所以身患疾病。

二年，楚元王、齐悼惠王都来朝见。十月，孝惠帝和齐王在太后面前设宴饮酒，孝惠帝认为齐王是兄长，安排在上首的位置，如同普通百姓的礼节。太后很生气，就让人倒了两杯毒酒，放在前面,要齐王起来饮酒祝寿。齐王站起来,孝惠帝也站了起来,拿过酒杯想一起向太后祝寿。太后大为惊慌,亲自起来倒掉孝惠帝杯子里的酒。齐王感到奇怪,就不敢喝下这杯酒,假装酒醉走开了。后来一问,才知道是毒酒,齐王很害怕,自以为不能从长安脱身,心里非常忧虑。齐内史士劝齐王说:"太后只生有孝惠帝和鲁元公主。如今你拥有七十多个城邑,而公主才食封数城。你如果把一个郡献给太后作为公主的汤沐邑,太后一定会高兴,你也一定没有什么可忧虑的了。"于是齐王就献上了城阳郡,尊崇公主为王太后。吕后很高兴,答应了齐王的请求,就在齐王官邸摆酒设宴,高高兴兴地喝了一席酒,酒宴结束后,让齐王返回了封国。

三年,开始修筑长安城;四年,修完了一半;五年、六年,全部完工。诸侯来京城会聚。十月,诸侯向皇帝朝贺。

七年秋天八月十二日,孝惠帝去世。发丧时,太后哭了,但不流眼泪。留侯的儿子张辟强做侍中,当时十五岁,他对丞相说:"太后只有孝惠帝这么一个儿子,现在去世了,她哭得并不悲伤,你知道其中的缘故吗?"丞相说:"是什么缘故?"张辟强说:"皇帝没有成年的儿子,太后惧怕你们这些大臣。你现在请求拜吕台、吕产、吕禄为将军,统帅南北军,等到吕氏一帮人都进入朝廷,在朝廷中掌握实权,你们这些大臣才能摆脱灾难。"丞相按照张辟强的计策去做了。太后很高兴,她的哭声才哀痛起来。吕氏的权势从此开始崛起。对天下实行大赦。九月五日,安葬了孝惠帝。太子即位做了皇帝,拜谒高祖的陵庙。元年,朝廷的号令全部出自太后。

太后代行皇帝的职权,打算封吕氏子弟为王,先询问右丞相王陵。王陵说:"高帝杀白马和大臣们盟誓说:'不是刘氏子弟而称王的,天下人一起消灭他。'现在封吕氏子弟为王,是违背盟誓的。"太后很不高兴。询问左丞相陈平、绛侯周勃。周勃等人回答说:"高帝平定天下,封子弟为王,如今太后临朝称制,封弟兄和吕氏子弟为王,没有什么不可以的。"太后高兴起来,退朝回宫。王陵责备陈平、绛侯说:"当初和高帝歃血盟誓,难道你们不在场吗?现在高帝死了,太后以女主临朝,意欲封吕氏子弟为王,你们纵使想要阿谀逢迎,背弃盟誓,死后有什么脸面到九泉之下去见高帝?"陈平、绛侯说:"今天在太后面前公开反对,当朝力争,我们不如你;要说保全国家,安定刘氏后代的君王地位,你又不如我们了。"王陵无言以对。十一月,太后想要罢免王陵,就拜他为皇帝的太傅,剥夺了他的丞相职权。于是,王陵称说有病,免官回家。然后以左丞相陈平为右丞相,以辟阳侯审食其为左丞相。左丞相不管政务,让他监督宫中的事情,好像郎中令一样。因此,审食其受到太后的宠幸,常常决断政务,公卿大臣都依靠他来决定重要的事情。接着又追尊郦侯的父亲为悼武王,打算以此作为封吕氏子弟为王的开端。

四月,太后打算封吕氏子弟为侯,就先封高祖的功臣郎中令冯无择为博城侯。鲁元公主死了,赐谥为鲁元太后。她的儿子被封为鲁王。鲁王的父亲就是宣平侯张敖。封齐悼惠王的儿子刘章为朱虚侯,把吕禄的女儿嫁给他。齐丞相齐寿被封为平定侯。少府阳成延被封为梧侯。接着就封吕种为沛侯,吕平为扶柳侯,张买为南宫侯。

太后想要封吕氏子弟为王,先立孝惠帝后宫所生的儿子刘强为淮阳王,刘不疑为常山王,刘山为襄城侯,刘朝为轵侯,刘武为壶关侯。太后以微言示意大臣,大臣请求封郦侯吕台为吕王,太后答应了。建成康侯吕释之去世,袭封的儿子有罪,被废黜了，封他的弟弟吕禄为胡陵侯，作为继承康侯的后代。二年，常山王死了，让他的弟弟襄城侯刘山为常山王，改名叫义。十一月，吕王吕台死了，谥为肃王，太子吕嘉代立为王。三年，没有发生重大的事情。四年，封吕婴为临光侯，吕他为俞侯，吕更始为赘其侯，吕忿为吕城侯，此外又封诸侯丞相五人为侯。

宣平侯的女儿为孝惠皇后的时候，没有儿子，假装怀孕在身，抱来一个美人生的儿子称作自己生的儿子，然后杀死了孩子的母亲，立这个孩子为太子。孝惠帝死了，太子即位为皇帝。皇帝长大了，听说他的亲生母亲已经死了，他不是皇后所生，便放出话来说："母后怎么能杀死我的生身之母而把我称作她的儿子？我还没有长大，长大了就要造她的反。"太后听到这话，深为忧虑，怕他叛变，就把他幽禁在永巷中，说是皇帝病得很厉害，左右的侍臣也见不到皇帝。太后说："凡是据有天下治理万民百姓的人，像天一样覆盖一切，像地一样容纳万物，皇帝怀有欢爱的心情来抚慰百姓，百姓快乐地侍奉皇帝，上下感情欣然交融，天下就能大治。现在皇帝久病不愈，以至于迷惑昏乱，不能做皇帝的继承人来奉祀宗庙，把天下托付给他是不可以的，应该找人取而代之。"大臣们都叩头说："皇太后为了天下百姓的利益，安定宗庙社稷，考虑得真是深远，我们全体叩头，奉行你的诏令。"皇帝被废除了，太后暗中杀害了他。五月十一日，立常山王刘义为皇帝，改名叫弘。皇帝即位，不改年号称元年，是因为太后专制天下大事。以轵侯刘朝为常山王。设置太尉这一官职，以绛侯周勃为太尉。五年八月，淮阳王死了，封他的弟弟壶关侯刘武为淮阳王。六年十月，太后说吕王吕嘉平常骄横放纵，废掉了他，以肃王吕台的弟弟吕产为吕王。夏天，大赦天下。封齐悼惠王的儿子刘兴居为东牟侯。

七年正月，太后召赵王刘友来都城。刘友娶了吕氏的女儿为王后，不喜欢她，而喜欢其他的姬妾。这个吕氏的女儿心怀嫉妒，气愤地走了，到太后那里说他的坏话，诬告他犯了罪恶，说赵王说过"吕氏怎么能封王！太后百岁以后，我一定消灭他们"。太后大怒，因此召赵王来都城。赵王来到都城，把他安置在官邸，不接见他，命令卫士把他围困起来，不给他吃的东西。他的臣属有的偷偷地给他送饭吃，就抓来论罪。赵王饿了，就唱起歌来："诸吕专权啊，刘氏岌岌可危；胁迫王侯啊，硬要我娶吕氏女为妃。我妃嫉妒啊，诬蔑我犯了罪恶；谗女乱国啊，在上的人竟然不醒悟。我无忠臣啊，否则为什么我失去了自己的封国？自杀荒野啊，苍天办事可要公直！哎呀无可后悔啊，宁愿早点刎颈自裁。为王而饿死啊，有谁怜悯我！吕氏无理啊，只好托上天为我报仇。"十八日，赵王被幽禁致死，采用一般民众的礼仪把他埋葬在长安百姓的坟墓旁边。

三十日，日食，白天昏暗。太后很厌恶，心里闷闷不乐，就对左右随侍人员说："这是因为我的缘故吧！"

二月，迁徙梁王刘恢为赵王。吕王吕产迁徙为梁王，梁王不去封国就任，留在都城做皇帝的太傅。立皇帝的儿子昌平侯刘太为吕王。把梁改名为吕，吕改名为济川。太后的妹妹吕媭有一个女儿为营陵侯刘泽的妻子，刘泽为大将军。太后封吕氏子弟为王，害怕自己死后刘将军作乱，便以刘泽为琅邪王，来宽慰他的心。

梁王刘恢被迁徙到赵国称王，心里很不高兴。太后把吕产的女儿作为赵王的王后。王后的随侍官员都是吕氏家族的人，他们专权用事，暗中监视赵王，赵王不能为所欲为。赵王有一个宠爱的姬妾，王后派人使用毒酒把她杀害了。于是，赵王作了诗歌四章，让乐工歌唱。赵王深为悲伤，在六月就自杀了。太后听到这件事，认为赵王为了女人背弃了祖宗的礼教，不再让他的后代继承王位。

宣平侯张敖死了，因为他的儿子张偃为鲁王，所以赐给张敖的谥号为鲁元王。

秋天，太后派遣使者告诉代王，想要把他迁徙到赵地为王。代王谢绝了，希望守卫代国边地。

太傅吕产、丞相陈平等人都说，武信侯吕禄的侯位在上，次序排列在第一，请立为赵王。太后答应了，追尊吕禄的父亲康侯为赵昭王。九月，燕灵王刘建死了，他有一个美人生的儿子，太后派人杀死了这个儿子，燕灵王没有后嗣，王国被废除了。八年十月，立吕肃王的儿子东平侯吕通为燕王，封吕通的弟弟吕庄为东平侯。

三月，吕后举行祓祭，回来路过轵道，看见一个东西好像黑狗，盘踞在高后的腋下，忽然又看不到了。占卜后，说是赵王如意作祟。于是高后腋下得了毛病。

高后因为外孙鲁元王张偃年幼，过早地失去了父母，孤零零的，势力薄弱，就封张敖前妾的两个儿子为侯，张侈封为新都侯，张寿封为乐昌侯，以此来辅助鲁元王张偃。又封中大谒者张释为建陵侯，吕荣为祝兹侯。那些在宫中由宦官担任的令、丞，都封为关内侯，每人食邑五百户。

七月，高后病情恶化，就命令赵王吕禄为上将军，统率北军；吕王吕产统率南军。吕太后告诫吕产、吕禄说："高帝平定天下后，和大臣们约定，说是'不是刘氏子弟而称王的，天下人一起消灭他'。如今吕氏为王，大臣们愤愤不平。我就要死了，皇帝年龄还小，恐怕大臣们要发动叛乱。你们一定要掌握军队，保卫宫廷，千万别给我送丧，不要被人所制。"八月一日，高后死了，留下诏书赏赐诸侯王每人黄金一千斤，将、相、列侯、郎吏都根据秩位赏赐黄金。大赦天下。以吕王吕产为相国，以吕禄的女儿为皇后。

高后埋葬以后，以左丞相审食其为皇帝的太傅。

朱虚侯刘章很有力气，东牟侯刘兴居是他的弟弟，他们都是齐哀王的弟弟，住在长安。当时，吕氏一伙人专权用事，想要作乱，但畏惧昔日高帝的大臣绛侯、灌婴等人，没有敢于发动。朱虚侯的妻子是吕禄的儿女，因此暗中知道他们的阴谋。他怕被杀害，就私下派人告诉他的哥哥齐王，想让他发兵西进，诛除吕氏子弟而自立为帝。朱虚侯打算和大臣们在内与齐王相呼应。齐王想要发兵，他的丞相不肯相从。八月二十六日，齐王准备派人杀死丞相，丞相召平反叛，打算举兵围攻齐王，齐王乘机杀死了他的丞相，于是发兵东进，采用欺诈的方法夺取了琅邪王的军队，两支军队都由他统率着向西进军。这件事记载在《齐悼惠王世家》中。

齐王写信给诸侯王说："高帝平定天下，封子弟为王，悼惠王封在齐地为王。悼惠王去世，孝惠帝派留侯张良立我为齐王。孝惠帝去世，高后执政，她年纪大了，听从吕氏一伙人的意见，擅自废立皇帝，又接连杀害了三个赵王，废除了梁国、赵国、燕国，用来封吕氏子弟为王，齐国也被瓜分为四。忠臣进言劝诫，高后迷惑昏乱，不肯接受。如今高后去世，而皇帝年龄还小，不能治理天下，只有依赖大臣、诸侯。而吕氏一伙人擅自尊崇自己的职位，聚集军队，以壮威严，胁迫列侯忠臣，假借诏命，号令天下，因此刘氏宗庙倾危。我率领军队到朝廷去除掉那些不应当为王的人。"汉朝廷听到了这一消息，相国吕产等人就派遣颍阴侯灌婴带领军队去攻打齐王。灌婴到了荥阳，就和人商量说："吕氏一伙人在关中控制了军队，想要消灭刘氏而自立为皇帝。

如果现在我打垮齐国的军队回去复命，这就更加壮大了吕氏的势力。"于是灌婴屯兵荥阳，派使者告谕齐王和各国诸侯，要同他们联合在一起，等待吕氏叛乱，共同除掉吕氏。齐王听到这个消息后，就把军队撤回到齐国的西部边界，等待消息，按约行事。

吕禄、吕产想要在关中发动叛乱，但是在内害怕绛侯、朱虚侯等人，在外畏惧齐国、楚国的军队，又担心灌婴叛变，准备等到灌婴的军队与齐国的军队交兵后再发动叛乱，犹豫不决。这时，名义上是少帝弟弟的济川王刘太、淮阳王刘武、常山王刘朝，和吕后外孙鲁元王，都因年幼没有就国，住在长安。赵王吕禄、梁王吕产各自统兵驻在南北军，他们都是吕氏的人。列侯群臣没有人感到一定能保全自己的性命。

太尉绛侯周勃不能进入军营掌握兵权。曲周侯郦商年老多病，他的儿子郦寄和吕禄相友好。绛侯就和丞相陈平商量计策，派人劫持郦寄去欺骗吕禄说："高帝和吕后共同平定天下，刘氏被封了九个王，吕氏被封了三个王，都是大臣们议定的，这件事情已经向诸侯通告，诸侯都认为是妥当的。如今太后死了，皇帝年幼，而你佩带赵王印绶，不赶快回国守卫国土，却身为上将军，率领军队留在这里，为大臣和诸侯所猜疑。你何不归还将军印绶，把军队交给太尉？并请梁王归还相国印绶，和大臣们订立盟约，前往自己的封国，这样齐王必然息兵，大臣能够安定，你可以高枕无忧，称王千里，这有利于子孙万代。"吕禄很相信郦寄的建议，准备交还将军印绶，把军队归属太尉。派人去告诉吕产和吕氏宗族中的老人，他们有的认为妥当，有的说是不妥当，犹犹豫豫，主意没有决定下来。吕禄很相信郦寄，时常和他出去游猎。有一次经过姑母吕媭家，吕媭大怒，说："你身为将军而放弃军队，吕氏宗族将无安身立命的地方了。"于是拿出全部珠玉宝器抛散堂下，说："不要替别人看守这些东西了。"

左丞相审食其被罢免。

八月十日早晨，代行御史大夫职务的平阳侯曹窋，会见相国吕产商量事情。郎中令贾寿去齐国出使回来，指责吕产说："你不早些去自己的封国，现在即使想走，还能走得了吗？"他把灌婴与齐、楚联合起来，准备诛除吕氏宗族的事情全部告诉了吕产，催促吕产急速进入宫廷。平阳侯听到了这些话，就骑马跑去报告了丞相和太尉。太尉想要进入北军，但无法进去。襄平侯纪通主管符节，太尉就让他持节假传诏令，使太尉进入北军。太尉又让郦寄和典客刘揭先劝告吕禄说："皇帝派太尉统率北军想让你去自己的封国，你赶快归还将军印绶，离开这里，不然的话，将要发生大祸。"吕禄认为郦况不会欺骗自己，就解下印绶交给典客，把兵权送给了太尉。太尉掌握兵权后进入军门，下令军中说："拥护吕氏的袒露右臂，拥护刘氏的袒露左臂。"军中士卒都袒露左臂，拥护刘氏。太尉来到北军时，将军吕禄也已经解下印绶离开了，于是太尉统率了北军。

然而还有南军没有控制。平阳侯听到了贾寿对吕产说的一些话，把吕产的阴谋告诉了丞相陈平，丞相陈平就找来朱虚侯协助太尉。太尉让朱虚侯监守营门。派平阳侯告诉卫尉："不要让相国吕产进入殿门。"吕产不知道吕禄已经离开北军，就进入未央宫，想要作乱，但是没有办法进入殿门，在那里来回徘徊。平阳侯担心不能取胜，骑马跑去，把情况告诉了太尉。太尉还怕战胜不了吕氏一伙人，因此没有敢公开宣言诛灭吕氏，就调遣朱虚侯，对他说："赶快进入宫廷保护皇帝。"朱虚侯要一些兵力，太尉拨给他士卒一千多人。朱虚侯进入未央宫大门，看见吕产在宫廷中。黄昏的时候，就进击吕产，吕产逃走了。天空刮起了大风，因此吕产的随从官吏一片混乱，不敢抵抗。朱虚侯追赶吕产，把他杀死在郎中令官府的厕所里面。

朱虚侯已经杀死了吕产，皇帝派谒者持节慰劳朱虚侯。朱虚侯想要把节信夺过来，谒者不答应，朱虚侯就和他一起乘车，利用节信驱车飞奔，杀了长乐宫卫尉吕更始。回来时，驱车进入北军，报告了太尉。太尉起身向朱虚侯拜贺说："我们所担心的只是吕产，现在已经把他杀死，天下大局已定。"随即派人分别把吕氏男男女女逮捕起来，无论老少，全部处死。九月十一日，捕获吕禄斩首，用鞭子和棍棒打死了吕媭。派人诛杀了燕王吕通，废黜了鲁王张偃。九月十二日，又以皇帝的太傅审食其为左丞相。九月十八日，迁徙济川王为梁王，立赵幽王的儿子刘遂为赵王。派遣朱虚侯刘章把诛除吕氏的事情告诉齐王，让他撤回军队。灌婴的军队也从荥阳罢兵到都城。

大臣们私下互相商量说："少帝和梁王、淮阳王、常山王，都不真正是孝惠帝的儿子。吕后使用诈骗手段把别人的儿子称作孝惠帝的儿子，杀掉孩子的母亲，养育在后宫，让孝惠帝当作自己的儿子，立为皇帝的继承人和封为诸王，以此来加强吕氏的势力。现在已经全部消灭了吕氏宗族，如果让他们所立的人当皇帝，等到长大掌权，我们这些人就要被杀戮无遗。不如从诸王中选择一个最贤明的立为皇帝。"有的说"齐悼惠王是高帝的长子，现在他的嫡子为齐王，从亲疏嫡庶方面探本求源，齐王是高帝的嫡长孙，可以立为皇帝"。大臣们都说："吕氏以外戚的身份作恶，几乎倾危刘氏宗庙，摧残功臣。现在齐王母亲娘家的驷钧，是个坏人，如果立齐王为皇帝，就会再出现一个吕氏。"想立淮南王，又认为他年轻，母亲的娘家也很凶恶。大家就说："代王是高帝现今在世的儿子之一，行次最长，为人仁孝宽厚。

太后薄氏的家族谨慎善良。而且立行次最长的本来就是名正言顺,再加上代王以仁孝播闻天下,立为皇帝是完全妥当的。"于是就一起暗地里使人召代王来都城。代王派人辞谢。使者第二次去迎接,然后代王才乘着六匹马拉着传车开始起程。闰九月月底己酉这一天,到达了长安,住在代王的官邸。大臣们都前往拜见,向代王献上天子印玺,一致尊立代王为天子。代王一再推让,大臣们坚持自己的请求,代王终于答应了。

东牟侯刘兴居说:"诛除吕氏我没有功劳,请让我来清理宫廷。"他就和太仆汝阴侯滕公进入宫内,上前对少帝说:"你不是刘氏的人,不应当立为皇帝。"于是回头命令少帝左右执戟的侍卫放下武器离开。有几个人不肯放下武器,宦官的首领张泽去讲了讲,他们也放下了武器。滕公就叫来车驾载着少帝出了宫廷。少帝说:"想把我拉到哪里去?"滕公说:"出去住。"少帝被安置在少府住宿。接着使用天子的法驾,去代王官邸迎接代王。向代王报告说:"宫内已经清理过了。"代王当天晚上进入未央宫。有十名谒者持戟守卫正门,说:"天子在这里,你进去干什么?"代王把情况告诉了太尉。太尉前往作了说明,十名谒者都放下武器走开了。代王随即入宫听理政事。夜间,官吏分头把梁王、淮阳王、常山王和少帝杀死在官邸。

代王立为天子。在位二十三年去世,谥为孝文皇帝。

太史公说:孝惠皇帝和高后时期,百姓脱离了战国年代的苦难,皇帝和大臣们都想休养生息,无为而治,所以孝惠皇帝垂衣拱手,清静无为,高后以女主代行皇帝职权,政事不出门户,天下安宁。很少使用刑罚,罪人寥寥无几。百姓勤于耕种,衣食不断增多。

史记卷十

孝文本纪第十

孝文皇帝，高祖中子也。高祖十一年春，已破陈豨军，定代地，立为代王，都中都。太后薄氏子。即位十七年，高后八年七月，高后崩。九月，诸吕吕产等欲为乱，以危刘氏，大臣共诛之，谋召立代王，事在《吕后》语中。

丞相陈平、太尉周勃等使人迎代王。代王问左右郎中令张武等。张武等议曰："汉大臣皆故高帝时大将，习兵，多谋诈，此其属意非止此也，特畏高帝、吕太后威耳。今已诛诸吕，新喋血京师，此以迎大王为名，实不可信。愿大王称疾毋往，以观其变。"中尉宋昌进曰："群臣之议皆非也。夫秦失其政，诸侯豪桀并起，人人自以为得之者以万数，然卒践天子之位者，刘氏也，天下绝望，一矣。高帝封王子弟，地犬牙相制，此所谓盘石之宗也，天下服其强，二矣。汉兴，除秦苛政，约法令，施德惠，人人自安，难动摇，三矣。夫以吕太后之严，立诸吕为三王，擅权专制，然而太尉以一节入北军，一呼士皆左袒，为刘氏，叛诸吕，卒以灭之。此乃天授，非人力也。今大臣虽欲为变，百姓弗为使，其党宁能专一邪？方今内有朱虚、东牟之亲，外畏吴、楚、淮南、琅邪、齐、代之强。方今高帝子独淮南王与大王，大王又长，贤圣仁孝，闻于天下，故大臣因天下之心而欲迎立大王，大王勿疑也。"代王报太后计之，犹与未定。卜之龟，卦兆得大横。占曰："大横庚庚，余为天王，夏启以光。"代王曰："寡人固已为王矣，又何王？"卜人曰："所谓天王者乃天子。"于是代王乃遣太后弟薄昭往见绛侯，绛侯等具为昭言所以迎立王意。薄昭还报曰："信矣，毋可疑者。"代王乃笑谓宋昌曰："果如公言。"乃命宋昌参乘，张武等六人乘传诣长安。至高陵休止，而使宋昌先驰之长安观变。

昌至渭桥，丞相以下皆迎。宋昌还报。代王驰至渭桥，群臣拜谒称臣。代王下车拜。太尉勃进曰："愿请间言。"宋昌曰："所言公，公言之。所言私，王者不受私。"太尉乃跪上天子玺符。代王谢曰："至代邸而议之。"遂驰入代邸。群臣从至。丞相陈平、太尉周勃、大将军陈武、御史大夫张苍、宗正刘郢、朱虚侯刘章、东牟侯刘兴居、典客刘揭皆再拜言曰："子弘等皆非孝惠帝子，不当奉宗庙。臣谨请阴安侯、列侯顷王后与琅邪王、宗室、大臣、列侯、吏二千石议曰：'大王高帝长子，宜为高帝嗣。'愿大王即天子位。"代王曰："奉高帝宗庙，重事也。寡人不佞，不足以称宗庙。愿请楚王计宜者，寡人不敢当。"群臣皆伏固请。代王西乡让者三，南乡让者再。丞相平等皆曰："臣伏计之，大王奉高帝宗庙最宜称，虽天下诸侯万民以为宜。臣等为宗庙社稷计，不敢忽。愿大王幸听臣等。臣谨奉天子玺符再拜上。"代王曰："宗室将相王列侯以为莫宜寡人，寡人不敢辞。"遂即天子位。

群臣以礼次侍。乃使太仆婴与东牟侯兴居清宫，奉天子法驾，迎于代邸。皇帝即日夕入未央宫。乃夜拜宋昌为卫将军，镇抚南北军。以张武为郎中令，行殿中。还坐前殿。于是夜下诏书曰："间者诸吕用事擅权，谋为大逆，欲以危刘氏宗庙，赖将相列侯宗室大臣诛之，皆伏其辜。朕初即位，其赦天下，赐民爵一级，女子百户牛酒，酺五日。"

孝文皇帝元年十月庚戌，徙立故琅邪王泽为燕王。

辛亥，皇帝即阼，谒高庙。右丞相平徙为左丞相，太尉勃为右丞相，大将军灌婴为太尉。诸吕所夺齐楚故地，皆复与之。

壬子，遣车骑将军薄昭迎皇太后于代。皇帝曰："吕产自置为相国，吕禄为上将军，擅矫遣灌将军婴将兵击齐，欲代刘氏。婴留荥阳弗击，与诸侯合谋以诛吕氏。吕产欲为不善，丞相陈平与太尉周勃谋夺吕产等军。朱虚侯刘章首先捕吕产等。太尉身率襄平侯通持节承诏入北军。典客刘揭身夺赵王吕禄印。益封太尉勃万户，赐金五千斤。丞相陈平、灌将军婴邑各三千户，金二千斤。朱虚侯刘章、襄平侯通、东牟侯刘兴居邑各二千户，金千斤。封典客揭为阳信侯，赐金千斤。"

十二月，上曰："法者，治之正也，所以禁暴而率善人也。今犯法已论，而使毋罪之父母妻子同产坐之，及为收帑，朕甚不取。其议之。"有司皆曰："民不能自治，故为法以禁之。相坐坐收，所以累其心，使重犯法，所从来远矣。如故便。"上曰："朕闻法正则民悫，罪当则民从。且夫牧民而导之善者，吏也。其既不能导，又以不正之法罪之，是反害于民为暴者也。何以禁之？朕未见其便，其孰计之。"有司皆曰："陛下加大惠，德甚盛，非臣等所及也。请奉诏书，除收帑诸相坐律令。"

正月，有司言曰："蚤建太子，所以尊宗庙。请立太子。"上曰："朕既不德，上帝神明未歆享，天下人民未有嗛志。今纵不能博求天下贤圣有德之人而禅天下焉，而曰豫建太子，是重吾不德也。谓天下何？其安之。"有司曰："豫建太子，所以重宗庙社稷，不忘天下也。"上曰："楚王，季父也，春秋高，阅天下之义理多矣，明于国家之大体。吴王于朕，兄也，惠仁以好德。淮南王，弟也，秉德以陪朕。岂为不豫哉！诸侯王宗室昆弟有功臣，多贤及有德义者，若举有德以陪朕之不能终，是社稷之灵，天下之福也。今不选举焉，而曰必子，人其以朕为忘贤有德者而专于子，非所以忧天下也。朕甚不取也。"有司皆固请曰："古者殷周有国，治安皆千余岁，古之有天下者莫长焉，用此道也。立嗣必子，所从来远矣。高帝亲率士大夫，始平天下，建诸侯，为帝者太祖。诸侯王及列侯始受国者皆亦为其国祖。子孙继嗣，世世弗绝，天下之大义也，故高帝设之以抚海内。今释宜建而更选于诸侯及宗室，非高帝之志也。更议不宜。子某最长，纯厚慈仁，请建以为太子。"上乃许之。因赐天下民当代父后者爵各一级。封将军薄昭为轵侯。

三月，有司请立皇后。薄太后曰："诸侯皆同姓，立太子母为皇后。"皇后姓窦氏。上为立后故，赐天下鳏寡孤独穷困及年八十已上孤儿九岁已下布帛米肉各有数。上从代来，初即位，施德惠天下，填抚诸侯四夷皆洽驩，乃循从代来功臣。上曰："方大臣之诛诸吕迎朕，朕狐疑，皆止朕，唯中尉宋昌劝朕，朕以得保奉宗庙。已尊昌为卫将军，其封昌为壮武侯。诸从朕六人，官皆至九卿。"

上曰："列侯从高帝入蜀、汉中者六十八人皆益封各三百户，故吏二千石以上从高帝颍川守尊等十人食邑六百户，淮阳守申徒嘉等十人五百户，卫尉定等十人四百户。封淮南王舅父赵兼为周阳侯，齐王舅父驷钧为清郭侯。"秋，封故常山丞相蔡兼为樊侯。

人或说右丞相曰："君本诛诸吕，迎代王，今又矜其功，受上赏，处尊位，祸且及身。"右丞相勃乃谢病免罢，左丞相平专为丞相。

二年十月，丞相平卒，复以绛侯勃为丞相。上曰："朕闻古者诸侯建国千余，各守其地，以时入贡，民不劳苦，上下驩欣，靡有遗德。今列侯多居长安，邑远，吏卒给输费苦，而列侯亦无由教驯其民。其令列侯之国，为吏及诏所止者，遣太子。"

十一月晦，日有食之。十二月望，日又食。上曰："朕闻之，天生蒸民，为之置君以养治之。人主不德，布政不均，则天示之以菑，以诫不治。乃十一月晦，日有食之，适见于天，菑孰大焉！朕获保宗庙，以微眇之身托于兆民君王之上，天下治乱，在朕一人，唯二三执政犹吾股肱也。朕下不能理育群生，上以累三光之明，其不德大矣。令至，其悉思朕之过失，及知见思之所不及，匄以告朕。及举贤良方正能直言极谏者，以匡朕之不逮。因各饬其任职，务省繇费以便民。朕既不能远德，故憪然念外人之有非，是以设备未息。今纵不能罢边屯戍，而又饬兵厚卫，其罢卫将军军。太仆见马遗财足，余皆以给传置。"

正月，上曰："农，天下之本，其开籍田，朕亲率耕，以给宗庙粢盛。"

三月，有司请立皇子为诸侯王。上曰："赵幽王幽死，朕甚怜之，已立其长子遂为赵王。遂弟辟强及齐悼惠王子朱虚侯章、东牟侯兴居有功，可王。"乃立赵幽王少子辟强为河间王，以齐剧郡立朱虚侯为城阳王，立东牟侯为济北王，皇子武为代王，子参为太原王，子揖为梁王。

上曰："古之治天下，朝有进善之旌，诽谤之木，所以通治道而来谏者。今法有诽谤妖言之罪，是使众臣不敢尽情，而上无由闻过失也。将何以来远方之贤良？其除之。民或祝诅上以相约结而后相谩，吏以为大逆，其有他言，而吏又以为诽谤。此细民之愚无知抵死，朕甚不取。自今以来，有犯此者勿听治。"

九月，初与郡国守相为铜虎符、竹使符。

三年十月丁酉晦，日有食之。十一月，上曰："前日诏遣列侯之国，或辞未行。丞相朕之所重，其为朕率列侯之国。"绛侯勃免丞相就国，以太尉颍阴侯婴为丞相。罢太尉官，属丞相。四月，城阳王章薨。淮南王长与从者魏敬杀辟阳侯审食其。

五月，匈奴入北地，居河南为寇。帝初幸甘泉。六月，帝曰："汉与匈奴约为昆弟，毋使害边境，所以输遗匈奴甚厚。今右贤王离其国，将众居河南降地，非常故，往来近塞，捕杀吏卒，驱保塞蛮夷，令不得居其故，陵轹边吏，入盗，甚敖无道，非约也。其发边吏骑八万五千诣高奴，遣丞相颍阴侯灌婴击匈奴。"匈奴去，发中尉材官属卫将军军长安。

辛卯，帝自甘泉之高奴，因幸太原，见故群臣，皆赐之。举功行赏，诸民里赐牛酒。复晋阳、中都民三岁。留游太原十余日。

济北王兴居闻帝之代，欲往击胡，乃反，发兵欲袭荥阳。于是诏罢丞相兵，遣棘蒲侯陈武为大将军，将十万往击之。祁侯贺为将军，军荥阳。七月辛亥，帝自太原至长安。乃诏有司曰："济北王背德反上，诖误吏民，为大逆。济北吏民兵未至先自定，及以军地邑降者，皆赦之，复官爵。与王兴居去来，亦赦之。"八月，破济北军，虏其王。赦济北诸吏民与王反者。

六年，有司言淮南王长废先帝法，不听天子诏，居处毋度，出入拟于天子，擅为法令，与棘蒲侯太子奇谋反，遣人使闽越及匈奴，发其兵，欲以危宗庙社稷。群臣议，皆曰"长当弃市"。帝不忍致法于王，赦其罪，废勿王。群臣请处王蜀严道、邛都，帝许之。长未到处所，行病死，上怜之。后十六年，追尊淮南王长谥为厉王，立其子三人为淮南王、衡山王、庐江王。

十三年夏，上曰："盖闻天道祸自怨起而福繇德兴。百官之非，宜由朕躬。今秘祝之官移过于下，以彰吾之不德，朕甚不取。其除之。"

五月，齐太仓令淳于公有罪当刑，诏狱逮徙系长安。太仓公无男，有女五人。太仓公将行会逮，骂其女曰："生子不生男，有缓急非有益也！"其少女缇萦自伤泣，乃随其父至长安，上书曰："妾父为吏，齐中皆称其廉平，今坐法当刑。妾伤夫死者不可复生，刑者不可复属，虽复欲改过自新，其道无由也。妾愿没入为官婢，赎父刑罪，使得自新。"书奏天子，天子怜悲其意，乃下诏曰："盖闻有虞氏之时，画衣冠异章服以为僇，而民不犯。何则？至治也。今法有肉刑三，而奸不止，其咎安在？非乃朕德薄而教不明欤？吾甚自愧。故夫驯道不纯而愚民陷焉。《诗》曰'恺悌君子，民之父母'。今人有过，教未施而刑加焉，或欲改行为善而道毋由也。朕甚怜之。夫刑至断支体，刻肌肤，终身不息，何其楚痛而不德也，岂称为民父母之意哉！其除肉刑。"

上曰："农，天下之本，务莫大焉。今勤身从事而有租税之赋，是为本末者毋以异，其于劝农之道未备。其除田之租税。"

十四年冬，匈奴谋入边为寇，攻朝那塞，杀北地都尉卬。上乃遣三将军军陇西、北地、上郡，中尉周舍为卫将军，郎中令张武为车骑将军，军渭北，车千乘，骑卒十万。帝亲自劳军，勒兵申教令，赐军吏卒。帝欲自将击匈奴，群臣谏，皆不听。皇太后固要帝，帝乃止。于是以东阳侯张相如为大将军，成侯赤为内史，栾布为将军，击匈奴。匈奴遁走。

春，上曰："朕获执牺牲珪币以事上帝宗庙，十四年于今，历日绵长，以不敏不明而久抚临天下，朕甚自愧。其广增诸祀墠场珪币。昔先王远施不求其报，望祀不祈其福，右贤左戚，先民后己，至明之极也。今吾闻祠官祝釐，皆归福朕躬，不为百姓，朕甚愧之。夫以朕不德，而躬享独美其福，百姓不与焉，是重吾不德。其令祠官致敬，毋有所祈。"

是时北平侯张苍为丞相，方明律历。鲁人公孙臣上书陈终始传五德事，言方今土德时，土德应黄龙见，当改正朔服色制度。天子下其事与丞相议。丞相推以为今水德，始明正十月上黑事，以为其言非是，请罢之。

十五年，黄龙见成纪，天子乃复召鲁公孙臣，以为博士，申明土德事。于是上乃下诏曰："有异物之神见于成纪，无害于民，岁以有年。朕亲郊祀上帝诸神。礼官议，毋讳以劳朕。"有司礼官皆曰："古者天子夏躬亲礼祀上帝于郊，故曰郊。"于是天子始幸雍，郊见五帝，以孟夏四月答礼焉。赵人新垣平以望气见，因说上设立渭阳五庙。欲出周鼎，当有玉英见。

十六年，上亲郊见渭阳五帝庙，亦以夏答礼而尚赤。

十七年，得玉杯，刻曰"人主延寿"。于是天子始更为元年，令天下大酺。其岁，新垣平事觉，夷三族。

后二年，上曰："朕既不明，不能远德，是以使方外之国或不宁息。夫四荒之外不安其生，封畿之内勤劳不处，二者之咎，皆自于朕之德薄而不能远达也。间者累年，匈奴并暴边境，多杀吏民，边臣兵吏又不能谕吾内志，以重吾不德也。夫久结难连兵，中外之国将何以自宁？今朕夙兴夜寐，勤劳天下，忧苦万民，为之恒惕不安，未尝一日忘于心。故遣使者冠盖相望，结轶于道，以谕朕意于单于。今单于反古之道，计社稷之安，便万民之利，亲与朕俱弃细过，偕之大道，结兄弟之义，以全天下元元之民。和亲已定，始于今年。"

后六年冬，匈奴三万人入上郡，三万人入云中。以中大夫令勉为车骑将军，军飞狐；故楚相苏意为将军，军句注；将军张武屯北地；河内守周亚夫为将军，居细柳，宗正刘礼为将军，居霸上；祝兹侯军棘门：以备胡。数月，胡人去，亦罢。

天下旱，蝗。帝加惠：令诸侯毋入贡，弛山泽，减诸服御狗马，损郎吏员，发仓庾，以振贫民，民得卖爵。

孝文帝从代来，即位二十三年，宫室苑囿狗马服御无所增益，有不便，辄弛以利民。尝欲作露台，召匠计之，直百金。上曰："百金中民十家之产，吾奉先帝宫室，常恐羞之，何以台为！"上常衣绨衣，所幸慎夫人，令衣不得曳地，帏帐不得文绣，以示敦朴，为天下先。治霸陵皆以瓦器，不得以金银铜锡为饰，不治坟，欲为省，毋烦民。南越王尉佗自立为武帝，然上召贵尉佗兄弟，以德报之，佗遂去帝称臣。与匈奴和亲，匈奴背约入盗，然令边备守，不发兵深入，恶烦苦百姓。吴王诈病不朝，就赐几杖。群臣如袁盎等称说虽切，常假借用之。群臣如张武等受赂遗金钱，觉，上乃发御府金钱赐之，以愧其心，弗下吏。专务以德化民，是以海内殷富，兴于礼义。

后七年六月己亥，帝崩于未央宫。遗诏曰："朕闻盖天下万物之萌生，靡不有死。死者天地之理，物之自然者，奚可甚哀？当今之时，世咸嘉生而恶死，厚葬以破业，重服以伤生，吾甚不取。且朕既不德，无以佐百姓；今崩，又使重服久临，以离寒暑之数，哀人之父子，伤长幼之志，损其饮食，绝鬼神之祭祀，以重吾不德也，谓天下何！朕获保宗庙，以眇眇之身托于天下君王之上，二十有余年矣。赖天地之灵、社稷之福，方内安宁，靡有兵革。朕既不敏，常畏过行，以羞先帝之遗德；维年之久长，惧于不终。今乃幸以天年，得复供养于高庙，朕之不明与嘉之，其奚哀悲之有！其令天下吏民，令到出临三日，皆释服，毋禁取妇嫁女祠祀饮酒食肉者。自当给丧事服临者，皆无践，绖带无过三寸，毋布车及兵器，毋发民男女哭临宫殿。宫殿中当临者，皆以旦夕各十五举声，礼毕罢。非旦夕临时，禁毋得擅哭。已下，服大红十五日，小红十四日，纤七日，释服。佗不在令中者，皆以此令比率从事。布告天下，使明知朕意。霸陵山川因其故，毋有所改。归夫人以下至少使。"令中尉亚夫为车骑将军，属国悍为将屯将军，郎中令武为复土将军，发近县见卒万六千人，发内史卒万五千人，藏郭穿复土属将军武。

乙巳，群臣皆顿首，上尊号曰孝文皇帝。

太子即位于高庙。丁未，袭号曰皇帝。

孝景皇帝元年十月，制诏御史："盖闻古者祖有功而宗有德，制礼乐各有由。闻歌者，所以发德也；舞者，所以明功也。高庙酎，奏《武德》、《文始》、《五行》之舞。孝惠庙酎，奏《文始》、《五行》之舞。孝文皇帝临天下，通关梁，不异远方。除诽谤，去肉刑，赏赐长老，收恤孤独，以育群生。减嗜欲，不受献，不私其利也。罪人不帑，不诛无罪。除宫刑，出美人，重绝人之世。朕既不敏，不能识。此皆上古之所不及，而孝文皇帝亲行之。德厚侔天地，利泽施四海，靡不获福焉。明象乎日月，而庙乐不称，朕甚惧焉。其为孝文皇帝庙为《昭德》之舞，以明休德。然后祖宗之功德著于竹帛，施于万世，永永无穷，朕甚嘉之。其与丞相、列侯、中二千石、礼官具为礼仪奏。"丞相臣嘉等言："陛下永思孝道，立《昭德》之舞以明孝文皇帝之盛德，皆臣嘉等愚所不及。臣谨议：世功莫大于高皇帝，德莫盛于孝文皇帝，高皇庙宜为帝者太祖之庙，孝文皇帝庙宜为帝者太宗之庙。天子宜世世献祖宗之庙。郡国诸侯宜各为孝文皇帝立太宗之庙。诸侯王列侯使者侍祠天子,岁献祖宗之庙。请著之竹帛,宣布天下。"制曰:"可。"

太史公曰:孔子言"必世然后仁。善人之治国百年,亦可以胜残去杀"。诚哉是言!汉兴,至孝文四十有余载,德至盛也。廪廪乡改正服封禅矣,谦让未成于今。呜呼,岂不仁哉!

译文:

孝文皇帝是高祖的中子。高祖十一年春打垮陈豨的军队,平定了代地,孝文皇帝被立为代王,建都中都。他是太后薄氏的儿子。做代王的第十七年,时值高后八年,这年七月,高后去世。九月,吕后的家族吕产等人想要叛乱,推翻刘氏政权,大臣们一起诛灭了吕氏家族,商量召代王来都城,立为皇帝,这件事情记载在《吕太后本纪》中。

丞相陈平、太尉周勃等派人去迎接代王。代王询问左右近臣郎中令张武等人的意见。张武等人建议说:"汉朝廷中的大臣都是过去高帝时的大将,熟悉军事,多谋善诈,他们的真正意图并不止于此,这样做只是畏惧高帝、吕太后的威势罢了。如今已经诛灭了吕氏宗族,血洗京城,来这里名义上是迎接大王,实际上不可信赖。希望大王佯称有病,不要前往京城,坐观事态的变化。"中尉宋昌进言说:"群臣的意见都是不对的。当秦朝腐败瓦解的时候,诸侯豪杰同时并起,自认为能得到天下的人数以万计,然而最终登上天子之位的是刘氏,天下逐鹿的人断绝了做皇帝的希望,这是第一点。高帝封子弟为王,封国领土犬牙交错,这就是人们所说的磐石一样坚固的宗族,天下的人都屈服于刘氏的强大，这是第二点。汉朝兴起，废除秦朝苛刻的政令，简化法令，施德惠于民，人人都生活安宁，难以动摇，这是第三点。以吕太后的威严，立吕氏子弟三人为王，擅权专制，然而太尉持节进入北军，一声呼唤，士卒都袒露左臂拥护刘氏，背叛吕氏，结果消灭了吕氏宗族。这是上天所授，不是人力所能做到的。现在即使大臣想要叛变，百姓也不肯被他们所驱使，他们的党羽难道能一心一意地团结在一起吗？当今京城内有朱虚侯、东车侯这样的亲族，京城外又畏惧吴王、楚王、淮南王、琅邪王、齐王、代王的强大。目前高帝的儿子仅有淮南王和大王，大王又年长，贤能、圣德、仁爱、孝顺，闻名天下，所以大臣们顺应天下百姓的心愿，而想迎接大王立为皇帝，大王不要疑虑。"代王报告了太后，进行磋商，犹犹豫豫，没有拿定主意。用龟甲来占卜，卦的兆象得到大横。兆辞说："大横预示着更替，我成为天王，像夏启一样发扬光大先帝的事业。"代王说："我本来已经是诸侯王了，还要做什么王？"占卜的人说："所说的天王是天子。"于是代王就派遣太后的弟弟薄昭前往京城会见绛侯，绛侯等人把所以要迎立代王的意图全部告诉了薄昭。薄昭回来报告说："情况是真实的，没有什么可怀疑的。"于是代王笑着对宋昌说："果然像你说的一样。"就让宋昌在车的右面陪乘，张武等六人乘传车随同代王前往长安。到达高陵停息下来，派宋昌先驱车去长安观察局势的变化。

  宋昌到了渭桥，丞相以下的各级官员都前来迎接。宋昌回来向代王作了汇报。代王驱车来到渭桥，大臣们都来拜见，自称为臣。代王下车答拜。太尉周勃进见说："希望单独跟你说话。"宋昌说："所说的属于公事，就公开说。所说的属于私事，为王的人不接受私情。"太尉就跪下奉上天子印玺和符节。代王辞谢说:"到代国官邸去商议。"于是驱车进入代国官邸。大臣们也都相随来到代国官邸。丞相陈平、太尉周勃、大将军陈武、御史大夫张苍、宗正刘郢、朱虚侯刘章、东牟侯刘兴居、典客刘揭都再拜后进言说:"皇子刘弘等都不是孝惠帝的儿子,不应做皇帝,奉祀宗庙。我们和阴安侯、顷王后,以及琅邪王、宗室、大臣、列侯、二千石以上官员商议说:'大王现在是高帝最大的儿子,适合做高帝的继承人。'希望大王即位为天子。"代王说:"奉祀高帝宗庙,是一件重大的事情。我没有才能,不足以奉祀宗庙。希望请楚王考虑一个合适的人,我不敢当此重任。"大臣们都拜伏于地,坚决地请求。代王面朝西谦让了三次,面朝南又谦让了两次。丞相陈平等人都说:"我们在下商议,大王奉祀高帝宗庙是最适宜的,就是天下的诸侯和万民百姓也认为是妥当的。我们为宗庙和国家考虑,不敢轻忽从事。希望大王听从我们的建议。我们郑重而又恭敬地奉上天子玺印和符节。"代王说:"宗室、将相、诸王、列侯都以为没有比我更适宜的人选,那么我就不敢再推辞了。"于是即位为天子。

大臣们按照礼仪,依秩位高下列侍。派太仆夏侯婴和东牟侯刘兴居清除宫廷,用天子法驾去代邸迎接皇帝。皇帝当天晚上进入未央宫。夜里任命宋昌为卫将军,镇服和安辑南北军。以张武为郎中令,巡行殿中。皇帝回到前殿坐朝。于是当夜下诏说:"近来吕氏子弟专权用事,阴谋叛逆,想要倾危刘氏宗庙,幸亏将相、列侯、宗室、大臣消灭了他们,使他们都得到了应有的惩罚。我刚刚即位,大赦天下,赐予百姓中的男户主爵一级,女户主每百户给予牛和酒,允许相聚宴饮五天。"

孝文皇帝元年十月一日,徙封原来的琅邪王刘泽为燕王。

二日,皇帝即位,拜谒高庙。右丞相陈平迁徙为左丞相,太尉周勃担任右丞相，大将军灌婴担任太尉。吕氏夺取的齐国、楚国旧地，又都归还齐、楚。

三日，派遣车骑将军薄昭到代国迎接皇太后。皇帝说："吕产自任为相国，吕禄自任为上将军，擅自假托诏令派遣将军灌婴统率军队出击齐国，想要取代刘氏。灌婴停留在荥阳，按兵不动，与诸侯合谋诛除吕氏。吕产企图发动叛乱，丞相陈平和太尉周勃使用计策夺取了吕产等人的军权。朱虚侯刘章首先捕获吕产等人。太尉亲自率领襄平侯纪通持节奉诏进入北军。典客刘揭亲手夺下了赵王吕禄的印信。因此，加封太尉周勃食邑一万户，赐予黄金五千斤。加封丞相陈平、将军灌婴每人食邑三千户，赐予黄金二千斤。加封朱虚侯刘章、襄平侯纪通、东牟侯刘兴居每人食邑二千户，赐予黄金一千斤。封典客刘揭为阳信侯，赐予黄金一千斤。"

十二月，皇帝说："法律是治理国家的准则，用它来禁绝残暴，引导人们向善。现在犯法定罪后，而使无罪的父母、妻子、兄弟连坐，收没妻子、儿女为官府奴婢，我非常不赞成这种做法。大家讨论一下。"官员们都说："百姓不能治理自己，所以制定法律来约束他们。互相连坐，收没妻子、儿女为官府奴婢，以此来束缚百姓的心理，使他们不敢轻易触犯法律，这种做法由来已久。像从前一样的做法是适宜的。"皇帝说："我听说法律公正则百姓忠厚，论罪量刑得当则百姓顺从。况且管理百姓而引导他们向善是官吏的职责。官吏既不能加以引导，又采用不公正的法律去论罪，这反而有害于百姓，使他们为暴作乱，法律怎么能禁止得了呢？我看不出这种法律有什么方便的地方。你们再深思熟虑。"官员们都说："皇帝加于民众的恩惠浩荡，德泽非常深厚，不是我们臣下所能赶得上的。让我们谨奉诏书，废除一人有罪而妻室收没为官府奴婢和一些互相连坐的法令。"

正月,官员们进言说:"早些确定太子,是为了尊崇宗庙。请现在置立太子。"皇帝说:"我已是德薄之人,上帝的神灵没有享受我的祭礼,天下人民没有感到心满意足。现在我既不能广泛地寻求天下贤圣有德的人而禅让天下,却说什么要预先确立太子,这是使我更加德薄,叫我向天下人如何交代呢?这件事还是慢一些。"官员们说:"预先确立太子,是以宗庙和国家为重,表示不忘怀天下。"皇帝说:"楚王是我的叔父,年岁大,阅历丰富,懂得很多天下的道理,明了国家大体。吴王是我的哥哥,为人仁惠,喜欢以德待人。淮南王是我的弟弟,身怀美德来辅佐我。这难道不是预先解决了皇帝的继承人吗!诸侯王、宗室、弟兄、有功的大臣,很多是贤明和有德义的人。如果推举有道德的人来帮助和继承我这因德薄而不能终位的人,这是社稷神明有灵,天下人的福分。现在不举,而认为一定要传位于儿子,人们会以为我忘记了贤明有德的人,而专意于自己的儿子,不为天下着想。我很不赞成这种做法。"官员们都坚决地请求说:"古代殷朝、周朝立国,安治天下都有一千多年,古时拥有天下的人都没有比殷、周立国更长远的了,这是因为殷、周采取了传位于子的方法。一定以自己的儿子为继承人,很久以前就是这样做的。高帝亲自率领军士将佐,平定天下,封建诸侯,成为诸帝的太祖。最初接受封国的诸侯王和列侯也成为自己封国的始祖。子孙相继嗣位,世世不绝,这是天下大义所在,所以高帝建立传位于子的制度来安定海内。现在放弃应当立为继承人的人选,而另从诸侯和宗室里面挑选,这不是高帝的想法。再议论立谁为继承人是不合适的。子某是长子,纯厚仁慈,请立为太子。"皇帝答应了。并因此赐予天下百姓应当为父后嗣的长子每人爵一级。封将军薄昭为轵侯。

三月,官员们请求封立皇后。薄太后说:"诸侯王都是同姓,不能从同姓那里选择皇后,就立太子的母亲为皇后吧。"皇后姓窦。皇帝由于立皇后的缘故,赐予天下鳏寡孤独和贫穷困苦的人,以及年龄八十以上的老人、九岁以下的孤儿一定数量的布、帛、米、肉。皇帝从代国来到都城,即位不久,就对天下百姓广施德惠,安抚诸侯和四方少数民族,他们都很欢欣而又融洽,于是依次赏赐从代国跟随来都城的功臣。皇帝说:"当大臣诛灭吕氏子弟迎接我的时候,我犹豫不决,大家都阻拦我,只有中尉宋昌劝我不要怀疑,这样我才能够侍奉宗庙。已经尊崇宋昌为卫将军,再封宋昌为壮武侯。那些随从我来都城的六个人,官职都升到九卿。"

皇帝说:"列侯中跟随高帝去蜀、汉中的六十八个人都各加封食邑三百户,过去随从高帝二千石以上的官吏颍川郡郡守尊等十人,各封给食邑六百户,淮阳郡郡守申徒嘉等十人各封给食邑五百户,卫尉定等十人各封给食邑四百户。封淮南王舅父赵兼为周阳侯,齐王舅父驷钧为清郭侯。"秋天,封原来常山国的丞相蔡兼为樊侯。

有人劝告右丞相说:"你本来是诛除吕氏子弟,迎接代王为天子,现在却又居功自傲,接受最大的赏赐,处在尊显的地位,不久就要灾难临头。"右丞相周勃就推托有病,罢免了右丞相职务,左丞相陈平一人专任丞相。

二年十月,丞相陈平死了,又以绛侯周勃为丞相。皇帝说:"我听说古代诸侯建国数量有一千多个,每人守卫着自己的封土,按规定时间向天子纳贡,百姓不劳苦,上下欢欢喜喜,没有丧失道德的地方。现在列侯大多数住在长安,距离封邑遥远,那里的官吏和士卒供给输送所需物资，费力而又劳苦，列侯也无从教育训导他的民众。命令列侯回到封国去，在朝廷担任官职和有诏令留下的，派遣太子前往封国。"

十一月的最后一天，发生日食。十二月十五日，又发生日食。皇帝说："我听说上天生育了万民，为他们设置君主来抚养和治理他们。君主不仁德，施政不公平，上天就以灾异相示，来告诫他天下没治理好。出乎意料，竟然在十一月最后一天，发生了日食，上天向我显示了谴责之意，灾异没有比这更为严重的了。我能够守护宗庙，以渺小的个人处于亿万民众和诸侯王之上，天下治乱，在我一人，只有两三个执政大臣如同我的左右手。我对下不能治理和养育万物生灵，对上有损于日、月、星辰的光辉，我的不仁德实在是太严重了。我的命令到达时，都要思考一下我的错误，以及我所知、所见、所想都达不到的地方，请求你们告诉我。并且推选贤良方正，能够直言极谏的人，来纠正我的过失。趁此机会各自整顿自己担负的职责，力求减少徭役和费用，以便利百姓。我既然不能远施德泽，所以心里很不安，担心边远地区的人们有为非作歹的，由于这一缘故没有解除军事戒备。现在纵然不能罢除边塞的屯戍，而又命令士卒严严实实地保卫我，是没有必要的，撤掉卫将军统率的军队。太仆现存的马匹留下仅仅够用的，多余的都送给驿站。"

正月，皇帝说："农业是国家的基础，我要开垦籍田，亲自率领耕种，以供给祭祀宗庙时所用的谷物。"

三月，官员们请求立皇子为诸侯王。皇帝说："赵幽王被幽禁而死，我非常怜悯他，已经立他的大儿子刘遂为赵王。刘遂的弟弟刘辟强以及齐悼惠王的儿子朱虚侯刘章、东牟侯刘兴居立有功劳，可以封王。"于是就立赵幽王的小儿子刘辟强为河间王，以齐国重要的郡地立朱虚侯为城阳王，立东牟侯为济北王，立皇子刘武为代王，皇子刘参为太原王，皇子刘揖为梁王。

皇帝说："古代治理天下，朝廷设有进献善言的旌旗和供书写批评言论的木柱，以此来保持治国之道的畅通，使直言正谏的人前来发表意见。现在法律上有诽谤妖言之罪，这就使大臣们不敢畅所欲言，皇帝无从听到自己的过失。这怎么能够使远方的贤良人士来到朝廷呢？应该废除这一法令。百姓当中有人咒诅皇帝，约定互相隐瞒，而后来又相互欺蒙揭发，官吏就认为是大逆不道，如果还有其他言论，官吏又以为是诽谤。这些都是小民的愚昧无知，据此治以死罪，我非常不赞成。从今以后，有犯这种罪行的，不要审理和治罪。"

九月，开始把调兵遣将用的铜虎符和使者出入征发的竹使符给予郡守和封国丞相。

三年十月三十日，发生日食。十一月，皇帝说："前些时候下诏让列侯前往自己的封国，有的托词不走。丞相是我所器重的，应该率领列侯前往封国。"绛侯周勃免除丞相职务，回到自己的封国，以太尉颍阴侯灌婴为丞相。废除太尉这一官职，把它的权限归属丞相。四月，城阳王刘章去世。淮南王刘长和随从人员魏敬杀死了辟阳侯审食其。

五月，匈奴进入北地郡，占据黄河以南，寇掠为害。皇帝初次幸临甘泉宫。六月，皇帝说："汉朝和匈奴结为兄弟，不让它侵害边境，为此输送匈奴的礼物非常丰厚。现在右贤王离开他的国土，带领部众侵入已经降服汉朝的黄河以南地区，改变了原来的状态，在边塞地区出入往来，捕杀官吏和士卒，驱逐城堡要塞上的蛮夷，不让他们居住在原地，欺凌边地官吏，进入内地抢劫，非常傲慢无道，违背了过去的约定。现在调发边境地区的官吏和骑兵八万五千人到高奴,派遣丞相颍阴侯灌婴出击匈奴。"匈奴撤离了边塞。调遣中尉材官归属卫将军,驻扎在长安。

二十七日,皇帝从甘泉宫去高奴,顺路驾临太原,接见原来代国的群臣,全都加以赏赐。又选取有功劳的大臣另行奖赏,那些里中百姓赐给牛和酒。免除晋阳、中都民众三年的徭役和赋税。在太原停留巡游了十多天。

济北王刘兴居听说皇帝前往代地,准备出击匈奴,就趁机反叛,调遣军队打算袭击荥阳。于是皇帝下诏让丞相停止进攻匈奴,派遣棘蒲侯陈武为大将军,统率十万军队去攻打济北王。祁侯缯贺为将军,驻扎在荥阳。七月十八日,皇帝从太原回到长安,就对官员们下诏说:"济北王违背道德,反叛皇帝,连累了官吏和民众,大逆不道。如果大军未至,济北官吏和民众自己先安定下来,以及以军队和地方城邑投降的人,一律赦免,恢复原来的官职和爵位。与济北王刘兴居一起反叛又回头的,也予赦免。"八月,打垮了济北封国的军队,俘虏了济北王。赦免济北封国跟随济北王起来造反的官吏和民众。

六年,官员们报告淮南王刘长废弃先帝的法令,不听从天子的诏命,居住的宫室不合乎法度,出入时军马仪仗仿照天子的规格,擅自制定法令,和棘蒲侯的太子陈奇阴谋反叛,派人出使闽越和匈奴,征发他们的军队,想要危害宗庙和国家。大臣们讨论,都说"刘长应当处死街头,暴尸示众"。皇帝不忍心按法律处理淮南王,赦免了他的罪过,废除了他的王位。大臣们要求把淮南王安置在蜀郡严道、邛都,皇帝答应了。刘长没有到达安置他的地方,就病死在路上,皇帝很怜悯他。后来第十六年,追尊淮南王刘长,谥号为厉王,封他的三个儿子为淮南王、衡山王、庐江王。

十三年夏天，皇帝说："我听说祸患起自怨恨，幸福生于美德，这是上天的规律。百官的过错，应该由我亲身负责。现在秘密祷祝的官员把过错委于下面的大臣，这使我的不道德更加昭彰，我非常不赞成这种做法。应该予以废除。"

五月，齐国的太仓令淳于公犯有罪行，应当遭受刑罚，诏狱把他逮捕后拘系在长安。太仓公没有男孩子，有五个女儿。太仓公被捕临走时，骂他的女儿说："生孩子而没有生男的，全是女孩，有个缓急事情，一点用处也没有！"他的小儿女缇萦独自伤心地哭起来，跟随他的父亲到了长安。她上书说："我父亲为官，齐国地区的人都称赞他廉洁公平，如今犯法应当受刑。我悲伤已经死去的人不能复活，身受刑罚的人不能再把肢体连接起来，虽然想改过自新，也无路可走。我愿意被收入官府为奴婢，来抵赎父亲的刑罪，使父亲能改过自新。"缇萦的上书送给了皇帝，皇帝哀怜她的心意，就下诏说："听说有虞氏时期，图画罪犯的衣帽，使其与一般人不同，以此来羞辱罪犯，而民众不违犯法令。这是什么原因呢？是因为政治极端清明。现在法律规定有三种肉刑，而奸邪犯法的事情不能禁止，过错在哪里呢？不就是我的德薄，教化不显著的缘故吗？我自己深感惭愧。所以训导不善，愚昧无知的民众就要陷入刑网。《诗》中说'和易近人的君子，是民众的父母'。现在人们有了过错，没有进行教育就刑罚加身，有的人想要改过向善，也没有途径可行。我非常怜悯这些人。刑罚之重，至于断裂肢体，刻肌刺肤，终身不能恢复，这是多么痛苦而又不道德啊，哪里符合为民众父母的意思呢！应该废除肉刑。"

皇帝说："农业是天下的根本，各项事情没有比这更为重要的了。现在辛勤从事农业生产的人反而要交纳租税,这是把务本和逐末的人没有加以区别,这说明劝民务农的方法未能完备。应该免除农田的租税。"

十四年冬天,匈奴策划入边寇掠,攻打朝那塞,杀死了北地郡的都尉孙卬。皇帝就派遣三位将军驻扎在陇西、北地、上郡,中尉周舍为卫将军,郎中令张武为车骑将军,驻扎在渭水北面,统率战车一千辆,骑兵十万。皇帝亲自慰劳士卒,训练军队,申明教令,赏赐官兵。皇帝准备亲自带兵出击匈奴,大臣们出来劝阻,他一律不采纳。皇太后坚决拦阻皇帝,皇帝才取消了原来的计划。于是以东阳侯张相如为大将军,成侯董赤为内史,栾布为将军,出兵攻打匈奴。匈奴逃走了。

春天,皇帝说:"我能够用牺牲玉帛来祭祀上帝和宗庙,到现在已有十四年。经过了漫长的岁月,以我这样一个不聪敏不圣明的人而长期抚临天下,深感自愧。应该扩大各种祭祀用的墠场和增多祭祀用的玉帛。过去先王远施恩德而不求报答,举行祭祀而不祈求福佑自己,尊崇贤才,不重亲戚,先民后己,圣明到了极点。现在我听说主管祭祀的官员向神灵祈求福佑时,都只为我一人祈福,不为百姓祈福,我非常惭愧。以我这样不德的人,而单独享受神灵的福佑,百姓不能分享,这就加重了我的不德。现在命令主管祭祀的官员按时向神灵表示敬意,不要为我有所祈祷。"

这时北平侯张苍为丞相,正在制定乐律和历法。鲁地人公孙臣上书讲述五德终始的学说,提出现在是土德时期,土德就会有黄龙出现,应当改变历法正朔、官服颜色和各种制度。皇帝把这件事交下去,让大臣们与丞相讨论。丞相研究后以为当今是水德,就开始把十月为岁首和崇尚黑色这件事明确下来。由于他认为公孙臣上书所说是不正确的,所以要求不采纳公孙臣的建议。

十五年，黄龙出现在成纪，皇帝又一次召见鲁地的公孙臣，任命他担任博士，阐明当今应为土德的道理。于是皇帝下达诏令说："有一个奇异的神物出现在成纪，无害于民，今年会有好收成。我亲自到郊外去祭祀上帝和其他各神。掌管礼仪的官员讨论一下所应举行的礼仪，不要怕我劳累而有所隐讳。"大臣和掌管礼仪的官员都说："古时候天子在夏天亲自到郊外依礼祭祀上帝，所以称为'郊'。"于是皇帝初次幸临雍县，郊祀五帝，以夏季四月举行祭礼。赵地人新垣平以望气之术进见皇帝，趁机劝说皇帝在渭阳修建五帝庙。并说要想发现周朝的传国宝鼎，应当有玉石的精华出现。

十六年，皇帝亲自郊祀渭阳五帝庙，也在夏天举行祭礼，决定崇尚赤色。

十七年，得到了一个玉杯，上面刻"人主延寿"。于是皇帝开始把这一年改为后元元年，下令天下百姓举行盛大的聚会，设宴饮酒。就在同年，新垣平诈骗行为被察觉，处死了他的三族。

后元二年，皇帝说："我并不英明，不能远施德泽，所以致使中原以外的国家不得安宁。四方荒远地区的百姓不能平平稳稳地生活，国内的百姓辛勤劳苦，不得安居，这两种过错，都是由于我缺少道德，不能使德泽流布远方。最近匈奴连年为害边境，杀死很多官吏和民众，边区的官员和将领又不能理解我内在的心意，以致加重了我的不德。这样长期交兵，灾难不解，中原内外的国家如何能得到安宁？如今我早起晚睡，辛苦操劳天下大事，为千千万万的百姓感到愁苦，心里忧惧不安，没有一天能够把这件事情忘却。所以派出的使者络绎不绝，道路上冠盖相望，车辙交错，让它们去向匈奴单于说明我的想法。现在单于回到了古代正确的道路上，考虑国家安宁，为千万民众谋求利益，亲自和我一起抛弃那些细小的过失，在正确的原则上团结一致，结下兄弟般的情谊，来保全天下善良的民众。和亲的事情已经确定下来，以今年为开端。"

后元六年冬天，匈奴三万人进入上郡，三万人进入云中。皇帝以中大夫令勉为车骑将军，驻扎在飞狐；以从前的楚国丞相苏意为将军，驻军句注；将军张武屯守北地；以河内郡郡守周亚夫为将军，驻扎在细柳；以宗正刘礼为将军，屯兵霸上；祝兹侯驻军棘门，来共同防备匈奴。过了几个月，匈奴人撤走了，各路军队也撤了回来。

全国发生了旱灾，蝗虫为害。皇帝加恩天下，命令诸侯不要向朝廷进贡，废弛对山林湖泽的禁令，减少皇帝的服饰、用具和游玩的狗马，裁减郎官的员数，打开粮仓，赈济贫苦百姓，民间可以买卖爵位。

孝文帝从代国来到都城，在位二十三年，宫室、苑囿、狗马、服饰、用具，没有增加过什么，有对百姓不方便的地方，就进行改易，以利百姓。曾经打算修建露台，叫工匠计算费用，需要黄金一百斤。皇帝说："一百斤黄金相当于中等百姓十家的产业，我奉守先帝的宫室，常常担心给它带来羞辱，修建这露台干什么呢！"皇帝经常穿着粗丝衣服，他所宠爱的慎夫人，也不准衣服拖至地面，帏帐不得织文绣锦，以此来表示敦厚质朴，为天下先做出一个表率。修建霸陵全部采用瓦器，不许使用金、银、铜、锡作装饰，不修高大的坟墓，想要节省一些，不去烦扰百姓。南越王尉佗自称为武帝，而皇帝却叫来尉佗的兄弟，赐予高官厚禄，以德相报，尉佗取消了帝号，向汉朝称臣。与匈奴和亲。匈奴违背盟约，入边寇掠，然而皇帝只是命令边塞加强守备，不出兵深入匈奴腹地，害怕烦扰百姓。吴王假装有病，不去都城朝见，皇帝立刻赏赐给他坐几和手杖。群臣当中如袁盎等人论述事情虽然尖锐而又急切，但皇帝常常以宽容的态度采用他们的建议。大臣中间如张武等人接受金钱贿赂，发觉后，皇帝就拿出自己府库中的金钱赏赐给他们，使他们内心感到惭愧，不交给官吏治罪。皇帝一心一意地致力于用道德教化百姓，因此，四海之内，殷实富足，兴起了讲究礼仪的风气。

后元七年六月一日，皇帝在未央宫去世。临终前遗诏说："我听说天下万物生长，没有不死亡的。死亡是天地间的常理、万物的自然现象，何必过分悲哀？现在，世人都好生恶死，大量财物用于安葬，以致倾家荡产，长期服丧，以致伤害了身体，这些做法我是不赞成的。况且我生前不德，无益于百姓，如今死了，又让人们长期服丧哭吊，经历寒暑的变化，使人家的父子悲哀，损伤老幼的心灵，减少饮食，断绝对鬼神的祭祀，这加重了我的不德，怎么能对得起天下百姓呢！我能够奉守宗庙，以一个渺小的人凌驾于天下诸侯王之上，至今已有二十多年了，依赖天地的神灵、社稷的福祉，国内安宁，没有战乱。我并不聪敏，常常担心有错误的行为，使先帝的遗德蒙受耻辱；时间长了，更是害怕不能善终。如今幸运地凭着天年能够供养侍奉高祖于地下，以我这样的不贤明，而有如此好的结果，还有什么可悲哀的呢！向天下官吏和百姓下达命令，命令到达后哭丧三天，然后全部脱掉丧服。不要禁止娶妻嫁女、祭祀鬼神和饮酒食肉。应该服丧哭吊的人，都不要穿斩衰的丧服，绖带之围不要超过三寸，不要陈设战车和兵器，不要发动男女民众到宫殿里哭丧。宫中应当哭丧的人，在每天的早晨和晚上各哭十五声，尽礼之后就停止。不是早晨和晚上哭丧的时候，不许擅自哭泣。下葬以后，大功丧服十五天，小功丧服十四天，细布丧服七天，然后脱去丧服。其他没有规定在遗命中的事项，全都根据这一遗命，参照从事。布告天下，使人们明了我的心意。霸陵地方的山川保持原样，不要有所改变。后宫夫人以下至少使，都遣散回家。"任命中尉周亚夫为车骑将军，典属国悍为将屯将军，郎中令张武为复土将军，调发附近各县现有的士卒一万六千人，调发内史现役士卒一万五千人，归将军张武指挥，负责安葬棺椁，穿圹掩埋。

六月七日，大臣们都叩首至地，为去世的皇帝共上尊号为孝文皇帝。

太子在高庙即位，六月九日承袭帝号称为皇帝。

孝景皇帝元年十月，对御史下诏说："听说古代帝王称祖的是有功的人，称宗的是有德的人，制礼作乐各有一定的原因。又听说乐歌是用来发扬道德的；舞蹈是用来显示功业的。以醇酒祭祀高庙，表演《武德》、《文治》、《五行》之舞。以醇酒祭祀孝惠庙，表演《文始》、《五行》之舞。孝文皇帝君临天下，使关塞津梁畅通无阻，远处近处同等对待。废除诽谤罪，去掉肉刑，赏赐老人，收养孤独，抚育众生。减少嗜欲，不接受进贡的物品，不私自占有这些利益。犯罪的人，不收没他的妻子儿女，不诛杀无罪的人。废除宫刑，放出后宫美人，很重视绝人后嗣这件事。我并不聪敏，对这些不能完全认识。实际上，这些事情都是上古帝王所赶不上的，而孝文皇帝却亲自做到了。圣德的浩大如同天地，惠泽流及四海，没有一个人不得到幸福。光明宛如日月，而庙中的乐舞并不相称，我很恐惧不安。应该为孝文皇帝庙制作《昭德舞》，用来表彰他那美好的道德。然后把祖宗的功德记载在史册上，流传万世，永无穷尽，对于这种做法，我是很称赞的。你应与丞相、列侯、秩为中二千石的官员和掌管礼制的官员拟定礼仪奏上。"丞相申徒嘉等人说："陛下永远想着孝敬先帝，制作了《昭德舞》来显示孝文皇帝盛大的功德，这都是臣子申徒嘉等人由于愚昧而想不到的。臣子郑重而又恭敬地建议：一代的功劳没有大过高皇帝的，德业没有盛过孝文皇帝的，高皇帝庙应该成为皇帝的太祖庙，孝文皇帝庙应该成为皇帝的太宗庙。天下应当世世代代地献祭祖宗之庙。各郡国诸侯应当为孝文皇帝建立太宗庙。诸侯王、列侯的使者随从天子祭祀，天子每年献祭祖宗之庙。请把这些规定明文记载下来，向全国公布。"景帝下令说："可以。"

太史公说：孔子说"一定要经过三十年，然后仁政才能成功。一个品德好的人治理国家一百年，也可以战胜残暴，废除刑杀"。这话说得真是正确啊！从汉朝建国到孝文皇帝四十多年，德业兴盛到了极点。渐渐地向修改历法、确定服色、举行封禅这一目标接近了，可是由于文帝谦让，至今还没完成。啊！这难道不是仁德吗！

史记卷十一

孝景本纪第十一

孝景皇帝者，孝文之中子也。母窦太后。孝文在代时，前后有三男，及窦太后得幸，前后死，及三子更死，故孝景得立。

元年四月乙卯，赦天下。乙巳，赐民爵一级。五月，除田半租。为孝文立太宗庙。令群臣无朝贺。匈奴入代，与约和亲。

二年春，封故相国萧何孙系为武陵侯。男子二十而得傅。四月壬午，孝文太后崩。广川、长沙王皆之国。丞相申屠嘉卒。八月，以御史大夫开封侯陶青为丞相。彗星出东北。秋，衡山雨雹，大者五寸，深者二尺。荧惑逆行，守北辰。月出北辰间。岁星逆行天廷中。置南陵及内史、祋祤为县。

三年正月乙巳，赦天下。长星出西方。天火燔雒阳东宫大殿城室。吴王濞、楚王戊、赵王遂、胶西王卬、济南王辟光、菑川王贤、胶东王雄渠反，发兵西乡。天子为诛晁错，遣袁盎谕告，不止，遂西围梁。上乃遣大将军窦婴、太尉周亚夫将兵诛之。六月乙亥，赦亡军及楚元王子蓺等与谋反者。封大将军窦婴为魏其侯。立楚元王子平陆侯礼为楚王。立皇子端为胶西王，子胜为中山王。徙济北王志为菑川王，淮阳王余为鲁王，汝南王非为江都王。齐王将庐、燕王嘉皆薨。

四年夏，立太子。立皇子彻为胶东王。六月甲戌，赦天下。后九月，更以易阳为阳陵。复置津关，用传出入。冬，以赵国为邯郸郡。

五年三月，作阳陵、渭桥。五月，募徙阳陵，予钱二十万。江都大暴风从西方来，坏城十二丈。丁卯，封长公主子蟜为隆虑侯。徙广川王为赵王。

六年春，封中尉绾为建陵侯，江都丞相嘉为建平侯，陇西太守浑邪为平曲侯，赵丞相嘉为江陵侯，故将军布为鄃侯。梁楚二王皆薨。后九月，伐驰道树，殖兰池。

七年冬，废栗太子为临江王。十一月晦，日有食之。春，免徒隶作阳陵者。丞相青免。二月乙巳，以太尉条侯周亚夫为丞相。四月乙巳，立胶东王太后为皇后。丁巳，立胶东王为太子。名彻。

中元年，封故御史大夫周苛孙平为绳侯，故御史大夫周昌孙左车为安阳侯。四月乙巳，赦天下，赐爵一级。除禁锢。地动。衡山、原都雨雹，大者尺八寸。

中二年二月，匈奴入燕，遂不和亲。三月，召临江王来，即死中尉府中。夏，立皇子越为广川王，子寄为胶东王。封四侯。九月甲戌，日食。

中三年冬，罢诸侯御史中丞。春，匈奴王二人率其徒来降，皆封为列侯。立皇子方乘为清河王。三月，彗星出西北。丞相周亚夫免，以御史大夫桃侯刘舍为丞相。四月，地动。九月戊戌晦，日食。军东都门外。

中四年三月，置德阳宫。大蝗。秋，赦徒作阳陵者。

中五年夏，立皇子舜为常山王。封十侯。六月丁巳，赦天下，赐爵一级。天下大潦。更命诸侯丞相曰相。秋，地动。

中六年二月己卯，行幸雍，郊见五帝。三月，雨雹。四月，梁孝王、城阳共王、汝南王皆薨。立梁孝王子明为济川王，子彭离为济东王，子定为山阳王，子不识为济阴王。梁分为五。封四侯。更命廷尉为大理，将作少府为将作大匠，主爵中尉为都尉，长信詹事为长信少府，将行为大长秋，大行为行人，奉常为太常，典客为大行，治粟内史为大农。以大内为二千石，置左右内官，属大内。七月辛亥，日食。八月，匈奴入上郡。

后元年冬，更命中大夫令为卫尉。三月丁酉，赦天下，赐爵一级，中二千石、诸侯相爵右庶长。四月，大酺。五月丙戌，地动，其蚤食时复动。上庸地动二十二日，坏城垣。七月乙巳，日食。丞相刘舍免。八月壬辰，以御史大夫绾为丞相，封为建陵侯。

后二年正月，地一日三动。郅将军击匈奴。酺五日。令内史郡不得食马粟，没入县官。令徒隶衣七緵布。止马舂。为岁不登，禁天下食不造岁。省列侯遣之国。三月，匈奴入雁门。十月，租长陵田。大旱。衡山国、河东、云中郡民疫。

后三年十月，日月皆赤五日。十二月晦，雷。日如紫。五星逆行守太微。月贯天廷中。正月甲寅，皇太子冠。甲子，孝景皇帝崩。遗诏赐诸侯王以下至民为父后爵一级，天下户百钱。出宫人归其家，复无所与。太子即位，是为孝武皇帝。三月，封皇太后弟蚡为武安侯，弟胜为周阳侯。置阳陵。

太史公曰：汉兴，孝文施大德，天下怀安。至孝景，不复忧异姓，而晁错刻削诸侯，遂使七国俱起，合从而西乡，以诸侯太盛，而错为之不以渐也。及主父偃言之，而诸侯以弱，卒以安。安危之机，岂不以谋哉？

译文：

孝景皇帝是孝文皇帝的中子。母亲是窦太后。孝文皇帝在代国的时候，前一个王后生有三个男孩，等到窦太后得到宠幸，前一个王后死了，三个儿子也相继死亡，所以孝景皇帝能够嗣位。

元年四月二十二日，大赦天下，赐予民众爵一级。五月，减免一半的田租。为孝文皇帝建立太宗庙。命令大臣们不要上朝拜贺。匈奴进入代地，与匈奴签约和亲。

二年春天，封原来的相国萧何的孙子萧系为武陵侯。男子二十岁时开始服兵役。四月二十五日，孝文太后去世。广川王、长沙王都前往自己的封国。丞相申屠嘉死了。八月，以御史大夫开封侯陶青担任丞相。彗星出现在东北方。秋天，衡山冰雹如雨，最大的冰雹有五寸，最深的地方有二尺。荧惑倒着运行，进入北辰的位置。月亮出现在北辰中间。岁星在天庭中倒着运行。把南陵和内史、祋祤设置为县。

三年正月二十二日，大赦天下。一颗光芒很长的星出现在西方。天火烧毁了淮阳东宫大殿和城楼。吴王刘濞、楚王刘戊、赵王刘遂、胶西王刘卬、济南王刘辟光、菑川王刘贤、胶东王刘雄渠反叛，出兵向西进发。天子因为这件事处死了晁错，派袁盎谕告七国，七国仍不停止进军，向西围攻梁国。于是，皇帝派遣大将军窦婴、太尉周亚夫率兵消灭了他们。六月二十五日，赦免七国败亡的士卒和楚元王的儿子刘艺等参加叛乱的人。封大将军窦婴为魏其侯。立楚元王的儿子平陆侯刘礼为楚王。立皇子刘端为胶西王，皇子刘胜为中山王。迁徙济北王刘志为菑川王，淮阳王刘余为鲁王，汝南王刘非为江都王。齐王刘将庐、燕王刘嘉都死了。

四年夏天，立皇太子。封皇子刘彻为胶东王。六月二十九日,大赦天下。闰九月,把易阳改为阳陵。又在渡口和关口设置哨卡,凭符信出入。冬天,把赵国改置为邯郸郡。

五年三月,修建阳陵和渭桥。五月,招募百姓迁徙阳陵,给予钱币二十万。江都地区从西方刮来大风暴,毁坏了城墙十二丈。二十八日,封长公主的儿子蟜为隆虑侯。徙封广川王为赵王。

六年春天,封中尉卫绾为建陵侯,江都丞相程嘉为建平侯,陇西太守公孙浑邪为平曲侯,赵国丞相苏嘉为江陵侯,原来的将军栾布为鄃侯。梁王、楚王都死了。闰九月,砍伐驰道旁的树木,填平兰池。

七年冬天,废掉栗太子,改封为临江王。十一月的最后一天,发生了日食。春天,赦免修筑阳陵的刑徒。丞相陶青被免除职务。二月十六日,以太尉条侯周亚夫为丞相。四月十七日,立胶东王太后为皇后。二十九日,立胶东王为皇太子。皇太子的名叫彻。

中元元年,封原来的御史大夫周苛的孙子周平为绳侯,原来的御史大夫周昌的孙子周左车为安阳侯。四月二十三日,大赦天下,赐予百姓爵位一级。取消禁锢的规定。发生地震。衡山、原都下冰雹,最大的有一尺八寸。

中元二年二月,匈奴进入燕地,于是不再同匈奴和亲。三月,叫临江王到都城来,不久就死在中尉府中。夏天,立皇子刘越为广川王,皇子刘寄为胶东王。封四人为侯。九月三十日,发生日食。

中元三年冬天,废除诸侯王国中御史中丞这一官职。春天,匈奴的两个王率领他的徒属前来投降,都被封为列侯。立皇子刘方乘为清河王。三月,彗星出现在西北方。丞相周亚夫被免除职务,以御史大夫桃侯刘舍为丞相。四月,发生地震。九月的最后一天，发生日食。军队驻扎在都城的东都门外。

中元四年三月，建造德阳宫。发生严重的蝗灾。秋天，赦免修建阳陵的刑徒。

中元五年夏天，立皇子刘舜为常山王。封十人为侯。六月二十九日，大赦天下，赐予百姓爵位一级。全国发生严重的涝灾。把诸侯王国的丞相改名为相。秋天，发生地震。

中元六年二月二十五日，皇帝来到雍县，郊祭五帝。三月，下冰雹。四月，梁孝王、城阳共王、汝南王都死了。立梁孝王的儿子刘明为济川王，刘彭离为济东王，刘定为山阳王，刘不识为济阴王。原来的梁国分割为五国。封四人为侯。将廷尉改名为大理，将作少府改名为将作大匠，主爵中尉改名为都尉，长信詹事改名为长信少府，将行改名为大长秋，大行改名为行人，奉常改名为太常，典客改名为大行，治粟内史改名为大农。把大内的官秩确定为二千石，设置左内官和右内官，隶属于大内。七月二十九日，发生日食。八月，匈奴进入上郡。

后元元年冬天，改名中大夫令为卫尉。三月十九日，大赦天下，赐予百姓爵位一级，中二千石的官员和诸侯王国的相都赐爵为右庶长。四月，允许百姓欢聚宴饮。五月九日，发生地震，早饭时又有地震。上庸地震持续了二十二天，毁坏了城墙。七月二十九日，出现日食。丞相刘舍被免除职务。八月，以御史大夫卫绾为丞相，封为建陵侯。

后二年正月，一天发生三次地震。郅将军出击匈奴。允许百姓欢聚宴饮五天。命令内史郡不得用粮食喂马，否则要把马匹收归官府。让刑徒穿极粗劣的衣服。禁止用马舂米。因为收成不好，禁止天下百姓不到一年就把当年收获的粮食提前吃完。减少在京城的列侯数量，派遣他们前往自己的封国。三月，匈奴进入雁门。十月，出租长陵周围的耕地。发生严重的旱灾。衡山国、河东郡、云中郡的百姓流行瘟疫。

后元三年十月，太阳和月亮有五天出现红色。十二月的最后一天，有雷震。太阳呈现紫色。五星逆行，侵入太微垣。月亮横穿天庭。正月十七日，皇太子举行冠礼。二十七日，孝景皇帝去世。遗诏赐予自诸侯王以下至百姓，凡应继承父业的人爵位一级，赐给天下百姓每户一百钱。放出宫女，让他们回到自己家里，免除赋役，不再参加任何杂徭。太子即位，这就是孝武皇帝。三月，封皇太后的弟弟田蚡为武安侯，田胜为周阳侯。设置阳陵作为景帝的陵园。

太史公说：汉兴以来，孝文皇帝广施大德，天下百姓怀恩而安。到了孝景皇帝，不再忧虑异姓诸侯王。然而晁错削夺同姓诸侯王的封地，导致七国共同起兵，联合西向。这是由于诸侯王的势力太强大，而晁错在行动的时候不是采取渐渐削弱的方法。等到主父偃提出建议，为孝武帝所采纳，诸侯王的势力才衰弱下来，终于国家得到了安定。由此看来，安危的关键，难道不是运用谋略吗？

史记卷十二

孝武本纪第十二

孝武皇帝者,孝景中子也。母曰王太后。孝景四年,以皇子为胶东王。孝景七年,栗太子废为临江王,以胶东王为太子。孝景十六年崩,太子即位,为孝武皇帝。孝武皇帝初即位,尤敬鬼神之祀。

元年,汉兴已六十余岁矣,天下乂安,荐绅之属皆望天子封禅改正度也。而上乡儒术,招贤良,赵绾、王臧等以文学为公卿,欲议古立明堂城南,以朝诸侯。草巡狩封禅、改历服色事未就。会窦太后治黄、老言,不好儒术,使人微得赵绾等奸利事,召案绾、臧,绾、臧自杀,诸所兴为者皆废。

后六年,窦太后崩。其明年,上征文学之士公孙弘等。

明年,上初至雍,郊见五畤。后常三岁一郊。是时上求神君,舍之上林中蹏氏观。神君者,长陵女子,以子死悲哀,故见神于先后宛若。宛若祠之其室,民多往祠。平原君往祠,其后子孙以尊显。及武帝即位,则厚礼置祠之内中,闻其言,不见其人云。

是时而李少君亦以祠灶、谷道、却老方见上,上尊之。少君者,故深泽侯入以主方。匿其年及所生长,常自谓七十,能使物,却老。其游以方遍诸侯。无妻子。人闻其能使物及不死,更馈遗之,常余金钱帛衣食。人皆以为不治产业而饶给,又不知其何所人,愈信,争事之。少君资好方,善为巧发奇中。尝从武安侯饮,坐中有年九十余老人,少君乃言与其大父游射处,老人为儿时从其大父行,识其处,一坐尽惊。少君见上,上有故铜器,问少君。少君曰:"此器齐桓公十年陈于柏寝。"已而案其刻,果齐桓公器。一宫尽骇,以少君为神,数百岁人也。

少君言于上曰:"祠灶则致物,致物而丹沙可化为黄金,黄金成以为饮食器则益寿,益寿而海中蓬莱仙者可见,见之以封禅则不死,黄帝是也。臣尝游海上,见安期生,食臣枣,大如瓜。安期生仙者,通蓬莱中,合则见人,不合则隐。"于是天子始亲祠灶,而遣方士入海求蓬莱安期生之属,而事化丹沙诸药齐为黄金矣。

居久之,李少君病死,天子以为化去不死也,而使黄、锤史宽舒受其方。求蓬莱安期生莫能得,而海上燕、齐怪迂之方士多相效,更言神事矣。

亳人薄诱忌奏祠泰一方,曰:"天神贵者泰一,泰一佐曰五帝。古者天子以春秋祭泰一东南郊,用太牢具,七日,为坛开八通之鬼道。"于是天子令太祝立其祠长安东南郊,常奉祠如忌方。其后人有上书,言"古者天子三年一用太牢具祠神三一:天一、地一、泰一"。天子许之,令太祝领祠之忌泰一坛上,如其方。后人复有上书,言"古者天子常以春秋解祠,祠黄帝用一枭破镜;冥羊用羊;祠马行用一青牡马;泰一、皋山山君、地长用牛;武夷君用干鱼;阴阳使者以一牛"。令祠官领之如其方,而祠于忌泰一坛旁。

其后,天子苑有白鹿,以其皮为币,以发瑞应,造白金焉。

其明年,郊雍,获一角兽,若麃然。有司曰:"陛下肃祗郊祀,上帝报享,锡一角兽,盖麟云。"于是以荐五畤,畤加一牛以燎。赐诸侯白金，以风符应合于天地。

于是济北王以为天子且封禅，乃上书献泰山及其旁邑。天子受之，更以他县偿之。常山王有罪，迁，天子封其弟于真定，以续先王祀，而以常山为郡。然后五岳皆在天子之郡。

其明年，齐人少翁以鬼神方见上。上有所幸王夫人，夫人卒，少翁以方术盖夜致王夫人及灶鬼之貌云，天子自帷中望见焉。于是乃拜少翁为文成将军，赏赐甚多，以客礼礼之。文成言曰："上即欲与神通，宫室被服不象神，神物不至。"乃作画云气车，及各以胜日驾车辟恶鬼。又作甘泉宫，中为台室，画天、地、泰一诸神，而置祭具以致天神。居岁余，其方益衰，神不至。乃为帛书以饭牛，详弗知也，言此牛腹中有奇。杀而视之，得书，书言甚怪，天子疑之。有识其手书，问之人，果伪书。于是诛文成将军而隐之。

其后则又作柏梁、铜柱、承露仙人掌之属矣。

文成死明年，天子病鼎湖甚，巫医无所不致，不愈。游水发根乃言曰："上郡有巫，病而鬼下之。"上召置祠之甘泉。及病，使人问神君。神君言曰："天子毋忧病。病少愈，强与我会甘泉。"于是病愈，遂幸甘泉，病良已。大赦天下，置寿宫神君。神君最贵者太一，其佐曰大禁、司命之属，皆从之。非可得见，闻其音，与人言等。时去时来，来则风肃然也。居室帷中。时昼言，然常以夜。天子祓，然后入。因巫为主人，关饮食。所欲者言行下。又置寿宫、北宫，张羽旗，设供具，以礼神君。神君所言，上使人受书其言，命之曰"画法"。其所语，世俗之所知也，毋绝殊者，而天子独喜。其事秘，世莫知也。

其后三年，有司言元宜以天瑞命，不宜以一二数。一元曰建元，二元以长星曰元光，三元以郊得一角兽曰元狩云。

其明年冬，天子郊雍，议曰："今上帝朕亲郊，而后土毋祀，则礼不答也。"有司与太史公、祠官宽舒等议："天地牲角茧栗。今陛下亲祀后土，后土宜于泽中圜丘为五坛，坛一黄犊太牢具，已祠尽瘗，而从祠衣上黄。"于是天子遂东，始立后土祠汾阴脽上，如宽舒等议。上亲望拜，如上帝礼。礼毕，天子遂至荥阳而还。过雒阳，下诏曰："三代邈绝，远矣难存。其以三十里地封周后为周子南君，以奉先王祀焉。"是岁，天子始巡郡县，侵寻于泰山矣。

其春，乐成侯上书言栾大。栾大，胶东宫人，故尝与文成将军同师，已而为胶东王尚方。而乐成侯姊为康王后，毋子。康王死，他姬子立为王。而康后有淫行，与王不相中，相危以法。康后闻文成已死，而欲自媚于上，乃遣栾大因乐成侯求见言方。天子既诛文成，后悔恨其早死，惜其方不尽，及见栾大，大悦。大为人长美，言多方略，而敢为大言，处之不疑。大言曰："臣尝往来海中，见安期、羡门之属。顾以为臣贱，不信臣。又以为康王诸侯耳，不足予方。臣数言康王，康王又不用臣。臣之师曰：'黄金可成，而河决可塞，不死之药可得，仙人可致也。'臣恐效文成，则方士皆掩口，恶敢言方哉！"上曰："文成食马肝死耳。子诚能修其方，我何爱乎！"大曰："臣师非有求人，人者求之。陛下必欲致之，则贵其使者，令有亲属，以客礼待之，勿卑，使各佩其信印，乃可使通言于神人。神人尚肯邪不邪。致尊其使，然后可致也。"于是上使先验小方，斗旗，旗自相触击。

是时上方忧河决，而黄金不就，乃拜大为五利将军。居月余，得四金印，佩天士将军、地士将军、大通将军、天道将军印。制诏御史："昔禹疏九江，决四渎。间者河溢皋陆，堤繇不息。朕临天下二十有八年，天若遗朕士而大通焉。《乾》称'蜚龙'，'鸿渐于般'，意庶几与焉。其以二千户封地士将军大为乐通侯。"赐列侯甲第，僮千人，乘舆斥车马帷帐器物以充其家。又以卫长公主妻之，赍金万斤，更名其邑曰当利公主。天子亲如五利之第。使者存问所给，连属于道。自大主将相以下，皆置酒其家，献遗之。于是天子又刻玉印曰"天道将军"，使使衣羽衣，夜立白茅上，五利将军亦衣羽衣，立白茅上受印，以示弗臣也。而佩"天道"者，且为天子道天神也。于是五利常夜祠其家，欲以下神。神未至而百鬼集矣，然颇能使之。其后治装行，东入海，求其师云。大见数月，佩六印，贵振天下，而海上燕、齐之间，莫不扼捥而自言有禁方，能神仙矣。

其夏六月中，汾阴巫锦为民祠魏脽后土营旁，见地如钩状，掊视得鼎。鼎大异于众鼎，文镂毋款识，怪之，言吏。吏告河东太守胜，胜以闻。天子使使验问巫锦得鼎无奸诈，乃以礼祠，迎鼎至甘泉，从行，上荐之。至中山，晏温，有黄云盖焉。有麃过，上自射之，因以祭云。至长安，公卿大夫皆议请尊宝鼎。天子曰："间者河溢，岁数不登，故巡祭后土，祈为百姓育谷。今年丰庑未有报，鼎曷为出哉？"有司皆曰："闻昔大帝兴神鼎一，一者一统，天地万物所系终也。黄帝作宝鼎三，象天地人也。禹收九牧之金，铸九鼎，皆尝鬺烹上帝鬼神。遭圣则兴，迁于夏、商。周德衰，宋之社亡，鼎乃沦伏而不见。《颂》云'自堂徂基，自羊徂牛；鼐鼎及鼒，不虞不骜，胡考之休'。今鼎至甘泉，光润龙变，承休无疆。合兹中山，有黄白云降盖，若兽为符，路弓乘矢，集获坛下，报祠大飨。惟受命而帝者心知其意而合德焉。鼎宜见于祖祢，藏于帝廷，以合明应。"制曰："可。"

入海求蓬莱者，言蓬莱不远，而不能至者，殆不见其气。上乃遣望气佐候其气云。

其秋，上幸雍，且郊。或曰"五帝，泰一之佐也，宜立泰一而上亲郊之"。上疑未定。齐人公孙卿曰："今年得宝鼎，其冬辛巳朔旦冬至，与黄帝时等。"卿有札书曰："黄帝得宝鼎宛朐，问于鬼臾区。区对曰：'帝得宝鼎神策，是岁己酉朔旦冬至，得天之纪，终而复始。'于是黄帝迎日推策，后率二十岁得朔旦冬至，凡二十推，三百八十年，黄帝仙登于天。"卿因所忠欲奏之。所忠视其书不经，疑其妄书，谢曰："宝鼎事已决矣，尚何以为！"卿因嬖人奏之。上大说，召问卿。对曰："受此书申功，申功已死。"上曰："申功何人也？"卿曰："申功，齐人也。与安期生通，受黄帝言，无书，独有此鼎书。曰'汉兴复当黄帝之时。汉之圣者在高祖之孙且曾孙也。宝鼎出而与神通，封禅。封禅七十二王，唯黄帝得上泰山封'。申功曰：'汉主亦当上封，上封则能仙登天矣。黄帝时万诸侯，而神灵之封居七千。天下名山八，而三在蛮夷，五在中国。中国华山、首山、太室、泰山、东莱，此五山黄帝之所常游，与神会。黄帝且战且学仙。患百姓非其道，乃断斩非鬼神者。百余岁然后得与神通。黄帝郊雍上帝，宿三月。鬼臾区号大鸿，死葬雍，故鸿冢是也。其后黄帝接万灵明廷。明廷者，甘泉也。所谓寒门者，谷口也。黄帝采首山铜，铸鼎于荆山下。鼎既成，有龙垂胡髯下迎黄帝。黄帝上骑，群臣后宫从上龙七十余人，龙乃上去。余小臣不得上，乃悉持龙髯，龙髯拔，堕黄帝之弓。百姓仰望黄帝既上天，乃抱其弓与龙胡髯号，故后世因名其处曰鼎湖，其弓曰乌号。'"于是天子曰："嗟呼！吾诚得如黄帝，吾视去妻子如脱躧耳。"乃拜卿为郎，东使候神于太室。

上遂郊雍，至陇西，西登空桐，幸甘泉。令祠官宽舒等具泰一祠坛，坛放薄忌泰一坛，坛三垓。五帝坛环居其下，各如其方，黄帝西南，除八通鬼道。泰一所用，如雍一畤物，而加醴枣脯之属，杀一犛牛以为俎豆牢具。而五帝独有俎豆醴进。其下四方地，为馂食群神从者及北斗云。已祠，胙余皆燎之。其牛色白，鹿居其中，彘在鹿中，水而洎之。祭日以牛，祭月以羊彘特。泰一祝宰则衣紫及绣。五帝各如其色，日赤，月白。

十一月辛巳朔旦冬至，昧爽，天子始郊拜泰一。朝朝日，夕夕月，则揖；而见泰一如雍礼。其赞飨曰："天始以宝鼎神策授皇帝，朔而又朔，终而复始，皇帝敬拜见焉。"而衣上黄。其祠列火满坛，坛旁烹炊具。有司云"祠上有光焉"。公卿言"皇帝始郊见泰一云阳，有司奉瑄玉嘉牲荐飨。是夜有美光，及昼，黄气上属天"。太史公、祠官宽舒等曰："神灵之休，祐福兆祥，宜因此地光域立泰畤坛以明应。令太祝领，秋及腊间祠。三岁天子一郊见。"

其秋，为伐南越，告祷泰一，以牡荆画幡日月北斗登龙，以象天一三星，为泰一锋，名曰"灵旗"。为兵祷，则太史奉以指所伐国。而五利将军使不敢入海，之泰山祠，上使人微随验，实无所见，五利妄言见其师，其方尽，多不雠。上乃诛五利。

其冬，公孙卿候神河南，见仙人迹缑氏城上，有物若雉，往来城上。天子亲幸缑氏城视迹。问卿："得毋效文成、五利乎？"卿曰："仙者非有求人主，人主求之。其道非少宽假，神不来。言神事，事如迂诞，积以岁乃可致。"于是郡国各除道，缮治宫观名山神祠所，以望幸矣。

其年，既灭南越，上有嬖臣李延年以好音见。上善之，下公卿议，曰："民间祠尚有鼓舞之乐，今郊祠而无乐，岂称乎？"公卿曰："古者祀天地皆有乐，而神祇可得而礼。"或曰："泰帝使素女鼓五十弦瑟，悲，帝禁不止，故破其瑟为二十五弦。"于是塞南越，祷祠泰一、后土，始用乐舞，益召歌儿，作二十五弦及箜篌瑟自此起。

其来年冬，上议曰："古者先振兵泽旅，然后封禅。"乃遂北巡朔方，勒兵十余万，还祭黄帝冢桥山，泽兵须如。上曰："吾闻黄帝不死，今有冢，何也？"或对曰："黄帝已仙上天，群臣葬其衣冠。"既至甘泉，为且用事泰山，先类祠泰一。

自得宝鼎，上与公卿诸生议封禅。封禅用希旷绝，莫知其仪礼，而群儒采封禅《尚书》、《周官》、《王制》之望祀射牛事。齐人丁公年九十余，曰："封者，合不死之名也。秦皇帝不得上封。陛下必欲上，稍上即无风雨，遂上封矣。"上于是乃令诸儒习射牛，草封禅仪。数年，至且行。天子既闻公孙卿及方士之言，黄帝以上封禅，皆致怪物与神通，欲放黄帝以尝接神仙人蓬莱士，高世比德于九皇，而颇采儒术以文之。群儒既以不能辩明封禅事，又牵拘于《诗》、《书》古文而不敢骋。上为封祠器示群儒，群儒或曰"不与古同"，徐偃又曰"太常诸生行礼不如鲁善"，周霸属图封事，于是上绌偃、霸，尽罢诸儒弗用。

三月，遂东幸缑氏，礼登中岳太室。从官在山下闻若有言"万岁"云。问上，上不言，问下，下不言。于是以三百户封太室奉祠，命曰崇高邑。东上泰山，山之草木叶未生，乃令人上石立之泰山颠。

上遂东巡海上，行礼祠八神。齐人之上疏言神怪奇方者以万数，然无验者。乃益发船，令言海中神山者数千人求蓬莱神人。公孙卿持节常先行候名山，至东莱，言夜见一人，长数丈，就之则不见，见其迹甚大，类禽兽云。群臣有言见一老父牵狗，言"吾欲见巨公"，已忽不见。上既见大迹，未信，及群臣有言老父，则大以为仙人也。宿留海上，与方士传车及间使求仙人以千数。

四月，还至奉高。上念诸儒及方士言封禅人人殊，不经，难施行。天子至梁父，礼祠地主。乙卯，令侍中儒者皮弁荐绅，射牛行事。封泰山下东方，如郊祠泰一之礼。封广丈二尺，高九尺，其下则有玉牒书，书秘。礼毕，天子独与侍中奉车子侯上泰山，亦有封。其事皆禁。明日，下阴道。丙辰，禅泰山下阯东北肃然山，如祭后土礼。天子皆亲拜见，衣上黄而尽用乐焉。江、淮间一茅三脊为神藉，五色土益杂封。纵远方奇兽蜚禽及白雉诸物，颇以加祠，兕旄牛犀象之属弗用。皆至泰山然后去。封禅祠，其夜若有光，昼有白云起封中。

天子从封禅还，坐明堂，群臣更上寿。于是制诏御史："朕以眇眇之身承至尊，兢兢焉惧弗任。维德菲薄，不明于礼乐。修祀泰一，若有象景光，屑如有望，依依震于怪物，欲止不敢，遂登封泰山，至于梁父，而后禅肃然。自新，嘉与士大夫更始，赐民百户牛一、酒十石，加年八十孤寡布帛二匹。复博、奉高、蛇丘、历城，毋出今年租税。其赦天下，如乙卯赦令。行所过毋有复作。事在二年前，皆勿听治。"又下诏曰："古者天子五载一巡狩，用事泰山，诸侯有朝宿地。其令诸侯各治邸泰山下。"

天子既已封禅泰山，无风雨菑，而方士更言蓬莱诸神山若将可得，于是上欣然庶几遇之，乃复东至海上望，冀遇蓬莱焉。奉车子侯暴病，一日死。上乃遂去，并海上，北至碣石，巡自辽西，历北边至九原。五月，返至甘泉。有司言宝鼎出为元鼎，以今年为元封元年。

其秋，有星茀于东井。后十余日，有星茀于三能。望气王朔言："候独见其星出如瓠，食顷复入焉。"有司言曰："陛下建汉家封禅，天其报德星云。"

其来年冬，郊雍五帝，还，拜祝祠泰一。赞飨曰："德星昭衍，厥维休祥。寿星仍出，渊耀光明。信星昭见，皇帝敬拜泰祝之飨。"

其春，公孙卿言见神人东莱山，若云"见天子"。天子于是幸缑氏城，拜卿为中大夫。遂至东莱，宿留之数日，毋所见，见大人迹。复遣方士求神怪采芝药以千数。是岁旱。于是天子既出毋名，乃祷万里沙，过祠泰山。还，至瓠子，自临塞决河，留二日，沈祠而去。使二卿将卒塞决河，河徙二渠，复禹之故迹焉。

是时既灭南越，越人勇之乃言"越人俗信鬼，而其祠皆见鬼，数有效。昔东瓯王敬鬼，寿至百六十岁。后世谩怠，故衰耗"。乃令越巫立越祝祠，安台无坛，亦祠天神上帝百鬼，而以鸡卜。上信之，越祠鸡卜始用焉。

公孙卿曰："仙人可见，而上往常遽，以故不见。今陛下可为观，如缑氏城，置脯枣，神人宜可致。且仙人好楼居。"于是上令长安则作蜚廉桂观，甘泉则作益延寿观，使卿持节设具而候神人。乃作通天台，置祠具其下，将招来神仙之属。于是甘泉更置前殿，始广诸宫室。夏，有芝生殿防内中。天子为塞河，兴通天台，若有光云，乃下诏曰："甘泉防生芝九茎，赦天下，毋有复作。"

其明年，伐朝鲜。夏，旱。公孙卿曰："黄帝时封则天旱，干封三年。"上乃下诏曰："天旱，意干封乎？其令天下尊祠灵星焉。"

其明年，上郊雍，通回中道，巡之。春，至鸣泽，从西河归。

其明年冬，上巡南郡，至江陵而东。登礼潜之天柱山，号曰南岳。浮江，自寻阳出枞阳，过彭蠡，祀其名山川。北至琅邪，并海上。四月中，至奉高修封焉。

初，天子封泰山，泰山东北阯古时有明堂处，处险不敞。上欲治明堂奉高旁，未晓其制度。济南人公玉带上黄帝时明堂图。明堂图中有一殿，四面无壁，以茅盖，通水，圜宫垣为复道，上有楼，从西南入，命曰昆仑，天子从之入，以拜祠上帝焉。于是上令奉高作明堂汶上，如带图。及五年修封，则祠泰一、五帝于明堂上坐，令高皇帝祠坐对之。祠后土于下房，以二十太牢。天子从昆仑道入，始拜明堂如郊礼。礼毕，燎堂下。而上又上泰山，有秘祠其颠。而泰山下祠五帝，各如其方，黄帝并赤帝，而有司侍祠焉。泰山上举火，下悉应之。

其后二岁，十一月甲子朔旦冬至，推历者以本统。天子亲至泰山，以十一月甲子朔旦冬至日祠上帝明堂，每修封禅。其赞飨曰："天增授皇帝泰元神策，周而复始。皇帝敬拜泰一。"东至海上，考入海及方士求神者，莫验，然益遣，冀遇之。

十一月乙酉，柏梁灾。十二月甲午朔，上亲禅高里，祠后土。临渤海，将以望祠蓬莱之属，冀至殊庭焉。

上还，以柏梁灾故，朝受计甘泉。公孙卿曰："黄帝就青灵台，十二日烧，黄帝乃治明庭。明庭，甘泉也。"方士多言古帝王有都甘泉者。其后天子又朝诸侯甘泉，甘泉作诸侯邸。勇之乃曰："越俗有火灾，复起屋必以大，用胜服之。"于是作建章宫，度为千门万户。前殿度高未央。其东则凤阙，高二十余丈。其西则唐中，数十里虎圈。其北治大池，渐台高二十余丈，名曰泰液池，中有蓬莱、方丈、瀛洲、壶梁，象海中神山龟鱼之属。其南有玉堂、璧门、大鸟之属。乃立神明台、井干楼，度五十余丈，辇道相属焉。

夏，汉改历，以正月为岁首，而色上黄，官名更印章以五字,因为太初元年。是岁,西伐大宛。蝗大起。丁夫人、雒阳虞初等以方祠诅匈奴、大宛焉。

其明年,有司言雍五畤无牢熟具,芬芳不备。乃命祠官进畤犊牢具,五色食所胜,而以木禺马代驹焉。独五帝用驹,行亲郊用驹。及诸名山川用驹者,悉以木禺马代。行过,乃用驹。他礼如故。

其明年,东巡海上,考神仙之属,未有验者。方士有言"黄帝时为五城十二楼,以候神人于执期,命曰迎年"。上许作之如方,名曰明年。上亲礼祠上帝,衣上黄焉。

公玉带曰:"黄帝时虽封泰山,然风后、封巨、岐伯令黄帝封东泰山,禅凡山合符,然后不死焉。"天子既令设祠具,至东泰山,东泰山卑小,不称其声,乃令祠官礼之,而不封禅焉。其后令带奉祠候神物。夏,遂还泰山,修五年之礼如前,而加禅祠石闾。石闾者,在泰山下阯南方,方士多言此仙人之闾也,故上亲禅焉。

其后五年,复至泰山修封,还过祭常山。

今天子所兴祠,泰一、后土,三年亲郊祠,建汉家封禅,五年一修封。薄忌泰一及三一、冥羊、马行、赤星,五,宽舒之祠官以岁时致礼。凡六祠,皆太祝领之。至如八神诸神,明年、凡山他名祠,行过则祀,去则已。方士所兴祠,各自主,其人终则已,祠官弗主。他祠皆如其故。今上封禅,其后十二岁而还,遍于五岳、四渎矣。而方士之候祠神人,入海求蓬莱,终无有验。而公孙卿之候神者,犹以大人迹为解,无其效。天子益怠厌方士之怪迂语矣,然终羁縻弗绝,冀遇其真。自此之后,方士言祠神者弥众,然其效可睹矣。

太史公曰：余从巡祭天地诸神名山川而封禅焉。入寿宫侍祠神语，究观方士祠官之言，于是退而论次自古以来用事于鬼神者，具见其表里。后有君子，得以览焉。至若俎豆珪币之详，献酬之礼，则有司存焉。

译文：

孝武皇帝是孝景帝的中子，母亲是王太后。孝景四年，武帝以皇子受封为胶东王。孝景七年，栗太子被废为临江王，胶东王被立为太子。孝景在位十六年崩逝，太子即位，立为孝武皇帝。他即位之初，就特别敬重对鬼神的祭祀。

元年，汉开国已六十余年，天下太平无事，官员们都希望天子举行封禅大典并改定新的岁首和服色制度。而皇上也偏爱儒家的学术，招纳有才学的人，赵绾、王臧等人就以有学问而做了公卿，他们想效法古代在城南建立明堂，作为诸侯朝见天子的地方，所草拟的巡狩、封禅、改革历法服色的计划还没完成。遇上窦太后喜好黄、老的学说，不喜欢儒家的学术，派人暗中伺察得赵绾等人的非法谋利的事迹，召赵绾、王臧来追究案情，赵绾、王臧自杀，他们兴办的许多事情都被废除。

此后六年，窦太后崩逝。第二年，武帝征召文学之士公孙弘等人。

明年，皇上初次到雍县，郊祭时拜见五帝于五畤。以后通常隔三年举行一次郊祭。此时皇上请到一位神君，安置在上林苑中的蹏氏观。神君是长陵女子，因儿子死了悲哀而死，死后显现神灵于她的妯娌宛若身上。宛若就在自己的居室中供奉她，很多人去祭祀。平原君也去祭祀，以后子孙因此做了显赫的大官。武帝即位后，用厚礼延请至宫中立祠供奉。可是只听到她说话的声音，而看不到她的人。

这时李少君凭借懂得祠灶致福、辟谷不火食、导引神气和长生不老之术谒见皇上，皇上非常尊敬他。少君是已故深泽侯推荐来主管方药的。他隐瞒自己真实的年龄和出生的地方，常说自己年纪七十，能驱使鬼物，使人长生不老。他到各处游历，靠着方术广交诸侯。他没有妻儿。人家听说他能驱使鬼物使人长生不老，争相赠送物品给他，因此他常常有多余的金钱、丝织品、衣服、食物。人人都以为他不治理产业而富裕，又不知他是什么地方人，就更加相信他，争相侍奉他。少君凭借着善于方术，擅于巧妙地猜度隐盖的事物，令人惊奇地猜中了。他曾随从武安侯田蚡宴饮。同座中有一位九十多岁的老人，于是少君说自己和老人的祖父游览射箭的地方，老人在童年时曾跟从他的祖父步行，认得那个地方，这使满座宾客都很惊讶。有一次，少君见到皇上，皇帝藏有一件旧铜器，问少君。少君说："这件铜器是齐桓公十年陈列在柏寝台的。"随即察看铜器上所刻的字，果然是齐桓公时代的器物。整个宫中的人都非常惊讶，以为少君是神，是有几百岁的人。

少君对皇上说："祀灶就可以招来鬼神，就能使丹砂变成黄金，黄金炼成后，用来制造饮食器具，可以长寿，长寿了就可会见海中蓬莱山上的仙人，见到仙人后举行封禅大典，就能长生不老，黄帝就是这样的。我曾游历海上，见到安期生，他拿了枣子给我吃，像瓜那样大。安期生是仙人，能来往蓬莱山中，他只见跟他的道术相合的人，不合的人就隐匿不见。"于是天子亲自祭祀灶神，派遣方士到东海访求蓬莱山及安期生一类人，并做化丹砂等药剂为黄金的事。

过了很久，李少君患病死去。天子以为他是变化飞升而不是死去，便叫黄县、锤县的文书官宽舒等继承少君的方术，寻求蓬莱山及安期生，未能觅得，而燕国和齐国等沿海一带的怪诞迂阔的方士们争相效仿，相继地上书谈论神仙的事。

亳县人薄诱忌上奏祭祀泰一神的方法，说："天神中最尊贵的是泰一神，泰一的辅佐者是五帝。古时天子于春、秋二季在东南郊祭泰一神，用牛、羊、猪三牲全备的太牢祭祀七日，在祭坛上开辟八条鬼神的通道。"于是天子令太祝在长安东南郊建立他说的这种祠坛，常常依照他的方法祭祀。以后有人上书说"古时天子每三年用太牢祭三一之神：天一、地一、泰一"。天子允许了，命太祝依照这种方法领祀于薄诱忌奏建的泰一坛上。后来又有人上书说："古时天子常在春、秋二季举行除灾求福的祭祀，祭祀黄帝用一枭及一破镜；祭冥羊神用羊；祭马行神用一青牡马；祭泰一、皋山山君及地长神用牛；祭武夷君用干鱼；祭阴阳使者用一牛。"天子命令祠官依照这个方法领祭，在谬忌奏建的泰一坛旁边祭祀。

以后，天子宫苑中有白鹿，以其皮制作皮币，为了宣扬祥瑞感应，铸造白金币。

第二年，在雍县郊祭，获得一独角兽，像麇的样子，主管官员说："陛下恭敬地举行郊祀，上帝回报你的祭祀，赐予一独角兽，大概是麒麟啊！"于是把它进献五畤，每畤添加一头牛，予以焚烧，以报答天赐。为此，赐给诸侯白金，示意这符应合于天地之意。

于是济北王以为天子将要举行封禅大典，就上书献泰山及旁边的县邑，天子接受了，再用其他县邑来偿还他。常山王以有罪被废黜，迁于房陵，皇帝封他的弟弟为真定王，以延续对祖先的祭祀，把常山国改为郡。此后，五岳都在天子直接管辖的郡内了。

第二年，齐人少翁以通鬼神的方术进见皇上，皇上最宠爱的王夫人死了，少翁用方术在夜间招致王夫人及灶鬼的容貌，天子从帷帐中看见了王夫人。于是授予少翁为文成将军，赏赐很多东西，用宾客的礼节接待他。文成说："如果皇上想要与神交往，然而宫室、被服等却不像神仙用的，神仙是不会来的。"于是制造画有云气的车子，并按五行相克的道理在吉日驾驶各色神车驱除恶鬼，又兴建甘泉宫，中间是台室，画着天一、地一、泰一等神，摆置祭器用具以招致天神。过了一年多，少翁的方术越来越不行了，神仙不到来。于是少翁作帛书以喂牛，假装不知道，说这头牛腹中有怪异，杀牛观看，取得帛书，书上所说甚为怪诞，天子怀疑，又从字体认出执笔书写的人，考问此人，果然是伪书，于是诛杀文成将军，而把这事隐秘起来。

以后又营建柏梁台、铜柱及承露仙人掌等。

文成死后第二年，天子在鼎湖病得很厉害，巫医各种方药无所不用，都无法治愈他的病。游水发根就说："上郡有一巫师，当他生病时鬼神就下附在他身上。"皇上把他召来，安置在甘泉宫祭祀。等神君生病时，使人问神君。神君说："天子不用忧虑自己的病，等病好了一些，振作精神来甘泉和我相会。"于是天子病愈，遂至甘泉，病体完全康复，大赦天下，安置神君于寿宫。神君中最尊贵的是泰一，辅佐叫大禁、司命等，都跟随着他。人们不能看到这些神，但能听到他们讲话的声音，和人们说话一样。有时去有时来，来时有飒飒的风声。神君居住在室内帐帷中，有时白天也讲话，但常常是在晚上。天子举行了除灾去邪的仪式，然后进入室中。把巫师当为主人，让他关照神君的饮食。神君所想要的东西说出来后，就交与下面办理。又建寿宫、北宫，张挂羽旗，陈设供神用具，以尊贵的礼节厚接神君。神君所说的话，皇上命人记录下来，命名为"画法"。神君所说的话，世俗人都知道，没有什么特殊的地方，而天子却独自喜欢。这种事很秘密，世人都不知道。

这以后的第三年，主管官员建议应该用上天所降的祥瑞来命名年号，不应用一二来计数。一元称为建元，二元因有长星流光的天瑞，称为元光，第三元因郊祭得一角兽的符应，称为元狩。

第二年冬天，天子到雍县郊祭，与群臣议论说："现在我亲自郊祭上帝，而不祭后土，这在礼上是不报答它的恩德。"主管官员与太史公、祠官宽舒等议论说："祭天地的小牛，角要像蚕茧、栗子那样的小。现在陛下亲祭后土，就应该在湖中的土丘上建立五座圆形祭坛，每一个祭坛要用一头小黄牛作为太牢进行祭祀，祭完后，祭品都埋掉，陪祭的人穿上黄色的衣服。"于是天子驾车东行，依照宽舒等人议定的办法，在汾阴高丘上立后土祠，皇帝亲自望后土而拜，用祭上帝的礼仪。礼毕，天子就到荥阳，返回长安。经过雒阳时，下诏书说："三代距现在已经很久远了，远了就难以保存下来，以三十里的地区封给周的后代为周子南君，以祭祀周先王。这年，天子开始巡视各郡县，逐渐接近于泰山。

这年的春天，乐成侯上书推荐栾大。栾大是胶东王的宫人，原先和文成将军同学于一个师傅，后来为胶东王主管方药。乐成侯的姐姐是康王的王后，没有儿子。康王死后，别的姬妾的儿子立为王。康后有淫乱的行为，和新王不和，互相用法律来危害对方。康后听说文成将军已死，自己想讨好皇上，便派栾大靠着乐成侯的关系求见皇上谈论方术。天子自从杀了文成侯，也后悔他早死，他的方术没有完全传下来，等到看见栾大时，大为高兴。栾大为人修长漂亮，说话周到而有策略，又敢说大话，神色自若。他说：

"我曾往来于海中，看见安期生、羡门等仙人。但以为我低贱而不相信我。又以为康王只是诸侯，不值得给予方术。我曾数次向康王进言，可是康王又不肯用我。我的师傅曾说：'黄金可以炼成，黄河决口可以堵塞，不死的药可以得到，仙人也可以招致。'我只是怕得到像文成那样的结局。那么方士们都闭上嘴，怎么敢说方术呢！"皇帝说："文成是吃了马肝而死的。如果你真能研究出神仙的方术，我有什么可以吝惜的呢！"栾大说："我师傅并不是有求于人，而是人去求他。陛下一定要请他来的话，就要尊重其使者，使他有亲眷，用宾客的礼对待他，不要轻慢了他，让他佩带各种印信，这样才能使他和神人交谈。即使如此，神人尚有肯来或不肯来的可能。尊重使者，然后可以请来神人。"于是皇帝叫他试验小方术，栾大便斗棋，这些棋子就自己互相碰击。

当时，皇上正担心黄河决堤，而黄金又未炼成，就拜栾大为五利将军。过了一个多月，栾大就得了四个金印，佩带天士将军、地士将军、大通将军、天道将军印。皇上下诏书给御史："从前禹疏浚九江，开通四渎。近来黄河泛滥，从水边高地淹到广阔的平原，修堤的劳役不能停息。我统治天下二十八年，上天或者会赐我贤才之士，而栾大就是能通天意的人。《易经·乾卦》说的'飞龙'，是说君主居于王位；'鸿渐于般'，是说渐渐地达到磐石似的安定。这个意思，和我得到五利是差不多相似的。为此将二千户之地封给地士将军栾大，为乐通侯。"赐予列侯甲等第宅，僮仆千人，天子所坐的车子，不用的车马、帷帐、器具充满了他的家。又将女儿卫长公主嫁给他，送黄金一万斤，更改她的封邑名称为当利公主。天子亲自到五利家去。派去慰问和询问他所需物品的使者，络绎不绝于道路。从皇帝姑母和将相以下的人，都在家中置酒款待，献赠礼物。于是天子又刻"天道将军"的玉印，派使者穿羽衣，夜晚站在白茅上，五利将军也穿羽衣，站在白茅上来接受此玉印，表示他不是臣子。所以佩带"天道将军"印，意思是将要为天子引导天神。于是五利常在家中夜晚祭祀，想使神仙下临。神仙未到，百鬼却来聚集。他颇能驱使这些聚集来的百鬼。以后他就整治行装，往东入海，寻求他的师傅去了。栾大见皇上不过几个月，就佩带六印，高贵的地位，震动天下，使得沿海燕、齐之间的方士都兴奋起来，说自己有秘方，能招来神仙。

这年夏天六月中，汾阴有个叫锦的巫师，在魏脽后土祭坛界址旁边为民家祭祀，看见地上隆起如钩的样子，就扒开土地来看，得到一个鼎。这个鼎比一般鼎大得多，上面有花纹，但没有文字，觉得奇怪，报告官吏。官吏报告河东太守胜，胜就将此事上奏于天子。天子派遣使者调查巫师锦所得的鼎，没有发现虚假诡诈，于是按礼祭祀，把鼎迎接到甘泉宫，百官从行，皇上献祭。到中山时，天气晴热，有黄云覆盖。有一麃经过，皇上亲自射获，就用它来祭祀。回到长安时，公卿大夫纷纷议论请求尊奉宝鼎。天子说："近来黄河泛滥，已有好几年谷物收成不好，所以我巡视各地祭祀后土，为百姓祈求丰收。今年丰收了尚未报祭，鼎为什么出现呢？"主管官员都说："听说从前太帝造一个神鼎，"一"表示一统，意思是天地万物归终于一。黄帝造三个宝鼎，象征天、地、人。大禹收集九州的金属，铸成九个鼎，这些鼎都曾经烹饪牲牢而祭祀上帝和鬼神。逢圣世鼎才出现，以后鼎迁于夏、商，周德衰，宋社稷亡后，鼎就埋没隐藏而不见了。《周颂》所谓'察看自堂上到门墙的祭器有否洗濯，检查自羊到牛的祭牲是否肥壮，审视大鼎和小鼎里外是否洁净，不喧哗，不傲慢，虔敬地祭祀，就能得到福禄和长寿'。现在鼎到了甘泉，光辉和润，有如飞龙变幻，承受的吉祥会无穷无尽。这与在中山时出现的黄白祥云相合，车盖上空的黄白云气，形如兽，实为祥瑞，又大弓四箭射中麃兽，都集中在祭坛下，为报谢天恩陈列丰盛的祭品。只有受命统治天下的帝王，才能心知天意，所做的事情合于上天的德行，这个鼎应进献于宗庙的祖先，藏于甘泉天帝之廷，以符合明显的瑞应。"天子下诏说："可。"

往海中寻求蓬莱的人，都说蓬莱不远而不能到达，大概是因不曾看见岛上的云气。于是皇上派望气的官员观察云气。

这年秋天，皇上到雍县，将要举行郊祭。有人说"五帝是泰一的辅佐，应该立泰一祠，由皇上亲自郊祭"。皇上迟疑不决。齐人公孙卿说："今年得宝鼎是在冬天辛巳日初一早晨冬至，这和黄帝得宝鼎的时间相同。"卿有木简书，上面说："黄帝得宝鼎于宛朐，问鬼臾区。区回答说：'黄帝得宝鼎神策，是在己酉年初一早晨冬至，得到天象来纪元，它是终而复始的。'于是黄帝计算未来的日子，用算策推算朔望，以后大概每二十年才会遇到初一早晨冬至，总共二十推，三百八十年，黄帝成仙升天。"公孙卿想通过所忠的关系上奏皇上，但所忠看他的书荒诞不经，疑心是他胡乱写成的，婉言谢绝说："关于宝鼎的事，早已解决了，这书还有什么用呢？"公孙卿又托皇上的宠爱小臣奏上。皇上大为喜悦，召见公孙卿询问。公孙卿回答说："我从申功那里得到此书，他已经死了。"皇上问："申功是什么人？"公孙卿说："申功是齐人，和安期生有往来，亲受黄帝面教，这没有记载，只有这个鼎有记载。上面说：'汉朝兴起，又相当于黄帝得鼎之际。汉代圣君应出在高祖的孙子或曾孙。宝鼎的出现与神的意愿是相通的，应当举行封禅。以前封禅的有七十二王，只有黄帝能上泰山封禅。'申功说：汉皇帝也应上泰山封禅，上去封禅就能成仙升天。黄帝时有一万诸侯，神灵得封的占七千。天下名山有八座，而三座在蛮夷境内，五座在中国。中国的五座是华山、首山、太室、泰山和东莱山，都是黄帝时常游息和神仙相会的地方。黄帝一面作战一面学神仙的道术。恐怕百姓反对他的神仙之道，所以坚决斩杀反对鬼神的人。一百多岁后，才得与神仙相通。黄帝到雍县郊祀上帝，住了三个月。鬼臾区号大鸿，死后葬在雍县，所以鸿冢就是他的墓。以后黄帝在明廷迎接上万的神灵。明廷就是现在的甘泉。寒门就是现在的谷口。黄帝开采首山的铜，在荆山下铸鼎。鼎铸成后，有垂着须髯的龙从天上下来迎接黄帝。黄帝骑上后，群臣和后宫后妃跟着骑上龙的有七十余人，龙即飞上天去。其余的小臣不能上，都抓着龙须不放，龙须被拔落，黄帝的弓也掉下来。百姓们仰望着黄帝已经上天，就抱着弓和龙须号啕大哭，所以后世把那个地方叫作鼎湖，那张弓叫乌号。'"于是，天子说："唉！如果我能像黄帝那样，我看离开妻子像脱鞋一样容易。"于是，拜公孙卿为郎官，叫他往东去，在太室山等候神仙。

皇上接着去雍县郊祀上帝，到了陇西，再西行登上空桐山，然后到甘泉。命祠官宽舒等筹建泰一祠坛，仿照薄忌泰一坛的形式，坛有三层。五帝坛环列在泰一坛的下面，各自依照它们所属方位。黄帝在西南，修筑八条鬼神通道。泰一所用的祭品，和雍地的一个畤相同，再加甜酒、枣子、干肉一类的东西，杀一头牦牛，作为俎豆牢具礼器中盛着的祭品；而祭五帝只有用俎豆盛着进献的祭品和甜酒。五帝坛下面的四周设立神座，是连续祭祀随从而来的群神和北斗星的。祭毕后，剩余的供祭祀用的肉全部用柴焚烧。祭祀用的牛是白色的，鹿放在牛的肚中，猪又放在鹿的肚中，浸泡在水里。祭日用牛。祭月用羊或猪，只用一牲。祭祀泰一的司祭官员穿紫衣和绣花的衣服，祭祀五帝穿着每帝所代表的颜色的衣服，祭日穿赤色衣，祭月穿白色衣。

十一月辛巳朔日早晨冬至，黎明时，天子开始郊祭泰一。早晨祭日，夜晚祭月，行拱手礼；而祭拜泰一则如同雍的郊祀礼。祭祀的祝词说："上天开始将宝鼎神策授予皇帝，一个月接着一个月，终而复始，皇帝恭敬地拜见。"祭服是黄色的。祭祀时火炬排列满坛，坛旁放着烹炊用具。主管官员说"祠坛上有光芒"。公卿们说"皇帝开始在云阳宫郊祀祭拜泰一，主管官员捧上六寸的大璧，献上肥壮的牛，供众神享用。那天夜晚有美丽的光彩，到了白天，有黄色云气上升，与天空连成一片"。太史公、祠官宽舒等说："神灵显示的美丽的光彩，是保佑多福的征兆，应该在这光彩照耀的区域内建立泰畤坛，作为天降祥瑞的明显应验。命令太祝掌管秋天和腊月间祭祀。三年天子郊祭一次。"

这年秋天，为了征伐南越，向泰一祷告，用牡荆做旗柄，在长条形的旗子上画日月北斗飞龙，象征天一三星，为祭祀泰一的前导旗帜，称之为"灵旗"。为兵事而祷告时，太史手捧灵旗指向所要征伐的国家。五利将军的使者不敢入海，往泰山祭祀，皇上派人暗中尾随检察，实际上没见到什么。五利谎称见到他的老师，他的方术已穷尽，多数不能应验。于是，皇上杀了五利。

这年冬天，公孙卿在河南等候神灵，在缑氏城上看到仙人的脚印，有一种像野鸡的动物，在城上走来走去。天子亲自到缑氏城察看脚印。问公孙卿："你该不会仿效文成、五利吧？"公孙卿说："仙人不是有求于人主，而是人主有求于他。求仙人之道如果不稍为放宽延长些时日，神仙是不会来的。谈神仙这种事，事情好像很迂阔荒诞，要好几年的时间才可请来。"于是，各郡国都修筑街道，修建宫观和名山上的神祠，期望天子驾临。

这年，已经消灭了南越，皇上的宠臣李延年以美妙的音乐来进见。皇上很赞赏，下交公卿讨论，说："民间祭祀尚且有鼓舞音乐，现在郊祀却没有乐章，难道这样合适吗？"公卿们说："古时祭祀天地都有乐章，这样才能以礼祭祀神灵。"又有人说："泰帝使素女弹五十弦瑟，音调悲切，泰帝忍不住悲泣起来，所以把她的瑟改为二十五弦的。"于是，为讨伐南越的胜利而举行赛祭，祷告祭祀泰一、后土，开始用乐舞，又增招歌童，制作二十五弦的瑟及箜篌瑟是从此开始的。

第二年冬天，皇上提议说："古人先用兵犒赏军队，然后封禅。"于是，北出巡视朔方，统率十余万士卒，回来时在桥山祭黄帝墓，在须如以酒食犒赏军队。皇上问："我听说黄帝没有死，为什么现在有坟墓？"有人回答说："黄帝已成仙上天，他的臣子们把他的衣服帽子埋葬了。"到了甘泉，为了将要在泰山举行的封禅，皇上预先祭祀了泰一神。

自从得了宝鼎后，皇上就和公卿、儒生讨论封禅的事。封禅典礼由于用得稀少而荒废断绝了，没有人知道它的礼仪，儒生们就采取《尚书》、《周官》、《王制》等书上所记载的望祭射牛的事情作为封禅的仪式。齐人丁公九十多岁了，对皇上说："封，应该是不死的意思，秦皇帝不得上泰山封祀，陛下一定要上去，先缓慢地上去，如果没有风雨，就可以上去封祀了。"于是，皇上命令儒生们练习射牛，草拟封禅的仪式。几年后，到了将要举行封禅典礼的时候。天子既已听了公孙卿和方士的话，黄帝以上的封禅都引来怪物和神仙相通，所以想仿效黄帝接见神仙的使者蓬莱方士，让自己的德行高于世俗，与九皇相媲美，又采用儒家的说法来文饰外表。儒生们既不能辩明封禅之事，又牵扯拘泥于《诗》、《书》古文的记载而不敢自由发挥。皇上把封禅用的器物给儒生们看，儒生们有的说"和古代不同"，徐偃又说"太常诸生行礼不如鲁人好"，于是当周霸会集儒生计划封禅的事情时，皇帝便贬退了徐偃、周霸，罢黜全部儒生，不予任用。

三月，皇上东行到缑氏，依礼登上中岳太室山举行祭祀，随从的官员在山下听到好像有人呼喊"万岁"的声音。询问山上的人，山上的人说没听见；问山下的人，山下的人也说没听见。皇帝就以三百户封给太室作为供奉祭祀之用，命名为崇高邑。接着东行登上泰山，山上花草树木的叶子还没有长出来，就派人把石碑运上山，立在泰山顶上。

皇上接着东巡海上，依礼祭祀八神。齐人上疏谈论神怪奇方的人数以万计，可是都没有效验。于是又增派船只，命令谈说海中神仙的几千人访求蓬莱的神人。公孙卿拿着使者符节，曾先去名山等候，到了东莱，说在夜间看见一个人，身长数丈，接近他时就不见了，只看到他脚印特别大，类似禽兽。群臣中有的说看见一个老人牵着狗，说"我要见巨公"，忽然不见了。皇帝看见大脚印，不相信，等到群臣中有人说到老人时，则又深信是仙人。因此，皇帝逗留在海滨，拨给方士们驿车，又派遣数以千计的使者访求仙人。

四月，回到奉高，皇上考虑儒生和方士议论的封禅，各人的说法不同，都不符合常理，难以施行。天子到梁父，依礼祭祀地主。乙卯那天，命令任侍中的儒生头戴皮帽，穿插笏的官服，行射牛事。在泰山下的东方设坛祭天，和郊祀泰一的礼仪相同。祭坛宽一丈二尺，高九尺，下面放着玉牒书，书的内容是秘密的。行礼完毕，天子单独带了侍中奉车霍子侯上泰山，也有封祭。这些事都禁止外传。第二天从山北的阴道下来。丙辰，在泰山脚下东北角的肃然山禅祭，和祭后土的礼仪相同。天子都亲自拜祭，穿黄色祭服，并且都用音乐伴奏。用江、淮一带出产的有三条脊骨的茅草作为神灵的荐席，用五色土填满祭坛。放出远方进贡的奇兽飞禽和白色野鸡等物，祭仪格外隆重。兕牛、旄牛、犀、象之类都不使用。皇帝一行又都回到泰山，然后离去。封禅祭祀的地方，晚上好像有光芒射出，白天有白云从祭坛中升起。

天子从封禅回来，坐在明堂上，群臣相继祝颂，于是下诏给御史说："我以卑微之体继承了至高无上的权位，兢兢业业，恐怕不能胜任。德行浅薄，不懂得礼乐。祭祀泰一以后，好像有祥光，我忽然看到了，为奇异的景象所震惊，想停止祭祀而又不敢，所以登上泰山祭天，到梁父，然后于肃然山祭地神。从此修德自新，希望与士大夫共同有个新的开始，赐给庶民一百户人家牛一头、酒十石，八十岁的老人和孤儿寡妇加赐布帛二匹。免除博、奉高、蛇丘、历城四个地方的徭役，不缴纳今年的租税。大赦天下，和乙卯年的赦令一样。凡我经过的地方，免除监外执行的劳役。两年以前犯罪的，都不要再审讯治罪。"又下诏说："古时天子五年巡狩一次，到泰山祭祀，诸侯有朝拜住宿的地方，命令诸侯各自在泰山下修建官邸。"

天子既然已经在泰山封禅，没有遇上风雨灾害，方士们又说蓬莱各神山似乎可以寻到，皇上高兴地认为或许能够遇到神仙，于是又东行到海滨看望，希望看到蓬莱仙岛。这时奉车都尉霍子侯突然患病，当日死去。皇上这才离去，沿着海滨，北到碣石，从辽西巡视，经过北边，到了九原。五月，回到甘泉。主管官员说，宝鼎出现那年定为元鼎，今年封禅，应为元封元年。

这年秋天，有颗光芒四射的星出现在东井。后来十余日，又有颗光芒四射的星出现在三能。望气官员王朔说："我观察天象时，只看到此星出现时像葫芦一样，一顿饭的工夫就又隐没了。"主管官员说："陛下建立了汉朝的封禅制度，上天出现德星作为报答。"

第二年冬天，郊祀雍县五帝，回来时，以拜谢祝祷的仪式祭祀泰一。祝词说："德星光芒四射，是吉祥的征兆。寿星一再出现，显示天下安宁，灿烂光明。信星明白显示了国运长久，皇帝恭敬地拜谢祝祷，请享用进献的祭品。"

这年春天，公孙卿说在东莱山看到神人，好像说"要见天子"。于是天子来到缑氏城，任命公孙卿为中大夫。随后来到东莱，住了好几天，什么也没看见，只看到了巨人的脚印。又派遣数以千计的方士访求神怪，采集灵芝药草。这年干旱，天子这次出巡没有正当的理由，便祷祀于万里沙，经过泰山时，祭祀了泰山。回去时，到瓠子口，亲自去部署堵塞黄河的决口，逗留了两天，沉下祭品祭祀河神后离去。派两个将军率兵堵塞河道的决口，使河水迁徙，从另外两条河道流过，恢复大禹治水时河道的原貌。

当时已灭南越，越人勇之说"越人风俗相信鬼，他们祭祀时都能见到鬼，往往有效验。从前东瓯王敬鬼，寿高一百六十岁。后世子孙对鬼怠慢了，所以衰败下来"。于是命令越巫建立越式祠庙，只有祭台，没有祭坛，也祭祀天神、上帝、百鬼，用鸡骨卜问吉凶。皇上相信这些，越式祠庙和鸡卜开始流传开来。

公孙卿说："仙人可以见到，只是皇上去时常常匆促，因此见不到。现在陛下可修建楼观，像缑氏城那样，供设肉脯、枣子，应该可以请来神人。而且仙人喜欢住在楼上。"于是皇上命令在长安建造蜚廉桂观，在甘泉建造益延寿观，派公孙卿手持符节，陈设供品，等候神人。然后又建造通天台，把祭祀用的器具放置台下，准备招来神仙之类。这时在甘泉又修建前殿，开始扩建许多宫室。夏天，有芝草生在斋房中。天子因为堵塞了黄河决口，兴建通天台，天上似有神光的瑞应，于是下诏说："甘泉宫中生出九茎灵芝，大赦天下，免除监外服徒刑的劳役。"

第二年，征伐朝鲜。夏天，干旱。公孙卿说："黄帝时举行封祀，就有天旱，为了使封祀坛的土干燥，旱了三年。"于是皇上下诏说："天旱，意思是天要使封祀坛的土干燥吧？为此，命令天下的百姓隆重地祭祀灵星。"

明年，皇上到雍县郊祭，开通回中道，在那里巡视。春天，到达鸣泽，然后从西河回来。

明年冬天，皇上巡视南郡，到江陵而东行，登上潜县天柱山，依礼祭祀，号为南岳。顺江而行，从寻阳出发，到达枞阳，经过彭蠡，祭祀这些地方的著名山川。往北到达琅邪，沿着海边而行。四月中旬，到达奉高，举行封祀。

当初，武帝在泰山封祀，泰山脚下的东北方有古时明堂遗址，所处位置险峭而不开阔。皇上想在奉高旁修建明堂，却不知道明堂的制度。济南人公玉带献上黄帝时的明堂图。明堂图中有一殿，四面没有墙壁，用茅草盖顶，下面通水，环绕宫墙的是复道，上有楼，从西南进入殿堂，称为昆仑，天子从这里进入，拜祭上帝。于是皇上命令奉高县依照公玉带的图样，在汶上建立明堂。到元封五年举行封祀，就在明堂的上座祭祀泰一、五帝，高皇帝的灵位设在对面。用二十头牛祀后土于下房。天子从昆仑道进去，开始按照郊祀的礼仪在明堂拜祭。祭礼完毕，在堂下焚祭余的牲肉。皇上又登上泰山，在山顶上有秘密祭祀。在泰山下祭祀五帝，依照他们各自的方位，黄帝和赤帝在一起，由主管官员侍祭。在泰山上燃火，山下也都燃火相应。

此后二年，正是十一月甲子朔旦冬至，推算历数的人以这一天作为起点。天子亲自到泰山，十一月甲子朔旦冬至那天，在明堂祭祀上帝，不举行封禅。祝词说："上天增授皇帝泰元神策，周而复始。皇帝恭敬地拜谢泰一。"皇上东到海边，考查入海和方士求神仙的人们，没有效验，但仍派遣更多的人前往，希望能遇到神仙。

十一月乙酉，柏梁台发生火灾。十二月甲午初一，皇上亲临高里禅祀，祭祀后土。到达渤海，想以望祀遥祭蓬莱神仙之属，希望到达神仙异域。

皇上回来后，因为柏梁台遭火灾，就在甘泉上朝，接受郡国的会计簿册。公孙卿说："黄帝建成青灵台，十二天被烧，黄帝又建造明庭。明庭就是甘泉。方士多说古帝王有建都甘泉的。此后天子又在甘泉上朝接见诸侯，在甘泉建造诸侯官邸。勇之又说："越人习俗，火灾后再建的房屋必须大些，用来制服灾殃。"于是建造建章宫，设计千门万户，前殿高度超过未央宫。东面是凤阙，高二十多丈。西面是唐中池，有周围数十里的虎圈。北面挖了一个大水池，池中的渐台高二十余丈，池名叫泰液池，池中有蓬莱、方丈、瀛洲、壶梁，类似海中的神山、龟、鱼之类的石刻。南面有玉堂、璧门和大鸟等。还建立神明台、井干楼，高五十余丈，楼阁间有空中通道相连接。

夏天，汉朝改革历法，以正月为一年的开始，颜色尚黄，官名印章更改为五个字，以当年改为太初元年。这年，西伐大宛。蝗祸大起。丁夫人和雒阳虞初等人用方术在祭祀时乞请鬼神加祸于匈奴和大宛。

第二年，主管官员说，雍县五畤祭祀时没有熟牲，芬芳的祭品不齐备。皇上便命令祠官将熟牛犊进献五畤，毛色按五色相克的道理用各方天帝所制胜的，以木偶马代替小马。只有五帝用小马，天子亲自郊祀用小马。祭祀著名山川用小马的，都以木偶马代替。天子经过的地方，祭祀才用小马。其他的礼节和过去一样。

次年，皇上东行，巡视海滨，考查有关神仙一类的事，没有应验的。有的方士说"黄帝时建造五城十二楼，在执期等候神人，称为迎年"。皇帝允许依照所说的样子去兴建楼台，命名为明年祠。皇上穿了黄色衣服，亲自依礼祭祀上帝。

公玊带说："黄帝时虽在泰山封祀，但风后、封巨、岐伯要黄帝在东泰山封祀，在凡山禅祀，以与符瑞相合，然后才能长生不死。"天子便命令准备祭祀用具，来到东泰山，东泰山矮小，与它的声名不相称，就命祠官依礼祭祀，而不举行封禅。以后命令公玊带在那里供奉祭祀，等候神灵。夏天，皇上便回到泰山，举行五年一次的封禅典礼，礼节同以前一样，而增加了在石闾禅祀。石闾在泰山脚下的南面，方士多说这是仙人居住的地方，所以皇上亲自禅祀。

以后五年，又到泰山封禅，回来时祭祀了路过的常山。

当今天子所兴建的神祠，泰一祠、后土祠，三年天子亲自郊祀一次，所建立的汉家封禅制度，五年举行一次。薄忌建立设立的泰一和三一、冥羊、马行、赤星五座神祠，由祠官宽舒领导祠官每年按时举行祭祀典礼。这五祠和后土祠合起来共六祠，都由太祝总领其事。至于像八神等神和明年、凡山等其他著名神祠，天子经过时就祭祀，离去后就停止。方士们所兴建的神祠，各自主持祭祀，本人死了就停止，祠官不负责，其他神祠都如同原来的那样。当今皇上封禅，此后十二年再来回顾，会祭遍了五岳、四渎。方士等候和祭祀神仙，入海访求蓬莱，终究没有效验。公孙卿等候神仙，还以巨人脚印来解说，也没有效果。天子日益厌倦方士的奇异迂阔的谈论，然而始终笼络他们，期望遇到真正的神仙。从那以后，方士谈论祭祀神仙的更多了，可是效果如何，是可以看到的。

太史公说：我跟从皇上出巡、祭祀天地诸神和著名山川，参加了封禅。我进入寿宫侍祠听到祭神的祝祠，观察研究方士、祠官的言论，于是坐下来按照时间顺序叙述自古以来从事祭祀鬼神的事情，具体地揭示它的表面现象和内在的实际情况，使后世有见识的人得以观览。至于俎豆珪玉币帛的详细情形，献祭酬神的礼仪，则由主管官员保存着。

书

史记卷二十三

礼书第一

太史公曰：洋洋美德乎！宰制万物，役使群众，岂人力也哉？余至大行礼官，观三代损益，乃知缘人情而制礼，依人性而作仪，其所由来尚矣。

人道经纬万端，规矩无所不贯，诱进以仁义，束缚以刑罚，故德厚者位尊，禄重者宠荣，所以总一海内而整齐万民也。人体安驾乘，为之金舆错衡以繁其饰；目好五色，为之黼黻文章以表其能；耳乐钟磬，为之调谐八音以荡其心；口甘五味，为之庶羞酸咸以致其美；情好珍善，为之琢磨圭璧以通其意。故大路越席，皮弁布裳，朱弦洞越，大羹玄酒，所以防其淫侈，救其雕敝。是以君臣朝廷尊卑贵贱之序，下及黎庶车舆、衣服、宫室、饮食、嫁娶、丧祭之分，事有宜适，物有节文。仲尼曰："禘自既灌而往者，吾不欲观之矣。"

周衰，礼废乐坏，大小相逾，管仲之家，兼备三归。循法守正者见侮于世，奢溢僭差者谓之显荣。自子夏，门人之高弟也，犹云"出见纷华盛丽而说，入闻夫子之道而乐，二者心战，未能自决"，而况中庸以下，渐渍于失教，被服于成俗乎？孔子曰："必也正名。"于卫所居不合。仲尼没后，受业之徒沈湮而不举，或适齐、楚，或入河海，岂不痛哉！

至秦有天下，悉内六国礼仪，采择其善，虽不合圣制，其尊君抑臣，朝廷济济，依古以来。至于高祖，光有四海，叔孙通颇有所增益减损，大抵皆袭秦故。自天子称号下至佐僚及宫室、官名，少所变改。孝文即位，有司议欲定仪礼，孝文好道家之学，以为繁礼饰貌，无益于治，躬化谓何耳，故罢去之。孝景时，御史大夫晁错明于世务刑名，数干谏孝景曰："诸侯藩辅，臣子一例，古今之制也。今大国专治异政，不禀京师，恐不可传后。"孝景用其计，而六国畔逆，以错首名，天子诛错以解难。事在《袁盎》语中。是后官者养交安禄而已，莫敢复议。

今上即位，招致儒术之士，令共定仪，十余年不就。或言古者太平，万民和喜，瑞应辨至，乃采风俗，定制作。上闻之，制诏御史曰："盖受命而王，各有所由兴，殊路而同归，谓因民而作，追俗为制也。议者咸称太古，百姓何望？汉亦一家之事，典法不传，谓子孙何？化隆者闳博，治浅者褊狭，可不勉与！"乃以太初之元改正朔，易服色，封太山，定宗庙百官之仪，以为典常，垂之于后云。

礼由人起。人生有欲，欲而不得则不能无忿，忿而无度量则争，争则乱。先王恶其乱，故制礼义以养人之欲，给人之求，使欲不穷于物，物不屈于欲，二者相待而长，是礼之所起也。故礼者养也。稻粱五味，所以养口也；椒兰芬茝，所以养鼻也；钟鼓管弦，所以养耳也；刻镂文章，所以养目也；疏房床笫几席，所以养体也；故礼者养也。

君子既得其养，又好其辨也。所谓辨者，贵贱有等，长少有差，贫富轻重皆有称也。故天子大路越席，所以养体也；侧载臭茝，所以养鼻也；前有错衡，所以养目也；和鸾之声，步中

《武》《象》，骤中《韶》《濩》，所以养耳也；龙旂九斿，所以养信也；寝兕持虎，鲛韅弥龙，所以养威也。故大路之马，必信至教顺，然后乘之，所以养安也。孰知夫出死要节之所以养生也，孰知夫轻费用之所以养财也，孰知夫恭敬辞让之所以养安也，孰知夫礼义文理之所以养情也？

人苟生之为见，若者必死；苟利之为见，若者必害；怠惰之为安，若者必危；情胜之为安，若者必灭。故圣人一之于礼义，则两得之矣；一之于情性，则两失之矣。故儒者将使人两得之者也，墨者将使人两失之者也。是儒、墨之分。

治辨之极也，强固之本也，威行之道也，功名之总也。王公由之，所以一天下，臣诸侯也；弗由之，所以捐社稷也。故坚革利兵不足以为胜，高城深池不足以为固，严令繁刑不足以为威。由其道则行，不由其道则废。楚人鲛革犀兕，所以为甲，坚如金石；宛之巨铁施，钻如蜂虿，轻利剽遬，卒如熛风。然而兵殆于垂涉，唐昧死焉；庄蹻起，楚分而为四参。是岂无坚革利兵哉？其所以统之者非其道故也。汝、颍以为险，江、汉以为池，阻之以邓林，缘之以方城。然而秦师至鄢郢，举若振槁。是岂无固塞险阻哉？其所以统之者非其道故也。纣剖比干，囚箕子，为炮烙，刑杀无辜，时臣下懔然，莫必其命。然而周师至，而令不行乎下，不能用其民。是岂令不严、刑不繁哉？其所以统之者非其道故也。

古者之兵，戈矛弓矢而已，然而敌国不待试而诎。城郭不集，沟池不掘，固塞不树，机变不张，然而国晏然不畏外而固者，无他故焉，明道而均分之，时使而诚爱之，则下应之如景响。有不由命者，然后俟之以刑，则民知罪矣。故刑一人而天下服。罪人不尤其上，知罪之在己也。是故刑罚省而威行如流，无他故焉，由其道故也。故由其道则行，不由其道则废。古者帝尧之治天下也，盖杀一人刑二人而天下治。《传》曰："威厉而不试，刑措而不用。"

天地者，生之本也；先祖者，类之本也；君师者，治之本也。无天地恶生？无先祖恶出？无君师恶治？三者偏亡，则无安人。故礼，上事天，下事地，尊先祖而隆君师，是礼之三本也。

故王者天太祖，诸侯不敢怀，大夫士有常宗，所以辨贵贱。贵贱治，得之本也。郊畴乎天子，社至乎诸侯，函及士大夫，所以辨尊者事尊，卑者事卑，宜巨者巨，宜小者小。故有天下者事七世，有一国者事五世，有五乘之地者事三世，有三乘之地者事二世，有特牲而食者不得立宗庙，所以辨积厚者流泽广，积薄者流泽狭也。

大飨上玄尊，俎上腥鱼，先大羹，贵食饮之本也。大飨上玄尊而用薄酒，食先黍稷而饭稻粱，祭哜先大羹而饱庶羞，贵本而亲用也。贵本之谓文，亲用之谓理，两者合而成文，以归太一，是谓大隆。故尊之上玄尊也，俎之上腥鱼也，豆之先大羹，一也。利爵弗啐也，成事俎弗尝也，三侑之弗食也，大昏之未废齐也，大庙之未内尸也，始绝之未小敛，一也。大路之素帱也，郊之麻絻，丧服之先散麻，一也。三年哭之不反也，《清庙》之歌一倡而三叹，县一钟尚拊膈，朱弦而通越，一也。

凡礼始乎脱，成乎文，终乎税。故至备，情文俱尽；其次，情文代胜；其下，复情以归太一。天地以合，日月以明，四时以序，星辰以行，江河以流，万物以昌，好恶以节，喜怒以当。以为下则顺，以为上则明。

太史公曰：至矣哉！立隆以为极，而天下莫之能益损也。本末相顺，终始相应，至文有以辨，至察有以说。天下从之者治，不从者乱；从之者安，不从者危。小人不能则也。

礼之貌诚深矣，坚白、同异之察，入焉而弱。其貌诚大矣，擅作典制、褊陋之说，入焉而望。其貌诚高矣，暴慢恣睢，轻俗以为高之属，入焉而队。故绳诚陈，则不可欺以曲直；衡诚县，则不可欺以轻重；规矩诚错，则不可欺以方员；君子审礼，则不可欺以诈伪。故绳者，直之至也；衡者，平之至也；规矩者，方员之至也；礼者，人道之极也。然而不法礼者不足礼，谓之无方之民；法礼足礼，谓之有方之士。礼之中，能思索，谓之能虑；能虑勿易，谓之能固。能虑能固，加好之焉，圣矣。天者，高之极也；地者，下之极也；日月者，明之极也；无穷者，广大之极也；圣人者，道之极也。

以财物为用，以贵贱为文，以多少为异，以隆杀为要。文貌繁，情欲省，礼之隆也；文貌省，情欲繁，礼之杀也；文貌情欲相为内外表里，并行而杂，礼之中流也。君子上致其隆，下尽其杀，而中处其中。步骤驰骋广骛不外，是以君子之性守宫庭也。人域是域，士君子也。外是，民也。于是中焉，房皇周浃，曲得其次序，圣人也。故厚者，礼之积也；大者，礼之广也；高者，礼之隆也；明者，礼之尽也。

译文：

太史公说：多么盛大恢宏的美德啊！主宰万物，役使群众，难道就靠人们的强制力量吗？我到过主管礼仪的大行官府，观看夏商周三代对礼仪的删减增益，才知道顺从人情来制定礼规，依照人性来做出仪节，由来已久了。

人间事理虽然纵横交错，千头万绪，而规矩却能无所不贯，用仁义诱导人们上进，用刑罚来束缚人们行为，所以道德高就地位尊崇,俸禄重就宠幸光荣,这是统一国内、规范万民的原则。作为人,身体安于乘坐车马,就为之车厢嵌金、车衡上彩来增添装饰;眼睛喜好五颜六色,就为之在衣服上加上各色图案花纹来表现他的仪态;耳朵喜欢聆听钟磬音乐,就为之调和八音来涤荡他的心灵;口舌喜爱品尝各种滋味,就为之烹制各种佳肴或酸或咸而极尽其美;人情爱好珍贵优美的物品,就为之琢磨圭璧等玉器来通其情意。古时帝王乘坐的大辂,上铺蒲席;帝王视朝头戴白鹿皮弁,而下穿白麻布裳;帝王用的瑟用的是朱红的丝弦,瑟底则开有孔上通;大礼中为了不忘古,设置不加盐菜的肉羹,还以清水代酒:这些都是用以防止过度奢侈、拯救衰败的。因此,君臣在朝廷上尊卑贵贱的次序,下至黎民百姓的乘车、衣服、房屋、饮食、嫁娶、丧葬、祭祀的名分,每桩事都有适合身份的限度,每件物都有节制性的文饰。所以孔子说:"鲁国举行的宗庙的禘祭,在第一次酌香酒献尸主之后,我就不想再看了。"

周朝衰微,礼废乐坏,大小人物不顾名分,互相逾越。管仲的家中,兼备来自市租的钱、粮、布三种库台。遵守法度和正道的人被世俗欺侮,奢侈僭越的人被称作显贵尊荣。虽然卜子夏身为孔子门下高徒,但他尚且说"出门看见纷繁华丽的事物就欢悦,回来聆听夫子讲的道理就快乐,两种情感在心中争斗,自己不能决断",又何况中才以下的人,为错误的教育所熏染,为习俗所包围呢!孔子说:"一定要端正名分。"他在卫国与所居的政治环境不合拍。孔子死后,他的受业门徒,人才埋没而不被举用,有的前往齐国、楚国,有的到了黄河、海滨一带,岂不令人痛惜呀!

及至秦朝据有天下,详尽地收纳六国的礼仪,采用了其中较好的部分。虽然不完全合乎圣王的制度,不过,尊崇君主,抑制臣下，使朝廷威仪隆重，还是依循古昔以来的传统。及至汉高祖据有天下，叔孙通对前代礼制稍微有所增减，大都沿用秦朝旧制。上自天子称号，下至臣僚、宫室、官名，很少有所改变。文帝即位，有关官员建议制定礼仪，文帝喜好道家的学说，认为用繁文缛节装饰外貌无益于国家的治理，治国要看以身作则躬行教化如何，所以弃置不加采用。景帝时，御史大夫晁错通晓当代政务及刑名学说，屡次干犯劝谏景帝说："诸侯藩国，属于臣子之类，这是古今的定制。现今诸侯大国擅自颁行异政，不禀告京都，这种做法恐怕不可传留后世。"景帝采用他的计谋，从而招致六国叛乱，以斩除晁错为名。景帝诛杀了晁错，用以解除危难。此事记载在《袁盎晁错列传》之中。此后，做官的只想致力交际、保位安禄而已，没有敢再议论这件事的了。

当今皇上即位，招致通晓儒家学术的士人，命令他们制定礼仪，十几年也没完成。有人说，古代天下太平，万民和洽欣喜，祥瑞相应地普遍降临，国家就采集风俗，订立典章制度。皇上听到这个意见，就命令御史说："承受天命而为帝王，各有缘由兴起，途径相异而有共同的目标，意思是说因顺民情而有所兴作，追随风俗而拟定礼制。议事者都称道上古，那百姓还有什么指望？汉朝亦如一家之事，没有常法传留，如何跟子孙交代？教化兴隆的，礼制一定宽宏博大；治道浅薄的，礼制必然片面狭隘。能不奋勉吗？"于是在太初元年更改历法，变换服装崇尚的颜色，在泰山上筑坛祭天，制定宗庙、百官的礼仪，以为典范性的常法，垂留后世。

礼是由人兴作的。人生都有欲望，欲望不能实现就不能不愤恨，愤恨没有节度就要争斗，争斗就要造成纷乱。古代帝王厌恶这种纷乱，所以就制定礼仪来调理人们的欲望，供给人们的需求，使欲望对于物质不会穷求，使物质对于欲望不至枯竭，让欲和物二者相应地协调增长，这是礼的兴作缘由。所以礼是调养的意思。稻粱五味，是用来养口的；椒兰香草，是用来养鼻的；钟鼓管弦，是用来养耳的；雕刻花纹绘画色彩，是用来养目的；窗房床第几席，是用来养身体的：所以说礼是调养的意思。

君子既得到欲的调养，又喜好调养的分别。所谓分别，就是说贵贱有等级，长幼有差异，贫富轻重都各称其身份。所以天子乘坐的大辂，铺着蒲席，是用来养身体的；边侧载着芳香的僄草，是用来养鼻的；前面辕端有涂饰彩色名叫衡的横木，是用来养目的；轼前悬挂和铃，衡下悬挂鸾铃，缓步而行铃声与《武》曲、《象》曲合拍，驰骤而行铃声合乎《韶》乐、《濩》乐的节奏，是用来养耳的；龙旗上九条飘带，是用来培养威信的；车厢上画着伏卧的犀牛和蹲踞的猛虎，鲨鱼皮制的马腹带，压在马颈上的车轭装饰着金龙，是用来培养威严的。所以大辂的驾马，一定训练得极为驯顺，然后驾车乘用，是用来养体安身的。谁懂得推诚效死邀立名节正是用以养生的道理呢？谁懂得节约消费正是用以养财的道理呢？谁懂得恭敬谦让正是用以养体安身的道理呢？谁懂得礼仪文理正是用以涵养性情的道理呢？

人如果只看到生而苟且求生，这样他必然走向死路；人如果只看到利而见利忘义，那他必然身受其害；人如果只把懈怠懒惰当作安适，那他必然陷入危难；人只把纵情任性逞强好胜当作安乐，那他必然自取灭亡。所以圣人把情欲统一到礼仪的规范下，那么情欲和礼仪就能两得了；如果把礼仪统一在情欲的圈子里，那么情欲和礼仪势必两失了。所以儒家就是使人们二者兼得的人，墨家就是使人们二者俱失的人。这是儒家、墨家的分野。

礼是治理国家、辨正名分的最高准则，是国家强盛巩固的根本，是推行权威的方式，是建立功名的总纲。帝王遵循礼仪，所以能够统一天下，臣服诸侯；不遵循礼仪，所以就丢掉了国家。因此，坚韧的铠甲，锋利的兵器，称不上是优胜；高城深沟，称不上是坚固；严厉的命令，繁多的刑罚，称不上是威严。遵循礼仪之道，这些手段就能行之有效；不遵循礼仪之道，这些手段就废而无功。楚国人用鲨鱼皮、犀牛皮来做铠甲，坚固得如同金属、石头，宛城的刚矛，尖利得像蜂尾蝎钩，轻捷快速，猝然如同疾风。然而兵败于垂涉，唐眜战死在那里；自从楚将庄蹻起兵征讨，此后楚国弄得四分五裂。这难道是没有坚甲利兵吗？这是他们用以统理的手段不得其道的缘故。楚国将汝水、颍水作为天险，有江水、汉水作为天堑，以邓林为险阻，将方城作边防。然而秦军一到，楚国首都鄢郢即被攻占，就像摇动树上枯叶一般。这难道是没有坚固的要塞险阻吗？是他们用以统理的手段不得其道的缘故。商王纣挖比干的心，囚禁箕子，创制炮烙酷刑，虐杀无罪的人，当时臣下战战兢兢，没有人能自保性命。然而周军到来，纣王的命令属下不执行，不能役使他的民众。这难道是军令不严、刑罚不重吗？是他统理的手段不得其道的缘故。

古代的兵器，只有戈矛弓箭而已，然而没等动用，敌国就屈服了。城墙不用增筑，壕沟不用深挖，要塞不用修建，器械不用张开，然而国家安然不怕外敌并且十分稳固，这不是其他原因，显明礼仪而使各守本分，因时役使而真诚爱护，那么人民顺从命令就如同影子随形、回响应声。再有不遵守命令的，然后依法处刑，那民众就知罪了。所以处罚一人就能使天下心服，罪人不怨恨上级，知道咎由自取。因此刑罚减省而威权推行如同流水那样顺畅。这没有其他原因，是由于遵循礼仪的缘故。所以说，遵循礼仪之道就能行之有效，不遵循礼仪之道就废而无功。古代帝尧治理天下，只杀一人刑罚二人，就天下大治了。古书中说："威令虽然严厉但不试用，刑罚虽然设置但不动用。"

天地是生命的根本，祖先是族类的根本，君主和师傅是治理的根本。没有天地，怎能有生命？没有祖先，怎能有人类？没有君主和师傅，如何得到治理？这三项缺少一项，就无法使人民安宁生活。所以礼要上敬事天，下敬事地，尊崇祖先、君主和师傅，这是礼的三大根本。

因此帝王祭天以太祖配享，诸侯不敢有以太祖配天的想法，大夫和士各有百世不迁的大宗，这是为了用以辨别贵贱。贵贱辨清，这是道德的根本。祭天属于天子祭祀的范畴，而祭社可以下及诸侯，包含士大夫，这是用来辨明祭祀等级，位尊的帝王才可以侍奉尊贵的天神，位卑的诸侯、大夫、士只能侍奉较卑的社神，应该大的就大，应该小的就小。所以据有天下的帝王能建立七庙，祭祀七代祖先；据有一国的诸侯能建立五庙，祭祀五代祖先；拥有五乘封地的大夫能建立三庙，祭祀三代祖先；拥有三乘封地的命士能建立两庙，祭祀两代祖先；家有一牛用之耕地谋生的平民，不得建立宗庙：这是用以区别祭祀的等级，功业大的流布的恩泽就广大，功业小的流布的恩泽就狭小。

举行合祭先王的大飨礼，以盛放清水的樽为上，以盛放生鱼的木俎为上，以不放盐菜调料的肉羹为先，这是为了不忘本而尊崇最初的饮食。大飨礼中，盛着清水的樽与酒樽并设，设在上位，设而不用，盛着淡酒的酒樽设在下位，礼中唯饮酒不饮水；进食先进黍米饭、稷子米饭，而吃用白米饭、黄粱米饭；祭食时，先尝一小口没调味的肉汤，而馈食时饱享各种佳肴：这是尊重原始的饮食而亲用当今的美味。尊重本始说的是善良纯真，亲用时味说的是生活情理，两者结合而成为礼仪，用以回归太古的情境，这就叫作大隆——礼的最高境界。所以酒樽之崇尚盛放清水的玄樽，祭俎之崇尚供设腥鱼，瓦豆之先供设未加调料的肉汤，意思是一致的，都是为了追怀太始、不忘本初。庙中祭祀将告成时，佐食者酌酒献尸，尸就奠杯不饮了；祭事将完成时，俎中牲肉，尸就不再尝用了；到第三次劝食，尸就不再吃了：意思是一致的，都表明祭礼将要告终。大婚礼迎亲前尚未斋戒告庙之际，太庙祭祀尚未迎尸入庙之际，人刚咽气尚未进行小敛之际：意思是一致的，都表明礼仪的开始。天子乘用的大辂，用素色车帷；天子南郊祭天时，戴着麻布冠冕；父母之丧小敛后，孝子先腰束麻带，带端散垂：意思是一致的，体现了至敬无文、至哀无饰的精神。遭遇父母之丧，孝子纵情恸哭，哭声好像往而不回；天子宗庙祭祀，乐工升歌《清庙》，一人领唱，唯三人应和；悬挂一钟，而崇尚打击钟架；瑟上张着朱红丝弦，瑟底孔却上通瑟面：意思是一致的，都是在声音方面朴素无华，以质为贵。

大凡典礼，开始简略，完成当中就有文雅仪式，礼终时人情和悦。所以最完备的礼，感情和表达形式都尽美尽善；其次是感情胜过仪式，或者仪式胜过感情；最后将感情回到太古质朴无华的境界。达到这种境界，天地因之而融合，日月因之而明朗，四时因之而更迭有序，星辰因之而正常运行，江河因之畅流，万物因之昌盛，好恶因之而调节，喜怒因之而得当。礼达到这种境界，作为臣民就和顺，作为君上就英明。

太史公说：到了顶点啦！订立隆盛礼仪作为生活准则，天下没有人能加以增删。礼仪根本和末节互相顺应，开始与终结互相照应，极为周详的仪式可以辨别尊卑贵贱，极为明察的内容可以怡悦人心。天下遵从礼制的就能达到大治，不遵从礼制的就要造成大乱。遵从礼制的就安定，不遵从礼制的就危险。卑鄙小人是不能遵守礼规的。

礼的义理实在精深哪！那种"离坚白"、"合同异"的论辩，相当明察了，一纳入礼中衡量，就软弱不堪了。礼的义理实在博大呀！那些擅自制作的典章制度、褊狭浅陋的学说，一纳入礼中比较，就自恨自责了。礼的义理实在高明啊！那些粗暴狂妄、轻视世俗自以为高的人们，一纳入礼中检验，就自惭堕落了。所以，只要把线绳陈设出来，就不能用曲直来欺人；只要把秤悬挂出来，就不能用轻重来欺人；只要把圆规、矩尺拿来一放，就不能用方圆来欺人；君子明察礼仪，就不能用谎言、虚伪来相欺。所以，线绳是最直的标准，秤是最平的标准，规矩是最圆最方的标准，礼是人类道德的最高标准。那么，不遵守礼、不重视礼的人，叫作没有道义的人；遵守礼、重视礼的人，叫作有道义之士。在礼的范围之中能够思索礼仪的用意，这叫作能够思虑；能够思虑又能遵从不变，这叫作能够固守。能够思虑，能够固守，再加上由衷地喜好，那就是圣人了。天是高的准则，地是低的准则，日月是光明的准则，无穷的天宇是广大的准则，圣人是道德礼仪的准则。

礼以财物作为手段，以贵贱等级作为制度，以事物多少表示差异，以隆盛省约作为要领。仪节繁重，用情较省，仪节超过了情感，这是礼的隆盛形式。仪节省约，用情较多，情感超过了仪节，这是礼的省约形式。仪节与情感内外表里并行融合，这就是礼的适中体现。君子对于礼，该隆重的就努力隆重，该减省的就尽量减省，该适中的就力求适中。无论平时的徐行漫步，还是战时的纵马奔驰，都不把礼排除身外，所以君子守礼的心性就如同常守宫廷一样。人能够置身于这个礼的领域之中，就是有志操的君子；置身于礼的范围之外，就是一般的庸人。在这个礼的领域中，从容徘徊，周旋自在，全面周详地掌握了礼的规矩顺序，那就是圣人了。因此，圣人之所以德厚，这是由于学礼的长期积累；圣人之所以伟大，这是由于学礼的范围宽广；圣人之所以高尚，这是由于他对礼的修养丰厚；圣人之所以英明，这是由于他对礼尽心尽力。

史记卷二十四

乐书第二

太史公曰：余每读《虞书》，至于君臣相敕，维是几安，而股肱不良，万事堕坏，未尝不流涕也。成王作颂，推己惩艾，悲彼家难，可不谓战战恐惧，善守善终哉？君子不为约则修德，满则弃礼，佚能思初，安能惟始，沐浴膏泽而歌咏勤苦，非大德谁能如斯！《传》曰"治定功成，礼乐乃兴"。海内人道益深，其德益至，所乐者益异。满而不损则溢，盈而不持则倾。凡作乐者，所以节乐。君子以谦退为礼，以损减为乐，乐其如此也。以为州异国殊，情习不同，故博采风俗，协比声律，以补短移化，助流政教。天子躬于明堂临观，而万民咸荡涤邪秽，斟酌饱满，以饰厥性。故云《雅》、《颂》之音理而民正，嘄噭之声兴而士奋，郑卫之曲动而心淫。及其调和谐合，鸟兽尽感，而况怀五常，含好恶，自然之势也？

治道亏缺而郑音兴起，封君世辟，名显邻州，争以相高。自仲尼不能与齐优遂容于鲁，虽退正乐以诱世，作五章以刺时，犹莫之化。陵迟以至六国，流沔沉佚，遂往不返，卒于丧身灭宗，并国于秦。

秦二世尤以为娱。丞相李斯进谏曰："放弃《诗》、

《书》，极意声色，祖伊所以惧也；轻积细过，恣心长夜，纣所以亡也。"赵高曰："五帝、三王乐各殊名，示不相袭。上自朝廷，下至人民，得以接欢喜，合殷勤，非此和说不通，解泽不流，亦各一世之化，度时之乐，何必华山之騄耳而后行远乎？"二世然之。

高祖过沛诗《三侯之章》，令小儿歌之。高祖崩，令沛得以四时歌舞宗庙。孝惠、孝文、孝景无所增更，于乐府习常肄旧而已。

至今上即位，作十九章，令侍中李延年次序其声，拜为协律都尉。通一经之士不能独知其辞，皆集坐《五经》家，相与共讲习读之，乃能通知其意，多尔雅之文。

汉家常以正月上辛祠太一甘泉，以昏时夜祠，到明而终。常有流星经于祠坛上。使僮男僮女七十人俱歌。春歌《青阳》，夏歌《朱明》，秋歌《西暤》，冬歌《玄冥》。世多有，故不论。

又尝得神马渥洼水中，复次以为《太一之歌》。歌曲曰："太一贡兮天马下，沾赤汗兮沫流赭。骋容与兮跇万里，今安匹兮龙为友。"后伐大宛得千里马，马名蒲梢，次作以为歌。歌诗曰："天马来兮从西极，经万里兮归有德。承灵威兮降外国，涉流沙兮四夷服。"中尉汲黯进曰："凡王者作乐，上以承祖宗，下以化兆民。今陛下得马，诗以为歌，协于宗庙，先帝百姓岂能知其音邪？"上默然不说。丞相公孙弘曰："黯诽谤圣制，当族。"

凡音之起，由人心生也。人心之动，物使之然也。感于物而动，故形于声；声相应，故生变；变成方，谓之音；比音而乐之，及干戚羽旄，谓之乐也。乐者，音之所由生也，其本在人心感于物也。是故其哀心感者，其声噍以杀；其乐心感者，其声啴以缓；其喜心感者，其声发以散；其怒心感者，其声粗以厉；其敬心感者，其声直以廉；其爱心感者，其声和以柔。六者非性也，感于物而后动，是故先王慎所以感之。故礼以导其志，乐以和其声，政以壹其行，刑以防其奸。礼乐刑政，其极一也，所以同民心而出治道也。

凡音者，生人心者也。情动于中，故形于声，声成文谓之音。是故治世之音安以乐，其正和；乱世之音怨以怒，其正乖；亡国之音哀以思，其民困。声音之道，与正通矣。宫为君，商为臣，角为民，徵为事，羽为物。五者不乱，则无惉懘之音矣。宫乱则荒，其君骄；商乱则搥，其臣坏；角乱则忧，其民怨；徵乱则哀，其事勤；羽乱则危，其财匮。五者皆乱，迭相陵，谓之慢。如此则国之灭亡无日矣。郑卫之音，乱世之音也，比于慢矣。桑间濮上之音，亡国之音也，其政散，其民流，诬上行私而不可止。

凡音者，生于人心者也；乐者，通于伦理者也。是故知声而不知音者，禽兽是也；知音而不知乐者，众庶是也。唯君子为能知乐。是故审声以知音，审音以知乐，审乐以知政，而治道备矣。是故不知声者不可与言音，不知音者不可与言乐。知乐则几于礼矣。礼乐皆得，谓之有德。德者，得也。是故乐之隆，非极音也；食飨之礼，非极味也。清庙之瑟，朱弦而疏越，一倡而三叹，有遗音者矣。大飨之礼，尚玄酒而俎腥鱼，大羹不和，有遗味者矣。是故先王之制礼乐也，非以极口腹耳目之欲也，将以教民平好恶而反人道之正也。

人生而静，天之性也；感于物而动，性之颂也。物至知知，然后好恶形焉。好恶无节于内，知诱于外，不能反己，天理灭矣。夫物之感人无穷，而人之好恶无节，则是物至而人化物也。人化物也者，灭天理而穷人欲者也。于是有悖逆诈伪之心，有淫佚作乱之事。是故强者胁弱，众者暴寡，知者诈愚，勇者苦怯，疾病不养，老幼孤寡不得其所，此大乱之道也。是故先王制礼乐，人为之节：衰麻哭泣，所以节丧纪也；钟鼓干戚，所以和安乐也；婚姻冠笄，所以别男女也；射乡食飨，所以正交接也。礼节民心，乐和民声，政以行之，刑以防之。礼乐刑政四达而不悖，则王道备矣。

乐者为同，礼者为异。同则相亲，异则相敬。乐胜则流，礼胜则离。合情饰貌者，礼乐之事也。礼义立，则贵贱等矣；乐文同，则上下和矣；好恶著，则贤不肖别矣；刑禁暴，爵举贤，则政均矣。仁以爱之，义以正之，如此则民治行矣。

乐由中出，礼自外作。乐由中出，故静；礼自外作，故文。大乐必易，大礼必简。乐至则无怨，礼至则不争。揖让而治天下者，礼乐之谓也。暴民不作，诸侯宾服，兵革不试，五刑不用，百姓无患，天子不怒，如此则乐达矣。合父子之亲，明长幼之序，以敬四海之内。天子如此，则礼行矣。

大乐与天地同和，大礼与天地同节。和，故百物不失；节，故祀天祭地。明则有礼乐，幽则有鬼神，如此则四海之内合敬同爱矣。礼者，殊事合敬者也；乐者，异文合爱者也。礼乐之情同，故明王以相沿也。故事与时并，名与功偕。故钟鼓管磬羽籥干戚，乐之器也；诎信俯仰缀兆舒疾，乐之文也。簠簋俎豆制度文章，礼之器也；升降上下周旋裼袭，礼之文也。故知礼乐之情者能作，识礼乐之文者能术。作者之谓圣，术者之谓明。明圣者，术作之谓也。

乐者，天地之和也；礼者，天地之序也。和，故百物皆化；序，故群物皆别。乐由天作，礼以地制。过制则乱，过作则暴。明于天地，然后能兴礼乐也。论伦无患，乐之情也；欣喜欢爱，乐之官也。中正无邪，礼之质也；庄敬恭顺，礼之制也。若夫礼乐之施于金石，越于声音，用于宗庙社稷，事于山川鬼神，则此所以与民同也。

王者功成作乐，治定制礼。其功大者其乐备，其治辨者其礼具。干戚之舞，非备乐也；亨孰而祀，非达礼也。五帝殊时，不相沿乐；三王异世，不相袭礼。乐极则忧，礼粗则偏矣。及夫敦乐而无忧，礼备而不偏者，其唯大圣乎？天高地下，万物散殊，而礼制行也；流而不息，合同而化，而乐兴也。春作夏长，仁也；秋敛冬藏，义也。仁近于乐，义近于礼。乐者敦和，率神而从天；礼者辨宜，居鬼而从地。故圣人作乐以应天，作礼以配地。礼乐明备，天地官矣。

天尊地卑，君臣定矣。高卑已陈，贵贱位矣。动静有常，大小殊矣。方以类聚，物以群分，则性命不同矣。在天成象，在地成形，如此则礼者天地之别也。地气上隮，天气下降，阴阳相摩，天地相荡，鼓之以雷霆，奋之以风雨，动之以四时，暖之以日月，而百化兴焉，如此则乐者天地之和也。

化不时则不生，男女无别则乱登，此天地之情也。及夫礼乐之极乎天而蟠乎地，行乎阴阳而通乎鬼神，穷高极远而测深厚，乐著太始而礼居成物。著不息者天也，著不动者地也。一动一静者，天地之间也。故圣人曰"礼云乐云"。

昔者舜作五弦之琴，以歌《南风》；夔始作乐，以赏诸侯。故天子之为乐也，以赏诸侯之有德者也。德盛而教尊，五谷时孰，然后赏之以乐。故其治民劳者，其舞行级远；其治民佚者，其舞行缀短。故观其舞而知其德，闻其谥而知其行。《大章》，章之也；《咸池》，备也；《韶》，继也；《夏》，大也；殷周之乐尽也。

天地之道，寒暑不时则疾，风雨不节则饥。教者，民之寒暑也,教不时则伤世。事者,民之风雨也,事不节则无功。然则先王之为乐也,以法治也,善则行象德矣。夫豢豕为酒,非以为祸也;而狱讼益烦,则酒之流生祸也。是故先王因为酒礼,一献之礼,宾主百拜,终日饮酒而不得醉焉,此先王之所以备酒祸也。故酒食者,所以合欢也。

乐者,所以象德也;礼者,所以闭淫也。是故先王有大事,必有礼以哀之;有大福,必有礼以乐之:哀乐之分,皆以礼终。

乐也者,施也;礼也者,报也。乐,乐其所自生;而礼,反其所自始。乐章德,礼报情反始也。所谓大路者,天子之舆也;龙旗九旒,天子之旌也;青黑缘者,天子之葆龟也;从之以牛羊之群,则所以赠诸侯也。

乐也者,情之不可变者也;礼也者,理之不可易者也。乐统同,礼别异,礼乐之说贯乎人情矣。穷本知变,乐之情也;著诚去伪,礼之经也。礼乐顺天地之诚,达神明之德,降兴上下之神,而凝是精粗之体,领父子君臣之节。

是故大人举礼乐,则天地将为昭焉。天地欣合,阴阳相得,煦妪覆育万物,然后草木茂,区萌达,羽翮奋,角觡生,蛰虫昭苏,羽者妪伏,毛者孕鬻,胎生者不殰而卵生者不殈,则乐之道归焉耳。

乐者,非谓黄钟大吕弦歌干扬也,乐之末节也,故童者舞之;布筵席,陈樽俎,列笾豆,以升降为礼者,礼之末节也,故有司掌之。乐师辩乎声诗,故北面而弦;宗祝辩乎宗庙之礼,故后尸;商祝辩乎丧礼,故后主人。是故德成而上,艺成而下;行成而先,事成而后。是故先王有上有下,有先有后,然后可以有制于天下也。

乐者,圣人之所乐也,而可以善民心。其感人深,其风移俗易,故先王著其教焉。

夫人有血气心知之性,而无哀乐喜怒之常,应感起物而动,然后心术形焉。是故志微焦衰之音作,而民思忧;啴缓慢易繁文简节之音作,而民康乐;粗厉猛起奋末广贲之音作,而民刚毅;廉直经正庄诚之音作,而民肃敬;宽裕肉好顺成和动之音作,而民慈爱;流辟邪散狄成涤滥之音作,而民淫乱。

是故先王本之情性,稽之度数,制之礼义,合生气之和,道五常之行,使之阳而不散,阴而不密,刚气不怒,柔气不慑,四畅交于中而发作于外,皆安其位而不相夺也。然后立之学等,广其节奏,省其文采,以绳德厚也。类小大之称,比终始之序,以象事行,使亲疏贵贱长幼男女之理皆形见于乐,故曰"乐观其深矣"。

土敝则草木不长,水烦则鱼鳖不大,气衰则生物不育,世乱则礼废而乐淫。是故其声哀而不庄,乐而不安,慢易以犯节,流湎以忘本。广则容奸,狭则思欲,感涤荡之气而灭平和之德,是以君子贱之也。

凡奸声感人而逆气应之,逆气成象而淫乐兴焉。正声感人而顺气应之,顺气成象而和乐兴焉。倡和有应,回邪曲直各归其分,而万物之理以类相动也。

是故君子反情以和其志,比类以成其行。奸声乱色不留聪明,淫乐废礼不接于心术,惰慢邪辟之气不设于身体,使耳目鼻口心知百体皆由顺正,以行其义。然后发以声音,文以琴瑟,动以干戚,饰以羽旄,从以箫管,奋至德之光,动四气之和,以著万物之理。是故清明象天,广大象地,终始象四时,周旋象风雨;五色成文而不乱,八风从律而不奸,百度得数而有常;小大相成,终始相生,倡和清浊,代相为经。故乐行而伦清,耳目聪明,血气和平,移风易俗,天下皆宁。故曰"乐者,乐也"。

君子乐得其道，小人乐得其欲。以道制欲，则乐而不乱；以欲忘道，则惑而不乐。是故君子反情以和其志，广乐以成其教，乐行而民乡方，可以观德矣。

德者，性之端也；乐者，德之华也；金石丝竹，乐之器也。诗，言其志也；歌，咏其声也；舞，动其容也：三者本乎心，然后乐气从之。是故情深而文明，气盛而化神，和顺积中而英华发外，唯乐不可以为伪。

乐者，心之动也；声者，乐之象也；文采节奏，声之饰也。君子动其本，乐其象，然后治其饰。是故先鼓以警戒，三步以见方，再始以著往，复乱以饬归，奋疾而不拔，极幽而不隐。独乐其志，不厌其道，备举其道，不私其欲。是以情见而义立，乐终而德尊；君子以好善，小人以息过，故曰"生民之道，乐为大焉"。

君子曰：礼乐不可以斯须去身。致乐以治心，则易直子谅之心油然生矣。易直子谅之心生则乐，乐则安，安则久，久则天，天则神。天则不言而信，神则不怒而威。致乐，以治心者也；致礼，以治躬者也。治躬则庄敬，庄敬则严威。心中斯须不和不乐，而鄙诈之心入之矣；外貌斯须不庄不敬，而慢易之心入之矣。故乐也者，动于内者也；礼也者，动于外者也。乐极和，礼极顺。内和而外顺，则民瞻其颜色而弗与争也，望其容貌而民不生易慢焉。德辉动乎内而民莫不承听，理发乎外而民莫不承顺，故曰"知礼乐之道，举而错之天下无难矣"。

乐也者，动于内者也；礼也者，动于外者也。故礼主其谦，乐主其盈。礼谦而进，以进为文；乐盈而反，以反为文。礼谦而不进，则销；乐盈而不反，则放。故礼有报而乐有反。礼得其报则乐，乐得其反则安。礼之报，乐之反，其义一也。

夫乐者乐也，人情之所不能免也。乐必发诸声音，形于动静，人道也。声音动静，性术之变，尽于此矣。故人不能无乐，乐不能无形。形而不为道，不能无乱。先王恶其乱，故制《雅》、《颂》之声以道之，使其声足以乐而不流，使其文足以纶而不息，使其曲直繁省廉肉节奏，足以感动人之善心而已矣，不使放心邪气得接焉，是先王立乐之方也。是故乐在宗庙之中，君臣上下同听之，则莫不和敬；在族长乡里之中，长幼同听之，则莫不和顺；在闺门之内，父子兄弟同听之，则莫不和亲。故乐者，审一以定和，比物以饰节，节奏合以成文，所以合和父子君臣，附亲万民也，是先王立乐之方也。故听其《雅》、《颂》之声，志意得广焉；执其干戚，习其俯仰诎信，容貌得庄焉；行其缀兆，要其节奏，行列得正焉，进退得齐焉。故乐者天地之齐，中和之纪，人情之所不能免也。

夫乐者，先王之所以饰喜也；军旅鈇钺者，先王之所以饰怒也。故先王之喜怒皆得其齐矣。喜则天下和之，怒则暴乱者畏之。先王之道礼乐可谓盛矣。

魏文侯问于子夏曰："吾端冕而听古乐则唯恐卧，听郑卫之音则不知倦。敢问古乐之如彼，何也？新乐之如此，何也？"

子夏答曰："今夫古乐，进旅而退旅，和正以广，弦匏笙簧合守拊鼓，始奏以文，止乱以武，治乱以相，讯疾以雅。君子于是语，于是道古，修身及家，平均天下：此古乐之发也。今夫新乐，进俯退俯，奸声以淫，溺而不止，及优侏儒，獶杂子女，不知父子。乐终不可以语，不可以道古：此新乐之发也。今君之所问者乐也，所好者音也。夫乐之与音，相近而不同。"

文侯曰："敢问如何？"

子夏答曰："夫古者天地顺而四时当，民有德而五谷昌，疾疢不作而无祆祥，此之谓大当。然后圣人作为父子君臣以为之纪纲，纪纲既正，天下大定，天下大定，然后正六律，和五声，弦歌《诗·颂》，此之谓德音，德音之谓乐。《诗》曰：'莫其德音，其德克明，克明克类，克长克君。王此大邦，克顺克俾。俾于文王，其德靡悔。既受帝祉，施于孙子。'此之谓也。今君之所好者，其溺音与？"

文侯曰："敢问溺音者何从出也？"

子夏答曰："郑音好滥淫志，宋音燕女溺志，卫音趣数烦志，齐音骜辟骄志，四者皆淫于色而害于德，是以祭祀不用也。《诗》曰：'肃雍和鸣，先祖是听。'夫肃肃，敬也；雍雍，和也。夫敬以和，何事不行？为人君者，谨其所好恶而已矣。君好之则臣为之，上行之则民从之。《诗》曰'诱民孔易'，此之谓也。然后圣人作为鞀鼓椌楬埙箎，此六者，德音之音也。然后钟磬竽瑟以和之，干戚旄狄以舞之。此所以祭先王之庙也，所以献酬酳酢也，所以官序贵贱各得其宜也，此所以示后世有尊卑长幼序也。钟声铿，铿以立号，号以立横，横以立武。君子听钟声则思武臣。石声硁，硁以立别，别以致死。君子听磬声则思死封疆之臣。丝声哀，哀以立廉，廉以立志。君子听琴瑟之声则思志义之臣。竹声滥，滥以立会，会以聚众。君子听竽笙箫管之声则思畜聚之臣。鼓鼙之声讙，讙以立动，动以进众。君子听鼓鼙之声则思将帅之臣。君子之听音，非听其铿枪而已也，彼亦有所合之也。"

宾牟贾侍坐于孔子，孔子与之言，及乐，曰："夫《武》之备戒之已久，何也？"

答曰："病不得其众也。"

"永叹之，淫液之，何也？"

答曰："恐不逮事也。"

"发扬蹈厉之已蚤,何也?"

答曰:"及时事也。"

"《武》坐致右宪左,何也?"

答曰:"非武坐也。"

"声淫及《商》,何也?"

答曰:"非《武》音也。"

子曰:"若非《武》音,则何音也?"

答曰:"有司失其传也。如非有司失其传,则武王之志荒矣。"

子曰:"唯丘之闻诸苌弘,亦若吾子之言是也。"

宾牟贾起,免席而请曰:"夫《武》之备戒之已久,则既闻命矣。敢问迟之迟而又久,何也?"

子曰:"居,吾语汝。夫乐者,象成者也。总干而山立,武王之事也;发扬蹈厉,太公之志也;武乱皆坐,周召之治也。且夫《武》,始而北出,再成而灭商,三成而南,四成而南国是疆,五成而分陕,周公左,召公右,六成复缀,以崇天子,夹振之而四伐,盛威于中国也。分夹而进,事蚤济也。久立于缀,以待诸侯之至也。且夫女独未闻牧野之语乎?武王克殷反商,未及下车,而封黄帝之后于蓟,封帝尧之后于祝,封帝舜之后于陈;下车而封夏后氏之后于杞,封殷之后于宋,封王子比干之墓,释箕子之囚,使之行商容而复其位。庶民弛政,庶士倍禄。济河而西,马散华山之阳而弗复乘;牛散桃林之野而不复服;车甲弢而藏之府库而弗复用;倒载干戈,苞之以虎皮;将率之士,使为诸侯,名之曰'建櫜':然后天下知武王之不复用兵也。散军而郊射,左射《貍首》,右射《驺虞》,而贯革之射息也;裨冕搢笏,而虎贲之士税剑也;祀乎明堂,而民知孝;朝觐,然后诸侯知所以臣；耕藉，然后诸侯知所以敬：五者天下之大教也。食三老五更于太学，天子袒而割牲，执酱而馈，执爵而酳，冕而总干，所以教诸侯之悌也。若此，则周道四达，礼乐交通，则夫《武》之迟久，不亦宜乎？"

子贡见师乙而问焉，曰："赐闻声歌各有宜也，如赐者宜何歌也？"

师乙曰："乙，贱工也，何足以问所宜？请诵其所闻，而吾子自执焉。宽而静、柔而正者宜歌《颂》；广大而静、疏达而信者宜歌《大雅》；恭俭而好礼者宜歌《小雅》；正直清廉而谦者宜歌《风》；肆直而慈爱者宜歌《商》；温良而能断者宜歌《齐》。夫歌者，直己而陈德；动己而天地应焉，四时和焉，星辰理焉，万物育焉。故《商》者，五帝之遗声也，商人志之，故谓之《商》；《齐》者，三代之遗声也，齐人志之，故谓之《齐》。明乎《商》之诗者，临事而屡断；明乎《齐》之诗者，见利而让也。临事而屡断，勇也；见利而让，义也。有勇有义，非歌孰能保此？故歌者，上如抗，下如队，曲如折，止如槁木，倨中矩，句中钩，累累乎殷如贯珠。故歌之为言也，长言之也。说之，故言之；言之不足，故长言之；长言之不足，故嗟叹之；嗟叹之不足，故不知手之舞之足之蹈之。"《子贡问乐》。

凡音由于人心，天之与人有以相通，如景之象形，响之应声。故为善者天报之以福，为恶者天与之以殃，其自然者也。

故舜弹五弦之琴，歌《南风》之诗而天下治；纣为朝歌北鄙之音，身死国亡。舜之道何弘也？纣之道何隘也？夫《南风》之诗者生长之音也，舜乐好之，乐与天地同意，得万国之欢心，故天下治也。夫朝歌者不时也，北者败也，鄙者陋也，纣乐好之，与万国殊心，诸侯不附，百姓不亲，天下畔之，故身死国亡。

而卫灵公之时，将之晋，至于濮水之上舍。夜半时闻鼓琴声，问左右，皆对曰"不闻"。乃召师涓曰："吾闻鼓琴音，问左右，皆不闻。其状似鬼神，为我听而写之。"师涓曰："诺。"因端坐援琴，听而写之。明日，曰："臣得之矣，然未习也，请宿习之。"灵公曰："可。"因复宿。明日，报曰："习矣。"即去之晋，见晋平公。平公置酒于施惠之台。酒酣，灵公曰："今者来，闻新声，请奏之。"平公曰："可。"即令师涓坐师旷旁，援琴鼓之。未终，师旷抚而止之曰："此亡国之声也，不可遂。"平公曰："何道出？"师旷曰："师延所作也。与纣为靡靡之乐，武王伐纣，师延东走，自投濮水之中，故闻此声必于濮水之上，先闻此声者国削。"平公曰："寡人所好者音也，愿遂闻之。"师涓鼓而终之。

平公曰："音无此最悲乎？"师旷曰："有。"平公曰："可得闻乎？"师旷曰："君德义薄，不可以听之。"平公曰："寡人所好者音也，愿闻之。"师旷不得已，援琴而鼓之。一奏之，有玄鹤二八集乎廊门；再奏之，延颈而鸣，舒翼而舞。

平公大喜，起而为师旷寿。反坐，问曰："音无此最悲乎？"师旷曰："有。昔者黄帝以大合鬼神，今君德义薄，不足以听之，听之将败。"平公曰："寡人老矣，所好者音也，愿遂闻之。"师旷不得已，援琴而鼓之。一奏之，有白云从西北起；再奏之，大风至而雨随之，飞廊瓦，左右皆奔走。平公恐惧，伏于廊屋之间。晋国大旱，赤地三年。

听者或吉或凶。夫乐不可妄兴也。

太史公曰：夫上古明王举乐者，非以娱心自乐，快意恣欲，将欲为治也。正教者皆始于音，音正而行正。故音乐者，所以动荡血脉，通流精神而和正心也。故宫动脾而和正圣，商动肺而和正义，角动肝而和正仁，徵动心而和正礼，羽动肾而和正智。故乐所以内辅正心而外异贵贱也；上以事宗庙，下以变化黎庶也。琴长八尺一寸，正度也。弦大者为宫，而居中央，君也。商张右傍，其余大小相次，不失其次序，则君臣之位正矣。故闻宫音，使人温舒而广大；闻商音，使人方正而好义；闻角音，使人恻隐而爱人；闻徵音，使人乐善而好施；闻羽音，使人整齐而好礼。夫礼由外入，乐自内出。故君子不可须臾离礼，须臾离礼则暴慢之行穷外；不可须臾离乐，须臾离乐则奸邪之行穷内。故乐音者，君子之所养义也。夫古者，天子诸侯听钟磬未尝离于庭，卿大夫听琴瑟之音未尝离于前，所以养行义而防淫佚也。夫淫佚生于无礼，故圣王使人耳闻《雅》、《颂》之音，目视威仪之礼，足行恭敬之容，口言仁义之道。故君子终日言而邪辟无由入也。

译文：

太史公说：我每次读《虞书》，看到关于君臣互相勖勉，一心期望国家大事都能得到妥善处理，而掌权大臣如果懈怠失职，则诸事废弛败坏的记载，我没有不感动得流泪的。周成王作《颂》，反躬自省，警诫于未来，哀叹家族中发生的患难，能不说他是个兢兢业业、善于守成而又善于保持完美结局的帝王吗？君子不会在遇到困难时才修养德行，而到显达之后就抛弃了礼仪。那种在逸乐时能想到帝业的创始，安居时能想到帝业的艰辛，处于富贵豪华的生活中而时时歌颂创业的勤苦，假如不具备特殊的品德，谁能做到这一步呢！古书上说："政治安定，大功告成之日，于是制礼作乐的事业兴起。"这时四海之内，人们需要理解立身处世之道日益迫切，德行的修养日益完善，各人所引以为欢乐的兴趣也日益不同。水满而不损减就会泛滥，器满而不扶持就会倾覆。因此，作乐的目的乃是为了调节人们的欢乐。君子把谦退作为制礼的准则，把损抑作为作乐的准则，音乐就这样产生了。君子认为各州各国的环境不同，人们的感情习惯也不同，所以广泛地采集各地的乐歌，协调整理声律，用以弥补政治的不足，移风易俗，协助推行政治和教化。天子亲临明堂观赏，而万民通过音乐清除了心中的污秽，并从中斟酌吸取教益，使自己的精神饱满，提高德行的涵养。所以说，《雅》、《颂》能各得其所，民风就趋于纯正；呐喊的声音兴起，士卒就感到振奋；郑国、卫国的歌曲演唱起来，人们的心情就流于放荡。一旦音乐能达到调和谐合的地步，连鸟兽都会受到感化，更何况心怀五常之德，含有喜好或嫌恶感情的人，这不是自然的趋势吗？

治国之道被破坏废弃之后，郑国的音乐就泛滥起来了。那些诸侯国君，在邻国都是赫赫有名的，却都以郑声争相夸耀。孔子自从不能忍受和齐国优伶在鲁国共处的屈辱，便隐退下来，整理诗乐，以劝诫世人，作五章诗以讽刺当时的风气，但没有使那些人受到感化。世风从此衰落下去，至于战国时代，诸侯国君都沉溺于安逸颓废的生活之中，再也不能归于正道，结果是身败名裂，宗庙毁灭，国家都被秦国吞并了。

秦二世更是一个沉溺于安逸颓废生活中的人。丞相李斯进言规谏说："放弃了《诗》、《书》的教导，一心沉溺于声色的逸乐，这是祖伊所担心的事情；不注意细小的过失，就会积成大恶，而纵情享乐，通宵达旦，这就是殷纣亡国的原因。"赵高说："五帝、三王的音乐各有不同的名称，是为了表示不相沿袭的意思。上至朝廷，下至人民，因此都能在相处时欢乐喜悦，交往时情意殷勤；如果没有音乐，那么，和悦的感情就不能相通，推行的恩泽就不能传布,这也是一个时代有一个时代的教化,各有适应时代需要的音乐,何必一定是华山的骏马騄耳才能走得远呢?"秦二世赞许他的见解。

高祖经过沛邑时曾作诗《三侯之章》,使当地儿童歌唱。高祖驾崩之后,令沛邑按四季在他的宗庙里歌唱舞蹈。经过惠帝、景帝、武帝三朝,都没有增加什么,只是在乐府里经常练习旧乐章而已。

到当今皇帝(指汉武帝)即位以后,作《郊祀歌》十九章,令侍中李延年作成乐曲,从此,李延年升任为协律都尉。只通晓一种经书的人,还不能单独了解这些歌辞的含义,必须把通晓五经的专家集中到一起,共同研究阅读,才能通晓歌辞的含义,因为其中使用了很多古雅的词语。

汉朝常常在正月上旬的辛日,在甘泉宫祭祀太一神,从黄昏时开始夜祭,到黎明时礼成。祭祀时常有流星经过祭坛的上方。令童男童女七十人一齐唱歌。春季唱《青阳歌》,夏季唱《朱明歌》,秋季唱《西暤歌》,冬季唱《玄冥歌》。这些歌诗,社会上多有流传,所以在这里就不再细说了。

此外,还从渥洼水中得到一匹神马,于是又作了《太一之歌》。歌辞说:"太一的恩赐啊,天马降临;身上冒出赤色的汗珠啊,口中流着赭色的唾津。从容驰骋啊,万里扬尘;有谁能相比啊,只有神龙和它并进齐奔。"后来讨伐大宛,得到千里马,马的名称叫"蒲梢",为此又作了一首歌。歌诗说:"天马到来啊,来自极西之地;途经万里啊,投向有德的皇帝;依赖上天的神威啊,震慑异域,远及流沙大漠啊,四夷向归。"中尉汲黯进谏说:"大凡帝王作乐,是为了对上继承祖宗的道德帝业,对下教化亿万人民。现在,陛下得到了天马,竟然为它作诗歌唱,而且在宗庙举行祀典，祖先和百姓难道能了解这种音乐吗？"皇上默然，表示很不高兴，丞相公孙弘说："汲黯诽谤皇上的意旨，应当全族诛戮。"

大凡"音"的出现，是由人心产生的。人心的变动，是由外界事物所引起的。人心感受到外界事物的影响而发生变动，因而形成"声"；"声"互相应和，因而发生变化；变化具有一定的规则，就称为"音"；把不同的"音"组织起来，并演奏出来，再配合上用干戚羽旄等表演的舞蹈，这就称为"乐"。"乐"是由"音"组合而成的，但其根源则是由于人感受到外界事物的影响而发生的变动。因此感受外物而产生的悲哀心情，它发出的"声"必定是急迫而短促的；感受外物而产生的快乐心情，它发出的"声"必定是舒畅而和缓的；感受外物而产生的喜悦心情，它发出的"声"必定是悠扬而清爽的；感受外物而产生的愤怒心情，它发出的"声"必定是正直而庄严的；感受外物而产生的喜爱心情，它发出的"声"必定是亲切而柔和的。这六种心情并不是人的本性，而是由于感受外界不同事物的影响而产生的变动，所以先王十分注意能对人心产生影响的一切外界事物。用礼来引导人们的意志，用乐来调和人们的声音，用政来统一人们的行动，用刑来防止人们的奸私，礼、乐、刑、政的终极目标是一致的，就是使人同心同德，以建立太平盛世的秩序。

凡是"音"，都是从人心产生的。情感在内心激动，从而形成"声"；把不同的"声"组织起来，就称为"音"。因此，太平盛世的"音"安宁而欢乐，表示政治的和平；动乱时代的"音"怨恨而愤怒，表示政治的混乱；灭亡国家的"音"悲哀而忧虑，表示人民的困苦。可见声音的道理是和政治息息相通的。五声中，宫相当于君，商相当于臣，角相当于民，徵相当于事，羽相当于物。这五项不混乱，就不会产生不和谐的"音"了。如果宫声混乱，则表示悖谬，国君骄纵；商声混乱，则表示邪僻，臣属堕落；角声混乱，则表示忧郁，人民怨恨；徵声混乱，则表示悲哀，徭役烦苛；羽声混乱，则表示危急，财物匮乏。这五项都陷于混乱，互相侵凌，则是轻慢的表现。这样，国家的灭亡就为期不远了。郑声、卫声，是动乱时代的音乐，是属于轻慢一类的。桑间、濮上的音乐，是亡国的音乐，表示政治混乱，人民流离失所，臣属欺诬君主，已经到了无法挽救的地步了。

大凡"音"都是从人心产生的，而"乐"则是和各类事物的道理息息相通的。所以只了解"声"而不了解"音"的，是禽兽；只了解"音"而不了解"乐"的，是普通人。唯有君子才能审察"声"，进而了解"音"，审察"音"，进而了解"乐"，审察"乐"，进而了解政治，这样就可以完全了解治民之道了。所以对不了解"声"的人，不要和他谈论"音"；对不了解"音"的人，不要和他谈论"乐"。了解了"乐"，就差不多了解"礼"了。对礼乐的了解都有所得，这就可称为有道德的人了。道德的"德"，就是得到的意思。因此，"乐"的隆盛，并不在于音响极其悦耳，祭享之"礼"，也不在于调味极其美好。清庙中所鼓的瑟，朱红色的丝弦，瑟的底部有疏朗的孔眼，一段乐曲领起，紧跟着奏起反复的应和曲调，这样就能保留古代的遗音。祭享大礼中，献玄酒（清水），用托盘摆出生鱼，羹汤里不加作料，这样才能保持古代的遗味。所以先王制礼作乐，不是为了充分满足口腹耳目的欲望，而是为了教导人民正确地区别所爱好或所厌恶的事物，而回到纯正的人生道路上来。

人在初生的时候，原是安静的，这本来是自然形成的本性；但由于感受到外界事物的影响而发生变动，这是本性的变形。一接触到外界事物，人们就用智慧了解它，然后就对它形成了喜好或厌恶的感觉。假如自己在内心里对喜好或厌恶的感觉不能节制，而在智慧上又继续感受到外界事物的影响，不能回到安静的本性上去，这样，作为本性的天理就灭绝了。外界事物对人的影响无穷，而人对自己的爱好或厌恶的感觉又不能节制，这样，一接触外界事物，人就被它左右了。所谓人被外界事物左右者，即灭绝作为本性的天理而尽量满足人的欲望的意思。因此，有悖谬、忤逆、欺诈作伪的念头，有淫荡放纵、犯上作乱的行为。强者威胁弱者，众人压迫少数人，聪明人欺负老实人，勇敢的人折磨懦怯的人，患病的人得不到疗养，老人、幼童、孤儿、寡妇都没有安身之地，这就是天下大乱的形势啊。因此，先王制礼作乐，使人们有所节制。披麻戴孝，为死者哭泣，是为了节制人们的丧礼；鸣钟击鼓，执盾牌、大斧而舞，是为了调和人们的欢乐；举行婚姻、加冠和及笄的礼仪，是为了使男女有别；乡里射箭宴会，是为了使人们的交往纳入正轨。用礼节制人们的情绪，用乐调和人们的声音，用政推行治民之道，用刑防范犯法的行为。礼、乐、刑、政，行之四方而相辅相成，那么，先王治民之道就可以完满实现了。

"乐"是为了沟通感情，"礼"是为了区分差等。沟通感情就互相亲爱，区分差等就互相敬重。过分侧重"乐"，就会失于散漫；过分侧重"礼"，就会发生隔阂。感情既和谐，而行动又严肃，这就是"礼"、"乐"的效用。"礼"的内容确立了，贵贱就显出了差等；"乐"的形式能沟通感情，上下的关系就趋于和谐；所喜好和所厌恶的有了不同的标志，贤人和坏人就有了区别；用"刑"禁止暴行，用"爵"引进贤才，政治就会公正和平。然后用"仁"来爱护百姓，用"义"来指导百姓。这样，美好的社会秩序就可以实现了。

"乐"发自内心,"礼"表现于外貌。"乐"发自内心,所以是静止的;"礼"表现于外貌,所以是活动的。雅正的"乐"必定平易,庄严的"礼"必定质朴。"乐"发挥了充分效用,人们就没有愤恨;"礼"发挥了充分的效用,人们就没有纷争。互相谦让而使天下成为太平盛世,这是指"礼"和"乐"的功用说的。残暴的人无所行动,诸侯都服从王室,战争停息,刑罚不用,百姓没有忧患,天子不再施展权威,这样,"乐"的效用就达到了。促进父子之亲,明定长幼之序,使四海之内互相尊敬。天子能做到这一步,"礼"的效用就推行开了。

雅正的"乐"和天地万物一样地和谐,庄严的"礼"和天地万物一样地有节制。和谐,万物就不失其本性;有所节制,人们就能按尊卑等级祭祀天地。人间有"礼"、"乐"指引,幽冥中又有鬼神佑助,这样,四海之内就能互相尊敬、互相亲爱了。"礼"有区分事物的差等而取得互相尊敬的效用,"乐"有表现不同的形式而取得互相亲爱的效用。"礼"、"乐"的效用相同,所以明王制礼作乐,总是先后沿袭。因此,他们的事业与时代相适应,名声与功绩相符合。钟、鼓、管、磬、羽、籥、干、戚,是表演"乐"的器物;屈伸、俯仰、缀兆、舒疾,是表演"乐"的形式。簠簋俎豆、制度文章,是行礼用的器物和规范;升降、上下、周旋、裼袭,是行礼的形式,所以能了解"礼"、"乐"意义的人,就能制作礼乐;能识别"礼"、"乐"形式的人,就能传授礼乐。制作者称为"圣",传授者称为"明"。"明"和"圣"是传授和制作的意思。

"乐",表示天地万物间的和谐;"礼",表示天地万物间的秩序。"和谐",所以一切事物都能互相融合而无冲突;"有序"，所以一切事物又都有区别而不混淆。"乐"是根据天生万物一视同仁的道理而作的，"礼"是根据地有山川高卑的道理而制定的。制礼失序，会引起混乱；作乐失和，会引起动荡。通晓天地的道理，才能制礼作乐。和谐而不泛滥，是"乐"的内容；使人欣喜欢乐，是"乐"的效用。中正而不偏颇，是"礼"的本质；使人仪态庄重、肃敬、谦恭、谨慎，是"礼"的规范。至于"礼"、"乐"由金石等乐器表现出来，由歌曲演唱出来，用于宗庙社稷及山川鬼神的祭祀，这是从天子到人民都相同的。

帝王在功业有了成就之后才作"乐"，在国家安定之后才制"礼"。功业成就大的，所作的"乐"就完备；政教广被四方的，所制的"礼"就齐全。手执盾牌、大斧而舞，还不算完备的"乐"；用经过烹调的祭品举行祭祀，也不算明达的"礼"。五帝的时代不同，先后不沿袭"乐"；三王所处的社会不同，先后不沿袭"礼"。"乐"流于泛滥，即使人忧怨；"礼"流于粗疏，即失之偏颇。到了使"乐"达到促进和谐的地步而不使人忧虑，使"礼"达到完备的地步而不偏颇，那是只有大圣才能做到的吧？天在上，地在下，一切事物分散而各不相同，因此，"礼"的节制效用便推行开了；一切事物流动而不停息，融合而化为一体，因此，"乐"的和谐效用就发挥出来了。春天生芽，夏天成长，这就是天地间"仁"的表现；秋天收获，冬天储藏，这就是天地间"义"的表现。"仁"和"乐"的性质相近，"义"和"礼"的性质相近。"乐"促进和谐，遵从天神意志而顺应天时自然的变化；"礼"区分适宜，遵循先王遗法，而顺应地上山川高卑的形势。所以圣人作乐以顺应天时，制礼以顺应地理。"礼"、"乐"彰明完备，天地万物都各得其所。

天尊贵而地卑下，这就确定了君和臣的关系。高卑既然显示出来，贵贱的名位也就确定了。天地万物，或静或动，各有常态，而形体大小不同。万物中，同类的相聚合，不同类的相分离，它们的性质是不同的。在天上出现迹象，在地面出现形体，这样，"礼"就表示出天地万物的差别。地气上升，天气下降，阴阳二气互相切摩，天地互相激荡。由于雷霆的震动，风雨的浸润，四季寒暑的推移，日月光辉的照耀，具有生机的万物都滋长起来，这样，"乐"就表示出天地万物的和谐。

天时的变化失去常规，万物就不能生长繁育；男女没有区别，在社会上就必然造成混乱的后果，这是天地间自然的情理。"礼"、"乐"产生后，完全表示天象的和谐、地面万物的区别，符合阴阳的变化，而又和先王及天神的意志息息相通，可以达到极高极远的上天和深厚莫测的山川，那么，"乐"显明地取法乎天，而"礼"则取法乎地上的万物。能显明地表现变化不息的是"天"，能显明地表现不变化的是"地"。而有动有静、循环变化的则是天地间的万物。所以圣人说："多么深奥的礼啊，多么深奥的乐啊！"

从前，舜做了五弦琴，弹着琴吟唱《南风》诗；夔开始作乐，用来赏赐诸侯。所以天子作乐，是为了赏赐诸侯中有德行的人。德行盛美而教化严明，五谷年年丰收，然后天子赏赐给他"乐"。因此，凡是治理不善而人民生活劳苦的，他的舞蹈行列就远而长；凡是治理良好而人民生活安乐的，他的舞蹈行列就近而短。看到他的舞蹈，就了解他的德行；听到他的谥号，就知道他的作为。《大章》用以表彰德政，《咸池》用以表示德政广被，《韶》表示能继承德政，《夏》表示对德政能发扬光大。至于殷周两代的"乐"，也都是为了表示帝王的德政的。

按天地间的自然之道，寒暑变化违反季节，人们就要生病；

风雨不合时令，就要发生饥荒。乐教对人民来说，和气候的寒暑一样，如果不合时令，就会对社会有害。礼制对人民来说，和风雨一样，如果没有节度，就不会有功效。所以先王作"乐"，是为了推行治民之道，如果效果良好，人们的行为就符合德行的准则了。如以养猪酿酒为例，原来并不是为了惹祸，但争讼事件日益增多，却是由于饮酒所引起的。因此先王制定酒礼，每饮一杯酒，宾主要多次行礼，即使整天喝酒，也不会喝醉的。这就是先王所以防范饮酒惹祸的方法。饮酒宴会，只是为表示交接欢乐而已。

"乐"表现的是德行，"礼"防止的是邪恶。因此，先王有丧亡等大事，必定根据"礼"来表示悲哀；有喜庆等大福，必定根据"礼"来表示欢乐。表示悲哀欢乐的分寸，都以"礼"为准则。

"乐"是施予，"礼"是回报。"乐"发于自己内心的喜悦，而"礼"则要求反映事物的本性。"乐"表彰盛德，"礼"报答施予之情。所谓"大路"者，是天子的车；车上的龙旗，有下垂的旒穗九条，这是天子的旗帜；天子带着占卜用的宝龟，龟甲的边缘呈现出青绿色；还带着大群的牛羊，是为赏赐诸侯用的。

"乐"表现的是不可改变的共同感情，"礼"表现的是不可更动的不同事理。"乐"沟通相同之处，"礼"区分不同之处，"礼"、"乐"的道理中贯穿着人们的感情。探索人们的本性，并了解它的变化，这是"乐"的内容；显示人们的诚心而排除虚伪的表现，这是"礼"的常规。"礼"和"乐"都表现了天地的本性，显示了神灵的德行，因此能感动天地上下的神灵，而表现出礼乐外部形式和内在意蕴，反映出父子君臣的关系。

由于先王制礼作乐，人们可以从此认识到，天地万物将表明了各自的本性。天和地自然结合起来，阴阳融会调和，照耀孕育万物。因而草木茂盛，幼芽破土萌生，飞禽翱翔，走兽生角，冬蛰的昆虫苏醒，鸟类孵卵育雏，兽类怀胎产仔，胎生者不致成为死胎，卵生者不致卵壳过早破裂，这样，作乐的道理就显示出来了。

"乐"并非单指黄钟、大吕等音律，弹琴歌咏等声音，以及使用盾牌、大斧等表演而言，这是"乐"的末节，所以可以由儿童舞蹈演奏；铺设筵席，摆列酒樽案盘，讲求升堂降阶的仪式，这是"礼"的末节，所以由小吏掌管。乐师通晓声音和歌诗，所以朝北坐着奏乐；礼官宗祝通晓宗庙礼仪，所以跟随神主之后；商礼的礼官熟悉丧礼，所以跟随主祭人之后。由此看来，有道德成就的居上位，有技艺成就的居下位；品行高尚的居前，而只通晓事务的居后。所以先王能区别上下先后，然后才能为天下制"礼"作"乐"。

"乐"是圣人所推崇的，它可以促使人心向善。它能深刻地感化人们的心灵，能自然地移风易俗，因此，先王特别重视"乐"的教育功用。

凡是人都有情感和理智的本性，而哀乐喜怒却不是固定不变的，因受外界事物的影响而引起变动，然后就产生了不同的心情。所以琐细急促的声音兴起，人们就感到忧郁；舒缓自然、悠长而节奏从容的声音兴起，人们就感到平静快乐；粗犷、暴躁、勇猛、奋发、愤激的声音兴起，人们就有刚强果敢的表现；凌厉、正直、庄严、诚挚的声音兴起，人们就有严肃、恭敬的表现；舒展、温润、流畅、和谐的声音兴起，人们就有慈爱之心；邪恶、混乱、放荡、轻佻的声音兴起，人们就有淫乱之行。

所以先王要根据人们的感情，考察乐律的度数，依照礼仪的规定，来适应阴阳二气的融和状态，导引五行的运转，使具有阳刚气质者不放任，具有阴柔气质者不拘泥，具有阳刚气质者不粗暴，具有阴柔气质者不怯懦。阴阳刚柔四种气质通畅地交触于内心，而后表现于外形，这样就能使人们各安其位而不互相凌越。然后按每人的资质定出学习音乐的程序，熟习乐曲节奏，领会乐曲的组织结构，以便表达仁厚的道义。据以制造大小不同的乐器，安排声音高低循环的次序，来表现人间的伦理，使亲密、疏远、高贵、卑贱、长辈、幼年、男性、女性的区别，都从音乐表现出来：所以古语说"从音乐可以观察到深刻的意义"。

地力尽竭，草木就不能生长；水流湍急，鱼鳖就不能长大；气候反常，一切生物就不能繁殖；世道荒乱，礼仪就废弃而音乐就放荡。因此，声音悲哀而不庄重，逸乐而不安宁，涣散轻浮而节奏混乱，迂曲拖沓而无所归宿，缓慢的声音包含邪恶，急促的声音引动人们的利欲，煽惑逆乱的心情而消除平和的仁德，所以君子对这种音乐是深恶痛绝的。

凡是用邪恶声音感动人的时候，逆乱气质就相应而生，逆乱气质形成常法，淫荡音乐就兴起了。凡是用严正声音感动人的时候，和顺气质就相应而生，和顺气质成为常法，和平音乐就兴起了。有唱必有和，前后呼应，不端正的、曲折的、平直的各呈现其原貌，一切事物的关系都是由于同类而互相引起变动的。

所以，君子根据情感来调和意志，按照事物以类相引动的道理来促使行为完善。邪恶的声音和颜色不留在耳朵和眼睛里，淫荡的音乐和应废弃的礼仪不扰乱心境；急慢乖戾的气质不沾染身体，使耳、目、鼻、口、心境以及全部器官都在和顺严正的状态中发挥应有的作用。然后才以声音表达出来，操琴鼓瑟，挥动干戚，以羽旄为装饰，手执箫管吹奏，来发扬天道的光辉，促进四时的调和，显示万物以类相引动的道理。所以歌声清明，像苍天；钟鼓洪亮，像大地；乐调周而复始，像四时循环；舞容回旋，像风飘雨落。服饰具五色文采而不杂乱，乐曲声调协八方之律而不互相干犯，一切度数都有规定，乐器大小，互相配合，乐曲首尾接连，循环相生，有唱有和，或清或浊，互相更迭而成常法。所以，严正音乐推行之后，伦常就归于端正，耳目聪明，情感和平，改变风俗，天下都得到安宁。所以说"音乐是使人欢乐的"。君子感到欢乐的是得到了道义，小人感到欢乐的是得到了利欲。用道义克制利欲，人们都会感到欢乐而不迷乱，为了利欲而忘却道义，人们就会迷惑而不觉得欢乐了。所以君子根据情感来调和意志，推广音乐来达到教化的目的。音乐得到推广，人们都向往道义，这时就可以看出人们的德行了。

道德是情感的根本，音乐是道德的英华，用金、石、丝、竹制成的乐器是演奏音乐的工具。诗，表述音乐的意志；歌，咏唱音乐的声调；舞，表现音乐的形容。意志、声调、形容三者都发自内心，然后用乐器表现出来。所以性情深刻，音乐的文采就清明；顺气充沛，音乐的作用就显著；和顺气质积蕴于内心，反映道德英华的乐章就从而出现了，只有音乐是不可作伪的。

音乐是内心活动的表现，声音是音乐的现象，文采节奏是声音的修饰。君子先有了性情的活动，才能形成音乐的现象，然后加以修饰。所以表演时，开始时先鸣鼓，以表示警诫众人，举足三顿，表示即将行动。第二次开始，则表示等待诸侯会师后，再次出征。最终的"乱"段表示振旅西归。动作迅速而整齐，歌曲深刻而清明。人要以坚持意志为欢乐，而不厌弃道义；完全遵守道义，而不图谋利欲。这样，音乐才能表现情感而树立道义，乐舞终了而道德从而尊显；君子从而更崇尚善行，小人从而改过自新。所以说"治理人民的事业中，音乐教育是最重要的"。

君子说："礼"和"乐"是不能片刻离开自己的。学习"乐"用以陶冶内心，那么，平易、正直、慈爱、体谅的心情就蓬蓬勃勃地产生了。平易、正直、慈爱、体谅的心情一产生，就会觉得欢乐，欢乐就平静，平静就能保持长久，保持长久就符合天理，符合天理就会受到像神一样的尊重。天不说话而有信守，神不发怒而有威严。学习"乐"，是为了陶冶内心；学习"礼"，是为了端正仪态。仪态端正就能表现庄重恭敬，庄重恭敬就能表现严肃而有威风。内心只要有片刻的不和顺、不欢乐的情绪，那么，卑鄙欺诈的念头就会乘机而入；仪态有片刻的不庄重、不恭敬的迹象，那么，傲慢轻浮的念头就乘机而入了。所以"乐"属于内心的活动，"礼"属于外表的活动。"乐"的目标是平和，"礼"的目标是恭顺。内心平和而外表恭顺，那么，人们看到他的颜色就不会和他相争，望见他的容貌就不会有轻浮怠慢的表示了。道德光辉发自内心，人们没有对他不听从的，言谈举止表现于外貌，人们没有对他不服从的，所以说"了解'礼'、'乐'的意义，用以治理天下，那就没有困难了"。

"乐"是内心活动的表现，"礼"是外形活动的表现。"礼"以简约为主，"乐"以丰满为主。"礼"主简约，但人应奋勉，在奋勉行动中达到完美的境地；"乐"主丰满，但人应返本，在返本行动中达到完美的境地。"礼"主简约，如人不知奋勉，"礼"就会消亡；"乐"主丰满，如人不能返本，"乐"就会放纵。所以"礼"有回报，而"乐"有归宿。"礼"有回报，人们就欢乐；"乐"有归宿，人们就心安。"礼"的回报，"乐"的归宿，它们的意义是相同的。

"乐"是使人欢乐的，欢乐是人之恒情所不能避免的。欢乐必然由声音表现出来，由舞蹈形象表现出来，这就是人们所制作的"乐"。声音、形象以及所反映的性情的变化，都在这里表现出来了。所以人不能没有欢乐，欢乐就不能没有声音形象。有声音形象而不合礼仪，就不能不发生混乱。先王担心这种混乱状况，所以制定了《雅》、《颂》之声作为引导，使声音足以使人欢乐而不放任，使文辞足以使人感到清晰而不至散失，使歌曲的曲折与平直、复杂与简练、质朴与完善，以及节奏的变化，足以感动人们的善心就是了，不使放纵的念头、邪恶的气质沾染自己的意志，这就是先王作乐的道理。因此，在宗庙里奏乐，君臣上下一起听，没有不融和恭敬的；在家族或乡里奏乐，长辈幼年一起听，没有不融和恭顺的；在家庭里奏乐，父子兄弟一起听，没有不融和亲爱的。所以作乐先要审察律数，定出谐和的声音，然后以乐器来表示节奏，节奏和合以组成乐曲，这是为了促进父子君臣的关系而使万民亲附的缘故。这就是先王作乐的道理。所以听到《雅》、《颂》的声音，人们就感到心胸宽广了；手持干戈，学习了俯仰屈伸的动作，人们就觉得容貌庄严了；了解了舞蹈的行列位置，熟悉了音乐的节奏，行列就整齐，进退就一致。所以音乐的道理和天地间的道理相同，是抒发情感的准则，是人情所不能避免的。

"乐"是先王表示欢乐的标志，军容斧钺是先王表示愤怒的标志。所以先王的欢乐和愤怒，都有相应的表示。先王欢乐时，天下的人都随着欢乐；先王愤怒时，那些暴虐作乱的人都恐惧。先王治民的方法中，"礼"、"乐"发挥了重要的作用。

魏文侯问子夏："我穿上祭服，戴上礼帽，庄重严肃地听古乐，直怕睡着了，听郑国和卫国的乐曲，却一点不感到疲倦。请问古乐竟然会是那样，是什么原因？而新乐却是这样，又是什么原因呢？"

子夏回答说："现在看古乐，就舞蹈说，齐进齐退，平和端正，气象广大；就乐器说，弦匏笙簧等乐器都要依照'拊'和鼓的声音，一起演奏起来。开始表演文舞，至结束舞蹈的'乱'段则表演武舞。用乐器'相'节制'乱'段的节奏，用乐器'雅'指挥迅速的动作。因此，于是君子讲论音乐的意义，于是追溯古代的道德，希望音乐达到涵养德行，治理家邑，平定天下的目的，这是古乐所发挥的作用。现在看新乐，就舞蹈说，前进弯腰，后退也弯腰；就音乐说，邪恶而放荡，使人陷溺而不能自拔，加上俳优侏儒，男女混杂，父子无别。因此，乐舞结束后，无从讲论音乐的意义，无从追溯古代的道德，这是新乐所发挥的作用。现在你问的是'乐'，而你所爱好的却只是'音'。'乐'和'音'有关系，但实际上不同。"

文侯说："请问这究竟应当如何对待？"

子夏回答说："古代天地间万物正常，四时风调雨顺，人民有道德修养而五谷茂盛，人民不生病疫，也没有妖孽，这就是大顺时代。然后圣人规定了父子君臣的关系，作为纲常伦理，纲常伦理一经确定，于是天下安宁，然后制定六律，调和五声，弹琴唱诵诗歌赞辞，这就是有德之音，有德之音才称为'乐'。《诗经》说：'人们默默铭记着他的德行，他的德行在于是非能明。是非能明，善恶就判然分清。能做长者，能为人君，统辖这个大国，慈爱为怀，上下相亲。到文王继位，更显出王季的德行无缺而永存。既受到上帝的福祉，遗泽还要加于他的子孙。'就是讲的这个道理。现在你所爱好的，恐怕只是使人沉溺之音吧？"

文侯说："请问沉溺之音出于什么地方？"

子夏回答说："郑国之音浮滥，使人志意放荡。宋国之音轻靡，使人志意颓唐。卫国之音急促琐细，使人志意烦乱。齐国之音乖僻，使人志意傲慢。这四种音都放纵淫荡，损害德行，所以祭祀时不使用。《诗经》上说：'发出肃穆深沉的应和之声，祈求先祖的神灵来听。'肃，是肃敬的意思；雍，是雍和的意思。能保持肃敬平和，还有什么事情做不成呢？为人君者，对于所爱好和所厌恶的事情，要谨慎处理就是了。人君爱好的事情，臣下就会去做；在上者做什么，人们就会跟着做什么。所以《诗经》上说：'引导人民为善，是非常容易的。'就是这个道理。然后圣人制作鞉、鼓、椌、楬、埙、篪等，这六种乐器发出的就是质朴而促进道德的声音。然后再用钟、磬、竽、瑟加以配合，用干、戚、旄、狄等表演舞蹈。这种乐舞是为祭祀先王宗庙时用的，为宾客宴饮时敬酒酬酢用的，也是为了区别官秩贵贱，以适应不同的身份。总而言之，这种乐舞的作用在于对后世表示尊贵、卑贱、长辈、幼年的秩序。钟声铿然洪亮，洪亮才能发号施令，能发号施令才能树立气势，有气势才能显示威武。因此，君子听到钟声，就会想到武功烜赫之臣。磬声硁然清越，清越才能显示节义分明，节义分明才能杀身成仁。因此，君子听到磬声，就想到效死沙场之臣。丝弦的声音哀怨，哀怨使人廉洁正直，廉洁正直才能树立坚强的意志。因此，君子听到琴瑟之声，就想到大义凛然之臣。竹管的声音丰富，丰富表示会合，会合才能使万众归心。因此，君子听到竽、笙、箫、管之声，就想到善于慰劝人民之臣。大鼓小鼓的声音欢乐，欢乐能使人激动，激动才能使人踊跃前进。因此，君子听到大鼓小鼓之声，就想到带领千军万马的将帅之臣。君子听声音，不只是为了它铿锵悦耳而已，而是要从声音中引起自己不同的心情。"

宾牟贾坐在孔子身旁，孔子和他谈到音乐。孔子问："《大武》舞开始前，击鼓警戒群众的时间很长，这是为什么？"

宾牟贾回答说："是担心战争不得人心的缘故。"

"歌声舒缓而悠扬，这是为什么？"

回答说:"是担心准备还没有完成吧。"

"忽然又过早地开始举袖顿足,气势严厉,这是为什么?"

回答说:"到了行动的时候了。"

"《大武》舞进行中,跪下时右膝着地,左腿弯曲以支撑着身体,这是为什么?"

回答说:"这不是《大武》舞中跪的动作。"

"声音悠扬而又多商音,这是为什么?"

回答说:"这不是《大武》舞的声音。"

孔子说:"既然不是《大武》舞的声音,那又是什么声音呢?"

回答说:"这是因为典乐者没有传授下来;假如不是这种情况,那就是周武王因年老而处理失当。"

孔子说:"是啊!我听到苌弘谈论过,他和你所说的差不多。"

宾牟贾站起来,走下坐席,请教说:"关于《大武》舞开始前戒备的时间很长一事,我已经有所理解。请问舞蹈者站在原处迟迟不动,等待了很久,这是为什么呢?"

孔子说:"坐下,我告诉你。所谓'乐',原来是事业成功的象征。舞队都手持干盾,像山岳一样,挺立不动,这表示周武王正在等待诸侯集合;举袖顿足,气势严厉,这表示姜太公的奋勇志意;到《大武》的'乱'段,大家都跪下,这表示周公、召公的文治。《大武》这个舞蹈,一开始表示向北进军;第二段表示灭掉商朝;第三段表示向南挺进;第四段表示南方各国列入疆域;第五段表示以陕为界,把疆域划为左右两区,周公主持左方,召公主持右方;第六段,舞蹈者回归原位,表示对天子的崇敬。在舞蹈进行中,由两人摇铎,其他人则表演以四刺四击为一组的动作，这表示在中国耀武扬威。分队前进，表示大功迅速告成的希望。久久站在固定位置上，表示等待诸侯的到来。再进一步说，你难道没有听过关于牧野之战的传说吗？周武王攻灭殷朝，到达商都，还没有下车，就封黄帝后裔于蓟，封帝尧的后裔于祝国，封帝舜的后裔于陈国；下车之后，又封夏后氏的后裔于杞，封殷朝的后裔于宋，为王子比干的墓培土，把箕子从监狱里放出来，并让他寻访商容，而恢复商容的官职。对庶人减免苛政，对庶士增加俸禄一倍。周武王渡过黄河，西归镐京，把战马散放到华山之南，不要它再驾战车，把牛散放到桃林的野外，不要它再为战事运输；把战车铠甲封套起来，收藏在府库里，不再使用；把干、戈倒置装车载运回来，用虎皮包好；封带兵作战的将帅为诸侯，把这种制度称为'建橐'：从此，天下都知道周武王不再用兵了。解散军队，在郊外学官练习射箭，左方射箭时用《貍首》伴唱，右方射箭时用《驺虞》伴唱，废除了足以穿透铠甲的射箭方式；使军士穿起官服，戴上官冕，腰带间插上笏板，勇猛善战的将帅都解下佩剑；天子在太庙明堂祭祀祖先，然后人民就理解孝道；建立朝觐天子之礼，然后诸侯就理解怎样为人臣的道理；天子亲耕藉田，然后诸侯就理解怎样以严肃态度对待自己的职分：这五者是天下最重大的教育事项。在太学里举行宴请年高德劭的长者的礼仪，天子挽袖亲自割切生肉，端着酱请他们吃肉，拿着酒杯请他们喝酒，然后戴上礼帽，手持干盾，这些举动是为了教导诸侯怎样敬老尊贤。能做到这一步，周朝的教化就能普及四方，礼乐传播到各地，那么，《大武》舞如此迟缓而历时长久，不是很自然的吗？"

子贡见到师乙便问道："我听说，唱歌因人而不同，各有所宜。像我宜于唱什么歌？"

师乙说："我不过是个低贱的乐工，承询问你适宜唱什么歌，我怎么敢当？现在让我说说过去所听到的见解，由你自己决定吧。性情宽厚而平静、柔和而正直的人，宜于唱《颂》；性情开阔而平静、爽朗而诚实的人，宜于唱《大雅》；性情恭敬谨慎而注重礼节的人，宜于唱《小雅》；性情正直廉洁而谦逊的人，宜于唱《风》；性情直率而慈爱的人，宜于唱《商》；性情温良而果断的人，宜于唱《齐》。唱歌，本来就是按照自己的德行而选定歌曲的；只要内心有所激动，就会引起天地感应，四时调和，星辰运行如常，万物化育。所以《商》原是五帝遗留下来的乐歌，商朝人世世代代传授下来，所以称为《商》；至于《齐》，则是三代遗留下来的乐歌，齐国人世世代代传授下来，所以称为《齐》。了解《商》诗的，遇到什么事，往往能做出果断决定；了解《齐》诗的，遇到什么利益，就让给别人。遇到什么事，往往能做出判断，这是勇敢的表现；遇到什么利益，就让给别人，这是义气的表现。有勇气、有义气，如果不是乐歌，怎么能保存下来呢？关于唱歌，声调昂扬时有如抗升，声调低沉时有如坠落，声调曲折时有如断绝，声调停止时有如枯木。声调的微小转折合乎曲尺，较大的转折合乎半环状的钩形。声音接连，简直像一串珍珠。所以唱歌就是把言语的声音拖长了。有意思要表达，所以讲话；讲话不能充分表达，所以拖长了声音讲；拖长了声音讲不能充分表达，所以要加上感叹的声音；加上感叹的声音还不能充分表达，所以人们就不知不觉地挥动手臂、顿足跳跃。"以上为《子贡问乐》章。

凡是声音都是由于人心的激动而产生的，而天和人是可以通过声音沟通的，就如同影子像原物的形状，回响随原声而相应。所以行善的人，上天会赐给他福气，作恶的人，上天会加给他祸殃，这是自然的报应。

所以舜弹五弦琴，歌《南风》诗而天下成为治世；商纣听朝歌北面野外的音乐而身死国亡。舜的治民之道是何等宽广？而商纣的治民之道是何等狭隘？《南风》诗是生长的声音，舜爱好它，他的爱好和天地的意志相同，得到万国的欢心，所以天下成为治世。但"朝歌"意即早晨唱歌，时间不会很久，而"北"又是败北的意思，"鄙"是鄙陋的意思，商纣却爱好那里的音乐，和万国人民的心情不同，诸侯不服，百姓离心离德，天下皆叛，所以他身死国亡。

卫灵公时，他去晋国，在濮水河畔驿舍留宿。半夜里他听到弹琴的声音，问左右侍从臣僚，都说"没有听到"。于是召师涓来，对他说："我听到弹琴的声音，问左右侍从臣僚，他们都没有听到。看情况像有鬼神，你为我听着，把乐曲记下来。"师涓说："是。"于是端正地坐下来，手按在琴上，听到鬼神弹琴声，就把乐曲记下来，次日，师涓说："我已经得到了，还没有练习，让我练习一晚上。"卫灵公说："可以。"师涓又留宿一夜。次日，上报称"已经练好了"。于是前往晋国，见到晋平公。晋平公在施惠之台设宴。饮酒酣畅时，卫灵公说："这次来晋国途中，听到新乐曲，请让乐师弹奏。"晋平公说："可以。"于是令师涓坐在师旷旁边，取琴弹奏。乐曲还没有结束，师旷就按琴制止弹奏，说："这是亡国之音，不要再听下去了。"晋平公问："乐曲出自什么地方？"师旷说："这是师延作的乐曲，曾献给商纣，作为靡靡之乐。"周武王伐纣，师延往东方逃走，投濮水自尽。所以，能听到这支乐曲的地方，必定是在濮水河畔。先听到这支乐曲的，国家必定灭亡。"晋平公说："我所爱好的是声音，希望能听完。"师涓一直演奏到乐曲结束。

晋平公问道："还有比这支乐曲更悲伤的吗？"师旷说："有。"晋平公说："我可以听听吗？"师旷说："国君德义微薄，不要听这种乐曲。"晋平公说："我所爱好的是音乐，希望听听。"师旷不得已，于是取琴弹奏。弹奏一段，有十六支黑鹤聚集在廊庙门前；再弹奏一段，黑鹤都伸长了颈项鸣叫，展开翅膀起舞。

晋平公非常高兴，站起来向师旷赐酒。他回到座位后，问道："还有比这只乐曲更悲伤的吗？"师旷说："有。从前黄帝举行合祭众鬼神的盛典时曾用这种乐曲，而今您德义微薄，不足以听这种乐曲，如果听了就会遭遇灾难。"晋平公说："我已经老了，我所爱好的是音乐，希望能够听到。"师旷不得已，只好取琴弹奏。弹奏一段，有白云从西北方升起；再弹奏一段，大风忽然袭来，而暴雨随之降落，掀掉了廊庙顶上的瓦，左右侍从臣僚都奔逃躲避。晋平公极为恐惧，趴在廊庙的室内。从此，晋国大旱，三年间赤地千里。

听音乐的后果，或者吉利，或者凶恶。音乐是不能妄自演奏的。

太史公说：上古时代，明君圣上演奏音乐，并不是为了自己娱乐，使自己的情意畅快，欲念放纵，而是为了推行教化的目的。正常的教化都由正常的声音开始，声音正常而后行为才能正常。所以音乐可以振动血脉，焕发精神，还可以使心情平和端正。所以宫音振动脾脏，使"圣"（当指"信"）德平和端正；商音振动肺脏，使"义"德平和端正；角音振动肝脏，使"仁"德平和端正；徵音振动心脏，使"礼"德平和端正；羽音振动肾脏，使"智"德平和端正。所以音乐在内可以辅助端正的心情，在外可以区分高贵和卑贱的差等，对上可以供奉宗庙，对下可以使庶民移风易俗。琴长八尺一寸，这是正规的度数。粗弦发宫音，张在琴的中央，它象征君。商弦张在宫弦右旁，其余按粗细排列，次序井然。这样，君臣的位置就摆正了。所以听到宫音，使人性情温和舒畅而胸怀开朗；听到商音，使人性情方正耿直而崇尚义气；听到角音，使人性情慈善而爱人；听到徵音，使人乐于行善，不吝施舍；听到羽音，使人性情严肃而注重礼节。"礼"由外部规定人们的举止，"乐"自内心抒发人们的意志。所以君子不可片刻离开"礼"，只要片刻离开"礼"，那粗暴傲慢的行为就充分表现于外部；不可片刻脱离"乐"，只要片刻脱离"乐"，那奸诈邪恶的欲念就充分纠结于内心。所以君子爱好音乐，为的是涵养道义。在古代，天子诸侯一定要听钟磬，这种乐器从来不撤离宫廷；卿、大夫一定要听琴瑟，这种乐器从来不撤离他们的席前。其目的在涵养道义，防止荒淫颓废的行为。荒淫的行为是由于不遵守"礼"而发生的，所以圣王总使人耳听《雅》、《颂》的乐歌，目视容仪威严的姿态，履行恭敬的礼仪，口称仁义的道理。因此，君子整天谈论仁义，则邪恶乖僻之欲念即不能渗入他们的内心。

史记卷二十五

律书第三

王者制事立法，物度轨则，壹禀于六律，六律为万事根本焉。其于兵械尤所重，故云"望敌知吉凶，闻声效胜负"，百王不易之道也。

武王伐纣，吹律听声，推孟春以至于季冬，杀气相并，而音尚宫。同声相从，物之自然，何足怪哉？

兵者，圣人所以讨强暴，平乱世，夷险阻，救危殆。自含齿戴角之兽见犯则校，而况于人怀好恶喜怒之气？喜则爱心生，怒则毒螫加，情性之理也。

昔黄帝有涿鹿之战，以定火灾；颛顼有共工之陈，以平水害；成汤有南巢之伐，以殄夏乱。递兴递废，胜者用事，所受于天也。

自是之后，名士迭兴，晋用咎犯，而齐用王子，吴用孙武，申明军约，赏罚必信，卒伯诸侯，兼列邦土，虽不及三代之诰誓，然身宠君尊，当世显扬，可不谓荣焉？岂与世儒暗于大较，不权轻重，猥云德化，不当用兵，大至君辱失守，小乃侵犯削弱，遂执不移等哉！故教笞不可废于家，刑罚不可捐于国，诛伐不可偃于天下，用之有巧拙，行之有逆顺耳。

夏桀、殷纣手搏豺狼，足追四马，勇非微也；百战克胜，诸侯慑服，权非轻也。秦二世宿军无用之地，连兵于边陲，力非弱也；结怨匈奴，絓祸於越，势非寡也。及其威尽势极，闾巷之人为敌国。咎生穷武之不知足，甘得之心不息也。

高祖有天下，三边外畔；大国之王虽称蕃辅，臣节未尽。会高祖厌苦军事，亦有萧、张之谋，故偃武一休息，羁縻不备。

历至孝文即位，将军陈武等议曰："南越、朝鲜自全秦时内属为臣子，后且拥兵阻厄，选蠕观望。高祖时天下新定，人民小安，未可复兴兵。今陛下仁惠抚百姓，恩泽加海内，宜及士民乐用，征讨逆党，以一封疆。"孝文曰："朕能任衣冠，念不到此。会吕氏之乱，功臣宗室共不羞耻，误居正位，常战战栗栗，恐事之不终。且兵凶器，虽克所愿，动亦耗病，谓百姓远方何？又先帝知劳民不可烦，故不以为意。朕岂自谓能？今匈奴内侵，军吏无功，边民父子荷兵日久，朕常为动心伤痛，无日忘之。今未能销距，愿且坚边设候，结和通使，休宁北陲，为功多矣。且无议军。"故百姓无内外之繇，得息肩于田亩，天下殷富，粟至十余钱，鸣鸡吠狗，烟火万里，可谓和乐者乎！

太史公曰：文帝时，会天下新去汤火，人民乐业，因其欲然，能不扰乱，故百姓遂安。自年六七十翁亦未尝至市井，游敖嬉戏如小儿状。孔子所称有德君子者邪！

《书》曰"七正"，二十八舍。律历，天所以通五行八正之气，天所以成孰万物也。舍者，日月所舍。舍者，舒气也。

不周风居西北，主杀生。东壁居不周风东，主辟生气而东之。至于营室。营室者，主营胎阳气而产之。东至于危。危，垝也。言阳气之垝，故曰危。十月也，律中应钟。应钟者，阳气之应，不用事也。其于十二子为亥。亥者，该也。言阳气藏于下，故该也。

广莫风居北方。广莫者，言阳气在下，阴莫阳广大也，故曰广莫。东至于虚。虚者，能实能虚。言阳气冬则宛藏于虚，日冬至则一阴下藏，一阳上舒，故曰虚。东至于须女。言万物变动其所，阴阳气未相离，尚相胥如也，故曰须女。十一月也，律中黄钟。黄钟者，阳气踵黄泉而出也。其于十二子为子。子者，滋也；滋者，言万物滋于下也。其于十母为壬癸。壬之为言任也，言阳气任养万物于下也。癸之为言揆也，言万物可揆度，故曰癸。东至牵牛。牵牛者，言阳气牵引万物出之也。牛者，冒也，言地虽冻，能冒而生也。牛者，耕植种万物也。东至于建星。建星者，建诸生也。十二月也，律中大吕。大吕者，其于十二子为丑。

条风居东北，主出万物。条之言条治万物而出之，故曰条风。南至于箕。箕者，言万物根棋，故曰箕。正月也，律中泰蔟。泰蔟者，言万物蔟生也，故曰泰蔟。其于十二子为寅。寅言万物始生螾然也，故曰寅。南至于尾，言万物始生如尾也。南至于心，言万物始生有华心也。南至于房。房者，言万物门户也，至于门则出矣。

明庶风居东方。明庶者，明众物尽出也。二月也，律中夹钟。夹钟者，言阴阳相夹厕也。其于十二子为卯。卯之为言茂也，言万物茂也。其于十母为甲乙。甲者，言万物剖符甲而出也；乙者，言万物生轧轧也。南至于氐。氐者，言万物皆至也。南至于亢。亢者，言万物亢见也。南至于角。角者，言万物皆有枝格如角也。三月也，律中姑洗。姑洗者，言万物洗生。其于十二子为辰。辰者，言万物之蜃也。

清明风居东南维，主风吹万物而西之。至于轸。轸者，言万物益大而轸轸然。西至于翼。翼者，言万物皆有羽翼也。四月也，律中中吕。中吕者，言万物尽旅而西行也。其于十二子为巳。巳者，言阳气之已尽也。西至于七星。七星者，阳数成于七，故曰七星。西至于张。张者，言万物皆张也。西至于注。注者，言万物之始衰，阳气下注，故曰注。五月也，律中蕤宾。蕤宾者，言阴气幼少，故曰蕤；痿阳不用事，故曰宾。

景风居南方。景者，言阳气道竟，故曰景风。其于十二子为午。午者，阴阳交。故曰午。其于十母为丙丁。丙者，言阳道著明，故曰丙；丁者，言万物之丁壮也，故曰丁。西至于弧。弧者，言万物之吴落且就死也。西至于狼。狼者，言万物可度量，断万物，故曰狼。

凉风居西南维，主地。地者，沉夺万物气也。六月也，律中林钟。林钟者，言万物就死气林林然。其于十二子为未。未者，言万物皆成，有滋味也。北至于罚。罚者，言万物气夺可伐也。北至于参。参言万物可参也，故曰参。七月也，律中夷则。夷则，言阴气之贼万物也。其于十二子为申。申者，言阴用事，申贼万物，故曰申。北至于浊。浊者，触也，言万物皆触死也，故曰浊。北至于留。留者，言阳气之稽留也，故曰留。八月也，律中南吕。南吕者，言阳气之旅入藏也。其于十二子为酉。酉者，万物之老也，故曰酉。

阊阖风居西方。阊者，倡也；阖者，藏也。言阳气道万物，阖黄泉也。其于十母为庚辛。庚者，言阴气庚万物，故曰庚；辛者，言万物之辛生，故曰辛。北至于胃。胃者，言阳气就藏，皆胃胃也。北至于娄。娄者，呼万物且内之也。北至于奎。奎者，主毒螫杀万物也，奎而藏之。九月也，律中无射。无射者，阴气盛用事，阳气无余也，故曰无射。其于十二子为戌。戌者，言万物尽灭，故曰戌。

律数：

九九八十一以为宫。三分去一，五十四以为徵。三分益一，七十二以为商。三分去一，四十八以为羽。三分益一，六十四以为角。

黄钟长八寸十分一，宫。大吕长七寸五分三分二。太蔟长七寸十分二，角。夹钟长六寸七分三分一。姑洗长六寸十分四，羽。仲吕长五寸九分三分二，徵。蕤宾长五寸六分三分二。林钟长五寸十分四，角。夷则长五寸三分二，商。南吕长四寸十分八，徵。无射长四寸四分三分二。应钟长四寸二分三分二，羽。

生钟分：

子一分。丑三分二。寅九分八。卯二十七分十六。辰八十一分六十四。巳二百四十三分一百二十八。午七百二十九分五百一十二。未二千一百八十七分一千二十四。申六千五百六十一分四千九十六。酉一万九千六百八十三分八千一百九十二。戌五万九千四十九分三万二千七百六十八。亥十七万七千一百四十七分六万五千五百三十六。

生黄钟术曰：以下生者，倍其实，三其法。以上生者，四其实，三其法。上九，商八，羽七，角六，宫五，徵九。置一而九三之以为法。实如法，得长一寸。凡得九寸，命曰"黄钟之宫"。故曰音始于宫，穷于角；数始于一，终于十，成于三；气始于冬至，周而复生。

神生于无，形成于有，形然后数，形而成声，故曰神使气，气就形。形理如类有可类。或未形而未类，或同形而同类，类而可班，类而可识。圣人知天地识之别，故从有以至未有，以得细若气，微若声。然圣人因神而存之，虽妙必效情，核其华道者明矣。非有圣心以乘聪明，孰能存天地之神而成形之情哉？神者，物受之而不能知其去来，故圣人畏而欲存之。唯欲存之，神之亦存。其欲存之者，故莫贵焉。

太史公曰：在旋玑玉衡以齐七政，即天地二十八宿。十母，十二子，钟律调自上古。建律运历造日度，可据而度也。合符节，通道德，即从斯之谓也。

译文：

圣王衡量事物，建立法度，对事物的计算和定规程的法则，都依据六律为标准，六律实在是一切事物计数的基础。而六律用在军事上，尤其受到重视，所以说："望见敌人阵地上的云气，就能知道战争是吉利还是凶咎；听到敌人的声音，就能判断战争是胜利还是失败了。"这是多少帝王一直坚信不变的道理。

周武王讨伐商纣的时候，太师吹着律管，听不同的声音。从孟春之律一直吹到季冬之律，都有杀气，但合于宫声。相同的声音互相应和，这是一切事物间自然存在的道理，有什么值得惊怪的呢？

军队，圣人用来讨伐强暴势力，平定混乱局势，铲除艰险阻碍，挽救危急倾覆的事态。就连口内有牙、头上生角的野兽，受到侵犯时都会反扑；更何况是人，具有好尚、憎恶、喜爱、愤怒的气质？喜欢时就产生爱惜之情，愤怒时就以恶毒手段相加，这是人们性情变化的道理。

当初，黄帝曾在涿鹿作战，从而平息了火德的灾害；颛顼曾和共工对垒，从而平息了水德的灾害；成汤曾攻打南巢，从而制止了夏朝的暴乱。交替兴起，而又交替灭亡，取得胜利者当政，这是由天命决定的。

从那时以后，著名的志士相继兴起，晋国重用舅犯，而齐国重用王子，吴国重用孙武，他们明确地规定了军旅约法，或奖赏或惩罚，必定依法执行，因此，君主终于成为诸侯中的霸主，而自己也得到封赐的很多土地，虽然不能和三代的诰命盟誓相比，但自身受宠，君主尊严，因而显赫扬名于当世，难道不算光荣吗？怎么能和社会上那些不明了国家大事，不能衡量轻重缓急，随意谈论道德教化，反对用兵，其结果大至君主受辱，社稷失守，小至遭受侵犯，土地日削，国势衰败，而一直顽固不化的儒生同日而语呢！所以就家说，不可废除教训人的竹杖；就国说，不可废除刑罚；就天下说，不可停息讨伐的战争。只是运用起来有巧妙和笨拙的不同，实行起来有合理和不合理的区别而已。

夏桀和商纣能徒手同豺狼搏斗，徒步追赶四匹马拉的车，勇气是不小的；在历次战争中都取得胜利，使诸侯惶恐顺服，权势是不轻的。秦二世拥重兵，置之于无所作为之地，遍布边境，力量是不弱的；对抗匈奴，不顾结下怨仇，征服於越，不顾招致祸患，权势是不单薄的。但到威力衰竭，权势降落时，里巷居民却构成了敌国。其过失就在于完全凭借武力而不知满足，以贪得为乐而不知停息的缘故。

汉高祖统一天下，边境上三面都有从外部反叛的势力，而大国的诸侯王虽然号称护卫辅佐之臣，却没有尽到臣属的节义。这时高祖正对战争感到厌倦，并且引以为苦，而又有萧何、张良出谋献策，于是停止军事行动，和人民共同休息，对边境反叛势力只采取笼络策略，并没有部署防备力量。

历经两朝，至孝文帝即位后，将军陈武等上奏议说："南越、朝鲜，自从秦朝全盛时就内附为臣子，后来陈兵边境，阻塞道路，迟疑观望，伺机而动。高祖时，天下刚刚平定，人民才过上稍微安定的生活，不宜于再进行战争。现在陛下以仁爱恩惠抚养百姓，德泽广被于四海之内，应当趁着官民都乐意听命效力的时候，征讨叛逆势力，统一天下。"孝文帝说："我只能任用文臣治理天下，没有考虑过用兵的事情。从前遇到吕氏作乱，朝廷的功臣宗室都不以拥立我为羞耻，使我居于本不应属于我的帝位，我经常战战兢兢，唯恐王业中途发生变故。况且战争是凶恶的事件，虽然能实现夙愿，但战事一起，就必然劳民伤财，何况还要使百姓远征，这怎么说呢？而且过世的皇帝都知道役使人民不宜过于频繁，所以不曾考虑过用兵的事。我怎么敢自己逞能？现在匈奴入侵，军队和官吏抗击无功，边疆人民中父子长期手执兵器作战，因此，我常常感到不安，悲伤哀痛，没有一天会忘怀的。目下既然不能抗拒匈奴，解除边患，但愿严阵以待，部署侦察的斥候，朝廷与匈奴结好议和，互通使节，能使北部边境人民安居休养，这就是很大的功绩了。暂时先不要议论战争的事情。"从此，百姓在境内外都免除了徭役，得在自己的村落中休养生息，天下富足，谷米只十几个钱一斛，鸡犬之声相闻，炊烟连绵万里，可以说已经达到和平快乐的境地了！

太史公说：文帝时，正当天下刚刚摆脱了战争的灾难，人人安居乐业，官府听任他们按照自己的愿望行动，尽量不扰乱他们，所以百姓都感到顺心安宁。从六七十岁的老翁就没有到过集市，而游玩戏乐就像小儿一样。他们就是孔子所称赞的道德高尚的君子吧！

《尚书》上说到"七正"、"二十八宿"。乐律历法是上天所以运行"五行"、"八正"之气使万物滋生成熟的根源。舍就是日月留住的地方。舍是舒缓气力的意思。

"不周风"起于西北方，掌管毁灭生息。"东壁"宿处于不周风的东面，掌管辅助生息。往东到达"营室"宿。营室掌管孕育并生产阳气。往东到达"危"宿。危是垝坏的意思，表明阳气的毁坏，所以称之为危。它合于十月，在十二律中与应钟相感应。应钟和阳气相应，这时阳气还不能发挥效用。它在十二支中属于亥。亥同该，是隔碍的意思。表明阳气仍然潜藏在地下，所以称之为该。

"广莫风"起于北方。广莫表明阳气潜藏于地下，阴气仍然比阳气盛大，所以称之为广莫。往东到达"虚"宿。虚就是能实能虚的意思，表明阳气蕴藏在虚宿，等到冬至节，一片阴气往下潜藏，一半阳气往上舒展，所以称之为虚。往东到达"须女"宿。须女，表明万物各自于所生之处变化，阴阳二气还没有分离，还互相需要，所以称之为须女。它合于十一月，在十二律中与黄钟相感应。黄钟是阳气先聚于黄泉之下而又冒出地面的意思。它在十二支中属于子。子，是滋生的意思；滋生，表明万物正滋生于地下。它在十干中属壬癸。壬的意思即任，表明阳气孕育万物于地下。癸的意思即揆，表明万物的滋生已可揆度预期，所以称之为癸。往东到达"牵牛"宿。牵牛，表明阳气牵引万物生出地面。牛，是冒出的意思，表明土地虽然冰冻，但万物却能冒出地面而生长。牛能耕田，万物得以种植。往东到达"建星"宿。建星是培养各种生物的意思。它合于十二月，在十二律中与大吕相感应。大吕在十二支中属于丑。

"条风"起于东北，掌管生育万物。条的意思即调理万物，使之顺利出生，所以称之为条风。往南到达"箕"宿。箕，表明是万物的根基，所以称之为箕。它合于正月，在十二律中和泰蔟相感应。泰蔟，表明万物丛聚而生，所以称之为泰蔟。它在十二支中属寅。寅，表明万物刚出生时生机勃勃的样子，所以称之为寅。往南到达"尾"宿。尾,表明万物刚出生时像个尾巴一样。往南到达"心"宿。心,表明万物刚出生时嫩芽上顶着种子的皮壳。往南到达"房"宿。房,表明是万物的门户,出了门口就冒出地面了。

"明庶风"起于东方。明庶,表明万物都冒出地面了。它合于二月,在十二律中和夹钟相感应。夹钟,表明阴气和阳气互相夹杂糅合。它在十二支中属于卯。卯的意思和茂相同,表明万物长势茂盛。它在十干中属甲乙。甲,表明万物初生时冲破种子的皮壳而长出幼芽;乙,表明万物初生时须经冲挤的曲折历程。往南到达"氐"宿。氐,表明万物都已来到。往南到达"亢"宿。亢,表明万物都已茂盛地出现了。往南到达"角"宿。角,表明万物都长出枝条,好像走兽长出的角。它合于三月,在十二律中和姑洗相感应。姑洗,表明万物生长旺盛,焕然一新。它在十二支中属于辰。辰,表明万物的振兴。

"清明风"起于东南角,掌管以风吹动万物。往西到达"轸"宿。轸,表明万物日益壮大兴旺。往西到达"翼"宿。翼,表明万物都有羽毛翅膀。它合于四月,在十二律中和中吕相感应。中吕,表明万物都向西移动。它在十二支中属于巳。巳,表明阳气已经竭尽。往西到达"七星"宿。七星的意思是说阳气的数已经达到七,所以称之为七星。往西到达"张"宿。张,表明万物都已张开。往西到达"注"宿。注,表明万物开始衰败,阳气向下倾注,所以称之为注。它合于五月,在十二律中和蕤宾相感应。蕤宾,表明阴气弱小,所以称之为蕤;阳气萎缩不能发挥效用,所以称之为宾。

"景风"起于南方。景,表明阳气运行已经到了尽头,所以称之为景风。它在十二支中属于午。午是阴气阳气交错的意思,所以称之为午。它在十干中属丙丁。丙，表明阳气彰明较著，所以称之为丙；丁，表明万物正在茁壮之时，所以称之为丁。往西到达"弧"宿。弧，表明万物凋落，即将枯死。往西到达"狼"宿。狼，表明万物是可以度量的，能衡量万物，所以称之为狼。

"凉风"起于西南角，掌管土地。土地可以清除断绝万物赖以生存之气。它合于六月，在十二律中和林钟相感应。林钟，表明万物将趋向死气，但已达到丰富成熟的地步。它在十二支中属于未。未，表明万物都已成熟，有滋味。往北到达"罚"宿。罚，表明万物生气断绝，可以砍伐了。往北到达"参"宿。参，表明万物可以掺杂混合，所以称之为参。它合于七月，在十二律中和夷则相感应。夷则，表明阴气残害万物。它在十二支中属于申。申，表明阴气伸展，正发挥效用，侵害万物，所以称之为申。往北到达"浊"宿。浊，是触犯的意思，表明万物都受到触犯而死亡，所以称之为浊。往北到达"留"宿。留，表明阳气仍然存留，所以称之为留。它合于八月，在十二律中和南吕相感应。南吕，表明阳气移入而深藏。它在十二支中属于酉。酉，表明万物衰老，所以称之为酉。

"阊阖风"起于西方。阊是倡导的意思，阖是闭藏的意思。它表明阳气引导万物出生，而阳气本身却隐藏在黄泉之下。它在十干中属庚辛。庚，表明阴气使万物变更；辛，表明万物得到新生，所以称之为辛。往北到达"胃"宿。胃，表明阳气隐藏，就像进入仓府中一样。往北到达"娄"宿。娄，招致万物并加以容纳。往北到达"奎"宿。奎，掌管残害万物，并像府库一样加以收藏。它合于九月，在十二律中和无射相感应。无射，表明阴气旺盛地发挥效用，阳气在地上已经不存在了，所以称之为无射。它在十二支中属于戌。戌，表明万物完全毁灭，所以称之为戌。

律数：

九乘以九，是八十一，为宫声律数。宫声律数减去三分之一，是五十四，为徵声律数。徵声律数加上三分之一，是七十二，为商声律数。商声律数减去三分之一，是四十八，为羽声律数。羽声律数加上三分之一，是六十四，为角声律数。

黄钟长八寸一分，是黄钟宫的宫音。大吕长七寸五分又三分之二分。太蔟长七寸二分，是黄钟宫的商音。夹钟长六寸七分又三分之一分。姑洗长六寸四分，是黄钟宫的角音。仲吕长五寸九分又三分之二分。蕤宾长五寸六分又三分之二。林钟长五寸四分，是黄钟宫的徵音。夷则长五寸分又三分之二分。南吕长四寸八分，是黄钟宫的羽音。无射长四寸四分又三分之二分。应钟长四寸二分又三分之二分。

钟律产生的方法：

子律长定为一分，丑律长就是三分之二，寅律长是九分之八，卯律长是二十七分之十六，辰律长是八十一分之六十四，巳律长是二百四十三分之一百二十八，午律长是七百二十九分之五百一十六，未律长是二千一百八十七分之一千二十四，申律长六千五百六十一分之四千九十六，酉律长一万九千六百八十三分之八千一百九十二，戌律长五万九千四十九分之三万二千七百六十八，亥律长十七万七千一百四十七分之六万五千五百三十六。

钟律产生的方法如下：向下生的，实数加二倍，法数加三倍；向上生的，实数加四倍，法数加三倍。上九，商八，羽七，角六，宫五，徵九。以"一"为基数，以"三"乘"一"九次，求得法数。实如法，得长一寸。凡得九寸，命曰"黄钟之宫"。所以说五音以宫声为开端，以角声为终结；数以一为开端，以十为终结，而以三为关键；阳气的升起开始于冬至，经历一年后而重新升起。

"神"本来生存于虚无之中，而"形"则出现于有了天地万物之后。有形体然后有律数，有形体然后有五声。所以说神产生气，气化而成形体。形体的质理各有类别，可以分类。有的没有定形，不能归类，有的同形而归于同类，类属是可以分辨的，可以识别的。圣人知道天地万物的分别，能从各种形体以至虚无之时，了解到其隐约如气、其深微如声等事物。但圣人是借助神来了解万物的，人虽然巧妙，自己却应发挥情理，研核万物的神奇道理，自然就聪明起来。假如没有圣人的心灵和聪明，还有谁能了解天地间由神而产生形体的情况呢？神存在于万物之中，但万物不知其行踪，所以圣人怕它离去，总想把它保存下来。正是由于想保存它，神就留下来。凡是想保存它的人，能重视它就是最好的办法了。

太史公说：观察旋玑、玉衡，以了解日月五星所表现的七种政事的变化，这就是指二十八宿说的。十干、十二支和钟律从上古就定下来。建立乐律之后，推算历法，制定各种法度，就都有据可依了。以符节相合表示信任，共同遵守道德，就是从这里开始的。

史记卷二十六

历书第四

昔自在古,历建正作于孟春。于时冰泮发蛰,百草奋兴,秭鴂先滜。物乃岁具,生于东,次顺四时,卒于冬分。时鸡三号,卒明。抚十二月节,卒于丑。日月成,故明也。明者孟也,幽者幼也,幽明者雌雄也。雌雄代兴,而顺至正之统也。日归于西,起明于东;月归于东,起明于西。正不率天,又不由人,则凡事易坏而难成矣。

王者易姓受命,必慎始初,改正朔,易服色,推本天元,顺承厥意。

太史公曰:神农以前尚矣。盖黄帝考定星历,建立五行,起消息,正闰余,于是有天地神祇物类之官,是谓五官。各司其序,不相乱也。民是以能有信,神是以能有明德。民神异业,敬而不渎,故神降之嘉生,民以物享,灾祸不生,所求不匮。

少皞氏之衰也,九黎乱德,民神杂扰,不可放物,祸灾荐至,莫尽其气。颛顼受之,乃命南正重司天以属神,命火正黎司地以属民,使复旧常,无相侵渎。

其后三苗服九黎之德,故二官咸废所职,而闰余乖次,孟陬殄灭,摄提无纪,历数失序。尧复遂重黎之后,不忘旧者,使复典之，而立羲和之官。明时正度，则阴阳调，风雨节，茂气至，民无夭疫。年耆禅舜，申戒文祖，云"天之历数在尔躬"。舜亦以命禹。由是观之，王者所重也。

夏正以正月，殷正以十二月，周正以十一月。盖三王之正若循环，穷则反本。天下有道，则不失纪序；无道，则正朔不行于诸侯。

幽厉之后，周室微，陪臣执政，史不记时，君不告朔，故畴人子弟分散，或在诸夏，或在夷狄，是以其禨祥废而不统。周襄王二十六年闰三月，而《春秋》非之。先王之正时也，履端于始，举正于中，归邪于终。履端于始，序则不愆；举正于中，民则不惑；归邪于终，事则不悖。

其后战国并争，在于强国禽敌，救急解纷而已，岂遑念斯哉！是时独有邹衍，明于五德之传，而散消息之分，以显诸侯。而亦因秦灭六国，兵戎极烦，又升至尊之日浅，未暇遑也。而亦颇推五胜，而自以为获水德之瑞，更名河曰"德水"，而正以十月，色上黑。然历度闰余，未能睹其真也。

汉兴，高祖曰"北畤待我而起"，亦自以为获水德之瑞。虽明习历及张苍等，咸以为然。是时天下初定，方纲纪大基，高后女主，皆未遑，故袭秦正朔服色。

至孝文时，鲁人公孙臣以终始五德上书，言："汉得土德，宜更元，改正朔，易服色。当有瑞，瑞黄龙见。"事下丞相张苍，张苍亦学律历，以为非是，罢之。其后黄龙见成纪，张苍自黜，所欲论著不成。而新垣平以望气见，颇言正历服色事，贵幸，后作乱，故孝文帝废不复问。

至今上即位，招致方士唐都，分其天部；而巴落下闳运算转历，然后日辰之度与夏正同。乃改元，更官号，封泰山。因诏御史曰："乃者，有司言星度之未定也，广延宣问，以理星度，未能詹也。盖闻昔者黄帝合而不死，名察度验，定清浊，起五部，建气物分数。然盖尚矣。书缺乐弛，朕甚闵焉，朕唯未能循明也。䌷绩日分，率应水德之胜。今日顺夏至，黄钟为宫，林钟为徵，太蔟为商，南宫为羽，姑洗为角。自是以后，气复正变，羽声复清，名复正变。以至子日当冬至，则阴阳离合之道行焉。十一月甲子朔旦冬至已詹，其更以七年为太初元年。年名'焉逢摄提格'，月名'毕聚'，日得甲子，夜半朔旦冬至。"

历术甲子篇

太初元年，岁名"焉逢摄提格"，月名"毕聚"，日得甲子，夜半朔旦冬至。

正北：

十二：

  无大余，无小余；

  无大余，无小余；

  焉逢摄提格太初元年。

十二：

  大余五十四，小余三百四十八；

  大余五，小余八；

  端蒙单阏二年。

闰十三：

  大余四十八，小余六百九十六；

  大余十，小余十六；

  游兆执徐三年。

十二：

  大余十二，小余六百三；

大余十五,小余二十四;

强梧大荒落四年。

十二:

大余七,小余十一;

大余二十一,无小余;

徒维敦牂天汉元年。

闰十三:

大余一,小余三百五十九;

大余二十六,小余八;

祝犁协洽二年。

十二:

大余二十五,小余二百六十六;

大余三十一,小余十六;

商横涒滩三年。

十二:

大余十九,小余六百一十四;

大余三十六,小余二十四;

昭阳作鄂四年。

闰十三:

大余十四,小余二十二;

大余四十二,无小余;

横艾淹茂太始元年。

十二:

大余三十七,小余八百六十九;

大余四十七,小余八;

尚章大渊献二年。

闰十三：

  大余三十二，小余二百七十七；

  大余五十二，小余一十六；

  焉逢困敦三年。

十二：

  大余五十六，小余一百八十四；

  大余五十七，小余二十四；

  端蒙赤奋若四年。

十二：

  大余五十，小余五百三十二；

  大余三，无小余；

  游兆摄提格征和元年。

闰十三：

  大余四十四，小余八百八十；

  大余八，小余八；

  强梧单阏二年。

十二：

  大余八，小余七百八十七；

  大余十三，小余十六；

  徒维执徐三年。

十二：

  大余三，小余一百九十五；

  大余十八，小余二十四；

  祝犁大荒落四年。

闰十三：

  大余五十七，小余五百四十三；

大余二十四,无小余;

商横敦牂后元元年。

十二:

大余二十一,小余四百五十;

大余二十九,小余八;

昭阳汁洽二年。

闰十三:

大余十五,小余七百九十八;

大余三十四,小余十六;

横艾涒滩始元元年。

正西:

十二:

大余三十九,小余七百五;

大余三十九,小余二十四;

尚章作噩二年。

十二:

大余三十四,小余一百一十三;

大余四十五,无小余;

焉逢淹茂三年。

闰十三:

大余二十八,小余四百六十一;

大余五十,小余八;

端蒙大渊献四年。

十二:

大余五十二,小余三百六十八;

大余五十五,小余十六;

游兆困敦五年。

十二：

　　大余四十六，小余七百一十六；

　　无大余，小余二十四；

　　强梧赤奋若六年。

闰十三：

　　大余四十一，小余一百二十四；

　　大余六，无小余；

　　徒维摄提格元凤元年。

十二：

　　大余五，小余三十一；

　　大余十一，小余八；

　　祝犁单阏二年。

十二：

　　大余五十九，小余三百七十九；

　　大余十六，小余十六；

　　商横执徐三年。

闰十三：

　　大余五十三，小余七百二十七；

　　大余二十一，小余二十四；

　　昭阳大荒落四年。

十二：

　　大余十七，小余六百三十四；

　　大余二十七，无小余；

　　横艾敦牂五年。

闰十三：

大余十二，小余四十二；

大余三十二，小余八；

尚章汁洽六年。

十二：

大余三十五，小余八百八十九；

大余三十七，小余十六；

焉逢涒滩元平元年。

十二：

大余三十，小余二百九十七；

大余四十二，小余二十四；

端蒙作噩本始元年。

闰十三：

大余二十四，小余六百四十五；

大余四十八，无小余；

游兆阉茂二年。

十二：

大余四十八，小余五百五十二；

大余五十三，小余八；

强梧大渊献三年。

十二：

大余四十二，小余九百；

大余五十八，小余十六；

徒维困敦四年。

闰十三：

大余三十七，小余三百八；

大余三，小余二十四；

祝犁赤奋若地节元年。

十二：

大余一，小余二百一十五；

大余九，无小余；

商横摄提格二年。

闰十三：

大余五十五，小余五百六十三；

大余十四，小余八；

昭阳单阏三年。

正南：

十二：

大余十九，小余四百七十；

大余十九，小余十六；

横艾执徐四年。

十二：

大余十三，小余八百一十八；

大余二十四，小余二十四；

尚章大荒落元康元年。

闰十三：

大余八，小余二百二十六；

大余三十，无小余；

焉逢敦牂二年。

十二：

大余三十二，小余一百三十三；

大余三十五，小余八；

端蒙协洽三年。

十二：
　　大余二十六，小余四百八十一；
　　大余四十，小余十六；
　　游兆涒滩四年。

闰十三：
　　大余二十，小余八百二十九；
　　大余四十五，小余二十四；
　　强梧作噩神雀元年。

十二：
　　大余四十四，小余七百三十六；
　　大余五十一，无小余；
　　徒维淹茂二年。

十二：
　　大余三十九，小余一百四十四；
　　大余五十六，小余八；
　　祝犁大渊献三年。

闰十三：
　　大余三十三，小余四百九十二；
　　大余一，小余十六；
　　商横困敦四年。

十二：
　　大余五十七，小余三百九十九；
　　大余六，小余二十四；
　　昭阳赤奋若五凤元年。

闰十三：
　　大余五十一，小余七百四十七；

大余十二,无小余;
横艾摄提格二年。

十二:
大余十五,小余六百五十四;
大余十七,小余八;
尚章单阏三年。

十二:
大余十,小余六十二;
大余二十二,小余十六;
焉逢执徐四年。

闰十三:
大余四,小余四百一十;
大余二十七,小余二十四;
端蒙大荒落甘露元年。

十二:
大余二十八,小余三百一十七;
大余三十三,无小余;
游兆敦牂二年。

十二:
大余二十二,小余六百六十五;
大余三十八,小余八;
强梧协洽三年。

闰十三:
大余十七,小余七十三;
大余四十三,小余十六;
徒维涒滩四年。

十二：

　　大余四十，小余九百二十；

　　大余四十八，小余二十四；

　　祝犁作噩黄龙元年。

闰十三：

　　大余三十五，小余三百二十八；

　　大余五十四，无小余；

　　商横淹茂初元元年。

正东：

十二：

　　大余五十九，小余二百三十五；

　　大余五十九，小余八；

　　昭阳大渊献二年。

十二：

　　大余五十三，小余五百八十三；

　　大余四，小余十六；

　　横艾困敦三年。

闰十三：

　　大余四十七，小余九百三十一；

　　大余九，小余二十四；

　　尚章赤奋若四年。

十二：

　　大余十一，小余八百三十八；

　　大余十五，无小余；

　　焉逢摄提格五年。

十二：

大余六，小余二百四十六；

大余二十，小余八；

端蒙单阏永光元年。

闰十三：

无大余，小余五百九十四；

大余二十五，小余十六；

游兆执徐二年。

十二：

大余二十四，小余五百一；

大余三十，小余二十四；

强梧大荒落三年。

十二：

大余十八，小余八百四十九；

大余三十六，无小余；

徒维敦牂四年。

闰十三：

大余十三，小余二百五十七；

大余四十一，小余八；

祝犁协洽五年。

十二：

大余三十七，小余一百六十四；

大余四十六，小余十六；

商横涒滩建昭元年。

闰十三：

大余三十一，小余五百一十二；

大余五十一，小余二十四；

昭阳作噩二年。

十二：

大余五十五，小余四百一十九；

大余五十七，无小余；

横艾阉茂三年。

十二：

大余四十九，小余七百六十七；

大余二，小余八；

尚章大渊献四年。

闰十三：

大余四十四，小余一百七十五；

大余七，小余十六；

焉逢困敦五年。

十二：

大余八，小余八十二；

大余十二，小余二十四；

端蒙赤奋若竟宁元年。

十二：

大余二，小余四百三十；

大余十八，无小余；

游兆摄提格建始元年。

闰十三：

大余五十六，小余七百七十八；

大余二十三，小余八；

强梧单阏二年。

十二：

大余二十，小余六百八十五；

大余二十八，小余十六；

徒维执徐三年。

闰十三：

大余十五，小余九十三；

大余三十三，小余二十四；

祝犁大荒落四年。

右历书：大余者，日也。小余者，月也。端蒙者，年名也。支：丑名赤奋若，寅名摄提格。干：丙名游兆。正北，冬至加子时；正西，加酉时；正南，加午时；正东，加卯时。

译文：

在远古的时候，历法的正月设在孟春。这个时候，冰融解了，蛰居的动物也开始活动，各种植物都竞相生长，子规鸟也先叫了起来。万物的生长一岁循环一次，从春天开始，顺着四季生长，尽于冬季。以鸡叫三遍天明时，作为一天的开始；一年从孟春正月起，经过十二个月的节气，终于丑月。日月交替的运动，形成明暗的变化。明相当于孟，就是长的意思；幽相当于幼，就是小的意思。幽明就相当于雌雄，代表月与日。雌雄的交替变化，便成年月的更迭。每天太阳隐没在西方，第二天又出现于西方；每个月底时，月亮隐没于东方，第二个月开始时，又出现于西方。如果上不合天时，下不顺民情，那么任何政治措施都容易败坏而难以成功。

随着时代的改变，王天下的人改换了姓名，接受天命而治理百姓，初始时必须要慎重，接位后要改正朔，易服色，推定正确的天运的初始时刻，以顺承上天的意志。

太史公评论说：神农以前已经太久远了，从黄帝开始，考察星象，制定历法，建立起五行的运行，阴阳消长的变化，设立闰余以调整季节，于是有天地神和物类的官，称为五官。五官各自职掌自己的秩序，所以不相混乱。以至于人民能够诚实地侍奉神明，神明也有恩赐于人民。人和神所从事的事业不同，敬而不渎。那么神就会赐给人嘉谷，人也以牺牲献给神享用。这样灾祸就不会产生，所求的东西也不至于匮乏。

到了少皞氏衰微的时候，九黎作乱，破坏了原有的法则，扰乱了人与神之间的关系，以至于二者无法区分，各种灾祸也就接踵而来，人也就无法享尽天年。颛顼受命治理天下的时候，就命令南正重主管有关天的事务，负责祀神；命令火正黎主管有关地的事务，负责理民。使恢复已往正常的秩序，不致互相侵扰。

后来三苗又学着九黎的样子起来作乱，以至于天地二官也荒废了他们的职事。使闰余安排发生错乱。到帝尧的时候，又找到重黎后代中不忘旧业的人，让他们继续执掌此事，重新设立羲和的官职。这样，时节明白了，历度也正了，于是阴阳调和，风雨也按时到来，兴旺景象降临到人间，社会上也无夭疫发生。帝尧年老时让位给舜，在神庙告诫他说："观象授时的责任在你的身上了啊！"舜年老时也以次告诫禹。从这点看起来，历法一向是王者所重视的工作。

夏朝以寅正的正月为正月，殷朝以寅正的十二月为正月，周朝以寅正的十一月为正月。三代的正月就是这样依次循环的，一周循环完毕，再从头开始。国王的政策贤明，天下太平，则纪年和月序都有条不紊；如果无道，则诸侯各自为政，以皇权象征的国王所制订的正朔就无法在诸侯间通行。

自从幽王、厉王以后，周王室衰微，原本辅佐的卿大夫执掌国政，史官不能精确地记载四时，国君也废弃了每月初一告朔于庙的礼。于是原本为王家服务的懂得天文历算的人及其后代就四处流散，有的在若干夏朝后裔的国家中任职，有的则到远处边陲的夷狄去为他们服务。这样一来，他们察知吉凶之兆的方法就被废弃而得不到行用。周襄王二十六年，也即鲁文公元年，鲁历将闰月置于三月，而《春秋》以为不符合礼制。因为古代帝王定历，首先要选定冬至朔旦夜半齐同作为历元，使各种天文数据都排齐于历元这个起始点，然后将年中的月份放在正常的位置，把闰余积累起来，满一个月时就设置一个闰月，放在岁终。把选定各种天文数据齐同的这个时刻作为历元，则年月日等的次序就不会失误；将年中月序按正常法则排列，则人民使用起来就不会感到迷惑；将闰余置于年终，节气和月序就不会发生错乱。

后来到了战国，各国互相争战，君臣上下所关注的只在于使国家富强起来，战败敌国，或者挽救危急，排解争纷而已，哪有余力去考虑到这些事情呢！那个时候，只有邹衍，懂得五行循环和阴阳消长的道理，以此显扬于诸侯。也因为秦灭六国，战争频繁，加以秦始皇当上皇帝的时间还不久，所以没有顾及。虽然如此，秦始皇也相信五行相胜的道理，自以为获得水德的瑞祥，所以将黄河的名字改名为德水，以十月为岁首，崇尚黑色。至于日月五星的行度和历法中的闰余是否准确，也就未加仔细考虑。

当汉朝兴起的时候，高祖曾说："五帝中的四帝都兴盛过了，只有黑帝等待我来建立。"这是他自以为得到水德的瑞应，即使懂得历法的官员及张苍等人，也都以为如此。这个时候天下初步平定，各种规章制度才刚刚建立，不久高祖就去世了，其后高后女主也未来得及考虑，所以仍然袭用秦朝的正朔服色。

到了孝文帝的时候，鲁人公孙臣以五德终始的学说向皇帝上书，称："汉朝得到土德，应该变更历元，修改正朔，变换服色。汉得土德将会有瑞祥出现的，这个瑞祥就是黄龙。"这件事交给丞相张苍处理，张苍也学过律历，他认为这种说法不正确，就不予理睬。后来黄龙真的在成纪这个地方出现，于是张苍就自请罢黜，想要论述汉得水德的论著也就没有完成。这时候，另有一个善于观天望气以预言政治的名叫新垣平的人谒见天子，也谈论了一些改革历法和服色的事，很得文帝的宠幸。后来他闹事作乱，所以文帝也就不再过问这件事了。

到当今天子接位，招来方士唐都，重新将周天的行度分为二十八个部分，而巴郡落下闳则依照天体运动的规律推算历日，为此得到的日月运行和交会的行度和夏正一样。于是就改定历元，更换官号，封泰山。并诏告御史说："过去主管星历的官员曾说二十八宿的距度未经确定，便广泛地征求意见，以确定二十八宿的距度。但还是未能弄清。曾经听说黄帝作历，由于符合天象的运行，所以能持续地使用下去，这种历法能够分清各种天体的名称，测定它们的行度，审定律吕的清浊，建立起五气的运行，节气间相距的日数，和天上各星体相互间的距离。然而，那已经是很久以前的事了。现在有关天文历数的典籍缺佚，乐理也废弛了，这是我未能执行明政的过失，我觉得很难过。如今将时间按年月日像织绸一样地计算清楚了，全都应在胜过水德的土德。现在太阳循着经过夏至、冬至的黄道运行。以黄钟为宫声，林钟为徵声，太簇为商声，南吕为羽声，姑洗为角声。从此以后，节气又定正确了，作为定调的最高羽声又清了。各种名称也都得到了匡正。以子日逢冬至开始起算，则阴阳离合的规律就通行了。现在，十一月甲子朔旦冬至已经相遇，于是便改元封七年为太初元年。定年名为焉逢摄提格（甲寅），月名毕聚（正月），以甲子夜半朔旦冬至为历元。

历术甲子篇

历元为太初元年，岁名焉逢摄提格，月名毕聚，甲子夜半冬至。

第一章　第一年正月冬至时，太阳位于正北向，即夜半子时：

平年十二月：

合朔时干支无大余（即朔日的干支序数为零，为甲子日），无小余（即合朔时刻为九百四十分之零日，为子时夜半）；

冬至时无大余（即冬至干支日序为零，为甲子日），无小余（即冬至时刻为三十二分之零日，为子时夜半）；

焉逢摄提格太初元年（甲寅）。

平年十二月：

大余五十四，小余三百四十八；

大余五，小余八；

端蒙单阏二年（乙卯）。

闰年十三月：

大余四十八，小余六百九十六；

大余十，小余十六；

游兆执徐三年（丙辰）。

平年十二月：

大余十二，小余六百零三；

大余十五，小余二十四；

强梧大荒落四年（丁巳）。

平年十二月：

  大余七，小余十一；

  大余二十一，无小余；

  徒维敦牂天汉三年（戊午）。

闰年十三月：

  大余一，小余三百五十九；

  大余二十六，小余八；

  祝犁协洽二年（己未）。

平年十二月：

  大余二十五，小余二百六十六；

  大余三十一，小余十六；

  商横涒滩三年（庚申）。

平年十二月：

  大余十九，小余六百一十四；

  大余三十六，小余二十四；

  昭阳作鄂四年（辛酉）。

闰年十三月：

  大余十四，小余二十二；

  大余四十二，无小余；

  横艾淹茂太始元年（壬戌）。

平年十二月：

  大余三十七，小余八百六十九；

  大余四十七，小余八；

  尚章大渊献二年（癸亥）。

闰年十三月：

  大余三十二，小余二百七十七；

大余五十二，小余一十六；

焉蓬困敦三年（甲子）。

平年十二月：

大余五十六，小余一百八十四；

大余五十七，小余二十四；

端蒙赤奋若四年（乙丑）。

平年十二月：

大余五十，小余五百三十二；

大余二，无小余；

游兆摄提格征和元年（丙寅）。

闰年十三月：

大余四十四，小余八百八十；

大余八，小余八；

强梧单阏二年（丁卯）。

平年十二月：

大余八，小余七百八十七；

大余十三，小余十六；

徒维执徐三年（戊辰）。

平年十二月：

大余三，小余一百九十五；

大余十八，小余二十四；

祝犁大荒落四年（己巳）。

闰年十三月：

大余五十七，小余五百四十三；

大余二十四，无小余；

商横敦牂后元元年（庚午）。

平年十二月：

  大余二十一，小余四百五十；

  大余二十九，小余八；

  昭阳汁洽二年（辛未）。

闰年十三月：

  大余十五，小余七百九十八；

  大余三十四，小余十六；

  横艾涒滩始元元年（壬申）。

第二章　第一年正月冬至时，太阳位于正西方，即日落酉时：

平年十二月：

  大余三十九，小余七百五；

  大余三十九，小余二十四；

  尚章作噩二年（癸酉）。

平年十二月：

  大余三十四，小余一百一十三；

  大余四十五，无小余；

  焉逢淹茂三年（甲戌）。

闰年十三月：

  大余二十八，小余四百六十一；

  大余五十，小余八；

  端蒙大渊献四年（乙亥）。

平年十二月：

  大余五十二，小余三百六十八；

  大余五十五，小余十六；

  游兆困敦五年（丙子）。

平年十二月：

大余四十六，小余七百一十六；

无大余，小余二十四；

强梧赤奋若六年（丁丑）。

闰年十三月：

大余四十一，小余一百二十四；

大余六，无小余；

徒维摄提格元凤元年（戊寅）。

平年十二月：

大余五，小余三十一；

大余十一，小余八；

祝犁单阏二年（己卯）。

平年十二月：

大余五十九，小余三百七十九；

大余十六，小余十六；

商横执徐三年（庚辰）。

闰年十三月：

大余五十三，小余七百二十七；

大余二十一，小余二十四；

昭阳大荒落四年（辛巳）。

平年十二月：

大余十七，小余六百三十四；

大余二十七，无小余；

横艾敦牂五年（壬午）。

闰年十三月：

大余十二，小余四十二；

大余三十二，小余八；

尚章汁洽六年（癸未）。

平年十二月：

　　大余三十五，小余八百八十九；

　　大余三十七，小余十六；

　　焉逢涒滩元平元年（甲申）。

平年十二月：

　　大余三十，小余二百九十七；

　　大余四十二，小余二十四；

　　端蒙作噩本始元年（乙酉）。

闰年十三月：

　　大余二十四，小余六百四十五；

　　大余四十八，无小余；

　　游兆阉茂二年（丙戌）。

平年十二月：

　　大余四十八，小余五百五十二；

　　大余五十三，小余八；

　　强梧大渊献三年（丁亥）。

平年十二月：

　　大余四十二，小余九百；

　　大余五十八，小余十六；

　　徒维困敦四年（戊子）。

闰年十三月：

　　大余三十七，小余三百八；

　　大余三，小余二十四；

　　祝犁赤奋若地节元年（己丑）。

平年十二月：

大余一，小余二百一十五；

　　　大余九，无小余；

　　　商横摄提格二年（庚寅）。

闰年十三月：

　　　大余五十五，小余五百六十三；

　　　大余十四，小余八；

　　　昭阳单阏三年（辛卯）。

第三章　第一年正月冬至时，太阳位于正南方，即日中午时：

平年十二月：

　　　大余十九，小余四百七十；

　　　大余十九，小余十六；

　　　横艾执徐四年（壬辰）。

平年十二月：

　　　大余十三，小余八百一十八；

　　　大余二十四，小余二十四；

　　　尚章大荒落元康元年（癸巳）。

闰年十三月：

　　　大余八，小余二百二十六；

　　　大余三十，无小余；

　　　焉逢敦牂二年（甲午）。

平年十二月：

　　　大余三十二，小余一百三十三；

　　　大余三十五，小余八；

　　　端蒙协洽三年（乙未）。

平年十二月：

　　　大余二十六，小余四百八十一；

大余四十,小余十六;

游兆涒滩四年(丙申)。

闰年十三月:

大余三十,小余八百二十九;

大余四十五,小余二十四;

强梧作噩神雀元年(丁酉)。

平年十二月:

大余四十四,小余七百三十六;

大余五十一,无小余;

徒维淹茂二年(戊戌)。

平年十二月:

大余三十九,小余一百四十四;

大余五十六,小余八;

祝犁大渊献三年(己亥)。

闰年十三月:

大余三十三,小余四百九十二;

大余一,小余十六;

商横困敦四年(庚子)。

平年十二月:

大余五十七,小余三百九十九;

大余六,小余二十四;

昭阳赤奋若五凤元年(辛丑)。

闰年十三月:

大余五十一,小余七百四十七;

大余十二,无小余;

横艾摄提格二年(壬寅)。

平年十二月：

　　大余十五，小余六百五十四；

　　大余十七，小余八；

　　尚章单阏三年（癸卯）。

平年十二月：

　　大余十，小余六十二；

　　大余二十二，小余十六；

　　焉蓬执徐四年（甲辰）。

闰年十三月：

　　大余四，小余四百一十；

　　大余二十七，小余二十四；

　　端蒙大荒落甘露元年（乙巳）。

平年十二月：

　　大余二十八，小余三百一十七；

　　大余三十三，无小余。

　　游兆敦牂二年（丙午）。

平年十二月：

　　大余二十二，小余六百六十五；

　　大余三十八，小余八；

　　强梧协洽三年（丁未）。

闰年十三月：

　　大余十七，小余七十三；

　　大余四十三，小余十六；

　　徒维涒滩四年（戊申）。

平年十二月：

　　大余四十，小余九百二十；

大余四十八,小余二十四;
　　祝犁作噩黄龙元年(己酉)。
闰年十三月:
　　大余三十五,小余三百二十八;
　　大余五十四,无小余;
　　商横淹茂初元元年(庚戌)。
第四章　第一年正月冬至时,太阳位于正东方,即日出卯时:
平年十二月:
　　大余五十九,小余二百三十五;
　　大余五十九,小余八;
　　昭阳大渊献二年(辛亥)。
平年十二月:
　　大余五十三,小余五百八十三;
　　大余四,小余十六;
　　横艾困敦三年(壬子)。
闰年十三月:
　　大余四十七,小余九百三十一;
　　大余九,小余二十四;
　　尚章赤奋若四年(癸丑)。
平年十二月:
　　大余十一,小余八百三十八;
　　大余十五,无小余;
　　焉逢摄提格五年(甲寅)。
平年十二月:
　　大余六,小余二百四十六;
　　大余二十,小余八;

端蒙单阏永光元年（乙卯）。

闰年十三月：

　　无大余，小余五百九十四；

　　大余二十五，小余十六；

　　游兆执徐二年（丙辰）。

平年十二月：

　　大余二十四，小余五百一；

　　大余三十，小余二十四；

　　强梧大荒落三年（丁巳）。

平年十二月：

　　大余十八，小余八百四十九；

　　大余三十六，无小余；

　　徒维敦牂四年（戊午）。

闰年十三月：

　　大余十三，小余二百五十七；

　　大余四十一，小余八；

　　祝犁协洽五年（己未）。

平年十二月：

　　大余三十七，小余一百六十四；

　　大余四十六，小余十六；

　　商横涒滩建昭元年（庚申）。

闰年十三月：

　　大余三十一，小余五百一十二；

　　大余五十一，小余二十四；

　　昭阳作噩二年（辛酉）。

平年十二月：

大余五十五，小余四百一十九；

大余五十七，无小余；

横艾阉茂三年（壬戌）。

平年十二月：

大余四十九，小余七百六十七；

大余二，小余八；

尚章大渊献四年（癸亥）。

闰年十三月：

大余四十四，小余一百七十五；

大余七，小余十六；

焉蓬困敦五年（甲子）。

平年十二月：

大余八，小余八十二；

大余十二，小余二十四；

端蒙赤奋若竟宁元年（乙丑）。

平年十二月：

大余二，小余四百三十；

大余十八，无小余；

游兆摄提格建始元年（丙寅）。

闰年十三月：

大余五十六，小余七百七十八；

大余二十三，小余八；

强梧单阏二年。

平年十二月：

大余二十，小余六百八十五；

大余二十八，小余十六；

徒维执徐三年（戊辰）。

闰年十三月：

大余十五，小余九十三；

大余三十三，小余二十四；

祝犁大荒落四年（己巳）。

以上历书所说：大余是正月朔日和冬至的干支。小余是合朔日的余分和冬至日的余分。端蒙是年的名字，其中地支丑名赤奋若，寅名摄提格，天干丙名游兆；正北表示冬至加子时，正西表示冬至加酉时，正南表示冬至加午时，正东表示冬至加卯时。

史记卷二十七

天官书第五

中宫天极星，其一明者，太一常居也。旁三星三公，或曰子属。后句四星，末大星正妃，余三星后宫之属也。环之匡卫十二星，藩臣。皆曰紫宫。

前列直斗口三星，随北端兑，若见若不，曰阴德，或曰天一。紫宫左三星曰天枪，右五星曰天棓，后六星绝汉抵营室，曰阁道。

北斗七星，所谓"旋、玑、玉衡，以齐七政"。杓携龙角，衡殷南斗，魁枕参首。用昏建者杓；杓，自华以西南。夜半建者衡；衡，殷中州河、济之间。平旦建者魁；魁，海岱以东北也。斗为帝车，运于中央，临制四乡。分阴阳，建四时，均五行，移节度，定诸纪，皆系于斗。

斗魁戴匡六星，曰文昌宫：一曰上将，二曰次将，三曰贵相，四曰司命，五曰司中，六曰司禄。在斗魁中，贵人之牢。魁下六星，两两相比者，名曰三能。三能色齐，君臣和；不齐，为乖戾。辅星明近，辅臣亲强；斥小，疏弱。

杓端有两星：一内为矛，招摇；一外为盾，天锋。有句圜十五星，属杓，曰贱人之牢。其牢中星实则囚多，虚则开出。

天一、枪、㯭、矛、盾动摇，角大，兵起。

东宫苍龙，房、心。心为明堂，大星天王，前后星子属。不欲直，直则天王失计。房为府，曰天驷。其阴，右骖。旁有两星曰衿；北一星曰牽。东北曲十二星曰旗。旗中四星曰天市；中六星曰市楼。市中星众者实；其虚则耗。房南众星曰骑官。

左角，李；右角，将。大角者，天王帝廷。其两旁各有三星，鼎足句之，曰摄提。摄提者，直斗杓所指，以建时节，故曰"摄提格"。亢为疏庙，主疾。其南北两大星，曰南门。氐为天根，主疫。

尾为九子，曰君臣。斥绝，不和。箕为敖客，曰口舌。

火犯守角，则有战；房、心，王者恶之也。

南宫朱鸟，权、衡。衡，太微，三光之廷。匡卫十二星，藩臣：西，将；东，相；南四星，执法。中，端门；门左右，掖门；门内六星，诸侯；其内五星，五帝坐；后聚一十五星，蔚然，曰郎位；傍一大星，将位也。月、五星顺入，轨道，司其出，所守，天子所诛也。其逆入，若不轨道，以所犯命之；中坐，成形，皆群下从谋也。金、火尤甚。廷藩西有隋星五，曰少微，士大夫。权，轩辕。轩辕，黄龙体。前大星，女主象；旁小星，御者后宫属。月、五星守犯者，如衡占。

东井为水事。其西曲星曰钺。钺北，北河；南，南河；两河，天阙；间为关梁。舆鬼，鬼祠事；中白者为质。火守南北河，兵起，谷不登。故德成衡，观成潢，伤成钺，祸成井，诛成质。

柳为鸟注，主木草。七星，颈，为员官，主急事。张，素，为厨，主觞客。翼为羽翮，主远客。

轸为车，主风。其旁有一小星，曰长沙，星星不欲明；明与四星等。若五星入轸中，兵大起。轸南众星曰天库楼；库有五车。车星角若益众，及不具，无处车马。

西宫咸池，曰天五潢。五潢，五帝车舍。火入，旱；金，兵；水，水。中有三柱；柱不具，兵起。

奎曰封豕，为沟渎。娄为聚众。胃为天仓。其南众星曰廥积。

昴曰髦头，胡星也，为白衣会。毕曰罕车，为边兵，主弋猎。其大星旁小星为附耳。附耳摇动，有谗乱臣在侧。昴、毕间为天街。其阴，阴国；阳，阳国。

参为白虎。三星直者，是为衡石。下有三星，兑，曰罚，为斩艾事。其外四星，左右肩股也。小三星隅置，曰觜觿，为虎首，主葆旅事。其南有四星，曰天厕。厕下一星，曰天矢。矢黄则吉；青、白、黑，凶。其西有句曲九星，三处罗：一曰天旗，二曰天苑，三曰九游。其东有大星曰狼。狼角变色，多盗贼。下有四星曰弧，直狼。狼比地有大星，曰南极老人。老人见，治安；不见，兵起。常以秋分时候之于南郊。

附耳入毕中，兵起。

北宫玄武，虚、危。危为盖屋；虚为哭泣之事。

其南有众星，曰羽林天军。军西为垒，或曰钺。旁有一大星为北落。北落若微亡，军星动角益希。及五星犯北落，入军，军起。火、金、水尤甚：火，军忧；水，水患；木、土，军吉。危东六星，两两相比，曰司空。

营室为清庙，曰离宫。阁道。汉中四星，曰天驷。旁一星，曰王良。王良策马，车骑满野。旁有八星，绝汉，曰天潢。天潢旁，江星。江星动，人涉水。

杵、白四星，在危南。匏瓜，有青黑星守之，鱼盐贵。

南斗为庙，其北建星。建星者，旗也。牵牛为牺牲。其北河鼓。河鼓大星，上将；左右，左右将。婺女，其北织女。织女，天女孙也。

察日、月之行，以揆岁星顺逆。曰东方木，主春，日甲、乙。义失者，罚出岁星。岁星赢缩，以其舍命国。所在国不可伐，可以罚人。其趋舍而前曰赢，退舍曰缩。赢，其国有兵不复；缩，其国有忧，将亡，国倾败。其所在，五星皆从而聚于一舍，其下之国可以义致天下。

以摄提格岁：岁阴左行在寅，岁星右转居丑。正月，与斗、牵牛晨出东方，名曰监德。色苍苍有光。其失次，有应见柳。岁早，水；晚，旱。

岁星出，东行十二度。百日而止，反逆行；逆行八度，百日，复东行。岁行三十度十六分度之七，率日行十二分度之一，十二岁而周天。出常东方，以晨；入于西方，用昏。

单阏岁：岁阴在卯，星居子。以二月与婺女、虚、危晨出，曰降入。大有光。其失次，有应见张。其岁大水。

执徐岁：岁阴在辰，星居亥。以三月与营室、东壁晨出，曰青章。青青甚章。其失次，有应见轸。岁早，旱；晚，水。

大荒骆岁：岁阴在巳，星居戌。以四月与奎、娄晨出，曰跰踵。熊熊赤色，有光。其失次，有应见亢。

敦牂岁：岁阴在午，星居酉。以五月与胃、昴、毕晨出，曰开明。炎炎有光。偃兵；唯利公王，不利治兵。其失次，有应见房。岁早，旱；晚，水。

叶洽岁：岁阴在未，星居申。以六月与觜觿、参晨出，曰长列。昭昭有光。利行兵。其失次，有应见箕。

涒滩岁：岁阴在申，星居未。以七月与东井、舆鬼晨出，曰大音。昭昭白。其失次，有应见牵牛。

作鄂岁：岁阴在酉，星居午。以八月与柳、七星、张晨出，曰长王。作作有芒。国其昌，熟谷。其失次，有应见危。有旱而昌，有女丧，民疾。

阉茂岁：岁阴在戌，星居巳。以九月与翼、轸晨出，曰天睢。白色大明。其失次，有应见东壁。岁水，女丧。

大渊献岁：岁阴在亥，星居辰。以十月与角、亢晨出，曰大章。苍苍然，星若跃而阴出旦，是谓"正平"。起师旅，其率必武；其国有德，将有四海。其失次，有应见娄。

困敦岁：岁阴在子，星居卯。以十一月与氐、房、心晨出，曰天泉。玄色甚明。江池其昌，不利起兵。其失次，有应见昂。

赤奋若岁：岁阴在丑，星居寅。以十二月与尾、箕晨出，曰天皓。黰然黑色甚明。其失次，有应见参。

当居不居，居之又左右摇，未当去去之，与他星会，其国凶。所居久，国有德厚。其角动，乍小乍大，若色数变，人主有忧。

其失次舍以下，进而东北，三月生天棓，长四丈，末兑。进而东南，三月生彗星，长二丈，类彗。退而西北，三月生天欃，长四丈，末兑。退而西南，三月生天枪，长数丈，两头兑。谨视其所见之国，不可举事用兵。其出如浮如沉，其国有土功；如沉如浮，其野亡。色赤而有角，其所居国昌。迎角而战者，不胜。星色赤黄而沉，所居野大穰。色青白而赤灰，所居野有忧。岁星入月，其野有逐相；与太白斗，其野有破军。

岁星一曰摄提，曰重华，曰应星，曰纪星。营室为清庙，岁星庙也。

察刚气以处荧惑。曰南方火，主夏，日丙、丁。礼失，罚出荧惑，荧惑失行是也。出则有兵，入则兵散。以其舍命国。荧惑为勃乱，残贼、疾、丧、饥、兵。反道二舍以上，居之，三月有殃，五月受兵，七月半亡地，九月太半亡地。因与俱出入，国绝祀。居之，殃还至，虽大当小；久而至，当小反大。其南为丈夫丧，北为女子丧。若角动绕环之，及乍前乍后，左右，殃益大。与他星斗，光相逮，为害；不相逮，不害。五星皆从而聚于一舍，其下国可以礼致天下。

法，出东行十六舍而止，逆行二舍，六旬；复东行，自所止数十舍，十月而入西方；伏行五月，出东方。其出西方曰"反明"，主命者恶之。东行急，一日行一度半。

其行东、西、南、北疾也，兵各聚其下，用战，顺之胜，逆之败。荧惑从太白，军忧；离之，军却；出太白阴，有分军；行其阳，有偏将战。当其行，太白逮之，破军杀将。其入守犯太微、轩辕、营室，主命恶之。心为明堂，荧惑庙也。谨候此。

历斗之会以定填星之位。曰中央土，主季夏，日戊、己，黄帝，主德，女主象也。岁填一宿，其所居国吉。未当居而居，若已去而复还，还居之，其国得土，不乃得女。若当居而不居，既已居之，又西东去，其国失土，不乃失女，不可举事用兵。其居久，其国福厚；易，福薄。

其一名曰地侯，主岁。岁行十三度百十二分度之五，日行二十八分度之一，二十八岁周天。其所居，五星皆从而聚于一舍，其下之国，可以重致天下。礼、德、义、杀、刑尽失，而填星乃为之动摇。

嬴，为王不宁；其缩，有军不复。填星，其色黄，九芒，音曰黄钟宫。其失次上二三宿曰嬴，有主命不成，不乃大水。失次下二三宿曰缩，有后戚，其岁不复，不乃天裂若地动。

斗为文太室，填星庙，天子之星也。

木星与土合，为内乱，饥，主勿用战，败；水则变谋而更事；火为旱；金为白衣会若水。金在南曰牝牡，年谷熟。金在北，岁偏无。火与水合为焠，与金合为铄，为丧，皆不可举事，用兵大败；土为忧，主孽卿；大饥，战败，为北军，军困，举事大败。土与水合，穰而拥阏，有覆军，其国不可举事，出，亡地；入，得地。金为疾，为内兵，亡地。三星若合，其宿地国外内有兵与丧，改立公王。四星合，兵丧并起，君子忧，小人流。五星合，是为易行，有德，受庆，改立大人，掩有四方，子孙蕃昌；无德，受殃若亡。五星皆大，其事亦大；皆小，事亦小。

蚤出者为赢，赢者为客。晚出者为缩，缩者为主人。必有天应见于杓星。同舍为合。相陵为斗，七寸以内必之矣。

五星色白圜，为丧旱；赤圜，则中不平，为兵；青圜，为忧水；黑圜，为疾，多死；黄圜，则吉。赤角犯我城，黄角地之争，白角哭泣之声，青角有兵忧，黑角则水。意，行穷兵之所终。五星同色，天下偃兵，百姓宁昌，春风秋雨，冬寒夏暑，动摇常以此。

填星出百二十日而逆西行，西行百二十日反东行。见三百三十日而入，入三十日复出东方。太岁在甲寅，镇星在东壁，故在营室。

察日行以处位太白。曰西方，秋，日庚、辛，主杀。杀失者，罚出太白。太白失行，以其舍命国。其出，行十八舍二百四十日而入；入东方，伏行十一舍百三十日；其入西方，伏行三舍十六日而出。当出不出，当入不入，是谓失舍，不有破军，必有国君之篡。

其纪上元，以摄提格之岁，与营室晨出东方，至角而入，与营室夕出西方，至角而入；与角晨出，入毕，与角夕出，入毕；与毕晨出，入箕，与毕夕出，入箕；与箕晨出，入柳，与箕夕出，入柳；与柳晨出，入营室，与柳夕出，入营室。凡出入东西各五，为八岁，二百二十日，复与营室晨出东方。其大率，岁一周天。其始出东方，行迟，率日半度，一百二十日，必逆行一二舍；上极而反，东行，行日一度半，一百二十日入。其庳，近日，曰明星，柔；高，远日，曰大嚣，刚。其始出西方，行疾，率日一度半，百二十日；上极而行迟，日半度，百二十日，旦入，必逆行一二舍而入。其庳，近日，曰大白，柔；高，远日，曰大相，刚。出以辰、戌，入以丑、未。

当出不出，未当入而入，天下偃兵，兵在外，入。未当出而出，当入而不入，天下起兵，有破国。其当期出也，其国昌。其出东为东，入东为北方；出西为西，入西为南方。所居久，其向利；易，其向凶。

出西至东，正西国吉。出东至西，正东国吉。其出不经天；经天，天下革政。

小以角动，兵起。始出大，后小，兵弱；出小，后大，兵强。出高，用兵深吉，浅凶；庳，浅吉，深凶。日方南金居其南，日方北金居其北，曰嬴，侯王不宁，用兵进吉退凶。日方南金居其北，日方北金居其南，曰缩，侯王有忧，用兵退吉进凶。用兵象太白：太白行疾，疾行；迟，迟行。角，敢战。动摇躁，躁。圜以静，静。顺角所指，吉；反之，皆凶。出则出兵，入则入兵。赤角，有战；白角，有丧；黑圜角，忧，有水事；青圜小角，忧，有木事；黄圜和角，有土事，有年。其已出三日而复有微入，入三日乃复盛出，是谓耎，其下国有军败将北。其已入三日又复微出，出三日而复盛入，其下国有忧；师有粮食兵革，遗人用之；卒虽众，将为人虏。其出西失行，外国败；其出东失行，中国败。其色大圜黄滜，可为好事；其圜大赤，兵盛不战。

太白白，比狼；赤，比心；黄，比参左肩；苍，比参右肩；

黑，比奎大星。五星皆从太白而聚乎一舍，其下之国可以兵从天下。居实，有得也；居虚，无得也。行胜色，色胜位，有位胜无位，有色胜无色，行得尽胜之。出而留桑榆间，疾其下国。上而疾，未尽其日，过参天，疾其对国。上复下，下复上，有反将。其入月，将僇。金、木星合，光，其下战不合，兵虽起而不斗；合相毁，野有破军。出西方，昏而出阴，阴兵强；暮食出，小弱；夜半出，中弱；鸡鸣出，大弱：是谓阴陷于阳。其在东方，乘明而出阳，阳兵之强；鸡鸣出，小弱；夜半出，中弱；昏出，大弱：是谓阳陷于阴。太白伏也，以出兵，兵有殃。其出卯南，南胜北方；出卯北，北胜南方；正在卯，东国利。出西北，北胜南方；出酉南，南胜北方；正在西，西国胜。

其与列星相犯，小战；五星，大战。其相犯，太白出其南，南国败；出其北，北国败。行疾，武；不行，文。色白五芒，出蚤为月蚀，晚为天夭及彗星，将发其国。出东为德，举事左之迎之，吉；出西为刑，举事右之背之，吉。反之皆凶。太白光见景，战胜。昼见而经天，是谓争明，强国弱，小国强，女主昌。

亢为疏庙，太白庙也。太白，大臣也，其号上公。其他名殷星、太正、营星、观星、宫星、明星、大衰、大泽、终星、大相、天浩、序星、月纬。大司马位谨候此。

察日辰之会，以治辰星之位。曰北方水，太阴之精，主冬，日壬、癸。刑失者，罚出辰星，以其宿命国。

是正四时：仲春春分，夕出郊奎、娄、胃东五舍，为齐；仲夏夏至，夕出郊东井、舆鬼、柳东七舍，为楚；仲秋秋分，夕出郊角、亢、氐、房东四舍，为汉；仲冬冬至，晨出郊东方，与尾、箕、斗、牵牛俱西，为中国。其出入常以辰、戌、丑、未。

其蚤，为月蚀；晚，为彗星及天夭。其时宜效不效为失，追兵在外不战。一时不出，其时不和；四时不出，天下大饥。其当效而出也，色白为旱，黄为五谷熟，赤为兵，黑为水。出东方，大而白，有兵于外，解。常在东方，其赤，中国胜；其西而赤，外国利。无兵于外而赤，兵起。其与太白俱出东方，皆赤而角，外国大败，中国胜；其与太白俱出西方，皆赤而角，外国利。五星分天之中，积于东方，中国利；积于西方，外国用兵者利。五星皆从辰星而聚于一舍，其所舍之国可以法致天下。辰星不出，太白为客；其出，太白为主。出而与太白不想从，野虽有军，不战。出东方，太白出西方；若出西方，太白出东方，为格，野虽有兵不战。失其时而出，为当寒反温，当温反寒。当出不出，是谓击卒，兵大起。其入太白中而上出，破军杀将，客军胜；下出，客亡地。辰星来抵太白，太白不去，将死。正旗上出，破军杀将，客胜；下出，客亡地。视旗所指，以命破军。其绕环太白，若与斗，大战，客胜。兔过太白，间可械剑，小战，客胜。兔居太白前，军罢；出太白左，小战；摩太白，有数万人战，主人吏死；出太白右，去三尺，军急约战。青角，兵忧；黑角，水。赤行穷兵之所终。

兔七命，曰小正、辰星、天欃、安周星、细爽、能星、钩星。其色黄而小，出而易处，天下之文变而不善矣。兔五色，青圜忧，白圜丧，赤圜中不平，黑圜吉。赤角犯我城，黄角地之争，白角号泣之声。

其出东方，行四舍四十八日，其数二十日，而反入于东方；其出西方，行四舍四十八日，其数二十日，而反入于西方。其一候之营室、角、毕、箕、柳。出房、心间，地动。

辰星之色：春，青黄；夏，赤白；秋，青白，而岁熟；冬，黄而不明。即变其色，其时不昌。春不见，大风，秋则不实；夏不见，有六十日之旱，月蚀；秋不见，有兵，春则不生；冬不见，阴雨六十日，有流邑，夏则不长。

角、亢、氐，兖州。房、心，豫州。尾、箕，幽州。斗，江、湖。牵牛、婺女，扬州。虚、危，青州。营室至东壁，并州。奎、娄、胃，徐州。昴、毕，冀州。觜觿、参，益州。东井、舆鬼，雍州。柳、七星、张，三河。翼、轸，荆州。

七星为员官，辰星庙，蛮夷星也。

两军相当，日晕；晕等，力钧；厚长大，有胜；薄短小，无胜。重抱，大破；无抱，为和；背为不和，为分离相去。直为自立，立侯王；破军杀将。负且戴，有喜。围在中，中胜；在外，外胜。青外赤中，以和相去；赤外青中，以恶相去。气晕先至而后去，居军胜。先至先去，前利后病；后至后去，前病后利；后至先去，前后皆病，居军不胜。见而去，其发疾，虽胜无功。见半日以上，功大。白虹屈短，上下兑，有者下大流血。日晕制胜，近期三十日，远期六十日。

其食，食所不利；复生，生所利；而食益尽，为主位。以其直及日所宿，加以日时，用命其国也。

月行中道，安宁和平。阴间，多水，阴事。外北三尺，阴星。北三尺，太阴，大水，兵。阳间，骄恣。阳星，多暴狱。太阳，大旱、丧也。角，天门，十月为四月，十一月为五月，十二月为六月，水发，近三尺，远五尺。犯四辅，辅臣诛。行南北河，以阴阳言，旱水兵丧。

月蚀岁星，其宿地，饥若亡；荧惑也，乱；填星也，下犯上；太白也，强国以战败；辰星也，女乱。蚀大角，主命者恶之；心，则为内贼乱也；列星，其宿地忧。

月食始日，五月者六，六月者五，五月复六，六月者一，而五月者五，凡百一十三月而复始。故月蚀，常也；日蚀，为不臧也。甲、乙，四海之外，日月不占。丙、丁，江、淮、海、岱也。戊、己，中州河、济也。庚、辛，华山以西。壬、癸，恒山以北。日蚀，国君；月蚀，将相当之。

国皇星，大而赤，状类南极。所出，其下起兵，兵强；其冲不利。

昭明星，大而白，无角，乍上乍下。所出国，起兵，多变。

五残星，出正东东方之野。其星状类辰星，去地可六丈。

大贼星，出正南南方之野。星去地可六丈，大而赤，数动，有光。

司危星，出正西西方之野。星去地可六丈，大而白，类太白。

狱汉星，出正北北方之野。星去地可六丈，大而赤，数动，察之中青。此四野星所出，出非其方，其下有兵，冲不利。

四填星，所出四隅，去地可四丈。

地维咸光，亦出四隅，去地可三丈，若月始出。所见，下有乱；乱者亡，有德者昌。

烛星，状如太白，其出也不行。见则灭。所烛者，城邑乱。

如星非星，如云非云，命曰归邪。归邪出，必有归国者。

星者，金之散气，其本曰火。星众，国吉；少则凶。

汉者，亦金之散气，其本曰水。汉，星多，多水；少则旱，其大经也。

天鼓，有音如雷非雷，音在地而下及地。其所往者，兵发其下。

天狗，状如大奔星，有声，其下止地，类狗。所堕及，望之如火光炎炎冲天。其下圜如数顷田处，上兑者则有黄色，千里破军杀将。

格泽星者，如炎火之状。黄白，起地而上。下大，上兑。其见也，不种而获；不有土功，必有大害。

蚩尤之旗，类彗而后曲，象旗。见则王者征伐四方。

旬始，出于北斗旁，状如雄鸡。其怒，青黑，象伏鳖。

枉矢，类大流星，蛇行而仓黑，望之如有毛羽然。

长庚，如一匹布著天。此星见，兵起。

星坠至地，则石也。河、济之间，时有坠星。

天精而见景星。景星者，德星也。其状无常，常出于有道之国。

凡望云气，仰而望之，三四百里；平望，在桑榆上，千余二千里；登高而望之，下属地者三千里。云气有兽居上者，胜。

自华以南，气下黑上赤。嵩高、三河之郊，气正赤。恒山之北，气下黑上青。勃、碣、海、岱之间，气皆黑。江、淮之间，气皆白。

徒气白。土功气黄。车气乍高乍下，往往而聚。骑气卑而布。卒气抟。前卑而后高者，疾；前方而后高者，兑；后兑而卑者，却。其气平者其行徐。前高而后卑者，不止而反。气相遇者，卑胜高，兑胜方。气来卑而循车通者，不过三四日，去之五六里见；气来高七八尺者，不过五六日，去之十余里见；气来高丈余二丈者，不过三四十日，去之五六十里见。

稍云精白者，其将悍，其士怯。其大根而前绝远者，当战。青白，其前低者，战胜；其前赤而仰者，战不胜。阵云如立垣。杼云类杼。轴云抟两端兑。杓云如绳者，居前亘天，其半半天。其蜺者类阙旗故。钩云句曲。诸此云见，以五色合占。而泽抟密，其见动人，乃有占；兵必起，合斗其直。

王朔所候，决于日旁。日旁云气，人主象。皆如其形以占。

故北夷之气如群畜穹闾，南夷之气类舟船幡旗。大水处，败军场，破国之虚，下有积钱，金宝之上，皆有气，不可不察。海旁蜃气象楼台；广野气成宫阙然。云气各象其山川人民所聚积。

故候息秅者，入国邑，视封疆田畴之正治，城郭室屋门户之润泽，次至车服畜产精华。实息者，吉；虚耗者，凶。

若烟非烟，若云非云，郁郁纷纷，萧索轮囷，是谓卿云。卿云，喜气也。若雾非雾，衣冠而不濡，见则其域被甲而趋。

夫雷电、虾虹、辟历、夜明者，阳气之动者也，春夏则发，秋冬则藏，故候者无不司之。

天开县物，地动坼绝。山崩及徙，川塞溪垘。水澹地长，泽竭见象。城郭门闾，闺臬槀枯；宫庙邸第，人民所次。谣俗车服，观民饮食。五谷草木，观其所属。仓府厩库，四通之路。六畜禽兽，所产去就；鱼鳖鸟鼠，观其所处。鬼哭若呼，其人逢晤。化言，诚然。

凡候岁美恶，谨候岁始。岁始或冬至日，产气始萌；腊明日，人众卒岁，一会饮食，发阳气，故曰初岁；正月旦，王者岁首；立春日，四时之始也。四始者，候之日。

而汉魏鲜集腊明正月旦决八风。风从南方来，大旱；西南，小旱；西方，有兵；西北，戎菽为，小雨，趣兵；北方，为中岁；东北，为上岁；东方，大水；东南，民有疾疫，岁恶。故八风各与其冲对，课多者为胜。多胜少，久胜亟，疾胜徐。旦至食，为麦；食至日昳，为稷；昳至餔，为黍；餔至下餔，为菽；下餔至日入，为麻。欲终日有云，有风，有日。日当其时者，深而多实；无云，有风日，当其时，浅而多实；有云风，无日，当其时，深而少实；有日，无云，不风，当其时者稼有败。如食顷，小败；熟五斗米顷，大败。则风复起，有云，其稼复起。各以其时用云色占种所宜。其雨雪若寒，岁恶。

是日光明，听都邑人民之声。声宫，则岁善，吉；商，则有兵；徵，旱；羽，水；角，岁恶。或从正月旦比数雨。率日食一升，至七升而极；过之，不占。数至十二日，日直其月，占水旱。为其环域千里内占，则为天下候，竟正月。月所离列宿，日、风、云，占其国。然必察太岁所在。在金，穰；水，毁；木，饥；火，旱。此其大经也。

正月上甲，风从东方，宜蚕；风从西方，若旦黄云，恶。

冬至短极，县土炭，炭动，鹿解角，兰根出，泉水跃，略以知日至。要决晷景。岁星所在，五谷逢昌。其对为冲，岁乃有殃。

太史公曰：自初生民以来，世主曷尝不历日月星辰？及至五家、三代，绍而明之，内冠带，外夷狄，分中国为十有二州，仰则观象于天，俯则法类于地。天则有日月，地则有阴阳；天有五星，地有五行；天则有列宿，地则有州域。三光者，阴阳之精，气本在地，而圣人统理之。

幽厉以往，尚矣。所见天变，皆国殊窟穴，家占物怪，以合时应，其文图籍禨祥不法。是以孔子论六经，纪异而说不书。至天道命，不传；传其人，不待告；告非其人，虽言不著。

昔之传天数者：高辛之前，重、黎；于唐、虞，羲、和；有夏，昆吾；殷商，巫咸；周室，史佚、苌弘；于宋，子韦；郑则裨灶；在齐，甘公；楚，唐眛；赵，尹皋；魏，石申。

天运，三十岁一小变，百年中变，五百载大变；三大变一纪，三纪而大备：此其大数也。为国者必贵三五。上下各千岁，然后天人之际续备。

太史公推古天变，未有可考于今者。盖略以春秋二百四十二年之间，日蚀三十六，彗星三见，宋襄公时星陨如雨。天子微，诸侯力政，五伯代兴，更为主命。自是之后，众暴寡，大并小。

秦、楚、吴、越，夷狄也，为强伯。田氏篡齐，三家分晋，并为战国。争于攻取，兵革更起，城邑数屠，因以饥馑疾疫焦苦，臣主共忧患，其察禨祥候星气尤急。近世十二诸侯七国相王，言从衡者继踵，而皋、唐、甘、石因时务论其书传，故其占验凌杂米盐。

二十八舍主十二州，斗秉兼之，所从来久矣。秦之疆也，候在太白，占于狼、弧。吴、楚之疆，候在荧惑，占于鸟衡。燕、齐之疆，候在辰星，占于虚、危。宋、郑之疆，候在岁星，占于房、心。晋之疆，亦候在辰星，占于参罚。

及秦并吞三晋、燕、代，自河山以南者中国。中国于四海内则在东南，为阳；阳则日、岁星、荧惑、填星；占于街南，毕主之。其西北则胡、貉、月氏诸衣旃裘引弓之民，为阴；阴则月、太白、辰星；占于街北，昴主之。故中国山川东北流，其维，首在陇、蜀，尾没于勃、碣。是以秦、晋好用兵，复占太白，太白主中国；而胡、貉数侵掠，独占辰星，辰星出入躁疾，常主夷狄：其大经也。此更为客主人。荧惑为孛，外则理兵，内则理政。故曰"虽有明天子，必视荧惑所在"。诸侯更强，时灾异记，无可录者。

秦始皇之时，十五年彗星四见，久者八十日，长或竟天。其后秦遂以兵灭六王，并中国，外攘四夷，死人如乱麻，因以张楚并起，三十年之间兵相骀藉，不可胜数。自蚩尤以来，未尝若斯也。

项羽救巨鹿，枉矢西流，山东遂合从诸侯，西坑秦人，诛屠咸阳。

汉之兴，五星聚于东井。平城之围，月晕参、毕七重。诸吕作乱，日蚀，昼晦。吴楚七国叛逆，彗星数丈，天狗过梁野；及兵起，遂伏尸流血其下。元光、元狩，蚩尤之旗再见，长则半天。其后京师师四出，诛夷狄者数十年，而伐胡尤甚。越之亡，荧惑守斗；朝鲜之拔，星茀于河戍；兵征大宛，星茀招摇：此其荦荦大者。若至委曲小变，不可胜道。由是观之，未有不先形见而应随之者也。

夫自汉之为天数者，星则唐都，气则王朔，占岁则魏鲜。故甘、石历五星法，唯独荧惑有反逆行；逆行所守，及他星逆行，日月薄蚀，皆以为占。

余观史记，考行事，百年之中，五星无出而不反逆行，反逆行，尝盛大而变色；日月薄蚀，行南北有时：此其大度也。故紫宫、房心、权衡、咸池、虚危列宿部星，此天之五官坐位也，为经，不移徙，大小有差，阔狭有常。水、火、金、木、填星，此五星者，天之五佐，为纬，见伏有时，所过行赢缩有度。

日变修德，月变省刑，星变结和。凡天变，过度乃占。国君，强大有德者昌，弱小饰诈者亡。太上修德，其次修政，其次修救，其次修禳，正下无之。夫常星之变希见，而三光之占亟用。日月晕适，云风，此天之客气，其发见亦有大运。然其与政事俯仰，最近天人之符。此五者，天之感动。为天数者，必通三五。终始古今，深观时变，察其精粗，则天官备矣。

苍帝行德，天门为之开。赤帝行德，天牢为之空。黄帝行德，天夭为之起。风从西北来，必以庚、辛。一秋中，五至，大赦；三至，小赦。白帝行德，以正月二十日、二十一日，月晕围，常大赦，载谓有太阳也。一曰：白帝行德，毕、昴为之围；围三暮，德乃成；不三暮，及围不合，德不成。二曰：以辰围，不出其旬。黑帝行德，天关为之动。天行德，天子更立年；不德，风雨破石。三能、三衡者，天廷也。客星出天廷，有奇令。

译文：

天上的星座可以分为五大区域，称为五宫。在中宫正中央的一颗星称为天极星。它比附近的星都较明亮，常居于固定的位置不动，故称其为太一。旁边三颗星为三公，也有人把它们称为天帝的子属。在后面成钩形的四颗星中，最末一颗较亮，为正妃，其余三颗星为后宫的嫔妃之类，像匡卫一样环绕着天极星的十二颗星为藩臣，它们合起来称为紫宫。

正对北斗斗口的三颗星，向北面下垂，而呈端点尖锐的三角形，若隐若现，称作阴德，或叫作天一。紫宫左面的三颗星叫天枪；右面的五颗星叫天棓；后面的六颗星通过银河直达营室的星座，称为阁道。

北斗七星，这就是《尚书》所说的"考察旋、玑、玉衡的运动来确定七项政事的星座"。斗柄连着东方苍龙的角，斗衡正当着南斗的中央，斗魁则正好枕在参宿的头。因此，十二个月的月建可以用以下三种不同的方法来确定：初昏时用斗杓的指向定月建，杓在地理上的分野相当于华山的西南部；夜半时以斗衡所对定月建，衡相当于中州的河济之间的区域；平旦时以斗魁所指定月建，斗魁相当于代郡东北的区域。北斗为天帝的车子，它在中央运转，代表着天帝循行并节制四方。阴阳和四时的建立，五行的分配，节气和日月行度的确定，各种历纪的配合，都决定于北斗的运动。

与斗魁相对的匡扶天帝的六颗星，称为文昌宫。其中第一颗叫上将，第二颗叫次将，第三颗叫贵相，第四颗叫司命，第五颗叫司中，第六颗叫司禄。在斗魁里面，是贵人的牢狱。在斗魁下方的六颗星，每两颗两颗相近，叫作三能。三能的颜色相同，表示君臣协和；如果颜色不同，表示君臣互相违逆。在北斗第六颗星旁的是辅星，辅星如果明亮而且接近，则辅臣亲睦，国家强盛；如果远离而且暗淡，则辅臣疏远，国家衰弱。

斗杓的末端有两颗星，较近的一颗是矛，称为招摇；较远的一颗是盾，称为天锋。有如钩似环的十五颗星，附属于斗杓，称为贱人之牢。如果牢中星多，则表示狱里囚犯多；如果星少，则犯人得到开脱。

如果天一、枪、棓、矛、盾五颗星颤动，芒角增大，将有战争发生。

东宫之神为苍龙，其代表星座为房、心二宿。心宿为天王颁布政令的明堂，其中大星为天王，前后两颗小星为王子。这三颗星不希望它们在一直线上，在一直线上则天王施政有了疏失。房宿为天府，又称为天驷。天驷的北面一星即是右边的骖马。旁边有两颗星称为衿，即车的钩铃。北边的一颗星为辖，即车辖。东北弯曲环绕的十二颗星称为旗，旗中有四颗星称为天市，又有六颗星称为市楼。天市里如果星多，表示国库充足；如果星少，表示国库空虚。房宿南方的一群星称为骑官。

角宿左边的星为理，主刑法；右边的星为将，主军事。角宿旁边的大角星，是天王的朝廷。大角星的两边各有三颗星，成钩状，分立如鼎的三只足，称为摄提。摄提星，它正对着斗杓所指的方向，可以更准确地用以指示时节，所以摄提格的名称由此而来。摄提格，就是摄提星至的意思。亢宿为外庙，它主管疾病。它的南北两颗大星，称为南门。氐宿为天的根，主管疫疠。

尾宿有九颗星，代表着君臣，如果互相排斥离绝，则君臣不和。箕宿代表着调弄是非的客卿，它主管着口舌之象。

火星如果侵犯和守候在角宿，将有战事发生。火星侵犯房宿、心宿，也是王者忌讳的事情。

南宫之神为朱鸟。它的代表星座为权、衡。衡为太微，是日月五星的宫廷。环绕护卫着它的十二颗星，称为蕃臣：西面为将星；东面为相星；南面四星为执法；中间为端门；端门的左右为掖门。门内的六颗星为诸侯，里面的五颗星称为五帝座。后面聚集着的十五颗星，众星光芒蔚茂，称为郎位。旁边有一颗亮星，称为将位。月亮和五星循着正常的轨道顺行进入太微，则观察它们的出行和在其内守候的情况，如有违犯，由天子派使臣进行诛罚；如果月亮和五星是逆入的，就如不按轨道运行一样，要以所侵犯之位责罚相应的官员。如果侵犯的是帝座，则群臣相从谋为不轨的行迹已经显露；如果是金星、火星侵犯，则情况尤其严重。在太微的西边有五颗成椭圆形的星座叫作少微，为士大夫。权为轩辕，轩辕为黄龙星座的主体。其前面的一颗大星为女主的象征，旁边的小星则是侍御的嫔妃和后宫之属。月亮和五星对于权星的守犯情况，其占卜的原则与衡星一样。

东井是主管水事的星宿。它的西面成曲形的星座名叫钺。钺的北面是北河，南面是南河。两星分立南北，犹如天阙。日月五星通过其间，就像天津一样。舆鬼宿，主管祠鬼的事，它的中间，有白色的积气，称为质星，也叫作积尸。火星如果守候在南、北河，则战争将起，五谷不登。因此，有德的人先成形于衡宿；帝王将游观，先成形于天潢（五帝车舍）；有伤败的事，先成形于钺宿；有祸害之事，先成形于井宿；有诛杀的事，先成形于质宿。

柳宿为朱鸟的喙，主管草木之事。七星宿为脖颈，为朱鸟的喉，所以柳宿主管急事。张宿为鸟的嗉囊，所以是厨子，主管饮宴客人。翼宿是鸟的羽翼，主管远客到来之事。

轸宿为车子，主管风。它旁边有一颗小星，名叫长沙，这颗星一般比较暗，但有时能达到与轸宿四星相同的亮度。如果五星进入轸宿，那么战争就即将发生了。轸宿南面的一群星星，称为天库楼。天库中有五车，即五柱星。五柱星中如果星数众多，且芒角闪动，不成行列，则主车马骚动。

西宫之神为白虎，其代表星为咸池。咸池星为天五潢，即五帝的车驾和馆舍。火星入五潢，主旱；金星入五潢，有兵；水星入五潢，为大水。五潢中有三柱，每柱各三颗星。如果三柱不成行列，就会有战争。

奎宿又叫封豕，即大猪，主管开沟渠之事；娄宿主管众兵聚集；胃宿为天的谷仓；胃宿南面诸星称为廥积，为堆积牲饲的地方。

昴宿为髦头星，即代表白虎头上的长毛。它是主管胡人的星宿；又主白衣会，主管丧事和狱事。毕宿叫作罕车，像插着旌旗的车子，它代表边境的军队，主管狩猎。毕宿大星旁边的一颗小星叫作附耳，附耳如果摇动，表示有逸贼乱臣在人君之侧。昴宿和毕宿之间为天街，是日月五星的通道。天街的北面为阴国，南面为阳国。

参宿为白虎的主体。中间成一直线横着的三颗星，就是衡石；其下三颗向下垂的星称为罚，主斩伐芟刈之事；外围的四颗大星，就是白虎的左右肩和两股。另有三颗小星在参宿之北，称为觜觿，为白虎的头，主管守军之事。在参宿之南有四颗星为天厕，天厕下有一颗星为天矢。天矢呈黄色，则吉利；呈青色、白色或黑色，则凶。在参宿西面分三处罗列着的呈弯曲形的九颗星，其一名天旗，二名天苑，三名九游。在参宿的东面有一颗大星叫作狼。狼星如果生出芒角或改变颜色，则盗贼就多了。下面有四颗星叫作弧，与狼相对。狼星与地平之间有一颗大星，叫作南极老人星。如果老人星出现，则社会安定；如果不见，将有战乱。老人星常于秋分前后见于南郊。

附耳星如果进入毕宿之中，那就有战争发生了。

北宫之神为玄武，其代表星为虚宿和危宿。危宿的形状像屋盖；虚宿主管哭泣之事。

在虚宿、危宿之南聚集着许多星，叫作羽林天军。在羽林军的西面为垒星，或叫作钺星。在羽林军的旁边有一颗大星为北落星。如果北落微弱或者不见，羽林军颤动并且星数稀少，这时如果五星侵犯北落或进入羽林军，则有兵灾。如果是火、金、水三星犯入，情况就更为严重；火星主军忧；水星主水患；木、土星主军队吉利。危宿之东有六颗星，两两排列，叫作司空。

营室为天上的清庙，又是天帝的离宫。有阁道与之相通。银河中有四颗星，叫作天驷。旁边一颗星为王良，王良如果闪动，就是策马的象征，则人间就将到处有车骑奔驰了。其旁边有八颗星，横渡银河，称为天潢。天潢旁边是江星。江星一动，人就要涉水了。

杵、臼四颗星，在危宿的北面。它旁边的匏瓜星，如果有青黑星守着，那么鱼、盐就要贵了。

南斗六星为天帝的庙，在它的北面为建星。建星的形状弯曲如旗。牵牛星（牛宿）主管牺牲之事，在它的北面为河鼓。河鼓中的大星为上将，两旁的小星为左右将。牛宿的东边为婺女宿。在婺女宿的北面为织女星，织女为天帝之孙女。

太阳一个月运行一个星次，月亮一个月运行一周天而超行一个星次，因此观察日月的行度，可以揆度岁星运动的顺逆。岁星在五行中属东方木，主春，其判定季节的干支为甲、乙。有失义和国家，其征罚就显示在岁星上面。相对于正常运行，岁星有盈有缩，以它所在的星宿占卜相对应国家的命运。岁星所在星宿相对应的国家不可以去讨伐，这个国家可以征伐其他的国家。岁星运行超过它所应在的星宿，便称为嬴，未到达应在的星宿，则称为缩。岁星超舍，其相应的国家将有兵灾，但国家不会覆灭；岁星缩舍，所当的国家有忧患，将有战将死亡，国家倾败。如果岁星所在的地方，其他行星也都相从而聚于一宿，则其相应的国家可以义统率天下。

在摄提格这一岁（寅年），岁阴向左（顺时针）指向寅位，岁星则右行（逆时针）居于丑位。在正月时，岁星与斗、牵牛在清晨时同出现于东方。这时岁星名叫监德，其颜色青苍而有光。如果岁星运行失了星次，这时在西方应能见到柳宿。其岁早期有大水，晚期干旱。

岁星晨见东方以后，顺行十二度，用时一百日而停止，再逆行八度，用时一百日，然后再顺行。岁星一年行三十度又十六分度之七，平均每天行十二分度之一，计十二年而运行一周天。在每一个会合周期中，开始于晨出东方，结束于黄昏时隐没于西方。

在单阏这一岁（卯年），岁阴在卯位，岁星居子位，二月时与婺女、虚、危三宿在清晨时同现于东方。这时岁星名叫降入，其颜色大而有光。当岁星失次时，在西方应能见到张宿。这一年有大水。

执徐岁（辰年），岁阴在辰位，岁星居亥位。岁星在三月时与营室、东壁晨出东方。这时岁星名叫青章，其颜色青青而章明。如果岁星失次，其时在西方应能见到轸宿。此年早期有旱灾，晚期有水灾。

大荒骆岁（巳年），岁阴在巳位，岁星居戌位。岁星在四月与奎宿、娄宿晨出东方。这时岁星名叫跰踵，其颜色像熊熊燃烧的火焰，赤色而且有光。如果岁星失次，这时在西方应能见到亢宿。

敦牂岁（午年），岁阴在午位，岁星居酉位。岁星以五月与胃宿、昴宿、毕宿辰出东方。这时岁星名叫开明，其颜色炎炎有光。这年应该息武事，不利于治军，只对公王有利。岁星如果失次，这时在西方应能见到房宿。此年早期旱，晚期大水。

叶洽岁（未年），岁阴在未位，岁星居申位。岁星以六月与觜宿、参宿晨出东方。这时岁星名叫长列，其颜色明亮而有光，这时利于用兵。岁星如果失次，在西方应能见到箕宿。

涒滩岁（申年），岁阴在申位，岁星居未位。岁星以七月与东井、舆鬼晨出东方。这时岁星名叫大音，其颜色为明亮的白光。如果岁星失次，在西方应能见到牛宿。

作鄂岁（酉年），岁阴在酉位，岁星居午位。岁星以八月与柳宿、七星、张宿晨出东方。这时岁星名叫长王，其颜色灼灼有光芒。此年国家昌盛，五谷丰收。岁星如果失次，在西方应能见到危宿。虽有旱情，但仍昌盛，有女丧，人民有疾苦。

阉茂岁（戌年），岁阴在戌位，岁星居巳位。岁星以九月与翼宿、轸宿晨出东方。这时岁星名叫天睢，其色白而光辉盛大。岁星如果失次，在西方应能见到东壁。此年有大水和女丧。

大渊献岁（亥年），岁阴在亥位，岁星居辰位。岁星以十月与角宿、亢宿晨出东方。这时岁星名叫大章，呈苍青色。它好像是早晨突然从阴地里跳出来似的，这就叫作正平。与岁星所在星次相对应的国家如果用兵，其将帅必定勇武；如果国家有德，将能使四海臣服。岁星如果失次，在西方应能见到娄宿。

困敦岁（子年），岁阴在子位，岁星居卯位。岁星以十一月与氐宿、房宿、心宿晨出东方。这时岁星名叫天泉，呈玄黑色，但很明亮，此年江池水产昌盛，但不利于用兵。岁星如果失次，在西方应能见到昴宿。

赤奋若岁（丑年），岁阴在丑位，岁星居寅位。岁星以十二月与尾宿、箕宿晨出东方。这时岁星名叫天皓，呈烟黑色，但很清楚。岁星如果失次，在西方应能见到参宿。

岁星有一定的行度，如果当居某宿而不居，或者虽然居其位但左右摇动，不该去而又提早离去，与其他星会合，那么所当的国家有凶。岁星在其宿久居不行，则所当之国有厚德。如果其有芒角且颤动，其光芒时大时小，颜色数变，则人主有忧。

岁星失次超过一宿以上，盈入东北，则三个月生天棓，长四丈，末端锐；盈入东南，三个月生彗星，长二丈，形状像扫帚；退缩入西北，三个月生天欃，长四丈，末端锐；退缩入西南，三个月生天枪，长数丈，两头尖锐。应该谨慎地观察岁星的赢缩状况，其对应的国家不可举事用兵。岁星出现时像要往上浮却下沉，其对应的国家对土地有所收获；岁星如果像要往下沉却又上浮，则所当的国家将要丧失土地。岁星的颜色赤而有芒角，其所居的国家昌盛。如果赶在岁星生芒角时去打仗，将不能取得胜利。星色赤黄而且下沉，则所当的国家将获得大丰收。岁星的颜色青白而赤灰，而所对应的国家将有忧患。月食岁星，则所对应的国家有逐相之事。岁星与太白相遇，所当的国家就要有失败的军队了。

岁星一名摄提，一名重华，一名应星，一名纪星。营室为天上的清庙，也就是岁星的庙。

观察惩罚之气，以判定荧惑的方位。荧惑在五行中属火，主夏，其判定季节的干支为丙、丁。如果有失礼的国家，其惩罚就显示在荧惑上，这就是荧惑失行。荧惑出现则有兵，消失则兵散，以它所在星宿的分野判断凶吉，荧惑代表了勃乱，伤残、贼害、疾病、死丧、饥馑和兵灾。荧惑逆行二宿以上，然后停留在那里，则三个月有殃；五个月受到敌军的攻击；七个月失去一半土地；九个月失去大半土地；如果从晨出东方到夕入西方这个过程中，一直与该星宿同出入，则相应的国家就要灭亡了。荧惑所停留的国家，如果灾祸很快地到来，则本来应该严重的灾祸反而变小了。如果荧惑守候在舆鬼南面，则男子受害；守在北面，则女子受害。如果荧惑芒角闪动，并且绕圈打转，或者忽前忽后，忽左忽右，则灾害更为严重。与其他行星相遇，如果光芒相及，则有灾；不相及，则无灾。如果行星都跟随荧惑聚于一宿，则其下之国就能以礼统率天下。

推算荧惑行度的方法是，晨出东方，顺行十六宿而留；逆行二宿，计六十天；再顺行十数宿，计十个月，然后夕隐没于西方；伏行五个月，再次晨出东方，完成一个周期。荧惑夕出西方叫作反明，这是所当之国忌讳的。荧惑向东顺行快，一天行一度半。

当荧惑向东、西、南、北方向疾行时，双方之兵都聚集在它的下面，当顺着其运行方向用战时，便获得胜利；逆着方向时，则失败。荧惑如果跟随着太白，则军队有忧；离开太白时军队将退却；荧惑出现在太白北边，将有分军攻击；出现在太白南边，将有副将出战；荧惑在运行过程中如果被太白赶上了，将有破军杀将之事发生。荧惑进入并守、犯太微、轩辕、营室时，这是所当者忌讳的事情。心宿为天上的明堂，也就是荧惑的庙，对此要谨慎地占候。

斗宿是各种天体运行的起算点，计算与斗宿相会的状况，可以确定填星的位置。以五行来推算，填星属中央土，主季夏，其判定季节的干支为戊、己。土为黄帝主德，女主的象征。填星一岁顺行一宿，其所居之宿相应的国家吉利。不当居而居，或是已经离开而又返回，回来后还停留着，则所当的国家将得到土地，否则将得到女子。如果当居而不居，或者已经停留下来又向东或向西离去，则所当的国家将丧失土地，不然将丧失女子，该国不可举事用兵。它停留得越久，其相应国家的福分就越厚重；停留得短，则福薄。

填星另一个名字叫地侯。主年岁的丰歉。它每岁行十三度又一百十二分之五度，日行二十八分之一度，计二十八岁行一周天。在其所居的地方，如果五星都相从而聚于一宿，则其相应的国家可以凭借威势统率天下。如果礼、德、义、杀、刑这些维持天下的理法都丧灭了，那么填星也就会因此而动摇。

填星运行如果赢，做王的不安宁；如果缩行，则出战的军队不得复返。填星，它的颜色是黄的，有九道芒角，音中黄钟之宫。填星失次超过二三宿称为赢，所当国家的国君将要死亡，否则将有大水暴发；失次迟于二三宿称为缩，所当之国王后将有悲戚事，该年将亡而不得复生，不然将天裂地动。

斗宿为天上的太室，填星之庙，是属于天子之星。

木星与土星相合，将有内乱和饥荒发生，这时不能用兵，战之则败；木星与水星相合，则应更改策略和行事；木星与火星相合主干旱；木星与金星相合为白衣会，主丧亡疾病，也主水灾。金星在木星南称为牝牡，主当年谷熟；金星在木星北，则当年毫无收成。火星与水星相合为焠，与金星相合为铄，主丧，不可以兴事，用兵将大败；火星与土星相合有忧，主有作孽的公卿，国大饥，战则败，有败军，军受困，办事将一败涂地。土星与火星相合，谷物丰收，但国家将受到困阻，有覆灭的军队，所当之国不可以兴办事业，与二星所出相对应的国家将失地，与所入相对应的国家将得地；土星与金星相合，则主疾病，内有叛军，将失地。木、火、土三星相合，与所在星宿相当的国家内外均有兵与丧亡，将改立王公；如四星相合，则兵、丧二灾将同时发生，君子有忧患，下民将流亡；如果五星相合，那就要改弦更张了，有德者，受到人民的拥戴，改立为王者，统率着四方，子孙也蕃茂昌盛，无德者，则遭受祸殃，以至于灭亡。如果五星皆大，则影响的事也大，如果五星皆小，则事也小。

行星提早出现为赢，赢者为客，晚出现为缩，缩者为主人。二者均为失次，必有应验于斗杓。三行星同处于一舍为合，互相侵凌为斗，二星相距在七寸以内，就必定发生斗的现象。

五星有白环，主丧和干旱；有赤环，则内有不平事，主兵；有青环，主水患；有黑环，主疾疫，多死丧；有黄环，则吉利。星赤色而有芒角，则有敌人来犯我城池；星呈黄色而有芒角，则有土地的争执；星呈白色而有芒角，将有哭泣之声；星呈青色而有芒角，则有兵患；星呈黑色而有芒角，则有水灾。这些都预示着战争的最终结果。如果五星颜色相同，则天下息兵，百姓昌宁，春风秋雨，冬寒夏暑，风调雨顺，没有灾异。

填星晨出东方后，顺行经一百二十日，转而向西逆行，逆行一百二十日以后，再次向东顺行，共见三百三十日，而夕入西方，入伏三十日而复晨出于东方，完成一个运动周期。上元太岁在甲寅之年，镇星在东壁，东壁是从营室分出的，故也就是在营室。

观察太阳的运行可以判断太白的方位。太白在五行中属西方，主秋，其判定季节干支为庚、辛。太白主杀，如果刑罚有疏失，其惩罚将显示在太白上：太白运行失常，其吉凶将呈现在所对应的国家。太白晨出东方，运行十八宿，用时二百四十日；然后再隐没于东方，伏行十一宿，用时一百三十日；夕入西方以后，伏行三宿，用时十六日而再次晨出东方。如果太白当出不出，或者当入不入，这是失舍，便应在军队破败，或者发生君位被篡之事，二者必居其一。

从历纪的上元摄提格之岁（寅年），太白与营室晨出东方开始起算，自营室起，行十六宿，至角宿而隐没于东方；伏行十二宿，至营室而夕出西方；又行十六宿，至角宿而夕入西方；伏行后再次与角宿晨出东方，完成一个会合周期，共行星四十四宿左右。第二周与角宿晨出，入于毕宿。伏行后与角宿夕出，入于毕宿，伏行后与毕宿晨出东方。第三周与毕宿晨出，入于箕宿，与毕宿昏出，入于箕宿。第四周与箕宿晨出，入于柳宿，与箕宿昏出，入于柳宿。第五周与柳宿晨出，入于营室，与柳宿夕出，入于营室。第六周又与营室晨出，完成了一个大的会合周期，凡出入东西各五次，需时八年，即二千九百二十日，再次与营室晨出东方。平均的结果是，大约一岁一周天。当金星刚开始晨出东方时，其运行缓慢，平均一天行半度，一百二十日，必行一两宿；达到极点后，日行一度半，一百二十日而入于东方。当它行低而近日时，叫作明星，性柔和；当它行高而远日时，叫作嚣，性刚强。它刚从西方出现时，行度较速，平均每天行一度半，共行一百二十日；达到极点后，就开始行迟，每天行半度，计一百二十日，必行一两宿，然后夕入西方。当它行低而近日时，叫作太白，性柔和；当它行高而远日时，叫作大相，性刚强。它以辰、戌方位出，以丑、未方位入。

如果太白当出现而不出现，不当入而入，则天下将息兵，在外的兵也将返回。未当出而出，当入而不入，则天下将有兵灾，所当之国破败。如果按时出入，则所当之国昌盛：其出于东方，主东方之国；入于东方，主北方之国；出于西方，主西方之国；入于西方，主南方之国。如果停留的时间长久，则所主的那一方有利；停留短，则所主的那一方有凶。

其夕出西方，向东运行，则正西方的国家吉利；其晨出东方，向西运行，则正东方的国家吉利。金星的运行一般不能经天，一旦经天运行，则天下就将发生大的变革了。

太白星小而有芒角闪动，主有兵起。开始出现时大，后来变小，则兵弱；开始出现时小，后来变大，则兵强。太白出行距地高，则用兵深入吉利，不敢深入则凶；太白出行距地低，则用兵不深入吉利，深入则凶。太阳偏南方时（在赤道南）金星在日南，太阳偏北方时（在赤道北）金星在日北，则金星的运动叫作赢，主侯、王不宁，用兵时进则吉，退则凶；日在南方金星在日北，日在北方金星在日南，这时金星运动叫作缩，主侯、王有忧，用兵时退兵吉利，进兵则凶。用兵应该像太白那样，太白行疾，兵易疾行；太白行迟，则兵易迟行。太白有芒角，则士兵敢战；太白动摇轻躁，则军队也轻躁；太白圆且稳静，则军队也稳定。顺着太白星芒角所指的方向出击则吉利，反之则凶。太白出则出兵，太白入则收兵。太白呈赤色且有芒角，则有战争发生；呈白色且有芒角，则有死丧之事。呈黑环且有芒角，主有忧，有与水有关的事情发生；呈青环且有小芒角，也有忧，有与木有关的事情发生；呈黄环且有平和的芒角，则有与土有关的事情发生，将会获得好收成。如果已出三日而又微微隐没，或者已入三日后又长时间地复出，这就称为奭，所当的国家将有军队溃散和将帅的败北；如果已入三日又再次微微出现，或出三日而又长期没入，则与其相应的国家有忧患，军队的粮食和军需品将白白送给别人使用，兵卒虽多，也将变成敌人的俘虏。太白如果夕出而失行，则外国败；晨出东方而失行，则中国败，如果其环大且呈黄色而润泽，则可看作好事；如果其环大而且呈赤色，则有盛兵而不战。

太白的颜色是多变的，其白色可与天狼星相比，赤色可与心宿大星相比，黄色可与参宿左肩之星（参宿四）相比，苍色可与参宿右肩之星（参宿五）相比，黑色可与奎宿大星（奎宿九）相比。如果五星都跟随太白聚于一宿，则相应的国家可以兵威统率天下。太白如果实居其位，则相应的国家有所收获；如果是由于盈缩之故而居之，则就没有收获。利用太白，可以做出多种占卜，但主次各有不同。判断的根据是，其运行的盈缩胜于颜色，颜色的变化又胜过所处的方位，所出现的方位又胜于不出现太白的地方（失次），总起来说，盈缩所引起的影响，超过了其他的一切影响。如果太白出而停留在桑榆间不动，将有害于所当的国家；如果很快地上升，没有到应该到的日子，便上升到超过全天三分之一的宿度，将有害于所对的国家；如果金星运行上而复下，又下而复上，则主有反叛的将军。如果金星入月，主有将军受刑戮。金、木二星合而光不相及，其下所当的国家不会遭遇交战，虽然起兵，也不会发生战斗；如果二星合而光芒相及，则郊野里就会有破败的军队了。太白在西方出现，如果在黄昏时从暗处出，阴兵强；在暮食时出，是稍弱；夜半出，中弱；在鸡鸣时出，则大弱，这时称为阴陷于阳。如果黎明时在东方出现，阳兵强；鸡鸣时出现，小弱；夜半时出现，中弱；黄昏时出现，则大弱，这时称为阳陷于阴。如果在太白伏行时出兵，则兵有祸殃。如果太白在卯南（东南）出现，则南军胜北军；出现在卯北（东北），则北军胜南军；在正卯（正东）出现，东方的国家有利；在酉北（西北）出现，北军胜南军；在酉南（西南）出现，南军胜北军；在正西（正西）出现，则西方的国家胜。

太白与列星相犯，有小的战争；五星相犯，则有大战。相犯时，如果太白在列星南出现，南国败；在列星北出现，则北国败。太白行得快，表示有武事，停留不动，有文事。太白星色白而有五道光芒，则早出有月食，晚出有妖星和彗星，将影响到地上相应的国家。太白出现于东边为德，从左边迎着太白的方向办事则吉利；太白出现于西边为刑，从右边背着太白的方向办事则吉利，与之相反则都凶。如果太白的光亮能够照物见影，打仗则能取胜。如果白天见太白经天而行，称为太白争明，主强国弱，小国强，女主昌盛。

亢宿为疏庙，是太白星的庙。太白是大臣，号为上公。太白的其他名字还有：殷星、太正、营星、观星、宫星、明星、大衰、大泽、终星、大相、天浩、序星、月纬。关于大司马位，应谨慎地用以上方法进行占卜。

观察太阳与辰星的交会情况，可以推知辰星的方位。辰星在五行中属北方水，为太阴的精气，主冬。其判定季节干支为壬、癸。如果刑罚有疏失，其征罚就应验在与辰星所在星宿相应的国家。

用辰星可以校正四时：如果辰星与奎、娄、胃宿夕出，则这些星宿为在太阳以东的五宿，在分野上属齐，应是仲春春分；如果辰星与东井、舆鬼、柳夕出，为太阳以东的七宿，在分野上属楚，应是仲夏夏至；如果辰星与角、亢、氐夕出，为太阳以东四宿，分野上属汉中，应是仲秋秋分；如果辰星与尾、箕、斗、牵牛晨出东方，则这些星宿俱在太阳以西，分野上属中国，为仲冬冬至。辰星的出入，常在辰、戌、丑、未方位。

辰星过早出现，将有月食发生；过迟出现，将有彗星和妖星。辰星应见不见为失行，主追兵在外而不战；如果一个季节不出现，则该季节天下不和；如果四季不出，则天下将发生大的饥荒。如果在该出的时候出现，色白为旱；色黄为五谷丰收；色赤有兵灾；色黑有大水。辰星出东方，如果形大而色白，虽有敌兵在外，也能化解。如果辰星在东方，为赤色，则中国胜利；如在西方，为赤色，则外国有利。如果辰星为赤色，虽无敌兵在外，也将发生战乱。当辰星与太白同出东方并皆为赤色时，则外国大败，中国胜利；同出西方并皆赤色而有芒角时，则外国有利。如果五星分布于天空的一半，都聚于东方，则中国利；聚于西方，则外国用兵者利。如果五星都跟随辰星而聚于一宿，则所对应的国家可以凭借法令统率天下。如果辰星不出，则太白为客；辰星出，则太白为主人。辰星出但不跟随着太白运动，则野外虽有军队，却不会发生战斗。如果辰星出东方，太白出西方；或者辰星出西方，太白出东方，称为格（不和同），野外虽有军队，但不会交战。如果不在应出之时而出，则当寒反暖，或当热反寒。如果当出不出，称为击卒，主天下兵革大起。如果辰星入太白中，后又从上面出现，主军队破败，将领被杀，客军胜；如果从下面出现，则主客亡地。辰星芒角所指的方向，主有破败的军队。辰星一名兔星，它环绕太白运动，如果相斗，则将发生大的战争，主客胜；如果辰星通过太白，中间容下一剑之地，则会发生小的战争，也主客胜。辰星居太白前，两军罢战；辰星出现在太白左面，则有小的战斗，如果辰星与太白相摩擦而过，则主有数万人的大战，有将吏死亡；如果辰星出现在太白的右方，相距三尺，主两军紧急约战。辰星有青色芒角，主兵忧；有黑色芒角，主水灾；有赤色芒角，主走投无路的败兵的末日到了。

兔星有七个名字，那就是小正、辰星、天欃、安周星、细爽、能星、钩星。它的颜色黄而且光亮较小，出行之后运行得快，所以天下的制度常有变革而不完善。兔有五种颜色，呈青环时则有忧，呈白环时有丧，呈赤环时中有不平，呈黑环时吉利。有赤色芒角时主敌兵犯我城，有黄色芒角时主争地，有白色芒角时将听到号泣之声。

辰星晨出东方，行四舍，计四十八度，二十日后，又隐没于东方；辰星夕出西方，行四舍，计四十八度，二十日后，又隐没于西方。另外一种情况，在室宿、角宿、毕宿、箕宿、柳宿观察它。如果辰星从房、心二宿间出现，将有地震发生。

辰星有颜色的变化，如果春季呈青黄色，夏季呈赤色，秋季呈青白色，则为丰收年景。冬季辰星如果黄而不明，即使后来改变颜色，这个时期也不会昌盛。春季如果不见辰星，则主大风，秋季没有收成；夏季不见辰星，则主有六十日之干旱，同时有月食发生；秋季不见辰星，有兵灾，春天草木不生；冬季不见辰星，有六十天的阴雨，有流民，夏季草木不生。

二十八宿在地理上的分野是：角、亢、氐三宿为兖州。房、心二宿为豫州。尾、箕二宿为幽州。斗宿为江、湖之地。牵牛、婺女二宿为扬州。虚、危二宿为青州。营室、东壁二宿为并州。奎、娄、胃三宿为徐州。昴、毕二宿为冀州。觜、参二宿为益州。东井、舆鬼二宿为雍州。柳、七星、张三宿为三河地区。翼、轸二宿为荆州。

七星宿为员官，辰星的庙，是主管蛮夷的星。

两军对阵，则有日晕。日晕均匀，则两军势均力敌；日晕厚而且长大，则互有胜负；日晕薄而且短小，则没有胜负。日晕重重相抱，则军将大破；无抱，则两军修和；日晕相背，则不和，两军分离而去。日晕直立，主自立，有王侯立，有破军杀将。既负又载（日上日下均有光气），主有喜事。日晕如被围在日中央，则主被围者胜，如日晕在外，主围者胜。日晕如果外青而中赤，则双方媾和而去；外赤而中青，则交恶而去。如果气晕先到而后去，则守军胜；如果先到者先去，则守军前利后害；如果后到者后去，则守军前害而后利；如果后到先去，则前后都受害，守军不胜。日晕出现后离去，如果出现的时间很短暂，则虽然战胜却无所收获；出现半日以上，则能获大功。如果有短而直、上下都尖锐的白虹出现，则相应的一方将有大的丧亡。以日晕占卜胜负，近者三十日，远者六十日应验。

日食的占卜是，日食时，与太阳所处星宿相应的国家不利；生光时，与生光相应的国家有利。如果日食食尽，则应验在国君身上。以当时太阳所处的方位和所在星宿，再配合以日期和时刻，用以占卜相应国家的吉凶。

月亮在中间轨道运行时，则天下安宁和平。在阴间（中道以北）运行时多水，多恶事；中道以北三尺的地方有阴星；距离中道以北三尺处为太阴道，月行太阴道，则有大水和兵灾，当月亮在阳间（中道以南）运行时，则有骄恣的事情发生；在中道南三尺处是阳星，月亮行于阳星，则多大的刑讼；中道南三尺处为太阳道，月行于太阳道，则主大旱和丧事。角宿为天门，月亮如十月过天门，则四月水发，如十一月过天门，则五月水发，如十二月过天门，则六月水发，水深近则三尺，远则五尺。月亮若犯四辅（房宿），则有辅臣受诛。月亮如果运行至南、北河，则以阴阳判断旱、水、兵丧。

如果月食岁星，则与所在星宿相应的地方将发生饥荒或败亡；月食荧惑主有乱；月食填星主下犯上；月食太白主强国战败；月食辰星主有女乱，月食大角星则人君有忌讳；月食大火星，主有内乱的贼人；月食列宿，则该宿所相应的地方有忧患。

推算月食的周期，从历元开始之月的第一次月食起算，以后每隔五个月可能有一次月食发生，接连六次；然后又每隔六个月可能有一次月食发生，接连五次；然后又每隔五个月可能发生一次月食，接连六次；以后隔六个月可能有一次；又隔五个月可能有一次，接连五次，共计一百十三个月而完成一个月食周期（前后总月数不合，当有误），又回到初始状态。所以月食是经常发生的事，而日食就不常见了，见之必有灾应，故《诗经》说"于何不臧"。以日时干支占卜月食吉凶的方法如下：甲、乙主四海之外，所以海内之日月食不必占卜；丙、丁主江、淮、海、岱；戊、己主中州的河、济；庚、辛主华山以西；壬、癸主恒山以北。日食应在国君，月食应在将相。

国皇星，形大而赤，样子很像南极老人星。与所出现的宿位相应的地方有战争发生，并且兵力强盛，而与其对冲的国家则不利。

昭明星，形大而色白，没有芒角，忽上忽下移动。所当的国家将有战争，而且多变乱。

五残星，出现于正东方的地平之上，其形状像辰星，离地可达六丈。

大贼星，出现于正南方地平之上，星离地可达六丈，形大而且呈赤色，常常闪动而有光辉。

司危星，出现在正西方地平线以上，离地可达六丈，形状大而呈白色，像太白星。

狱汉星，出现在正北方地平以上，离地可达六丈，形大而呈赤色，常常闪动，仔细观察，中间是青色的。这四方所出现的异星，如果在不应出的方位出现，则所当的国家有兵灾，与其对冲的国家也不吉利。

四填星，出现在四角，离地可达四丈。

地维、咸光星，也出现在四角，离地可达三丈，其光像月亮始出时的样子。其出分野所当的国家有乱事，作乱者亡，有德者昌盛。

烛星，形状像太白，它出现时并不移动，一现即灭。出现时相应国家的城邑有乱事。

有一种如星非星、如云非云的天体，叫作归邪。当归邪出现时，就必定有归国者回国。

星是金属散发出来的气体而形成的，它的本质为火。星多则国家吉利，星少则国家凶。

银河也是金属散发出来的气体形成的，它的本质为水。银河中星多，则地上多水，星少则旱。这是大概的原则。

天鼓，它发出的声音似雷非雷，音在地表而传到地下。其所出现的地方，将有兵事。

天狗，其形状像大的奔星，出现时有声响，它落到地上，形状像狗。在坠落的过程中，其炎炎的火光冲天，落到地下之后，下面的圆坑有数顷田大。上面尖锐的，则呈黄颜色。主在千里之外破军杀将。

格泽星，像火焰的样子，呈黄白色，从地上升起而上行。下面大，上面锐。凡是格泽星出现的地方，不须耕种就能得到收获；但如果没有土地方面的收获，则就必然有大的祸害发生。

蚩尤旗，其形状像彗星，但尾弯曲像旗子，它的出现，主王者征伐四方。

旬始，常出现于北斗星旁边，其形状如雄鸡。当其发怒时，呈青黑色，像匍匐着的鳖。

枉矢，状如大流星，像蛇行似地行动，呈苍黑色，看上去好像长了羽毛似的。

长庚，如一匹布似地分布在天上。此星如果出现，将有兵灾。

星落到地上，便是石头。在河、济之间的地方，常有坠星发现。

天气晴朗，就可能看到景星出现。景星是德星。其形状不定。常出现于有道德的国家。

大凡观察云气,从较低的地方仰着头向上观察时,能看到三四百里;如果在桑榆之上向远处平望,可以看到一两千里远;如果爬到高山上俯视远处,可以看到三千里远。云气有各种形状,以有兽居上者为胜。

各地云气的颜色不同,自华山以南,云气下黑上赤;嵩高、三河的郊外,云气为正赤色;恒山的北方,云气下黑上青;勃、碣、海、岱之间,云气都是黑色的;江、淮之间,云气都是白色的。

认识了这些带有地方特征的云气之后,便能识别和判断带有各种事物特征的云气。象征得到徒众的云气是白色的;得土功的云气是黄色的。车队的云气忽高忽下,往往聚在一起;骑队的云气则低而宽广;得士卒的云气则抟转扭曲。前低后高的云气主军行疾;前方而后高的云气主士气锐;后锐而低的云气主军退行;平平的云气主军行舒缓;前高而后低的云气主不停而返回。两气相遇,则低胜高,锐胜方。低低地沿着车辙而来的云气,不过三四日军情即能表现出来,离开五六里远可以看到;离地七八尺高而来的云气,不过五六日即能显现,离开十余里远可以看到;离地一二丈而来的云气,不过三四十日即能显现,离开五六十里远能看见。

摇捎之云,其中颜色洁白的,主将领悍勇而士卒怯懦,基部大而前端延长到很远处的云,主战争;颜色青白、前端低下的云气,主战胜;前面赤色而向上仰的云气,主战不胜。阵云像直立的墙垣;杼云形状像杼;轴云如螺旋,两端尖锐;构云牵着云像绳子,在前面横亘全天,它的一半也有半天宽;那种霓虹,类似阙旗,所以尖锐;钩云弯曲。以上各种形状的云气,还须以五种颜色配合占卜。润泽而抟密在一起,出现时形象异常动人的云气,方才有征兆可占。战争将要发生,则云气必合斗于所当之地。

王朔所占候的内容,都取决于太阳旁边。日旁的云气,是人主的象征,都依它们的形状来占卜。

因此,象征北方夷狄的云气,就像群畜和穹庐的形状。南方蛮夷的云气,象征着舟船和旗帜的形状。行将发生大水的地方,军队溃败的战场,国家破灭的废墟,地下藏有金钱和财宝等处的上方,都有云气呈现出来,不可不仔细观察。海边的蜃气像真正的楼台,广野的云气像宫阙的样子。各地的云气,各与其山川人民所积聚而生的云气相当。

因此,占候各地繁荣衰落的人,每到一个都邑,就必须考察疆界田地的治理和城郭房舍门户的润泽状况,然后再考察车驾服饰畜产等重要物资,凡是充实者则吉利,虚耗者凶。

如烟非烟、如云非云、繁茂杂乱、内中萧疏地散布着形如圆形囷仓的云气,称为卿云。卿云主喜气。另一种如雾非雾,但并不沾湿衣冠的云气,如果出现了,则其地将发生战争,人人都将披甲参战了。

雷电、霞虹、霹雳、夜明这些现象,都是由于阳气动而产生的。春夏则出现,秋冬则掩藏,所以占候的人无不等待观察。

在自然变化上,要观察天开裂见物悬示的现象;还要观察山崩陵徙,河川壅阻,溪谷堵塞,水流回旋起伏,地面隆起,水泽枯竭,显示迹象。在人事上,要观察城郭里弄的繁荣和衰落;从宫庙邸第,可以了解到人民居处的状况;从童谣习俗车辆服饰,去了解人民的饮食;从五谷草木,去观察它们生长的地方;留意府舍厩库、四通之路的状况;从六畜禽兽,了解它们生长繁衍的环境;从鱼鳖鸟鼠,观察它们藏匿的地方;留意鬼哭呼号,使人相遇而惊的现象。虽然可能是传讹之言,但仍然有可信的地方。

凡是占候年成的好坏，一定要谨慎地观察一岁的开始。一岁的开始有四种：一曰冬至日，是万物刚刚开始萌发；二是腊明日，这是群众卒岁、围聚饮宴、引发阳气的日子，故称为初岁；三是正月初一，王者的岁首；四是立春日，为四季之开始。此四种岁始，是占候之人观察的日子。

汉朝人魏鲜曾经收集过腊明日和正月朔旦时决定八风的方法。风从南方来，则大旱；风从西南，小旱；从西方，有兵；从西北，大豆丰收，有小雨，促成起兵；从北方，为中等年成；从东北，为上等年成；从东方，有大水；从东南，人民有疾疫，收成差。而八风应与其对冲相遇的风相比较，以判断多者为胜：多胜少，久胜短，速胜慢。风对五谷的占兆是：旦至食时，主麦；食时至日昳时，主稷；昳至餔时，主黍；餔时至下餔，主豆；下至至日入，主麻。要求腊明日和正月朔日这一天整天有云有风有太阳。逢着这样一天则该年收获时间长而且结实多；遇到无云而有风有太阳，则该年收获时间短而结实多；遇到有云有风无太阳，则该年收获时间长但结实少；遇到有太阳无云无风，则该年庄稼将受到损害；如果一顿饭的时间无云无风，则收成小损；如果煮熟五斗米的时间无云无风，则收成大损；如果后来风复起而且有云，则受损失的庄稼还能复苏过来。所以，应该考虑不同时刻的云色，选择种植适宜的作物。如果该日有雨雪而且寒冷，则该岁年成不好。

在岁始那一天，如果是晴朗的天气，就听城里人民的声音，如果是中宫声，该岁善吉；如果是中商声，该岁有兵灾；如果是中徵声，该岁天旱；如果是中羽声，该岁有水患；如果是中角声，则收成不好。另一种占卜丰歉的方法：这就是从正月朔旦开始，卜人民吃粮的多少，看哪一天下雨，每推迟一天下雨增食粮一升，直至初七日为止，超过初七下雨就不占了。还有一种占卜的方法是：从正月初一日数至十二日，日数和月数相对应，看这十二天的雨情，用以占一年十二个月的水旱。如果为超过千里范围的大国占卜，则就像为天下占卜一样，需要以整个正月来占卜了。该月中以各日月亮所在的星宿、各日的太阳、风、云的状况，综合起来占卜各地的年成好坏。但是，总起来说，还必须观察太岁的所在来确定：太岁在金位（西方申、酉、戌），丰收；在水位（北方亥、子、丑），庄稼毁坏；在木位（东方寅、卯、辰），有饥荒；在火位（南方巳、午、未），干旱。这就是占卜一岁美恶的大概情形。

正月的第一个甲日为上甲日，该日如果风从东方来，则该年适宜于养蚕；如果风从西方来，而且日出时有黄云，则该年岁恶。

冬至白天最短。这个时候如果将土炭放于称衡之上，综合观察土炭上称衡移动、鹿角解蜕、兰根发芽、泉水跃出的日子，这些物候是阳气开始萌动的象征，由此可以概略地得知冬至的日期。确切的冬至日期，则主要决定于晷影长短的变化。一般地说，与岁星所在星宿相应的国家将五谷丰收，社会昌盛，与此星宿相对冲的国家则有祸殃。

太史公评论说：自从开始有人类以来，君主哪有不推算日月星辰的运行以定历法呢？待到三皇五帝时，他们承继前人的知识，并且进一步发扬光大。他们对内尽力发展中原的文化，对外治理夷狄，分中国为十二州。抬头则观察天象的运行法则，低头则取法于地上万物的变化规律：天有日月之分，地有阴消阳化之别；天有五星的运行，地有五行的交替变化；天有列宿的分布，地有州域的临接。日月星三光，是地上阴阳的精气上升后形成的，这精气的根源则在地上，所以圣人能够认识和掌握它。

幽王、厉王以前的事，那已经是很久远了。所见到的天变，都是各国特殊的现象，并没有代表性，各家以不同的物异变怪来占卜，用以牵合当时的应验，因此，古代流传下来的图籍中所记载的吉凶征兆，并不全都可以作为法则。所以孔子在论六经时，只记载奇异天象，并不论及应验的状况。以至于天道性命的理论并不轻易外传；即使传授，也不必详细解说，只能自己去领略其中的奥妙；如果传授的并非是合适的人，即使给他详细解说了，也不能理解。

以往传授天数的人，在高辛氏以前有重、黎；在唐、尧、虞、舜时有羲氏、和氏；夏代有昆吾；殷商有巫咸；周王室有史佚、苌弘；在宋国有子韦；郑国有裨灶；齐国有甘公；楚国有唐眛；赵国有尹皋；魏国有石申夫。

天运是三十年一小变，一百年一中变，五百年一大变，三大变为一纪，三纪而齐全，完成了一个循环。所以当政的人必须要密切关注三十年一小变，五百年一大变的规律，并细察前后各千年的情况，然后天人之间的关系才能保持完备。

太史公研究古代的天变，却没有一件是现在可能详考的。大概在春秋二百四十二年之间，日食记录三十六次，彗星三见，宋襄公时星的陨落像下雨似的频繁。那时天子微弱，诸侯以武力决定政事，五伯一个接一个地兴起，相继做盟主。从此以后，强众的欺凌弱寡，大国并吞小国。秦、楚、吴、越等国，本来均是夷狄之邦，后来相继成为强伯。田氏篡夺了齐国，韩、赵、魏三家分晋，开始了战国时代。各国争相攻城略地，战争一个接着一个，城市和都邑数次遭到屠杀和破坏，人民饥馑、疾疫，焦虑痛苦万分，各国君臣都感到忧虑患难，因此伺察吉凶的预兆，占候星象云气的工作就显得更为重要了。近代十二诸侯征战，七国相继称王，献合纵连横之计的前行后继。尹皋、唐昧、甘公、石申夫等依据当时的时势，在著述中各自写下了他们依灾异占时势的思想，因此他们的占验凌乱庞杂，如米盐般地琐碎。

以二十八宿的分野主占十二州的吉凶，同时以北斗斗柄所指十二方位配合进行占卜，这种方法由来已久。秦国的疆域在西方，所以候在太白，占于狼星、弧星。吴、楚的疆域在南方，所以候在荧惑，占于鸟星、衡星。齐、燕的疆域在北方，所以候在辰星，占于虚宿、危宿。宋、郑的疆域在东方，所以候在岁星，占于房宿、心宿。晋国的疆域在北方，所以也候在辰星，占于参罚。

秦国并吞三晋、燕、代以后，自黄河、华山以南为中国。中国对于海内来说，在东南部，所以为阳；阳则主于太阳、岁星、荧惑、填星；阳占于街南，以毕宿为主。西北则是胡、貉、月氏等穿皮衣拉弓的民族，为阴；阴则主月、太白、辰星；阴占于街北，以昴星为主。中国的山川为东北走向，其维系之处，首在陇、蜀，尾没于勃、碣。所以秦、晋好用兵，还得占太白，则太白也主中国；而胡、貉屡次侵略，独占于辰星，辰星出入总是匆忙急躁，所以主夷狄。以上是大概的占法。这是太白更换着做客、主人的状况。荧惑为悖乱，对外则主兵，对内则主政。所以说"虽有圣明的天子，还必须要考虑荧惑的所在"。至于诸侯更迭强霸，不同时期对灾异应验的说法不同，所以也就难以记录了。

秦始皇的时候，在十五年中彗星四见，停留时间长久的达八十天，长度有的甚至横亘整个天空。其后秦国终于以兵力灭了六国，统一中国，向外攘除四夷，以至于死人如麻。后来张楚群雄并起，在前后三十年间兵革一次又一次，不可胜数。自蚩尤以来，还没有像这样的。

项羽救巨鹿时，显现出枉矢（大流星）向西奔流的异常天象。他与太行山以东的诸侯联合起来，西进坑埋秦国士兵，屠毁咸阳。

汉朝兴起时，有五星聚于东井的瑞象。高祖与匈奴作战，被围平城，月亮正行于参、毕二宿之间，有月晕七重的异常天象。参宿主赵地，毕宿主边兵，七重正应着被围七日。诸吕作乱，有日食之应验，白天突然昏暗了下来。吴楚七国反叛时，有彗星出现，长数丈；天狗星陨落梁地；等到战乱发生时，果然伏尸流血于梁地。元光、元狩年间，有蚩尤旗（彗星）再次出现，长达半个天空。后来京师军队四出，与夷狄战争数十年，讨伐胡人尤其激烈。越国灭亡的时候，正好显出荧惑守南斗的天象；朝鲜被攻取的时候，孛星正出现在河戍（南河、北河）；兵征大宛的时候，孛星正守在招摇。这些都是明显的应验。至于那些曲折细小的天变，也就无法一一详说了。由此可以看出，没有不先见天变而随之应验的。

自汉朝以来推算天数的人中，观测星象的有唐都；候气的有王朔，占岁的有魏鲜。从前甘公、石申夫的五星步法中，只有荧惑有反向的逆行。所以荧惑逆行所守，及其他行星的逆行，日、月食和薄食，都用来占卜。

我阅读旧史的记载，考察五星运行的事，在百年之中，五星中没有出而不反向逆行的。行星在逆行时，曾经变得更大，颜色也有变化。日月相薄、相食，是由于月亮行南、行北有差别的原因，这是大致的法则。所以，紫宫、房心、权衡、咸池、虚危等各列宿分部的星，是天的五官坐位，是经，相互之间的位置并不移动，其间的距离虽然大小有差别，但其阔狭是一定的。水、火、金、木、土这五颗星，是天的五个辅佐，为纬，它们的现、伏都有一定的时间，运行所到达的星宿和赢缩所引起的变化都有一定的度数。

当政的人看到日变时应该修德，看到月变时应该减少刑罚，看到星变时应团结和睦。凡是天变，都是超过通常的状况才去占候。国君强大有德时则昌盛，弱小虚饰伪诈时则消亡。最好的方法是修德，其次是修政，其次是修救，再次是修禳，最次的方法是没有的。恒星的变化很少见到，而日月五星的占卜则经常用到。日晕、月晕、交食、云和风，这些是天上的客气，是不常见到的。当它出现的时候，伴随着也有其他大的变动，但还是这些与政事的关系最密切，最接近天人之间的交通关系。日晕、月晕、交食、云和风此五种现象，是天用以感动人心的，所以研究天数的人，必须精通三光五星的变化，推本古今天象与人事之间的相应关系，那么天官这门学问也就算齐备了。

当苍帝行德的时候（春），天门为此而打开。赤帝行德的时候（夏），天牢因此而空虚。黄帝当政的时候（季夏），天矢由此而出现。金风从西北来，必定在庚、辛这两日。在整个秋季中，如果西北风来五次，主大赦；来三次，主小赦。白帝行德的时候（秋），如果正月二十日、二十一日月晕成围，则有大赦。有一种说法是，白帝行德时，在毕、昴间月为晕所围，如围三个晚上，则德便成，如围不到三个晚上，或围得合不拢，则德不成。另一种说法是，以辰星所围是否超过十日为占。黑帝行德时（冬），天关星为此而动。五帝各行德完毕，则天子要改岁了。如果不顺着五帝行德，将有奇风、怪雨、破石惊天的灾殃。三能、三衡是天庭。如果有客星出现在天庭，这是天帝发出异常号令的征兆。

史记卷二十八

封禅书第六

自古受命帝王，曷尝不封禅？盖有无其应而用事者矣，未有睹符瑞见而不臻乎泰山者也。虽受命而功不至，至梁父矣而德不洽，洽矣而日有不暇给，是以即事用希。《传》曰："三年不为礼，礼必废；三年不为乐，乐必坏。"每世之隆，则封禅答焉，及衰而息。厥旷远者千有余载，近者数百载，故其仪阙然堙灭，其详不可得而记闻云。

《尚书》曰：舜在璇玑玉衡，以齐七政。遂类于上帝，禋于六宗，望山川，遍群神，辑五瑞，择吉月日，见四岳诸牧，还瑞。岁二月，东巡狩，至于岱宗。岱宗，泰山也。柴，望秩于山川。遂觐东后。东后者，诸侯也。合时月正日，同律度量衡，修五礼，五玉、三帛、二生、一死贽。五月，巡狩至南岳。南岳，衡山也。八月，巡狩至西岳。西岳，华山也。十一月，巡狩至北岳。北岳，恒山也。皆如岱宗之礼。中岳，嵩高也。五载一巡狩。

禹遵之，后十四世，至帝孔甲，淫德好神，神渎，二龙去之。其后三世，汤伐桀，欲迁夏社，不可，作《夏社》。后八世，至帝太戊，有桑榖生于廷，一暮大拱，惧。伊陟曰："妖不胜德。"太戊修德，桑榖死。伊陟赞巫咸，巫咸之兴自此始。

后十四世，帝武丁得傅说为相，殷复兴焉，称高宗。有雉登鼎耳雊，武丁惧。祖己曰："修德。"武丁从之，位以永宁。后五世，帝武乙慢神而震死。后三世，帝纣淫乱。武王伐之。由此观之，始未尝不肃祇，后稍怠慢也。

《周官》曰：冬日至，祀天于南郊，迎长日之至；夏日至，祭地祇。皆用乐舞，而神乃可得而礼也。天子祭天下名山大川，五岳视三公，四渎视诸侯，诸侯祭其疆内名山大川。四渎者，江、河、淮、济也。天子曰明堂、辟雍，诸侯曰泮宫。

周公既相成王，郊祀后稷以配天，宗祀文王于明堂以配上帝。自禹兴而修社祀，后稷稼穑，故有稷祠，郊社所从来尚矣。

自周克殷后十四世，世益衰，礼乐废，诸侯恣行，而幽王为犬戎所败，周东徙雒邑。秦襄公攻戎救周，始列为诸侯。秦襄公既侯，居西垂，自以为主少暤之神，作西畤，祠白帝，其牲用骝驹、黄牛、羝羊各一云。其后十六年，秦文公东猎汧渭之间，卜居之而吉。文公梦黄蛇自天下属地，其口止于鄜衍。文王问史敦，敦曰："此上帝之征，君其祠之。"于是作鄜畤，用三牲郊祭白帝焉。

自未作鄜畤也，而雍旁故有吴阳武畤，雍东有好畤，皆废无祠。或曰："自古以雍州积高，神明之隩，故立畤郊上帝，诸神祠皆聚云。盖黄帝时尝用事，虽晚周亦郊焉。"此语不经见，缙绅者不道。

作鄜畤后九年，文公获若石云，于陈仓北阪城祠之。其神或岁不至，或岁数来，来也常以夜，光辉若流星，从东南来集于祠城，则若雄鸡，其声殷云，野鸡夜雊。以一牢祠，命曰陈宝。

作鄜畤后七十八年，秦德公既立，卜居雍，"后子孙饮马于河"。遂都雍。雍之诸祠自此兴。用三百牢于鄜畤。作伏祠。磔狗邑四门，以御蛊灾。

德公立二年卒。其后四年，秦宣公作密畤于渭南，祭青帝。

其后十四年，秦缪公立，病卧五日不寤；寤，乃言梦见上帝，上帝命缪公平晋乱。史书而记藏之府。而后世皆曰秦缪公上天。

秦缪公即位九年，齐桓公既霸，会诸侯于葵丘，而欲封禅。管仲曰："古者封泰山禅梁父者七十二家，而夷吾所记者十有二焉。昔无怀氏封泰山，禅云云；虙羲封泰山，禅云云；神农封泰山，禅云云；炎帝封泰山，禅云云；黄帝封泰山，禅亭亭；颛顼封泰山，禅云云；帝俈封泰山，禅云云；尧封泰山，禅云云；舜封泰山，禅云云；禹封泰山，禅会稽；汤封泰山，禅云云；周成王封泰山，禅社首：皆受命然后得封禅。"桓公曰："寡人北伐山戎，过孤竹，西伐大夏，涉流沙，束马悬车，上卑耳之山；南伐至召陵，登熊耳山以望江、汉。兵车之会三，而乘车之会六，九合诸侯，一匡天下，诸侯莫违我。昔三代受命，亦何以异乎？"于是管仲睹桓公不可穷以辞，因设之以事，曰："古之封禅，鄗上之黍，北里之禾，所以为盛；江、淮之间，一茅三脊，所以为藉也。东海致比目之鱼，西海致比翼之鸟，然后物有不召而自至者十有五焉。今凤皇麒麟不来，嘉谷不生，而蓬蒿藜莠茂，鸱枭数至，而欲封禅，毋乃不可乎？"于是桓公乃止。是岁，秦缪公内晋君夷吾。其后三置晋国之君，平其乱。缪公立三十九年而卒。

其后百有余年，而孔子论述六艺，传略言易姓而王，封泰山禅乎梁父者七十余王矣，其俎豆之礼不章，盖难言之。或问禘之说，孔子曰："不知。知禘之说，其于天下也视其掌。"诗云纣在位，文王受命，政不及泰山。武王克殷二年，天下未宁而崩。爰周德之洽维成王，成王之封禅则近之矣。及后陪臣执政，季氏旅于泰山，仲尼讥之。

是时苌弘以方事周灵王，诸侯莫朝周，周力少，苌弘乃明鬼神事，设射狸首。狸首者，诸侯之不来者。依物怪欲以致诸侯。诸侯不从，而晋人执杀苌弘。周人之言方怪者自苌弘。

其后百余年，秦灵公作吴阳上畤，祭黄帝；作下畤，祭炎帝。

后四十八年，周太史儋见秦献公曰："秦始与周合，合而离，五百岁当复合，合十七年而霸王出焉。"栎阳雨金，秦献公自以为得金瑞，故作畦畤栎阳而祀白帝。

其后百二十岁而秦灭周，周之九鼎入于秦。或曰宋太丘社亡，而鼎没于泗水彭城下。

其后百一十五年而秦并天下。

秦始皇既并天下而帝，或曰："黄帝得土德，黄龙地螾见。夏得木德，青龙止于郊，草木畅茂。殷得金德，银自山溢。周得火德，有赤乌之符。今秦变周，水德之时。昔秦文公出猎，获黑龙，此其水德之瑞。"于是秦更命河曰"德水"，以冬十月为年首，色上黑，度以六为名，音上大吕，事统上法。

即帝位三年，东巡郡县，祠驺峄山，颂秦功业。于是征从齐、鲁之儒生博士七十人，至乎泰山下。诸儒生或议曰："古者封禅为蒲车，恶伤山之土石草木；埽地而祭，席用菹秸，言其易遵也。"始皇闻此议各乖异，难施用，由此绌儒生。而遂除车道，上自泰山阳至巅，立石颂秦始皇帝德，明其得封也。从阴道下，禅于梁父。其礼颇采太祝之祀雍上帝所用，而封藏皆秘之，世不得而记也。

始皇之上泰山，中阪遇暴风雨，休于大树下。诸儒生既绌，不得与用于封事之礼，闻始皇遇风雨，则讥之。

于是始皇遂东游海上，行礼祠名山大川及八神，求仙人羡门之属。八神将自古而有之，或曰太公以来作之。齐所以为齐，以天齐也。其祀绝，莫知起时。八神：一曰天主，祠天齐。天齐渊水，居临菑南郊山下者。二曰地主，祠泰山、梁父。盖天好阴，祠之必于高山之下，小山之上，命曰"畤"；地贵阳，祭之必于泽中圜丘云。三曰兵主，祠蚩尤。蚩尤在东平陆监乡，齐之西境也。四曰阴主，祠三山。五曰阳主，祠之罘。六曰月主，祠之莱山。皆在齐北，并勃海。七曰日主，祠成山。成山斗入海，最居齐东北隅，以迎日出云。八曰四时主，祠琅邪。琅邪在齐东方，盖岁之所始。皆各用一牢具祠，而巫祝所损益，珪币杂异焉。

自齐威、宣之时，驺子之徒论著终始五德之运。及秦帝而齐人奏之，故始皇采用之。用宋毋忌、正伯侨、充尚、羡门高最后，皆燕人，为方仙道，形解销化，依于鬼神之事。驺衍以阴阳主运显于诸侯，而燕齐海上之方士传其术不能通，然则怪迂阿谀苟合之徒自此兴，不可胜数也。

自威、宣、燕昭使人入海求蓬莱、方丈、瀛洲。此三神山者，其傅在勃海中，去人不远，患且至，则船风引而去。盖尝有至者，诸仙人及不死之药皆在焉。其物禽兽尽白，而黄金银为宫阙。未至，望之如云；及到，三神山反居水下。临之，风辄引去，终莫能至云。世主莫不甘心焉。及至秦始皇并天下，至海上，则方士言之不可胜数。始皇自以为至海上而恐不及矣，使人乃赍童男女入海求之。船交海中，皆以风为解，曰未能至，望见之焉。其明年，始皇复游海上，至琅邪，过恒山，从上党归。后三年，游碣石，考入海方士，从上郡归。后五年，始皇南至湘山，遂登会稽，并海上，冀遇海中三神山之奇药。不得，还至沙丘崩。

二世元年，东巡碣石，并海南，历泰山，至会稽，皆礼祠之，而刻勒始皇所立石书旁，以章始皇之功德。其秋，诸侯畔秦。三年而二世弑死。

始皇封禅之后十二岁，秦亡。诸儒生疾秦焚《诗》、《书》，诛僇文学，百姓怨其法，天下畔之，皆讹曰："始皇上泰山，为暴风雨所击，不得封禅。"此岂所谓无其德而用事者邪？

昔三代之居皆在河、洛之间，故嵩高为中岳，而四岳各如其方，四渎咸在山东。至秦称帝，都咸阳，则五岳、四渎皆并在东方。自五帝以至秦，轶兴轶衰，名山大川或在诸侯，或在天子，其礼损益世殊，不可胜记。及秦并天下，令祠官所常奉天地名山大川鬼神可得而序也。

于是自殽以东，名山五，大川祠二。曰太室。太室，嵩高也；恒山、泰山、会稽、湘山。水曰济，曰淮。春以脯酒为岁祠，因泮冻，秋涸冻，冬塞祷祠。其牲用牛犊各一，牢具珪币各异。

自华以西，名山七，名川四。曰华山、薄山。薄山者，衰山也。岳山、岐山、吴岳、鸿冢、渎山。渎山，蜀之汶山。水曰河，祠临晋；沔，祠汉中；湫渊，祠朝那；江水，祠蜀。亦春秋泮涸祷塞，如东方名山川；而牲牛犊牢具珪币各异。而四大冢鸿、岐、吴、岳，皆有尝禾。

陈宝节来祠。其河加有尝醪。此皆在雍州之域，近天子之都，故加车一乘，骝驹四。

霸、产、长水、沣、涝、泾、渭皆非大川，以近咸阳，尽得比山川祠，而无诸加。

汧、洛二渊，鸣泽、蒲山、岳嶵山之属，为小山川，亦皆岁祷塞泮涸祠，礼不必同。

而雍有日、月、参、辰、南北斗、荧惑、太白、岁星、填星、辰星、二十八宿、风伯、雨师、四海、九臣、十四臣、诸布、诸严、诸逑之属，百有余庙。西亦有数十祠。于湖有周天子祠。于下邽有天神。沣、滈有昭明、天子辟池。于杜、亳有三社主之祠、寿星祠；而雍菅庙亦有杜主。杜主，故周之右将军，其在秦中，最小鬼之神者。各以岁时奉祠。

唯雍四畤上帝为尊，其光景动人民唯陈宝。故雍四畤，春以为岁祷，因泮冻，秋涸冻，冬塞祠，五月尝驹，及四仲之月月祠，若陈宝节来一祠。春夏用骍，秋冬用駵。畤驹四匹，木禺龙栾车一驷，木禺车马一驷，各如其帝色。黄犊羔各四，珪币各有数，皆生瘗埋，无俎豆之具。三年一郊。秦以冬十月为岁首，故常以十月上宿郊见，通权火，拜于咸阳之旁，而衣上白，其用如经祠云。西畤、畦畤，祠如其故，上不亲往。

诸此祠皆太祝常主，以岁时奉祠之。至如他名山川诸鬼及八神之属，上过则祠，去则已。郡县远方神祠者，民各自奉祠，不领于天子之祝官。祝官有秘祝，即有灾祥，辄祝祠移过于下。

汉兴，高祖之微时，尝杀大蛇。有物曰："蛇，白帝子也，而杀者赤帝子。"高祖初起，祷丰枌榆社。徇沛，为沛公，则祠蚩尤，衅鼓旗。遂以十月至灞上，与诸侯平咸阳，立为汉王。因以十月为年首，而色上赤。

二年，东击项籍而还入关，问："故秦时上帝祠何帝也？"对曰："四帝，有白、青、黄、赤帝之祠。"高祖曰："吾闻天有五帝，而有四，何也？"莫知其说。于是高祖曰："吾知之矣，乃待我而具五也。"乃立黑帝祠，命曰北畤。有司进祠，上不亲往。悉召故秦祝官，复置太祝、太宰，如其故仪礼。因令县为公社。下诏曰："吾甚重祠而敬祭。今上帝之祭及山川诸神当祠者，各以其时礼祠之如故。"

后四岁，天下已定，诏御史，令丰谨治枌榆社，常以四时春以羊彘祠之。令祝官立蚩尤之祠于长安。长安置祠祝官、女巫。其梁巫，祠天、地、天社、天水、房中、堂上之属；晋巫，祠五帝、东君、云中君、司命、巫社、巫祠、族人、先炊之属；秦巫，祠社主、巫保、族累之属；荆巫，祠堂下、巫先、司命、施糜之属；九天巫，祠九天：皆以岁时祠宫中。其河巫祠河于临晋，而南山巫祠南山、秦中。秦中者，二世皇帝。各有时日。

其后二岁，或曰周兴而邑邰，立后稷之祠，至今血食天下。于是高祖制诏御史："其令郡国县立灵星祠，常以岁时祠以牛。"

高祖十年春，有司请令县常以春二月及腊祠社稷以羊豕，民里社各自财以祠。制曰："可。"

其后十八年，孝文帝即位。即位十三年，下诏曰："今秘祝移过于下，朕甚不取。自今除之。"

始名山大川在诸侯，诸侯祝各自奉祠，天子官不领。及齐、淮南国废，令太祝尽以岁时致礼如故。

是岁，制曰："朕即位十三年于今，赖宗庙之灵，社稷之福，方内艾安，民人靡疾。间者比年登，朕之不德，何以飨此？皆上帝诸神之赐也。盖闻古者飨其德必报其功，欲有增诸神祠。有司议增雍五畤路车各一乘，驾被具；西畤、畦畤禺车各一乘，禺马四匹，驾被具；其河、湫、汉水加玉各二；及诸祠，各增广坛场，珪币俎豆以差加之。而祝釐者归福于朕，百姓不与焉。自今祝致敬，毋有所祈。"

鲁人公孙臣上书曰："始秦得水德，今汉受之，推终始传，则汉当土德，土德之应黄龙见。宜改正朔，易服色，色上黄。"是时丞相张苍好律历，以为汉乃水德之始，故河决金堤，其符也。年始冬十月，色外黑内赤，与德相应。如公孙臣言，非也，罢之。后三岁，黄龙见成纪。文帝乃召公孙臣，拜为博士，与诸生草改历服色事。其夏，下诏曰："异物之神见于成纪，无害于民，岁以有年。朕祈郊上帝诸神，礼官议，无讳以劳朕。"有司皆曰"古者天子夏亲郊，祀上帝于郊，故曰郊"。于是夏四月，文帝始郊见雍五畤祠，衣皆上赤。

其明年，赵人新垣平以望气见上，言"长安东北有神气，成五采，若人冠絻焉。或曰东北神明之舍，西方神明之墓也。天瑞下，宜立祠上帝，以合符应"。于是作渭阳五帝庙，同宇，帝一殿，面各五门，各如其帝色。祠所用及仪亦如雍五畤。

夏四月，文帝亲拜霸、渭之会，以郊见渭阳五帝。五帝庙南临渭，北穿蒲池沟水，权火举而祠，若光辉然属天焉。于是贵平上大夫，赐累千金。而使博士诸生刺《六经》中作《王制》，谋议巡狩封禅事。

文帝出长门，若见五人于道北，遂因其直北立五帝坛，祠以五牢具。

其明年，新垣平使人持玉杯，上书阙下献之。平言上曰："阙下有宝玉气来者。"已视之，果有献玉杯者，刻曰"人主延寿"。平又言："臣候日再中。"居顷之，日却复中。于是始更以十七年为元年，令天下大酺。

平言曰："周鼎亡在泗水中，今河溢通泗，臣望东北汾阴直有金宝气，意周鼎其出乎？兆见不迎则不至。"于是上使使治庙汾阴南，临河，欲祠出周鼎。

人有上书告新垣平所言气神事皆诈也。下平吏治，诛夷新垣平。自是之后，文帝怠于改正朔服色神明之事，而渭阳、长门五帝使祠官领，以时致礼，不往焉。

明年，匈奴数入边，兴兵守御。后岁少不登。

数年而孝景即位。十六年。祠官各以岁时祠如故，无有所兴，至今天子。

今天子初即位，尤敬鬼神之祀。

元年，汉兴已六十余岁矣，天下艾安，搢绅之属皆望天子封禅改正度也，而上乡儒术，招贤良，赵绾、王臧等以文学为公卿，欲议古立明堂城南，以朝诸侯。草巡狩、封禅、改历服色事未就。会窦太后治黄老言，不好儒术，使人微伺得赵绾等奸利事，召案绾、臧，绾、臧自杀，诸所兴为皆废。

后六年，窦太后崩。其明年，征文学之士公孙弘等。

明年，今上初至雍，郊见五畤。后常三岁一郊。是时上求神君，舍之上林中蹄氏观。神君者，长陵女子，以子死，见神于先后宛若。宛若祠之其室，民多往祠。平原君往祠，其后子孙以尊显。及今上即位，则厚礼置祠之内中。闻其言，不见其人云。

是时，李少君亦以祠灶、谷道、却老方见上，上尊之。少君者，故深泽侯舍人，主方。匿其年及其生长，常自谓七十，能使物，却老。其游以方遍诸侯。无妻子。人闻其能使物及不死，更馈遗之，常余金钱衣食。人皆以为不治生业而饶给，又不知其何所人，愈信，争事之。少君资好方，善为巧发奇中。尝从武安侯饮，坐中有九十余老人，少君乃言与其大父游射处，老人为儿时从其大父，识其处，一坐尽惊。少君见上，上有故铜器，问少君。少君曰："此器齐桓公十年陈于柏寝。"已而案其刻，果齐桓公器。一宫尽骇，以为少君神，数百岁人也。

少君言上曰："祠灶则致物，致物而丹沙可化为黄金，黄金成以为饮食器则益寿，益寿而海中蓬莱仙者乃可见，见之以封禅则不死，黄帝是也。臣尝游海上，见安期生，安期生食巨枣，大如瓜。安期生仙者，通蓬莱中，合则见人，不合则隐。"于是天子始亲祠灶，遣方士入海求蓬莱安期生之属，而事化丹沙诸药齐为黄金矣。

居久之，李少君病死。天子以为化去不死，而使黄锤史宽舒受其方。求蓬莱安期生莫能得，而海上燕、齐怪迂之方士多更来言神事矣。

亳人谬忌奏祠太一方，曰："天神贵者太一，太一佐曰五帝。古者天子以春秋祭太一东南郊，用太牢，七日，为坛开八通之鬼道。"于是天子令太祝立其祠长安东南郊，常奉祠如忌方。其后人有上书，言："古者天子三年壹用太牢祠神三一：天一、地一、太一。"天子许之，令太祝领祠之于忌太一坛上，如其方。后人复有上书，言："古者天子常以春解祠，祠黄帝用一枭破镜；冥羊用羊祠；马行用一青牡马；太一、泽山君地长用牛；武夷君用干鱼；阴阳使者以一牛。"令祠官领之如其方，而祠于忌太一坛旁。

其后，天子苑有白鹿，以其皮为币，以发瑞应，造白金焉。

其明年，郊雍，获一角兽，若麃然。有司曰："陛下肃祗郊祀，上帝报享，锡一角兽，盖麟云。"于是以荐五畤，畤加一牛以燎。锡诸侯白金，风符应合于天也。

于是济北王以为天子且封禅，乃上书献太山及其旁邑，天子以他县偿之。常山王有罪，迁，天子封其弟于真定，以续先王祀，而以常山为郡，然后五岳皆在天子之郡。

其明年，齐人少翁以鬼神方见上。上有所幸王夫人，夫人卒，少翁以方盖夜致王夫人及灶鬼之貌云，天子自帷中望见焉。于是乃拜少翁为文成将军，赏赐甚多，以客礼礼之。文成言曰："上即欲与神通，宫室被服非象神，神物不至。"乃作画云气车，及各以胜日驾车辟恶鬼。又作甘泉宫，中为台室，画天、地、太一诸鬼神，而置祭具以致天神。居岁余，其方益衰，神不至。乃为帛书以饭牛,详不知,言曰此牛腹中有奇。杀视得书,书言甚怪。天子识其手书,问其人,果是伪书,于是诛文成将军,隐之。

其后则又作柏梁、铜柱、承露仙人掌之属矣。

文成死明年,天子病鼎湖甚,巫医无所不致,不愈。游水发根言上郡有巫,病而鬼神下之。上召置祠之甘泉。及病,使人问神君。神君言曰:"天子无忧病。病少愈,强与我会甘泉。"于是病愈,遂起,幸甘泉,病良已。大赦,置寿宫神君。寿宫神君最贵者太一,其佐曰大禁、司命之属,皆从之。非可得见,闻其言,言与人音等。时去时来,来则风肃然。居室帷中。时昼言,然常以夜。天子袚,然后入。因巫为主人,关饮食。所以言,行下。又置寿宫、北宫,张羽旗,设供具,以礼神君。神君所言,上使人受书其言,命之曰"画法"。其所语,世俗之所知也,无绝殊者,而天子心独喜。其事秘,世莫知也。

其后三年,有司言元宜以天瑞命,不宜以一二数。一元曰"建",二元以长星曰"光",三元以郊得一角兽曰"狩"云。

其明年冬,天子郊雍,议曰:"今上帝朕亲郊,而后土无祀,则礼不答也。"有司与太史公、祠官宽舒议:"天地牲角茧栗。今陛下亲祠后土,后土宜于泽中圜丘为五坛,坛一黄犊太牢具,已祠尽瘗,而从祠衣上黄。"于是天子遂东,始立后土祠汾阴脽丘,如宽舒等议。上亲望拜,如上帝礼。礼毕,天子遂至荥阳而还。过雒阳,下诏曰:"三代邈绝,远矣难存。其以三十里地封周后为周子南君,以奉其先祀焉。"是岁,天子始巡郡县,侵寻于泰山矣。

其春,乐成侯上书言栾大。栾大,胶东宫人,故尝与文成将军同师,已而为胶东王尚方。而乐成侯姊为康王后,无子。康王死,他姬子立为王。而康后有淫行,与王不相中,相危以法。康后闻文成已死,而欲自媚于上,乃遣栾大因乐成侯求见言方。天子既诛文成,后悔其蚤死,惜其方不尽,及见栾大,大说。大为人长美,言多方略,而敢为大言,处之不疑。大言曰:"臣常往来海中,见安期、羡门之属。顾以臣为贱,不信臣。又以为康王诸侯耳,不足与方。臣数言康王,康王又不用臣。臣之师曰:'黄金可成,而河决可塞,不死之药可得,仙人可致也。'然臣恐效文成,则方士皆奄口,恶敢言方哉!"上曰:"文成食马肝死耳。子诚能修其方,我何爱乎!"大曰:"臣师非有求人,人者求之。陛下必欲致之,则贵其使者,令有亲属,以客礼待之,勿卑,使各佩其信印,乃可使通言于神人。神人尚肯邪不邪。致尊其使,然后可致也。"于是上使验小方,斗棋,棋自相触击。

是时上方忧河决,而黄金不就,乃拜大为五利将军。居月余,得四印,佩天士将军、地士将军、大通将军印。制诏御史:"昔禹疏九江,决四渎。间者河溢皋陆,堤繇不息。朕临天下二十有八年,天若遗朕士而大通焉。《乾》称'蜚龙','鸿渐于般',朕意庶几与焉。其以二千户封地士将军大为乐通侯。"赐列侯甲第,僮千人。乘舆斥车马帷幄器物以充其家。又以卫长公主妻之,赍金万斤,更命其邑曰当利公主。天子亲如五利之第。使者存问供给,相属于道。自大主将相以下,皆置酒其家,献遗之。于是天子又刻玉印曰"天道将军",使使衣羽衣,夜立白茅上,五利将军亦衣羽衣,夜立白茅上受印,以示不臣也。而佩"天道"者,且为天子道天神也。于是五利常夜祠其家,欲以下神。神未至而百鬼集矣,然颇能使之。其后装治行,东入海,求其师云。大见数月,佩六印,贵震天下,而海上燕、齐之间,莫不扼掔而自言有禁方,能神仙矣。

其夏六月中，汾阴巫锦为民祠魏脽后土营旁，见地如钩状，掊视得鼎。鼎大异于众鼎，文镂无款识，怪之，言吏。吏告河东太守胜，胜以闻。天子使使验问巫得鼎无奸诈，乃以礼祠，迎鼎至甘泉，从行，上荐之。至中山，晻暚，有黄云盖焉。有麃过，上自射之，因以祭云。至长安，公卿大夫皆议请尊宝鼎。天子曰："间者河溢，岁数不登，故巡祭后土，祈为百姓育谷。今岁丰庑未报，鼎曷为出哉？"有司皆曰："闻昔泰帝兴神鼎一，一者壹统，天地万物所系终也。黄帝作宝鼎三，象天地人。禹收九牧之金，铸九鼎。皆尝亨鬺上帝鬼神。遭圣则兴，鼎迁于夏商。周德衰，宋之社亡，鼎乃沦没，伏而不见。《颂》云：'自堂徂基，自羊徂牛；鼐鼎及鼒，不吴不骜，胡考之休。'今鼎至甘泉，光润龙变，承休无疆。合兹中山，有黄白云降盖，若兽为符，路弓乘矢，集获坛下，报祠大享。唯受命而帝者心知其意而合德焉。鼎宜见于祖祢，藏于帝廷，以合明应。"制曰："可。"

入海求蓬莱者，言蓬莱不远，而不能至者，殆不见其气。上乃遣望气佐候其气云。

其秋，上幸雍，且郊。或曰"五帝，太一之佐也，宜立太一而上亲郊之"。上疑未定。齐人公孙卿曰："今年得宝鼎，其冬辛巳朔旦冬至，与黄帝时等。"卿有札书曰："黄帝得宝鼎宛朐，问于鬼臾区。鬼臾区对曰：'帝得宝鼎神策，是岁己酉朔旦冬至，得天之纪，终而复始。'于是黄帝迎日推策，后率二十岁复朔旦冬至，凡二十推，三百八十年，黄帝仙登于天。"卿因所忠欲奏之。所忠视其书不经，疑其妄书，谢曰："宝鼎事已决矣，尚何以为！"卿因嬖人奏之。上大说，乃召问卿。对曰："受此书申公，申公已死。"上曰："申公何人也？"卿曰："申公，齐人。与安期生通，受黄帝言，无书，独有此鼎书。曰

'汉兴复当黄帝之时'。曰'汉之圣者在高祖之孙且曾孙也。宝鼎出而与神通，封禅。封禅七十二王，唯黄帝得上泰山封'。申公曰：'汉主亦当上封，上封则能仙登天矣。黄帝时万诸侯，而神灵之封居七千。天下名山八，而三在蛮夷，五在中国。中国华山、首山、太室、泰山、东莱，此五山黄帝之所常游，与神会。黄帝且战且学仙。患百姓非其道者，乃断斩非鬼神者。百余岁然后得与神通。黄帝郊雍上帝，宿三月。鬼臾区号大鸿，死葬雍，故鸿冢是也。其后黄帝接万灵明廷。明廷者，甘泉也。所谓寒门者，谷口也。黄帝采首山铜，铸鼎于荆山下。鼎既成，有龙垂胡髯下迎黄帝。黄帝上骑，群臣后宫从上者七十余人，龙乃上去。余小臣不得上，乃悉持龙髯，龙髯拔，堕，堕黄帝之弓。百姓仰望黄帝既上天，乃抱其弓与胡髯号，故后世因名其处曰鼎湖，其弓曰乌号。'"于是天子曰："嗟乎！吾诚得如黄帝，吾视去妻子如脱躧耳。"乃拜卿为郎，东使候神于太室。

上遂郊雍，至陇西，西登崆峒，幸甘泉。令祠官宽舒等具太一祠坛，祠坛放薄忌太一坛，坛三垓。五帝坛环居其下，各如其方，黄帝西南，除八通鬼道。太一，其所用如雍一畤物，而加醴枣脯之属，杀一狸牛以为俎豆牢具。而五帝独有俎豆醴进。其下四方地，为醊食群神从者及北斗云。已祠，胙余皆燎之。其牛色白，鹿居其中，彘在鹿中，水而洎之。祭日以牛，祭月以羊彘特。太一祝宰则衣紫及绣。五帝各如其色，日赤，月白。

十一月辛巳朔旦冬至，昧爽，天子始郊拜太一。朝朝日，夕夕月，则揖；而见太一如雍郊礼。其赞飨曰："天始以宝鼎神策授皇帝，朔而又朔，终而复始，皇帝敬拜见焉。"而衣上黄。其祠列火满坛，坛旁亨炊具。有司云"祠上有光焉"。公卿言"皇帝始郊见太一云阳，有司奉瑄玉嘉牲荐飨。是夜有美光，及昼，黄气上属天"。太史公、祠官宽舒等曰："神灵之休，祐福兆祥，宜因此地光域立太畤坛以明应。令太祝领，秋及腊间祠。三岁天子一郊见。"

其秋，为伐南越，告祷太一。以牡荆画幡日月北斗登龙，以象太一三星，为太一锋，命曰"灵旗"。为兵祷，则太史奉以指所伐国。而五利将军使不敢入海，之泰山祠。上使人随验，实毋所见。五利妄言见其师，其方尽，多不雠。上乃诛五利。

其冬，公孙卿候神河南，言见仙人迹缑氏城上，有物如雉，往来城上。天子亲幸缑氏城视迹。问卿："得毋效文成、五利乎？"卿曰："仙者非有求人主，人主者求之。其道非少宽假，神不来。言神事，事如迂诞，积以岁乃可致也。"于是郡国各除道，缮治宫观名山神祠所，以望幸矣。

其春，既灭南越，上有嬖臣李延年以好音见。上善之，下公卿议，曰："民间祠尚有鼓舞乐，今郊祀而无乐，岂称乎？"公卿曰："古者祠天地皆有乐，而神祇可得而礼。"或曰："太帝使素女鼓五十弦瑟，悲，帝禁不止，故破其瑟为二十五弦。"于是塞南越，祷祠太一、后土，始用乐舞，益召歌儿，作二十五弦及空侯琴瑟自此起。

其来年冬，上议曰："古者先振兵泽旅，然后封禅。"乃遂北巡朔方，勒兵十余万，还祭黄帝冢桥山，释兵须如。上曰："吾闻黄帝不死，今有冢，何也？"或对曰："黄帝已仙上天，群臣葬其衣冠。"既至甘泉，为且用事泰山，先类祠太一。

自得宝鼎，上与公卿诸生议封禅。封禅用希旷绝，莫知其仪礼，而群儒采封禅《尚书》、《周官》、《王制》之望祀射牛事。齐人丁公年九十余，曰："封禅者，合不死之名也。秦皇帝不得上封。陛下必欲上，稍上既无风雨，遂上封矣。"上于是乃令诸儒习射牛，草封禅仪。数年，至且行。天子既闻公孙卿及方士之言，黄帝以上封禅，皆致怪物与神通，欲放黄帝以上接神仙人蓬莱士，高世比德于九皇，而颇采儒术以文之。群儒既已不能辨明封禅事，又牵拘于《诗》、《书》古文而不能骋。上为封禅祠器示群儒，群儒或曰"不与古同"，徐偃又曰"太常诸生行礼不如鲁善"，周霸属图封禅事，于是上绌偃、霸，而尽罢诸儒不用。

三月，遂东幸缑氏，礼登中岳太室。从官在山下闻若有言"万岁"云。问上，上不言；问下，下不言。于是以三百户封太室奉祠，命曰崇高邑。东上泰山，泰山之草木叶未生，乃令人上石立之泰山巅。

上遂东巡海上，行礼祠八神。齐人之上疏言神怪奇方者以万数，然无验者。乃益发船，令言海中神山者数千人求蓬莱神人。公孙卿持节常先行候名山，至东莱，言夜见大人，长数丈，就之则不见，见其迹甚大，类禽兽云。群臣有言见一老父牵狗，言"吾欲见巨公"，已忽不见。上即见大迹，未信，及群臣有言老父，则大以为仙人也。宿留海上，予方士传车及间使求仙人以千数。

四月，还至奉高。上念诸儒及方士言封禅人人殊，不经，难施行。天子至梁父，礼祠地主。乙卯，令侍中儒者皮弁荐绅，射牛行事。封泰山下东方，如郊祠太一之礼。封广丈二尺，高九尺，其下则有玉牒书，书秘。礼毕，天子独与侍中奉车子侯上泰山，亦有封。其事皆禁。明日，下阴道。丙辰，禅泰山下址东北肃然山，如祭后土礼。天子皆亲拜见，衣上黄而尽用乐焉。江淮间一茅三脊为神藉。五色土益杂封。纵远方奇兽蜚禽及白雉诸物，颇以加礼。兕牛犀象之属不用。皆至泰山祭后土。封禅祠；其夜若有光，昼有白云起封中。

天子从禅还，坐明堂，群臣更上寿。于是制诏御史："朕以眇眇之身承至尊，兢兢焉惧不任。维德菲薄，不明于礼乐。修祠太一，若有象景光，屑如有望，震于怪物，欲止不敢，遂登封太山，至于梁父，而后禅肃然。自新，嘉与士大夫更始，赐民百户牛一酒十石，加年八十孤寡布帛二匹。复博、奉高、蛇丘、历城，无出今年租税。其大赦天下，如乙卯赦令。行所过毋有复作。事在二年前，皆勿听治。"又下诏曰："古者天子五载一巡狩，用事泰山，诸侯有朝宿地。其令诸侯各治邸泰山下。"

天子既已封泰山，无风雨灾，而方士更言蓬莱诸神若将可得，于是上欣然庶几遇之，乃复东至海上望，冀遇蓬莱焉。奉车子侯暴病，一日死。上乃遂去，并海上，北至碣石，巡自辽西，历北边至九原。五月，反至甘泉。有司言宝鼎出为元鼎，以今年为元封元年。

其秋，有星茀于东井。后十余日，有星茀于三能。望气王朔言："候独见填星出如瓜，食顷复入焉。"有司皆曰："陛下建汉家封禅，天其报德星云。"

其来年冬，郊雍五帝。还，拜祝祠太一。赞飨曰："德星昭衍，厥维休祥。寿星仍出，渊耀光明。信星昭见，皇帝敬拜太祝之享。"

其春，公孙卿言见神人东莱山，若云"欲见天子"。天子于是幸缑氏城，拜卿为中大夫。遂至东莱，宿留之数日，无所见，见大人迹云。复遣方士求神怪采芝药以千数。是岁旱。于是天子既出无名，乃祷万里沙，过祠泰山。还至瓠子，自临塞决河，留二日，沉祠而去。使二卿将卒塞决河，徙二渠，复禹之故迹焉。

是时既灭两越，越人勇之乃言："越人俗鬼，而其祠皆见鬼，数有效。昔东瓯王敬鬼，寿百六十岁。后世怠慢，故衰耗。"乃令越巫立越祝祠，安台无坛，亦祠天神上帝百鬼，而以鸡卜。上信之，越祠鸡卜始用。

公孙卿曰："仙人可见，而上往常遽，以故不见。今陛下可为观。如缑城，置脯枣，神人宜可致也。且仙人好楼居。"于是上令长安则作蜚廉桂观，甘泉则作益延寿观，使卿持节设具而候神人。乃作通天茎台，置祠具其下，将招来仙神人之属。于是甘泉更置前殿，始广诸宫室。夏，有芝生殿房内中。天子为塞河，兴通天台，若见有光云，乃下诏："甘泉房中生芝九茎，赦天下，毋有复作。"

其明年，伐朝鲜。夏，旱。公孙卿曰："黄帝时封则天旱，干封三年。"上乃下诏曰："天旱，意干封乎？其令天下尊祠灵星焉。"

其明年，上郊雍，通回中道，巡之。春，至鸣泽，从西河归。

其明年冬，上巡南郡，至江陵而东。登礼灊之天柱山，号曰南岳。浮江，自寻阳出枞阳，过彭蠡，礼其名山川。北至琅邪，并海上。四月中，至奉高修封焉。

初，天子封泰山，泰山东北阯古时有明堂处，处险不敞。上欲治明堂奉高旁，未晓其制度。济南人公王带上黄帝时明堂图。明堂图中有一殿，四面无壁，以茅盖，通水，圜宫垣为复道，上有楼，从西南入，命曰昆仑，天子从之入，以拜祠上帝焉。于是上令奉高作明堂汶上，如带图。及五年修封，则祠太一、五帝于明堂上坐，令高皇帝祠坐对之。祠后土于下房，以二十太牢。天子从昆仑道入，始拜明堂如郊礼。礼毕，燎堂下。而上又上泰山，自有秘祠其巅。而泰山下祠五帝，各如其方，黄帝并赤帝，而有司侍祠焉。山上举火，下悉应之。

其后二岁，十一月甲子朔旦冬至，推历者以本统。天子亲至泰山，以十一月甲子朔旦冬至日祠上帝明堂，毋修封禅。其赞飨曰："天增授皇帝太元神策，周而复始。皇帝敬拜太一。"东至海上，考入海及方士求神者，莫验，然益遣，冀遇之。

十一月乙酉，柏梁灾。十二月甲午朔，上亲禅高里，祠后土。临勃海，将以望祀蓬莱之属，冀至殊廷焉。

上还，以柏梁灾故，朝受计甘泉。公孙卿曰："黄帝就青灵台，十二日烧，黄帝乃治明廷。明廷，甘泉也。"方士多言古帝王有都甘泉者。其后天子又朝诸侯甘泉，甘泉作诸侯邸。勇之乃曰："越俗有火灾，复起屋必以大，用胜服之。"于是作建章宫，度为千门万户。前殿度高未央。其东则凤阙，高二十余丈。其西则唐中，数十里虎圈。其北治大池，渐台高二十余丈，命曰太液池，中有蓬莱、方丈、瀛洲、壶梁，象海中神山龟鱼之属。其南有玉堂、璧门、大鸟之属。乃立神明台、井干楼，度五十丈，辇道相属焉。

夏，汉改历，以正月为岁首，而色上黄，官名更印章以五字，为太初元年。是岁，西伐大宛。蝗大起。丁夫人、雒阳虞初等以方祠诅匈奴、大宛焉。

其明年，有司上言雍五畤无牢熟具，芬芳不备。乃令祠官进畤犊牢具，色食所胜，而以木禺马代驹焉。独五月尝驹，行亲郊用驹。及诸名山川用驹者，悉以木禺马代。行过，乃用驹。他礼如故。

其明年，东巡海上，考神仙之属，未有验者。方士有言"黄帝时为五城十二楼，以候神人于执期，命曰迎年"。上许作之如方，命曰明年。上亲礼祠上帝焉。

公玉带曰："黄帝时虽封泰山，然风后、封巨、岐伯令黄帝封东泰山，禅凡山，合符，然后不死焉。"天子既令设祠具，至东泰山，东泰山卑小，不称其声，乃令祠官礼之，而不封禅焉。

其后令带奉祠候神物。夏，遂还泰山，修五年之礼如前，而加以禅祠石闾。石闾者，在泰山下址南方，方士多言此仙人之闾也，故上亲禅焉。

其后五年，复至泰山修封，还过祭恒山。

今天子所兴祠，太一、后土，三年亲郊祠，建汉家封禅，五年一修封。薄忌太一及三一、冥羊、马行、赤星，五，宽舒之祠官以岁时致礼。凡六祠，皆太祝领之。至如八神诸神，明年、凡山他名祠，行过则祠，行去则已。方士所兴祠，各自主，其人终则已，祠官不主。他祠皆如其故。今上封禅，其后十二岁而还，遍于五岳、四渎矣。而方士之候祠神人，入海求蓬莱，终无有验。而公孙卿之候神者，犹以大人之迹为解，无有效。天子益怠厌方士之怪迂语矣，然羁縻不绝，冀遇其真。自此之后，方士言神祠者弥众，然其效可睹矣。

太史公曰：余从巡祭天地诸神、名山川而封禅焉。入寿宫侍祠神语，究观方士祠官之意，于是退而论次自古以来用事于鬼神者，具见其表里。后有君子，得以览焉。若至俎豆珪币之详，献酬之礼，则有司存。

译文：

自古以来承受天命的帝王，何尝不曾举行过封禅典礼。大概只有未见到祥瑞征兆就去兴办封禅的帝王，而没有眼见到吉兆、瑞象而不到泰山去的帝王。有的帝王虽然承受了天命但功业没有成就，有的帝王已经到了梁父但自身的道德还不能与封禅盛典相协调，有的帝王功德相符了却没有空暇去封禅，所以封禅这件事能够实行的不多。古书上说："三年不行礼，礼制必定会荒废；

三年不演奏乐曲，音乐必定会被毁坏。"每到兴旺的太平盛世，就要举办封禅来报答神祇，到了国运衰败的时代封禅礼就停止了。这些停息的时间长的有一千多年，短的也有几百年。所以封禅的仪式残缺不全，甚至埋没不存，它的详细情形就不可能被记录下来让人们知道了。

《尚书》说：舜用美玉制的天文仪器观测天象，了解并调整日、月、五星反映出的四季及天文、地理、人道等情况。接着就祭祀上帝，点火升起烟来祭祀六种神灵，遥望着名山大川祭祀，普遍地祭祀各种神祇。舜收敛五等诸侯的瑞玉，选择吉祥的月、日，会见四方的诸侯牧守，将瑞玉还给他们。这一年的二月，舜到东方巡视，到了岱宗。岱宗就是泰山。点起柴火来祭祀，按照山川的大小尊卑依次祭祀它们。接着便会见东后，东后是东方的诸侯。调整历法，使四季与月份相符合，统一音律、尺度、重量衡度等。完善吉、凶、宾、军、嘉五种礼仪，各个等级分别献上五种瑞玉、三种绢帛、两种活牲、一只死雉等礼品。五月，巡视到南岳。南岳就是衡山。八月，巡视到西岳。西岳就是华山。十一月，巡视到北岳。北岳就是恒山。祭祀它们的礼仪都与祭岱宗的礼仪相同。中岳就是嵩山。舜每五年巡视一次。

禹沿承了这种巡察制度。传了十四代后，到了帝孔甲。他不修德行，喜好祭神，亵渎了神灵，上天赐给他的两条龙便飞走了。他以后三代，汤讨伐夏桀。汤想把夏朝祭土神的社坛移走，没有移成，作了名为《夏社》的文章。以后八代到了帝太戊，有桑树和穀树一同从朝廷院中长出来，一个晚上就长到一围粗细。太戊很害怕。伊陟说："妖异不能胜过德行。"太戊便修养自己的德操。桑树和穀树就枯死了。伊陟把这件事讲给巫咸。巫咸的兴盛气象从此开始了。这以后过了十四代，商王武丁得到傅说任相国，殷商从此复兴。武丁被称作高宗。有一只野鸡跳上鼎耳鸣叫。武丁害怕了。祖己说："修养德行。"武丁照祖己的话去做，王位因此得到长久的安定。以后五代，帝武乙怠慢神灵，被雷震死。以后三代，帝纣淫乱，周武王讨伐他。由此看来，开国创业时的君主没有不严肃恭敬、谨慎小心的。以后就逐渐怠慢起来了。

《周官》上讲：冬至那一天在南郊祭天，迎接白昼变长的日子来临。夏至那一天祭祀地神。祭时全要用乐舞，这样才能够让神感到你的礼敬。天子祭祀天下的名山大川，以对待三公的礼节祭祀五岳，以对待诸侯的礼节祭祀四渎。而诸侯们要祭祀自己国境内的名山大川。四渎就是长江、黄河、淮河和济水。天子祭祀的地点叫作明堂、辟雍，诸侯祭祀的地点叫作泮宫。

周公做了周成王的相国以后，在郊外祭天时，用后稷作为陪同受祭的神灵，在明堂中祭祀上帝时同时祭祀祖先周文王，使文王配享上帝。自从大禹兴起后就开始设立社神祭祀后土。后稷教人民种植庄稼，所以有后稷的神庙。郊祭和社祭的由来已经很久远了。

自从周朝战胜殷朝后经过十四代，世道越来越衰败，礼乐都荒废了，诸侯们任意横行，而周幽王又被犬戎打败，周朝王室向东迁到雒邑。秦襄公攻打犬戎，救援周王室，从此开始列入诸侯。秦襄公成为诸侯以后，居住在西方边疆地区，自以为应该主祭少暤神，修建了西畤，祭祀白帝，供奉的牺牲用黑鬣的红马驹、黄牛、公羊各一头。这以后十六年，秦文公东至汧水与渭水之间的地带打猎，占卜在这里定居，得到吉兆。秦文公梦见一条黄蛇从天上垂下来，蛇身附着地面，蛇口停在鄜地的缓坡上。秦文公询问史敦。史敦说："这是上帝发出的征兆，您应该祭祀它。"于是修建了鄜畤，在那里用牛、羊、猪三牲作为祭品祭祀白帝。

在还没有建鄜畤时的时候，雍城的旁边原有吴阳的武畤，雍城东面有好畤，全都荒废，不再进行祭祀。有人说："自古以来就因为雍州地势高，是神明居住的地方，所以建立畤来郊祀上帝，各种神灵的祠庙也都聚集在这里。大约在黄帝时就曾经举行祭祀，即使到了周代晚期也还有郊祀活动。"这些话不常听见，士大夫们也不谈起。

修建鄜畤九年以后，秦文公得到了一块像玉石的宝物，在陈仓的北山坡上修筑城池立祠祭祀它。这位神有时一年也不来一次，有时一年来几次，来的时候经常是在夜里，光辉照耀，像流星一样，从东南方飞来聚集在立祠的城中，像雄鸡一样，发出殷殷的声音。野鸡也在夜里鸣叫。用一头牲畜祭祀它，命名为陈宝。

修建鄜畤以后七十八年，秦德公被立为国君后，占卜在雍城定居，得到"以后子孙可以到黄河去饮马"的卜辞，就在雍城建都。雍城的各种祠庙从此兴建起来。用三百头牲畜在鄜畤祭祀。修建了伏日祭祀的神庙。把狗的肢体分割，挂在城市的四面城门上，来抵御蛊灾。

秦德公做了二年国君后死去。又过了四年，秦宣公在渭水以南修建密畤，祭祀青帝。

这以后十四年，秦缪公做了国君，卧病在床，五天没有醒来，醒来后，就说自己梦见了上帝，上帝命令秦缪公平定晋国的内乱。史官把这件事记下来收藏在内府中。而后代的人都说秦缪公上天了。

秦缪公即位九年，齐桓公做了诸侯的霸主，在葵丘召集诸侯会盟，而想要封禅。管仲说："古代在泰山封坛祭天、在梁父辟场祭地的有七十二家，而我记得的有十二家。过去无怀氏在泰山祭天，在云云山祭地；伏羲在泰山祭天，在云云山祭地；神农在泰山祭天，在云云山祭地；炎帝在泰山祭天，在云云山祭地；黄帝在泰山祭天，在亭亭山祭地；颛顼在泰山祭天，在云云山祭地；帝喾在泰山祭天，在云云山祭地；尧在泰山祭天，在云云山祭地；舜在泰山祭天，在云云山祭地；禹封泰山，在会稽山祭地；汤在泰山祭天，在云云山祭地；周成王在泰山祭天，在社首山祭地。他们全都是承受天命以后才能封禅。"齐桓公说："寡人到北方征伐山戎，经过孤竹；向西去征伐大夏，穿过流沙，勒紧马匹，悬挂着车辆，登上卑耳山；向西征伐到了召陵，登上熊耳山瞭望长江、汉水。召集诸侯军队会同作战三次，与诸侯们乘车来会盟六次，九次集合诸侯，匡正天下。诸侯中没有违抗我的。过去夏、商、周三代帝王承受天命，与我又有什么不同呢？"于是管仲看出齐桓公不能被言辞驳倒，就设法用具体事物说服他。说："古代的封禅，用鄗上的黍米，北里的禾谷来做祭祀的食品；江淮之间生产的灵茅，有三条棱脊，用它做祭神时用的草垫子。东海送来比目鱼，西海送上比翼鸟，然后还有不召自来的物品十五种降临。现在凤凰、麒麟没有来，嘉谷不出现，而蓬蒿杂草却长得很茂盛，猫头鹰等恶鸟多次飞来。这时却想要封禅，难道不是太不合适了吗？"于是齐桓公就停止了封禅的打算。这一年，秦缪公把晋国国君夷吾送回晋国即位。以后三次为晋国立了国君，平定了晋国的动乱。秦缪公在位三十九年而去世。

这以后过了一百多年，孔子论述《诗》、《书》、《礼》、《乐》、《易》、《春秋》等六种经典，传文中大致提及历代改朝换姓的帝王在泰山祭天、在梁父祭地的有七十多位，他们祭祀时用的祭品、祭器制度写得都不明确,是因为难以说清楚的关系。有人询问禘祭的礼仪制度。孔子说:"不知道。知道了禘祭的礼仪,那么处理天下大事就像看自己手掌一样明了易行了。"诗里讲纣王在位时,周文王承受了天命,但他的政令还达不到泰山一带。武王攻克殷商二年后,天下还没有安定就去世了。所以周朝德政的普及要从周成王说起。成王的封禅仪式就近于合乎情理了。以后诸侯国中大臣执政,季孙氏也到泰山祭祀,孔子就讥讽他。

当时苌弘用方术为周灵王效力。诸侯们不去朝见周天子。周天子力量薄弱。苌弘就宣扬鬼神的事例,设置了箭射狸首的仪式。狸首就代表着那些不来朝见的诸侯。想依靠鬼神怪异的力量把诸侯们招来朝见。诸侯们不服从,而晋国人抓住苌弘杀死了他。周代人们谈论方术怪异的风气是由苌弘开始的。

这以后过了一百多年,秦灵公修建了吴阳上畤,祭祀黄帝;修建了下畤,祭祀炎帝。

以后四十八年,周朝的太史儋去见秦献公,说:"秦国最初和周朝合在一起,合而分离,五百年后应当再次合在一起,合了十七年后就会在那里出现霸王。"栎阳下了一场金雨。秦献公自己认为得到五行中金的祥瑞,因此在栎阳建了畦畤来祭祀白帝。

这以后一百二十年,秦国灭亡了周朝,周朝的九座鼎归了秦国。有的人说宋国的太丘社坛被摧毁后,鼎沉没在彭城以下的泗水中了。

以后过了一百一十五年,秦统一了天下。

秦始皇统一天下称帝以后,有的人说:"黄帝得到五行中的土德,有黄龙和巨大的蚯蚓出现。夏代得到木德,有青龙停留在城郊,草木生长得茂盛苗壮。殷商得到金德,白银从山中流出。

周朝得到火德，就有红色乌鸦的祥符。现在秦朝取代了周朝，是水德的时代。过去秦文公出外打猎，获得过黑龙，这就是水德的瑞象。"于是秦朝把黄河改名为"德水"，用冬季十月作为每年的开端，颜色中崇尚黑色，度量以六作为一个单位，音乐中推尚大吕律，政务法令中崇尚法律刑名。

秦始皇即皇帝位三年，向东方去巡视郡县，祭祀了驺峄山，赞颂秦的功业。于是征召了齐、鲁地区的儒生博士七十人随行，到了泰山脚下。儒生们中有人议论说："古代的封禅时要驾蒲草缠裹车轮的车子，是恐怕伤害了山上的土石草木；祭祀时把地面扫干净，用草和禾秸编席铺在地上。说明祭祀是很容易照着办的。"秦始皇听到这些议论各不相同，十分古怪，很难施行，因此就斥退了儒生，而马上修整了车道，从泰山的南面上到山顶端，竖立刻石，颂扬秦始皇帝的功德，表明他有资格封泰山。从泰山北面的道路下山，在梁父祭祀了地神。这些礼仪中采取了很多太祝在雍地祭祀上帝时使用的仪式，但有关记录都封藏得很秘密，世人们不得而知，无法记载。

秦始皇上泰山时，在山半腰遇到了暴风雨，在大树下停留避雨。儒生们被斥退后，不能参加封禅的礼仪活动，听说秦始皇遇上了风雨，就都讥笑他。

于是秦始皇就向东到海边去游览，举行典礼祭祀名山大川和八神，寻求羡门子高一类的仙人。八神可能是自古以来就有的，也有人说是从姜太公以来才产生的。齐国之所以称作"齐"，是由于它正在天的腹脐。那些祭祀已经断绝，不知什么时候兴起的。八神：第一位叫天主，在天齐祭祀。天齐渊水位于临淄城南郊的山下。第二位叫地主，在泰山、梁父祭祀。因为天神喜好阴，祭祀它必须在高山的下面，小山的山上，起名叫"畤"。

地神喜好阳，祭祀它必须在水泽中的圜丘上。第三位叫兵主，在蚩尤祭祀。蚩尤这个地方在东平陆的监乡，是齐国的西部疆域。第四位叫阴主，在三山祭祀。第五位叫阳主，在之罘山祭祀。第六位叫月主，在莱山祭祀它。这些地点全都在齐国北部，挨近渤海。第七位叫日主，在成山祭祀。成山曲折陡峭地伸入海中，在齐国东北方的最顶端，用来迎接日出。第八位叫四时主，在琅邪山祭祀。琅邪在齐国的东方，所以每年都从那里最先开始。对这些神灵都各用一头牲畜和配套器皿祭祀，而巫师们对祭品有所增减，玉圭丝帛等不尽相同。

自从齐威王、齐宣王时起，驺衍一类的人就著书论述五行德行终始变化的规律，到了秦国称帝时，齐国人把这些理论上奏，所以秦始皇采用了它。而宋毋忌、正伯侨、充尚、羡门高等人，都是燕国人，仿效仙人的道术，做那些肉体消亡后使神魄飞升，依附于鬼神的事。驺衍靠用阴阳循环主宰命运的学说在诸侯中得到显达。而燕齐两地沿海一带的方士们继承了驺衍的学说却不能融会贯通，于是就从此兴起一批靠奇谈怪论、阿谀奉迎去苟合君主的人，多得数不过来。

自从齐威王、齐宣王、燕昭王时就派人到大海里去寻找蓬莱、方丈、瀛洲。这三座神山，传说在渤海中，离有人的地方不远；难办的是快要接近它了，就有大风把船吹走。据说有人曾经到过神山，各种仙人和不死药全在上面。那里的万物禽兽全都是白色的，而用黄金白银建成宫殿城阙。还没有到神山时，远望去像一片云彩；等到了跟前，三座神山反而在海水下面。临近神山时，动不动就被风吹走了，始终不能到神山上去。世间的君王没有一个不倾心向往神山的。等到秦始皇统一了天下，到了海边，谈论这件事的方士数都数不过来。秦始皇自己觉得到了海上恐怕不会遇到神山,就派人带着童男童女到海上去寻找神山。船到了海里,回来全都用有风作为解脱自己的理由,说不能到神山上,只能远远望见它。第二年,秦始皇又到海边游览,到了琅邪,经过恒山,从上党返回。这以后三年,游览了碣石,考察了到海上去的方士,从上郡返回来。以后五年,秦始皇南下到了湘山,就登上会稽山,沿着海边巡游,希望能遇上海中三座神山上的奇药。没有得到,回到沙丘时去世了。

秦二世元年,秦二世到东方巡视碣石,沿着海边南下,游历了泰山,到达会稽,在这些地方都举行典礼祭祀。而在秦始皇所竖立的石刻铭文旁边刻写文辞,用来显扬秦始皇的功德。那一年秋天,诸侯们反叛秦朝。三年后秦二世被臣下杀死。

秦始皇封禅以后十二年,秦朝灭亡。儒生们痛恨秦朝焚毁《诗》、《书》,屠杀并侮辱文人,百姓们怨恨秦朝的酷法,天下都反叛秦朝,就全都谣传说:"秦始皇上了泰山,为暴风雨所袭击,没有能封禅。"这难道不就是所谓没有具备德行而去举行封禅仪式的人吗?

过去三代的君王全居住在河水与洛水之间,所以把嵩山定为中岳。而四岳各自按它所在的方位定名。四渎都在崤函山东。到了秦国称帝号,在咸阳建都,五岳、四渎就全都位于东方了。从五帝一直到秦,一代代更迭兴衰,名山大川有时在诸侯国内,有时归属于天子,祭祀它的礼仪增减,各个时代都不一样,不能一一记录下来。到秦朝统一了天下,命令祭祀官员经常祭祀的天、地、名山大川各位鬼神,可以按次序逐一记录下来了。

于是从崤山向东,有名山五座,大河二条受到祭祀,它们是太室山——太室就是嵩山,以及恒山、泰山、会稽山、湘山。大河是济水、淮水。春天时用干肉和酒祭祀,祈求丰收,因为河水解冻，秋天水枯封冻，冬天时举行酬报神功、祈祷求福的祭祀。所用的牺牲祭品是每处各一头牛犊，祭器和玉圭、布帛等各处不相同。

从华山以西，有名山七座，著名的河流四条。叫作：华山、薄山——薄山就是衰山，还有岳山、岐山、吴岳、鸿冢、渎山——渎山是蜀郡的汶山。河流有黄河，在临晋祭祀它；沔水，在汉中祭祀它；湫渊，在朝那祭祀它；江水，在蜀中祭祀它。也是在春季河水解冻、秋季结冰时以及冬季举行祭祀，酬报神功，和东方的名山大川祭祀方法一样；而使用的牺牲、牛犊、祭器、玉圭、布帛等各不相同。四座坟冢一样的大山，鸿冢、岐山、吴山、岳山，也都有用新谷去祭祀的仪式。

陈宝神在节日来享受祭祀。对河水增加用新酒酿祭祀的仪式。这些地方全都是在雍州的范围内，靠近天子的都城，所以增加一辆车和四匹黑鬣的红马驹作为祭品。

霸水、产水、长水、沣水、涝水、泾水、渭水都不是大河，因为它们邻近咸阳，全可以依照名山大川的规格祭祀，但没有增加的各种祭物。

汧水和洛水两条河流，鸣泽、蒲山、岳嶻山一类的山，都是小山川，也都在每年举行岁祭、赛祭、解冻和枯水封冻的祭祀，礼仪不一定相同。

而雍州有日、月、参、辰、南斗、北斗、荧惑、太白、岁星、填星、辰星、二十八宿、风伯、雨师、四海、九臣、十四臣、诸布、诸严、诸逑一类的神灵，一百多座神庙。西县也有几十座祠庙。在湖县有周天子的祠庙。在下邽有天神庙。在沣、滈有昭明庙与天子辟池。在杜县的亳亭有三杜主祠和寿星祠，而且在雍县的草屋祠庙中也祭祀杜主。杜主是以前周朝的右将军，他在秦中地区是小鬼神中最有灵验的。对这些神都每年按时各自祭祀。

神灵中只有雍州四畤祭祀的上帝最尊贵，祭祀时景象最激动人心的只有陈宝神。所以雍州四畤，春季为祈求丰收祭祀，因为河水解冻，秋季枯水封冻祭祀，冬季赛祭，五月里用马驹祭祀，以及仲春、仲夏、仲秋、仲冬四个月的月祭，而陈宝神是在应时而来时祭祀一次。祭祀在春夏时节用红色马，秋冬时节用黑色鬃毛的红马。每畤用四匹马驹，四条木雕的龙驾驶的有铃大车一套，木雕的车和四匹马一套，这些车马的颜色和所祭的上帝颜色相同。还有黄牛犊和羊羔各四头，玉圭、布帛各自有一定数量。全部活着埋在地里，没有祭祀用的器皿。每三年郊祀一次。秦朝把冬季十月定为每年的开始，所以皇帝经常在十月里斋戒，举行郊祀，将烽火从咸阳一直排列到四畤祭坛，皇帝在咸阳城外行礼，祭祀时崇尚白色的衣裳，祭祀的用品和日常祭祀时一样。西畤和畦畤的祭祀像过去一样，皇帝不亲自前往。

这些祭祀日常全由太祝主管，每年按时供献祭祀。至于像其他的名山大川、各种鬼物和八神一类，皇帝经过时就去祭祀，离开后就停止了。远方各郡县的神庙，由民众各自供奉祭祀，不归天子的祭祀官员们管理。祭祀的官员中有一类秘祝，如果有了灾异就祈祷祭祀，请求把过失与灾祸移到臣民们身上。

汉朝兴起，汉高祖身份卑微的时候，曾经杀死一条大蛇。有神怪说："蛇是白帝的儿子。而杀它的人是赤帝的儿子。"汉高祖刚起兵时，在丰邑的枌榆社祈祷神灵。占领了沛县后，他做了沛公，就祭祀蚩尤，用牲畜血涂在军旗和战鼓上。便在十月到达了灞上，与诸侯们一起平定了咸阳，被立为汉王。因此把十月定成每年的开始，而且崇尚红色。

汉高祖二年，向东方攻打项籍，回来后进入关中，问道：

"过去秦朝时候祭的上帝是什么天帝呢？"回答说："四个天帝，有白帝、青帝、黄帝、赤帝的祠庙。"汉高祖说："我听说天上有五帝，而现在只有四帝，这是为什么呢？"没有人能知道这个原因。于是汉高祖说："我知道了，就是等待我来把五帝凑完备呢。"就设立了黑帝祠，命名为北畤。由主管官员去祭祀，皇帝不亲自前往。高祖把过去秦朝的祭祀官员全都召来，重新设置了太祝、太宰，礼仪和过去的形式一样。接着命令各县建立公社。下诏书说："我很尊重神庙，敬重祭祀。现在对上帝的祭祀和应当进行的对山川神祇们的祭祀，都像过去一样按时行礼祭祀。"

这以后过了四年，天下已经平定，汉高祖下令给御史，命令丰县认真整修枌榆社坛，按四季时节祭祀，春天用羊和猪祭祀它。命令祭祀官员在长安建立了蚩尤庙。在长安设置了祠庙的祝官和女巫。其中的梁巫祭祀天、地、天社、天水、房中、堂上一类神灵；晋巫祭祀五帝、东君、云中君、司命、巫社、巫祠、族人、先炊一类神灵；秦巫祭祀社主、巫保、族累一类神灵；荆巫祭祀堂下、巫先、司命、施糜一类神灵；九天巫祭祀九天。这些全都每年按时节在宫中祭祀。河巫在临晋祭祀黄河，在南山巫祭祀南山与秦中。秦中就是秦二世皇帝。各自都有规定的时日。

这以后二年，有人说周朝兴起时就建立了邰邑，设立了后稷的祠庙，至今仍享受天下人的牲祭。于是汉高祖给御史下诏书说："命令各个郡、王国、县都设立灵星祠，每年按时用牛祭祀。"

汉高祖十年春天，主管官员请求命令各县日常用羊和猪在春季二月和腊月祭祀社稷神。民间乡里的社神让百姓自己出钱去祭祀。汉高祖批示说："可以。"

这以后十八年，汉孝文帝即位。即位十三年时，下诏书说：

"现在秘祝们把过失灾祸转移给臣民,我很不赞成这种做法。从今天起废除它。"

起先名山大川位于诸侯国内,诸侯国的祭祀官员们各自祭祀,天子的官府不管理它。到了齐国和淮南国被废除后,汉文帝命令太祝像过去一样全部按时举行祭祀。

这一年,颁布命令说:"我即位十三年到今天,依赖祖先宗庙的神灵,社稷国家的福荫,境内安定,人民没有疾苦。近来连年获得丰收,我没有什么德行,凭什么享受到这些呢?这全是上帝和神灵们所赐予的。听说古代的人享受了神灵的恩德,就必定报答它们的功劳,我想要增加祭祀神灵们的祭物。有关官员建议给雍州的五畤增加一辆四匹马拉的大车和全套的车马用具;给西畤、畦畤各增加一辆木雕的大车和四匹木马,以及全套车马用具。给黄河、湫渊、汉水各增加二枚玉璧。而且让各个祠庙都增建拓宽坛址,祭祀的用具器皿和玉圭、布帛按照等级予以增加。祝祷求福的人把福惠都归结于我,百姓们不在其中。从现在起祝官向神行礼时,不要为我有所祈祷。"

鲁地的人公孙臣上书说:"当初秦朝获得水德,现在汉朝接受了秦的天下,推算五德终始相传的原理,汉朝应当有土德,土德的瑞兆是黄龙出现。应该改换历法,更换服装的颜色,崇尚黄颜色。"这时丞相张苍喜好乐律历法的学问,认为汉朝就是水德的开始,所以黄河决口冲毁金堤,这就是水德的符兆。每年在冬季十月开始,当时自然界的颜色是外表黑,里面红,与水德相应。认为像公孙臣说的那些是不对的,便否定了公孙臣的建议。以后三年,黄龙在成纪出现。汉文帝就召来公孙臣,任命他做博士,和各位儒生起草改换历法与服装颜色的计划。当年夏天,下诏书说:"成纪出现了异类的神物,对人民没有危害,今年因此获得丰收。我要在郊外祭祀上帝和各位神灵，礼仪官员们议论一下方案，不要因为会劳累我就隐瞒避讳。"有关官员们全都说："古代的天子在夏季亲自举行郊祀。在郊外祭祀上帝，所以叫作郊祀。"在这一年的夏季四月，汉文帝开始到雍州的五畤举行郊祀，衣服都采用所崇尚的红色。

第二年，赵人新垣平以擅长观望云气被汉文帝召见，他说："长安城的东北方有神异的云气，色呈五彩，像人的冠冕一样。有人说东北方是神明居住的地方，西方是神明的坟墓。上天的瑞象降下，应该设立祠庙祭祀上帝，以此来应合祥瑞的符兆。"于是就修建了渭阳的五帝庙，五帝在同一个屋顶下面，每帝设一座殿堂，每一面各有五座大门，每座门的颜色都和殿堂中这方天帝的颜色相同。祭祀所用的祭品和礼仪也像雍州五畤一样。

夏季四月，汉文帝亲自到霸水、渭水交会的地点拜神。在渭阳郊祀五帝。五帝庙南临渭水，北面挖沟把渭水引入兰池，点燃烽火来祭祀，就像有火光闪闪一直连到天上。于是使新垣平显贵，封他为上大夫，赏赐累积千金。而且让博士和儒生们采取《六经》中的文字撰写了《王制》，商议巡视四方和封禅的事。

汉文帝出游到长门亭，好像见到五个人在道路北边，就在他们站立的地点北面设立了五帝坛，用五头牲畜和祭器祭祀。

第二年，新垣平派人拿着玉杯，到宫门前上书进献玉杯。新垣平对文帝说："宫门前有宝玉来了。"过后去看宫门，果然有来献玉杯的人，上面刻着："人主延寿。"新垣平又说："我预测到太阳会再次回到中天。"过了一会儿，太阳退回来再次到了中天。于是开始把十七年更改为元年，命令天下百姓举行盛大的饮宴。

新垣平进言说："周朝的宝鼎失落在泗水中。现在黄河水溢出来，流入了泗水。我看到东北方汾阴地区的上空有金宝气，想来周朝宝鼎会要出现了吧？征兆出现了不去迎接它，它就不来了。"于是汉文帝派使者在汾阴南修建了祠庙，临近黄河，想要通过祭祀使周朝宝鼎出现。

有人上书告发新垣平所说的云气神灵等事情全是诈骗。就把新垣平交给法官审理，杀死了新垣平，灭绝了他的家族。从此以后，汉文帝对改正历法与服装颜色，求神灵等事情不再感兴趣了，而渭阳、长门的五帝庙坛只让祭祀官员去管理，按时举行仪式，文帝自己不去了。

第二年，匈奴多次侵入边境，汉朝发兵守卫。以后的年成也有些歉收。

几年后孝景帝即位。在位十六年间，祭祀官员们各自每年按时祭祀，和过去一样，没有什么新的兴建，直到当今的天子。

当今天子刚即位时，特别敬重鬼神的祭祀。

武帝元年时，汉朝兴起已经有六十多年了，天下平安，官员士人们都希望天子封禅，改换历法等。而皇帝向往儒术，招纳贤良文学之士。赵绾、王臧等人凭借文学才能成为公卿，想要商议按古代制度在长安城南建立明堂，用来接受诸侯朝见。草拟巡视天下、封禅、改换历法服色等方案的事还没有办成，正赶上窦太后研究黄老学说，不喜好儒术，派人暗中侦察，搜集到赵绾等人作奸谋利的事实，召赵绾、王臧来受审查。赵绾、王臧自杀了。他们兴办的各项事因此全部废除了。

六年后，窦太后去世。第二年，征召来文学之士公孙弘等人。

第二年，当今皇帝第一次到雍城，在五畤举行郊祀。以后经常三年一次去郊祀。这时皇帝访求到一位神君，让她住在上林宫中的蹄氏观。神君是长陵地方的一个女子，因为生孩子时难产死了，把神灵显现给她的妯娌宛若，宛若在神君的屋子里祭祀她，百姓们很多人都去祭祀。平原君去祭祀过，以后他的子孙都因此尊贵显荣。到了当今皇帝即位，就用丰厚的祭礼祭祀她，把她请到宫中。能听到她说话，但看不见人。

当时李少君也由于祭祀灶神、辟谷术和长生不老术被皇帝召见。皇帝很尊敬他。李少君这个人是原来深泽侯的舍人，主管方术药物。他隐瞒了他的年龄和生平履历，自己常说有七十岁了，能够驱使鬼神，长生不老。他靠方术游历，历经各诸侯国。他没有妻子儿女。人们听说他能够驱使鬼神和长生不死，不断地送给他东西，他的金钱衣服食物经常有富余。人们全都认为他能不从事生产而富有财物，又不知道他是什么人，就更加相信他，争着来供奉他。李少君禀质喜好方术，善于巧妙地说话而且奇妙地说中。他曾经随武安侯去饮宴，在座的有一个九十多岁的老人，李少君就说起和这个老人的祖父游玩射猎的地点。这个老人年幼时跟着他的祖父去过，并且记得这些地方，所有在座的人都十分惊讶。李少君见皇帝时，皇帝有一件古代的铜器，问李少君。李少君说："这个铜器是齐桓公十年陈列在柏寝台的。"然后查看上面的铭文，果然是齐桓公时的器物。整个皇宫的人全都惊骇不止，认为李少君是神仙，是几百岁的人了。

李少君对皇帝说："祭祀灶神就可以召来神鬼，召来神鬼之物，丹砂可以化为黄金，用黄金制成饮食用具就能延年益寿，延年益寿就可以见到海里边蓬莱岛上的仙人，见到仙人，去举行封禅礼仪就能永生不死，黄帝就是这样。我曾经漫游海上，见到过安期生，安期生给我吃的大枣像瓜一样大。安期生是仙人，和蓬莱岛上有交往，与你合得来就见你，合不来就隐身不见。"于是天子开始亲自去祭祀灶神，派方士入海去寻找蓬莱的安期生一类仙人，并且从事炼丹砂等药物制黄金的活动。

过了很久，李少君病死了。天子认为他没有死，是化成仙人了，就让黄县、锤县的小吏宽舒承受他的方术。寻找蓬莱的安期生，没有能找到的，而海边上燕、齐一带怪诞离奇的方士们大多轮流不断地来讲述神仙方术了。

亳县人谬忌上奏，讲祭祀太一神的方法，说："天神中最尊贵的是太一，太一的助手是五帝。古代的天子在春、秋两季到东南郊去祭祀太一，祭物使用太牢，祭七天，筑的祭坛要在八面修出鬼神的通道。"于是天子命令太祝在长安城的东南郊建立祭太一的祠庙，按照谬忌说的方法经常祭祀。这以后有人上书，说："古代的天子每三年一次用太牢祭祀三位神：天一、地一、太一。"天子答应了。命令太祝带领人在谬忌奏请建立的太一神坛上祭祀这三位神，像人们上书讲的那样。后来又有人再上书，说："古代的天子经常在春天祭祀来解除灾祸，祭祀黄帝用一只枭、一只獭。祭冥羊用羊，祭马行用一匹青色的公马。祭太一、泽山君、地长用牛。祭武夷君用干鱼。祭阴阳使者用一头牛。"命令祭祀官员按照他的方法管理祭祀，在谬忌奏请建立的太一神坛旁边祭祀。

这以后，天子的园林中有了白鹿，用它的皮作为货币，以引发祥瑞的回应，制造了白色银锡货币。

第二年，在雍城举行郊祀，捕获了一头一只角的野兽，好像獐鹿一类的动物。有关官员说："陛下虔诚恭敬地来郊祀，上帝回报得到的供享，赐给您一角兽，它大概就是麒麟吧。"于是用它进献给五畤，每个畤增加一头牛，用柴焚烧献给神灵。还赐给了诸侯们白色的银锡货币，暗示他们符兆瑞象是与天意相合的。

在当时济北王以为天子就要去封禅，就上书献出泰山和山旁边的地区，天子用其他的县补偿了他。常山王有罪，被流放到别处，天子把常山王的弟弟封在真定，用来继承先前常山王的祭祀，而把常山改为郡，这以后五岳就全在天子的直辖郡中了。

第二年，齐地人少翁靠鬼神方术被汉武帝召见。皇帝有一个宠幸的王夫人，她去世了。据说少翁用方术在夜里使王夫人和灶鬼的形貌出现，天子从帷幕中看见了她们。于是就任命少翁为文成将军，给他的赏赐非常多，用对待宾客的礼节接待他。文成将军说："如果皇上想要和神仙交往，然而宫殿房屋、被褥服装不像神仙用的，神鬼不会来。"就制作了画上云气的车子，而且分别在干支相胜的日子里驾着车驱除恶鬼。又修建了甘泉宫，中间建了台室，画上天一、地一、太一等各种鬼神，而且置备了祭器来招致天神。过了一年多，文成将军的方术越来越不灵，神仙也没有来。他就把文书写在绢帛上给牛吃下，假装不知道，说这条牛的肚子里有奇异的东西。杀了牛来看，找到文书，书中写的话十分怪异。天子认识那个帛书的笔迹，问那个人，果然是伪造的文书。于是杀死了文成将军，把这件事也隐瞒起来了。

以后就又制造了柏梁殿、铜柱、承露仙人掌之类的器物。

文成将军被处死的第二年，天子在鼎湖病得很厉害，巫医们无所不致，但仍治不好。游水发根说上郡有巫师，当他生病的时候就有鬼神下界附在他身上。皇帝把他召来，在甘泉宫给他所附身的鬼神设了祭祀。等到巫师生病时，派人去问这位巫师，巫师对他说："天子不要为病担忧。病情稍有好转，就勉强支撑着来甘泉与我会面。"于是天子的病好了，就起身到甘泉宫来，病果然全好了。便大赦天下，设置了寿宫神君。寿宫神君中最尊贵的是太一神，他的助手叫作大禁、司命一类，全跟随着他。但不能看见，只能听到他们说话，说的话和人的声音一样。神君有时去有时来，来时就有小风飒飒。他们住在屋子里的帷幕中。有时白天讲话，但通常是在夜里。天子要举行消灾除邪的仪式后，才能进屋。屋中以巫师作为主人，领取饮料食物，神君说的话也由巫师传达下来。又建造了寿宫、北宫，竖起饰有羽毛的旗子，设置了放供品用的器具，以表示礼敬神君。神君所说的话，皇帝派人听取记录下来，称它为"画法"。他们所说的话，都是世俗人士所懂得的，没有什么特殊的地方，而只有天子自己心中喜好。这些事都很秘密，世上的人们都不知道。

这以后三年，有关官员说纪元应该以上天的瑞象命名，不应该以一二来计数。第一个年号叫"建"，第二个年号根据长星出现叫"光"，第三个年号由于郊祀时获得一角兽叫"狩"等。

第二年的冬天，天子在雍城郊祀，议论道："现在我亲自来郊祭上帝了，而没有祭祀后土，这就与礼法不符了。"有关官员与太史公、祠官宽舒商议："祭祀天地用的牲畜，角只有蚕茧或栗子那么大小。如今陛下亲自来祭祀后土，祭后土应该在水泽中的圜丘上建五个祭坛，每个坛用一头黄牛犊的太牢和祭器，祭祀过后把它们全埋在地下，而陪同祭祀的人采用黄色服装。"于是天子就到东方去，开始在汾阴的岸边高丘上建立后土祠庙，像宽舒等人商议的一样。皇帝亲自向那里遥拜行礼，像祭祀上帝的礼仪一样。仪礼完成后，天子就到了荥阳，然后回去。经过洛阳时，下诏书说："夏、商、周三代十分遥远了，年代远了就难以留存。用三十里地的区域封周代的后人为周子南君，以供奉他们先人的祭祀。"这一年，天子开始巡视郡县，逐渐接近泰山了。

那年春天，乐成侯上书介绍栾大。栾大是胶东王宫中的侍者，过去曾经和文成将军共同拜一个老师，以后做了胶东王的尚方官员。而乐成侯的姐姐是胶东康王的王后，没有生儿子。康王死后，其他王姬的儿子被立为王。康王后有淫乱的行为，与新王不合，就用法律来互相威胁。康王后听说文成将军已经死了，又想要自己向皇帝献媚，就派栾大通过乐成侯求见皇帝谈论方术。天子诛杀文成将军后，后悔过早地杀死了他，可惜他的方术没有传尽。等到见了栾大，十分高兴。栾大长得高大漂亮，言谈中很有谋略，又敢说大话，吹牛时毫不犹豫。他对皇帝说："我经常来往于大海中，见到过安期生、羡门子高一类仙人。只是他们因为我身份低贱，不相信我。又认为康王只是个诸侯罢了，不值得给他方术。我几次对康王说起，康王又不重用我。我的老师说：'黄金可以炼成，黄河的决口可以堵塞，不死药可以获得，仙人也可以招来。'但是我害怕会和文成将军一样，这样方士们全都掩口不敢说话，怎么敢谈方术呢！"皇帝说："文成将军是吃马肝死的。你真能够修炼方术的话，我有什么可吝惜的呢！"栾大说："我的老师是没有什么需要求人的，而是人们求他。陛下一定要把他招来，就要尊重他的使者，让他的使者有亲眷，用对宾客的礼仪接待他们。不要轻慢了他们，让他们佩带各种印信，才可以让他们向神仙转达言语。即使是这样，还不知神仙肯是不肯。使求神的使者非常尊贵，然后才可以招来神仙。"当时，皇帝让栾大演示小方术来验证一下他的本领。栾大就斗棋，棋子能自己互相撞击。

当时汉武帝正为黄河决口担忧，而且黄金也没有炼成，就任命栾大为五利将军。过了一个多月，栾大便得到四颗官印，又佩带了天士将军、地士将军、大通将军印。皇帝给御史下诏书说："过去大禹疏浚九江，开通四渎。近年来黄河泛滥，淹没了两岸高地，修筑河堤的劳役没有休止。我统治天下有二十八年了，如果上天派遣方士来，就该是大通将军了。《乾卦》中说'飞龙'，又说'鸿雁逐渐靠近河岸'，我想大概有些近似这种情况。现在用二千户封邑封地士将军栾大为乐通侯。"赐给栾大列侯的上等宅第和一千名僮仆。从皇帝的御用器物中指出车马、帐幕、器物等装满栾大的家。又把卫长公主嫁给栾大做妻子，送给她上万斤黄金，把她的食邑封号改为当利公主。天子亲自到五利将军家中。派去栾大家探问送东西的使者在路上接连不断。从大长公主和将军丞相以下的官员都到栾大家中摆设酒宴，进献给他。当时天子又刻了一枚玉印是"天道将军"，派使者身穿羽衣，在夜间站在白茅上授印，五利将军也身穿羽衣，在夜间站在白茅上接受玉印，以此表示不把他当臣下看待。而佩印称作"天道"的原因，是将要替天子引导天神来临的意思。于是五利将军经常于夜间在他家中祭祀，想把天神求下来。天神没有来到却把各种鬼都聚集来了，但栾大很能驱使它们。这以后栾大又整治行装出发，到东方乘船入海，据说去寻找他的师傅。栾大被召见几个月，就佩带六颗官印，尊贵的身份震动天下，而海边上燕、齐之间的人，没有一个不激动地握住手腕，自称有仙方，能够修炼成神仙了。

那一年夏季六月中旬，汾阴地区的巫师锦在魏脽的后土祠旁为百姓祭祀，看到地面像钩子一样隆起，扒开一看，找到一只鼎。这只鼎很大，与其他的鼎不一样，雕刻有纹饰，但没有文字题记，人们很奇怪，就报告了官吏。官吏报告了河东太守胜，胜把这件事上奏朝廷。天子派使者去查验，问明巫师得到鼎的情况中没有奸诈作伪，就按礼法去祭祀，把鼎迎接到甘泉，百官随行，皇帝亲自献祭。到了中山时，天空中云气缭绕，有一片黄云覆盖在头上。有一只麂跑过去，皇帝亲自射中它，就用它来祭天。到了长安后，公卿大夫们全都议论请求尊奉宝鼎。天子说："近年来黄河泛滥，几年收成都不好，所以巡视各地，祭祀后土，祈求神为百姓养育庄稼。今年的收成好不好还没有消息，鼎为什么会出现呢？"有关官员都说："听说过去泰帝兴造了一只神鼎，一就是一统的意思，是天地万物统一归系的象征。黄帝做了三个宝鼎，象征天、地、人。大禹收集了九州牧守的金属，铸成九个鼎。这九个鼎都曾经用来煮牲畜供上帝鬼神享用。它们遭遇到圣明的君主就会出现，夏、商一代代相传演变。周朝的德行衰薄，宋国的社坛毁坏，鼎就沉没水中，隐藏起来看不到了。《诗经》的《颂》中说："从堂上到门前，从羊看到牛；大鼎小鼎各种鼎，不杂乱不狂傲，恭慎肃穆，福寿绵长，吉祥美好。"如今宝鼎到了甘泉，色泽光润，变化神奇，承受着无穷无尽的祥福。与到中山时有黄白色的云彩降下笼罩天空的情况相符。上天用这只野兽作符兆，皇帝用大弓把箭射到它身上，把它捕获送到祭坛下，用来祭祀，回报上帝的恩赐。只有承受了天命成为皇帝的人才能真心了解上帝的意愿，与上帝的德行相契合。这个鼎应该进献到祖先宗庙中，珍藏在皇帝的宫廷中，来符合上天降下的明确的征兆。"皇帝下令说："可以。"

到海上寻找蓬莱岛的人，都说蓬莱岛并不远但不能到达岛上，原因大概是看不见它的瑞气。汉武帝就派望气的官佐去观察仙山的云气。

那一年秋天，汉武帝来到雍城，将要举行郊祀。有的人说："五帝是太一的助手，应该竖立太一的神坛，皇帝去亲自郊祀。"皇帝迟疑不决。齐人公孙卿说："今年获得了宝鼎，冬季的辛巳日是初一，早晨节气交冬至，与黄帝时的历象一样。"公孙卿有一件木版，上面写道："黄帝在宛朐获得宝鼎，向鬼臾区询问原因。鬼臾区回答说：'您得到了宝鼎和神策，这一年的己酉日是初一，早晨交冬至，得到了天的纲纪，终结后又重新开始。'于是黄帝用筹策推算未来的日月，以后大概每二十年再轮到初一的早晨交冬至，一共推算二十次，合三百八十年，黄帝就成了神仙升上天。"公孙卿想要通过所忠奏明汉武帝。所忠看他的文书荒诞无理，怀疑是他胡写的狂言，推辞说："宝鼎的事情已经决定了，还能再做什么呢！"公孙卿又通过皇帝宠爱的人上奏了。皇帝十分高兴，就召来公孙卿，问他这件事。公孙卿回答说："我从申公那里接受了这个文书。申公已经死了。"皇帝问："申公是什么人呢？"公孙卿说："申公是齐地的人。他和安期生有往来，接受了黄帝的言论，没有著作，只有这件关于鼎的书札。书上说：'汉代的兴盛应当在黄帝的时令再次出现的时候。'还说：'汉代的圣人出现在汉高祖的孙子到曾孙中。宝鼎出现就会与神明相通，去封禅。有七十二个王封禅，但只有黄帝能够上泰山封禅。'申公说：'汉朝的君主也应该上泰山封禅，上泰山封禅就能成仙升天了。黄帝时有上万的诸侯国，而其中有神灵被祭祀的占了七千个。天下有八座名山，而三座在蛮夷地区，五座在中原地区。中原的华山、首山、太室山、泰山、东莱山，这五座山是黄帝经常游历的，和神灵在那里相会。黄帝一面作战，一面学习仙术。他担心百姓中非议他学仙术，就把非议鬼神的人断然处死。一百多年后，黄帝才能与神相往来。黄帝在雍城郊祀上帝，住了三个月。鬼臾区别号为大鸿，死了后葬在雍地，过去说的鸿冢就是他的墓。那以后黄帝在明廷迎接了万种神灵，明廷就是甘泉。所叫作寒门的地方就是谷口。黄帝开采首山的铜矿，在荆山下面铸鼎。宝鼎铸成后，有条龙垂着长须，从天而降来迎接黄帝。黄帝骑上龙，大臣们和后宫嫔妃跟着骑上龙的有七十多人，龙就飞上天了。剩下的小官员们不能骑上龙，就都抓住龙的胡须。龙的胡须被揪掉了，落了下来，黄帝的弓也落了下来。百姓们仰望着黄帝飞上天去了，就抱着他的弓和龙的胡须号哭。所以后代人们把这个地方叫作鼎湖，把那个弓叫作乌号。'"于是天子说："哎呀！如果我真能像黄帝那样，我会把丢弃妻子儿女看得像脱掉鞋子一般。"就任命公孙卿为郎，派他东去太室山迎候神仙。

皇帝就到雍城举行郊祀，到达陇西，向西登上崆峒山，驾临甘泉。命令祠官宽舒等人设置太一的祭坛，祭坛仿照亳人谬忌建的太一坛修造，有三层。五帝的祭坛环绕在太一坛下面，各自按照他们的所在方位排布。黄帝的祭坛设在西南方。祭坛八面都修了相通的鬼道。祭太一用的祭品和雍地每个畤的祭品一样，又增加了一些甜酒、枣子、肉干等食物，杀一条杂色牛，用它的肉装在祭器中。而五帝祭坛只进献甜酒和祭器中的食物。祭坛下面的四方场地是供连续祭祀各位神灵的随从和北斗的。祭祀完毕后，剩余的祭肉都要用柴火烧掉来供神享用。祭祀用的牛是白色的，鹿放到牛的腹腔中，猪再放入鹿的腹腔中，用水浸润。祭太阳用牛，祭月亮就用公羊或公猪。祭祀太一的官员穿紫色绣花的礼服。祭五帝的官员礼服分别与所祭的天帝颜色相同，祭太阳的官员穿红色衣服，祭月亮的穿白色。

十一月辛巳日初一的早晨交冬至节气，天刚拂晓，天子就开始在郊外祭拜太一。早晨祭祀太阳，晚上祭祀月亮，就行作揖礼。而拜见太一神时就和在雍城郊祀的礼节一样。赞礼的人说："当初上天把宝鼎和神策授给皇帝，过了朔日就又到朔日，终而复始，皇帝来恭敬地拜见您。"而祭祀的衣裳选用黄色。祭祀时祭坛上排布满了烽火、火把，祭坛旁边摆开烹煮的炊具。主管官员说："祠庙上空有光亮。"公卿大臣们说："皇帝开始在云阳郊祀太一，主管官员奉上大玉璧和壮美的牲畜献给神灵享用。当天夜晚有美丽的光辉出现,到了白天,有黄色的云气上升连到天顶。"太史公和祠官宽舒等人说:"神灵的美意,保佑着幸福,预兆了吉祥,应该就在这个地方出现光彩的范围内建起太畤坛以明确地回答上天。命令太祝管理这里,秋天和腊月中祭祀。每三年天子来郊祀一次。"

当年秋天,为了征伐南越而祈祷太一神。用牡荆做旗杆,幡旗上画了日月北斗和飞升的龙,来象征天一三星,作为太一神前面的旗帜,叫它"灵旗"。举行为用兵的祈祷时,就让太史捧着灵旗指向要去讨伐的国家。而五利将军出使时不敢到海里去,到泰山去祭祀。皇帝派人去跟着他查验,实际上什么也没有看见。五利将军还谎称见到了他的师傅,五利将军的方术已经用尽了,说过的话大多没有应验。皇帝就杀死了五利将军。

当年冬天,公孙卿在河南迎候神仙,说他在缑氏县城上见到了仙人的足迹,有个东西像野鸡一样,在城上来来往往。天子亲自来到缑氏城上看仙人足迹。问公孙卿:"你不是想要仿效文成将军和五利将军吧?"公孙卿说:"不是仙人有求于人主,而是人主寻求仙人。求仙的事不稍微宽限些时间,神仙是不会来的。谈论神仙的事,好像又遥远又荒诞,但成年累月地寻求就可以招来神仙。"于是各郡、各王国都修治道路,整修宫殿楼台和名山上的祠庙,希望天子驾临。

这年春天,灭亡了南越国后,有一个受天子宠爱的侍臣李延年靠喜好音乐得到召见。皇帝很喜欢他,下旨让公卿大臣议论,说:"民间祭祀时还有音乐鼓舞,现在郊祀时没有音乐,这难道相称吗?"公卿们说:"古代祭祀天地时全有音乐,神祇可以由此受到礼敬。"有人说:"太帝让素女弹奏五十弦的瑟,很悲凉,太帝都经受不住,所以把那种瑟破开做成二十五根弦。"于是祭神回报征伐南越的胜利，祈祷太一、后土，祭祀他们。并开始使用乐舞，加上召来歌手。并由此开始制作二十五弦的瑟和箜篌、琴瑟等。

第二年的冬天，皇帝商议说："古代皇帝先整顿武备，遣散军队，然后才去封禅。"就北上去巡视朔方，统领十几万军队，回来后在桥山黄帝陵墓祭祀，在须如遣散军队。皇帝说："我听说黄帝没有死，现在却有陵墓，这是为什么？"有人回答说："黄帝已经成仙上了天，他的大臣们埋葬的是他的衣冠。"到达甘泉后，由于将要在泰山举行封禅，先祭祀了太一。

自从得到宝鼎后，皇帝与公卿大臣及儒生们商议封禅的事。封禅的大礼很少举行，时代久远，礼仪方式灭绝无存，没有人知道它的礼仪，而儒生们采用《尚书》、《周官》和《礼记·王制》中记录的望祭与射牛的仪式来封禅。齐地的人丁公年龄有九十多了，他说："封禅，是合于长生不死的别称。秦始皇就不能上山封祭。陛下一定想要上山，稍微向山上走走，如果没有风雨，就可以上去封祭了。"于是，皇帝就命令儒生们练习射牛，草拟封禅的礼仪。这样几年，到了将要出行封禅的时候。天子听了公孙卿和方士的话，说黄帝以前的封禅，全都招来了怪异之物与神灵相通，就想要模仿黄帝以前的帝王接来神仙人物、蓬莱岛的人士，想超越世人，德行与九皇相比，而且大量采纳儒术粉饰自己。儒生们已经不能讲明白封禅的事宜，又拘泥于《诗》、《书》等古代文献中不能充分发挥想象。皇帝做了封禅祭祀的祭器给儒生们看，他们有的就说："和古代的不一样。"徐偃又说："太常的属员们行礼不如鲁国人好。"当周霸聚集儒生谋划封禅的事时，皇帝免去了徐偃、周霸的职务，把儒生们全罢黜了，不予使用。

三月，就向东去到缑氏，登上中岳太室山行礼。随行的官员在山下听到好像有人喊"万岁"。问山上的人，山上的人没有喊，问山下的人，山下的人也没有喊。于是把三百户人封给太室山，供给祭祀，命名为崇高邑。东行，登上泰山，泰山的草木还没有长出新叶来，就命令人运上石碑，竖立在泰山顶上。

皇帝接着到海边东巡，举行祭礼，祭祀八神。齐地人上奏章讲神仙鬼怪和仙药奇方的数以万计，但是没有一个应验的。皇帝就增派船只，命令几千名讲述海中神山的人去寻求蓬莱神人。公孙卿持有符节，经常走到前面，去查看名山，他到了东莱，说在夜里见到了一个巨人，有几丈高，走近去就不见了，只看到巨人的脚印很大，好像禽兽的足迹。群臣中有人说见到一个老头子牵着狗，说："我想要见巨公。"一转眼就不见了。皇帝刚见到大脚印时，没有相信，到群臣中有人说起老头子这件事，就十分相信那是仙人了。在海边上停留下来，让方士们使用官府驿车，不断地派使者去寻求仙人，使者数以千计。

四月，回到奉高。皇帝考虑到儒生和方士们讲封禅的方法各持己见，都不一样，不合常理，难以施行。天子到了梁父，行礼祭祀地主。乙卯日，命令侍中儒生带着皮帽子，把笏版插入腰带中，举行射牛的礼仪。在泰山下面的东方设封，礼仪和郊祀太一时一样。封坛宽一丈二尺，高九尺，封坛下埋有祭天的玉牒书，文书内容秘不示人。祭祀礼完毕后，天子一个人和侍中奉车都尉霍子侯登上泰山，也建了封坛。这些事全都禁止外人知道。第二天，从山北面的道路下山。丙辰日，在泰山脚下东北方的肃然山举行禅礼，和祭后土的礼一样。天子全亲自去行礼拜神，服装采用黄色，而且全部有音乐伴奏。用江淮间出产的有三根叶脊的灵茅做祭神的草垫。杂土筑成的祭坛上加盖有红、黄、青、白、黑五种颜色的土壤。把远方带来的珍奇走兽飞禽和白野鸡等都放了,极大地增加了礼仪的隆重程度。犀牛、大象一类的动物没有用来祭祀,全都带来泰山,又带回去了。祭祀了后土。举行封禅的日子里,夜晚好像有光亮,白天有白云在祭坛上升起。

天子从举行禅礼的地方回来,坐在明堂上,大臣们轮流来祝福天子长寿。于是,天子给御史下旨说:"我以微小的个人继承了至高无上的帝位,小心谨慎,害怕不能胜任。只是由于德行菲薄,对礼乐制度不够明白。在祭祀太一时,仿佛有吉祥的彩色霞光,缥缥缈缈,好像能看到。为这些怪异所震慑,想停止祭祀又不敢做,就登上泰山封祭,一直到梁父,然后又到肃然山举行禅礼。由此自新,和士大夫们共同有好的新开端,赐给平民们每一百户一头牛、十石酒,年龄八十以上的孤寡老人加赐二匹布帛。免除博、奉高、蛇丘、历城的徭役,也不交今年的租税。大赦天下,和乙卯年的赦令内容相同。我所经过的地方免除徭役。在二年以前犯的罪行都不再追究审理。"又下诏书说:"古代的天子每五年一次巡视各地,在泰山举行祭祀,诸侯们都有朝见时的住所。现命令诸侯们各自在泰山下面修建宅邸。"

天子已经封泰山,没有遇到风雨灾害。方士们就纷纷来说蓬莱的各位神仙可能将要求到。于是皇帝很高兴,希望能遇上神仙,就又东行到海边观望,希望能遇到蓬莱仙人。奉车都尉霍子侯得了暴病,一天就死了,皇帝这才离开,沿海边巡行,北行到了碣石,从辽西郡巡视,经过北部边疆到了九原。五月,回到甘泉。主管官员说宝鼎出现的那年年号改为元鼎,今年应该叫元封元年。

当年秋天,有彗星在东井星座出现。过后十几天,又有彗星出现在三台星座。望气方士王朔说:"我在观测时一个人看到填星出现,像瓜那么大,过了大约一顿饭的工夫就又隐没了。"主管官员全都说:"陛下创建了汉朝封禅的制度,大概天用显示祥瑞的德星来回报您吧。"

第二年的冬天,皇帝去雍城郊祀五帝。回来后,行礼祭祀太一,并且祈祷。赞礼官员的祝词说:"德星光明广布四方,那就是幸福吉祥。南极老人星又出现,光明永远辉耀。这些星宿有规律地出现,为此皇帝恭敬地拜见太祝祭祀进享的各位神灵。"

那年春天,公孙卿说在东莱山见到了神人,好像听见他说:"想见天子。"于是,天子来到缑氏城,任命公孙卿为中大夫。就到了东莱山,在这里停留了几天,什么也没见到,只看到了巨人的足迹。又派方士几千人去寻求神怪,采摘灵芝仙药。这一年天旱。这次天子已经出行,但没有正当名义,就去万里沙求雨,经过泰山进行祭祀。回来时到了瓠子,天子亲自到黄河决口处堵塞决口,停留了两天,祭祀河神,沉下祭物后离开。派二位大臣率领士兵堵黄河决口,改建了两条河渠,恢复了大禹原来的河道。

当时已经灭了南越、东越。越人名叫勇之的就说:"越人风俗崇信鬼,而他们祭祀时全能见到鬼,多次有效。过去东越王敬重鬼,活到一百六十岁。后代人怠慢鬼神,所以很快就衰败了。"皇帝就命令越地巫师建立越人的祠庙,安置了祭台,没有祭坛,也祭祀天神、上帝和各种鬼,采用鸡骨占卜。皇帝相信它,越人的祭祀方法和鸡骨占卜就开始使用了。

公孙卿说:"仙人是可以见到的,但皇上来往经常过于匆忙,为此才见不到。现在陛下可以建造宫殿,像缑氏城的那样,里面设置干肉和枣子,神仙应该能被招来。而且仙人也爱住在楼上。"于是皇帝命令长安城中建造飞廉观和桂观,在甘泉宫中建造益延寿观。派公孙卿持有符节,设置祭器去迎候神仙。又造了通天茎台，在台下设置了祭庙和祭器，将要招来仙人、神人们。当时甘泉宫又再建了前殿，开始扩建各座宫室。夏季，在宫殿的房屋中长出了灵芝。天子为堵塞黄河决口，兴建通天台，好像看到有光辉出现。就下诏说："甘泉宫的屋里长出了九茎灵芝，因此大赦天下，免除所有劳役。"

第二年，征伐朝鲜。夏天干旱。公孙卿说："黄帝时候举行了封礼时就天旱，祭坛的土干了三年。"皇帝就下诏书说："天旱，想来是要晒干封土吧？命令天下尊崇灵星，祭祀它。"

第二年，皇帝到雍城郊祀，修通了经过回中的道路，去那里巡视。春天，到了鸣泽，从西河郡回京。

第二年冬天，皇帝巡视南郡，到了江陵后折向东行。登上灊县的天柱山行礼祭祀，把天柱山叫作南岳。乘船沿江而行，从寻阳穿过枞阳，经过彭蠡湖，对沿路的名山大川行了祭礼。北行到了琅邪，沿海边北上。四月中旬到了奉高修整封坛。

当初，天子在泰山行封礼的时候，泰山的东北脚下有古代的明堂旧址，地势险峻又不宽敞。皇帝想要在奉高县附近修建明堂，但不清楚明堂的设计式样。济南人公玉带送上一张黄帝时的明堂图。明堂图上画了一座宫殿，四面没有墙壁，屋顶用茅草覆盖，与水相通，环绕宫墙修筑了有顶盖的通道，上面有楼，从西南角进入宫中，叫作昆仑道，天子从这里进去，用它来祭祀拜见上帝。于是皇帝命令奉高县在汶水边上修建了明堂，和公玉带献上的图一样。到五年后修整封坛时，就把太一和五帝的神位摆在明堂上位祭祀，把高祖皇帝的神位放在太一和五帝的对面。在下房里祭祀后土，用了二十头牛做祭品。天子从昆仑道走进去，开始按照郊祀的礼仪祭祀明堂。行礼完毕，在堂下架火燎祭。而皇帝又登上了泰山，在山顶上自有一番秘密的祭祀。在泰山脚下祭祀五帝，各自在各自的方位，黄帝和赤帝在同一个位置，而由主管官员陪同祭祀。山上升起火来，山下就全都举火应和。

这以后过了二年，十一月的初一甲子日早晨是冬至，推算历法的人用它作新历的起点。天子亲自到泰山去，在十一月甲子日初一早晨交冬至的那天在明堂祭祀上帝，不去举行封禅。赞礼的祝词是："天加授给皇帝神灵的策数和太初历法，周而复始。皇帝恭敬地拜谢太一。"皇帝东行到了海边，查考到海里去的人和求神的方士，没有应验的，但是他还增加了派出的人，希望能遇上神仙。

十一月乙酉日，柏梁殿发生火灾。十二月甲午日初一，皇帝亲自去高里行禅礼，祭祀后土。又到渤海边上，准备用望祀的礼仪祭蓬莱的仙人们，希望能到神人的仙界去。

皇帝回到京城，由于柏梁殿遭受火灾的缘故，在甘泉接受各地的报表。公孙卿说："黄帝建成青灵台，十二天就烧了，黄帝就修了明廷。明廷就是甘泉这个地方。"方士们很多人都说古代帝王中有在甘泉建都的。以后天子又在甘泉宫接见诸侯，在甘泉修造诸侯的官邸。勇之就说："越地风俗是有了火灾后，再盖房屋一定要更大，用厌胜的方法镇服灾祸。"于是造了建章宫，规划为有成千上万道门户。前殿的规模比未央宫高大。它的东面是凤阙，高二十多丈。它的西面是唐中，有几十里的虎圈。它的北面挖了大湖，有高二十几丈的渐台，命名为太液池。池中有蓬莱、方丈、瀛洲、壶梁等小岛，模拟海里面的神山、海龟、大鱼一类事物。它的南面建有玉堂、璧门和大鸟等。又建造了神明台、井干楼，长达五十丈，用可以行车驾的道路互相连接起来。

夏天，汉朝改换历法，以正月作为每年的开始，崇尚黄颜色，把官员的印章改成五个字，年号改为太初元年。这一年，西去征伐大宛。蝗灾大起。丁夫人和洛阳虞初等人用方术祭祀诅咒匈奴和大宛。

第二年,主管官员报告说雍城的五畤没有煮熟的牺牲祭品,芬芳的香味不完备。就命令祠官进献各畤牛犊牺牲等祭品,毛色按照五行厌胜的方法确定,而用木刻的马代替了马驹。只有在五月时尝祭用马驹,皇帝亲自郊祀时用马驹。至于各个名山大川用马驹祭祀的,全部改用木刻的马代替。天子出巡经过时祭祀才用马驹。其他的礼仪和以前一样。

第二年,东巡到海边,查考神仙一类的事,没有应验的。有的方士说:"黄帝时造了五城十二楼,在执期迎候神仙,命名为迎年。"皇帝允许按照他说的方法造楼台,命名为明年。皇帝亲自去那里行礼祭祀上帝。

公玉带说:"黄帝时虽然在泰山举行封禅,但是风后、封巨、岐伯还叫黄帝到东泰山举行封礼,到凡山举行禅礼,与上天的符兆相合,然后才长生不死的。"天子就命令准备祭祀用品,到了东泰山,东泰山低矮又狭小,与名声不相称,就命令祠官去行祭礼,而不亲自封禅了。这以后命令公玉带在这里供奉祭祀,等候神仙。夏天,就回到泰山,像以前一样举行五年一次的祭祀,而且增加了禅石闾的祭祀。石闾这个地方在泰山脚下南面,方士们大多说这里是仙人居住的里巷,所以皇帝来亲自行禅祀。

这以后五年,皇帝再次到泰山修整封坛。回来时顺路祭祀了恒山。

当今天子所兴建的祭祀,有太一祠和后土祠,是每三年亲自去郊祀一次;创建了汉朝的封禅制度,每五年一次去修整封坛。薄忌奏请建立的太一坛,以及三一祠、冥羊祠、马行祠、赤星祠共五座,由宽舒属下的祠官每年按照时节祭祀行礼。再加上后土祠，一共六个祠庙，全由太祝管理。至于像八神的各个神庙，明年、凡山等著名的祠庙，天子路过时就祭祀，离开后就停止祭祀了。方士们所兴建的祠庙，由他们各自主持，那个人死了就结束了，祠官不去管理。其他的祭祀全和以往一样。当今皇上封禅后，十二年以来，五岳、四渎都被祭遍了。而方士们迎候、祭祀神仙，入海去寻求蓬莱岛，始终没有一点应验。但像公孙卿这样的迎候神仙的人，还用巨人的脚印做解脱的借口，也没有效果。天子越来越厌倦方士们的奇谈怪论了，然而还笼络他们，不肯断绝往来，希望能遇到真的仙人。从此以后，方士们讲神仙祭祀的更多了，然而它的效果是有目共睹的。

太史公说：我跟随皇帝出巡，祭祀天地各种神灵和名山大川，参与了封禅。进入寿宫陪祭，听到神君的话，认真深入地观察了方士和祠官们的意向，于是退下来依照次序分析论述自古以来祭祀鬼神的情况，把它们的表里经过全都呈现在这里。后世有君子的话，可以在这里浏览一遍。至于说祭祀时祭器和圭玉布帛等的详情，进献祭品和酬报神灵的礼仪，就由有关主管官员保存着了。

史记卷二十九

河渠书第七

《夏书》曰：禹抑洪水十三年，过家不入门。陆行载车，水行载舟，泥行蹈毳，山行即桥。以别九州，随山浚川，任土作贡。通九道，陂九泽，度九山。然河灾衍溢，害中国也尤甚。唯是为务。故道河自积石历龙门，南到华阴，东下砥柱，及孟津、雒汭，至于大邳。于是禹以为河所从来者高，水湍悍，难以行平地，数为败，乃厮二渠以引其河。北载之高地，过降水，至于大陆，播为九河，同为逆河，入于勃海。九州既疏，九流既洒，诸夏艾安，功施于三代。

自是之后，荥阳下引河东南为鸿沟，以通宋、郑、陈、蔡、曹、卫，与济、汝、淮、泗会。于楚，西方则通渠汉水、云梦之野，东方则通沟江、淮之间。于吴，则通渠三江、五湖。于齐，则通淄、济之间。于蜀，蜀守冰凿离碓，辟沫水之害，穿二江成都之中。此渠皆可行舟，有余则用溉浸，百姓飨其利。至于所过，往往引其水益用溉田畴之渠，以万亿计，然莫足数也。

西门豹引漳水溉邺，以富魏之河内。

而韩闻秦之好兴事，欲罢之，毋令东伐，乃使水工郑国间说秦，令凿泾水自中山西邸瓠口为渠，并北山东注洛三百余里，欲以溉田。中作而觉，秦欲杀郑国。郑国曰："始臣为间，然渠成亦秦之利也。"秦以为然，卒使就渠。渠就，用注填阏之水，溉泽卤之地四万余顷，收皆亩一钟。于是关中为沃野，无凶年，秦以富强，卒并诸侯，因命曰郑国渠。

汉兴三十九年，孝文时河决酸枣，东溃金堤，于是东郡大兴卒塞之。

其后四十有余年，今天子元光之中，而河决于瓠子，东南注巨野，通于淮、泗。于是天子使汲黯、郑当时兴人徒塞之，辄复坏。是时武安侯田蚡为丞相，其奉邑食鄃。鄃居河北，河决而南则鄃无水灾，邑收多。蚡言于上曰："江河之决皆天事，未易以人力为强塞，塞之未必应天。"而望气用数者亦以为然。于是天子久之不事复塞也。

是时郑当时为大农，言曰："异时关东漕粟从渭中上，度六月而罢，而漕水道九百余里，时有难处。引渭穿渠起长安，并南山下，至河三百余里，径，易漕，度可令三月罢；而渠下民田万余顷，又可得以溉田：此损漕省卒，而益肥关中之地，得谷。"天子以为然，令齐人水工徐伯表，悉发卒数万人穿漕渠，三岁而通。通，以漕，大便利。其后漕稍多，而渠下之民颇得以溉田矣。

其后河东守番系言："漕从山东西，岁百余万石，更砥柱之限，败亡甚多，而亦烦费。穿渠引汾溉皮氏、汾阴下，引河溉汾阴、蒲坂下，度可得五千顷。五千顷故尽河壖弃地，民茭牧其中耳，今溉田之，度可得谷二百万石以上。谷从渭上，与关中无异，而砥柱之东可无复漕。"天子以为然，发卒数万人作渠田。数岁，河移徙，渠不利，则田者不能偿种。久之，河东渠田废，予越人，令少府以为稍入。

其后人有上书欲通褒斜道及漕事，下御史大夫张汤。汤问其事，因言："抵蜀从故道，故道多阪，回远。今穿褒斜道，少阪，近四百里；而褒水通沔，斜水通渭，皆可以行船漕。漕从南阳上沔入褒，褒之绝水至斜，间百余里，以车转，从斜下下渭。如此，汉中之谷可致，山东从沔无限，便于砥柱之漕。且褒斜材木竹箭之饶，拟于巴蜀。"天子以为然，拜汤子卬为汉中守，发数万人作褒斜道五百余里。道果便近，而水湍石，不可漕。

其后庄熊罴言："临晋民愿穿洛以溉重泉以东万余顷故卤地。诚得水，可令亩十石。"于是为发卒万余人穿渠，自征引洛水至商颜山下。岸善崩，乃凿井，深者四十余丈。往往为井，井下相通行水。水颓以绝商颜，东至山岭十余里间。井渠之生自此始。穿渠得龙骨，故名曰龙首渠。作之十余岁，渠颇通，犹未得其饶。

自河决瓠子后二十余岁，岁因以数不登，而梁、楚之地尤甚。天子既封禅巡祭山川，其明年，旱，干封少雨。天子乃使汲仁、郭昌发卒数万人塞瓠子决。于是天子已用事万里沙，则还自临决河，沉白马玉璧于河，令群臣从官自将军已下皆负薪窴决河。是时东郡烧草，以故薪柴少，而下淇园之竹以为楗。

天子既临河决，悼功之不成，乃作歌曰："瓠子决兮将奈何？晧晧旴旴兮闾殚为河！殚为河兮地不得宁，功无已时兮吾山平。吾山平兮巨野溢，鱼沸郁兮柏冬日。延道弛兮离常流，蛟龙骋兮方远游。归旧川兮神哉沛，不封禅兮安知外！为我谓河伯兮何不仁，泛滥不止兮愁吾人？啮桑浮兮淮、泗满，久不反兮水维缓。"一曰："河汤汤兮激潺湲，北渡污兮浚流难。搴长茭兮沈美玉，河伯许兮薪不属。薪不属兮卫人罪，烧萧条兮噫乎何以御水！颓林竹兮楗石菑，宣房塞兮万福来。"于是卒塞瓠子，筑宫其上，名曰宣房宫。而道河北行二渠，复禹旧迹，而梁、楚之地复宁，无水灾。

自是之后，用事者争言水利。朔方、西河、河西、酒泉皆引河及川谷以溉田；而关中辅渠、灵轵引堵水；汝南、九江引淮；东海引巨定；泰山下引汶水：皆穿渠为溉田，各万余顷。佗小渠披山通道者，不可胜言。然其著者在宣房。

太史公曰：余南登庐山，观禹疏九江，遂至于会稽太湟，上姑苏，望五湖；东窥洛汭、大邳，迎河，行淮、泗、济、漯洛渠；西瞻蜀之岷山及离碓；北自龙门至于朔方。曰：甚哉，水之为利害也！余从负薪塞宣房，悲《瓠子》之诗而作《河渠书》。

译文：

《尚书·夏书》说：禹障遏洪水历时凡十三年，经过自己家门口却不进去。陆地行走乘车，水上行走乘船，泥泞行走踩木橇，山地行走则坐轿。区分天下为九州，顺着山势疏浚河川，依据土地的肥瘠制定贡赋等级。开通九州的道路，障堵九州的湖泽，估量九州山地的物产。但黄河泛滥成灾，损害中原最厉害。于是禹专力从事治河。疏导黄河自积石山经过龙门口，南到华阴，由此折而东下，后经砥柱山以及孟津、雒汭，到大邳山。到了这里，禹以为黄河上游地势高亢，水流湍急凶猛，难于在平地上安流，多次发生泛滥，于是分开二渠，引黄河东流直接入海，其正流仍北上行经高地，穿过降水，到大陆泽，又北流分为众多岔道，然后汇成为逆河，流入大海。九州的河川既已疏通，九州的湖泽既分泄，中国因而安宁，禹的治水功效一直裨益于夏、商、周三代。

从此以后，各地水利大兴：荥阳附近引黄河水东南流，名为鸿沟，通达宋、郑、陈、蔡、曹、卫等地，与济、汝、淮、泗诸水相汇。在楚地，西方则有渠道通达汉水、云梦之野，东方则有邗沟通达江、淮。在吴地,则有渠道连通三江、五湖。在齐地,则有渠道连通淄水、济水。在蜀地,蜀郡守李冰穿凿离碓,以避免沫水暴溢为害;又开凿郫、检二江直达成都。这些渠道都可以通航,多余的水则用来灌溉农田,百姓享受了渠道所带来的好处。至于河川所经过的地方,被引来用于灌溉田亩的渠道,为数更以万亿计,然而这就无法数清了。

西门豹引漳水灌溉邺县农田,魏国的河内地区因而得以富饶。

韩国听说秦国喜好兴建工程,打算消耗其国财力人力不使向东侵犯,于是派遣水利专家郑国做间谍,劝说秦国下令凿渠引泾水自中山至瓠口,傍依北山东流注入洛水,长三百多里,计划灌溉农田。在施工当中,秦国发觉了郑国的意图,打算杀掉郑国。郑国说:"当初我来秦国确实被派做间谍,但此渠开凿成功也是对秦国有利的。"秦国以为此话有理,终于使郑国主持把渠开成。渠开成后,用所引含有淤泥的渠水,灌溉盐碱地四万多顷,每亩收成都合一钟。于是关中地区变成沃野,没有荒年,秦国因而富强终于并吞了诸国,所以命名此渠为郑国渠。

汉朝建国三十九年,孝文帝时黄河在酸枣县决口,东岸的金堤崩溃,于是东郡发动大量士卒把决口堵塞了。

其后过了四十多年,当今皇上元光年间,黄河又在瓠子决口,东南流注巨野泽,与淮、泗二水相通。于是皇帝派汲黯、郑当时发动民众进行堵塞,刚堵好就被水冲毁了。这时武安侯田蚡任丞相,他的奉邑是鄃国。鄃国位于黄河以北,黄河决口南流则鄃国所在没有水灾,奉邑收入多。田蚡对皇帝说:"江、河的决口都是老天爷决定了的,不能轻易地用人力强行堵塞,堵塞了未必合于天意。"而一些以观察天象、采用术数推测命运的方士也认为田蚡说得对。于是皇帝很长时间不再从事堵塞。

当时郑当时任大司农,说:"已往关东地区运粮经由渭水西上,大约用六个月才能结束,水路有九百多里,粮船时常遇到难走的地方。如果开凿渠道自长安引渭水东流,傍依南山脚下,至黄河才三百多里,路直,容易运输,估计只需三个月就可结束,而渠道附近农田一万多顷,又可以得到灌溉:这样减少运输时间,节省士卒,而使关中地区更加肥沃,收成更好。"皇帝认为有理,派齐人水工徐伯进行勘察,沿线竖立标记,发动士卒数万人开凿漕渠,用了三年时间,渠道被开通了。渠道通后,用来运粮,非常便利。此后运粮逐渐增加,沿渠人民多利用此渠灌溉农田。

此后河东郡太守番系说:"从山东用船运粮西入关中,每年有一百多万石,经过黄河砥柱山险,粮船沉没很多,耗费较大。如果开挖渠道引汾水灌溉皮氏、汾阴县的土地,引黄河灌溉汾阴、蒲坂县的土地,估计可以得到五千顷。这五千顷原是河边没有耕种的土地,平时人民在其中收割茭草和放牧,现在灌溉成田,估计可以收到粮食二百万石以上。粮食经由渭水西运,和关中相同,而砥柱以东可以不必再运粮西入关中。"皇帝以为有理,发动士卒数万人作渠田。几年以后,黄河主流变迁,渠口引水不利,田的收成还不够所费种粮。日子一久,河东郡渠田荒废,交给越人耕种,只收少量租税,入于少府。

此后有人上书皇帝打算开通褒斜道并谈及于此运粮事,交由御史大夫张汤处理。张汤过问这件事,说:"自关中到蜀地要走故道,故道多斜坡,曲折而遥远。今开凿褒斜道,少斜坡,比故道近四百里;而褒水南与沔水相通,斜水北与渭水相通,都可以通行粮船。粮船自南阳逆沔水西上进入褒水,从褒水发源处北至斜水发源处,其间百余里则用车转运,复由斜水船运下渭水。这样,汉中的粮食可以运到,山东地区的粮食经由沔水运输不会遇到阻隔,比经过黄河砥柱方便。而且褒斜道附近一带盛产材木竹箭,可以和巴蜀地区比美。"皇帝以为有理,任命张汤的儿子卬为汉中郡太守,发动几万人修褒斜道,长五百多里。道路修成后,果然比故道近便。但褒、斜二水流急多石,粮船不可通行。

此后庄熊罴说:"临晋县人民希望穿凿洛水以灌溉重泉县以东一万多顷盐碱地。如果这些盐碱地得到水的灌溉,每亩粮食产量可收十石。"于是为了满足他们的要求,发动士卒一万多人挖渠,自征县引洛水到商颜山脚下。由于两岸土质疏松容易崩塌,于是凿井,深的有四十余丈。连续挖很多井,井下相通流水。水往下流穿过商颜山,东到山岭十多里路。井渠的产生由此开始。穿渠时挖到龙骨,因而命名为龙首渠。开凿了十多年,渠水还通畅,但灌溉效益不大。

自从黄河在瓠子决口以后二十多年,多年收成不好,而梁、楚地区特别厉害。皇帝既已封禅巡祭山川,第二年,天旱,据说是干旱封禅,雨灾会少。于是,皇帝派遣汲仁、郭昌发动士卒几万人堵塞瓠子决口。皇帝在万里沙祭祀过后,回来时亲自来到黄河决口处,把白马玉璧沉入河中祭祀河伯,命令随从大臣及将军以下都背负薪柴填堵决口。当时东郡境内人民烧草,因此薪柴缺乏,于是把淇园的竹子砍来做堵塞决口所用的楗。

皇帝来到黄河决口,怜惜堵塞工程长久未见功效,于是作歌,其词说:"黄河在瓠子决口了,将要怎么办?水势汪洋浩大,间里都成了河!都成了河,大地不得安宁,人们无休止地开凿吾山的土来堵塞决口。可是眼看吾山快要被夷成平地了,决口仍然没有堵上,流入巨野泽的水继续泛滥不止。水中鱼儿盛多,无奈冬日迫近,人们衣食无着,必将受冻挨饿以致死亡!黄河正道废弛,致使洪水横溢,蛟龙因而得意,尽情慢游远方。但愿神灵光大，使黄河回归旧道。我如不到泰山封禅，怎能知道关外有这样大的水灾？替我告诉河伯：为什么这样狠心？长久的泛滥使我们发愁？像啮桑这类城邑很多被水漂浮了，淮、泗二河的水都满了，黄河长久不回故道，水的网维也涣散了。"又说："河水流急，激起滚滚波涛。急流使黄河回复北流故道产生了困难。人们用竹索来堵塞决口，又把美玉沉入河中来祭祀河伯。可是河伯应允了而薪柴却接济不上，决口依然没有堵上。薪柴接济不上，这全是卫地人的过错，因为他们平日把草木都烧光了，田野呈现一片凄凉，如何去防御洪水？只好把淇园的竹林砍掉做成楗插入石笋一起放入水中，宣房宫的决口才被堵住，这样众福都来了。"最后终于堵塞了瓠子黄河决口，在上面建筑一座宫，名叫宣房宫。把河水导向北行，分流入于二渠，恢复了禹时黄河故道，梁、楚地区因而重获安宁，没有水灾。

从此以后，掌权的人争相谈论水利的事。朔方、西河、河西、酒泉等地都引黄河和川谷的水以灌溉田地；关中地区的辅渠、灵轵渠则引来几条河的水；汝南、九江二郡引淮水；北海郡引巨定泽；泰山下引汶水：都开凿渠道以灌溉田地，各有一万多顷。其他小渠以及开山导水的为数繁多，不可尽言。但最著名的是宣房宫所在地的黄河堵口工程。

太史公说：我南游曾登庐山，看到禹疏导的九江，又到会稽太湟，上姑苏山，看到五湖；东游察看了洛汭、大邳、迎河，行经淮、泗、济、漯、洛诸水；西游看到蜀地的岷山和离碓；北游自龙门到了朔方郡。因而想到：水的利害太大了！我随从皇帝背负薪柴填塞宣房宫所在的黄河决口，感伤皇帝所作的《瓠子》诗而写成《河渠书》。

史记卷三十

平准书第八

汉兴,接秦之弊,丈夫从军旅,老弱转粮饷,作业剧而财匮,自天子不能具钧驷,而将相或乘牛车,齐民无藏盖。于是为秦钱重难用,更令民铸钱,一黄金一斤,约法省禁。而不轨逐利之民,蓄积余业以稽市物,物踊腾粜,米至石万钱,马一匹则百金。

天下已平,高祖乃令贾人不得衣丝乘车,重租税以困辱之。孝惠、高后时,为天下初定,复弛商贾之律,然市井之子孙亦不得仕宦为吏。量吏禄,度官用,以赋于民。而山川园池市井租税之入,自天子以至于封君汤沐邑,皆各为私奉养焉,不领于天下之经费。漕转山东粟,以给中都官,岁不过数十万石。

至孝文时,荚钱益多,轻,乃更铸四铢钱,其文为"半两",令民纵得自铸钱。故吴,诸侯也,以即山铸钱,富埒天子,其后卒以叛逆。邓通,大夫也,以铸钱财过王者。故吴、邓氏钱布天下,而铸钱之禁生焉。

匈奴数侵盗北边,屯戍者多,边粟不足给食当食者。于是募民能输及转粟于边者拜爵,爵得至大庶长。

孝景时,上郡以西旱,亦复修卖爵令,而贱其价以招民;及徒复作,得输粟县官以除罪。益造苑马以广用,而宫室列观舆马益增修矣。

至今上即位数岁，汉兴七十余年之间，国家无事，非遇水旱之灾，民则人给家足，都鄙廪庾皆满，而府库余货财。京师之钱累巨万，贯朽而不可校。太仓之粟陈陈相因，充溢露积于外，至腐败不可食。众庶街巷有马，阡陌之间成群，而乘字牝者傧而不得聚会。守闾阎者食粱肉，为吏者长子孙，居官者以为姓号。故人人自爱而重犯法，先行义而后绌耻辱焉。当此之时，网疏而民富，役财骄溢，或至兼并豪党之徒，以武断于乡曲。宗室有土公卿大夫以下，争于奢侈，室庐舆服僭于上，无限度。物盛而衰，固其变也。

自是之后，严助、朱买臣等招来东瓯，事两越，江淮之间萧然烦费矣。唐蒙、司马相如开路西南夷，凿山通道千余里，以广巴蜀，巴蜀之民罢焉。彭吴贾灭朝鲜，置沧海之郡，则燕齐之间靡然发动。及王恢设谋马邑，匈奴绝和亲，侵扰北边，兵连而不解，天下苦其劳，而干戈日滋。行者赍，居者送，中外骚扰而相奉，百姓抏弊以巧法，财赂衰耗而不赡。入物者补官，出货者除罪，选举陵迟，廉耻相冒，武力进用，法严令具。兴利之臣自此始也。

其后汉将岁以数万骑出击胡，及车骑将军卫青取匈奴河南地，筑朔方。当是时，汉通西南夷道，作者数万人，千里负担馈粮，率十余钟致一石，散币于邛僰以集之。数岁道不通，蛮夷因以数攻，吏发兵诛之。悉巴蜀租赋不足以更之，乃募豪民田南夷，入粟县官，而内受钱于都内。东至沧海之郡，人徒之费拟于南夷。又兴十万余人筑卫朔方，转漕甚辽远，自山东咸被其劳，费数十百巨万，府库益虚。乃募民能入奴婢得以终身复，为郎增秩，及入羊为郎，始于此。

其后四年，而汉遣大将将六将军，军十余万，击右贤王，获首虏万五千级。明年，大将军将六将军仍再出击胡，得首虏万九千级。捕斩首虏之士受赐黄金二十余万斤，虏数万人皆得厚赏，衣食仰给县官；而汉军之士马死者十余万，兵甲之财转漕之费不与焉。于是大农陈藏钱经耗，赋税既竭，犹不足以奉战士。有司言："天子曰：'朕闻五帝之教不相复而治，禹汤之法不同道而王，所由殊路，而建德一也。北边未安，朕甚悼之。日者，大将军攻匈奴，斩首虏万九千级，留蹛无所食。议令民得买爵及赎禁锢免减罪。'请置赏官，命曰武功爵。级十七万，凡直三十余万金。诸买武功爵官首者试补吏，先除；千夫如五大夫；其有罪又减二等；爵得至乐卿：以显军功。"军功多用越等，大者封侯卿大夫，小者郎吏。吏道杂而多端，则官职耗废。

自公孙弘以《春秋》之义绳臣下取汉相，张汤用峻文决理为廷尉，于是见知之法生，而废格沮诽穷治之狱用矣。其明年，淮南、衡山、江都王谋反迹见，而公卿寻端治之，竟其党与，而坐死者数万人，长吏益惨急而法令明察。

当是之时，招尊方正、贤良、文学之士，或至公卿大夫。公孙弘以汉相，布被，食不重味，为天下先。然无益于俗，稍骛于功利矣。

其明年，骠骑仍再出击胡，获首四万。其秋，浑邪王率数万之众来降，于是汉发车二万乘迎之。既至，受赏，赐及有功之士。是岁费凡百余巨万。

初，先是往十余岁河决观，梁楚之地固已数困，而缘河之郡堤塞河，辄决坏，费不可胜计。其后番系欲省底柱之漕，穿汾、河渠以为溉田，作者数万人；郑当时为渭漕渠回远，凿直渠自长安至华阴，作者数万人；朔方亦穿渠，作者数万人：各历二三期，功未就，费亦各巨万十数。

天子为伐胡，盛养马，马之来食长安者数万匹，卒牵掌者关中不足，乃调旁近郡。而胡降者皆衣食县官，县官不给，天子乃损膳，解乘舆驷，出御府禁藏以赡之。

其明年，山东被水灾，民多饥乏，于是天子遣使者虚郡国仓廥以振贫民。犹不足，又募豪富人相贷假。尚不能相救，乃徙贫民于关以西，及充朔方以南新秦中，七十余万口，衣食皆仰给县官。数岁，假予产业，使者分部护之，冠盖相望。其费以亿计，不可胜数。

于是县官大空，而富商大贾或蹛财役贫，转毂百数，废居居邑，封君皆低首仰给。冶铸煮盐，财或累万金，而不佐国家之急，黎民重困。于是天子与公卿议，更钱造币以赡用，而摧浮淫并兼之徒。是时禁苑有白鹿而少府多银锡。自孝文更造四铢钱，至是岁四十余年，从建元以来，用少，县官往往即多铜山而铸钱，民亦间盗铸钱，不可胜数。钱益多而轻，物益少而贵。有司言曰："古者皮币，诸侯以聘享。金有三等，黄金为上，白金为中，赤金为下。今半两钱法重四铢，而奸或盗摩钱里取鋊，钱益轻薄而物贵，则远方用币烦费不省。"乃以白鹿皮方尺，缘以藻缋，为皮币，直四十万。王侯宗室朝觐聘享，必以皮币荐璧，然后得行。

又造银锡为白金。以为天用莫如龙，地用莫如马，人用莫如龟，故白金三品：其一曰重八两，圜之，其文龙，名曰"白选"，直三千；二曰以重差小，方之，其文马，直五百；三曰复小，撱之，其文龟，直三百。令县官销半两钱，更铸三铢钱，文如其重。盗铸诸金钱罪皆死，而吏民之盗铸白金者不可胜数。

于是以东郭咸阳、孔仅为大农丞，领盐铁事；桑弘羊以计算用事，侍中。咸阳，齐之大煮盐，孔仅，南阳大冶，皆致生累千金，故郑当时进言之。弘羊，雒阳贾人子，以心计，年十三侍中。故三人言利事析秋豪矣。

法既益严，吏多废免。兵革数动，民多买复及五大夫，征发之士益鲜。于是除千夫五大夫为吏，不欲者出马；故吏皆適令伐棘上林，作昆明池。

其明年，大将军、骠骑大出击胡，得首虏八九万级，赏赐五十万金，汉军马死者十余万匹，转漕车甲之费不与焉。是时财匮，战士颇不得禄矣。

有司言三铢钱轻，易奸诈，乃更请诸郡国铸五铢钱，周郭其下，令不可磨取鋊焉。

大农上盐铁丞孔仅、咸阳言："山海，天地之藏也，皆宜属少府，陛下不私，以属大农佐赋。愿募民自给费，因官器作煮盐，官与牢盆。浮食奇民欲擅管山海之货，以致富羡，役利细民。其沮事之议，不可胜听。敢私铸铁器煮盐者，鈦左趾，没入其器物。郡不出铁者，置小铁官，便属在所县。"使孔仅、东郭咸阳乘传举行天下盐铁，作官府，除故盐铁家富者为吏。吏道益杂，不选，而多贾人矣。

商贾以币之变，多积货逐利。于是公卿言："郡国颇被灾害，贫民无产业者，募徙广饶之地。陛下损膳省用，出禁钱以振元元，宽贷赋，而民不齐出于南亩，商贾滋众。贫者蓄积无有，皆仰县官。异时算轺车贾人缗钱皆有差，请算如故。诸贾人末作贳贷卖买，居邑稽诸物，及商以取利者，虽无市籍，各以其物自占，率缗钱二千而一算。诸作有租及铸，率缗钱四千一算。非吏比者三老、北边骑士，轺车以一算；商贾人轺车二算；船五丈以上一算。匿不自占，占不悉，戍边一岁，没入缗钱。有能告者，以其半界之。贾人有市籍者,及其家属,皆无得籍名田,以便农。敢犯令,没入田僮。"

天子乃思卜式之言,召拜式为中郎,爵左庶长,赐田十顷,布告天下,使明知之。

初,卜式者,河南人也,以田畜为事。亲死,式有少弟,弟壮,式脱身出分,独取畜羊百余,田宅财物尽予弟。式入山牧十余岁,羊致千余头,买田宅。而其弟尽破其业,式辄复分予弟者数矣。是时汉方数使将击匈奴,卜式上书,愿输家之半县官助边。天子使使问式:"欲官乎?"式曰:"臣少牧,不习仕宦,不愿也。"使问曰:"家岂有冤,欲言事乎?"式曰:"臣生与人无分争。式邑人贫者贷之,不善者教顺之,所居人皆从式,式何故见冤于人!无所欲言也。"使者曰:"苟如此,子何欲而然?"式曰:"天子诛匈奴,愚以为贤者宜死节于边,有财者宜输委,如此而匈奴可灭也。"使者具其言入以闻。天子以语丞相弘。弘曰:"此非人情。不轨之臣,不可以为化而乱法,愿陛下勿许。"于是上久不报式,数岁,乃罢式。式归,复田牧。岁余,会军数出,浑邪王等降,县官费众,仓府空。其明年,贫民大徙,皆仰给县官,无以尽赡。卜式持钱二十万予河南守,以给徙民。河南上富人助贫人者籍,天子见卜式名,识之,曰:"是固前而欲输其家半助边。"乃赐式外繇四百人。式又尽复予县官。是时富豪皆争匿财,唯式尤欲输之助费。天子于是以式终长者,故尊显以风百姓。

初,式不愿为郎。上曰:"吾有羊上林中,欲令子牧之。"式乃拜为郎,布衣屩而牧羊。岁余,羊肥息。上过见其羊,善之。式曰:"非独羊也,治民亦犹是也。以时起居;恶者辄斥去,毋令败群。"上以式为奇,拜为缑氏令试之,缑氏便之。迁为成皋令,将漕最。上以为式朴忠,拜为齐王太傅。

而孔仅之使天下铸作器,三年中拜为大农,列于九卿。而桑弘羊为大农丞,管诸会计事,稍稍置均输以通货物矣。

始令吏得入谷补官,郎至六百石。

自造白金五铢钱后五岁,赦吏民之坐盗铸金钱死者数十万人。其不发觉相杀者,不可胜计。赦自出者百余万人。然不能半自出,天下大抵无虑皆铸金钱矣。犯者众,吏不能尽诛取,于是遣博士褚大、徐偃等分曹循行郡国,举兼并之徒守相为利者。而御史大夫张汤方隆贵用事,减宣、杜周等为中丞,义纵、尹齐、王温舒等用惨急刻深为九卿,而直指夏兰之属始出矣。

而大农颜异诛。初,异为济南亭长,以廉直稍迁至九卿。上与张汤既造白鹿皮币,问异。异曰:"今王侯朝贺以苍璧,直数千,而其皮荐反四十万,本末不相称。"天子不说。张汤又与异有隙,及有人告异以它议,事下张汤治异。异与客语,客语初令下有不便者,异不应,微反唇。汤奏当异九卿见令不便,不入言而腹诽,论死。自是之后,有腹诽之法比,而公卿大夫多谄谀取容矣。

天子既下缗钱令而尊卜式,百姓终莫分财佐县官,于是告缗钱纵矣。

郡国多奸铸钱,钱多轻,而公卿请令京师铸钟官赤侧,一当五,赋官用非赤侧不得行。白金稍贱,民不宝用,县官以令禁之,无益。岁余,白金终废不行。

是岁也,张汤死而民不思。

其后二岁,赤侧钱贱,民巧法用之,不便,又废。于是悉禁郡国无铸钱,专令上林三官铸。钱既多,而令天下非三官钱不得行,诸郡国所前铸钱皆废销之,输其铜三官。而民之铸钱益少,计其费不能相当,唯真工大奸乃盗为之。

卜式相齐,而杨可告缗遍天下,中家以上大抵皆遇告。杜周治之,狱少反者。乃分遣御史、廷尉正监分曹往,即治郡国缗钱,得民财物以亿计,奴婢以千万数,田大县数百顷,小县百余顷,宅亦如之。于是商贾中家以上大率破,民偷甘食好衣,不事畜藏之产业,而县官有盐铁缗钱之故,用益饶矣。

益广关,置左右辅。

初,大农管盐铁官布多,置水衡,欲以主盐铁;及杨可告缗钱,上林财物众,乃令水衡主上林。上林既充满,益广。是时越欲与汉用船战逐,乃大修昆明池,列观环之。治楼船,高十余丈,旗帜加其上,甚壮。于是天子感之,乃作柏梁台,高数十丈。宫室之修,由此日丽。

乃分缗钱诸官,而水衡、少府、大农、太仆各置农官,往往即郡县比没入田田之。其没入奴婢,分诸苑养狗马禽兽,及与诸官。诸官益杂置多,徒奴婢众,而下河漕度四百万石,及官自籴乃足。

所忠言:"世家子弟富人或斗鸡走狗马,弋猎博戏,乱齐民。"乃征诸犯令,相引数千人,命曰"株送徒"。入财者得补郎,郎选衰矣。

是时山东被河灾,及岁不登数年,人或相食,方一二千里。天子怜之,诏曰:"江南火耕水耨,令饥民得流就食江淮间,欲留,留处。"遣使冠盖相属于道,护之,下巴蜀粟以振之。

其明年,天子始巡郡国。东度河,河东守不意行至,不辨,自杀。行西逾陇,陇西守以行往卒,天子从官不得食,陇西守自杀。于是上北出萧关,从数万骑,猎新秦中,以勒边兵而归。新秦中或千里无亭徼,于是诛北地太守以下,而令民得畜牧边县,官假马母,三岁而归,及息什一,以除告缗,用充仞新秦中。

既得宝鼎,立后土、太一祠,公卿议封禅事,而天下郡国皆豫治道桥,缮故宫,及当驰道县,县治官储,设供具,而望以待幸。

其明年,南越反,西羌侵边为桀。于是天子为山东不赡,赦天下囚,因南方楼船卒二十余万人击南越,数万人发三河以西骑击西羌,又数万人度河筑令居。初置张掖、酒泉郡,而上郡、朔方、西河、河西开田官,斥塞卒六十万人戍田之。中国缮道馈粮,远者三千,近者千余里,皆仰给大农。边兵不足,乃发武库工官兵器以赡之。车骑马乏绝,县官钱少,买马难得,乃著令,令封君以下至三百石以上吏,以差出牝马天下亭,亭有畜牸马,岁课息。

齐相卜式上书曰:"臣闻主忧臣辱。南越反,臣愿父子与齐习船者往死之。"天子下诏曰:"卜式虽躬耕牧,不以为利,有余辄助县官之用。今天下不幸有急,而式奋愿父子死之,虽未战,可谓义形于内。赐爵关内侯,金六十斤,田十顷。"布告天下,天下莫应。列侯以百数,皆莫求从军击羌、越。至酎,少府省金,而列侯坐酎金失侯者百余人。乃拜式为御史大夫。

式既在位,见郡国多不便县官作盐铁,铁器苦恶,贾贵,或强令民卖买之。而船有算,商者少,物贵,乃因孔仅言船算事。上由是不悦卜式。

汉连兵三岁,诛羌,灭南越,番禺以西至蜀南者置初郡十七,且以其故俗治,毋赋税。南阳、汉中以往郡,各以地比给初郡吏卒奉食币物,传车马被具。而初郡时时小反,杀吏,汉发南方吏卒往诛之,间岁万余人,费皆仰给大农。大农以均输调盐铁助赋,故能赡之。然兵所过县,为以訾给毋乏而已,不敢言擅赋法矣。

其明年，元封元年，卜式贬秩为太子太傅。而桑弘羊为治粟都尉，领大农，尽代仅管天下盐铁。弘羊以诸官各自市，相与争，物故腾跃，而天下赋输或不偿其僦费，乃请置大农部丞数十人，分部主郡国，各往往县置均输盐铁官，令远方各以其物贵时商贾所转贩者为赋，而相灌输。置平准于京师，都受天下委输。召工官治车诸器，皆仰给大农。大农之诸官尽笼天下之货物，贵即卖之，贱则买之。如此，富商大贾无所牟大利，则反本，而万物不得腾踊。故抑天下物，名曰"平准"。天子以为然，许之。于是天子北至朔方，东到太山，巡海上，并北边以归。所过赏赐，用帛百余万匹，钱金以巨万计，皆取足大农。

弘羊又请令吏得入粟补官，及罪人赎罪。令民能入粟甘泉各有差，以复终身，不告缗。他郡各输急处，而诸农各致粟，山东漕益岁六百万石。一岁之中，太仓、甘泉仓满。边余谷诸物均输帛五百万匹。民不益赋而天下用饶。于是弘羊赐爵左庶长，黄金再百斤焉。

是岁小旱，上令官求雨。卜式言曰："县官当食租衣税而已，今弘羊令吏坐市列肆，贩物求利。亨弘羊，天乃雨。"

太史公曰：农工商交易之路通，而龟贝金钱刀布之币兴焉。所从来久远，自高辛氏之前尚矣，靡得而记云。故《书》道唐虞之际，《诗》述殷周之世，安宁则长庠序，先本绌末，以礼义防于利；事变多故而亦反是。是以物盛则衰，时极而转，一质一文，终始之变也。《禹贡》九州，各因其土地所宜，人民所多少而纳职焉。汤武承弊易变，使民不倦，各兢兢所以为治，而稍陵迟衰微。齐桓公用管仲之谋，通轻重之权，徼山海之业，以朝诸侯，用区区之齐显成霸名。魏用李克，尽地力，为强君。自是之后，天下争于战国，贵诈力而贱仁义，先富有而后推让。故庶人之富者或累巨万，而贫者或不厌糟糠；有国强者或并群小以臣诸侯，而弱国或绝祀而灭世。以至于秦，卒并海内。虞夏之币，金为三品，或黄，或白，或赤；或钱，或布，或刀，或龟贝。及至秦，中一国之币为二等，黄金以溢名，为上币；铜钱识曰半两，重如其文，为下币。而珠玉、龟贝、银锡之属为器饰宝藏，不为币。然各随时而轻重无常。于是外攘夷狄，内兴功业，海内之士力耕不足粮饷，女子纺绩不足衣服。古者尝竭天下之资财以奉其上，犹自以为不足也。无异故云，事势之流，相激使然，曷足怪焉？

译文：

汉朝建立之初，接手的是秦末战乱造成的凋敝局面，青壮男子从军转战，老弱运输粮饷，战事和兴建繁多，但物资匮乏，连皇帝都不能具备四匹同颜色的马驾车，有的将相只能乘坐牛拉的车，百姓更是毫无积蓄。这时，因为秦朝铸的半两钱分量重（十二铢），不便流通，遂下令改铸钱币（重三铢），并许私人铸钱。黄金以十六两一斤相当于一万钱（过去二十四两值万钱），在市上流通。废除或简省秦时的一些苛法禁令。然而，不守法令、投机牟利之徒，却筹集余资，经营商业，囤积居奇，造成物价飞涨，米一石卖到一万钱，马一匹价值黄金一百斤。

天下平定之后，高祖刘邦下令商人不得穿丝绸乘马车，并对他们加重征收赋税，以此来抑制、困辱他们。孝惠帝、高后当政时期，因天下开始安定，于是放松了限制商贾的法律，但商人的子孙依然不得供职于官府充任吏员，更谈不上做官。国家计算官吏的俸禄和官府的各项费用开支，据以向人民征收租赋。从为国家所有的和王侯封域内的山林河流湖泊苑囿及商业征收来的租税，则作为皇帝以至王侯各自的日常生活经费，不再列入国家财政税收的收支项内。由山东地区运到长安供应京师官府的粮食，每年不过几十万石。

至孝文帝时，因为私人铸造的榆荚钱越来越多，分量轻（只重一铢），于是改铸四铢钱，钱上铭文为"半两"，但同时又下令百姓仍可以随意自由铸钱。所以，吴王不过是诸侯，因在封国内有铜山可就近开采铸钱，从而富拟天子，结果起来谋叛造反。邓通不过是大夫，也因为铸钱而财产超过诸侯王。由于吴、邓铸造的钱遍布天下，才产生了有关铸钱的禁令。

匈奴屡次扰掠北方边郡，驻守这一地区的军队数量很多，边区的粮食不足以供给应当供应的人员。于是，政府招募百姓，凡能够捐献或转运粮食到边郡的，赐给爵位，最高可为大庶长。

孝景帝时，上郡以西地区发生旱灾，政府又重新修订卖爵令，并且降低纳粟标准，用以招徕人民；犯罪的刑徒和罚作也可以向政府交纳粮食赎罪。又增设苑囿养马，以扩充军用，而皇帝的宫室乘马车辆也日益增多了。

到了当今皇上即位几年之际，汉朝建立七十多年之间，国家没有战事，除非遇到水旱灾害，百姓则家家衣食丰足。城市和乡村的仓库都堆满了粮食，国库里财货充裕。京城里储藏的铜钱累积上亿，串钱的绳子朽断，确数已点不清。太仓里陈粮上又堆积着陈粮，仓内塞满了只好露天堆放，甚至腐败了不能食用。大街小巷都有马，田野之上马匹成群，大家爱骑公马，乘母马的人被排斥不得参加人们的聚会。看守里门的人可以饭粱食肉，做官的人安守其位，在其任职期间儿孙都长大成人，有的官吏因为久居其职，就以官名为自己的姓或号。所以，人们都爱惜自己而惧怕犯法，崇尚礼仪而鄙视和排斥耻辱的行为。在这个时候，法网疏漏而百姓富足，恃财骄纵，役使别人，大肆兼并土地的豪强地主，以威势横行乡里，欺压百姓。从有封地的宗室、政府高级官僚到下面的人，都竞相追求奢侈的生活，住宅房屋车马服饰逾越应有的等级规定，没有一个限度。事物兴盛之后转向衰败，这是固有的变化规律啊！

　　从此以后，严助、朱买臣等人招徕东瓯族，对两越用兵，江淮地区遭到骚扰，百姓烦劳，耗费巨大。唐蒙、司马相如开发西南夷地区，凿山开路一千多里，扩大了巴蜀地区的辖境，巴蜀的人民因此疲惫不堪。彭吴想通过开辟商路灭掉朝鲜，在沧海地区设了郡，致使燕齐地区普遍骚动。及至王恢设马邑之谋，匈奴断绝和亲，侵扰北边地区，兵连祸结而局势不可缓解，天下苦于徭役征发，干戈大动，战事越来越多了。出征士卒要自带衣粮，后方的劳力要转运粮饷，远近地区为支持战争都遭到骚扰。百姓只得玩弄手段以规避法令，官府财物越加不足了。向政府交纳物资的人可以做官，献出钱物的人可以除罪，选拔官吏的原则被败坏，廉洁和耻辱的观念被蒙混，单有武艺勇力的人就被任用，法令严格具体，专以谋利为务的官吏从此被重用了。

　　此后，汉朝将领每年率领数万名骑兵出击胡人，到车骑将军卫青时，收复了被匈奴占据的河南地，修筑了朔方城。在这个时候，西汉用于开凿通西南夷道路的人有几万，为此，要从千里之内征集运输粮食，大约十钟粮食运到时只剩下一石。无奈，只好发散钱币在邛僰一带购集。几年之后道路还没有开通，少数民族因此屡次进攻，官府派兵镇压反叛，把巴蜀地区全部的租赋拿出来也不够偿付军费开支。不得不再招募豪强在南夷地区开垦土地，交纳粮食给政府，从都内领取钱币。为在东部沧海地区设郡，人力费用与开通南夷地区大抵相当。又征发十几万人修筑、守卫朔方城，从遥远的地方转运粮食，山东直至关中都为此付出艰巨的劳作，花费了数十以至数百亿的钱财，国库日益空虚。于是又向民间募集：能献出奴婢的人可以终身免除徭役，已经是郎官的增加秩等。献羊的可以为郎的规定，也是从这时开始的。

在这以后第四年（元朔五年），汉朝派大将军卫青带领六将军和十几万士兵，出击匈奴右贤王，杀死敌人一万五千人。第二年，大将军卫青率领六将军再出击匈奴，歼灭敌人一万九千人。朝廷赐给抓获和消灭敌人的士兵黄金二十多万斤，投降的几万名匈奴人都得到优厚的赏赐，这些人的日常生活都由政府供应，而汉军损失十几万士兵战马，武器装备和供应粮食的费用尚未计在内。大农府库中旧藏的钱支出告罄，全部赋税用于军事开支，还不足以供应士兵。有关部门宣布："天子说：'我听说五帝的做法不一，都能治理好国家，禹汤的法令不同，都能称王于天下，所经历的不是同一途径，但建立的功德是一样的。北方边地至今没有安定，朕非常关切。前此，大将军进攻匈奴，消灭敌人一万九千名，部队屯守在边地，却没有粮食充饥。请主管部门讨论决定，民众得以买爵位和出钱赎免禁锢及减轻处罚。'我们商议的结果是：请设置赏官，名叫'武功爵'，分十一级，第一级起点为十七万钱，以上每一级递加三万钱，共值三十七万钱。那些买武功爵第五级'官首'的人可以试用，充任吏职，官职有空缺时先加任命；第七级'千夫'相当于二十级爵制的'五大夫'，可以免徭役，补吏不必先经试用，有罪可以减二等。平民百姓最高可以买到第八级爵'乐卿'，用爵位来褒奖军功。"军功多的越等授爵，大的封侯或授职卿大夫，小的为郎或为吏。这样一来，任用官吏的途径杂而且滥，官职冗乱，形同虚设了。

自从公孙弘宣扬《春秋》的义理作为臣下行为准则而被任命

为丞相，张汤以严刑酷法任职廷尉以后，于是有"见知"的法令产生，而以"废格"、"沮事"、"诽谤"等罪名兴起大狱，广为株连。第二年（元狩元年），淮南王刘安、衡山王刘赐、江都王刘建谋反事败露，执法官员寻找种种事端来审理与此案有关的人，将其党羽搜罗殆尽，牵连被杀的达几万人，官吏执法更加残酷促迫，而法令更加明细严密。

在这个时候，政府大力延揽方正、贤良、文学之士，有的被任为公卿大夫。公孙弘身为汉朝丞相，床上用的是麻布缝制的被子，每餐只有一个菜，生活俭朴是全国最突出的。但并不能改变世俗奢靡的风气，人们越发争取用种种方法去追求功利了。

第二年（元狩二年），骠骑将军霍去病再次出击匈奴，杀敌四万。当年秋天，匈奴浑邪王率几万名部众降附汉朝，于是汉发动二万辆车去迎接。这些人到达之后，遍受赏赐，连同有功人士也受到厚赏。当年支出达到一百多亿钱。

原先，黄河在以往十几年中在观县决口，梁楚地方已经数次受灾，而沿河各郡筑堤堵塞决口，总是辄塞辄毁，花费钱财之多无法计算。此后，番系想要减省底柱的漕运，开凿渠道引汾河、黄河水灌溉土地，从事这项工程的劳动力有几万人。郑当时也认为经由渭水运粮，路途迂回遥远，开凿了从长安到华阴的直渠，投入几万名民工。朔方郡也普遍开挖沟渠，有数万人劳作。这些工程经过两三年尚未竣工，工程开支各项都达到十几亿。

皇上为了讨伐匈奴，大力提倡养马，在长安饲养的马达几万匹，管理马匹的士卒从关中地区抽调尚嫌不足，更征调于附近郡县。归降的匈奴人都由政府负责供应衣食，政府无力负担，天子只好节省自己的膳食，缩减御用的车马，拿出内库的私蓄来供养他们。

第二年（元狩三年），山东地区遭受特大水灾，百姓多数饥寒交迫，于是皇上派遣使者将郡国的粮食储备全部用于赈济贫民。这样尚且不够，又从豪富人家借粮给贫民。这样还不够救济全部饥民，政府只得将贫民迁徙到关西地区，并将其中七十多万人充实朔方郡以南新秦中地区，衣食之需都仰赖政府。数年之间，国家借贷给土地、农具、种子等生产资料，并派使者分区保护，使者们冠盖相望，往来不绝。为此耗费了以亿计的资财，全部费用不可胜数。

国库空虚，财政匮乏，已到了最严重的程度，但大商富贾有的却乘机垄断财货役使穷人，用于经商运输货物的车子有几百辆之多，买贱卖贵，囤积居奇，投机倒把，放债收息，甚至连封君也都俯首帖耳，仰仗他们的资助。商人们冶铁铸钱煮盐，有的财产累计达万金，但不愿帮助国家解决财政危机，百姓生活更加困苦。有鉴于此，天子与公卿商议，决定变更币制，制造新币以补充国用，并借此打击从事商业活动来兼并土地的人。当时上林苑里有白鹿，少府有很多银锡。自孝文帝改行四铢钱，到这一年已经四十多年。从武帝建元以来，因为财用不敷，政府往往在产铜多的矿山开采铸钱，百姓也有人暗地里私自铸钱的，这些货币多得无法计算。铸钱越多分量却越轻，物资越少而价格就越贵。于是，主管部门宣布："古代的皮币，诸侯用来行聘享之礼。金有三个等级，黄金是上等，白金是中等，赤金（铜）是下等。现在半两钱法令规定每枚重四铢，而奸猾之徒暗地盗磨钱背面无文处的铜屑以铸币，钱币分量越来越轻，而且变薄，物价很贵，到较远的地方去采购物资，使用货币就十分麻烦，很不经济。"现在用边长一尺的正方形白鹿皮，四周画上彩色花纹，制成皮币，价值四十万，王侯和宗室成员行朝觐聘享之礼时，必须以皮币衬在贡献的玉璧下面，才能通行。

又将银锡合在一起，铸造成"白金"。当时认为天用龙纹最适当，地用马纹最适当，人用龟纹最适当，所以制造了三等白金币：第一等重八两，为圆形，花纹为龙形，叫作"白选"，价值三千钱。第二等分量稍轻，方形，花纹为马形，价值五百钱。第三等分量又轻一些，为椭圆形，花纹为龟形，价值三百钱。下令官府销毁半两钱，重铸三铢钱，钱上的铭文与重量一致。偷铸诸种金钱都要被判死罪，但实际上官吏百姓偷铸白金的人依然很多。

于是任命东郭咸阳、孔仅为大农丞，管理盐铁官营的事务。桑弘羊因为善于计算，以皇帝身旁的侍中的身份而备受重用。咸阳是齐地的大盐商，孔仅是南阳地方的大冶铁商，都经营致富家财千金，所以郑当时向皇帝推荐他们。弘羊是雒阳商人的儿子，因心算迅捷，十三岁就做了侍中。因此这三个人讨论谋利的事情无微不至，细密得能算及秋毫。

法令日趋严密，官吏多因此被废职罢免。战争屡次发生，百姓为了逃避徭役征发，纷纷买爵至五大夫，能够征发的士兵越来越少。于是政府征召有"千夫"、"五大夫"爵位的人为吏，不愿任职的出马匹，被免职的以前的官吏都谪发在上林苑除草，或开挖昆明池。

第二年（元狩四年），大将军卫青、骠骑将军霍去病率大队人马出击匈奴，杀敌八九万人，国家赏赐五十万金，汉军损失马匹十几万，运粮和军事装备费用尚不计在内。当时，因为财政困难，战士经常领不到俸禄。

主管部门认为三铢钱分量轻，容易被伪造，就请求下令诸郡国改铸五铢钱，在钱两面都铸有凸起的一圈钱唇，以防被磨取铜屑。

大农奏上盐铁丞孔仅、东郭咸阳的建议说："山林海泽，是天地的宝藏，都应该属少府所管，供皇室支用。只是因为陛下无私，才归属大农以补充赋税收入。希望能招募百姓，自筹资金，用政府的器具煮盐，由政府提供铁锅和支付工值。而一些不劳而食的贵族豪民，想垄断山海资源，因以致富，并驱使利用小民，他们一定会有阻止官营的议论，切不能听从。请以法令规定：有敢于私自铸造铁器煮盐的人，处以'鈦左趾'之刑，没收其生产工具。不出铁的郡，设置小铁官，属所在县管辖。"朝廷即派孔仅、东郭咸阳乘着驿车巡行天下，视察各盐铁产地，设置官府，任用过去的盐铁富商为吏。选官的途径因此更杂乱，不再经过选拔，商人做官的更多了。

商人乘币制变更之际，多囤积货物以牟厚利。于是公卿们进言："有很多郡国受灾，贫民因此失去产业，应招募他们迁到土地广阔肥沃的地区。陛下减少伙食，节省费用，拿出禁中的钱赈济灾民。放宽借贷的利息期限，减免赋税，但农民并未全都下田生产，经商的人越来越多。贫民没有积蓄，全靠政府救济。早些时候政府下令按比例征收轺车和商人的财产税，请继续征收，而提高其税率：凡是市内的坐贾、往来贩运的行商，放高利贷者、囤积货物以赢利者，即使不在市籍之内，也须各自以所有的财物向官府申报，按二千钱一算的比例交税。经营手工业和铸造业的，按四千钱一算的比例征收。不享受官吏待遇的三老、北方边区骑士，轺车一辆纳一算，商人则每辆纳二算，船长五丈以上纳一算。匿财不报、自报不实者，罚戍边一岁，没收所有钱财。有能告发的，以其告发者财产之半奖励。商人有市籍的及其家属，都不许占有田地，以便利农民，有敢于犯令的，政府没收他们的耕地和僮奴。"

于是，天子想起以前卜式的话，就召卜式来朝，任为中郎，赐爵左庶长、田十顷。并向天下宣布，让百姓都知道有卜式这样的人。

卜式是河南地方人，原以耕田放牧为业。父母死后，他有年幼的兄弟。等到兄弟长大成人之后，卜式分家不计自己的份额，只留下一百多只羊，余下的田地房屋财物都给了兄弟。卜式到山里放了十几年羊，羊群繁殖到一千多头，又买了田地房屋。但兄弟家业全都破产了，卜式又把田产分给他，如此有多次。正当朝廷几次派将军率兵出击匈奴之时，卜式给皇帝上书，愿献出一半家产给政府以助边事之用。天子派使者问卜式："你想当官吗？"卜式回答说："我从小放羊，不熟悉做官，不愿意。"使者又问："你家里有冤枉要诉说吗？"他回答道："我平生与别人没有发生过纠纷。同乡的穷人，我借钱物给他们，有恶习的教育他们学好，邻居们都听从我，我为什么会被人冤枉？没有什么要诉说的。"使者问："果真是这样，您希望做什么呢？"卜式说："天子打击匈奴，我以为贤良的人应该战死沙场，有钱的人应该贡献财物，只有这样，匈奴才可能被消灭。"使者把他的话详细上报给皇帝。天子将此事告诉了丞相公孙弘。公孙弘说："这不是人之常情，恐怕是另有图谋不守法度之人，不能以他做榜样教化民众，而致乱了法令，请您不要准许。"这样搁置下来，很久没有回答卜式。过了几年，卜式上书的事遂作罢。卜式回到乡里，依旧耕田放牧。过了一年多，正赶上军队数次出动，匈奴浑邪王投降，国家花费巨大，仓库储蓄用尽。第二年（元狩三年），大批贫民迁徙，生活全靠政府，政府不能全部供给。卜式拿出二十万钱交给河南郡守，用于迁徙的贫民。河南郡向中央上报富人帮助穷人的名单，天子见到了卜式的名字，记起了他。说："这个人以前曾坚决要求贡献半数家产补助军费。"决定给予嘉许。

于是赐卜式外徭四百人的代更钱（即十二万钱）。卜式又将钱全部献给国家。当时，有钱的人都争相隐瞒自己的财产，只有卜式积极贡献钱财。天子这才认为卜式真正是品德高尚的人，所以大加尊敬和表扬，借以教育百姓。

最初，卜式不愿为郎。皇帝说："我在上林苑养了羊，想让您去放牧。"卜式才接受了官职，穿着麻布衣草鞋去放羊。经过一年多，羊都长得很肥壮而且数量增多。皇帝从这里经过见到羊群，认为卜式干得很不错。卜式说："不单是放羊，治理民众也是这样，按时起居，不好的立即清除，不要让它带坏一群。"皇帝认为卜式的话很新奇，就让他做缑氏县令以试其材，由于苛扰较少，果然缑氏县的人民都很感便利。又转任成皋县令，管理水路运输名列第一。皇帝认为卜式是朴实忠厚的人，就让他做了齐王太傅。

孔仅在全国推行铁器官营，三年中升任大农，位列九卿之一。桑弘羊正式出任大农丞，管理各项会计核算的事宜，在小范围内试办均输以流通货物。

开始下令已试为吏者可以献粟实授官职，范围是从郎官到六百石的官员。

自从铸造白金币和五铢钱以来的五年中，因偷铸金钱而犯罪的官吏和百姓，适逢大赦而免死的有几十万人。未被官府发觉的盗铸者互相火并斗杀的不计其数。赦免自首的有一百多万人，然而自首的不能至半数，不敢自首的比自首的人还多。天下人差不多都在铸金钱了。犯法的人众多，官吏不能全部捕杀，于是派博士褚大、徐偃等分批巡行地方郡国，检举那些兼并土地、营私牟利的郡守、王国相等地方官。这时御史大夫张汤正受宠信掌权，减宣、杜周等任职中丞，义纵、王温舒等因为执法严酷而位列九卿，监察地方司法的"直指"官夏兰之流也就出现了。

大农颜异在此期间被诛。当初，颜异是济南亭长，因为廉洁正直升任九卿。皇帝与张汤决定制作白鹿皮币，询问他的意见。他说："现在王侯到京城朝见拜贺用的是苍色的玉璧，价值不过数千，但皮衬反而价值四十万，是本末不相当。"皇帝听了之后不高兴。张汤和颜异平素有隙，等到有人告发颜异别的事情，正好由张汤审理此案。以前，颜异曾和客人谈话，客人议论新颁布的诏令有不合适的地方，颜异没有回答，只是微露反唇相讥之意。张汤上奏颜异身为九卿，见法令不宜不提出自己的意见而在腹中诽谤，罪当处死。自此，有了"腹诽"之法的先例，而公卿大夫多半谄媚奉迎以保自身了。

天子已经下达了征收财产税的"缗钱令"，并尊崇卜式这个样板，百姓却始终不肯拿出自己的财产帮助国家，于是"告缗"检举商人匿财的行动就普遍开展了。

很多郡国在铸钱时掺假，使货币不足法定的分量，公卿请下令由京师的钟官铸造，以红铜精工制赤侧钱，一枚赤侧钱抵旧有钱币五枚，交纳赋税非赤侧钱不能行用。白金钱稍贬值，民众仍并不重视，不愿使用，政府下令禁止亦不见效，一年多以后，白金终于废止不再通行。

这一年（元鼎二年）冬，张汤死，民众并不思念他。

此后两年（元鼎四年），赤侧钱贱，民众规避法令，贬值换算使用，仍不便流通，又被废止。于是下令所有郡国都不得再铸钱，专令上林三官统一铸造。上林三官钱多了以后，又下令全国除三官钱外其余货币不准使用，各郡国以前所铸的钱全部废止熔销，将熔成的铜块送到三官。这样，民众铸钱的就很少了，因为计算工本费不能牟利，只有十分熟悉铸钱技术而又有大量资金的人才能偷偷地铸些钱。

卜式作齐王太傅之后,杨可主持的告缗活动遍布各地,中等资财以上的人家差不多都遭告发。杜周审理这些案件,很少有能翻案的。于是朝廷派遣御史、廷尉正、廷尉监等分批下到地方,专门办理各地交纳缗钱的事务,得到从民间没收的财物以亿计,奴婢数以千计万计,大的县没收的田地有几百顷,小县达一百多顷,住宅也如此。因此中等以上的商人大都破产,百姓只顾鲜衣美食追求享乐,不再积蓄经营产业,而政府因为有盐铁官营和算缗钱的收入,国用越来越宽裕了。

(元鼎三年)将函谷关迁到新安县界,扩大关中的范围,并在京师之外设置左辅和右辅。

本来,因为大农令下管盐铁的官署收入的钱很多,想设置水衡都尉,以其主管盐铁。到杨可主持告缗事,上林苑财物太多,就命水衡都尉主管上林苑。上林苑既已堆满财物,又扩大上林苑的面积。这时南越国想用战船与汉军交锋,为此汉大修昆明池,周围沿池建了许多宫观。又制作楼船,高达十几丈,上面竖立旗帜,更加壮观。天子动了心,乃修建了柏梁台,高几十丈。宫室的修建从此日益华丽。

政府乃将征来的缗钱分给各官府,而水衡都尉、少府、大农令、太仆等各府都设置农官,往往就各地近时没收的田地去组织耕种。没收来的奴婢,分在各苑里饲养狗马及禽兽,还有的分给各官府。各级官府机构日益混乱增多,下属的刑徒奴婢众多,每年要经由黄河运输四百万石粮食到京师,加上各官府自行籴买粮食才能满足需要。

一个叫所忠的人说:"有些官僚子弟和富人,以斗鸡、赛狗赛马、打猎赌博为乐,扰乱百姓。"于是官府按法令审查他们,这些人互相检举了几千人，叫作"株送徒"。他们本应受徒刑，但献出财产的却可以补充为郎，于是为郎的人选就衰败了。

这时山东受黄河水患，（元鼎二年以来）几年没有收成，饥荒使有的地方发生人吃人的现象，受灾面积方圆达一两千里。天子怜惜灾民，下诏说："江南是火耕水耨的地方，耕作较易，准许饥民到江淮间取食谋生，想留下的人可以留居当地。"并派遣使者往来护送迁徙的饥民，运来巴蜀的粮食赈济他们。

第二年，天子开始巡视地方。东渡黄河，河东郡守没有料到皇帝车驾突然来到，来不及办理供应，遂自杀。天子一行西过陇山，陇西守因为仓促之间来不及供应天子下属的伙食，亦自杀。之后，皇帝北行出萧关，随从的几万骑士在新秦中射猎，部勒边地的军队，之后回到长安。新秦中的一些地段千里之间不设防御工事，因此处决了北地太守以下的官吏。下令百姓可以在边地养马，政府供给母马，三年后归还，十匹母马收取一匹马驹为利息。因为有了这笔收入补助边地开支，新秦中财物已充，就（在元鼎五年）废除了告缗令。

天子得到宝鼎之后，设立了后土、太一祠，公卿议论封禅的事情，而全国各地都预先建桥铺路，修缮原有的宫室，那些在驰道边上的县，都筹集物资，设置用具，期待天子能在该地停留。

第二年（元鼎五年），南越谋反，西羌侵扰边境地区为虐。皇帝因为山东地区遭灾无粮，遂赦免天下囚犯，以二十多万南方楼船卒进攻南越，又征发三河地区几万骑兵反击西羌，并派数万人渡过黄河修筑令居城。设置张掖、酒泉郡。（元鼎六年）在上郡、朔方、西河、河西地区设置田官，六十万士卒在那里且戍且田。中原地区修路运输粮饷，远的地方有三千里，近的也有一千多里，费用都从大农开支。边境地区武器装备缺乏，又调拨武库工官制造的武器补充。驾车和骑乘用的马缺乏，政府钱少，买马困难，乃发布命令，自封侯到官秩三百石以上的吏，按等级拿出不同数量的母马送到各地的亭去饲养，政府每年（检查繁殖情况）征收子马为息。

齐王相卜式给皇帝上奏说："我听到皇上忧虑，这是为臣的耻辱。现在南越国谋反，我愿父子和齐地会驾船的人去那里为国捐躯。"天子下诏书说："卜式虽然是一个从事农牧的人，不用此牟利，有余财就献出帮助国家。今天下不幸有了危难，卜式自告奋勇愿父子报国，虽然没有参加战斗，可以说是满怀忠义。赐卜式爵关内侯，黄金六十斤，田十顷。"此事通告全国，但无人响应。数百名列侯无一请求从军去打击羌人和南越的反叛。到朝廷祭祀祖庙时，少府检查列侯们贡献的酎金，以不合规定的重量成色标准为词，免掉爵位的有一百多人。于是，朝廷任命卜式为御史大夫。

卜式在职期间，见到郡国多不赞成国家经营盐铁，铁器质次价高，有的甚至强令百姓购买或代卖，而征收船税使经商的人减少，物价昂贵，就请孔仅代为向皇帝说征收船税的事，皇帝因此不喜欢卜式了。

汉朝连续三年发兵，镇压了羌人，灭掉南越国，在番禺以西到蜀地南边地区设置了十七个新郡，暂且依当地旧有的习俗管理，不收赋税。南阳、汉中以南的各郡，各自供应临近新郡官府吏卒的俸禄和食物，以及驿传车马用具。但是新郡经常有小规模的反抗发生，杀害汉朝派去的官吏。汉廷派南方的官吏士兵去镇压，一两年间动用了一万多人，费用都由大农支出。大农因为有均输和盐铁官营的收入补充赋税收入，所以能负担得起。但士兵经过的县，也只是做到按标准供给不乏而已，而不敢在常法以外随意增加税收。

第二年，是元封元年，卜式被降职为太子太傅，而桑弘羊擢升为治粟都尉，主管大农，全权替代孔仅管理全国盐铁事。桑弘羊认为：许多官署各自去做生意，相互竞争，抢购囤积，所以物价升高。而全国某些地方向中央缴纳的实物甚至不够支付运输费。于是他请下令设置大农部丞几十人，分片管辖郡国。各郡国在县一级往往都设有均输盐铁官。命令远方各地将所要征收的贡赋，折收当地出产丰饶的土特产品，像商贾那样按贵时的价格，运往需要这些物品的地区，去转手获利。在京师设平准官，接受各地聚积运来京师的货物。召令工官制作车辆和运输工具、各种器具，费用都由大农支付。大农所属的各官府完全掌握了天下的主要物资，贵时抛出、贱时买进以调节供求，平衡物价。如此行事，富商就不能获取暴利，很多人就会回到农业生产上去，而各种货物也不会涨价。因为平抑天下货物，所以叫"平准"。天子以为此议很对，遂准许推行。于是天子北至朔方东到泰山，巡视海上和北方边地而还。所经过的地区赏赐用帛达一百多万匹，钱币和黄金以亿计，都由大农充分供应。

桑弘羊又请下令试用为吏的可以献出粮食而补授实官，罪人可以出粮赎罪。又令百姓可以将粮食交到甘泉宫，按数量差别免除徭役，以至终身免役。不再征收财产税，不搞告缗运动。他郡可以输出粮食的，各输往急需的地方去，而诸农官也纷纷经营公田获致粮食。从山东到京师的粮食漕运增加，每年到六百万石。一年之中，太仓和甘泉宫都堆满了粮食，边郡地区也有余粮储藏。各地实物实行均输，大农存有均输帛五百万匹。百姓没有增加赋税而国家财用充裕。于是赐桑弘羊左庶长的爵位，再赐黄金百斤。

这一年天气小旱，皇上下令官员求雨。卜式说："官府应当衣税食租，维持开销就是了。而现在桑弘羊却让官吏在市场上做生意，贩卖货物牟利不成体统。只要把桑弘羊烹杀了，老天就会下雨。"

太史公说：农工商各业交换产品的途径开辟之后，龟甲、贝壳、黄金、钱币、刀布币等各种货币就兴起了。这种现象历史久远，高辛氏以前的事，不过是由于太久远而没有记载罢了。所以《尚书》称道唐尧虞舜的时代，《诗经》叙述殷周时期，社会安宁就重视学校，推崇农本，抑制末业，用礼仪防止人们一心逐利。但如果天下多变，不得安宁，那就要反其道而行之。事物发展到极盛就会向衰败转化，衰落到最低限度又会转变，一个时期风气质朴，一个时期习俗奢华，二者互为终始地变化着。《禹贡》中记载九州，各按其土地适宜的作物和人民收获的多少来确定赋税。商汤和周武王承接了末世凋敝的局面而改易政治，不知疲倦地管理人民，各自兢兢业业，致力于使国家得治之道，但已经稍显出走下坡路的局势。齐桓公采用管仲的谋略，由国家平抑物价，实行盐铁专卖等管山海的政策，因此国势富强，几次诸侯来朝，使小小的齐国获得了霸主之名。魏国用李克，实行"尽地力"之教，魏文侯成为强有力的国君。从此以后，天下进入纷争的战国时期，崇尚阴谋武力而轻视道德仁义，认为必先富有而后才能够讲谦让。所以有的平民富有者资财达到万亿，而贫穷的人连糟糠都吃不饱。大国强国兼并小国使原来的诸侯成为臣属，弱国或遭到灭世绝祀的下场。到了秦始皇时，终于统一了全国。虞舜和夏朝以来的货币，金分为三品，有黄金、白金、赤金，还有钱、布、刀、龟贝。到了秦朝，统一规定全国货币为二等：黄金以溢为单位，称作"上币"；铜钱上标明"半两"，重量与铭文相同，称作"下币"。而珠宝玉石、龟甲贝壳、银锡之类只作为装饰品和器物及珍贵收藏品，不再充当货币，这些东西各自随着市场行情而价格起伏不定。那时对外驱赶入侵的各族，国内兴建各项工程，全国的男子尽力生产犹嫌食物不足，女子尽力纺织还觉衣服不够。古时曾竭尽天下的物资财富供奉统治者，但他还自以为不够挥霍。没有别的缘故，事物和形势的变化，互相作用，导致这样的结果，又有什么值得奇怪的呢？